Référence abrégée:
*C.I.J. Mémoires, Actions armées frontalières et transfrontalières
(Nicaragua c. Honduras)*, vol. II

Abbreviated reference:
*I.C.J. Pleadings, Border and Transborder Armed Actions
(Nicaragua v. Honduras)*, Vol. II

ISSN 0074-4433
ISBN 92-1-070756-7

N° de vente:
Sales number **691**

AFFAIRE RELATIVE
À DES ACTIONS ARMÉES FRONTALIÈRES
ET TRANSFRONTALIÈRES (NICARAGUA c. HONDURAS)

CASE CONCERNING
BORDER AND TRANSBORDER ARMED ACTIONS
(NICARAGUA v. HONDURAS)

COUR INTERNATIONALE DE JUSTICE

MÉMOIRES, PLAIDOIRIES ET DOCUMENTS

AFFAIRE RELATIVE À DES ACTIONS ARMÉES FRONTALIÈRES ET TRANSFRONTALIÈRES

(NICARAGUA c. HONDURAS)

VOLUME II
Procédure orale; correspondance

INTERNATIONAL COURT OF JUSTICE

PLEADINGS, ORAL ARGUMENTS, DOCUMENTS

CASE CONCERNING BORDER AND TRANSBORDER ARMED ACTIONS

(NICARAGUA v. HONDURAS)

VOLUME II
Oral Arguments; Correspondence

PRINTED IN THE NETHERLANDS

L'affaire relative à des *Actions armées frontalières et transfrontalières (Nicaragua c. Honduras)*, inscrite au rôle général de la Cour sous le numéro 74 le 28 juillet 1986, a fait l'objet d'un arrêt rendu le 20 décembre 1988 portant sur la compétence de la Cour et la recevabilité de la requête (*Actions armées frontalières et transfrontalières (Nicaragua c. Honduras), compétence et recevabilité, arrêt, C.I.J. Recueil 1988*, p. 69). A la suite du désistement du gouvernement demandeur, elle a été rayée du rôle par ordonnance de la Cour du 27 mai 1992 (*Actions armées frontalières et transfrontalières (Nicaragua c. Honduras), ordonnance du 27 mai 1992, C.I.J. Recueil 1992*, p. 222).

Les pièces de procédure écrite et les plaidoiries relatives à cette affaire sont publiées dans l'ordre suivant:

Volume I. Requête introductive d'instance du Nicaragua; mémoire du Honduras; contre-mémoire du Nicaragua; demande en indication de mesures conservatoires du Nicaragua.

Volume II. Procédure orale; documents présentés à la Cour après la fin de la procédure écrite; correspondance.

Dans les références, les chiffres romains gras indiquent les volumes de la présente édition. La pagination et les renvois des pièces de procédure et des comptes rendus des audiences ont été modifiés en conséquence.

Ni la typographie ni la présentation ne sauraient être utilisées aux fins de l'interprétation des textes reproduits.

The case concerning *Border and Transborder Armed Actions (Nicaragua v. Honduras)*, which was entered on the Court's General List on 28 July 1986 under Number 74, was the subject of a Judgment delivered on 20 December 1988 concerning the jurisdiction of the Court and the admissibility of the Application (*Border and Transborder Armed Actions (Nicaragua v. Honduras), Jurisdiction and Admissibility, Judgment, I.C.J. Reports 1988*, p. 69). Following discontinuance by the Applicant Government, the case was removed from the list by an Order of the Court of 27 May 1992 (*Border and Transborder Armed Actions (Nicaragua v. Honduras), Order of 27 May 1992, I.C.J. Reports 1992*, p. 222).

The pleadings and oral arguments in the case are being published in the following order:

Volume I. Application instituting proceedings of Nicaragua; Memorial of Honduras; Counter-Memorial of Nicaragua; request for the indication of provisional measures of Nicaragua.

Volume II. Oral Arguments; Documents submitted to the Court after the closure of the written proceedings; Correspondence.

In internal references, bold Roman numerals are used to refer to Volumes of this edition. The pagination and the cross-references in the pleadings and in the verbatim records of the hearings have been altered consequently.

Neither the typography nor the presentation may be used for the purpose of interpreting the texts reproduced.

TABLE DES MATIÈRES — CONTENTS

	Page
Oral Arguments — Plaidoiries	1
OUVERTURE DE LA PROCÉDURE ORALE	5
STATEMENT BY MR. CARÍAS (HONDURAS)	7
A. Relevant facts concerning the nature of the dispute	8
B. Relevant facts concerning the modalities for a peaceful solution of the regional controversy	10
ARGUMENT OF PROFESSOR BOWETT (HONDURAS)	15
Introduction	15
Objections to jurisdiction	
(i) The identity of jurisdiction under Article 36, paragraph 2, of the Statute and Article XXXI of the Pact of Bogotá	15
(ii) The Honduran reservations are valid for purposes both of Article XXXI of the Pact of Bogotá and Article 36, paragraph 2, of the Statute	17
(a) Nicaragua's argument that the Honduran declaration of 1960 was made for an indefinite term and that therefore Honduras could not withdraw or change that declaration without having reserved the right to do so	18
(b) Nicaragua's argument that even if Honduras had a right to modify its 1960 declaration, it could do so only upon reasonable notice, and not with immediate effect	21
(c) Nicaragua's argument that whatever the position might be under Article 36, paragraph 2, of the Statute, there is in this case the specific treaty commitment of Article XXXI	22
(iii) Do the Honduran reservations in fact exclude the Nicaraguan application from the jurisdiction of the Court?	23
(a) Conflicts affecting the territory of Honduras and arising out of armed conflicts or acts of a similar nature	23
(b) Disputes in respect of which the Parties have agreed on other means of settlement	25
PLAIDOIRIE DE M. HERNÁNDEZ ALCERRO (HONDURAS)	26
Introduction	26
L'exception d'irrecevabilité relative à l'article II du pacte de Bogotá	26
L'argument du Nicaragua selon lequel l'expression «de l'avis des parties» signifierait en réalité «de l'avis de l'une des parties»	26
L'argument du Nicaragua selon lequel des négociations directes ne pourraient, selon toute probabilité, avoir lieu entre les Parties et, à fortiori, ne pourraient pas aboutir à un règlement	33
L'exception d'irrecevabilité relitave à l'article IV du pacte de Bogotá	39

Quelles sont les procédures spéciales au sens de l'article II du pacte? 39
Le lien entre les «procédures spéciales» en cours et le système interaméricain 41
Les exceptions d'irrecevabilité relatives au caractère aussi artificiel que vague de la requête du Nicaragua 45

PLAIDOIRIE DE M. DUPUY (HONDURAS) 48

Introduction 48
Objet de la plaidoirie: démontrer que l'article XXXI du pacte de Bogotá ne fournit pas à la Cour de base légale pour se déclarer compétente sur le fond 48
Présentation des thèses des Parties 48

Première partie. Incompatibilité de l'argumentation du Nicaragua avec la lettre et l'esprit du pacte de Bogotá 51

A. La lettre 51
B. L'esprit du pacte de Bogotá. 52

1. Caractère obligatoire de la juridiction de la Cour et inéluctabilité du règlement pacifique tout d'abord 56
2. Organisation du règlement des différends juridiques et des différends politiques dans le pacte de Bogotá . . . 57

Deuxième partie. Incompatibilité de la thèse du Nicaragua avec sa conduite antérieure à l'égard de l'article XXXI du pacte de Bogotá 62

A. L'attitude du Nicaragua en 1984 63
B. L'attitude du Nicaragua en 1957 et en 1986-1987 65
C. Conséquence de droit de la contradiction entre la thèse actuelle du Nicaragua et sa conduite antérieure à l'égard du pacte de Bogotá 66

DÉCLARATION DE M. CARÍAS (HONDURAS) 69

Référence aux conclusions soumises par le Honduras dans son mémoire 69

QUESTIONS PUT BY JUDGES NI AND SHAHABUDDEEN 70

STATEMENT BY MR. ARGÜELLO GÓMEZ (NICARAGUA) 72

Introduction 72
Reasons why Nicaragua filed the Application 73
The Honduran "new declaration" of acceptance of the compulsory jurisdiction of the Court 76
The objection of Nicaragua to the Honduran "new declaration" . . 76
Article XXXI of the Pact of Bogotá as providing an independent basis of jurisdiction 81

STATEMENT BY THE PRESIDENT (reference to new documents) . . 83

ARGUMENT OF MR. CHAYES (NICARAGUA) 84

I. Article XXXI of the Pact of Bogotá is an acceptance of the jurisdiction of the Court, binding as among the parties to the Pact, and not susceptible of subsequent modification by unilateral reservations limiting the scope of the submission 84

II. The jurisdiction conferred by Article XXXI is not subject to the precondition that the parties have tried and failed to settle the dispute by conciliation 89
III. Neither Article II nor Article IV of the Pact preclude the maintenance of this action 92
    A. Article II 92
    B. Article IV 94

PLAIDOIRIE DE M. PELLET (NICARAGUA) 96
  Introduction 96
  I. La recevabilité de la requête 96
    1. La condition posée par l'article II du pacte de Bogotá est remplie en la présente espèce 97
      i) Des «négociations diplomatiques ordinaires» ont eu lieu entre les Parties 98
      ii) Le Honduras a mis fin aux «négociations diplomatiques ordinaires» auxquelles il s'était prêté jusqu'en 1982-1983 . 99
      iii) Le refus de négociations directes comme constituant, par la suite, une constante de l'attitude hondurienne 99
      iv) Le différend qui fait l'objet de l'instance ne peut en conséquence «être résolu au moyen de négociations diplomatiques ordinaires» 100
    2. La Cour est valablement saisie en l'absence de toute «procédure speciale» au sens de l'article II du pacte de Bogotá . . 101
      L'existence d'un différend bilatéral opposant les Parties . . 102
      Le processus de Contadora ne constitue pas une «procédure speciale» au sens de l'article II du pacte 104
      Absence d'accord entre les Parties en vue du règlement de l'affaire dont la Cour est saisie dans le cadre du processus de Contadora (inapplicabilité du principe *electa una via* posé à l'article IV du pacte) 105
      Question de la non-participation des Etats-Unis au processus de Contadora 108
      Principales conclusions 109

ARGUMENT OF MR. BROWNLIE (NICARAGUA) 111
  Introduction 111
  Preliminary objections and the burden of proof 111
  Honduras has not validated its preliminary objection 111
  "Armed conflict" said to be a "factual" concept 112
  The indicia proposed by Nicaragua 112
  Significant policy considerations 113
  Terminology and the actual content of the public record 114
  Armed conflict requires a certain scale and persistence in the use of force 115
  No need at any stage for a ceasefire or armistice 115
  The existence of a general pattern of normal diplomatic and economic relations between the Parties 115
  The views of third States 116
  Honduras did not consider that an "armed conflict" existed prior to the appearance of its Memorial in these proceedings 117

"Acts of a simular nature" 118
The reservation does not possess an exclusively preliminary character 118

PLAIDOIRIE DE M. PELLET (NICARAGUA) *(suite)* 120

  II. La compétence de la Cour fondée sur l'article 36, paragraphe 2,
     du Statut de la Cour 120

    Le système de la clause facultative tel qu'envisagé en l'espèce par
    le Honduras 121
      1. La pratique des Etats 122
      2. Les règles applicables 125

        i) Première conséquence: on ne peut interpréter de la même manière une déclaration par laquelle un Etat se réserve le droit de dénoncer celle-ci à tout moment et une déclaration faite «pour une durée indéterminée» 128
       ii) Deuxième conséquence: la dénonciation ou la modification des déclarations facultatives doivent intervenir de bonne foi 129
      iii) Troisième conséquence: il convient d'appliquer aux déclarations, par analogie, les principes fondamentaux du droit des traités (dont la clause *rebus sic stantibus*) 130
      iv) Quatrième conséquence: les déclarations, en admettant qu'elles puissent être modifiées ou retirées, ne peuvent l'être que «dans un délai raisonnable», ainsi que l'exige la bonne foi 131

      3. L'application des règles en l'espèce 132

STATEMENT BY MR. ARGÜELLO GÓMEZ (NICARAGUA) 136

  Possible further round of hearings 136
  Reaffirmation by Nicaragua of the submissions contained in its Counter-Memorial 136

QUESTIONS DE M. GUILLAUME 137

REQUEST BY THE PRESIDENT (Honduras's request for a further round of hearings) 139

STATEMENT BY THE PRESIDENT (reference to new documents) . . . 140

QUESTION PUT BY THE PRESIDENT 140

REPLY OF MR. CARÍAS (HONDURAS) 142

  Nicaraguan suggestion that the legal issues concerning competence and admissibility have already been decided by the Court's Judgment of 26 November 1984 *(Nicaragua* v. *United States)* 142
  Misleading impression given by Nicaragua that Honduras attempted to frustrate Contadora 143
  The implications of the Sapoá Agreement which Nicaragua deliberately ignores 145
  Nicaragua's distortions of Honduras's position on verification under the Guatemala Accord 146
  Nicaragua's quite baseless speculations on the reasons behind the Honduran declaration of 22 May 1986 147

REPLY OF PROFESSOR BOWETT (HONDURAS)	149
1. Article XXXI of the Pact of Bogotá: is it a conventional jurisdiction under Article 36, paragraph 1, or compulsory jurisdiction under Article 36, paragraph 2, of the Statute?	149
(a) The listing of the Pact in the *Yearbooks* of the Court . . .	149
(b) The wording of Article XXXI of the Pact	149
First weakness to the Nicaraguan arguments: Nicaragua itself considered its formal statement, made when adhering to the Pact, as a reservation to Article XXXI	149
Second weakness to the Nicaraguan argument: Nicaragua treats Article XXXI as if it were a conventional basis to jurisdiction under Article 36, paragraph 1, of the Statute	150
2. Is the Honduran declaration of 22 May 1986 opposable to Nicaragua, so as to exclude any jurisdiction based on Article 36, paragraph 2, of the Statute?	151
Nicaraguan argument regarding whether a State can terminate or modify its declaration at any time without having expressly reserved the right to do so	151
Honduran argument that nothing in the Statute precludes modification of a declaration, in the absence of an express undertaking to the contrary	151
State practice	151
Legal principles	152
3. Do the reservations of Honduras in fact exclude this particular dispute from the competence of the Court?	154
Professor Brownlie's argument concerning burden of proof . . .	154
Professor Brownlie's argument that there is no "armed conflict" between Nicaragua and Honduras	154
Professor Pellet's argument regarding the reservation excluding "disputes in respect of which the parties have agreed or may agree to resort to other means for the pacific settlement of disputes"	154
RÉPLIQUE DE M. HERNÁNDEZ ALCERRO (HONDURAS)	155
Observation concernant les exceptions du Honduras selon lesquelles la requête du Nicaragua a un caractère vague et artificiel	155
Première partie. Dans la présente espèce, les conditions exigées par l'article II du pacte de Bogotá pour pouvoir recourir à la Cour ne sont pas remplies	155
1. L'avis des parties n'a pas été exprimé dans le sens de l'article II	155
2. On n'a pas épuisé toute possibilité de règlement par des négociations directes	157
Deuxième partie. En vertu de l'article IV du pacte le Nicaragua ne peut pas entamer une autre procédure de règlement pacifique . .	158
1. Le processus de Contadora est une procédure spéciale au sens de l'article II du pacte	158
2. L'identité de l'objet du processus de Contadora et de l'objet du différend devant la Cour	160

A. L'acceptation du processus de Contadora par le Nicaragua en tant qu'une procédure spéciale	160
B. L'identité de l'objet	161
Argument de M. Pellet selon lequel le seul recours par le Honduras aux organes de l'OEA suffit pour prouver que le processus de Contadora n'a pas un caractère «exclusif» et ne peut donc constituer une «procédure spéciale» au sens de l'article II du pacte . .	163
Argument de M. Pellet selon lequel il n'existe pas de risque d'incompatibilité entre le recours à la Cour et un arrêt de celle-ci sur le fond, d'une part, et les négociations en Amérique centrale pouvant conduire ou ayant conduit à un accord politique, d'autre part . .	163
RÉPLIQUE DE M. DUPUY (HONDURAS).	164
I. Bilan des positions nicaraguayennes à l'égard de l'article XXXI du pacte	164
II. La question des liens entre l'article XXXI du pacte et l'article 36 du Statut	166
III. La position du Nicaragua à l'égard de la question des liens entre les articles XXXI et XXXII du pacte est assez originale	168
Observations sur la thèse défendue par les Etats-Unis en 1984 au sujet des liens entre les articles XXXI et XXXII du pacte (une seule et même voie de droit, établie sur la base de l'article 36, paragraph 1, du Statut)	170
STATEMENT BY MR. CARÍAS (HONDURAS)	172
Honduras maintains the submissions presented in its Memorial . .	172
REQUEST BY THE PRESIDENT	173
REJOINDER OF MR. ARGÜELLO GÓMEZ (NICARAGUA)	174
Introduction: the whole case put in perspective	174
Answers to the five points made by the Agent of Honduras in his Rejoinder	175
First point: Nicaragua's suggestion that "in essentials, the issues raised in this case have already been decided by the Court in 1984"	175
Second point: "The misleading impression given by Nicaragua that Honduras attempted to frustrate Contadora"	175
Third point: The Sapoá Agreement has been deliberately ignored by Nicaragua in the proceedings	177
Fourth point: Nicaragua has distorted the position of Honduras on verification under the Guatemala Accord	178
Fifth point: Nicaragua has made baseless speculations on the reasons behind the Honduran "new declaration" of 22 May 1986 .	178
Final Comments on the Rejoinder of the Agent of Honduras . .	179
DUPLIQUE DE M. PELLET (NICARAGUA)	181
I. La «nouvelle déclaration» du Honduras n'est pas opposable au Nicaragua	181
A. Le fondement de l'exigence d'un délai raisonnable	182
B. La pratique internationale	183
C. Le point de départ de délai	185

REJOINDER OF MR. BROWNLIE (NICARAGUA) 188

The "armed conflicts" reservation: the absence of an armed conflict between Honduras and Nicaragua 188
The new argument of Honduras: is there an "armed conflict... within Nicaragua"? 188
Honduran attitude to the burden of proof and documentation . . . 188
The contents of the annexes to the Memorial of Honduras contradict the new argument of Honduras 189
The criteria for identifying an armed conflict and the new Honduran thesis 191
The construction of the preliminary objection and the new thesis of Honduras 191
The reservation of Honduras is not opposable to Nicaragua in relation to the period prior to the filing of the Memorial of Honduras on 23 February 1987 193
The Sapoá Agreement 195

DUPLIQUE DE M. PELLET (NICARAGUA) *(suite)* 197

II. Les prétendus motifs d'irrecevabilité de la requête tirés des articles II et IV du pacte de Bogotá 197

    A. Contadora en tant que «négociations diplomatiques ordinaires» 197
    B. Le processus de Contadora en tant que «procédure spéciale» 202

REJOINDER OF MR. CHAYES (NICARAGUA) 205

Object of this Rejoinder: to reply to Professors Bowett and Dupuy on Articles XXXI and XXXII of the Pact of Bogotá 205
First question to be addressed: is Article XXXI of the Pact simply a form of declaration under Article 36, paragraph 2, of the Statute, or is it a conventional engagement to accept the jurisdiction of the Court under Article 36, paragraph 1? 205

    A. The text of the two Articles 205
    B. The practice under the two Articles 206

Second question to be addressed: what is the relationship between Article XXXI and Article XXXII? 209

STATEMENT BY MR. ARGÜELLO GÓMEZ (NICARAGUA) 213

Reiteration that the submissions of Nicaragua are those contained in its Counter-Memorial and those also presented in the last round of arguments 213

CLOSING OF THE ORAL PROCEEDINGS 214

LECTURE DE L'ARRÊT 215

Documents présentés à la Cour après la clôture de la procédure écrite — Documents Submitted to the Court after the Closure of the Written Proceedings 217

Correspondance — Correspondence 223

PLAIDOIRIES
SUR LA COMPÉTENCE DE LA COUR
ET LA RECEVABILITÉ DE LA REQUÊTE

PROCÈS-VERBAUX DES AUDIENCES PUBLIQUES

*tenues au Palais de la Paix, à La Haye,
du 6 au 15 juin et le 20 décembre 1988,
sous la présidence de M. Ruda, Président*

ORAL ARGUMENTS ON THE JURISDICTION
OF THE COURT AND ADMISSIBILITY
OF THE APPLICATION

MINUTES OF THE PUBLIC SITTINGS

*held at the Peace Palace, The Hague,
from 6 to 15 June and on 20 December 1988,
President Ruda presiding*

PREMIÈRE AUDIENCE PUBLIQUE (6 VI 88, 15 h)

Présents: M. RUDA, *Président;* MBAYE, *Vice-Président;* MM. LACHS, NAGENDRA SINGH, ELIAS, ODA, AGO, SCHWEBEL, sir Robert JENNINGS, MM. BEDJAOUI, NI, EVENSEN, TARASSOV, GUILLAUME, SHAHABUDDEEN, *juges;* M. VALENCIA-OSPINA, *Greffier.*

Présents également:

Pour le Gouvernement du Honduras:

S. Exc. M. Mario Carías, ambassadeur du Honduras aux Pays-Bas, *comme agent;*

S. Exc. M. Jorge Ramón Hernández Alcerro, ambassadeur du Honduras, représentant permanent auprès de l'Organisation des Nations Unies, *comme coagent;*

M. Derek W. Bowett, C.B.E., Q.C., LL.D., F.B.A., professeur de droit international à l'Université de Cambridge, titulaire de la chaire Whewell,
M. Pierre-Marie Dupuy, professeur à l'Université de droit, d'économie et de sciences sociales de Paris,
M. Julio Gonzáles Campos, professeur de droit international à l'Université de Madrid, *comme avocats-conseils;*

M. Arias de Saavedra Muguelar, ministre de l'ambassade du Honduras aux Pays-Bas,
Mme Salomé Castellanos, ministre-conseiller de l'ambassade du Honduras aux Pays-Bas, *comme conseillers.*

Pour le Gouvernement du Nicaragua:

S. Exc. M. Carlos Argüello Gómez, ambassadeur du Nicaragua aux Pays-Bas, *comme agent et conseil;*

M. Ian Brownlie, Q.C., F.B.A., professeur de droit international public à l'Université d'Oxford, titulaire de la chaire Chichele, *Fellow* de l'All Souls College, Oxford,
M. Abram Chayes, professeur à la faculté de droit de Harvard, titulaire de la chaire Felix Frankfurter, *Fellow* de l'American Academy of Arts and Sciences,
M. Alain Pellet, professeur à l'Université de Paris-Nord et à l'Institut d'études politiques de Paris, *comme conseils et avocats;*

M. Augusto Zamora Rodríguez, conseiller juridique au ministère des relations extérieures de la République du Nicaragua,
M. Antonio Remiro Brotons, professeur de droit international public à l'Université autonome de Madrid,
Mme Judith C. Appelbaum, Reichler and Appelbaum, Washington, D.C., membre du barreau du district de Columbia et du barreau de l'Etat de Californie, *comme conseils.*

OUVERTURE DE LA PROCÉDURE ORALE

Le PRÉSIDENT: L'audience est ouverte.
La Cour est aujourd'hui réunie pour entendre les plaidoiries sur les questions de compétence et de recevabilité en l'affaire des *Actions armées frontalières et transfrontalières (Nicaragua c. Honduras)*.
Je rappelle que l'instance a été introduite par une requête du Gouvernement nicaraguayen déposée au Greffe le 28 juillet 1986[1]. Conformément à l'article 40, paragraphe 2, du Statut de la Cour, cette requête a été immédiatement communiquée au Gouvernement du Honduras. Par une lettre du 29 août 1986[2], le ministre des relations extérieures de la République du Honduras a notamment fair savoir à la Cour que, de l'avis de son gouvernement, celle-ci n'avait pas compétence pour connaître des questions faisant l'objet de la requête et a exprimé l'espoir que la Cour limiterait d'abord la procédure écrite aux questions de compétence et de recevabilité. Les Parties ayant été dûment consultées au sujet de la procédure, la Cour a, par une ordonnance du 22 octobre 1986[3], décidé que, dans un délai expirant le 23 février 1987, la République du Honduras présenterait, en tant que première pièce de procédure écrite, un mémoire[4] consacré aux seules questions de compétence et de recevabilité, et que, dans un délai expirant le 22 juin 1987, la République du Nicaragua présenterait en réponse un contre-mémoire[5] limité aux mêmes questions. Ces pièces ont été déposées dans les délais ainsi fixés et l'affaire s'est dès lors trouvée en état, pour ce qui est de la phase considérée, le 23 juin 1987.
Avec l'approbation de la Cour, l'ouverture de la procédure orale a eté temporairement ajournée, compte tenu d'un accord signé le 7 août 1987 par les présidents des deux Etats à l'occasion de la réunion au sommet d'Esquipulas II; le texte de cet accord a été transmis à la Cour par une lettre conjointe des agents des deux Parties, datée du 13 août 1987[6]. Le 21 mars 1988, le Gouvernement du Nicaragua a présenté une demande en indication de mesures conservatoires[7], fondée sur l'article 41 du Statut de la Cour; copie certifiée conforme de cette demande a été immédiatement transmise au Gouvernement du Honduras. Par une lettre du 31 mars 1988[8], l'agent du Nicaragua a informé la Cour que, pour les raisons exposées dans la même lettre, son gouvernement lui avait donné pour instructions de retirer ladite demande en indication de mesures conservatoires. Il a été donne acte à la République du Nicaragua du retrait de sa demande en indication de mesures conservatoires par une ordonnance du Président[9] de la Cour, prise le même jour.

---

[1] **I**, p. 3-7.
[2] Voir ci-après, correspondance, n° 7.
[3] *C.I.J. Recueil 1986*, p. 551.
[4] **I**, p. 11-278.
[5] **I**, p. 281-509.
[6] Voir ci-après, correspondance, n° 42.
[7] **I**, p. 513-520.
[8] Voir **I**, p. 521, ou ci-après, correspondance, n° 63.
[9] *C.I.J. Receuil 1988*, p. 9.

Avant d'inviter les Parties à prendre la parole, je voudrais encore rappeler que l'article 53 du Règlement de la Cour porte notamment que celle-ci peut, après s'être renseignée auprès des Parties, décider que des exemplaires des pièces de procédure et des documents y annexés seront rendus accessibles au public à l'ouverture de la procédure orale. La Cour a pris aujourd'hui une décision en ce sens.

J'ajouterai enfin qu'après consultation des Parties, et conformément à l'article 58 du Règlement de la Cour, il a été décidé que la République du Honduras prendrait la parole en premier. Je donne donc à présent la parole à M. Carías, agent du Honduras.

STATEMENT BY MR. CARÍAS

AGENT FOR THE GOVERNMENT OF HONDURAS

Mr. CARÍAS: Mr. President, distinguished Members of the Court, it is for me a great privilege and a source of real personal satisfaction to initiate this afternoon before this High Court the pleadings on behalf of the Republic of Honduras as Agent of the Government in the Jurisdiction and Admissibility phase of the case of *Border and Transborder Armed Actions* initiated by the Application of the Government of the Republic of Nicaragua on 28 July 1986.

Ten months ago in Guatemala the Presidents of Costa Rica, El Salvador, Guatemala, Nicaragua and Honduras adopted the historical agreements of the "Procedure for the establishment of a firm and lasting peace in Central America", also called the "Esquipulas II" Agreements; and thus a major breakthrough was achieved in the negotiating procedures agreed upon by the five countries in the search for a comprehensive solution of the different controversies between the Central American Governments. In particular, "Esquipulas II" enables those Governments to fill certain gaps in the remarkable effort of Contadora, of which it is a continuation. It does this by addressing the most difficult situations requiring national reconciliation, cease-fires and democratization, not adequately covered by the provisions of the draft Contadora Act in its final version of June 1986.

It should be remembered that this "Procedure" had its origins in the Peace Initiative of President Oscar Arias of Costa Rica, which was initially endorsed in February 1987 by the Presidents of El Salvador, Guatemala and Honduras. Nicaragua later joined the Peace Plan consultations and as a result, once the observations of the five countries had been duly incorporated, the Arias Plan became the Esquipulas II Agreements. President Arias was later justly awarded the 1987 Nobel Peace Prize which, with generosity and vision, he dedicated to the Costa Rican people and to the joint efforts of his colleagues of Central America in their arduous quest for peace, democracy and economic development for their countries.

The text of the Esquipulas II Agreements of 7 August 1987 was distributed as an official document of the United Nations General Assembly and of the Security Council, as document A/42/521. The text includes the agreements between the Presidents of Nicaragua and Honduras, which were subsequently transmitted to this Court, requesting the postponement of these oral hearings, with the view to agreeing later on to withdraw from the International Court of Justice the Nicaraguan complaint on the situation of Central America, a pledge that unfortunately Nicaragua has not been willing to comply with.

But, as the Court knows, Nicaragua withdrew its complaint against Costa Rica, but not its complaint against Honduras, and later even proceeded to request an order of interim measures against Honduras. Nicaragua's whole policy vis-à-vis the Court was linked to its aim of securing particular objectives in negotiations then being held. There cannot be any other reason. For the essential content of the applications against Costa Rica and Honduras was the same. Why, therefore, withdraw one and not the other? These two incidents are pertinent to this hearing because they demonstrate, in our view, on one hand the close link that exists for the Central American Governments between the political negotiations that are taking place and the incompatibility between these negotiations and the Applications filed by Nicaragua at this Court; and, on the other hand, they show the identity of the subject-matter covered by those Applications with the subject-matter of the special procedures adopted by the five countries to try to find a peaceful and lasting solution to the several disputes between them that constitute the regional controversy.

Mr. President, the Government of Honduras rejects the accusations and derogatory allegations, mostly based on distorted facts, put forward by the Government of Nicaragua in the introductory paragraphs of its Counter-Memorial. We reserve, consequently, our right to address them if the occasion arises although, as the Court is well aware, we firmly believe that the Nicaraguan Application is inadmissible and that the Court has no jurisdiction over this case.

In our opinion therefore, in the present phase of the procedure, there are mainly two series of relevant facts to be considered, which I will now address. They are:

A. those that appertain to the nature of the dispute;
B. those that appertain to the modalities for the peaceful solution of the dispute.

A. The Nature of the Dispute

Honduras argues, as regards the nature of the dispute, that this case is based on facts and situations described as subversive military actions together with persistent and intense armed confrontations within the interior of Nicaragua and El Salvador, and along the international frontiers of those countries with Honduras.

As was stated in our Memorial **(I)**, the facts that Nicaragua has selected on which to base its accusations against Honduras — as well as the facts that Honduras could use in a counter-claim against Nicaragua — have been caused by and are constituent elements of the internal armed conflicts in Nicaragua and El Salvador and also, as regards certain periods, of armed attacks against the territory of Honduras. If Nicaragua's rhetorics be believed, the facts concerned also pertain to an armed conflict or undeclared war between Nicaragua and the United States of America.

A mere review of the facts described in the Application (confrontation between guerrillas and insurgents with government forces, shelling, mining and aeronaval incidents with the intervention of army units of various governments), makes the essential character of the said facts clear. One can also see that the other matters, such as the illegal traffic in arms and persons, cannot strictly be described as radically different and that although they do not constitute armed attacks they undoubtedly do constitute matters of a similar nature to those properly described as armed conflicts.

This is not a subjective assessment. On the contrary, it is objectively confirmed by the terminology used in official statements and in newspaper articles in which the conflicts of Central America are commonly described as civil wars, armed aggressions and hostilities. The conflicts are described in the same terms as are daily used to describe other, similar, conflicts taking place in other regions of the world, such as Africa and Asia.

Nicaragua attempts to refute this elementary and clear characterization of the nature of the present dispute but arguments in its Counter-Memorial **(I)** are weak and contradictory.

Nicaragua cannot assert that it is a victim of aggressions, armed attacks and undeclared wars on the part of its neighbours, and at the same time assert that it maintains normal relations with them: the two assertions are contradictory.

The relations between Nicaragua and Honduras have been notoriously relations of an abnormal character during the past decade. However, an examination of the facts concerned only reinforces the viewpoint of Honduras that what is necessary is to seek political solutions to overcome the overall situation, and that when disagreements can be sufficiently identified as lending themselves to resolutions on a bilateral basis, this should be the aim. Not, of course, in isolation, but within the broader framework of the whole Central American problems.

However, this has not been the situation supposedly supporting the Application. In that Application Nicaragua primarily describes armed actions of Nicaraguans against Nicaraguans in Nicaraguan territory, having as their consequences problems of a humanitarian and security nature along the land borders and maritime frontiers of the neighbouring countries. These are complex problems which involve a multiplicity of entities concerned, including powerful countries outside the region. It is no secret that the problems of Central America cannot be divorced from the political confrontation between East and West. By their nature, they simply do not allow themselves to be solved by purely bilateral negotiations between Nicaragua and Honduras. As I have said, purely bilateral solutions must fit within a broader regional framework.

On the other hand, a number of situations have arisen that have been sufficiently identified as controversies which, after appropriate bilateral negotiations, have permitted legal, bilateral solutions, satisfactory to both Nicaragua and Honduras.

Examples of these are:

— the return by Honduras of ships and aircraft taken by Nicaraguans to Honduras on various occasions since 1979;
— the return by Honduras of squads of soldiers and lorries of the Popular Sandinista Army that crossed into Honduras by the southern border on 2 April 1985;
— questions of diplomatic and territorial asylum;
— the liberation of Hondurans detained in Nicaragua with the assistance of the International Red Cross, in July 1985 and September 1987;
— the voluntary repatriation of Nicaraguan refugees through mechanisms established with the co-operation of the High Commissioner for Refugees of the United Nations;
— the return of Nicaraguan soldiers and any dead or wounded following the armed attacks of the Nicaraguan Army in their incursion into Honduran territory in March 1986;
— negotiations concerning Nicaragua's commercial debt that, after various discussions, was consolidated in an "Agreement for the Acknowledgement and Payment of Debts", signed by the Central Banks of Honduras and Nicaragua on 27 August 1986;
— the negotiations of Nicaragua's debts for the supply of electricity by Honduras, part of which has been paid, but negotiations continue over the remaining debt;
— the periodic negotiations for the release of Honduran fishing vessels and their crews seized by Nicaragua in Honduran waters or detained in Nicaraguan waters.

These are all examples of problems which could be resolved on a bilateral basis and that is the main reason why I am mentioning them. But the problems raised by Nicaragua in its Application against Honduras are quite different. The facts on which Nicaragua itself relies show conclusively that those problems were not capable of solution purely bilaterally. The only feasible solution lay within the broader framework of the problems of the Central American region as a whole. Therefore the countries of Central America have very properly assigned the controversies to a regional and comprehensive method of solution, essentially through the so-called Contadora and Esquipulas processes.

This brings me to a second series of facts to be considered.

B. THOSE CONCERNING THE MODALITIES FOR A PEACEFUL SOLUTION OF THE REGIONAL CONTROVERSY

And here it is pertinent to make two preliminary remarks.

First, it must be emphasized that the Contadora and Esquipulas process have the unanimous and continuous support of the international community, as has been recently expressed in particular in the United Nations General Assembly resolutions 41/37 of 18 November 1986, and resolution 42/1 of 16 October 1987. The 1986 resolution expressly reaffirms that the General Assembly recognizes the global, comprehensive and negotiated nature of the solution of the conflict required in Central America; and also that the General Assembly reiterates its support for the peace initiatives of the Contadora Group.

The 1987 resolution expresses its firmest support for the Esquipulas Agreement and specifically calls upon the Presidents of Central American nations to continue their efforts to achieve a firm and lasting peace.

My second remark is that the multilateral framework has not excluded, and is not excluding, bilateral solutions to specific problems once these have been sufficiently identified and sometimes agreed as part of more general settlements, an important feature that will be developed later on by the distinguished Co-Agent of Honduras.

Thus, to come back to the modalities for the peaceful solution of the regional controversy, I think we are all in agreement that the Contadora process took over the several disagreements of the Central American countries, with their express consent, after 1983. As was stated by the Secretary for Foreign Relations of Mexico at a press conference on 13 April of the same year (which is quoted in Ann. 45 of our Memorial (**I**)) the postponement of the draft resolution presented by Honduras to the Permanent Council of the Organization of American States on that date, made it possible for the Contadora Group to exercise direct jurisdiction over the problem.

Now, what Nicaragua disputed is that Honduras has not effectively participated in those negotiations. Nicaragua makes a special effort in trying to so demonstrate with particular references (paras. 39-46 of the Counter-Memorial (**I**)) to two important phases of those negotiations:

— the consideration of amendments to the draft Act of 1984;
— the reception of the Final Act of 1986.

With regard to the 1984 draft Act what Nicaragua does not say is that the draft Act was subject to Observations. Furthermore Nicaragua does not say that the presentation of Observations by the four other countries of Central America was accepted by the Contadora Group in the same month of October when they received the "Prince of the Asturias" Prize in Spain. Nor does Nicaragua point out that it has been demonstrated from the evidence submitted to the

Court that the various amendments to the draft Act have added to its effectiveness and have not watered down the commitments therein.

The Government of Honduras convened the Meeting of Central American Foreign Ministers in Tegucigalpa on 20 October 1984, but that took place after the meeting held in Guatemala City at the invitation of the Government of Guatemala on 19 September 1984. This meeting was attended by representatives of Costa Rica, El Salvador, Honduras and Guatemala for the purpose of analysing and exchanging opinions on the draft Act of 7 September 1984. It was because it had been found at the meeting of 19 September that there were many legitimate observations to be made, that the meeting of Foreign Ministers was convened. And, moreover, it was because Nicaragua took notice of that quadripartite position that Nicaragua decided, for publicity purposes, to accept on 22 September the draft Act, apparently and only apparently in full.

Nicaragua also argues (para. 45 of the Counter-Memorial **(I)**) that it has already given its acceptance to the draft final Contadora Act of 7 June 1986.

However, it is only necessary to read Annex 18 of their own Counter-Memorial, which is Foreign Minister d'Escoto's note of 17 June 1986, to realize that it is indeed a very, very conditional acceptance of the draft Act. Point four of the letter says:

> "In conformity with the Message of Panama, the Government of Nicaragua appeals to the countries of the Contadora Group to take the necessary steps to 'establish appropriate conditions for the signing of the Peace Act'",

and he continues:

> "for which it is urgent to promote dialogue between the United States and Nicaraguan Governments, to support the creation of Mixed Commissions for the solution of frontier problems, favour dialogue and to agree upon pacts of non-aggression between the Central American Governments."

This is, of course, almost the same position, that you will recall, with which Nicaragua commenced the multilateral Contadora negotiations in October 1983, with the very widely publicized proposal for the negotiation of separate non-aggression treaties between Nicaragua and its neighbours and a separate agreement with the United States of America.

Mr. President, the Contadora process has had a desirable outcome with the agreements of the five Presidents of Central America of 7 August 1987, resulting in the Esquipulas II procedure, which reasserts the main responsibilities vested in the Central American Governments for solving their differences.

The procedure brought about the establishment of national reconciliation commissions; the realization of political negotiations between irregular and insurgent groups and the Governments of El Salvador, Guatemala and Nicaragua; the initiation of a process of democratization in the countries concerned, by a powerful encouragement of public freedoms; and the setting up of international verification schemes.

The elements of the document formed a harmonious and indivisible whole, and the agreements therefore were forcefully reaffirmed by the Presidents in the San José declaration of 16 January 1988, where, notably, they stated their irrevocable, firm determination to comply with the procedure and fulfil its commitments.

With regard to verification, an objective sought from the very beginning by

Honduras since its Peace Initiative of 1982, the original mechanism was entrusted after San José to an Executive Commission of the Ministers for Foreign Relations of the five countries, which is, up to this day, the main political and negotiating organ of the Esquipulas procedure.

Also, as is well known, the Government of Nicaragua entered into an agreement with the Nicaraguan resistance at Sapoà on 23 March 1988 whose main features were:

— the cessation of offensive military operations in the entire national territory;
— the concentration of the resistance forces in mutually agreed zones;
— the commitment of the Government of Nicaragua to decree a General Amnesty;
— the provision of guaranteed humanitarian assistance for the irregular forces;
— the decision that the resistance forces could send delegates to a national dialogue once the enclaved zones are established.

In the negotiations of the Sapoà agreements, about which a new round is scheduled to take place this week in Managua, there have participated on both sides parliamentarians from the Federal Republic of Germany and advisers of other nationalities, and the whole negotiating mechanism is overseen by the Catholic Church and the Organization of American States.

Thus probably the main and most intractable part of the conflict in the area has started to show the beginning of a solution through direct negotiations between the parties of the armed conflict.

With regard to the international components of the Esquipulas procedure, major progress has also been achieved in the area of verification of the commitments in the security field, with the approval by the Executive Commission of the Ministers for Foreign Relations at its 23 March and 7 April meetings of the integration, through the Secretary-General of the United Nations, of an auxiliary technical group composed of specialized personnel from the Governments of Canada, the Federal Republic of Germany and Spain, Governments that have expressed their will to co-operate in the pacification process of Central America.

Finally, it is of the utmost importance and pertinence to this hearing to note the declaration made by the Minister for Foreign Relations of Nicaragua, Mr. d'Escoto, included in the decision of the same meeting of 7 April, that says:

> "The Foreign Minister of Nicaragua declares that once the agreed purposes for the Sixth Meeting of the Executive Committee to be held in Honduras are met ... he pledges to ask the International Court of Justice to discontinue the proceedings initiated by Nicaragua against Honduras on 28 July 1986, this to be done at the latest on the day that the Sixth Meeting takes place in May in the Republic of Honduras."

The Sixth Meeting was convened by the Government of Honduras for 19 and 20 May as agreed, but the Nicaraguan Government did not answer the invitation and another government excused itself from attending, for particular reasons, so that the meeting could not take place. Nevertheless, despite the silence of Nicaragua, Honduras has reconvened this meeting of Foreign Ministers for 22 and 23 June.

These facts speak clearly and loudly by themselves about the real attitude of Nicaragua with regard to the negotiations and to its motives in these proceedings.

Mr. President, allow me to conclude by re-stating what Honduras considers to be the most important conclusions to be drawn from the whole history of the evolution of this present dispute.

First, one month after the Court's Judgment on the merits in the case concerning *Military and Paramilitary Activities in and against Nicaragua (Nicaragua* v. *United States of America)*, the Government of Nicaragua presented two complaints before the Court: one against Honduras, the other against Costa Rica. However, it is important to recall that the Government of Nicaragua has withdrawn the complaint against Costa Rica but not that against Honduras. It is really for the Government of Nicaragua to explain whether or not these two new complaints were linked to the previous case against the United States. And, in particular, to explain why the complaint against Costa Rica has been withdrawn but not that against Honduras. And the Court is entitled to know from Nicaragua how its conduct over this matter is linked to the development of the process for a peaceful solution currently in being in Central America. For it is the very clear conclusion of the Government of Honduras that Nicaragua is attempting to use the Court, or the threat of litigation before the Court, as a means of exerting political pressure on the other Central American States. In my submission, this is an abuse of the procedures of this Court.

Second, simultaneously with the signature of the Esquipulas Agreements on the very same date, 7 August 1987, another agreement was reached — at the same place — between the Governments of Honduras and Nicaragua, whereby Nicaragua would suspend its Application to the Court. But I would like to call your attention to the fact that the same agreement also emphasized that Nicaragua would withdraw — I repeat, withdraw, not merely suspend — its complaint. Does the Government of Nicaragua deny that the failure to withdraw the complaint was not directly linked to the fact that Nicaragua saw the retention of its complaint as a means of exercising further political pressure on Honduras in the context of the negotiations for a regional settlement?

Third, the negotiations to achieve the objectives of the Esquipulas Agreements continued during the recent months and, as is well known, these negotiations have had their moments of optimism and their moments of setback because of their complexity. But on 21 March last on the very eve of the meeting of Foreign Ministers in Guatemala where the Ministers were due to examine various important measures of implementation of the Esquipulas II Agreements, it was Nicaragua which quite unexpectedly requested the Court to order interim measures for protection in the present case. The Court, acting under Article 74 of its Rules, gave priority to the Nicaraguan request even over another case which had already had the dates for oral hearings fixed. Yet, a few days afterwards, Nicaragua withdrew its request for interim measures. The Court will have noted the reasons given by Nicaragua, both for the request and for its withdrawal, reasons concerning not only the Government of Honduras, but also the government of a third State. And the Court will have noted the position of the Government of Honduras on this matter, communicated to the Court by a letter of 1 April[1]. In my submission there is no need to even enquire from Nicaragua the reasons for this extraordinary behaviour because the facts speak for themselves. The reasons were, once again, the attempt to use the Court as a means of political pressure.

Mr. President, that concludes what I wish to say about the factual background to these proceedings.

---

[1] See *infra*, Correspondence, No. 68.

Permit me now to outline the order in which counsel for Honduras will continue with this pleading.

First, and following on from me, Professor Derek Bowett will deal with the objections of Honduras to the jurisdiction of the Court. He will be followed by the Co-Agent, Ambassador Jorge Hernández Alcerro, who will demonstrate the inadmissibility of the Nicaraguan Application by reason of its nature and the provisions of the Pact of Bogotá.

Finally, Professor Pierre-Marie Dupuy will examine the provisions of the Pact of Bogotá, in particular Article XXXI, and will demonstrate that the Court's jurisdiction cannot be established on the basis of the Pact of Bogotá.

Mr. President, I would like to thank you, and the other distinguished Judges, for the attention which you have given to my introductory statement.

ARGUMENT OF PROFESSOR BOWETT

COUNSEL FOR THE GOVERNMENT OF HONDURAS

Professor BOWETT: Mr. President, distinguished Members of the Court, I have the honour to represent the Government of Honduras and to present to the Court the arguments of Honduras contesting jurisdiction.

1. INTRODUCTION

As the Court will see from the Honduran Memorial **(I)**, Honduras has made a distinction between its objections to admissibility and its objections to jurisdiction *stricto sensu*.

Honduras believes this distinction is a sound one, and well recognized in the practice of this Court. By objections to admissibility we mean those objections to the Court's competence which are founded, not on the compromissory texts themselves — whether these be declarations under the Optional Clause or some treaty provisions — but on grounds quite extraneous to those texts. An objection on the ground that there had been no prior exhaustion of local remedies would be a clear example.

By objections to jurisdiction we mean those objections which arise out of the interpretation of the compromissory texts: in effect, objections that the compromissory texts, the clauses of any relevant treaty, or the Optional Clause declarations, do not cover the particular dispute which the claimant wishes to bring before the Court.

With the Court's permission, I will now address the issue of jurisdiction *stricto sensu*. The Court will be aware from its reading of the Memorial of Honduras, that Honduras opposes jurisdiction.

Objections to jurisdiction. The objections to jurisdiction by Honduras can be summarized in three propositions:

(i) Honduras regarded its successive declarations under Article 36, paragraph 2, of the Statute and its obligations under Article XXXI of the Pact of Bogotá as establishing essentially the same jurisdiction.
(ii) Therefore Honduras regarded its reservations to the acceptance of the Court's jurisdiction as valid both for the purposes of Article 36, paragraph 2, and for the purposes of Article XXXI of the Pact of Bogotá.
(iii) The effect of the Honduran reservations of 22 May 1986 is to exclude from the jurisdiction of the Court the matter raised in the Nicaraguan Application.

Mr. President, I propose to deal with these three essential propositions — and with the Nicaraguan arguments in relation to them — in turn. Let me start with the first proposition.

(i) *The Identity of Jurisdiction under Article 36, Paragraph 2, and Article XXXI of the Pact of Bogotá*

The premiss from which any argument must proceed is that the Court's jurisdiction rests on consent. Thus the essential question for the Court is: what was the jurisdiction to which Honduras agreed?

As Honduras has shown in its Memorial (**I**, paras. 4.04-4.07), the construction which Honduras placed on Article XXXI of the Pact of Bogotá was that it obligated the Parties to accept the compulsory jurisdiction of the Court "in conformity with Article 36, paragraph 2, of the Statute". I cite Article XXXI itself. Honduras performed this obligation by successive declarations made pursuant to Article 36, paragraph 2, of the Statute, in 1954, 1960 and again in 1986.

Other parties also had express declarations in force, prior to the Pact, and maintained them thereafter. Or they made such declarations subsequently. But, to the knowledge of Honduras, no State party to the Pact has ever stated that this was an improper way of fulfilling the obligations of Article XXXI. It is of course arguable that such a declaration was not necessary, and that Article XXXI operated by its own force, on its own terms, and without need of any companion declaration. But, given that each State bound by Article XXXI is free to decide upon the mode by which it will implement that obligation, it cannot seriously be said that the Honduran preferred mode of implementation, by an express declaration under Article 36, paragraph 2, of the Statute of the Court, is improper.

Mr. President, there is good reason for a State wishing to be bound, vis-à-vis the Court, by a declaration which adopts exactly the same terms — whether the declaration takes effect vis-à-vis other parties to the Pact of Bogotá, or States not parties to that Pact. There is equally good reason why a State should not wish to have two current declarations under the Optional Clause, one valid for States parties to the Pact of Bogotá, and the other valid for all other States, the more especially if the terms of the two declarations would be identical.

Nicaragua opposes this first proposition of Honduras on essentially two grounds. The first, which you will find in the Nicaraguan Counter-Memorial (**I**, pp. 314-315) is a purely textual argument, principally the argument that Article XXXI of the Pact of Bogotá and Article 36, paragraph 2, of the Statute of the Court, must be different bases of jurisdiction, because Article XXXI omits the crucial reciprocity clause in Article 36, paragraph 2, of the Statute of the Court, that is the clause saying that acceptance of the jurisdiction is only "in relation to any other State accepting the same obligation". But is this reciprocity clause really excluded? Article XXXI begins with the phrase "In conformity with Article 36, paragraph 2, of the Statute...". Surely this incorporates all the conditions of Article 36, paragraph 2, including the reciprocity clause? What else does "in conformity with" mean?

Nicaragua's second ground is the argument that Article XXXI is not linked to Article 36, paragraph 2, of the Statute, but rather to Article 36, paragraph 1, of the Statute: in short, they say it is an example of a conventional, or treaty jurisdiction, and not an example of the use of the Optional Clause.

The difficulty about this argument, of course, is that again it ignores this introductory phrase to Article XXXI: "In conformity with Article 36, paragraph 2, ...". Nicaragua implies that the draftsmen made a mistake (or perhaps they could not count) and what the text ought to have said was "In conformity with Article 36, paragraph 1, ...". Mr. President, Honduras finds this suggestion totally implausible. The drafters of the Pact of Bogotá understood the difference between paragraphs 1 and 2 of Article 36 of the Court's Statute perfectly well.

The whole language of Article XXXI is modelled on the Optional Clause, paragraph 2.

Nicaragua also suggests that the Honduran interpretation of Article XXXI degrades it, so that it is no longer a true basis of compulsory jurisdiction: it is simply an "agreement to agree". But this is false. Because if Article XXXI is construed as an obligation to make a declaration in accordance with Article 36, paragraph 2, that obligation is there from the outset, and, once the declaration is made, as it must be made, the jurisdiction is truly compulsory but in accordance with the terms of the declaration made.

I turn now to the second Honduran proposition. This is that:

(ii) *The Honduran Reservations Are Valid for Purposes Both of Article XXXI and Article 36, Paragraph 2, of the Statute*

The Honduran position assumes not only the identity of subject-matter jurisdiction under Article XXXI and Article 36, paragraph 2, of the Statute but, as a corollary, the applicability of a State's reservations for the purposes of both Articles.

Nicaragua cites against this the position adopted by the United States in 1948 (see Nicaraguan Counter-Memorial, **I**, pp. 319-320). In signing the Pact of Bogotá, the United States made the following statement:

> "The acceptance by the United States of the jurisdiction of the International Court of Justice as compulsory *ipso facto* and without special agreement, as provided in this Treaty, is limited by any jurisdictional or other limitations contained in any declaration deposited by the United States under Article 36, paragraph 4, of the Statute of the Court, and in force at the time of the submission of any case."

Obviously, the position which the United States sought to achieve by that statement is identical to the position which Honduras assumes is achieved under the Pact of Bogotá, namely that reservations to Article 36, paragraph 2, of the Statute apply equally to Article XXXI of the Pact of Bogotá. So the question then becomes, did the United States intend this statement to be a statement of its interpretation of Article XXXI — what we would call an interpretative declaration? Because in that case its position is exactly the same as that of Honduras. Or did the United States intend to lodge a true reservation thereby implying that Article XXXI did not by itself produce this result, so that a reservation was required?

It is true that the report of the United States delegation, cited by Nicaragua, does suggest that the statement was a true reservation. That report contained the following paragraph, and I shall read it *in extenso*:

> "Chapter 4 of the Treaty ('Judicial Procedure') begins by incorporating acceptance of the jurisdiction of the International Court of Justice as compulsory *ipso facto* and without special agreement in juridical disputes falling within the categories mentioned in Article 36, paragraph 2, of the Statute of the Court (Article XXXI of the Pact of Bogotá). However, Article XXXI does not take into account the fact that various States in previous acceptances of the Court's jurisdiction under Article 36, paragraph 2, of the Statute, have found it necessary to place certain limitations upon the jurisdiction thus accepted. This was the case in respect to the United States, and since the terms of its declaration had, in addition, received the previous advice and consent of the Senate, the delegation found it necessary to interpose a reservation [that is the word, a reservation], to the effect that the acceptance of the jurisdiction of the Court as compulsory *ipso facto* and without special agreement is limited

by any jurisdictional or other limitations contained in any declaration deposited by the United States under Article 36, paragraph 4, of the Statute of the Court in force at the time of the submission of any case."

Mr. President, that evidence is not so compelling as it might seem. If one looks at the other two "reservations" so-called made by the United States, they are almost certainly interpretative declarations, and not true reservations. They were made *ex abundante cantela*; they were not true reservations. Let me remind the Court of the text of these other two so-called "reservations".

"1. The United States does not undertake as the complainant State to submit to the International Court of Justice any controversy which is not considered to be properly within the jurisdiction of the Court.
2. The submission on the part of the United States of any controversy to arbitration, as distinguished from judicial settlement, shall be dependent upon the conclusion of a special agreement between the parties to the case."

With respect, those seem to me to be statements of the obvious — ça va sans dire — and not true reservations. Why, therefore, should the first of them, the "reservation" so-called, regarding Article XXXI be any more a true "reservation" rather than simply an interpretative declaration?

On this preliminary point, therefore, Honduras concludes that nothing in the Pact, or indeed in the practice of States under the Pact, precludes a State party from utilizing its reservations to the jurisdiction of the Court for the purposes both of the Optional Clause and of Article XXXI of the Pact of Bogotá.

Indeed, this accords with Nicaragua's own conduct. For in 1957 Nicaragua felt it could not rely on the Nicaraguan and Honduran acceptances of the Optional Clause because of the Nicaraguan reservation to Article XXXI of the Pact of Bogotá.

That is why a Special Agreement had to be reached to submit that dispute to this Court. So, if a reservation to Article XXXI also operates as a reservation to the Optional Clause — as Nicaragua plainly believed — how can Nicaragua now argue that the two provisions are quite separate bases of jurisdiction? Nicaragua in fact conceded the linkage and so did Honduras, not only in 1957, but again in 1986 when Honduras notified both the United Nations and the OAS that its new declaration of 22 May 1986 applied both to Article 36, paragraph 2, and to Article XXXI of the Pact of Bogotá.

We then come to the more fundamental Nicaraguan arguments against the Honduran reservations. There are, in fact, four different arguments which need to be considered.

The first is the argument that, because the Honduran declaration of 20 February 1960 was made for an indefinite term, it therefore follows that Honduras could not withdraw or change that declaration (as it purported to do on 22 May 1986) in the absence of an express reservation reserving the right to do so.

This extraordinary proposition contains three fallacies, and it is these fallacies which produce such an extraordinary, and erroneous, proposition of law.

It is, firstly, fallacious to interpret the phrase "indefinite term" as if it means "in perpetuity". The idea that States are likely to accept the compulsory jurisdiction of the Court in perpetuity is, frankly, utopian. It is so far removed from the experience of State practice that such an interpretation of the phrase "for an indefinite term" has to be rejected as wholly improbable. The phrase "indefinite term" means exactly what it says: the term of the declaration is indefinite, not fixed. And it therefore follows that the State retains the right to fix the term, or to end the term, at any time at its discretion. In other words, the phrase "for an indefinite term" produces, legally, exactly the same situation as where a State reserves the right to terminate its declaration at any time, upon giving notice to that effect.

It has to be remembered that this position accords with the generality of State practice. Today, very few declarations are made for a fixed period. If one takes the relatively few that are expressed to be for an indefinite or unlimited period, there are some nine in number: Egypt (1957), Uganda (1963), Nigeria (1965), Malawi (1966), Swaziland (1969), Botswana (1970), Togo (1979), Senegal (1985) and Honduras (1986); and if you add to that number, to those nine, the many more that, whilst initially for a fixed period, remain valid after that period has expired, subject to any future notice of termination, let's say a further 19 declarations, then the conclusion is clear.

Most declarations are now made for an indefinite term. But to assimilate this idea of an indefinite term with the notion of perpetuity, that is quite wrong.

From 1929 onwards it was accepted that States could reserve the right to terminate their declarations with immediate effect.

The Court will recall that in 1929 Great Britain filed a declaration, accepting the jurisdiction for ten years, but thereafter "until such time as notice may be given to terminate the acceptance" (*P.C.I.J., Series E, No. 6*, p. 479). This practice was followed by several other States. Now, logically, the right to terminate embraced the lesser right to vary or modify a declaration — and without having expressly reserved a right to change or modify.

Thus, Colombia made a declaration in 1932, without reference to duration and without any express reservation of a right to change or modify that declaration. Nevertheless, in 1937, Colombia did precisely that. She deposited a new declaration, limited to a ten-year period and containing a new reservation. There were no objections to this.

Later, in 1938, Paraguay terminated its earlier declaration of 1933 — but without replacing it or varying it. Now, several States did, in fact, make reservations about Paraguay's practice — there were some six in number. Nevertheless, in practice, Paraguay was treated as no longer bound.

In 1939 Great Britain and various Commonwealth countries — and also France — communicated with the Secretary-General of the League, excluding disputes arising from hostilities from their current declarations (*P.C.I.J., Series E, No. 16*, pp. 337, 339). Again, some States expressed reservations about the unilateral changes to the terms of the current declarations. But the practice of Great Britain, of the Commonwealth and of France was never formally challenged before the Court itself.

The same practice has continued under the International Court of Justice. Many States have asserted the right to terminate their declarations, replacing them with new declarations incorporating new reservations: Norway, Denmark, France, Sweden, Turkey, Belgium, the Netherlands, Philippines, Pakistan, United Kingdom, Australia, have all done this and two States — South Africa and France — terminated their declarations without replacing them at all, South Africa in 1967, France in 1978. As is well known, in 1956 Portugal lodged a declaration with this Court, reserving the right to change or vary the terms of its declaration at any time. And although there were initial doubts about the effect of this declaration — since it could be and indeed was argued that the declaration became void for uncertainty — in fact the Court has not taken that view — I refer to the Court's Judgment in the *Right of Passage over Indian Territory, Preliminary Objections (I.C.J. Reports 1957*, p. 143) — and more than a dozen other States have followed the same practice.

Most significant of all, there are 11 examples of States having modified the terms of their acceptances of the Optional Clause without any prior reservation of the right to do so.

These States are the United Kingdom (three times, on 2 June 1955, 31 October 1955, 18 April 1957); France (twice, on 10 July 1959 and 20 May 1966); Australia (6 February 1954); South Africa (13 September 1955); Canada (7 April 1970); Philippines (18 January 1972); India (18 April 1974). In no case was any formal protest made over such modifications — even though, in several cases, it was clear that the modification was intended to exclude an actual, if pending, dispute with another State.

It is true that in 1974 Honduras itself did protest against El Salvador's unilateral termination, in 1973 of its original 1921 declaration. That protest was made for the very special reason that El Salvador and Honduras were clearly involved in a dispute likely to lead to the Court. But the Honduran protest was not supported by other States and thus Honduras has had to accept that as a matter of the general practice of States vis-à-vis the Court:

(a) States have the right to terminate or vary their declarations; and
(b) this right does not depend on a prior reservation of such a right, but arises as a normal, sovereign prerogative of the State in defining the limits of its acceptance of the Optional Clause.

This view accords with the 1924 Protocol for Pacific Settlement of Disputes. This, it will be recalled, recognized "the right of any State to make reservations compatible with Article 36, paragraph 2" (*LNOJ, Spec. Suppl., No. 21*, p. 22).

It accords with the resolution of the Assembly of the League in 1928, accepting the right of States to accede to Article 36, paragraph 2, "subject to appropriate reservations" (*ibid., No. 64*, p. 183).

It accords with the practice of States vis-à-vis both the Permanent Court of International Justice and the International Court of Justice.

It accords with the jurisprudence of this Court in cases like the *Right of Passage over Indian Territory*, Preliminary Objections.

Mr. President, I do not say the State's power to vary its declaration, to add new reservations, is unlimited. That right is clearly subject to, first of all, the requirement of compatibility with the Court's Statute. A new reservation must be compatible with the Court's Statute. But here, Nicaragua cannot argue that the Honduran reservation is by its very nature incompatible with the Statute.

Secondly, there is the limitation of the total ineffectiveness of any modification to a declaration in so far as such modification would seek to exclude from the Court's jurisdiction a dispute with which the Court is already seised — what we would commonly refer to as the *Nottebohm* principle. That, too, cannot apply in this case.

Thirdly, the power to add new reservations is limited by the possibility that States may have entered into a quite separate bilateral or multilateral treaty commitment, exluding or limiting their right to make reservations to their acceptance of the Court's jurisdiction.

For example, one could envisage an exchange of notes, expressly conferring on the Court jurisdiction over fishery disputes. A State could not thereafter avoid that treaty commitment by excluding fishery disputes in a new reservation to its acceptance of Article 36, paragraph 2, of the Statute.

But that, too, does not apply here. Nothing in the Pact of Bogotá expressly excludes a party's rights to make reservations to its declaration under Article 36, paragraph 2. The effect of Article XXXI of the Pact of Bogotá is to commit the parties to accept Article 36, paragraph 2, of the Statute. But it leaves them free to do so according to the Statute. That is to say, according to the States the right of reservation which any State has in making a declaration under the Optional Clause — and which is not prohibited by the Pact of Bogotá itself.

That brings me to the third of the Nicaraguan fallacies. The Nicaraguan argument is fallacious because it assumes that the declarations of States, made under the Optional Clause, establish a treaty relationship. Therefore, Nicaragua would argue, there cannot be a right of unilateral modification of such declarations.

But the unilateral declarations made by States under Article 36, paragraph 2, of the Court's Statute, do not constitute a treaty. These declarations are instruments *sui generis*. They have the potential to make a consensual bond, analogous to a treaty, but this transformation into a consensual bond occurs only when an application is filed, and the Court becomes seised with jurisdiction on the basis of the two unilateral declarations. Only at that point in time — and not before — can we speak of a true consensual bond.

Indeed, it cannot be otherwise if one looks at the practice of States in regard to these declarations. As we have seen, States assume they have the right to terminate or modify. That could not be so if a consensual bond, akin to a treaty, already existed. You cannot terminate or modify a treaty at will.

Thus, I would say that the first Nicaraguan argument is unsound. The Honduran declaration of 1960 did not commit Honduras in perpetuity. Honduras had the right to modify the terms of its declaration.

The Court adjourned from 4.20 p.m. to 4.40 p.m.

Mr. President, with your permission, I now turn to the second Nicaraguan argument. This is that, even conceding that Honduras had a right to modify its 1960 declaration, it could do so only upon reasonable notice, and it could not do so with immediate effect on 22 May 1986.

It is apparent that this second Nicaraguan argument is based upon the same misconception. It simply assumes that declarations make a consensual bond in the nature of a treaty and, therefore, that they can only be terminated upon reasonable notice. But it simply is not true. And, quite clearly, it is contrary to the general practice of States in regard to these declarations, as I have already shown. The fact is that the majority of declarations are currently terminable with immediate effect. *A fortiori*, therefore, if the declarations can be terminated with immediate effect, they can be modified with immediate effect, and States have so modified their declarations, with immediate effect and without protest.

However, the crux of the problem lies in this question. Does the right to modify with immediate effect only arise where such a right has been expressly reserved? Or does it inhere in the State's sovereign power to define the limits of its acceptance of the Court's jurisdiction?

Before addressing this crucial question, let me remove one possible source of confusion. Obviously the situation is quite different where a State has committed itself expressly to giving notice of an intention to terminate or vary. States sometimes do this: the declarations of China in 1946, of Mexico in 1947, of New Zealand in 1977 and of course the United States of America's 1946 declaration are illustrations.

Therefore, in its 1984 Judgment in the *Military and Paramilitary Activities in and against Nicaragua (Nicaragua v. United States of America)* case, the Court faced a quite different position, simply because there the United States had expressly committed itself to giving six months' notice. In that situation one can well understand the Court's emphasis upon good faith and the need to ensure that States comply with an express commitment, freely entered into. Indeed, it can be assumed that other States, knowing of that express commitment, would rely upon it in good faith. They might well, for example, postpone filing an Application because they believed they could rely upon receiving six months' notice of termination or variation. One could see that a State could reasonably assume that such an express commitment created an estoppel — precluding any termination prior to the expiry of the notice period.

But here we are in a totally different situation. For Honduras has undertaken no express commitment to give any specified period of notice. So the question becomes, does the Court have power to read into the State's declaration, the proviso that any modification of that declaration will only be made upon reasonable notice?

Mr. President, I cannot believe that the Court could assume such a power, absent some clear indication that this would accord with the intentions of States. In the Court's 1974 Judgment in the *Nuclear Tests* case the Court emphasized that the construction of a declaration is a matter of construing the State's intention. The Court said:

> "When it is the intention of the State making the declaration that it should become bound according to its terms, that intention confers on the declaration the character of a legal undertaking. . ." (*I.C.J. Reports 1974*, para. 43.)

And the Court restated that same principle in its 1984 Judgment, at paragraph 59.

So it is not a question of whether the Court has power to imply into a State's declaration an undertaking to give reasonable notice. It is a question of whether the State intended to assume an obligation to give reasonable notice.

Now, there is nothing, absolutely nothing either on or off the record, to show that Honduras ever intended to assume any such obligation. Indeed, the inference must be to the contrary. Given that a few States had assumed an express obligation to give notice, when there is no such express obligation assumed, the proper inference must be that the State in question wishes to retain its sovereign right to modify its unilateral declaration at will.

Mr. President, this brings me to the third Nicaraguan argument. This relies upon Article XXXI of the Pact of Bogotá. The argument is that whatever the position might be under Article 36, paragraph 2, of the Statute of the Court, in this case there is the specific treaty commitment of Article XXXI, and that has two necessary consequences:

First, that any reservation to the jurisdiction would have to be made by Honduras *ab initio*, when it became a party to the Pact of Bogotá in 1948; and

Second, that Honduras would be legally bound to give notice of its intention to modify its declaration.

Let me take these two supposed consequences of Article XXXI in turn. The first is based upon a confusion. Of course, if Honduras were seeking to enter a reservation to the Pact of Bogotá it would have had to have made such a reservation at the time of signing or ratifying the Pact. But Honduras was not, by its declaration of 22 May 1986, making any reservation to the Pact of

Bogotá. Let me again recall the opening phrase of Article XXXI of the Pact: "In conformity with Article 36, paragraph 2, of the Statute of the International Court of Justice, the High Contracting Parties declare..."

In other words the obligation of the parties is to act in conformity with Article 36, paragraph 2. It follows, therefore, that if Article 36, paragraph 2, allows reservations to be made to a declaration at any time, or to be varied at any time, this would be "in conformity with Article 36, paragraph 2" and therefore equally in conformity with Article XXXI of the Pact of Bogotá. In effect, Nicaragua seeks to read into Article XXXI a clause which, contrary to Article 36, paragraph 2, would preclude a party from making any reservation to its declaration under Article 36, paragraph 2, once it had signed and ratified the Pact. There is no such clause. It is impossible to imply such a clause from the plain terms of Article XXXI which, the Court will recognize, virtually coincide with the terms of Article 36, paragraph 2, itself. So, if such a clause or meaning cannot be implied in Article 36, paragraph 2, how can it be implied in Article XXXI of the Pact which has virtually identical wording?

As to the second supposed "consequence", the same reasoning applies. Article XXXI contains no express requirement of a prior notice to terminate or vary. And how can such a requirement be implied when it is not implied in Article 36, paragraph 2, of the Statute itself, given that the wording of the two Articles is virtually identical?

Mr. President, on this basis we reach a clear, and in my view, an inescapable conclusion: the reservations of Honduras of 22 May 1986 are valid reservations and they operate both for the purpose of the Pact of Bogotá and Article 36, paragraph 2, of the Statute of the Court. That brings me to the third and last question. This is:

(iii) *Do the Honduran Reservations in Fact Exclude the Nicaraguan Application from the Jurisdiction of the Court?*

The reservations in question are two. The first is the reservation of:

(a) *Conflicts affecting the territory of Honduras and arising out of armed conflicts or acts of a similar nature*

It had seemed to Honduras to be rather obvious that this reservation excluded the kind of application now made by Nicaragua. Certainly, that was its intention when it was drafted for, as has been explained by the Agent for Honduras, the Government of Honduras decided that the situation in Central America would be dealt with more appropriately by the Contadora process than by the Court. However, Nicaragua makes a number of objections. First, she says that Article 79 of the Rules of Court requires Honduras, in making a preliminary objection, to set out the facts on which the objection is based. Thus, Nicaragua argues, Honduras must prove that, on the facts, its reservation excludes the dispute: that Honduras is not entitled to treat the matter as self-evident, or rely upon the facts disclosed in Nicaragua's own Application. In short, Nicaragua alleges that Honduras has failed to discharge its burden of proof.

The answer to this, Mr. President, is that the burden of proving that the Court *has* jurisdiction rests on Nicaragua. In the normal course of events it would be for the applicant to file its Memorial, developing in full its arguments that there was jurisdiction by discharging its own burden of proof. And then the respondent would raise a preliminary objection, responding both in law and in fact. Certainly the original version of the Court's Rules in 1926 envisaged that a preliminary objection would be made after the deposit of the applicant's Memorial (*Rules of 1926, No. 38:* Guyomar, p. 499).

Now, in the present case, the Court has required Honduras to file its Memorial first. Honduras has no quarrel with that. It makes eminently good sense. But that does not mean that the burden of proof has shifted to Honduras, so that it now becomes the duty of Honduras to show that there is no jurisdiction: and Nicaragua is therefore exempted from its obligation, as Applicant, to show that there is jurisdiction.

So the question is twofold: has Nicaragua discharged its own initial burden of proof, in showing that the dispute is not covered by the Honduran reservations? And has Honduras discharged its burden of showing that the dispute is covered?

The crucial phrase is "conflicts... arising out of armed conflicts or acts of a similar nature". And I stress that last phrase, "acts of a similar nature". Both parties agree that the concept is not a technical one, but rather a factual one.

But then Nicaragua argues — especially at paragraph 243 of its Counter-Memorial **(I)** — that the references in Nicaragua's own Application to "armed attacks against the territory of Nicaragua" do not give evidence of an "armed conflict". Mr. President, I have to say that I find their arguments specious and unconvincing.

The Nicaraguan Counter-Memorial cites a number of official statements, made on behalf of Honduras, in which the phrases "acts of aggression against Honduras" or "aggression by Nicaragua against our territorial integrity and civilian population" are used. But, says Nicaragua in its Pleadings, Honduras did not actually use the phrase "armed conflicts or acts of a similar nature". What does Nicaragua think aggression is? Does Nicaragua seriously suggest to the Court that an allegation of aggression is not an allegation of an armed conflict or an act of a similar nature? And what of Annex D to the Memorial provided by Honduras and entitled "Border Incidents". Can it be seriously suggested that Honduras has not provided sufficient prima facie proof of a conflict involving Honduran territory and involving armed conflict or acts of a similar nature? The terms of the reservation used by Honduras invite an interpretation based on common sense and the plain ordinary meaning of words. But Nicaragua seeks to avoid that approach and invites the Court to adopt a technical approach by identifying an armed conflict or act of a similar nature by a number of criteria. These the Court will find set out at paragraphs 260-275 of the Nicaraguan Counter-Memorial. These criteria are said to derive from logic and policy. They certainly do not derive from the law. The Court will recall that these criteria proposed by Nicaragua demand that the use of armed force must be:

(a) persistent;
(b) of a marked intensity;
(c) should be notified to the Security Council;
(d) should be the subject of a request by one of the parties for help by way of collective self-defence;
(e) should involve the application of the laws of belligerency and neutrality vis-à-vis third States;
(f) should be incompatible with the maintenance of normal diplomatic and economic relations;
(g) should be recognized by third States as an armed conflict.

Where does all this come from? I cannot recall any legal document or text requiring that an "armed conflict" should meet all these criteria. They are pure invention on the part of Nicaragua, and Honduras invites the Court to take a common-sense approach and to draw the conclusion that the Honduran reservation is perfectly apt to exclude the dispute raised in the Nicaraguan Application.

The Court will have noted the final plea by Nicaragua that, in any event, the Court need not decide this issue now: it can be left to the Merits. Mr. President, it can *not* be left to the Merits. The analogy drawn by Nicaragua with the issue of the relevance of the multilateral treaty reservation of the United States to the Court's jurisdiction in the *Military and Paramilitary Activities in and against Nicaragua (Nicaragua v. United States of America)* case is really no analogy at all. In that case it remained to be seen how far, in their pleadings on the Merits, the Parties would rely on the United Nations Charter or other multilateral treaties. But here the issue is absolutely plain right now. The question is whether the dispute, identified in the pleadings of both Parties already before the Court, does or does not affect the territory of Honduras and arise out of armed conflicts or acts of a similar nature. The Court does not have to await pleadings on the Merits to see whether this is so. Indeed, it would be wholly improper to require the Parties to proceed to the Merits in the face of an express reservation to the jurisdiction in these terms.

This brings me to the second relevant reservation. By this reservation Honduras excludes from the jurisdiction:

(b) *Disputes in respect of which the Parties have agreed on other means of settlement*

Mr. President, I need not detain the Court for long on this. The submission of Honduras is that, under the terms of Articles II and IV of the Pact of Bogotá, the Parties have already agreed that this dispute shall be resolved via the Contadora process as a "special procedure" within the meaning of those Articles. This reservation therefore operates so as to exclude the jurisdiction of the Court.

Ambassador Hernández Alcerro, who will now follow me, will demonstrate to the Court that the Contadora process is a special procedure within the meaning of Articles II and IV, and that the Parties are legally committed to using that procedure to the exclusion of the other procedures provided by the Pact of Bogotá.

Mr. President, that brings me to the end of my intervention.

PLAIDOIRIE DE M. HERNÁNDEZ ALCERRO

COAGENT DU GOUVERNEMENT DU HONDURAS

M. HERNÁNDEZ ALCERRO: Monsieur le Président, Messieurs les membres de la Cour, pour qui a l'honneur, comme c'est mon cas, de représenter son pays devant les Nations Unies, le fait de comparaître devant la Cour signifie continuer à agir dans le cadre de cette Organisation, car la Cour est l'«organe judiciaire principal des Nations Unies».

C'est donc avec un profond respect que je comparais pour la première fois devant cette haute Cour en appréciant dans toute sa portée l'honneur et la responsabilité qui me sont échus, car je me trouve devant l'organe «appelé à dire le droit et rendre justice entre les Etats».

La Cour ne peut ignorer, et n'ignore sans doute pas, la réalité politique qui fréquemment se trouve à la base des différends internationaux bien qu'il s'agisse d'un différend juridique. L'exercice de vos hautes fonctions judiciaires vous oblige à séparer nettement le politique du juridique pour ne retenir que ce dernier. Dans mon cas, Monsieur le Président, je pense qu'il m'appartient d'en faire autant afin de mieux servir la cause du droit.

Dès le début j'ai participé en qualité de représentant du Gouvernement du Honduras aux négociations du groupe de Contadora, ce grand «effort diplomatique régional», ainsi que l'a qualifié la Cour (*C.I.J. Recueil 1984*, p. 184), lequel a abouti aux accords de pacification signé l'année dernière à Guatemala par les présidents centraméricains. Je ne peux donc oublier la réalité politique inhérente à la présente affaire. Il convient de mettre en relief les conséquences et les effets juridiques de ce processus de négociation politique, eu égard à la juridiction de la Cour.

M. Bowett a mis en relief certains points fondamentaux de la thèse juridique qui justifient à eux seuls la déclaration d'incompétence de la Cour dans la présente affaire. Il m'appartient de démontrer que, en marge de cette conclusion et à titre préalable, la requête présentée par le Gouvernement du Nicaragua est irrecevable pour les raisons exposées dans le mémoire du Honduras.

Je me propose maintenant, Monsieur le Président, d'examiner les deux exceptions concernant l'irrecevabilité de la demande du Nicaragua, en abordant en premier lieu celle se référant à l'article II du pacte de Bogotá et deuxièmement celle relative à l'article IV dudit pacte.

Au sujet de l'article II du pacte de Bogotá qui requiert que «*en opinion de las partes*» («de l'avis des parties») le différend ne peut être résolu par des négociations directes suivant les voies diplomatiques habituelles, qu'il me soit permis, Monsieur le Président, honorables juges, d'établir une question préliminaire qui me paraît capitale.

Le Honduras soutient que le seul sens raisonnable de l'article II est que l'Etat demandeur doit apporter à la Cour la preuve que, de toute évidence, les deux Parties ont abandonné tout espoir de régler le différend par des négociations directes.

Dans ce cas, le Nicaragua n'apporte pas une telle évidence. Le contre-mémoire nicaraguayen soutient que le Honduras allègue qu'il a un pouvoir de veto sur les procédures de règlement du pacte, car il pourrait, à tout moment, retirer son consentement à la proposition qu'un différend ne peut pas être résolu pas des négociations directes.

Sur ce point, le Honduras ne demande pas un tel droit de veto. Il revient à la Cour de décider elle-même si, par leur conduite, les Parties ont donné la preuve concrète que, de bonne foi, elles considèrent qu'un différend peut ou ne peut pas être réglé par des négociations directes suivant les moyens diplomatiques habituels.

Il ne s'agit pas d'un droit de veto. Il appartient à la Cour de ne pas prendre en compte ce qui a été dit pas l'une des Parties, s'il apparaît de toute évidence que la réalité est contraire aux propos qu'elle a soutenus.

La Cour doit chercher la preuve des vraies intentions des Parties. Il n'est pas possible à la Cour de substituer son opinion à celle des Parties, sur la question de savoir si le différend est susceptible d'être réglé par des négociations directes.

Monsieur le Président, en ce qui concerne la première exception, le Gouvernement du Nicaragua a exposé dans son contre-mémoire deux arguments, à savoir:

i) le Nicaragua interprète l'expression «*en opinion de las partes*» figurant à l'article II du pacte de Bogotá, comme signifiant en realité «de l'avis de l'une des parties». L'argument, ainsi que je le montrerai ci-après, va à l'encontre non seulement des règles d'interprétation des traités mais aussi de celles de la langue espagnole;

ii) en outre, le Nicaragua soutient alternativement que, même si la Cour considère que cette expression signifie «de l'avis des deux parties», la disposition de l'article II du pacte de Bogotá ne peut être opérante car il n'y pas eu de négociations entre le Nicaragua et le Honduras. Celles-ci seraient au point mort et, même si elles se poursuivaient, elles n'aboutiraient pas à la solution du différend. Cet argument, soit dit respectueusement, va à l'encontre de la réalité existante en Amérique centrale et, concrètement, il est contraire à la situation existante entre les Parties.

Monsieur le Président, le premier argument, comme il a été dit, va à l'encontre du «sens ordinaire» du texte de l'article II du pacte de Bogotá, tel qu'exigé par l'article 31 de la convention de Vienne de 1969 relative au droit des traités.

Le Nicaragua tente de fonder cet argument en se référant uniquement à une partie de l'article 25 de la charte de l'Organisation des Etats américains (OEA), qui utilise, entre autres, la phrase «de l'avis de l'un d'eux». Le Nicaragua invite la Cour à traiter ces deux textes comme *en pari materia*.

Cet argument du Nicaragua défie toutes les règles d'interprétation des traités en prétendant interpréter un traité à l'aide d'une phrase différente d'un autre traité complètement séparé. Plus encore, le Nicaragua cite la phrase de l'article 25 de la charte en dehors de tout contexte. D'une part parce que l'article 25 ne traite absolument pas de la juridiction obligatoire. D'autre part, parce que, contrairement à ce qu'affirme le Nicaragua avec sa citation tronquée, ce qu'établit réellement l'article 25 c'est que les parties (à nouveau le pluriel) à un différend, «devront *convenir* d'une autre procédure pacifique susceptible de leur permettre d'aboutir à une solution» (les italiques sont de nous) si, de l'avis de l'une d'elles, le différend ne peut être résolu par les voies diplomatiques habituelles.

Le Nicaragua omet, avec un peut trop d'habileté, que l'article 25 de la charte de l'OEA réaffirme plutôt le principe traditionnel du système interaméricain, selon lequel le choix entre les moyens de solution pacifique repose sur la volonté des parties en litige, à moins que n'existe une obligation contractuelle spécifique.

Il est clair que l'obligation générale est de résoudre les conflits par les moyens pacifiques, ainsi qu'il a été reconnu dans divers instruments interaméricains sur le sujet. Mais ni la charte de l'OEA ni le pacte de Bogotá n'établissent que c'est par la volonté d'une seule des parties que l'on aura recours à une procédure spécifique, en l'occurrence la Cour internationale de Justice, si le différend ne peut être résolu par les voies diplomatiques habituelles. L'adoption d'une procédure de solution pacifique requiert le consentement mutuel, tant au sens de l'article 25 de la charte de l'OEA qui dit *«les parties devront convenir»*, qu'en vertu de l'article 2 du pacte, *«de l'avis des parties»*.

En l'occurrence, en ce qui concerne le recours à une cour de justice internationale, la teneur du projet du traité alternatif sur les procédures pacifiques (doc. B) qui avait été élaboré par le comité juridique interaméricain en 1944[1], nous apporte des éclaircissements. En effet, il relève, dans son article VII, antécédent du pacte de Bogotá, le caractère facultatif et consensuel du recours judiciaire. Le paragraphe 1 dudit article stipule que «les parties pourraient, d'un commun accord, soumettre le différend à une cour de justice internationale».

Dans l'avant-projet du système interaméricain de paix que le même comité juridique interaméricain a présenté sur recommandation (résolution XXXIX de l'acte final) de la Conférence interaméricaine sur les problèmes de la guerre et de la paix, en 1945, le comité prit en considération la signature de la Charte des Nations Unies et du Statut de la Cour internationale de Justice[2]. L'avis du comité quant au caractère obligatoire des procédures arbitrales ou judiciaires fut très prudent. Je rappelle, Monsieur le Président, que le traité général d'arbitrage interaméricain de 1929, qui oblige les parties à soumettre à arbitrage les questions juridiques, n'eut pas les résultats escomptés, du fait des nombreuses réserves formulées lors de sa conclusion. Ces réserves, de l'avis du comité, étaient «une preuve concluante de ce que les Etats américains n'étaient pas disposés, à cette date, à accepter la juridiction obligatoire pour le règlement des questions juridiques».

Ce sont ces raisons qui amenèrent le comité à proposer, dans l'article XXIII de l'avant-projet, que la soumission d'un différend à la Cour internationale de Justice s'effectuerait par décision des parties en litige.

L'orientation suivie par le comité est manifeste, tant dans son projet de traité alternatif de 1944 (doc. B)[3] que je viens de citer comme dans l'avant-projet de 1945[4]. Dans les deux cas, le comité fut guidé par le principe selon lequel la volonté des parties était indispensable pour recourir à la procédure judiciaire.

Les antécédents du pacte servent à réfuter l'absurde interprétation que fait le Nicaragua de la phrase *«en opinion de las partes»* («de l'avis des parties») figurant à l'article du pacte.

Le comité juridique interaméricain, dans le projet définitif de système interaméricain de paix qu'a élaboré ce comité en 1947, maintient son point de vue, selon lequel la procédure judiciaire ne devait pas être obligatoire. Cependant, se conformant aux résolutions de la conférence qui s'est tenue à Petropolis, en 1946[5], et où fut clairement affirmée l'opinion des Etats américains en faveur de

---

[1] *Recommandations et rapports (1942-1944). Documents officiels*, comité juridique interaméricain, secrétariat général de l'Organisation des Etats américains, p. 71-81.
[2] *Rapport annexe A à l'avant-projet de «Système interaméricain de paix». Recommandations et rapports. Documents officiels*, comité juridique interaméricain, secrétariat général de l'Organisation des Etats américains, p. 38.
[3] Ci-dessus note 1, p. 14, par. 6.
[4] Ci-dessus note 2, p. 15.
[5] Résolution n° X, conférence sur le mantien de la paix et de la securité sur le continent.

l'arbitrage obligatoire, le comité reconsidéra son projet et y inclut le principe de l'arbitrage obligatoire dans l'article XVII[1].

C'est précisément dans ce projet définitif qu'apparaît pour la première fois à l'article II l'expression «de l'avis de l'une des parties»[2].

Monsieur le Président, cet antécédent est également digne d'être mentionné pour deux raisons. En premier lieu, parce qu'il prouve qu'à un certain moment la rédaction qu'invoque aujourd'hui le Nicaragua, dans son contre-mémoire, fut l'objet de considération, non seulement de la part du comité mais aussi, comme on le verra, de la part de la neuvième conférence internationale américaine. Cependant, contrairement aux desiderata exprimés par le Nicaragua, cette rédaction fut abandonnée dans la version finale du pacte au profit de *«en opinion de las partes»* («de l'avis des parties»), et, bien que le Nicaragua prétende le contraire, c'est la volonté des deux parties que prévoit le texte actuel du pacte.

En second lieu, même si en 1947 le comité a initialement pris en considération la rédaction de l'article II dans les termes dans lesquels, trente ans après, le Nicaragua désire que le pacte soit rédigé, ce comité, dans ce même projet définitif de 1947, établit clairement dans l'article XVII que la reconnaissance par l'une des parties — qu'il n'a pas été possible de résoudre un différend par la voie diplomatique ou par les procédures de médiation, d'investigation et de conciliation — aurait pour seule finalité d'aboutir obligatoirement à la solution arbitrale et non pas à la solution judiciaire, laquelle continuait à avoir un caractère consensuel et facultatif (art. XVIII).

Par conséquent, l'expression «de l'avis de l'une des parties» est apparue dans l'un des nombreux projets du comité juridique interaméricain (1947). L'incorporation de cette phrase était en relation exclusive avec le caractère obligatoire de la procédure arbitrale. Le recours à la procédure judiciaire exigeait non seulement que les parties «en conviennent» mais, de surcroît, qu'elles aient accepté préalablement la juridiction obligatoire de la Cour internationale de Justice, dans les termes de l'article 36 du Statut de celle-ci.

Monsieur le Président, rien ne paraît donc plus éloigné de la réalité que la prétendue interprétation que le Nicaragua veut donner aujourd'hui de l'article II du pacte de Bogotá.

S'il était besoin d'accumuler les antécédents de l'article II du pacte pour conclure de nouveau à l'impropriété de l'interprétation nicaraguayenne, il faudrait se référer aux discussions de la troisième commission de la neuvième conférence internationale américaine en 1948.

L'article II du pacte fut débattu lors de la seconde réunion de la troisième commission qui écouta le rapport d'un groupe de travail nommé pour étudier les règles générales du système interaméricain de paix (doc. CB-426/ C.III-16). Le second paragraphe de l'article II fut approuvé par le groupe de travail, dans la même forme que celle sous laquelle il avait été proposé par le comité juridique interaméricain dans son projet définitif[3].

Le délégué du Mexique, M. Enriquez, proposa un complément à cet article, tendant à consacrer «l'absolue liberté des parties pour choisir, proposer et suivre la procédure pacifique qui, selon elles, est susceptible de les mener à la solution de leurs différends[4]».

---

[1] *Recommandations et rapports (1945-1947)*, op. cit., p. 178.
[2] *Ibid.*, p. 163.
[3] *Ibid.*, p. 20.
[4] Procès-verbal de la deuxième réunion de la troisième commission, p. 119. C'est la rédaction que maintient l'article 25 de la charte.

Le délegué mexicain étaya sa proposition en déclarant que: «Pourquoi allons-nous les limiter à certaines procédures établies par le pacte ou par le traité de solutions pacifiques?»[1].

La proposition fut confiée à une groupe de travail composé des délégués du Mexique, du Pérou et de la Colombie.

Dans le procès-verbal de la troisième réunion de la troisième commission on examina l'amendement additionnel du Mexique lequel, après avoir été étudié par le groupe de travail, se borna à ajouter une phrase à la fin du second paragraphe de l'article II qui disait:

«En conséquence, au cas où surgirait, entre deux ou plusieurs Etats signataires, un différend qui, de l'avis de l'une des parties, ne pourrait être résolu au moyen de négociations directes suivant les voies diplomatiques ordinaires, les parties s'engagent à employer les procédures établies dans ce traité sous la forme et dans les conditions prévues aux articles suivants, ou les procédures spéciales qui, à leur avis, leur permettront d'arriver à une solution.»

Il est clair que dans la forme sous laquelle fut approuvé, dans la troisième commission, l'article II, la phrase «de l'avis de l'une des parties» entrait en contradiction avec la rédaction que la même troisième commission donna à l'actuel article 25 de la charte de l'Organisation des Etats américains qui dit:

«Lorsque naît, entre deux ou plusieurs Etats américains, un différend qui, de *l'avis de l'un d'eux*, ne peut être résolu par les voies diplomatiques habituelles, *les parties devront convenir* de toute autre procédure susceptible de leur permettre d'aboutir à une solution.» (L'italique est de nous.)

Il est donc évident que l'article 25 de la charte conserve la partie la plus importante de la rédaction proposée par le délegué du Mexique pour l'article II du pacte, c'est-à-dire le principe de l'absolue liberté des parties tandis que l'article II du pacte s'est borné à recueillir de la proposition mexicaine la dernière phrase: «ou bien aux procédures spéciales susceptibles, *à leur avis*, de leur permettre d'aboutir de meilleure façon à une solution» (l'italique est de nous). Cela laissant subsister, au début du paragraphe, l'expression «de l'avis de l'une des parties».

L'article 25 de la charte conserve, sans aucun doute, le principe de la liberté absolue des parties car il maintient le principe de l'accord: il dit «convenir», tandis que l'article II du pacte, tel qu'il fut approuvé, imposait à l'une des parties l'avis de l'autre quand celle-ci considérait qu'un différend ne pouvait être résolu par des négociations directes.

Monsieur le Président, ces divergences de conception entre l'article 25 de la charte et l'article II du pacte de Bogotá, tel qu'il fut approuvé par la troisième commission, amena la commission de coordination de la conférence à modifier le second paragraphe de l'article 2 du pacte et à introduire l'élément consensuel nécessaire au recours d'une procédure de solution pacifique distincte de celle de la négociation directe. C'est ainsi que, dans sa version finale, l'article II du pacte stipule qu'il est nécessaire que *«en opinion de las partes»* («de l'avis des parties») un différend ne puisse être résolu par des négociations directes ou les moyens diplomatiques habituels, pour que les parties fassent usage des procédures établies dans le pacte, ou des procédures spéciales susceptibles à leur avis de leur permettre d'aboutir de meilleure façon à une solution.

---

[1] Procès-verbal de la deuxième réunion de la troisième commission, p. 126.

Monsieur le Président, cela est l'explication logique de la correspondance qui existe entre l'article 25 de la charte et l'article II du pacte. Toute interprétation différente serait contraire au sens des deux articles et aboutirait donc à un résultat absurde.

Monsieur le Président et Messieurs les membres de la Cour, il a été prétendu que la modification de la phrase «était due à une faute de frappe en vue de la signature»[1]. Il a été aussi prétendu que la phrase du pacte provient «d'une déficience de caractère technique dans la redaction dudit article II du pacte»[2].

Non, cela n'est pas le cas. Ainsi que nous l'avons précédemment expliqué, l'origine de la modification réside dans la proposition d'amendement additionel, formulée par le délégué du Mexique, M. Enriquez, qui, en outre, fut membre du comité de rédaction désigné par la troisième commission «pour la rédaction, le complément et la coordination du traité américain de solutions pacifiques»[3] (pacte de Bogotá).

Ce comité de rédaction avait pour tâche de reviser soigneusement les articles et faire les changements qui s'imposaient afin que les principes approuvé aient une rédaction logique[4].

L'incorporation de la phrase *«en opinion de las partes»* («de l'avis des parties»), a même valu au pacte de nombreuses critiques de la part des auteurs comme Galo Leoro et Gómez Robledo[5]. Ces critiques prouvent que les arguments soutenus par le Nicaragua ne peuvent être défendus que dans un débat académique de *lege ferenda* sur d'éventuelles réformes du pacte. Ainsi cette phrase n'est pas inconsistante avec l'esprit général, qui préside au pacte, de laisser à «l'accord des parties» la solution pacifique des différends. La pratique des Etats confirme donc que le pacte n'a pas été appliqué sans que les parties ne manifestent leur accord en vue de recourir aux procédures qu'il établit. Comme le signale Leoro Galo: «La volonté des parties est la règle suprême...»[6]

Même la conciliation, écrit Leoro Galo, «n'est pas, au sens strict, une méthode obligatoire dans le pacte»[7].

La pratique des Etats démontre également que l'interprétation que le Nicaragua fait de l'article II est équivoque et contredit le comportement même de l'Etat nicaraguayen. En effet, certains auteurs[8] reconnaissent que le pacte de Bogotá n'a pas été utilisé pour la solution pacifique des différends précisément parce qu'il requiert, à cet effet, une manifestation de volonté de la

---

[1] Juan Carlos Puig, «El tratado interamericano de asistencia reciproca y el régimen internacional contemporaneo», *Annuaire juridique interaméricain*, 1983, Organisation des Etats américains, p. 173.

[2] Ismael Moreno Pino, *Origines y evolución del sistema interamericano*, Mexico, 1977, p. 245-246.

[3] *Actas y documentos*, vol. II, neuvième conférence internationale américaine, ministère des relations extérieures, Bogotá, Colombie, 1953, p. 537 et suiv.

[4] *Ibid.*

[5] Leoro F. Galo, «La reforma del tratado americano de soluciones pacificas o pacto de Bogotá», *Annuaire juridique interaméricain*, 1981, Organisation des Etats américains, p. 51 et suiv. Antonio Gómez Robledo, *«Naciones Unidas y sistema interamericano* (Conflictos jurisdiccionales)», *Règlement des différends,* étude pour la CEESI, doc. GEESI/47/74, 3 décembre 1974, p. 14.

[6] Leoro F. Galo, *op. cit.*, p. 52.

[7] *Ibid.*, p. 54.

[8] Voir Leoro F. Galo, *op. cit.*, p. 30; Tatiana B. Maekelt, *La solution pacifique des différends dans le système interaméricain: bilan et perspectives.*

part des parties. Le pacte tente de créer un mécanisme à caractère obligatoire qui fournirait une solution définitive aux différends, de sorte qu'aucun ne pourrait demeurer irrésolu après un certain délai[1]. Cependant, le résultat fut différent. Le système établi par le pacte est complexe et limité. Cela a eu pour conséquence que le traité interaméricain d'assistance réciproque (TIAR) a été appliqué en maintes occasions pour le règlement des différends entre Etats américains[2]. La raison fondamentale en est que le TIAR permet de déclencher ses mécanismes par invocation unilatérale.

Selon Mario Gonzalez Vargas[3], en raison de cette condition

> «la commission de solutions pacifiques n'a connu d'aucun cas[4], pas plus que le pacte de Bogotá a reçu application depuis l'époque de la création de la première et de la signature du second. Dans les circonstances actuelles, ce n'est que dans l'aggravation du différend qu'il y a lieu d'espérer sa solution, par le biais de l'application du traité d'assistance réciproque...»

C'est la raison principale pour laquelle le Gouvernement de la Colombie a proposé[5] de modifier la charte et le pacte de Bogotá pour conférer

> «la faculté unilatérale, à tout Etat partie dans un différend, de recourir en quête d'assistance au conseil permanent ou de provoquer l'application des procédures du pacte de Bogotá...»[6]

Tatiana de Maekelt, ancienne sous-secrétaire des affaires juridiques de l'Organisation des Etats américains, affirme également que «l'application pratique du pacte de Bogotá a été très rare et, en aucun cas, n'a résulté de l'initiative des parties en litige»[7].

Tel fut le cas des conflits entre le Costa Rica et le Nicaragua en 1948 et en 1949, et entre le Honduras et le Nicaragua en 1957[8].

Tant dans le cas du conflit du Nicaragua avec le Costa Rica, comme dans celui avec le Honduras, le Gouvernement du Nicaragua n'a pas recouru aux procédures de solution pacifique du pacte de Bogotá qui, selon le Nicaragua, sont ouvertes à l'une des parties en litige. Ce comportement aussi erratique surprend de la part de l'Etat nicaraguayen qui, en des occasions précédentes, n'a pas demandé l'application du pacte.

Monsieur le Président, j'ai examiné jusqu'ici le premier des deux arguments développés par le Nicaragua en ce qui concerne l'article II du pacte. Il est clair que l'examen que nous avons fait des antécédents et des travaux préparatoires au pacte, de la doctrine que j'ai interprétée et de la pratique des Etats américains démontre que l'allégation du Nicaragua est dépourvue de tout fondement. L'expression «*en opinion de las Partes*» figurant audit article II du

---

[1] *Actas y documentos, op. cit.*, p. 361. Ce principe figure à l'article 26 de la charte de l'Organisation des Etats américains.

[2] *Tratado interamericano de asistencia reciproca. Aplicacioncs*, vol. I-III, secrétariat général de l'Organisation des Etats américains, Washington.

[3] Mario Gonzalez Vargas, *Las herramientas de la paz y la seguridad en el sistema interamericano*, conférence à l'auditorium Andrés Bello, Banque interaméricaine de développement, 26 septembre 1985, p. 5, 11 et 12.

[4] En vertu de son statut de 1956.

[5] A la quatorzième session ordinaire de l'assemblée générale de l'Organisation des Etats américains.

[6] Mario Gonzalez Vargas, *op. cit.*, p. 16.

[7] Tatiana B. de Maekelt, *op. cit.*, p. 291.

[8] Doc. C-d-581, rev. 2; 5 juillet 1957 (original espagnol).

pacte ne peut être entendue que dans le sens: «de l'avis des deux parties», ainsi que le soutient le Gouvernement du Honduras dans son exeption d'irrecevabilité de la demande du Nicaragua.

* * *

J'en arrive, Monsieur le Président, au second des arguments du Nicaragua, en ce qui concerne l'article II du pacte de Bogotá. Cet argument figure, pour l'essentiel, aux paragraphes 201 à 203 du contre-mémoire (**I**). Il s'appuie sur les paragraphes 14 à 47 dans lesquels le Nicaragua a procédé non à une explication des faits, mais à une série de jugements subjectifs concernant certains faits liés au Honduras et au conflit existant en Amérique centrale.

Ainsi que l'a mis en évidence l'intervention de l'agent du Honduras, le Gouvernement du Honduras n'admet ni les faits exposés ni l'interprétation qu'en a fait le Nicaragua. Attendu qu'il s'agit de «faits notoires», il appartient à la Cour de juger de la correspondance des faits exposés par le Nicaragua avec la réalité.

Pour l'essentiel, l'argument du Nicaragua se fonde sur deux points dont il tente de tirer une conclusion. Il prétend, en premier lieu, que depuis 1980 le Nicaragua a adressé des protestations diplomatiques constantes au Honduras «à propos de toutes les actions honduriennes décrites dans la requête», protestations qui n'eurent pas d'effet de la part du Honduras (par. 202). En second lieu, que depuis 1981 le Nicaragua aurait cherché vainement «un règlement au moyen de négociations directes avec le Honduras», mais cela aurait été rendu impossible par le refus de celui-ci. Partant de ces deux hypothèses, le Nicaragua conclut que,

«dans ces conditions, il est évident que des négociations directes ne pourraient même pas avoir lieu entre les parties, selon toute probabilité et, à fortiori, qu'elles ne pourraient pas aboutir a un règlement» (par. 203).

Ce que je viens de citer, Monsieur le Président, Messieurs les membres de la Cour, est significatif car, au lieu de faire allusion à des faits, le Nicaragua se contente d'une probabilité et ceci détruit l'argument. Mais en outre les deux hypothèses sur lesquelles se fonde cette «conclusion» éludent sciemment certains faits pertinents.

En premier lieu, il est faux d'affirmer qu'après 1982 il n'y a pas eu de négociations directes entre les Parties. Celles-ci, ainsi qu'il a été mis en évidence dans le mémoire du Honduras (**I**, par. 1.16-1.17), se poursuivirent tout au long des années 1982 et 1983. En second lieu, il n'y a pas eu impossibilité de négociations directes entre les Parties du fait d'un refus du Honduras en 1982, comme le prétend à tort le Nicaragua. En 1982, le Honduras propose un règlement multilatéral du conflit en Amérique centrale. En 1983, il convient de ne pas l'oublier, débutent les travaux du groupe de Contadora auxquels le Nicaragua accepte de participer le 19 juillet 1983. Si le Nicaragua accepte d'y participer, ainsi que l'expliquait le commandant Daniel Ortega à cette date, cela est dû principalement au fait que le «processus de négociation préconisé par Contadora revêt un caractère multilatéral» (**I**, Mémoire, annexe 14).

Par conséquent, on passe des négociations directes, exclusivement bilatérales, à des négociations multilatérales dans le cadre de Contadora qui comprennent à la fois les conflits internes et les questions bilatérales et régionales. Le Nicaragua a accepté donc que les problèmes de l'Amérique centrale soient résolus en totalité par cette procédure de règlement et doit admettre que les négociations se sont poursuivies dans un cadre multilatéral jusqu'à ce jour.

Monsieur le Président, nous touchons de nouveau, à ce propos, un point central de la présente affaire, la relation indissoluble qui existe entre le bilatéral et le multilatéral en ce qui concerne les faits se déroulant en Amérique centrale.

Dans les paragraphes 198 à 200 du contre-mémoire, le Nicaragua a cité la jurisprudence de la Cour en ce qui concerne les négociations diplomatiques et le moment où se cristallise un différend international. Après ces citations il en vient aux deux hypothèses et à la «conclusion» que je viens de commenter. Cette «conclusion» serait fondée, en faisant abstraction des faits, sur un jugement subjectif, ainsi que le met en évidence la référence faite à la probabilité de ne pas pouvoir poursuivre les négociations ni aboutir à un règlement par celles-ci.

Or, un tel jugement subjectif ou un simple calcul de probabilité n'est pas recevable, ainsi que l'a affirmé la Cour dans son arrêt du 21 décembre 1962, dans l'affaire du *Sud-Ouest africain*:

> «It is not sufficient for one party to a contentious case to assert that a dispute exists with the other party. A mere assertion is not sufficient to prove the existence of a dispute any more than a mere denial of the existence of a dispute proves its non existence... It must be shown that the claim of one party is positively opposed by the other.» (*C.I.J. Recueil 1962*, p. 328.)

Nul doute que le Nicaragua n'a pas produit cette preuve devant la Cour. Il ne peut prouver qu'ait existé un *non possumus* ou un *non volumus* de la part du Honduras à un moment déterminé car les négociations bilatérales ont continué au sein des négociations multilatérales. Les faits mêmes que le Nicaragua invoque, dans sa requête contre le Honduras, sont l'objet de la procédure de règlement multilatéral de Contadora. Enfin, il est indéniable que, grâce à cette procédure de règlement, des succès importants ont été remportés en vue de l'instauration de la paix en Amérique centrale.

Ainsi que je l'ai dit précédemment, Monsieur le Président, surprenante est l'audace du Gouvernement du Nicaragua de recourir alternativement, et à sa propre convenance, tantôt aux négociations diplomatiques, bilatérales ou multilatérales, tantôt au règlement judiciaire. Ce comportement, que je me réserve d'évaluer, a eu l'intention d'entraver les procédures spéciales convenues par les Gouvernements centraméricains et a conduit le Nicaragua a d'inévitables contradictions. Il semble que pour le Nicaragua, le présent litige ne soit qu'une simple «suite» de celui engagé contre les Etats-Unis devant cette même Cour. La date de présentation de la requête contre le Honduras et le Costa Rica, liée à l'arrêt de la Cour en date du 27 juillet 1986, dans l'affaire des *Activités militaires et paramilitaires au Nicaragua et contre celui-ci (Nicaragua c. Etats-Unis d'Amérique)* (*C.I.J. Recueil 1986*, p. 14) le met directement en évidence. Mais, la présente affaire, il convient de le rappeler, présente des faits fondamentaux qui la différencie de celle engagée par le Nicaragua contre les Etats-Unis. Les contradictions du Nicaragua sont précisément liées à ces faits.

Le premier fait qui fait différence est la participation du Nicaragua, à partir du mois de juillet 1983, aux négociations multilatérales de Contadora. En second lieu, le Nicaragua invoque devant la Cour le pacte de Bogotá comme fondement de la juridiction du tribunal. Il s'oppose, logiquement, aux dispositions des articles II et IV du pacte, ce qui constitue une difficulté insurmontable.

Monsieur le Président, le Honduras, pour sa part, depuis qu'il s'est engagé dans le processus de négociation multilatérale, n'a soutenu qu'une seule thèse et a eu une attitude ferme et cohérente. La position du Honduras est la même depuis 1982, date à laquelle il attira l'attention sur l'étroite interrelation entre les dimensions nationales ou internes, bilatérales et multilatérales, de la crise régionale.

Le 23 mars 1982, le Honduras proposa cette perception des choses au sein du conceil permanent de l'OEA. Cette initiative de paix avait pour objet de rechercher une solution d'ensemble aux problèmes politiques, de sécurité, économiques et sociaux auxquels sont confrontés tous les pays de la zone (voir **I**, mémoire, annexe 3), tant sur le plan interne que sur le plan bilatéral ou multilatéral, attendu que tous sont intimement liés et qu'un fractionnement de leur approche donnerait lieu à des solutions déséquilibrées et partielles qui pourraient ne favoriser qu'une seule des parties.

A cet occasion, au conseil permanent de l'OEA, le ministre hondurien des relations extérieures exprima la disposition hondurienne à négocier, et le 6 avril de la même année il s'adressa au ministre des relations extérieures du Nicaragua, lui proposant de se réunir Tegucigalpa pour discuter de l'initiative. Le Nicaragua accepta l'invitation et la réunion eut lieu le mercredi 21 avril. Et, à cette occasion, le Gouvernement du Honduras expliqua à celui du Nicaragua la teneur de la proposition de paix présentée à l'OEA, en lui déclarant que, compte tenu de la complexité de la crise régionale, il était nécessaire de trouver une solution globale incluant naturellement les questions bilatérales.

Le ministre des relations extérieures du Nicaragua présenta, à cette occasion, une proposition alternative à celle du Honduras consistant en sept points ayant tous un caractère exclusivement bilatéral.

Le 23 avril de la même année, le ministre hondurien se référa à la proposition en sept points et, par note datée du 23 avril, formula quelques observations de son gouvernement.

Il n'est donc pas vrai, comme le prétend le Nicaragua (par. 202), que «le ministre des relations extérieures du Honduras a répondu en rejetant tous les efforts bilatéraux en vue de parvenir à un règlement». Ce qu'a dit le ministre hondurien c'est que la proposition de son pays était plus large et plus ambitieuse. Le ministre hondurien ajouta «il est encourageant de constater cependant que nos deux propositions ne sont pas nécessairement exclusives l'une de l'autre».

En outre, dans un communiqué du service d'information du ministère de la présidence du Honduras, en date du 11 mai 1982, le Gouvernement hondurien a démenti les informations provenant du ministère des relations extérieures du Nicaragua, qui faisait savoir que le Honduras avait rejeté la proposition nicaraguayenne. Le communiqué hondurien ajoutait que cette affirmation était étrangère à la réalité et donnait pour exemple que le premier point de la proposition du Nicaragua pour une réunion des chefs des armées avait été accepté.

Il indiquait également que le Honduras ne rejetait pas le point 3 et, quoique rejetant le point 4, pour absence de fondement, le Honduras invitait le Nicaragua à fournir les mêmes garanties que celles exigées du Honduras au point 5 et acceptait totalement les points 6 et 7 de la proposition nicaraguayenne. Le communiqué se terminait ainsi: «Comme on peut le voir, le prétendu refus du Honduras à l'égard de la proposition nicaraguayenne n'existe pas.»

Dans son ardeur à démontrer l'indémontrable, le Gouvernement du Nicaragua affirme (par. 202) qu'à partir d'avril 1982

«le Honduras a toujours maintenu sa position consistant à refuser d'engager des négociations directes avec le Nicaragua par les voies diplomatiques habituelles ou sous toute autre forme».

Monsieur le Président, rien n'est plus éloigné de la vérité. Le 14 mai 1982, le ministre des relations extérieures du Honduras s'adressa à son homologue nicaraguayen pour lui faire part que le Honduras était prêt à soutenir une réunion des chefs militaires des deux pays au poste frontière *La Fraternidad*, en territoire hondurien (**I**, mémoire, annexe 5).

Dans une autre note, datée du 17 mai, le ministre du Honduras faisait connaître à nouveau à celui du Nicaragua le projet de réunion des chefs militaires des deux pays en ces termes:

«La réunion militaire envisagée doit se tenir dans le contexte large de notre initiative afin d'internationaliser la paix, en traitant les problèmes régionaux, sans exclure pour autant ceux à caractère essentiellement bilatéral pour nos pays.»

Le Nicaragua prétend de même, dans une note de bas de page (n° 44), au paragraphe 121 du contre-mémoire (**I**), que les négociations de Contadora ne furent pas des «négociations directes» entre le Nigaragua et le Honduras.

Monsieur le Président, bien sûr qu'elles le furent. Tout au long du processus il y a eu des échanges entre les délégations du Honduras et du Nicaragua, des propositions et des contre-propositions de la part des deux pays, ainsi que le prouve l'abondante documentation dont dispose le Gouvernement du Honduras.

La double thèse du Nicaragua se met en marche dans le contre-mémoire, en essayant de réduire Contadora à un processus visant «l'examen général et la résolution du problème général de la région» qui contraste avec des déclarations antérieures du Gouvernement du Nicaragua, lorsqu'il affirmait que Contadora était la seule voie pour résoudre la crise régionale. Louanges envers Contadora, et Contadora comme processus d'«examen général», voilà les deux faces de la thèse nicaraguayenne.

Et pourtant Contadora remplit bien son projet de négociation entre le Honduras et le Nicaragua. Ecoutons ce que disent les ministres des relations extérieures du groupe de Contadora eux-mêmes dans leur bulletin d'information du 21 avril 1983:

«On a abouti à un accord de principe sur les procédures de consultation et de négociation qu'il faudra suivre dans un avenir proche, de sorte que celles-ci s'adaptent à la diversité des thèmes, *«qu'ils soient de portée régionale ou à caractère bilatéral.»* (**I**, mémoire, annexe 11. Les italiques sont de nous.)

Il n'est donc pas évident, comme l'affirme le Nicaragua, qu'il n'existait pas la moindre acceptation expresse ou implicite de sa part que le processus de négociation de Contadora incluait, depuis le début, les questions «de portée régionale ou bilatérale». Dans le cas où le Nicaragua aurait en réalité compris autre chose, il se serait difficilement maintenu dans le processus ou aurait exprimé une position dissidente. Or, c'est le contraire qui se produisit.

Le Nicaragua s'est maintenu dans le processus de négociation et n'a pas exprimé d'opinion contredisant l'affirmation prononcée par les ministres des relations extérieures du groupe de Contadora qui, dans un nouveau bulletin d'information du 30 mai 1983, déclarèrent:

«Fut particulièrement significative la participation des ministres des relations extérieures du Honduras et du Nicaragua, qui, en présence de leurs homologues, échangèrent des opinions précieuses sur la nature et la portée des problèmes affectant leurs pays.»

Lors de cette même réunion, selon le bulletin: «On convint de façon unanime de l'ordre du jour thématique qui devait orienter les discussions.» Dans cet ordre du jour furent envisagés, outre le cadre conceptuel, les problèmes politiques et de sécurité (**I**, mémoire, annexe 8 *in fine*).

Le 11 avril 1983, le chargé d'affaires du Nicaragua transmit au ministre des relations extérieures intérimaire du Honduras une note du commandant Daniel Ortega adressée au président de la République du Honduras.

Le chef d'Etat nicaraguayen rejetait le plan présenté par le Honduras au sein de l'Organisation des Etats américains et le qualifiait d'«absolument irrecevable pour le Nicaragua», en déclarant que:

> «En ce sens, le Nicaragua continue à considérer que le dialogue bilatéral, dans l'esprit de Contadora, est celui qui convient, attendu qu'il constitue un effort sérieux pour rechercher une solution aux problèmes auxquels la région est confrontée.» (Les italiques sont de nous.)

Monsieur le Président, comment est-il donc possible que le chef d'Etat nicaraguayen ait proposé le dialogue bilatéral «dans l'esprit de Contadora» et que le Nicaragua allègue aujourd'hui (**I**, contre-mémoire, par. 202, note 1), sans fondement et en contradiction avec ses propres actes de gouvernement, que: «The Contadora negotiations are neither "direct" (as between Nicaragua and Honduras)...»?

C'est le chef d'Etat nicaraguayen lui-même qui le proposa et le président du Honduras l'accepta dans sa note en réponse du 15 avril 1983:

> «Le Honduras a été parfaitement cohérent dans sa position quant à la difficile problématique centraméricaine: il existe des problèmes régionaux, des problèmes bilatéraux et des problèmes à caractère interne. Depuis le 23 mars 1982 ... nous avons formulé des propositions concrètes et sérieuses en vue de parvenir à des solutions politiques négociées pour chacun des types de problèmes évoqués.»

Il indiquait par ailleurs que le Honduras pensait que la démarche initiale devrait être la réunion des ministres des relations extérieures centraméricains, avec la participation de ceux d'autres Etats latino-américains, tels que ceux qui forment le groupe de Contadora.

Dans une réunion de cette nature, ajoutait le président hondurien:

> «Outre le fait d'aborder les aspects régionaux, on pourrait également préciser les politiques *bilatérales* jugées nécessaires, et que le Honduras n'a jamais refusées ni rejetées.»

Monsieur le Président, les manifestations de la volonté négociatrice du Honduras sont multiples. L'évidence du fait que le Nicaragua a proposé et que le Honduras a accepté la procédure de Contadora pour traiter les affaires d'intérêt bilatéral est confirmée par les notes et communiqués dont je viens de faire lecture.

La conduite des négociations bilatérales et régionales est un thème affirmé par le groupe de Contadora lui-même dans ses bulletins d'information. Le consentement du Nicaragua aux «procédures de consultation et de négociation» de Contadora ne peut être ignoré. Comment peut-on donc prétendre que le Honduras ait refusé de maintenir des négociations directes avec le Nigaragua? Comment peut-on valablement affirmer qu'il y ait eu un point mort dans les négociations?

Les affirmations nicaraguayennes sont d'autant plus absurdes que les pays centraméricains maintiennent actuellement un processus de négociation diplomatique lequel, ainsi que l'a exprimé l'agent du Honduras, non seulement a engendré une intense activité diplomatique, mais encore, dans ce cadre, le Honduras lui-même a présenté des propositions concrètes visant à prendre en compte les préoccupations exprimées par le Nicaragua dans sa demande introduite contre le Honduras devant cette honorable Cour.

Je n'insisterai pas, Monsieur le Président, sur les détails des négociations en cours, car l'agent du Honduras y a fait référence dans son intervention. Non seulement, ainsi que je viens de l'exposer il n'y a pas eu de point mort dans les négociations, ainsi que le prétend le Nicaragua, mais il y a eu, et il y a, des négociations en cours. C'est pourquoi les dispositions de l'article II du pacte de Bogotá sont applicables et la demande du Nicaragua, comme le pense le Gouvernement du Honduras, doit être déclarée irrecevable.

Mais permettez-moi de signaler enfin que l'existence de négociations multilatérales en Amérique centrale est aussi un fait reconnu par la communauté internationale dans son ensemble. Outre les efforts de Contadora, ceux réalisés en vue de l'application des accords de paix d'Esquipulas II ont reçu l'encouragement et le soutien de tous les Etats, exprimés dans diverses résolutions adoptées par l'Assemblée générale des Nations Unies. Parmi les plus récents, on peut citer la résolution 41/1 du 7 octobre 1987, la résolution 42/110 du 7 décembre de la même année, la résolution 42/204 du 11 décembre 1987 et, enfin, la résolution 42/231 du 11 mai dernier; celle-ci est relative à un plan d'assistance économique spéciale pour l'Amérique centrale en appui des accords d'Esquipulas II.

L'audience est levée à 18 heures

DEUXIÈME AUDIENCE PUBLIQUE (7 VI 88, 10 h)

Présents: [Voir audience du 6 VI 88.]

M. HERNÁNDEZ ALCERRO: Monsieur le Président, Messieurs les membres de la Cour, hier j'ai démontré que la requête du Nicaragua est irrecevable car celle-ci va à l'encontre des conditions établies dans l'article II du pacte de Bogotá, pour recourir à des procédures de règlement des différends autres que les négociations directes. Nous avons vu, au demeurant, que l'interprétation faite par le Nicaragua dudit article est totalement erronée.

J'ai aussi démontré qu'il n'y a jamais eu un point mort dans les négociations entre le Honduras et le Nicaragua et que le Honduras n'a jamais refusé de négocier avec le Nicaragua certaines questions à caractère bilatéral. Après 1983, le Nicaragua a proposé et convenu que lesdites questions soient traitées au sein des négociations de Contadora comme, en effet, cela a bien eu lieu.

Si vous le permettez, Monsieur le Président, je voudrais continuer ce matin en examinant deux autres questions. D'une part, l'exception d'irrecevabilité formulée par le Honduras, sur la base de l'article IV du pacte de Bogotá et, d'autre part, les exceptions ayant trait au caractère aussi artificiel que vague de la requête nicaraguayenne.

J'en viens maintenant, Monsieur le Président, à l'examen de l'exception formulée par le Gouvernement du Honduras sur la base de l'article IV du pacte de Bogotá, car la procédure de Contadora et la «Procedure en vue d'instaurer une paix stable et durable en Amérique centrale» (les accords d'Esquipulas II) constituent, en vérité, une seule et même «procédure spéciale» au sens de l'article II du pacte. Par conséquent, pendant que ladite procédure est en cours, il n'y a pas lieu de recourir au règlement judiciaire, conformément aux dispositions de l'article IV.

En liaison avec cette exception, j'examinerai deux questions principales. En premier lieu, quelles sont les procédures spéciales au sens de l'article II du pacte. En second lieu, la relation entre la «procédure spéciale» en cours et le système interaméricain.

En ce qui concerne le premier thème, permettez-moi de rappeler très brièvement quelle est la position des Parties. Pour le Gouvernement du Honduras, la procédure de paix de Contadora, et sa suite (Esquipulas II), est une «procédure spéciale» au sens de l'article II du pacte de Bogotá.

D'autre part, dans cette procédure, les faits mêmes, invoqués par le Nicaragua dans sa requête contre le Honduras devant la Cour, font l'objet d'un examen. C'est pourquoi les dispositions de l'article IV du pacte de Bogotá sont applicables à la demande du Nicaragua.

Pour sa part, le Nicaragua tente d'échapper à cet argument en minimisant la référence aux «procédures spéciales» dans l'article II et, à cet effet, il n'a trouvé d'autre solution que la pure sémantique. Jouant ainsi sur les mots, là où l'article II du pacte parle de «procédures spéciales», le Nicaragua estime que ce sont des procédures «spécialisées», en raison de la matière, qui exigent des connaissances particulières de la part des intervenants. Or, tant le sens ordinaire des termes et leur finalité que les travaux préparatoires de l'article II démontrent l'interprétation spécieuse du Nicaragua.

En effet, comme on l'a déjà expliqué, au moment où la troisième commission de la neuvième conférence internationale américaine allait voter l'article II du pacte de Bogotá, M. Enriquez, délégué du Mexique, proposa un addendum à l'article II qui, selon lui, avait l'intention de consacrer

«l'absolue liberté des parties pour choisir, proposer et suivre la procédure pacifique susceptible, selon elles, de les conduire à la solution de leurs différends» (*Actas y documentos*, vol. IV, neuvième conférence internationale américaine, ministère des relations extérieures, Bogotá, Colombie, 1953, p. 119),

Puis, M. Enriquez conclut sur une importante explication:

«Je crois que la base fondamentale devant présider à tout ce système est que les parties puissent convenir de ce qu'elles jugent le mieux par rapport à la fin recherchée, à savoir une décision finale.» (*Ibid.*, p. 126.)

L'explication proposée par l'auteur du projet d'addendum est simple et vaste: une «procédure spéciale» consentie par les parties est toute autre forme de règlement dont elles-ci conviennent, en dehors de celles spécifiquement prévues dans le pacte. Il n'y a pas d'autre exigence ni condition que celle d'être convenue entre les parties et avoir pour but de trouver une solution.

Il n'est pas non plus requis, comme le dit le Nicaragua (**I**, contre-mémoire, par. 207), de manifestation expresse des parties, déclarant qu'elles considèrent que le moyen dont elles ont convenu aux fins de résoudre un différend est une «procédure spéciale» au sens de l'article II. Il suffit que les parties aient manifesté leur accord sur le fait de suivre une procédure déterminée et que celle-ci ait pour but de résoudre le différend invoqué et, bien sûr, que la procédure ne soit pas spécifiquement conçue dans le pacte.

Le Honduras a largement démontré (**I**, mémoire, par. 122 et suiv.) l'approbation par les cinq Etats centraméricains et, particulièrement, du Nicaragua, en ce qui concerne la procédure de Contadora et d'Esquipulas II.

Or, attendu que le Nicaragua exige (**I**, contre-mémoire, par. 207) comme condition pour l'application de l'article IV du pacte de Bogotá que:

«The party asserting the bar should be able to point to some expressed indication that the process in question was regarded as a special procedure within the meaning of Article II.»

Il convient de fournir des preuves accablantes de ce que le Gouvernement du Honduras a toujours considéré que le processus de Contadora constituait une «procédure spéciale» au sens de l'article II du pacte.

Effectivement, le 18 avril 1984, le ministre des relations extérieures du Honduras s'adressa, par une note n° 253-DA, au Secrétaire général de l'Organisation des Nations Unites pour lui

«exprimer la grave préoccupation du Gouvernement du Honduras au sujet des nouvelles démarches internationales entreprises par le Gouvernement du Nicaragua aux fins de soustraire à la compétence du *moyen de solution pacifique spécial*, promu par le groupe de Contadora, la solution de la crise politique, économique, sociale et de sécurité qui frappe la région centraméricaine...» (Les italiques sont de nous.)

Le ministre des relations extérieures du Honduras continuait en déclarant que son pays considérait comme nécessaire que le groupe de Contadora poursuive ses efforts «sans que cette procédure soit exposée à la frustration par le recours qu'un pays pourrait faire à d'autres moyens de règlement pacifique».

Qu'il me soit permis, Monsieur le Président et honorables juges, de rappeler que la note du 18 avril que j'ai citée fut envoyée à l'occasion des mesures conservatoires demandées par le Nicaragua dans l'affaire contre les Etats-Unis d'Amérique. Cette note fut transmise par le chargé d'affaires par intérim du Honduras au Greffier de cette illustre Cour.

Sur ce point, je voudrais attirer l'attention de la Cour sur le fait que le Nicaragua a enlevé les termes «moyens» et «spécial», qualifiant la solution pacifique, dans l'annexe 25 au contre-mémoire (I) qui a récemment remplacé l'annexe originairement déposée[1].

Pour qu'une «procédure spéciale» soit considérée comme telle, il n'est pas non plus nécessaire, comme le prétend le Nicaragua (I, contre-mémoire, par. 212), que des documents ou des déclarations des pays membres de Contadora ou du groupe de soutien suggèrent, sous une forme ou sous une autre, que le processus de Contadora est une «procédure spéciale» au sens de l'article II du pacte de Bogotá. Exiger une reconnaissance expresse de ce genre est sans nul doute une requête extraordinaire et superflue.

Cependant, il y a un lien manifeste entre les entreprises du Honduras devant l'Organisation des Etats américains et la procédure de Contadora. Cela explique très clairement que le conseil permanent décida de ne pas appliquer l'une des procédures du pacte de Bogotá, à savoir les bons offices, pour donner son aval à la procédure spéciale de Contadora.

J'en viens ainsi au second point: le lien entre les «procédures spéciales» en cours et le système interaméricain.

En effet, le 5 avril 1983[2], le Honduras sollicita les bons offices du conseil permanent de l'Organisation des Etats américains pour que celui-ci, au moyen d'un projet de résolution que le Honduras soumit à l'examen du conseil, exhorte les gouvernements centraméricains à organiser une réunion de leurs ministres des relations extérieures afin d'engager un processus de négociation global et régional. Au cours du débat qui eut lieu le 5 avril, et dans les consultations qui se déroulèrent entre les gouvernements des pays membres du groupe de Contadora, et entre ceux-ci et les pays centraméricains, le Gouvernement de la Colombie, membre du groupe de Contadora, joua un rôle particulier. Son représentant permanent déclara que sa délégation considérait:

«que ce sujet peut et doit être traité par l'Organisation des Etats américains... Celle-ci est l'instance propice et adequate pour que, à l'initiative des différents pays de la zone, ces sujets soient étudiés, en application des compétences et dans les termes prévus par la charte de l'OEA.»

Il informait en même temps que le président de la République de Colombie, Belisario Betancur, faisait progresser, «précisément en ce moment», les conversations avec les présidents du Mexique, du Panama et du Venezuela «afin d'émettre, dans le principe, quelques idées susceptibles d'être propices à faciliter ou à donner impulsion aux desseins de paix pour l'Amérique centrale...»

Rappelons que l'initiative du Honduras consistait à réunir les cinq ministres des relations extérieures d'Amérique centrale en vue de négocier des accords de paix et de sécurité, avec la participation, en qualité de témoins honorables, des gouvernements latino-américains.

---

[1] La note hondurienne du 18 avril dit: «*moyen de solution pacifique spécial*» (annexe 45). La traduction nicaraguayenne de l'annexe 25 du contre-mémoire dit: «*a peaceful settlement*».

[2] OEA/SER.G.CP/ACTA. 521/83, 5 et 11 avril 1983.

A l'issue des consultations qui suivirent la proposition hondurienne, le conseil permanent décida «de reporter l'examen du sujet» ainsi que le proposait le représentant permanent de la Colombie, afin de laisser place aux actions que mèneraient les pays du groupe de Contadora qui se trouvaient réunis à Panama.

L'approbation du projet de résolution du Honduras aurait supposé la mise en application de la procédure des bons offices de la part du conseil permanent de l'OEA. Cependant, il est plus qu'évident que le choix des pays centraméricains se porta sur la procédure de Contadora.

Le ministre des relations extérieures du Mexique l'expliqua très clairement lors d'une conférence de presse donnée dans la capitale de son pays, le 13 avril 1983, en déclarant qu'après des conversations avec les parties intéressées la mise au second plan du projet de résolution hondurien à l'OEA: «nous affranchit en ce qui concerne la capacité d'action pour prendre juridiction directe sur le sujet».

C'est précisément ce que j'ai affirmé dans un article sur la «Crise centraméricaine et les négociations de Contadora» (*Annuaire français de droit international (AFDI)*, 1985), que le Nicaragua m'a fait l'honneur de rappeler dans son contre-mémoire (**I**, par. 212).

De là à conclure, ainsi que le fait le Nicaragua, que le plénipotentiaire hondurien avait déclaré que le processus de Contadora se trouvait «totalement en dehors du pacte de Bogotá...», n'est qu'une affirmation intéressée qui ne correspond pas à la réalité ni aux propos que j'ai tenus. Mon point de vue est que l'Organisation des Etats américains, en tant que telle, était «très engourdie», à savoir qu'elle manquait de dynamisme pour agir de façon effective dans la crise de l'Amérique centrale.

Finalement, il convient de citer, en la matière, la déclaration du délégué du Chili prononcée lors de la réunion de la commission des affaires juridiques et politiques de l'Organisation des Etats américains, le 28 avril 1987, en ces termes:

«L'actuel rôle médiateur du groupe de Contadora ne diffère pas non plus, dans son essence, de certains mécanismes envisagés par le pacte de Bogotá et, d'ailleurs, si le groupe de Contadora fonctionne, c'est parce que le permet le pacte de Bogotá lui-même, dont font partie quatre des cinq pays centraméricains. L'article II du pacte consacre expressément la possibilité de procédures spéciales.» (Doc. CP/CAPJ-663/871/Add. 4.)

Le Nicaragua prétend (**I**, contre-mémoire, p. 209) que, étant donné que les procédures établies spécifiquement par le pacte de Bogotá sont limitées dans le temps une procédure ouverte, sans date fixée pour son achèvement, ne pourrait être considérée comme une procédure spéciale au sens du pacte, à moins qu'un avis contraire n'ait été clairement exprimé.

Cette affirmation part de deux hypothèses erronées: d'une part, que les «procédures spéciales» dont conviennent les parties sont de nature identique à celles spécifiquement développées dans le pacte; d'autre part, que la procédure de Contadora était dépourvue de toute sorte de délais et de limites.

Les «procédures spéciales» auxquelles se réfère la dernière partie de l'article II du pacte sont des moyens de solution pacifique totalement informels, dans la mesure où le pacte n'établit aucun type de normes à leur égard, pourvu que, ainsi que nous l'avons déjà dit, ils résultent d'un accord entre les parties et qu'ils aient pour but de trouver une solution pacifique au différend dont il s'agit. Si l'intention était de donner une absolue liberté aux parties pour choisir, proposer et suivre la «procédure spéciale», il serait donc malvenu de prétendre que l'on s'attend à ce que celle-ci soit régie selon les mêmes critères que celles spécifiquement développées et structurées par le pacte.

Bien que la procédure de Contadora ne fixe pas de date limite pour son achèvement, il y a eu tout au long du processus des délais à tenir tels que ceux qui furent impartis au groupe technique, aux commissions de travail et aux plénipotentiaires eux-mêmes. Cependant, du seul fait qu'il s'agirait d'un processus de négociation ouverte, on ne peut en aucun cas conclure qu'il ne doit pas être considéré comme une «procédure spéciale» au sens de l'article II du pacte de Bogotá.

Mais cela étant dit, Monsieur le Président, il est intéressant d'examiner les conséquences qui découlent de l'article IV du pacte de Bogotá, puisqu'il s'agit d'une «procédure spéciale» au sens de l'article II. Selon de Nicaragua, la finalité de cet article est très claire. Il a été conçu pour empêcher qu'une partie ne

> «recoure à une procédure de règlement puis, si celle-ci semble tourner à son désavantage, elle l'interrompe pour passer à une autre procedure, évitant ainsi un résultat qui lui serait défavorable» (**I**, contre-mémoire, par. 231).

Le Gouvernement du Honduras est totalement d'accord avec ce point de vue étant donné que cette interprétation décrit avec une clarté enviable le comportement du Nicaragua dans la présente affaire, à savoir le recours alternatif au bilatéral et au multilatéral, aux négociations et au règlement judiciaire. Par ce comportement, le Nicaragua, d'une part, défend avec ardeur les solutions strictement bilatérales, et, d'autre part, acquiesce entièrement, avec la même véhémence, aux solutions régionales et globales qui comprennent des questions bilatérales, proposées à Contadora et à Esquipulas.

C'est avec cette tactique du *forum shopping* que le Nicaragua essaie d'imposer ses intérêts particuliers au détriment d'une solution négociée de la crise centraméricaine. En appuyant n'importe quel type de solution, le Nicaragua évite d'assurer des engagements réels en passant d'une procédure à l'autre et en esquivant la responsabilité qui lui revient du fait des revers que son propre comportement a infligés aux négociations de Contadora. Cette même tactique est employée par le Nicaragua dans la présente affaire devant la Cour.

Le Gouvernement du Honduras, on l'a vu, n'a pas refusé de traiter des questions bilatérales avec le Nicaragua. Le fait est que le Nicaragua a maintenu une attitude très inconsistante au cours de ces négociations. Parfois il a soutenu la thèse des conflits bilatéraux en Amérique centrale parfois il a opté pour une approche régionale qu'il a reniée par la suite pour en revenir à l'approche bilatérale.

Mais le Nicaragua a affirmé, en outre, qu'aucune des parties, ni aucun autre Etat, n'a admis, expressément ou implicitement, que Contadora était une procédure spéciale au sens de l'article II du pacte, et, que, par conséquent, il pourrait mettre en pratique l'article IV (**I**, contre-mémoire, par. 211 et suiv.).

Or, c'est le représentant permanent du Nicaragua au conseil permanent de l'Organisation des Etats américains qui déclara lui-meme[1], au moment d'accepter les activités du groupe de Contadora que:

> «Cette position nicaraguayenne suppose naturellement qui ni le Honduras, ni aucun autre pays, ne fera usage de ce forum ni d'aucun autre, pendant que ces activités se dérouleront» (OEA/SEC.G.CP/ ACTA.521/83, 5 et 11 avril 1983, p. 70).

---

[1] *AFDI*, 1985.

Il est donc clair que, dans l'esprit des parties et du groupe de Contadora lui-même, il fallait que, si le mode de solution choisi était la procédure proposée par Contadora, les parties s'abstiennent d'autres initiatives.

C'était le sens de ma déclaration lorsque je considérais dans l'article que le Nicaragua citait que: «L'apparition du groupe de Contadora trouve sa principale raison d'être dans les insuffisances des négociations partielles et des négociations internationales» (*AFDI*, 1985.) Et non pas, comme prétend le démontrer le Nicaragua (**I**, contre-mémoire, par. 214-217), que le Honduras considérait que Contadora n'empêchait pas la possibilité de recourir à d'autres instances et à d'autres méthodes pour résoudre les affaires et les problèmes centraméricains.

L'argument du Nicaragua (*ibid.*, par. 218) selon lequel, suite à l'acceptation de la procédure de Contadora, les organes des Nations Unies et de l'Organisation des Etats américains ainsi que les Etats centraméricains eux-mêmes débattirent de la crise régionale, perd de vue le point central. Le débat politique aux Nations Unies, à l'Organisation des Etats américains ou bilatéralement ne sont pas des procédures établies par le pacte de Bogotá.

Ce qu'exclut le recours à la «procédures spéciale» comme Contadora, c'est l'utilisation d'autres procédures établies par le pacte. Le recours à la Cour est une procédure établie par le pacte, mais il est exclu pendant que, de l'accord des parties, une procédure pacifique est en cours, ainsi que le stipule l'article IV du pacte.

Le Nicaragua tente d'appliquer le critère formulé par la Cour dans l'affaire des *Activités militaires et paramilitaires au Nicaragua et contre celui-ci* (*C.I.J. Recueil 1984*, p. 440-441) au présent cas; ce qui est totalement inadéquat.

En effet, à cette occasion la Cour énonça, à juste titre:

> «Vu ce qui précède, la Cour n'est en mesure d'admettre, ni qu'il existe une obligation quelconque d'épuisement des procédures régionales de négociation préalable à sa saisine, ni que l'existence du processus de Contadora empêche la Cour en l'espèce d'examiner la requête nicaraguayenne et de se prononcer le moment venu sur les conclusions présentées par les Parties en l'espèce.»

La Cour a précisé que cela s'appliquait «en l'espèce». Par contre, les circonstances de l'affaire qui requiert aujourd'hui son attention sont complètement différentes. Le Honduras et le Nicaragua sont parties au pacte de Bogotá et les deux Etats participent au processus de Contadora. Les Etats-Unis, en revanche, n'étaient pas partie prenante dans le pacte, ni ne participaient au processus de Contadora.

Le dernier argument avancé par le Nicaragua (**I**, contre-mémoire, par. 226-234) est également dépourvu de validité. Le Nicaragua dit que Contadora n'est pas une «procédure spéciale» au sens de l'article II, étant donné que l'objet de Contadora et l'objet de la présente demande sont différents.

Le Nicaragua n'arguë pas de ce que les faits matériels soient différents et ne contredit pas la démonstration du Honduras (**I**, mémoire, par. 3.08-3.09) selon laquelle tous les éléments essentiels de la demande nicaraguayenne devant la Cour sont également des éléments essentiels de la crise sous la juridiction de Contadora et, par conséquent, de la procédure d'Esquipulas II.

Le Nicaragua allègue que Contadora a pour objectif une solution ample globale et politique d'un conflit centraméricain général, et qu'il n'y a pas d'incompatibilité entre la négociation au sein de Contadora et le recours à la Cour. Cependant, Monsieur le Président, il existe une véritable incompatibilité.

En effet, ainsi que le Honduras l'a expliqué dans son mémoire (par. 3.13), si la Cour se prononce sur des sujets qui sont aussi partie intégrante du règlement de Contadora, nous n'aurions que deux possibilités: ou l'acte de Contadora doit se conformer à l'arrêt, ou l'acte ignore la décision de la Cour.

Pour le Honduras, il est impossible d'imaginer un accord régional n'incluant pas des sujets aussi vitaux que ceux de la sécurité à ses frontières avec le Nicaragua, la solution des conflits internes, la solution de la confrontation des puissances hégémoniques dans la région, le rapatriement des réfugiés, et tant d'autres problèmes qui ne sont pas susceptibles d'être isolés de Contadora et renvoyés à la Cour. Ils constituent l'objet même de la négociation qui s'est déroulée et continue à être mise en œuvre.

C'est pourquoi on ne peut prétendre que l'objet du processus de Contadora et d'Esquipulas II soit distinct de l'objet que le Nicaragua a déféré devant la Cour (**I**, requête, par. 2-7, 14 et 19), ainsi qu'il a été démontré par le Honduras, tant dans son mémoire (**I**, par. 3.08-3.09) que dans l'exposé qu'a fait hier son agent devant la Cour.

Le Nicaragua adopte dans son contre-mémoire une position diamétralement opposée à celle qui figure dans l'affaire des *Activités militaires et paramilitaires au Nicaragua et contre celui-ci*, quand il déclare qu'étant donné que les Etats-Unis ne participent pas au processus de Contadora «nos demandes juridiques contre les Etats-Unis ne peuvent trouver de solution, ni même de réponse, dans le cadre dudit processus» (*C.I.J. Recueil 1984*, p. 186, par. 38). Sur la base de cette déclaration, le Nicaragua ne peut alléguer (**I**, contre-mémoire, par. 234), dans la présente affaire, que ce qu'il appelle «litige bilatéral entre le Nicaragua et le Honduras» doit être considéré comme séparé et distinct des problèmes régionaux traités dans le processus de Contadora, attendu que le Honduras comme le Nicaragua font bien partie dudit processus dont l'objet englobe les allégations présentées par le Nicaragua dans sa demande contre le Honduras.

C'est ainsi, Monsieur le Président, que je conclus l'examen des exceptions d'irrecevabilité de la requête, exceptions basées sur les articles II et IV du pacte de Bogotá. Mais le Gouvernement du Honduras, préalablement à ces exceptions, en a formulé deux autres, «en priant la Cour de déclarer que la requête est irrecevable», eu égard à son caractère aussi artificiel que vague. Son caractère artificiel est susceptible d'affecter l'exercice de la justice par la Cour, et son caractère vague la position procédurale du Honduras, en qualité d'Etat assigné par le Nicaragua dans la présente affaire.

Dans le mémoire du Honduras, les deux exceptions ont été exposées. Et dans l'intervention de l'agent du Honduras ont été abordés divers points dignes d'intérêt. C'est pourquoi, Monsieur le Président, je me bornerai à exposer les aspects les plus essentiels liés aux arguments figurant dans le contre-mémoire du Nicaragua.

En premier lieu, il convient de rappeler qu'en liaison avec la crise existante en Amérique centrale le Nicaragua a présenté trois requêtes devant la Cour: en 1984, contre les Etats-Unis, et en 1986, contre le Costa Rica et le Honduras. Selon le Nicaragua, cela est possible parce qu'il existe, d'une part, «une situation générale tendue» qui peut être réglée par Contadora et, d'autre part, «un certain nombre de différends bilatéraux» avec des Etats étrangers à la région ou faisant partie de celle-ci, lesquels peuvent être résolus au moyen d'autres procédures, y compris la procédure judiciaire. Mais cette thèse du Nicaragua renferme des conséquences pour le présent et le futur des négociations multilatérales en Amérique centrale, ainsi qu'elle affecte l'exercice de la fonction judiciaire.

Selon le Nicaragua, l'objet de ses demandes devant la Cour serait distinct de l'objet de ces négociations multilatérales. Mais, dans ce cas, l'attitude du Nicaragua conduit à l'échec des négociations pour la pacification régionale. Donc le Nicaragua devrait choisir une fois pour toutes pour les négociations multilatérales qui incluent les différends bilatéraux, car la distinction entre situation générale tendue et pluralité de différends bilatéraux est en réalité purement artificielle.

De l'avis du Gouvernement du Honduras, l'attitude adoptée par le Nicaragua, à savoir l'emploi de cette technique de «dépeçage», s'écarte de beaucoup de la conception de la justice internationale qu'avaient ceux qui élaborèrent le Statut de la Cour permanente et de la Cour actuelle.

Certes, la compétence de la Cour s'étend «à toutes les affaires que les parties lui soumettront» aux termes de l'article 36, paragraphe 1, de son Statut. Et d'un point de vue purement formel rien ne s'oppose, apparemment, au fractionnement d'un différend global en une série de différends bilatéraux, ou au «dépeçage» d'un même différend bilatéral en des demandes successives et des litiges déférés devant la Cour. Mais il convient de se demander néanmoins, en dehors de considérations purement formelles, si les parties, dans la réalité, pourraient s'accorder pour diviser un différend. Aussi, faut-il se demander si la situation procédurale ainsi créée n'est pas contraire aux exigences élémentaires de bonne foi qui doivent présider à toutes les relations internationales. Et, également, si elle n'est pas contraire aux exigences inhérentes à un bon fonctionnement de la justice internationale.

Je comprends, Monsieur le Président, que ce que je vais ajouter n'est pas agréable, mais je crois de mon devoir de le faire. Le Gouvernement du Honduras pense qu'il y a lieu de craindre que l'attitude du Nicaragua ait placé la Cour devant un carrefour difficile; et les Etats parties au Statut de la Cour veulent sans doute connaître, et avec précision, quelles sont les limites que ces exigences de bonne foi et de bon fonctionnement de la justice internationale imposent à l'éventuel fractionnement d'un conflit régional. Cela est encore plus nécessaire compte tenu de mon observation précédente: les Etats affectés par le conflit sont en train de mener une négociation multilatérale. Il est nécessaire de déterminer également s'il convient d'employer, sans aucune limite, la technique du «pick-and-choose», en déférant à la Cour et en abandonnant, pour certains faits, cette voie multilatérale en violation du pacte de Bogotá sur lequel le Nicaragua prétend fonder la juridiction.

Ma dernière considération, Monsieur le Président, est en relation avec le caractère vague et artificiel de la requête, et se réfère précisément au point que je viens d'indiquer. Et, à ce sujet, je serai encore plus bref.

Je me réfère à l'attitude du Nicaragua en ce qui concerne les demandes présentées contre le Costa Rica et le Honduras et, concrètement, au retrait de la demande du Nicaragua contre le Costa Rica, à la requête de mesures provisoires face au Honduras et au retrait ultérieur de cette requête nicaraguayenne. D'un point de vue également formel, on peut penser que le Nicaragua exerce son droit de demande et de retrait et qu'on ne peut pas le lui reprocher. Mais le simple formalisme supposerait, malheureusement, que l'on fasse abstraction des réalités politiques dans lesquelles s'insère cette attitude. Et, dans la présente affaire, il convient de ne pas oublier que les parties négocient dans un cadre multilatéral. Est-ce qu'on pourrait alors séparer le comportement procédural du Nicaragua devant la Cour de ces négociations multilatérales?

La réponse doit être négative. Mais, de l'avis du Gouvernement du Honduras, il convient d'affirmer, après une analyse objective des faits, qu'il y a plus:

le Nicaragua ne fait pas qu'utiliser à sa convenance le recours à la Cour; les demandes présentées contre le Costa Rica et le Honduras ont constitué un moyen de pression à l'égard de ces deux Etats du point de vue des négociations multilatérales. Cinq jours après la signature des accords d'Esquipulas II, le Nicaragua retire sa demande contre le Costa Rica. Et, pour ce qui est de la requête du Nicaragua contre le Honduras il fut convenu de la suspension de la procédure devant la Cour. Je tiens à signaler que cet accord fait partie intégrante de l'accord d'Esquipulas II. Les présidents des deux pays sont convenus que l'objectif final serait le retrait par le Nicaragua: «du recours judiciaire international relatif à la situation centraméricaine».

La phrase que je viens de citer, Monsieur le Président, est significative car le Nicaragua, dans l'accord avec le Honduras, accepte que le recours judiciaire ne se réfère pas à un différend bilatéral, contrairement à ce qu'il prétend dans son contre-mémoire, mais à la «situation centraméricaine». Et le fait que cela devrait se décider dans le cadre de négociations multilatérales est, aux yeux du Gouvernement hondurien, encore plus significatif. Des résultats positifs à ce niveau excluent nécessairement le recours judiciaire devant la Cour. Cela est, très sommairement, le sens de cet accord. Et, de l'avis du Gouvernement du Honduras, la Cour doit tirer les conséquences qui conviennent de l'attitude du Gouvernement du Nicaragua dans la présente affaire et déclarer, comme nous l'espérons, que la demande est irrecevable.

Je vous remercie, Monsieur le Président, Messieurs les membres de la Cour, de votre patience et de l'attention prêtée à mes propos.

Monsieur le Président, j'en ai ainsi terminé avec ma plaidoirie relative à la recevabilité de la requête du Nicaragua, peut-être pourrai-je vous suggérer de donner la parole à M. Dupuy après l'interruption de séance, afin qu'il traite, toujours à propos du pacte de Bogotá, d'un problème ayant trait non plus à la recevabilité mais à l'incompétence de la Cour.

Le PRÉSIDENT: Je vous remercie Monsieur l'ambassadeur, mais je crois qu'il est un peu trop tôt pour interrompre notre audience. Je donne la parole à M. Dupuy et nous ferons une interruption vers 11 h 30.

PLAIDOIRIE DE M. DUPUY

CONSEIL DU GOUVERNEMENT DU HONDURAS

M. DUPUY: Monsieur le Président, Messieurs les juges, je tiens tout d'abord à vous faire part du très vif plaisir et du grand honneur que je ressens à pouvoir m'exprimer devant vous aujourd'hui au nom de la République du Honduras, à laquelle j'exprime ici toute ma gratitude pour la confiance qu'elle a bien voulu me faire en me permettant la défense de ses intérêts dans la présente affaire.

C'est le troisième différend qui m'amène à plaider devant la Cour, avec une conscience renouvelée du privilège mais aussi des responsabilités qui sont ainsi les miens. La première occasion m'avait été offerte par l'affaire du plateau continental entre la Tunisie et la Jamahiriya arabe libyenne, et la seconde, devant une chambre de la Cour, s'était présentée en l'affaire du différend frontalier entre le Burkina Faso et la République du Mali. Et c'est le seul constat de l'absence de bases légales nécessaires qui m'amène aujourd'hui à plaider devant vous l'incompétence de votre haute juridiction à connaître de la présente affaire.

La République du Honduras, comme tous les Etats et comme vous l'êtes vous-mêmes, est fermement attachée au principe du consensualisme sur lequel doit être en toute hypothèse fondée votre juridiction. Cela ne nuit évidemment en rien, bien au contraire, au respect et à la confiance qu'elle a en la Cour, ainsi qu'elle a du reste pu le montrer par le passé et qu'elle le manifeste encore à l'heure actuelle par la soumission à votre haute juridiction d'un autre différend l'opposant à un autre de ses voisins, la République du Salvador.

*

Monsieur le Président, en la présente affaire, l'objet de ma plaidoirie sera précisément de démontrer que l'article XXXI du pacte de Bogotá ne fournit pas à la Cour de base légale pour se déclarer compétente sur le fond.

Cet examen présente un intérêt particulier, parce que c'est la première fois, depuis ses origines, que le pacte de Bogotá se trouve, comme tel, invoqué pour fonder la juridiction de la Cour internationale de Justice dans un différend opposant deux Etats américains. En effet, dans l'affaire de la sentence du roi d'Espagne, si les deux Etats avaient déjà comparu devant la Cour, c'était sur la base d'un compromis.

Celui-ci, s'il invoquait l'esprit général et l'objectif du traité de Bogotá, ne prenait cependant appui, et pour cause, nous le reverrons, sur aucune disposition spécifique du pacte, pas plus sur son article XXXI que sur un autre (voir **I**, mémoire, annexe 38, doc. A).

C'est dire qu'en dépit de l'autorité relative de chose jugée une intention singulière sera portée par l'ensemble des Etats intéressés (c'est-à-dire au-delà des Etats parties au pacte, tous les Etats américains) à la décision rendue par la Cour à propos de la signification d'un traité régional de règlement des différends que l'on a, à plusieurs reprises, mais en vain, tenté de réformer.

Si vous m'y autorisez, Monsieur le Président, je rappellerai d'abord synthétiquement les thèses respectives des deux Parties avant d'exposer les raisons de droit qui interdisent, selon l'opinion de la République du Honduras, que l'on trouve dans cette disposition le moindre fondement juridique à la compétence de la Cour.

L'article XXXI se lit comme suit:

> «Conformément au paragraphe 2 de l'article 36 du Statut de la Cour internationale de Justice, les Hautes Parties contractantes en ce qui concerne tout autre Etat américain déclarent reconnaître comme obligatoire de plein droit, et sans convention spéciale tant que le présent traité restera en vigueur, la juridiction de la Cour sur tous les différends d'ordre juridique surgissant entre elles et ayant pour objet:
>
> *a)* l'interprétation d'un traité;
> *b)* toute question de droit international;
> *c)* l'existence de tout fait qui, s'il était établi, constituerait la violation d'un engagement international;
> *d)* la nature ou l'étendue de la réparation qui découle de la rupture d'un engagement international.»

Le Nicaragua qui, ne l'oublions pas, dans cette affaire, est le requérant, c'est-à-dire l'*actor* au sens du droit romain, celui à qui incombe la preuve de la justesse de ses allégations, a talentueusement explicité dans son contre-mémoire une thèse qui ressortait déjà nettement de la formulation de sa requête.

Pour lui, et je cite les conclusions qu'il a présentées à la Cour au terme de ce contre-mémoire **(I)**, l'article XXXI du pacte

> «constitue une obligation conventionnelle qui s'impose aux parties tombant sous le coup des termes du paragraphe 1 de l'article 36 du Statut de la Cour, en tant que «cas spécialement prévus ... dans les traités et conventions en vigueur».

Sur la base de cette prémisse, le Nicaragua considère que la réserve qui accompagne la déclaration hondurienne de reconnaissance de la juridiction obligatoire de la Cour ne saurait limiter le champ d'application de cette dernière.

Il affirme également qu'il n'existe aucun lien substantiel entre l'article XXXI et l'article XXXII du même pacte, lequel établit que l'une quelconque des parties pourra porter une question devant la Cour au cas où la procédure de conciliation, par ailleurs prévue dans ce traité, n'aurait pas permis de la résoudre et que les parties au différend n'auraient pas convenu de recourir à l'arbitrage.

La thèse du Nicaragua revient ainsi à isoler radicalement l'article XXXI du pacte et à lui conférer une vie propre, parfaitement autonome, tant à l'égard des autres dispositions de la même convention qu'à l'égard du Statut de la Cour.

La thèse du Honduras est toute différente. Le Honduras en reste à l'idée simple que les termes d'une disposition conventionnelle doivent être respectés pour qu'on puisse en saisir le véritable sens: puisque l'article XXXI du pacte fait une référence explicite au paragraphe 2, et non au premier, de l'article 36 du Statut et, qui plus est, qu'il reprend à peu près intégralement, mot à mot, la formulation de ce paragraphe 2, cela signifie tout simplement qu'il organise la saisine de la Cour sur la base du paragraphe 2 et non premier du même article.

Ainsi, une liaison substantielle est-elle constituée entre deux systèmes de règlement judiciaire: celui de la reconnaissance de juridiction organisée par le pacte et celui qu'établit le système bien connu de la clause facultative de juridiction obligatoire de l'article 36, paragraphe 2, du Statut, à laquelle je me référerai plus simplement désormais en parlant de système de la clause optionnelle.

Ou, plus exactement, les rédacteurs du pacte ont fait référence expresse et délibérée au paragraphe 2 de l'article 36 du Statut parce qu'ils ont entendu y intégrer le système de la reconnaissance facultative de juridiction obligatoire de la Cour.

La République du Honduras a toujours adhéré à une telle conception, depuis l'époque des travaux préparatoires du pacte de Bogotá, jusqu'à aujourd'hui, en passant par la modification des termes de sa déclaration de reconnaissance de la juridiction de la Cour, effectuée le 22 mai 1986.

Aussi, les réserves qui affectent cet acte juridique hondurien s'appliquent-elles également aux conditions d'invocation de l'article XXXI du pacte. Il y a liaison directe entre l'un et l'autre.

Mais il y a sans doute plus. Ainsi que nous le rappelle la formule introductive de l'article 31 de la convention de Vienne sur le droit des traités de 1969, ceux-ci ne doivent pas seulement s'interpréter «suivant le sens ordinaire à attribuer [à leurs] termes», ce qui interdit, bien entendu, que l'on modifie ces termes au gré de ses intérêts.

Il faut aussi interpréter ces termes «dans leur contexte et à la lumière de leur objet et de leur but», nous dit la convention de Vienne. Cela interdit alors que l'on arrache une disposition conventionnelle, en l'occurrence l'article XXXI du pacte, à l'ensemble normatif dont elle fait partie.

Car il en est souvent des normes comme il en est des bêtes ou des plantes. Elles s'étolent, et meurent lorsqu'on les coupe de leur environnement, au sein duquel elles remplissaient une fonction précise.

C'est ainsi que l'article XXXI du pacte ne peut s'interpréter indépendamment des autres dispositions du chapitre IV, à commencer par celle que constitue l'article XXXII, dont les conditions qu'il pose à la saisine de la Cour ont déjà été évoquées. Dans la mesure, également, où les dispositions de ce chapitre IV sont corrélées à d'autres chapitres et à d'autres articles du même ensemble conventionnel, il y aura lieu d'examiner soigneusement la portée de ces corrélations.

Nous ne sommes pas, en effet, en présence d'un puzzle éclaté ou d'une juxtaposition arbitraire d'institutions disparates de règlement des différends.

Au contraire, ainsi que l'indiquait M. Moreno Quintana, ancien juge de cette Cour, dans son *Traité de droit international* (1963): «articula este Pacto, en forma coordinada, las instituciones de la conciliación, del arbitraje y de la justicia internacionales» («ce pacte articule de manière coordonnée les institutions de la conciliation, de l'arbitrage et de la justice internationales») (cité par le comité juridique interaméricain de l'Organisation des Etats américains, *Documents officiels*, vol. X (1967-1973), 1978, version espagnole, p. 406). Aussi, le recours unilatéral à la Cour, organisé par l'article XXXI, peut-il être considéré comme conditionné à l'article XXXII par deux exigences: en premier lieu que les parties n'aient pas pu résoudre leur litige par la conciliation; en second lieu, qu'au constat d'un tel échec elles n'aient pas convenu d'une procédure d'arbitrage.

Aucune de ces conditions n'étant ici réunies, nous rencontrons une seconde raison, à la fois indépendante et complémentaire de la précédente, pour laquelle l'article XXXI ne constitue pas dans la présente affaire une base de compétence de la Cour.

Ainsi, vour le voyez, Monsieur le Président, à l'inverse de celle du Nicaragua, que l'on pourrait dire «de l'autonomie radicale de l'article XXXI», la thèse du Honduras insiste quant à elle sur les deux dépendances de l'article XXXI, avec toutefois, une prédilection très nette pour la première:

— dépendance, d'une part, à l'égard de l'article 36, paragraphe 2, donc du régime de la clause optionnelle comme telle, susceptible d'être affectée par les réserves de Etats membres;
— dépendance aussi, mais sans qu'un lien nécessaire l'unisse à la précédente, de l'article XXXI à l'égard de l'article XXXII du pacte, qui prévoit les conditions auxquelles le recours unilatéral à la Cour rendu possible par la reconnaissance de juridiction établie à l'article XXXI est cependant conditionnée par ce que l'on pourrait appeler l'épuisement des voies de règlement préalables, conciliation et défaut d'arbitrage. Chacun de ces liens suffit à expliquer indépendamment de l'autre pourquoi la Cour n'est pas compétente dans la présente affaire;
— il suffit de constater qu'une ou plusieurs réserves affectant la déclaration hondurienne de mai 1986 exclut la compétence de la Cour en ce genre d'affaires pour conclure, en raison du lien entre l'article 36, paragraphe 2, du Statut et l'article XXXI du pacte, que ce dernier interdit ici le règlement judiciaire;
— mais il suffit par ailleurs de constater que les voies de règlement préalables de l'article XXXII du pacte n'ont pas été ici utilisées pour parvenir au même constat d'incompétence de la Cour.

Prétendre le contraire, comme le fait le Nicaragua, est tout simplement incompatible avec la lettre et l'esprit des dispositions pertinentes du pacte de Bogotá. C'est à en approfondir la démonstration que nous consacrerons la première partie de cette plaidoirie.

Mais il y en a une seconde, qui pour être subsidiaire, n'en est pas moins tout à fait importante: elle aura pour objet de dresser le constat de l'incompatibilité des thèses actuelles du Nicaragua sur le sens et la portée de l'article XXXI avec sa propre pratique au regard du pacte telle qu'elle s'est manifestée en ces diverses occasions.

PREMIÈRE PARTIE. INCOMPATIBILITÉ DE L'ARGUMENTATION
DU NICARAGUA AVEC LA LETTRE ET L'ESPRIT DU PACTE DE BOGOTÁ

A. La lettre

Si je vous ai donné il y a un instant la lecture intégrale de l'article XXXI du pacte de Bogotá, c'est pour que vous puissiez vérifier une nouvelle fois son extraordinaire fidélité à l'article 36, paragraphe 2, du Statut de votre juridiction. A vrai dire, il en constitue une intégration littérale dans le corps du traité dont il fait partie en reprenant mot à mot ses termes.

Et pourtant, non sans avoir relevé sans vergogne un peu plus haut que toute autre conception que la sienne «n'est pas compatible avec le libellé et l'objectif de l'article XXXI», le contre-mémoire nicaraguayen (I) explique en effet à ses paragraphes 121 et 122:

«L'obligation que contient l'article XXXI est formulée en termes catégoriques et non restrictifs. Au contraire de l'article 36, paragraphe 2, du Statut de la Cour, qui incite les Etats à faire une déclaration générale reconnaissant la juridiction de la Cour (susceptible bien entendu d'être assortie des réserves que l'Etat déclarant peut souhaiter formuler), l'article XXXI renferme un engagement des «Hautes Parties contractantes»; comme il a été indiqué plus haut, le pacte est mentionné dans les

Annuaires de la Cour sous la rubrique «Autres actes», à la différence des déclarations de reconnaissance de la juridiction obligatoire de la Cour.»

Ainsi, le Nicaragua se livre-t-il à une espèce de revision unilatérale de l'article XXXI du pacte de Bogotá ou plutôt à une sorte de correction quelque peu condescendante de cette disposition, en affirmant clairement que les vingt et une délégation des Etats américains réunies en ce printemps de l'année 1948 dans la capitale colombienne se sont toutes simplement trompées, étant les unes aussi bien que les autres incapables de distinguer entre le paragraphe 2 qui renvoie au système de la clause optionnelle et le paragraphe 1 de l'article 36 du Statut de la Cour internationale de Justice qui fait référence à la reconnaissance conventionnelle de cette juridiction. A partie d'une confusion pourtant aussi élémentaire, toutes ces délégations ont pensé instituer la juridiction de la Cour sur la base du second, alors qu'elles utilisaient le premier de ces paragraphes.

J'entends bien, Monsieur le Président, j'entends bien que pour soutenir la thèse de l'erreur de rédaction le contre-mémoire croit pouvoir s'appuyer sur l'opinion du président Jiménez de Aréchaga, dont il est vrai qu'il fit naguère une telle critique au pacte. Mais j'observe que dans un article récent, publié à l'*Annuaire juridique interaméricain* de 1986 (p. 3-11), une étude au demeurant fort critique à l'égard du projet préparé sous la direction de M. Galo Leoro, M. Jiménez de Aréchaga adopte une appréciation beaucoup plus mesurée à l'égard de la rédaction de l'article XXXI, dont il dit simplement qu'il «contractualiza entre las partes el régimen de la cláusula opcional» («il contractualise entre les parties le régime de la clause optionnelle»), ce qui est bien une reconnaissance que l'on est en présence du paragraphe 2 et non 1 de l'article 36 du Statut.

Au demeurant, le Nicaragua n'apporte pas d'explication convaincante à ce singulier phénomène d'inadvertance, sinon de cécité collective, ayant affecté l'ensemble de l'aéropage de distingués diplomates et juristes réunis en la circonstance.

La République du Nicaragua a cru pouvoir trouver des preuves du bien-fondé de sa thèse dans les travaux préparatoires de la conférence (voir **I**, contre-mémoire, par. 134-139) et certains commentaires qui ont été faits de la finalité du système du pacte. Les écritures nicaraguayennes tentent ainsi une opération intellectuellement difficile, qui consiste à prouver que les auteurs du traité américain de règlement pacifique avaient bien en tête un autre dispositif que celui qu'ils ont formellement énoncé.

Ce faisant, le Nicaragua ne trahit pas seulement la lettre du traité mais aussi l'esprit du pacte de Bogotá. Examinons cela.

B. *L'esprit du pacte de Bogotá*

Qu'avaient en tête les auteurs du traité de règlement pacifique, quel était leur but final, et, pour y parvenir, comment ont-ils conçu l'articulation des divers modes de règlement de différends institués?

Comme il a été rappelé dans le mémoire hondurien l'idée du règlement pacifique des différends doit beaucoup aux efforts des pays latino-américains. L'obsession de la paix par le droit semble les animer depuis leur indépendance et trahit peut-être l'écho assourdi sinon le rêve nostalgique du grand rêve bolivarien d'unification du sous-continent.

Depuis le début du XXe siècle plus encore, ils avaient négocié toute une série de conventions portant sur cet objet dont on retrouvera les références et la description dans les écritures honduriennes (**I**, mémoire, par. 4.27 et suiv.).

Il fallait, après la remise en ordre générale du système international consécutive à la terminaison du second conflit mondial, rationaliser et simplifier l'enchevêtrement des obligations parfois contradictoires qui en était résulté, tout en tirant parti de l'expérience, au moins intellectuelle, qui procédait de ces multiples tentatives. Tel fut précisément l'objet du pacte, préparé par deux conférences successives du comité juridique interaméricains, en 1945 et en 1947.

Pour se rendre compte synthétiquement de la teneur des débats et du résultat finalement consacré à la conférence de Bogotá, le plus sûr est, sans doute, de donner la parole à, ce que j'oserai appeler, deux témoins oculaires des travaux préparatoires et de la négociation de laquelle est issue le traité: il s'agit tout d'abord de M. Lleras, secrétaire général de l'Organisation des Etats américains, dans le rapport qu'il présenta la même année, en 1948, devant la neuvième conférence interaméricaine, puis de M. Sanders, codélégué des Etats-Unis à la conférence de Bogotá.

a) Le secrétaire général Lleras, présentant la nouvelle convention, vieille à peine de six mois, au conseil de l'OEA, le 3 novembre 1948, synthétise son explication par ces mots:

> «Ainsi donc, le traité envisage un système logique de moyens pacifiques, parmi lesquels peuvent choisir les Etats: mais si son application n'est pas suffisante et que l'étape de la conciliation ne réussissait pas, et qu'on n'eût pas mis les parties d'accord à soumettre l'affaire à l'arbitrage, n'importe laquelle de ces parties aurait le droit de recourir à la Cour internationale de Justice dont la juridiction serait obligatoirement ouverte, conformément au paragraphe 2 de l'article 36 de son Statut.»

(Voir **I**, mémoire, annexe 37.)

Perseverare diabolicum! devrait ici remarquer le Gouvernement nicaraguayen! Voilà qu'en effet M. Lleras persiste et signe: ce n'est pas le paragraphe 1, mais bien le paragraphe 2 de l'article 36 du Statut de la Cour qu'il cite!

Ce n'est pas non plus à la saisine unilatérale inconditionnelle de la Cour qu'il se réfère. Tout au contraire, il décrit à nouveau, reprenant en substance les termes de l'article XXXII du pacte, les conditions auxquelles cette saisine est possible. Le secrétaire générale de l'OEA manifeste bien ainsi le lien matériel direct qui unit cette dernière disposition à l'article XXXI, lequel ne flotte nullement dans le ciel vide d'un éther juridique, mais au contraire fait partie intégrante d'un système d'ensemble.

b) M. Sanders, quant à lui, insiste tout comme le fait M. Lleras sur l'infléchissement de la conférence de 1947 vers un système plus contraignant de règlement des différends que celui qui avait été primitivement imaginé. Et, il établit ainsi une narration des évolutions qui se sont passées entre les deux sessions (1945 et 1947) du comité préparatoire, organisant les débats de la conférence de Bogotá.

Et il nous explique que ce qui a disparu, entre la première et la seconde conférence préparatoire, ce n'est pas seulement la reconnaissance expresse de la possibilité pour les Etats parties de saisir la Cour par voie de compromis, ce qui, d'ailleurs, n'est nullement pertinent dans la présente affaire, mais la consultation préalable entre tous les Etats membres de l'OEA, saisis d'une sorte de médiation collective entre les parties au différend ne parvenant à trouver d'issue à leur litige par l'un ou l'autre des modes de règlement pacifique. Il se réfère ainsi à une première proposition qui avait été faite en 1945. Et M. Sanders d'indiquer, pour présenter, par opposition à cette première mouture, le système qui devait finalement être définitivement adopté:

> «Consultations among the members of the Organization would have no place in this scheme since in theory no dispute could escape settlement, either by acceptance by the parties of the results of good offices, mediation, investigations or conciliation, or failing such acceptance, by a binding award reached through judicial or arbitral settlement of all disputes, whether of a legal or non-legal character.» («The Organization of American States», dans *International Conciliation*, 1948, p. 383-417.)

Une fois encore, un témoin direct des débats de la conférence de Bogotá insiste sur le fait que l'accès à la Cour internationale de Justice ou à l'arbitrage, et nous reviendrons plus tard sur l'articulation des deux, est conditionné par les deux préalables de l'échec des autres procédures de règlement des différends, vérifiant ainsi le lien entre l'article XXXI et l'article XXXII. Un peu plus loin dans le même article, M. Sanders confirme par ailleurs que la juridiction de la Cour est établie sur la base de l'article 36, paragraphe 2, du Statut et non du paragraphe 1 (*ibid.*, p. 403).

Ainsi, des témoins privilégiés des travaux ayant conduit à l'adoption du pacte insistent-ils de façon totalement convergente, d'abord sur le fait que le recours à la juridiction est intégré dans un système général, ce qui invalide la thèse actuelle d'une autonomie radicale de l'article XXXI. Ensuite, ils mettent l'accent, l'un comme l'autre, sur les deux liaisons de l'article XXXI avec l'article 36, paragraphe 2, du Statut d'une part et avec l'article XXXII du pacte par ailleurs.

Notons en outre (et je pourrai peut-être terminer cette première partie de mon intervention sur cette citation) en passant que, de ce dernier point de vue, c'est-à-dire du point de vue du lien entre les articles XXXI et XXXII du pacte, la position défendue par les Etats-Unis d'Amérique, dont le contre-mémoire nicaraguayen semble faire aujourd'hui soudainement grand cas, vient en particulier conforter la thèse du lien indissoluble entre articles XXXI et XXXII, et je vous prierai respectueusement, à cet égard, de vous référer à l'annexe 39 au mémoire des Etats-Unis d'Amérique dans la première phase de l'affaire des *Activités militaires et paramilitaires au Nicaragua et contre celui-ci*, en 1984, qui est d'une parfaite clarté.

S'appuyant expressément sur les rapports de M. Lleras que je viens de citer, les Etats-Unis déclarent:

> «Articles XXXI and XXXII together define the obligation to accept the Court's jurisdiction. Article XXXI commits the parties to accept the Court's compulsory jurisdiction. Article XXXI also describes the categories of disputes that may be brought before the Court; these are co-extensive with the categories in Article 36, paragraph 2, of the Statute of the Court. Article XXXII describes the circumstances under which the Court's compulsory jurisdiction may be invoked.»

Voilà donc une confirmation supplémentaire des thèses honduriennes.

L'audience, suspendue à 11 h 25, est reprise à 11 h 50

J'avais donc entamé cette première partie en rappelant, d'une part, le témoignage de deux auteurs privilégiés des travaux de Bogotá et en soulignant, ensuite, que la position que les Etats-Unis d'Amérique avaient adoptée lors de cette même conférence ne semblait en contradiction, tant s'en faut, avec les thèses de la Partie hondurienne.

J'en viens maintenant, si vous le permettez, à l'examen de la doctrine. Je dois dire qu'à cet égard, malgré quelques habiletés de présentation déployées par le contre-mémoire de la République du Nicaragua, force est de constater que la majorité des auteurs, latino-américains ou non, est en faveur des mêmes conceptions que celles que je viens d'énoncer. Je n'en reprendrai pas la liste exhaustive ici, craignant de lasser la Cour, et je me permettrai de la renvoyer respectueusement aux paragraphes 4.41 et suivants du mémoire hondurien (**I**), dans lequel ces opinions sont rapportées.

Je me permettrai toutefois d'insister sur le témoignage particulièrement impressionnant d'une étude publiée par l'Inter-American Institute of International Legal Studies, sous la responsabilité scientifique de son secrétaire général, M. García Amador, dont il n'est sans doute pas inutile de rappeler qu'il a été le conseiller juridique de l'Organisation des Etats américains pendant quinze ans.

L'objet de cette publication était «to bring out a publication that would contain the basic instruments of the Inter-American system, with annotation», c'était donc une entreprise de publicité et d'élucidation des instruments juridiques américains. Or cette étude, particulièrement rigoureuse, confirme bien à la fois la dépendance de l'article XXXI du pacte par rapport, d'une part, à l'article 36, paragraphe 2, du Statut de la Cour et, d'autre part, à l'article XXXII du même pacte. Après avoir rappelé que l'article XXXI «constitutes an unconditional declaration of the type foreseen in that article» (i.e., 36.2 of the Statute), il ajoute:

> «The foregoing notwithstanding, the compulsory nature of the judicial settlement is subject, to be precise, to the fact that the Conciliation Procedure established in the Pact or by the decision of the parties has not led to a solution and, in addition, that the said parties have not agreed on an Arbitral Procedure. Only in these circumstances may one of the parties exercise its rights to have recourse to the Court and the other, therefore, be subject to its jurisdiction.» (Inter-American Institute of International Legal Studies, *The Inter-American System, Its Development and Strengthening*, 1966, Oceana, Dobbs Ferry, New York, p. 79.)

Une telle position, qui, encore une fois, reflète le sentiment d'un grand nombre d'auteurs et prolonge les témoignages contemporains de la négociation du pacte, fut ultérieurement reprise, à titre personnel cette fois, par M. García Amador, ou par d'autres auteurs, tels M. Connell-Smith ou M. von Mangoldt (voir **I**, mémoire, par. 4.54 et suiv.).

On trouve également confirmation de son exactitude en 1986, dans la lettre envoyée par le secrétaire général de l'OEA au Gouvernement du Honduras, pour accuser réception de la nouvelle formulation de sa déclaration unilatérale de reconnaissance de la juridiction de la Cour. Cette lettre ne manifeste pas la moindre réserve à l'égard de l'initiative hondurienne.

Arrivé à ce stade de ma plaidoirie, Monsieur le Président, Messieurs les juges, il m'apparaît nécessaire de revenir sur deux distinctions qui, concernant l'analyse rigoureuse de la portée du pacte de Bogotá et la place qu'il réserve au règlement judiciaire, ont été parfois à la source de certaines confusions qui semblent aujourd'hui partagées par la République du Nicaragua.

Il s'agit en premier lieu de la nette distinction qu'il convient d'établir entre le caractère obligatoire de la juridiction effectivement établie par le pacte, et l'automaticité, ou plutôt l'inéluctabilité, du règlement pacifique des différends interaméricains, but déclaré du pacte de Bogotá.

Il s'agit ensuite de la distinction des conflits juridiques et des conflits politiques, qui est effectivement établie dans le même pacte, mais, de l'avis du Honduras, ne passe pas du tout par les lignes de force indiquées dans le contre-mémoire du Nicaragua.

1. *Caractère obligatoire de la juridiction de la Cour et inéluctabilité du règlement pacifique tout d'abord*

L'un ne se confond nullement avec l'autre, quoi qu'en aient dit certains, impressionnés par l'admission de la juridiction internationale dans un système régional de règlement des différends.

La juridiction obligatoire de la Cour, comme l'indique l'article XXXI du pacte, est certes établie sur la base du système de l'article 36, paragraphe 2, du Statut; je crois inutile de revenir là-dessus.

Pour autant l'accès à la Cour reste multiconditionnel, si l'on peut dire. Il suffit, pour s'en rendre compte, d'analyser l'article XXXI dans son contexte:

a) condition, d'abord, que les voies préalables de la concilliation et de l'arbitrage n'aient pas permis de parvenir à une solution: vous avez reconnu l'article XXXII;

b) condition, ensuite, que la Cour se déclare elle-même compétente, au cas où les parties n'auraient pu elles-mêmes parvenir à un accord sur ce point: article XXXIII;

c) condition, ensuite, que la Cour estime qu'il ne s'agit ni d'un différend relevant de la «compétence nationale», article V, ni du jugement de «questions déjà réglées au moyen d'un entente entre les parties ou d'une décision d'un tribunal arbitral» ou relevant de l'application d'autres «accords ou traités en vigueur à la date de signature du présent Pacte», pour citer les termes de son article VI;

d) condition, également, si la question en litige concerne des nationaux des Etats parties, que ces derniers aient bien, avant l'engagement par leur Etat de la procédure judiciaire, épuisé les voies de recours internes: article VII.

Ces trois dernières conditions, respectivement posées aux articles V, VI et VII du pacte, sont expressément reprises dans l'article XXXIV, lequel fait également partie du chapitre IV.

e) Enfin, condition non explicitée par le pacte mais impliquée par son articulation au Statut, en conformité avec les termes de l'article 36, paragraphe 2, condition que la déclaration de reconnaissance de la juridiction de la Cour ne comporte pas, pour ce qui concerne l'un ou l'autre des Etats concernés, une ou plusieurs réserves excluant la compétence de la haute juridiction dans le type de cas considéré.

Toutes ces conditions, qui encore une fois ne résultent que de la lecture attentive de la convention de Bogotá, n'affectent pourtant pas le caractère obligatoire de la juridiction de la Cour. Il s'agit simplement de deux choses différentes. La juridiction de la Cour est obligatoire mais elle est diversement conditionnée.

Où, alors me direz-vous, se situe l'automatisme ou l'inéluctabilité réputée du règlement pacifique institué à Bogotá? Dans aucune de ces dispositions mais un peu plus loin, à l'article XXXV, lequel dispose:

> «Si, pour une raison quelconque, la Cour se déclarait incompétente pour juger un différend et prendre une décision à son sujet, les Hautes Parties contractantes s'engagent à soumettre celui-ci à l'arbitrage conformément aux dispositions du chapitre 5 du présent traité.»

Le voilà donc, ce butoir apparemment inéluctable (apparemment seulement, mais il serait trop long de revenir en détail sur ce dernier point, de peu d'importance en la présente affaire et je me permettrai de vous renvoyer à cet égard à certaines observations, qui ne sont d'ailleurs pas exhaustives, faites dans le mémoire hondurien **(I)** au paragraphe 4.49).

Inéluctabilité apparente donc, sur laquelle serait sensée échouer toute tentative de la part d'un Etat américain d'échapper au règlement pacifique. Ce n'est pas la Cour, c'est l'arbitrage qui se trouve, si j'ose dire, en fin de course procédurale. Et j'attire votre attention là-dessus, c'est un arbitrage qui n'est pas le même que celui offert aux parties à l'article XXXII. C'est un arbitrage qui relève spécifiquement du chapitre 5 du pacte de Bogotá, lequel l'explicitera et l'organisera en détail.

Mais il est évident, en particulier, que la mention à l'article XXXI de la reconnaissance de la juridiction «de plein droit», le texte anglais dit en latin *ipso facto*, de la juridiction de la Cour ne fait, encore une fois, contrairement à ce qu'ont pu croire certains auteurs, que reproduire les termes de l'article 36, paragraphe 2; il n'invente rien et ne saurait donc impliquer l'inconditionnalité de cette juridiction.

Mais je le disais il y a un instant, Monsieur le Président, le montage institutionnel et procédural organisé par le pacte, au demeurant complexe, il faut bien le reconnaître, est également lié à une autre distinction, elle aussi parfois mal perçue, en tout cas par le Nicaragua et plusieurs des auteurs qu'il cite, celle des différends juridiques et des différends politiques.

2. *Organisation du règlement des différends juridiques et des diffférends politiques dans le pacte de Bogotá*

Cette question de fond est abordée dans le contre-mémoire nicaraguayen **(I)** dans son chapitre 3, à propos de l'articulation de l'article XXXI et de l'article XXXII du pacte de Bogotá. Et ce chapitre 3, je suis un peu désolé de devoir le dire, sans doute parce qu'il s'assignait une tâche à peu près impossible, apparaît à vrai dire d'une très grande confusion!

Poursuivant en effet le dessein d'isoler l'article XXXI du reste du traité, le contre-mémoire du Nicaragua accumule des arguments et des citations d'auteurs hétérogènes dont il ne semble pas toujours avoir pris la mesure de l'incohérence. On y trouve à la fois des assertions parfaitement exactes et des conclusions erronées.

a) C'est ainsi, par exemple, que son paragraphe 145 part de l'observation fort exacte que l'article III du pacte «ne prescrit pas l'ordre dans lequel il faut recourir aux procédures de règlement pacifique qu'il établit».

Et il ne lui est évidemment pas difficile de réunir sur ce constat d'évidence une liste importante d'auteurs sachant lire. Il est exact qu'entre toutes les procédures offertes au choix des parties, bons offices et médiation (chapitre 2), ou enquête et conciliation (chapitre 3), les parties au pacte ont le choix.

Mais cela n'enlève rien au fait que, sur la base de l'article XXXII, inscrit au chapitre suivant, le recours à la procédure judiciaire soit quant à lui conditionné de la manière que l'on sait. Du reste, si l'on se donne la peine de consulter la liste des auteurs amassée par le Nicaragua en cet endroit de ses écritures comme en d'autres, on se rendra rapidement compte qu'une large part d'entre eux ne s'y est pas trompée. C'est notamment, on l'a vu précédemment, le cas de l'étude de l'Inter-American Institute ou de l'œuvre personnelle de M. García Amador pourant citée dans ce contre-mémoire avec d'autres (*The Inter-American System*, vol. 1, deuxième partie, OEA, Washington, D.C., 1983, p. 233).

La procédure judiciaire occupe dans le pacte de Bogotá une place spécifique. Elle y couronne l'éventail des procédures diplomatiques de règlement et ne peut faire l'objet d'un accès immédiat.

b) C'est d'ailleurs parce qu'au sein du chapitre IV, qui lui est consacré, l'article XXXII a organisé l'articulation des différents modes de règlement, conciliation et juridiction qu'il a «constitué une nouveauté par rapport à la pratique suivie auparavant non seulement par les Etats américains, mais par toute la communauté internationale» (**I**, contre-mémoire, par. 158). Le Honduras n'a quant à lui jamais dit autre chose, ayant au contraire toujours insisté sur le rôle pivot de cet article XXXII.

Et c'est là, précisément, que l'on retrouve la distinction, et la discussion autour d'elle, ménagée par le pacte entre les différends juridiques et politiques. Ici encore, on retrouve dans les écritures nicaraguayennes une tendance un peu fâcheuse à juxtaposer constatations d'évidences et conclusions incorrectes.

Ainsi, après avoir insisté au chapitre précédent sur le fait que l'article XXXI était mal rédigé, puisqu'il mentionnait le paragraphe 2 de l'article 36 du Statut de la Cour alors que, d'après le Nicaragua, c'est «paragraphe 1» qu'il eut fallu y lire, ce dernier, le contre-mémoire nicaraguayen, met au contraire l'accent, dans le chapitre 3, sur le fait que les questions qui sont portées devant la Cour en vertu de ce meme article XXXI, je cite son paragraphe 142: «relèvent des catégories de différends énumérées au paragraphe 2 de l'article 36 du Statut».

Voilà donc, de façon surprenante, on en conviendra, la lettre de l'article XXXI ici réhabilitée, ce qui fait que l'on ne sait plus très bien quelle est la thèse qui a les faveurs du Nicaragua: comment peut-on prétendre dans un chapitre que la référence à l'article 36 qu'établit l'article XXXI du pacte est incorrecte, quand on y renverra soi-même au chapitre suivant?

L'article XXXI est-il, oui ou non mal rédigé? Ses rédacteurs on-ils eu tort ou raison de mentionner le paragraphe 2 de l'article 36 du Statut de la Cour?

Il serait sans doute temps d'informer clairement la Cour et la République du Honduras sur ce point crucial!

Le Gouvernement du Honduras, quant à lui, s'en tient encore une fois au constat simple que si l'article XXXI se réfère au paragraphe 2 de l'article 36, c'est qu'il avait au moins deux bonnes raisons de le faire:

— la première et la plus importante est de rattacher les conditions de saisine de la Cour au système de la clause optionnelle;
— la seconde est de définir *rationae materiae* le champ d'application de la compétence de la Cour.

Cette dernière raison explique au demeurant pourquoi le Honduras ne saurait être embarrassé, par exemple, par la remarque exacte de la délégation des Etats-Unis à la conférence de Bogotá (citée, apparemment pour l'embarrasser, dans le contre-mémoire au paragraphe 144), selon laquelle «l'article XXXII est différent de l'article précédent parce que sa portée n'est pas limitée «aux différends d'ordre juridique» mais s'étend à tous les différends» (*Report of the US Delegation to the Ninth International Conference of American States*, 1948, p. 48).

Loin de ruiner l'utilité de l'article XXXI, comme voudrait le faire croire le contre-mémoire nicaraguayen (par. 148), cette constatation lui donne au contraire tout son sens. Elle n'entraîne pas pour autant la conséquence que l'on puisse dissocier l'article XXXI des conditions procédurales de l'invocation de la Cour posées à l'article XXXII, ainsi d'ailleurs qu'en ont convenu, outre les témoins de 1948, MM. Lleras, Sanders ou Cordova, des auteurs comme Delbez,

R.-J. Dupuy, puis l'Inter-American Institute of International Legal Studies, F. V. García Amador, G. Connell-Smith ou Hans von Mangoldt (références dans le mémoire hondurien **(I)**, par. 4.38-4.46).

Ainsi, la constatation faite au paragraphe 143 du contre-mémoire nicaraguayen **(I)**, selon laquelle l'article XXXI renvoie aux catégories de différends visées au paragraphe 2 de l'article 36 du Statut, ne gêne nullement le Honduras, puisque aussi bien, on la trouvera par exemple aux paragraphes 4.38, 4.58, 4.59 et d'autres de son propre mémoire **(I)**.

Elle paraît en revanche inconciliable avec la thèse de l'erreur de rédaction de l'article XXXI, soutenue conjointement par le Nicaragua. On voit mal, en effet, comment ce dernier peut soutenir que cet article est bien rédigé pour ce qui concerne la catégorie des différends susceptibles d'être soumis à la Cour, et mal pour ce qui a trait aux conditions de sa saisine.

Lorsque, par exemple, l'étude de l'Inter-American Institute de 1966 fait la première de ces deux remarques, il continue immédiatement après en observant: «In this sense, the pact itself constitutes an unconditional declaration of the type foreseen in that article». M. García Amador établit la même conclusion (*Judicial Settlement of International Disputes*, Max-Planck Institute for Comparative Public Law and International Law, an International Symposium, 1975, p. 92).

Mais c'est également le cas de M. Galo Leoro, dont les thèses ont pourtant les faveurs nicaraguayennes, lorsqu'il note, dans son étude sur la réforme du pacte parue à l'*Annuaire juridique interaméricain* de 1981, que le

> «problème qui peut surgir à ce stade vient du fait qu il y a des Etats qui ont déposé leur déclaration auprès du Secrétaire général des Nations Unies sous condition de réciprocité ou sous certaines limitations et qui sont en même temps parties au pacte de Bogotá» (p. 63, par. 173)

— M. Galo Leoro, pourtant réputé être partisan de la lecture purement conventionnelle ou consensuelle de l'article XXXI. Pourquoi alors mentionne-t-il ici un problème qui pourrait résulter de l'existence concomitante de réserves apportées aux déclarations unilatérales de reconnaissance de la juridiction de la Cour? Mais c'est le cas aussi, parmi d'autres, de M. Herrarte, également cité par le contre-mémoire, puisqu'il voit dans l'article XXXI, je cite cet auteur, «la déclaration prévue au paragraphe 2 de l'article 36 du Statut pour ce qui est des catégories de questions mentionnées dans ce paragraphe».

D'une façon générale, le contre-mémoire nicaraguayen cite plusieurs auteurs insistant sur la distinction tranchée entre différends politiques et juridiques pour expliquer que la Cour pourrait connaître des premiers sur la base de l'article XXXI et des seconds sur celle de l'article XXXII (voir notamment J. J. Caicedo Castilla, *El derecho internacional en el sistema interamericano*, Madrid, 1970, p. 374, cité dans le contre-mémoire **(I)**, par. 164; F. Lavinia et H. Baldomir, *Instrumentos juridicos para el mantenimiento de la paz en America*, Montevideo, 1979, p. 29-30, cité par. 165, ainsi que F. Ferdinandez-Shaw, *La Organizacion de los Estados americanos*, Madrid, 1963, p. 411, cité au paragraphe 174 du contre-mémoire).

c) Le contre-mémoire nicaraguayen omet cependant à ce stade de signaler à la Cour que ces mêmes auteurs, à l'inverse de ce qu'il fait lui-même, ne prétendent pas par ailleurs que l'article XXXI, dans lequel ils voient un fondement de la requête directe à la juridiction de la Cour, est mal rédigé, ni que ses auteurs se sont trompés de paragraphe dans leur référence à l'article 36 du Statut de la Cour. Ils respectent, quant à eux, la lettre de l'article XXXI.

Dès lors, même si on accepte de les suivre dans une lecture du pacte qui dissocierait l'article XXXI de la condition d'épuisement des voies conciliatoires posées à l'article XXXII, il reste que, lorsqu'ils prevoient la possibilité du recours direct à la juridiction, ils le font, comme le dit par exemple M. Cardon, également cité par le contre-mémoire adverse, «conformément au paragraphe 2 de l'article 36 du Statut», donc conformément au système de la clause opitionnelle.

Dès lors si celle-ci est affectée d'une ou plusieurs réserves, comme c'est le cas de la présente affaire, celles-là empêcheront la Cour de se déclarer compétente. Doit-on rappeler que telle est la position constante défendue par le Honduras? (Voir **I**, mémoire, notamment aux paragraphs 4.12, 4.36, 4.60, 4.61 et suivants, ainsi que la première conclusion relative à la juridiction qu'il soumet à la Cour.)

Ainsi, emporté par son désir de convaincre, le contre-mémoire nicaraguayen, en tentant de ruiner la dépendance de l'article XIII par rapport à l'article XXXII, apporte-t-il une contribution, sans doute bien involontaire, à la démonstration du lien unissant l'article XXXI à l'article 36, paragraphe 2, du Statut de votre juridiction.

d) Au demeurant, quand bien même on accepterait de se placer sur le terrain assigné par le contre-mémoire à la citation de ces auteurs, qui est celui d'une double voie d'accès à la Cour, l'une pour les différends juridiques, l'autre pour les différends politiques, il ne faudrait pas tomber dans l'erreur ou, à tout le moins, l'ambiguïté profonde de certaines des analyses doctrinales évoquées par les écritures adverses.

Même si, comme nous le croyons, l'objet de l'article XXXI du pacte est aussi (à côté de son but essentiel de rattacher la juridiction au système de la clause optionnelle) de définir ainsi le champ matériel de la compétence judiciaire, il demeure de toute façon et en dernière analyse, que c'est la Cour elle-même qui est maîtresse de la qualification des différends, suivant qu'ils sont juridiques ou politiques.

C'est d'ailleurs bien pourquoi, le pacte ne fait pas d'erreur à cet égard, il a prévu à son article XXXIII qu'elle se déclarerait sur sa propre compétence au cas où les parties n'auraient pu y parvenir d'un commun accord.

Cette maîtrise, par la Cour, de la qualification des differends qui lui sont soumis ressort parfaitement de votre jurisprudence, et c'est sans doute pour ne s'y être pas suffisamment reporté que M. Galo Leoro, dans l'étude précitée (*La reforma del Tratado americano de soluciones pacificas,* 1981, p. 58, par. 148 et suiv.), examinant l'article XXXII du pacte, a du mal à percevoir comment la Cour, «dont la mission est de régler conformément au droit international les différends qui lui sont soumis» (Statut, art. 38) pourrait connaître de différends non juridiques.

La question, cependant, n'est pas nouvelle. Elle a trait à la justiciabilité des litiges internationaux. Vous êtes, Monsieur le Président, Messieurs les juges, trop familiers du problème pour qu'il me soit nécessaire d'y insister. Je dirai simplement, en me référant au beau cours de M. Lauterpacht à l'Académie de droit international, déjà en 1930 (*Recueil des cours*, t. 34, p. 551 et suiv.), que tous les différends juridiques présentent un caractère politique et que, à l'inverse, à peu près tous les différends politiques présentent des aspects juridiques.

Ainsi que l'a dit votre haute juridiction dans son arrêt relatif à la compétence dans l'affaire des *Activités militaires et paramilitaires au Nicaragua et contre celui-ci,* en des termes qu'elle empruntait d'ailleurs à une autre affaire, celle du *Personnel diplomatique et consulaire des Etats-Unis à Téhéran (C.I.J. Recueil 1980,* p. 19, par. 26):

«Nul n'a cependant jamais prétendu que, parce qu'un différend juridique soumis à la Cour ne constitue qu'un aspect d'un différend politique, la Cour doit se refuser à résoudre dans l'intérêt des parties les questions juridiques qui les opposent.» (*C.I.J. Recueil 1994*, p. 439, par. 105.)

Cela ne signifie pas, bien évidemment, que la Cour acceptera de se saisir de différends purement politiques, si tant est qu'il en existe, mais qu'à l'intérieur des différends politiques dont elle pourrait être amenée à connaître elle est seule compétente pour isoler les questions dont la solution relève de l'application de la règle de droit. Et je note, au demeurant, que le Nicaragua souscrit, dans son contre-mémoire **(I)**, à une telle conception en voulant rompre, un peu par hasard (on aura peut-être l'occasion d'y revenir) quelques lances avec le Honduras à propos de la recevabilité de la présente affaire (par. 3.10 et suiv.).

Je dirai que ce respect de la compétence de qualification dévolue à la Cour doit être de toute façon observé par les parties, et que ce ne sont donc ni ces dernières ni le pacte qui peuvent se substituer à la Cour dans cette fonction. Si, par extraordinaire, il apparaissait à la Cour qu'il est trop difficile en l'espèce de séparer le juridique du politique, question qui peut se poser ici, elle pourrait toujours se déclarer elle-même incompétente en application de l'article XXXIII du pacte.

On ne peut donc de toute façon souscrire à une présentation doctrinale de l'articulation des articles XXXI et XXXII qui laisserait accroire que c'est ce traité et, par son application, les parties qui disposent du pouvoir de qualifier le différend. Une telle interprétation serait incompatible avec son Statut.

Or, pour parler comme la Cour dans l'affaire précitée de 1984,

«il importe aussi de ne pas perdre de vue que tous les accords régionaux ... que les Parties à la présente affaire peuvent avoir conclus au sujet du règlement des différends ou de la juridiction de la Cour internationale de Justice sont subordonnés aux dispositions de l'article 103 de la Charte ainsi conçu:

«En cas de conflit entre les obligations des Membres des Nations Unies en vertu de la présente Charte et leurs obligations en vertu de tout autre accord international, les premières prévaudront.» (*C.I.J. Recueil 1984*, p. 440, par. 107.)

Ainsi, pour terminer cette première partie de mon exposé qui, je m'empresse de le préciser, est également la plus longue, je constaterai, Monsieur le Président, que la variété relative des opinions qui ont été émises sur le sens et la portée des conditions dans lesquelles le pacte organise le recours à la juridiction tient aux confusions souvent entretenues à l'égard du jeu des deux distinctions que je viens d'évoquer:

— d'une part, la reconnaissance du caractère obligatoire de la juridiction, qu'il ne faut pas confondre avec une inconditionnalité ou, encore moins, un automatisme de sa saisine, lesquels sont absents du pacte;
— d'autre part, la distinction entre conflits politiques et juridiques, qui n'implique absolument pas nécessairement une dualité de recours possibles à la juridiction, et ne saurait de toute façon inciter à conclure, comme le fait par ailleurs le Nicaragua, que l'article XXXI du pacte renvoie, contrairement à sa lettre, à l'article 36, paragraphe 1, du Statut. Cette distinction, qui plus est, ne saurait priver la Cour de l'appréciation de la justiciabilité des litiges qui lui sont confiés.

La République du Honduras s'en tient donc aux conclusions qui ont déjà été les siennes dans son mémoire. Elle considère:

 a) En premier lieu, que la lettre et l'esprit de l'article XXXI du pacte de Bogotá attestent bien son assise sur le système de la «clause optionnelle» de reconnaissance facultative de la juridiction de la Cour. Il ne comporte aucune autonomie à l'égard de cette disposition, ainsi que cela fut reconnu par le Secrétaire général de l'Organisation des Etats américains en 1987, comme auparavant, en 1948.

En conséquence, les réserves assorties à la déclaration hondurienne de reconnaissance de la juridiction de la Cour du 22 mai 1986 s'appliquent aussi bien à l'article XXXI. Or ces réserves, on l'a vu précédemment, excluent formellement la compétence de la Cour pour connaître des différends dont l'objet est celui de la requête nicaraguayenne.

Cette identité de régime entre la déclaration de l'article XXXI et celle de l'article 36, paragraphe 2, du Statut est de plus en parfaite concordance avec l'attitude constante du Honduras qui a notamment communiqué la nouvelle formulation de sa déclaration à tous les Etats américains par l'intermédiaire du Secrétaire général de l'Organisation des Etats américains, sans qu'aucun d'entre eux, pas même le Nicaragua jusqu'a une date très tardive, n'ait cru nécessaire de soulever d'objection.

 b) Par ailleurs, et sans, encore une fois, qu'il y ait un lien nécessaire avec le constat précédent, le Honduras, interprétant le sens et la portée de l'article XXXI dans le contexte général et par rapport aux dispositions du traité dont il fait partie, reconnaît la dépendance de cette disposition à l'égard de l'article XXXII. Celui-ci conditionne le recours unilatéral à la juridiction par l'échec d'une tentative préalable de conciliation et l'impossiblitité pour les parties au différend de se mettre d'accord pour recourir à l'arbitrage. Aucune de ces conditions ne se trouve réunie en la présente espèce.

La République du Nicaragua, on l'a suffisamment vu, en suggérant que l'article XXXI était incorrectement rédigé, en tentant de l'isoler du reste du traité, soutient une argumentation inconciliable avec la lettre et l'esprit du pacte. Mais, si l'on peut dire, il y a plus encore. Ce faisant, elle se met en contradiction radicale avec la conduite qu'elle avait elle-même adoptée à l'égard de cette convention et, plus précisément, de son article XXXI, le même qu'elle invoque aujourd'hui pour tenter d'établir la compétence de la Cour dans la présente affaire.

Deuxième partie. Incompatibilité de la thèse du Nicaragua avec sa conduite antérieure à l'égard de l'article XXXI du pacte de Bogotá

Quoique le pacte de Bogotá ait jusqu'ici, dans l'ensemble, peu suscité l'intérêt pratique des Etas américains, raison pour laquelle sa revision est à l'ordre du jour depuis maintenant plus de vingt ans, le Nicaragua a eu, à trois reprises, l'occasion de prendre partie par sa conduite à l'égard du pacte, et plus particulièrement de prendre partie à l'égard de la signification qu'il attachait à l'article XXXI. Une première occasion s'est présentée en 1957, lors de la détermination des conditions de saisine de la Cour, dans l'affaire de la *Sentence arbitrale rendue par le roi d'Espagne le 23 décembre 1996*. Une seconde s'est manifestée en 1984, lors de sa plaidoirie, notamment écrite, sur la compétence, dans l'affaire des *Activités militaires et paramilitaires au Nicaragua et contre celui-ci*. Une troisième, enfin, en 1986 et en 1987, consécutivement à la communication par les services de l'Organisation des Etats américains de la nouvelle formulation de la déclaration hondurienne de reconnaissance de la juridiction de la Cour.

Nous n'examinerons pas ces occasions dans l'ordre chronologique de leur apparition, mais en commençant par celle qui est elle-même la plus explicite et surtout la plus motivée. Toutes, cependant, sont également significatives. On constatera en effet que la prise de position très nette qui a été adoptée par le Nicaragua en 1984 (A) apporte à la fois une confirmation de la position qui fut la sienne en 1957 et une explication de sa très longue absence de réaction à la réception de la déclaration hondurienne en 1986 et en 1987 (B). Il restera alors, pour finir, à tirer les conséquences de cette conduite sur le plan du droit (C).

A. *L'attitude du Nicaragua en 1984*

En 1984, vous vous en souvenez, le Nicaragua désirait établir la compétence de votre haute juridiction pour connaître du fond de la requête qu'il avait déposée à l'encontre des Etats-Unis d'Amérique, dans les circonstances et à propos des événements que vous connaissez. Il déposa pour ce faire un mémoire très argumenté dans lequel il s'attachait en particulier à mettre en évidence que (je cite le titre de l'une de ses rubriques), «le Nicaragua a démontré par sa conduite constante depuis trente-huit ans son plein consentement à être lié par la juridiction obligatoire de la Cour».

Ce qui lui importait en effet à l'époque était de rapporter la preuve de la validité de sa déclaration unilatérale de la juridiction de la Cour permanente de Justice internationale. Et, parmi d'autres preuves de cette reconnaissance, il indiquait dans une substantielle note, c'est le Nicaragua qui écrit:

> «la volonté constante du Nicaragua de se soumettre à la juridiction obligatoire de la Cour est encore attestée par son adhésion, en 1950, au traité américain de règlement pacifique, dit «pacte de Bogotá»,

dont il donnait ensuite le texte intégral de l'article XXXI. Jusqu'ici, me direz-vous, rien qui vaille la peine de s'émouvoir.

Mais, c'est immédiatement après, cependant, que les choses deviennent intéressantes. A l'appui de la démonstration de sa volonté d'être lié par la juridiction de la Cour sur une telle base, le Nicaragua se livre en effet à un commentaire exégétique de l'article XXXI, que vous retrouverez dans l'abondante note numéro 2, placée sous le paragraphe 93 de son mémoire de 1984. Il y déclare (c'est toujours le Nicaragua qui écrit):

> «L'article XXXI cite expressément l'article 36, paragraphe 2, du Statut de la Cour comme base légale de la validité de ses propres termes. Les conditions stipulées à l'article XXXI sont précisément celles qui sont requises par l'article 36, paragraphe 2, du Statut.»

Et pour prouver que l'article XXXI renvoie au paragraphe 2 et pas au paragraphe 1, la même note poursuit, en avançant deux arguments dont la Cour pourra à présent constater que, s'ils ont le ton des plaidoiries écrites actuelles du Nicaragua, ils ont une substance absolument antithétique. Premier argument:

> «L'emploi du terme factitif «déclarent» indique que les rédacteurs savaient fort bien que cette section du pacte ne pouvait entrer en vigueur en vertu de l'article 31, paragraphe 1, ou de l'article 37 du Statut, aux

termes duquel c'est le traité lui-même — et non l'acte unilatéral de la partie déclarante — qui constitue la base de compétence de la Cour.»

A l'époque, on le voit, les malheureux rédacteurs du pacte de Bogotá n'avaient ainsi pas encore subi le discrédit que devaient leur faire connaître les écritures nicaraguayennes postérieures. Tout au contraire, hommage était rendu à leur sagacité.

Deuxième argument avancé par le Nicaragua en 1984:

«La fonction déclarative de l'article XXXI est également critique sous un second aspect: c'est que la déclaration faite par chaque Etat pour ratifier le pacte en application de cet article ne concerne pas seulement les Hautes Parties contractantes membres du traité. Conrairement à tous les autres mécanismes prévus dans le pacte pour le règlement pacifique des différends, l'article XXXI vise les différends qui peuvent mettre en cause un Etat américain non partie au pacte, puisque chaque «Haute Partie contractante» y fait la déclaration prévue, en ce qui concerne tout autre Etat américain. Cet effet transcendant le traité n'est possible que parce que le pacte assume la fonction et les conséquences de l'article 36, paragraphe 2, du Statut.»

Dont acte!

Il est également instructif de poursuivre la lecture du mémoire de 1984, parce qu'on y trouve, mais à front renversé, une argumentation selon la logique, dite de l'effet utile, également présente dans le contre-mémoire de 1987, mais pour défendre le point de vue diamétralement opposé.

— 1984:

«Si l'article XXXI n'est pas interprété comme équivalant à une déclaration aux termes de l'article 36, paragraphe 2, il n'a aucune fonction dans le pacte. L'article XXXII dispose en effet qu'entre les parties au pacte la compétence de la Cour restera obligatoire, en application de l'article 36, paragraphe 1, pour tous les litiges qui n'auraient pas été réglés par la procédure de conciliation. Cette disposition a un caractère général — c'est-à-dire qu'entre les parties elle est applicable à tous les différends, juridiques ou non. Par conséquent, entre les parties, il n'y aurait aucune raison de faire une déclaration au titre de l'article 36, paragraphe 2, et, partant, l'article XXXI du pacte n'aurait pas de raison d'être.»

— 1987, paragraphe 122 du contre-mémoire (**I**):

«Le Honduras, dans son mémoire, dit que «l'article XXXI du pacte autorise chaque Etat, *conformément à toute déclaration faite par cet Etat avant qu'un différend se produise*, à saisir la Cour unilatéralement» (**I**, mémoire, p. 65; les italiques sont de nous). Il va de soi que les termes soulignés dans cette citation n'apparaissent pas dans l'article XXXI. Il s'agit d'une invention pour le mémoire *[sic]*. Si l'article XXXI signifiait ce que le Honduras lui fait dire, il aurait été parfaitement inutile de l'inclure dans le pacte. En effet, indépendamment de l'article XXXI, tout Etat est déjà autorisé à saisir la Cour unilatéralement «conformément à toute déclaration faite par cet Etat avant qu'un différend se produise». Le point de vue du Honduras est donc contraire à la maxime générale qui régit l'interprétation des traités et selon laquelle la Cour doit donner effet à chacune des dispositions d'un traité.»

A propos de maxime, louons ici son extraordinaire plasticité, ou plutôt l'usage qui en est fait, à seulement trois ans d'intervalle, par un plaideur de talent qui, à propos de la même disposition conventionnelle, en employant la même technique argumentaire, arrive à soutenir deux points de vue radicalement opposés!

Mais alors, au fond, qui croire, Monsieur le Président? Le Nicaragua de 1984, ou celui de 1987? Accréditer la thèse de Managua, oui, mais de quelle année? Celle qui soutient que l'interprétation logique et rationnelle de l'article XXXI est d'y voir, conformément à ses termes, une déclaration de reconnaissance selon le système de la clause optionnelle ou celle d'après laquelle la seule issue possible est d'y voir tout au contraire une reconnaissance conventionnelle et réciproque de juridiction selon le paragraphe 1 du même article?

Quels sont les faits nouveaux, Messieurs les juges, qui ont autorisé le Nicaragua à une si déchirante revision en moins de quatre ans? Je pourrais encore citer cette note du mémoire nicaraguayen de 1984, Monsieur le Président, cette annonce qui concerne les observations relatives à la rubrique sous laquelle les *Annuaires* de la Cour ont fait mention du pacte de Bogotá. Mais le temps passe, cependant, et je ne voudrais pas lasser votre attention par des remarques subalternes sur lesquelles je me réserve la possibilité de revenir éventuellement lors d'un autre tour de plaidoiries.

B. *L'attitude du Nicaragua en 1957 et en 1986-1987*

1. En 1957, les deux Parties ont convenu de soumettre leur différend à votre juridiction sur la base d'un compromis et plusieurs raisons très valables ont été avancées pour expliquer le recours à cette procédure. Je m'arrêterai plus particulièrement à l'une d'entre elles. C'est l'existence de la réserve nicaraguayenne au pacte de Bogotá dont l'objet était précisément d'éviter une requête hondurienne ayant trait à la sentence de 1906 (texte de la réserve dans le mémoire hondurien **(I)**, sous le paragraphe 4.63).

Pour contourner cette réserve, il fallait saisir la Cour sur une autre base que celle du pacte, preuve que le Nicaragua considérait bien à l'époque que sa réserve au pacte, affectant l'article XXXI, s'appliquait aussi du même coup à sa norme de référence, qui est l'article 36, paragraphe 2, du Statut. (De la même manière, mais en sens inverse aujourd'hui, c'est le jeu d'une réserve hondurienne à sa déclaration de l'article 36, paragraphe 2, qui interdit l'invocation de l'article XXXI pour établir la juridiction.)

Ainsi en 1957, comme plus tard en 1984, le Nicaragua reconnaissait-il bien le lien substantiel d'identité entre l'article XXXI et article 36, paragraphe 2, du Statut.

2. En 1986, que s'est-il passé après la réception par le secrétaire général de l'Organisation des Etats américains de la déclaration hondurienne de reconnaissance de la juridiction de la Cour? (voir **I**, mémoire, annexe 40). Rien, justement, rien, en tout cas rien de la part du Nicaragua, pas plus d'ailleurs que des autres Etats américains ou du secrétaire général de l'Organisation des Etats américains, tous ont accepté, sans protestation aucune, réception des termes modifiés de la nouvelle déclaration hondurienne de reconnaissance de votre juridiction.

Le Nicaragua quant à lui, après d'abord avoir envoyé, le 7 juillet 1986, un accusé de réception au secrétaire général de l'Organisation des Etats américains, n'a pas réagi dans un délai raisonnable puisque ce n'est qu'un an après, à peu près jour pour jour, soit le 15 mai 1987 que son ministre des affaires étrangères envoya une note de protestation à cet égard. De ce point de vue, je dois dire qu'il y quelque ironie à voir le contre-mémoire nicaraguayen accuser le mémoire hondurien, remis à la Cour le 22 février 1987, de ne pas faire état d'une protestation qui n'aura lieu que le 15 mai suivant. Ce repentir tardif de Managua ne saurait effacer un acquiescement qui s'inscrit dans la continuité des positions nicaraguayennes depuis sa ratification du pacte de Bogotá, quarante ans auparavant.

Alors, précisément, Messieurs les juges, quelles sont les conséquences de cette contradiction patente entre les positions actuelles du Nicaragua et la constance de sa position antérieure? C'est ce que je voudrais brièvement examiner dans le dernier point de cette plaidoirie.

C. Conséquence de droit de la contradiction entre la thèse actuelle du Nicaragua et sa conduite antérieure à l'égard du pacte de Bogotá

Que la Cour se rassure, je ne vais pas une nouvelle fois, comme tant d'autres l'ont fait devant vous par le passé, faire subrepticement passer le Channel à ce fantôme mal épousseté de l'*estoppel*, pour l'agiter devant vous !

Non, Messieurs les juges, il n'y a pas *estoppel*, parce que désormais on sait mieux, grâce à vous, grâce à votre jurisprudence, quelles sont les conditions dans lesquelles cette institution peut être invoquée. Vous l'avez précisé notamment en l'affaire de la *Barcelona Traction, première phase* (*C.I.J. Recueil 1964*, p. 23), dans l'affaire du *Plateau continental de la mer du Nord* (*C.I.J. Recueil 1969*, p. 26, par. 30), dans celle ayant trait à la *Délimitation de la frontière maritime dans la région du golfe du Maine* (*C.I.J. Recueil 1984*, p. 305 et suiv., par. 130-146) où elle fut minutieusement examinée, et on sait enfin clairement quelles sont les conditions d'invocabilité de cette institution.

Il n'y a pas *estoppel*, mais en revanche une illustration parfaite d'une situation où un Etat est tenu par ses prises de position antérieures à l'égard d'un traité auquel il est partie.

Les plaideurs n'ont eu que trop tendance à amalgamer sous le manteau de l'*estoppel* des institutions diverses, procédant de raisonnements juridiques différents, tels que l'acquiescement, la promesse, la reconnaissance, la renonciation, attachés aux effets de l'expression unilatérale de volonté, à côte de l'*estoppel* proprement dit, dont la philosophie semble plus proche de celle de la forclusion. Mais de toutes ces institutions juridiques, on peut dire ce qu'à bon droit la Chambre disait en 1984 de deux d'entre elles, qu'elles découlent les unes et les autres «des principes fondamentaux de la bonne foi et de l'équité».

La confiance crée le droit. C'est Cicéron, déjà, qui déclarait: *Fiat quod dicitur*. Mais c'est la Cour, comme en écho, qui précisait en 1984 dans l'affaire des *Essais nucléaires*:

> «L'un des principes de base qui président à la création et à l'exécution d'obligations juridiques, quelle qu'en soit la source, est celui de la bonne foi. La confiance réciproque est une condition inhérente de la coopération internationale, surtout à une époque où, dans bien des domaines, cette coopération est de plus en plus indispensable. Tout comme la règle du droit des traités *pacta sunt servanda* elle-même, le caractère obligatoire d'un engagement international assumé par déclaration unilatérale repose sur la bonne foi.» (*C.I.J. Recueil 1974*, p. 268.)

Un peu plus haut dans le même arrêt, elle avait affirmé:

> «Quand l'Etat auteur de la déclaration entend être lié conformément

à ses termes, cette intention confère à sa prise de position le caractère d'un engagement juridique.» (*C.I.J. Recueil 1974*, p. 267, *op. cit.*)

Cette règle s'applique parfaitement à la prise de position motivée exprimée dans le mémoire nicaraguayen de 1984. Alors que sa conduite de 1986-1987 ou celle de 1957 relève plutôt des effets juridiques de l'acquiescement, et à ce titre, par exemple, de votre jurisprudence dans l'affaire du *Temple de Préah Vihéar* (*C.I.J. Recueil 1962*, p. 22 et 32-33): *Qui tacet consentire videtur et loqui debuisset ac potuisset*, la déclaration de 1984 relève bien de la jurisprudence précitée dans l'affaire des *Essais nucléaires*. Rappelons en effet que toute cette démonstration, que je viens d'évoquer devant vous, était destinée, comme l'indique le titre du paragraphe auquel elle se trouve annexée, à prouver que « le Nicaragua a démontré par sa conduite constante depuis trente-huit ans son plein consentement à être lié par la juridiction de la Cour» (affaire des *Activités militaires et paramilitaires au Nicaragua et contre celui-ci*, mémoire du Nicaragua, de 1984, au-dessus du paragraphe 91).

Ce disant, d'ailleurs, il se référait alors à bon droit au principe juridique qui réunit précisément les trois précédents de 1957, 1984, 1986-1987 dans la même soumission.

Ce principe, entre autre manifestation des soucis de bonne foi, d'équité et de sécurité juridique, que j'ai déjà évoqué devant vous, est celui de l'effet juridique attaché à la conduite subséquente des parties à un traité.

Outre ces considérations, acquiescement, renonciation, etc., cette règle est de plus spécifiquement inspirée par le souci de donner plein effet aux manifestations de volonté de l'Etat souverain.

Tous les auteurs, toute la jurisprudence convergent sur ce point: lorsque par sa conduite, qu'elle soit constituée de comportements ou de déclarations, un Etat fait d'une disposition d'un traité auquel il est partie une interprétation précise, il n'émet pas une prétention de droit dans l'abstrait, qui soit sans objet, ou, pour ainsi dire, à titre gratuit (voir par exemple J.-P. Cot, «La conduite subséquente des parties à un traité», *Revue générale de droit international public*, 1966, p. 632-666, et, plus généralement, McNair, *Law of Treaties*, Oxford, 1961, p. 424-429; Charles De Visscher, *Problèmes d'interprétation judiciaire en droit international public*, Paris, 1963, p. 121-124; Rousseau, *Droit international public*, t. 1, Paris, 1971, p. 279-281).

Par les diverses manifestations de son comportement à l'égard de l'article XXXI, le Nicaragua visait à préciser le sens et la portée d'un droit, celui de pouvoir saisir la Cour internationale de Justice. Ces prises de position avaient des destinataires, les autres parties au pacte et même plus largement, étant donné les termes de ce dernier, tous les autres Etats américains. Il ne peut aujourd'hui dire le contraire de ce que, notamment, il argumentait si bien à cette même barre, il y a seulement quatre ans.

Ainsi que le notait M. Alfaro, ancien vice-président de cette Cour, dans son opinion individuelle en accord avec l'arrêt de la Cour dans l'affaire du *Temple de Préah Vihéar*:

«a State party to an international litigation is bound by its previous acts or attitude when they are in contradiction with its claim in the litigation» (*C.I.J. Recueil 1962*, p. 39).

Ainsi terminerai-je cet exposé, Monsieur le Président, Messieurs de la Cour, en concluant que deux ordres de considérations s'unissent aujourd'hui pour écarter les arguments du Nicaragua en faveur de l'établissement de votre compétence sur la base de l'article XXXI du pacte de Bogotá.

Les unes sont objectives. Elles tiennent à la claire signification des termes de cette disposition, qu'il convient évidemment d'interpréter en respectant sa formulation et le contexte duquel elle est tirée.

Les autres sont subjectives. Elles tiennent à l'attitude antérieure du Nicaragua lui-même qui, par sa conduite subséquente à la ratification du pacte, a clairement montré qu'il retenait de l'article XXXI l'interprétation qu'il combat aujourd'hui.

J'en ai ainsi terminé et remercie respectueusement la Cour pour l'attention qu'elle a bien voulu me prêter. Puis-je vous suggérer, Monsieur le Président, de donner la parole à l'agent du Honduras, afin qu'il vous indique quelles sont les conclusions de la République du Honduras?

DÉCLARATION DE M. CARÍAS

AGENT DU GOUVERNEMENT DU HONDURAS

M. CARÍAS: Monsieur le Président, Messieurs les juges, au terme de l'exposé de ses arguments et de la réfutation des thèses du Nicaragua, la République du Honduras ne juge pas nécessaire de modifier les conclusions qu'elle a respectueusement soumises à la Cour à la fin de son mémoire[1]. Je vous prie donc, Monsieur le Président, de considérer leurs termes comme inchangés. Nous nous réservons la possibilité de les compléter éventuellement au terme d'un second tour de plaidoiries. Je vous remercie Monsieur le Président, Messieurs les juges, de votre bienveillante attention.

---

[1] Voir **I**, p. 80.

QUESTIONS PUT BY JUDGES NI AND SHAHABUDDEEN

QUESTION BY JUDGE NI

Distinguished Agents and counsel and advocates, I think it might be a convenient time to address a question to both Parties. The point on which I wish to have clarification is whether any step or steps have been taken as a matter of recorded fact within the framework of the Contadora process towards the solution of the border disputes between Honduras and Nicaragua. This is the question. I am not referring to the efforts for the solution of the matters of general interest to the States of the American continent. I do not expect an instant reply or replies so that there will be time for reflection.

QUESTIONS BY JUDGE SHAHABUDDEEN

Distinguished Agents and counsel, I want first of all to express my appreciation for the assistance rendered. Some questions have occurred to me and I would like to invite your help on them. In this sense I am addressing myself to both sides.

The first question — there are five of them lamentably — the first question is this:

I gather that neither side adopts what I may refer to as a third view, to the effect that Article XXXI of the Pact by itself constitutes a self-sufficient declaration by each member of the Pact of acceptance of the Court's compulsory jurisdiction under Article 36, paragraph 2, of the Statute. According to Nicaragua, Article XXXI of the Pact is indeed a self-sufficient acceptance of the Court's jurisdiction, but this is a conventional jurisdiction under Article 36, paragraph 1, of the Statute, and not a compulsory jurisdiction under Article 36, paragraph 2.

By contrast, according to Honduras, Article XXXI of the Pact does look to Article 36, paragraph 2, of the Statute, but separate declarations have to be made under the latter to complete a grant of jurisdiction.

However, from the material presented by the Parties, it appears that there is a body of opinion supportive of what I have referred to as the third view. See in particular the Honduran Memorial **(I)** at pages 14, 49, 66, 68-69 and 75.

My question then is this, can the Court competently consider this third view? And, if it can, and it accepts this third view, how, if at all, would this affect the arguments?

My second question is this:

Are there any ratifying members of the Pact who have not had any declarations in force under Article 36, paragraph 2, of the Statute? I really do not know myself the answer to that, but, if it is so, has this situation ever been criticized by other members, or by qualified commentators, as constituting a breach of an undertaking given in Article XXXI of the Pact to deposit declarations under Article 36, paragraph 2, of the Statute?

My third question is this:

Is it the case that even if it could be established that a State in fact intended its declaration to be irrevocable, it could still terminate it unilaterally in the exercise of an overriding sovereign power to define the terms on which it consents to jurisdiction?

My fourth question is this:

It seems from the Nicaraguan Counter-Memorial **(I)**, at pages 303-304, that the 1974 Honduran protest characterized El Salvador's notice of immediate termination as "completely lacking in validity". Was Honduras, by this language, taking any position as to whether El Salvador's notice of termination was or was not wholly bad in law, and, correspondingly, as to whether the notice could or could not become operative after the passage of reasonable time?

My fifth, and happily last, question is this:

I understand Honduras to be submitting that a consensual relationship comes into existence under Article 36, paragraph 2, of the Statute only on the filing of an application. Is there any merit in the view that an application is brought on the basis of a consensual relationship? If so, can the application both bring the relationship into existence and be based on it?

The PRESIDENT: As is usual in the practice of the Court, the Parties could reply in writing or in the future hearings.

The next hearing of the Court will be on Thursday, 9 June 1988, at 10 a.m., when we are going to hear the Nicaraguan delegation.

The Court rose at 1 p.m.

THIRD PUBLIC SITTING (9 VI 88, 10 a.m.)

Present: [See sitting of 6 VI 88.]

STATEMENT BY MR. ARGÜELLO GÓMEZ
AGENT FOR THE GOVERNMENT OF NICARAGUA

Mr. ARGÜELLO GÓMEZ: Señor Presidente, señores miembros de la Corte.

Al manifestar el honor de dirigirme neuvamente a este ilustre tribunal en representacion de mi patria, lo hago en el idioma comun de las partes en litigio y en honor de los eminentes juristas latinoamericanos que historicamente lucharon, con las pacificas armas del derecho en la mano, por el respeto a la soberania, la independencia y la dignidad de nuestros pueblos.

Mr. President, Members of the Court.

In manifesting the honour it is for me to address myself again to this illustrious tribunal as the representative of my country, I do so in the common language of the Parties before the Court and in honour of the eminent Latin American jurists that historically fought, with the peaceful weapon of the law in their hands, to establish and maintain respect for the sovereignty, independence and dignity of our countries.

I feel particularly honoured to be addressing the Court in a case which involves the most important and lofty purposes for which the United Nations system was brought into being: the maintenance of international peace and security; the bringing about by peaceful means, and in conformity with the principles of justice and international law, the adjustment or settlement of international disputes or situations which might lead to a breach of the peace.

It has become a topic of recent discussion whether the Court should avoid so-called political cases.

To say that the Court should shy away from politically charged cases has no basis in the history of the Court or the practice of States.

The first important contentious case to come before this Court was within the framework of enormous political tension. The *Corfu Channel* case was presented in a highly political context and the situation in which it originated was even referred to the Security Council. It would be a useful exercise to read the newspapers of that period to see exactly how political was the case and yet, of course, the Court had no hesitation in taking it on.

During the 1950s we had the *Aerial Incident* cases, in which the Court was used in extremely political circumstances in relation to countries that had not accepted the compulsory jurisdiction. As late as 1979 we had the *United States Diplomatic and Consular Staff in Tehran* case which was handled by the Court in a highly charged political atmosphere. And of course in 1984 we had the case of *Military and Paramilitary Activities in and against Nicaragua (Nicaragua* v. *United States of America)*.

To imply that politically-charged cases are not appropriate for the Court is to close one's eyes to the past.

These considerations of a general nature are useful as an introduction to the reasons why Nicaragua filed the Application that originated these proceedings.

Evidently, at this phase it would not be appropriate to go into an extensive narrative of the facts on which the merits of this case are based. Nonetheless, any discussion of admissibility or jurisdiction must take a certain account of this reality.

Mr. President, if the Court were made up of friendly Martians without any knowledge of current world events they would be extremely surprised, after listening to six hours of oral presentation by our Honduran colleagues, to hear that anything called *contras* exist and operate from bases inside Honduras, with the full knowledge and complicity of the Honduran authorities, and that this is the fundamental reason behind this case.

They would have been very surprised to see, openly described and pictured in the Honduran press, such items as: in the Honduran newspaper *La Tribuna*, the caption:

"HUMANITARIAN AID ARRIVES: — BOOTS AND UNIFORMS

Tegucigalpa — The first plane with US aid for the Nicaraguan rebels arrived yesterday. Dozens of packages with uniforms, boots and knapsacks flew into Toncontin Airport aboard a military plane, and were then stored in a warehouse near the airport. The 'humanitarian' aid was transported by these trailers. More information on page 39." (*La Tribuna*, 28 April 1988.)

The PRESIDENT: Are you going to make these documents available to the Court and to Honduras?

Mr. ARGÜELLO GÓMEZ: Certainly, Mr. President. We will submit them immediately.

Another item which would have surprised a person not aware of current events is a photo of Toncontin Airport in Honduras with a picture of an aeroplane discharging supplies for the *contras*, with the caption:

"AID TO THE 'CONTRAS' STILL ARRIVING

Tegucigalpa — The American aid to the Nicaraguan insurgents who have retreated into the country continued to reach the capital yesterday in four C-130 transport planes of the United States Air Force. They landed yesterday morning at Toncontin Airport with medicine, clothing and other personal-use items. The cargo (in the photograph) was transported in trucks to other locations." (*Tiempo*, 5 May 1988.)

After listening to hours of explanations of the purported efforts made by Honduras in order to reach agreements through Contadora, and more recently through Esquipulas II, it would have come as quite a surprise, for someone not aware of current events, that Honduras had refused to sign the final Contadora Peace Treaty submitted in June 1986 or that, indeed, the Ministry of Foreign Affairs of the Republic of Honduras had these farewell words to the Verification Committee set up by Esquipulas II: I will proceed to read verbatim the Press Release of the Ministry of Foreign Affairs of the Republic of Honduras, which will be submitted to the Court:

"I have the honour of writing to you in my capacity as a full member of the 'Commission on Verification and Follow-Up' (CIVS), created in the 'Procedure for the Establishment of a Firm and Lasting Peace in Central

America'. During the IV Meeting of the CIVS held in Washington, D.C., United States of America, we concluded that the five basic commitments provided for in paragraph 4, No. 11, of the Guatemala Procedure did not simultaneously and publicly take effect as agreed, due to the unilateral conditions imposed by one Central American Government.

Today, I have the painful obligation of informing you that during the V and last meeting of the CIVS held in this city on 12 and 13 January of this year, some of the non-Central American members tried to assume tasks alien to verification. They crossed over into the area of policy definitions that the Presidents have reserved for themselves. Some of the said representatives tried to adopt interpretative functions by judging, even reforming the Guatemala Procedure, and questioning the usefulness of some of its provisions. This was clearly trespassing into responsibilities voluntarily assumed by the governments.

Counter to the objectivity and impartiality necessary to analyse progress made in compliance with the Guatemala Accord, they strived to minimize the testimony of non-governmental organizations on human rights violations collected by the *ad hoc* Commission of Representatives in Managua.

Also, during the debates of the last session, certain members of the CIVS dealt with the conditions imposed by the Nicaraguan Government for implementation of amnesty and lifting the state of emergency, with surprising indulgence and even went so far as to endorse them.

Finally, ignoring the Central American Presidential Accord that sets forth the composition of the CIVS as a body of 15 members with equal rights and obligations, some CIVS members departed from the rule of consensus in decision making. In the process, they have damaged this important organism by imposing their vitiated will *voluntad viciada*.

In view of these irregular actions, which affect the rights of Central American Governments, and could make the presidential resolutions ineffective, I consider it my duty as a CIVS member to provide evidence and knowledge of my protest to the Presidents so that they may undertake to resolve it.

(Signed) Carlos LÓPEZ CONTRERAS
Minister of Foreign Affairs
of Honduras."

After listening to this Honduran document, it must be recalled that apart from the Central American Presidents, the "certain members" referred to as having imposed their *voluntad viciada* by having "departed from the rule of consensus in decision making" were the Ministers for Foreign Affairs of the Contadora and the Group of Support as well as the Secretaries-General of the United Nations and of the Organization of American States. It should also be recalled that what prompted this Honduran note was the fact that these members had imposed their *voluntad viciada*, "vitiated will" by publicly declaring that the Verification Committee could not do its job because they were not allowed verification *in situ*. In effect, Honduras was the only country to refuse such an inspection.

Mr. President, Members of the Court, the reasons for bringing this case against Honduras are detailed in Nicaragua's Application and are reiterated and brought up to date in our Counter-Memorial **(I)** on the jurisdiction of the Court. These reasons are based on facts well known even by school children, so the question in some people's mind was rather as to why we had waited so long to bring the case.

Honduras attempts to turn around this question of Nicaragua's patience to draw attention away from its illegal activities and try to focus on this "puzzle" as a sign of some form of illegal Nicaraguan manœuvring.

From a legal point of view, of course, this question is irrelevant: Nicaragua had a perfect right to choose the moment it considered most appropriate for its interests in determining the date of filing the Application. On the other hand, there can be no question that Nicaragua has protested opportunely and repeatedly against the illegal activities of Honduras, and in any event it will establish the facts in the merits phase of this case.

The enormity of the Honduran violations of international law will be visually appreciated by the Court in the merits phase, when Nicaragua will submit, among many other forms of evidence available, the hundreds of diplomatic notes of protest sent to Honduras.

Just for the greater part of the period 1980-1982, the enumeration of the violations of international law by Honduras in its relations with Nicaragua, filled one volume published by Nicaragua in September 1982.

This volume which I have here and will submit to the Court, contains an enumeration of the violations of Honduras up to 1982. This volume, of course, when we get to the merits phase will have grown encyclopaedic in size.

But to get back to the actual date chosen by Nicaragua to bring its case against Honduras, the reasons for doing so, are quite simple and straightforward.

Our Counter-Memorial (**I**) in paragraphs 33-46 contains a narrative of the different efforts to achieve a diplomatic solution to the situation. This section portrays both the bilateral and multilateral avenues pursued and very simply demonstrates the good faith efforts by Nicaragua to reach solutions.

This narrative in our Counter-Memorial recounts in paragraph 45 the agreement given by Nicaragua to the signing of the definitive and final version of the Contadora Treaty that was officially presented by the Group on 6 June 1986.

Paragraph 46 describes the way Honduras refused the signing of this document, presented by the Contadora Group after so many years of efforts.

In these hearings, Honduras has attempted to brush off this clear indication as to who was acting in good faith in these negotiations by stating that Nicaragua had accepted the Contadora Treaty for propaganda purposes. The only comment this statement deserves is its simple repetition.

The other determining circumstance in bringing the case, was the substantial increase during the summer of 1986 of *contra* activity emanating from Honduras.

The Government of Honduras, it must not be forgotten, was and still is the willing host of the *contras*, allowing the use of its territory as a staging area for the *contra* offensives, as a sanctuary for their retreating forces, and as a base for their military encampments, training facilities, command centres and intelligence posts. Honduras was also providing the main centre for the aerial re-supply of the *contra* troops entering Nicaragua, including Aguacate Air Base, as well as smaller airstrips.

Later events proved Nicaragua to be in the right. The C-123 cargo plane that was shot down over Nicaragua on 5 October 1986, and described in our Counter-Memorial (**I**, p. 295, footnote 2), recalls the capture of the sole surviving crew member, Mr. Eugene Hasenfus, a United States citizen who proceeded to recount the numerous trips made from the Aguacate Air Base.

As can be clearly appreciated, the situation at that moment pointed to this Court as the only avenue open to Nicaragua.

Honduras hints at some linkage between this case and the case decided by the Court against the United States on 27 June 1986. The only real coincidence of dates is provided by the refusal of Honduras to sign the final Peace Treaty of Contadora in that same month.

Another coincidence that Honduras might also mention, is that the official appropriation of United States funds for the *contras* was approved by the Congress of the United States a few days before 27 June 1986, after having withdrawn it officially for two years. Two years for which the *contras* were well provided for by Lt.-Col. Oliver North, Admiral Poindexter and President Reagan, in their bases in Honduras.

And yes, another event coinciding with the time chosen by Nicaragua to file its application was the attempt by Honduras to close the doors of this Court to Nicaragua by purporting to make a "new declaration" of acceptance of this Court's compulsory jurisdiction.

Mr. President, Members of the Court, the position of Nicaragua is that the declaration of acceptance of the compulsory jurisdiction of this Court made by Honduras in 1960 is still in force and cannot be modified so as to affect Nicaragua.

We have also made very clear in our Counter-Memorial that even if Honduras could modify or in any way change its declaration as against Nicaragua, sufficient time had not elapsed before this case was filed for this "new declaration" to be effective to bar these proceedings.

Professor Pellet will take up this subject later on.

At this point I will try to bring this question down to earth, to my personal experience, by recalling the situation of Nicaragua when this purported new declaration was made and the steps that Nicaragua took to counter it.

It must be recalled that the new declaration was authorized by the Honduran Congress on 21 May 1986 and was officially communicated to the Secretary-General of the United Nations on 6 June 1986 and notified to the States parties to the Statute by the Secretary-General on 30 June 1986. Less than one month later, on 28 July 1986, Nicaragua filed the Application that initiated these proceedings.

The way Nicaragua reacted to this situation exemplifies the special diligence used in this affair. A State — any State but more so in the case of a small State — needs a reasonable amount of time in which to react to the activities of others. First the news has to be conveyed officially before any action can be taken. The competent officials have to consider the matter, proposals have to be made, and the higher authorities must take a final decision.

In the usual run of things, reactions such as a protest note can be made in a matter of days or even hours. In the past, we have made protestations to Honduras for many different events and usually in only a matter of days after the occurrence of the fact or situation that was the object of the protest.

For example, if a Honduran — or any other country's aircraft trespasses into Nicaraguan territory, there is practically a format of a protest note, so to speak, ready made to be sent to the Minister for Foreign Affairs for his signature. If the event is of a more serious or unusual nature, the elaboration of the note is more carefully considered and more officials have to participate in the decision process.

If a soldier is fired upon, everyone knows what to do and to whom to report it. Not so with an event of a legal nature.

In the present case, the decree of the Honduran Congress was a fact or situation of such a nature that, even if it had become immediately known to Nicaragua, it would normally have taken some time to digest.

Evidently, if Mr. Zamora — here present — or myself had been stationed in Honduras, this situation — even the discussion of the decree in the Honduran Congress — would have immediately been brought to the notice of the Minister for Foreign Affairs.

In the present instance, it is useful to narrate how the Honduran attempt to "modify" its valid declaration of acceptance came to the actual knowledge of the pertinent Nicaraguan officials.

It was precisely at this time of the year, in 1986, that a high official of the Registry of this Court, in a local reception, told me that apparently Honduras had communicated to the United Nations a new declaration or "modified" version of its declaration of acceptance of the jurisdiction of this Court. I immediately sent a telex to our mission to the United Nations requesting a copy of such a document as soon as it became available, and that it be sent to Mr. Zamora in Managua and to myself.

I did not immediately receive a copy but was informed several days later that apparently Honduras had made this communication to the Secretary-General of the United Nations, and that the text would be sent as soon as it was available.

At this time it should be recalled, we were awaiting the decision on the case brought before this Court against the United States, which was delivered on 27 June 1986.

The Minister for Foreign Affairs of Nicaragua was in The Hague on this occasion and we discussed the issue at hand in general terms and a meeting was set to take place in Managua approximately two weeks later. It was evident that the decision on our reaction to this event had to be very carefully analysed from different points of view in Managua.

For this reason, those members of the legal counsel of Nicaragua that could go to Managua at that time were invited to Managua. Mr. Brownlie, for example, was able to assist and he arrived in Managua in mid-July 1986. He also attended some of the discussions of the legal implications of this affair in several meetings with our Minister for Foreign Affairs and with the President of Nicaragua.

The general situation with Honduras had been studied independently of this action and the initiation of this case was under active consideration for the reasons already explained. It was finally decided that the initiation of this case as soon as possible would also serve the purpose of demonstrating our reaction to the persistent Honduran tendency to avoid its international obligations.

The application was prepared and the matter treated with such expedition that since the Agent of Nicaragua had further business in Managua and could not return immediately to The Hague, it was Mr. Brownlie who brought the documents from Managua and accompanied the Chargé d'Affairs a.i., of our Embassy to this Court to present the Application.

On looking back, it seems practically impossible that Nicaragua could have reacted with more diligence in an affair involving consultations with foreign legal counsel, national legal counsel stationed outside Nicaragua, officials of the Ministry of Foreign Affairs, the Minister for Foreign Affairs and finally, the President of the Republic. The consequences of the Honduran action had implications beyond those being considered in the present instance and which, of themselves, would have merited careful consideration by people located in different parts of the world. As will be explained later, this action by Honduras was intended to affect other situations not covered by this case.

If the concepts of reasonable notice and due diligence have any meaning in law, it would seem unthinkable that they would not be applicable in the present circumstances.

Perhaps the best way to appreciate the diligence shown by Nicaragua is by pointing out that the Nicaraguan Application was filed on 28 July 1986 — that is, less than one month after it was officially communicated by the Secretary-General of the Organization of American States that Honduras purported to "modify" its valid declaration. It was only until 29 August 1986 — that is, more then one month after the Application was filed and immediately communicated officially to Honduras by the Court — that the Minister for Foreign Affairs of Honduras let the Court know that in his Government's opinion, the Court had no jurisdiction to resolve this case.

I will not elaborate this comparison further. It speaks volumes by itself.

Mr. President, if the attempt by Honduras to substitute its declaration of acceptance of the compulsory jurisdiction of the Court were to be considered legally valid — which Nicaragua does not accept — then, from the standpoint of both the jurisdictional basis invoked by Nicaragua, that is, the Optional Clause and the Pact of Bogotá, must the content and meaning of the "new declaration" be considered.

The attempt by Honduras to modify its declaration recognizing the jurisdiction of the Court must be put into the political context in which it occurred inside Honduras. Honduras and El Salvador signed a special agreement on 24 May 1986 for the submission to the decision of the International Court of Justice of what is called "a dispute between the two States". Nicaragua has reserved its right in relation to this proceeding in a letter sent to this Court on 20 April 1988.

Shortly before the signing of this special agreement, to be precise, three days before its signature, the Honduran National Congress, under Decree No. 75-86 of 21 May 1986, purported to "modify" its declaration then — and now — in force.

This was not simply a coincidence of dates. Honduras was faced with the fact that the declaration of acceptance of the jurisdiction of the Court made by El Salvador in 1973 — that is, after their war of 1969 — had very precise reservations on matters concerning the Salvadorean territory (section iii of the declaration of El Salvador).

At the time this declaration was made by El Salvador, Honduras protested the validity of this new declaration, in the manner indicated in Nicaragua's Counter-Memorial.

It does not seem remarkable then, that at this juncture Honduras sought to seek parity in its declaration of acceptance with that of El Salvador. Any reading of section iii of the declaration of El Salvador will reveal its parallel in section 2 *(d)* of the "new declaration" of Honduras.

Besides, this purported declaration could be used to try to debar other nations from bringing cases or attempting to intervene in the Honduras/El Salvador case before this Court, through the open door of the valid Honduran declaration of February 1960. If this new declaration were valid it could make it more difficult, for example, for Nicaragua — if it so decided — to bring an application against Honduras for purporting to, for example, delimit with El Salvador part of the maritime territory of Nicaragua.

It is therefore eminently clear what the main object of this so-called "new declaration" was: an attempt to protect its flanks in the dispute with El Salvador.

Of course it could be thought that the "new declaration", so to speak, sought to kill two birds with one stone: the object elucidated above being one sought, and also serving as a cover for the other, let us say, unspeakable result also sought, that is, to avoid being brought to this Court by Nicaragua.

In effect, that is what Mr. Bowett has told us at these hearings. That it was the intention of Honduras to avoid precisely this type of case.

This may well have been the collateral motive in attempting to bring into effect this "new declaration", but the text of this document does not succeed in giving effect to such motivation.

The accuracy of this reasoning can be clearly appreciated by a further comparison between the declaration of 1973 of El Salvador and the purported declaration of Honduras of 1986.

It is obvious that in attempting to substitute its valid declaration of 1960, Honduras must have read the Salvadorean declaration very carefully.

Let us note the pertinent similarities and the differences in both declarations.

The similarities are: sections (i), (ii) and (iii) of the Salvadorean declaration, which closely parallel sections 2 *(a)*, *(b)* and *(d)* of the Honduran document.

The differences are enormously illustrative. Section 2 *(c)* of the Honduran document is paralleled in section (iv) of the Salvadorean declaration, but the difference is immediately apparent. Permit me to read both of the pertinent sections. The Honduran document states:

> "2. This declaration shall not apply, however, to the following disputes to which the Republic of Honduras may be a party.
> . . . .
> *(c)* disputes relating to facts or situations originating in armed conflicts or acts of a similar nature which may affect the territory of the Republic of Honduras, and in which it may find itself involved directly or indirectly . . ."

The declaration of El Salvador states:

> ". . . This declaration shall apply solely to situations or facts that may arise after this date; it is made on condition of reciprocity in relation to any other State party to any dispute with El Salvador and is subject to the following exceptions, on which El Salvador does not accept the Court's compulsory jurisdiction:
> . . . .
> (iv) disputes relating to or connected with facts or situations of hostilities, armed conflicts, individual or collective actions taken in self-defence, resistance to aggression, fulfilment of obligations imposed by international bodies, and other similar or related acts, measures or situations in which El Salvador is, has been or may at some time be involved . . ."

The detailed list of facts and situations included in the Salvadorean declaration is not repeated in the Honduran document.

Mr. Brownlie, an expert in this particular field, has a special understanding of the meaning of the term of art called "armed conflict" to which the Honduran document alludes, and Professor Brownlie will explain its meaning later.

At this point I only wish to emphasize that if Honduras intended to preclude the possibility of being brought to this Court on matters relating to what the Court has called "Border and Transborder Armed Actions" it could have made at least the effort that the Salvadorean declaration makes to identify facts or situations of "hostilities", "resistance to aggression" and "other similar and related acts".

The explanation for this incompatibility between the avowed intention and the common-sense meaning that a simple reading of the document brings forth, is rooted in the fact that this document was undoubtedly prepared thinking only of the territorial problems with its neighbours, which pre-dated the later intention of avoiding cases like the present one.

In conclusion, if the Honduran "declaration" were found to be validly made and applicable to the present case, the facts or situations claimed by Nicaragua would have to be exclusively referred to "armed conflicts or acts of a similar nature which may affect the territory of the Republic of Honduras" in order to fall within the clear wording of the text being analysed.

On the other hand, in spite of the assertion of Mr. Bowett, based on a very peculiar interpretation of the case of *Nicaragua* v. *United States of America*, it is quite clear that only when Nicaragua's Memorial on the merits is introduced, could it be determined if some of the acts claimed by Nicaragua fall within this purported exception. At this present phase it seems absurd to consider that the fact that the *contras* live and operate in Honduras, that recently Honduras permitted — and Nicaragua protested — aid and the payment of the *contra* troops by the United States Government to take place in Honduras, and other similar acts claimed by Nicaragua, could even remotely be construed as armed conflict affecting the territory of Honduras.

Even the recent dispatch of 3,000 marines, from who knows what shores, to the halls of Tegucigalpa does not constitute an armed conflict affecting Honduran territory. Armed conflict, for example, was the invasion of tiny Grenada. Many more marines were needed then and some did not return.

What we are trying to assure, by having recourse to this Court, is precisely that no armed conflict, in the technical sense explained by Mr. Brownlie, should occur between our two countries.

Mr. President, always under the assumption — not accepted as legally valid by Nicaragua — that the Honduran "new declaration" effectively could apply as a reservation to the Pact of Bogotá, the following considerations are pertinent.

Honduras makes an issue of the supposed fact that its "new declaration" has not been objected to by the other countries party to the Pact of Bogotá, including Nicaragua. A very curious assertion.

If it were necessary to repeat it, the objection of Nicaragua is contained and has been made in this case which has been brought with due diligence before this Court. This objection by Nicaragua is not only to the presumed legal faculty of Honduras of making reservations to the Pact of Bogotá four decades after having accepted it, but also to its presumed capacity of being able to modify, change or substitute its declaration under the Optional Clause made in 1960.

It is not difficult to understand why the countries parties to the Statute of the Court and to the Pact of Bogotá have not objected to the Honduran action. The decision of Nicaragua to bring this case before the Court with such expediency has made it unnecessary or at least politically problematical for them to do so.

If a case has been brought before the Court, other countries will normally await the decision before pronouncing themselves. In such circumstances, it would be most unusual if impartial countries of the world would try to influence the decision of the Court with their statements.

Representatives of several countries have informally told Nicaraguan officials that they have not made any protest precisely because there is a case pending and that the Court, as the highest legal authority, will define the situation.

In any case, their silence cannot be presumed as acquiescence as Honduras would have it. As a matter of fact, now that the copies of the pleadings have been made accessible to the public and the legal departments of the foreign ministries become aware that Honduras has made assumptions on their silence, the result might be otherwise.

A treaty cannot be changed, modified or be the object of reservations after it has been ratified without denouncing it. To make reservations to a treaty is to eliminate from the subject-matter certain aspects which would not be henceforth applicable. This cannot be done if the treaty does not specifically allow it — and certainly the Pact of Bogotá has no such authorization.

Mr. Chayes will expound on this question further.

Mr. President, Honduras claims that Nicaragua cannot invoke the Pact of Bogotá as a basis of jurisdiction before this Court without first fulfilling what they consider to be the precondition of conciliation contemplated in Article XXXII of the Pact. Our position, based on the logic of the text and the interpretation of the important jurists, is that Article XXXI provides an independent basis of jurisdiction.

Much is made of an interpretation that Nicaragua made of these articles of the Pact of Bogotá in the case it brought against the United States. The only pertinent question is the juridical merit of the interpretation Nicaragua is putting before the Court in the present case.

This minor event that has been resurrected by Honduras, notwithstanding the interpretation it has tried to give it, really points in one direction. This is that Nicaragua in 1984, in a case that was before this Court with a party that had not ratified the Pact of Bogotá, still thought it deserved to be considered as demonstrating that Nicaragua had another independent source of jurisdiction.

Mr. President, Honduras further claims that the Contadora Process is a "special procedure" under Article II of the Pact of Bogotá. Since this procedure was ongoing at the time this case was filed, it says this case is barred by Article IV of the Pact that says: "Once any pacific procedure has been initiated . . . no other procedure may be commenced until that procedure is concluded." In our Counter-Memorial we have explained amply why the Contadora Process is not a "special procedure" within the meaning of the Pact, that this process has never been envisaged as an exlusive means for settling disputes among Central American countries and that, in any case, the subject-matter before Contadora is not the same as that brought before this Court.

Professor Chayes will go deeper into this matter. At this point I have only made some short observations, in order to put the record straight as to the history of this process and the way that Honduras hindered its progress step by step.

To enervate the present procedure by giving the concepts of conciliation, prior negotiations, ongoing regional procedures, etc., a paralysing force in perpetuity for a situation that has lasted so many years, is to completely distort the sensible human precaution on which Articles II and IV are based; to count to ten before losing your patience.

Another observation on these points is that supposing, for the sake of argument, that it were true that the conciliation procedure is a precondition for coming to this Court or that it were true that Contadora was an ongoing special procedure that stopped the use of this Court then, in that case, the "new declaration" of Honduras would have effectively stopped Nicaragua from ever bringing Honduras to this Court if it were also true — which Nicaragua does not accept — that those reservations covered the subject-matter of this case and, hence, stopped recourse to this Court.

In other words, a catch-22 situation; an interpretation of evident injustice. If the suppositions previously mentioned were true, and there was a precondition of conciliation or a special procedure was ongoing, then either those preconditions ceased to apply in this specific case immediately after Honduras made its "new declaration" or the reservations or new declaration of Honduras cannot be applied to Nicaragua until Nicaragua is given the chance of coming before this Court. This is only elementary justice.

Mr. President, the filing of this case has in no way prejudiced the peace process in Central America. After this case was filed, came the signing of Esquipulas II and the procedure for peace that was started on this basis. At this point it is also interesting to note that the Esquipulas process co-existed with the Contadora process and with this case.

Honduras has tried to represent that the Esquipulas II Agreement of the Presidents of Central America included the withdrawal of this case.

Ambassador Carías went so far as to affirm in his opening statement (see *supra*, p. 7) that:

> "The text [of the Esquipulas II Agreement of 7 August 1987] includes the agreements between the Presidents of Nicaragua and Honduras, which were subsequently transmitted to this Court, requesting the postponement of these oral hearings, with the view to agreeing later on to withdraw from the International Court of Justice the Nicaraguan complaint on the situation of Central America, a pledge that unfortunately Nicaragua has not been willing to comply with."

This affirmation is not based on fact. The Court will recall by analysing the record that the text referred to was submitted by both Agents, without any reference to it being in the context of Esquipulas II. The Esquipulas II Agreement was not included in the remission. The text of the Esquipulas II Agreement does not include the transitory and conditional agreement between the Presidents of Nicaragua and Honduras. The origin of this text and the circumstances of its signature is recalled in the diplomatic note sent by the Minister for Foreign Affairs of Nicaragua on 23 April of this year to his Honduran counterpart.

This note reminds the Honduran Minister that the text in reference was presented to President Ortega by President Azcona after the signing of the Esquipulas II Agreements, and, the note says:

> "that the only two points in common between Esquipulas II and the text signed by the Honduran and Nicaraguan Presidents are the place and the date of their signing".

The note also reminds the Honduran Government that the text of the agreement contemplated the reviewing of the judicial proceedings 150 days after the signature, on the occasion of the following meeting of Central American Heads of State. The note goes on to recall:

> "At that meeting, the International Commission on Verification and Follow-up (CIVS) was to present a report, a key part of which would be Honduras' compliance with the 'commitment to impede use of its territory and not permit even logistical military support to persons, organizations

or groups who are attempting to destabilize the governments of Central American countries'."

I will further recall what is public knowledge and that is that the report of the International Commission on Verification clearly stated that they were unable to carry out on-site inspection. The Honduran Government was the only country to refuse that inspection.

As Nicaragua's 23 April note concludes, this refusal by Honduras was and is due to the fact that such an on-site inspection would inevitably show that Honduras continues to permit its territory to be used as the main base of *contra* operations against Nicaragua.

In short, Mr. President, the condition upon which Nicaragua agreed to a temporary suspension of these proceedings last August — that is, the fulfilment by Honduras of its obligations under Esquipulas II and under international law — simply has not been satisfied.

The concepts contained in this note I have quoted are of great importance and Nicaragua wishes that it be added to the record. All the diplomatic notes will be opportunely introduced into the record, but this one in particular addresses some of the most important points on this particular subject.

Ambassador Carías then goes on to express surprise that a case that had been brought against Costa Rica was withdrawn at the time of the Esquipulas Accord, while the present case against Honduras has not been withdrawn. He asks: "Why, therefore, withdraw one and not the other?"

I wish to end this introductory exposition with this question to which — although everyone present must know the answer — I will refer to in my concluding speech.

Mr. President, this concludes my opening remarks. I would ask you to please give the floor to Mr. Chayes who will continue the exposition on behalf of Nicaragua.

The PRESIDENT: Before giving the floor to Mr. Chayes, I would like to remind the Parties of Article 56, paragraph 4, of the Rules of Court which says:

> "No reference may be made during the oral proceedings to the contents of any document which has not been produced in accordance with Article 43 of the Statute or this Article, unless the document is part of a publication readily available."

I have accepted your reference to the document at the beginning of your statement because I understood that these documents are covered by the last part of this Article 56, paragraph 4, of the Rules of Court that these are publications readily available, but I beg both Parties — in order to have a better understanding of your positions — that any document that you are going to produce before the Court should be submitted before the opening of each of the oral hearings.

ARGUMENT OF MR. CHAYES

COUNSEL FOR THE GOVERNMENT OF NICARAGUA

Mr. CHAYES: Mr. President. Members of the Court. May it please the Court.

Your Honours. It is spring again in The Hague, and I am delighted to be appearing before you once more. It is always an honour and a pleasure to plead before this Court. I am likewise privileged to be representing again the Government of Nicaragua, in the company of my distinguished colleagues and advocates, Professor Brownlie and Professor Pellet.

As the Agent of Nicaragua, Ambassador Argüello Gómez, has already said, Nicaragua asserts two separate and distinct grounds of jurisdiction in this case. The first is the familiar jurisdiction under the Optional Clause, Article 36, paragraph 2, of the Statute of the Court, conferred by two intersecting declarations of the Parties covering the case at bar. Second, and quite apart, the Court has jurisdiction under Article XXXI of the Pact of Bogotá, to which both Honduras and Nicaragua are parties. My colleague, Professor Pellet, will discuss the question of jurisdiction under the Optional Clause. I will address my argument to the Pact of Bogotá.

I. ARTICLE XXXI OF THE PACT OF BOGOTÁ IS AN ACCEPTANCE OF THE JURISDICTION OF THE COURT, BINDING AS AMONG THE PARTIES TO THE PACT, AND NOT SUSCEPTIBLE OF SUBSEQUENT MODIFICATION BY UNILATERAL RESERVATIONS LIMITING THE SCOPE OF THE SUBMISSION

My remarks will be brief. The main points are covered fully and carefully in the Counter-Memorial **(I)**. There is no need to repeat that analysis here. A few matters arising from Honduras's oral pleadings warrant reply.

The first point I would make is that Article XXXI of the Pact of Bogotá is an acceptance of the jurisdiction of the Court binding as among the parties to the Pact and not susceptible of subsequent modification by unilateral reservations or declarations limiting the scope of the submission.

Mr. President, Members of the Court. I am at this moment engaged in a professor's most arduous task — grading the examinations of his students. I have brought with me the papers written at the end of the last semester. Every so often, I come across a student's answer that makes me scratch my head and say to myself: "Now what could I have possibly said to make him think *that*?"

I must confess that I had something of the same feeling as I listened to Professor Bowett and Professor Dupuy pleading before you on Monday and Tuesday. Therefore, so that there can be no possible confusion or misunderstanding, let me say to you unequivocally here and now: Nicaragua does not believe that the draftsmen of the Pact of Bogotá made a mistake in formulating the terms of Article XXXI. We have not said that anywhere in our Counter-Memorial and we do not maintain any such position here. On the contrary, the Pact of Bogotá was well and carefully drafted to achieve its objects and purposes.

Article XXXI of course begins with a reference to Article 36, paragraph 2, of the Statute of the Court. That is perfectly appropriate since the categories of cases to which Article XXXI is applicable are identical with those mentioned in Article 36, paragraph 2, and some of the other language and concepts are common to the two texts. But that is not at all inconsistent with the conclusion that, since Article XXXI is a part of a multilateral treaty and creates a contractually binding obligation among the parties to accept the jurisdiction of the Court according to its terms, the legal effect of Article XXXI is to establish jurisdiction under Article 36, paragraph 1, of the Court's Statute covering "matters specially provided for in treaties and conventions in force".

That is Nicaragua's position, and it is not alone in this conclusion. It finds itself in a goodly company that includes a former President of the Court Eduardo Jiménez de Aréchaga (Counter-Memorial **(I)**, para. 109); Mr. President and Members of the Court, I have citations to these references which are in the written version of my pleadings and will be made available to Members of the Court, so that I will not repeat those references here. In addition to President Jiménez de Aréchaga, the other authorities in whose company Nicaragua finds itself include the Government of the United States in the memorandum annexed to its Memorial in the case of *Military and Paramilitary Activities in and against Nicaragua* (Ann. 39); the Colombian delegation to the Legal Commission of the Ninth Inter-American Conference at which the Pact of Bogotá was adopted (*Documents of the Third Commission of the Ninth Inter-American Conference*, pp. 156-157); and the successive Registrars of the International Court of Justice, none of whom has ever listed the Pact of Bogotá in the *Yearbooks* of the Court under the heading of declarations accepting the jurisdiction of the Court under the Optional Clause. All these learned authorities could read and understand a treaty text. All of them knew that Article XXXI of the Pact begins with a reference to Article 36, paragraph 2, of the Statute. Yet they have had no difficulty in seeing that Article XXXI is a treaty obligation providing for the submission of certain disputes to the Court and thus falls under Article 36, paragraph 1, of the Statute.

Professor Dupuy suggested that former President Jiménez de Aréchaga had receded from his earlier opinion. He quotes a newly published article as saying that Article XXXI "contractualized" the jurisdiction under Article 36, paragraph 2, of the Statute. We have not been able yet to obtain a copy of this article but the portion quoted by Professor Dupuy states Nicaragua's position exactly.

Now, on Monday, Professor Bowett argued before you that Article XXXI was not a submission to the jurisdiction of the Court but only an undertaking to file a declaration or otherwise accept its jurisdiction under the Optional Clause (p. 16, *supra*). I invite the Court to examine the language of Article XXXI. It does not say "the High Contracting Parties *undertake* to declare that they recognize . . . the jurisdiction of the Court . . .". It does not say they "agree" to recognize it or "promise" to recognize it or that "they will" recognize it. It uses legally operational language:

> "the High Contracting Parties declare that they recognize in relation to other American States, the jurisdiction of the Court as compulsory *ipso facto*, without the necessity of any special agreement so long as the present Treaty is in force, in all disputes of a juridical nature that arise among them . . .".

The effect is to create, without more, a legally binding obligation among the parties, consenting to the jurisdiction of the Court in the classes of cases mentioned.

As Nicaragua pointed out in its Counter-Memorial, this view of the force of

Article XXXI is unanimously held by all the publicists and commentators who have studied the Pact of Bogotá, whatever their view may be of the relation between Article XXXI and Article XXXII of the Pact, a point to which I shall return later in my argument. Indeed, this is said to be the principal achievement of the Pact. Some of the references on this point are given at page 320 of the Counter-Memorial **(I)**. Honduras has not been able to cite a single authority, either in its Memorial or in its oral pleadings, in support of its contention that Article XXXI is merely an undertaking to accept jurisdiction under the Optional Clause.

Perhaps for this reason Professor Bowett quickly retreated to his second line of defence. According to him, if Article XXXI does involve a treaty obligation, the reference to Article 36, paragraph 2, of the Statute of the Court imports "the system of the Optional Clause" — I think I am quoting there perhaps from Professor Dupuy — bag and baggage into what on the face of it is a presently binding and unqualified submission. If that is what was intended, there was a much simpler way to do it. The Article need only have said, "The High Contracting Parties recognize the jurisdiction of the International Court of Justice in conformity with Article 36, paragraph 2, of the Statute of the Court." Full stop.

I have already suggested why a reference to Article 36, paragraph 2, of the Statute was appropriate in Article XXXI. The categories of cases to which the submission in the Pact applies are identical with those mentioned in the Optional Clause. So is the concept of acceptance of jurisdiction "*ipso facto*, without the necessity of any special agreement"? But there are also differences between the language of Article XXXI of the Pact and Article 36, paragraph 2, of the Statute. These differences preclude the conclusion that the Pact has simply taken over the system of the Optional Clause.

For the purpose of this case, the relevant issue is whether the submission to jurisdiction in Article XXXI is subject to being changed by subsequent unilateral declarations of the parties, as are declarations made under the Optional Clause. Nicaragua contends on the contrary that this obligation like any other treaty obligation is not subject to unilateral modification. On this point the differences in language between the two texts are decisive. For, contrary to the statement of Professor Dupuy, Article XXXI does not repeat word for word the terms of Article 36, paragraph 2.

As already pointed out in the Counter-Memorial, Article XXXI omits the words "in relation to any other State accepting the same obligation", which appear in the Optional Clause. These are the very words that establish the principle of reciprocity on which the practice of accepting subsequent reservations of declarant States is based. If it were intended to maintain this practice, why omit the words that install it?

Let me draw your attention to a further point of difference. Article XXXI recites that the parties submit to the jurisdiction of the Court "so long as the present Treaty is in force . . .". Those words are wholly at odds with any notion that the scope of the submission *ratione materiae* can be varied by subsequent unilateral action of any of the parties. The plain meaning is that the jurisdiction of the Court is accepted for the categories of cases mentioned, without any possibility of derogation as long as the Pact of Bogotá remains in force.

It was certainly the understanding of the parties at the time the Treaty was adopted that Article XXXI was a binding submission to jurisdiction not subject to limitation by the subsequent unilateral act of a party. That understanding is most completely evidenced in the third numbered reservation entered by the United States at the time it signed the Pact, and in the explanation of this reservation given by the United States delegation in its report. These are set forth in Nicaragua's Counter-Memorial **(I)** at pages 319 and 320. Professor Bowett, very fairly, read them out to you in full in the course of his pleading and I will not burden you with a repetition.

As you will recall, the United States stated that its adherence to Article XXXI was subject to

> "any jurisdictional or other limitations contained in any declaration deposited by the United States under Article 36, paragraph 4, of the Statute of the Court, and in force at the time of the submission of any case".

Professor Bowett acknowledged that if Article XXXI meant what Honduras says it does, if Article XXXI simply adopts the system of the Optional Clause, there would be no need for such a reservation. But then he asks,

> "did the United States intend this statement to be . . . an interpretative declaration . . . Or did the United States intend to lodge a true reservation, thereby implying that Article XXXI did not by itself produce this result . . . ?" (P. 17, *supra*.)

He acknowledges further "that the report of the United States delegation . . . does suggest that the statement was a true reservation" *(ibid.)*. But, despite the unequivocal language of that report, he goes on to argue that the United States reservation was in fact an interpretative statement, entered into out of an abundance of caution (p. 18, *supra*). What is the basis for this suggestion? Professor Bowett points to two other reservations made by the United States at the time of signing. He says that they "seem to be statements of the obvious . . . not true reservations." If that is true of the first and second numbered reservations to the United States signature, why not the third? *(Ibid.)*

Well, we should note, in the first place, that Professor Bowett's conclusion does not exactly follow ineluctably from the premise. It is a doctrine of innocence by association, as it were. But, more to the point, his premise is incorrect. The two reservations on which he relies are far from innocent. And here I must impose on the patience of the Court to read once again the text of the other reservations. Let us start with the second numbered reservation. It says:

> "The submission on the part of the United States of any controversy to arbitration, as distinguished from judicial settlement, shall be dependent on the conclusion of a special agreement by the parties to the case."

This is not, says Professor Bowett, a true reservation. It is "a statement of the obvious" — "ça va sans dire". But, with respect, Professor Bowett has not read his Pact of Bogotá very carefully. Article XXXV of the Pact provides that if, in a case coming to the Court under Article XXXII, the Court:

> "declares itself to be without jurisdiction to hear and adjudge the controversy, the High Contracting Parties obligate themselves to submit it to arbitration, in accordance with the provisions of Chapter Five of this Treaty".

Chapter Five of course provides that "The parties may by mutual agreement establish the Tribunal in the manner they deem most appropriate . . ."

(Art. XLI). But it also establishes a procedure for true compulsory arbitration "unless there exists an agreement to the contrary" (Art. XXXIX). It was quite possible, therefore, that the United States, if it became a party to the Treaty, would be compelled to go to arbitration without concluding "a special agreement between the parties to the case" as required by the third United States reservation. Professor Dupuy accepted this point when he asserted that compulsory arbitration is "the end of the procedural course" under the Pact of Bogotá, the locus of the automatism and ineluctability of the system established by it (p. 57, *supra*). Thus, the United States reservation was not at all a statement of the obvious, entered into out of an abundance of caution. It was a true reservation, derogating from an obligation otherwise imposed by the Pact.

The same is true of the first numbered reservation. It provides:

> "The United States does not undertake as the complainant to submit to the International Court of Justice any controversy which is not considered to be properly within the jurisdiction of the Court."

Ça va sans dire, says Professor Bowett. But is even that true? Article XXXII of the Pact expressly contemplates that *either* party to a dispute, as to which conciliation has failed, "shall be entitled to have recourse to the International Court of Justice . . . The Court shall have compulsory jurisdiction in accordance with Article 36, paragraph 1, of the said Statute." If the parties disagree as to jurisdiction, the Court shall decide the question. And if it declares itself to be without jurisdiction the compulsory arbitration process takes hold. Thus, it was not at all impossible that the United States, as complainant in a dispute that had failed of conciliation, might have to submit it to the Court at the instance of the other party, even though the United States did not consider the dispute to be properly within the jurisdiction of the Court. Indeed, if the Court agreed, the United States would then be subject to compulsory arbitration. This does not seem to be a very likely eventuality, but it is a possible one under the provisions of the Pact, and it was this eventuality that the reservation was to guard against.

Thus each of the other two reservations cited by Professor Bowett is not, as he would have us believe, a statement of the obvious interposed out of an abundance of caution. Each one is necessary to relieve the United States of concrete obligations imposed upon it by the Pact in certain well-defined contingencies. As Professor Bowett's premise fails, so does his conclusion. The third United States reservation upon the signing of the Pact of Bogotá, subjecting its acceptance of the jurisdiction of the Court under Article XXXI to any limitations that it might make to its Article 36, paragraph 2, declaration, was likewise necessary to achieve that result. Absent such a reservation, subsequent changes in the United States Optional Clause declaration would be ineffective to alter the scope of the submission under Article XXXI.

It follows that the subsequent reservations appended by Honduras to its Article 36, paragraph 2, declaration, are ineffective to modify its acceptance of jurisdiction under Article XXXI of the Pact. Honduras must have held the same view until recently, for it did not notify to the Organization of American States its earlier declarations, the declarations of 1954 and 1960, under the Optional Clause.

The Court adjourned from 11.30 a.m. to 11.45 a.m.

II. THE JURISDICTION CONFERRED BY ARTICLE XXXI IS NOT SUBJECT TO
THE PRECONDITION THAT THE PARTIES HAVE TRIED AND FAILED TO SETTLE
THE DISPUTE BY CONCILIATION

This is the second major issue that divides the Parties as to the Pact of Bogotá: whether the invocation of the jurisdiction of the Court in a case falling within Article XXXI, as this one does, is subject to the prior exhaustion of the conciliation process mentioned in Article XXXII. Here again I am somewhat at a loss to understand Professor Dupuy's argument. It seems to be based on his entirely imaginary assertion that Nicaragua believes the framers of the Pact made some sort of error of draftsmanship. Let me assure him once more: Nicaragua does not believe that the delegates to Bogotá were "trompés" or "confusés", or that there was any "phénomène d'inadvertance" or "erreur de rédaction" (p. 52, *supra*).

Of course there was a link between Article XXXI of the Pact and Article 36, paragraph 2, of the Statute. The question is, what kind of a link was it? As I have already demonstrated, the link was *ratione materiae* — a common definition of the kinds of questions covered and of the conception of acceptance of jurisdiction *ipso facto* and without the necessity of special agreement. But there was no link *ratione personae* — the language of reciprocity in Article 36, paragraph 2, was omitted, and there is no link *ratione temporis*. The high contracting parties are bound by their acceptance of jurisdiction as long as the Pact of Bogotá remains in force.

What we have then is a straightforward contractual obligation binding the parties to submit to the jurisdiction of the Court in the types of cases mentioned during the period that the Treaty remains in force. What Monsieur Dupuy has failed to show is that this obligation is qualified by a condition mentioned not in Article XXXI but in Article XXXII, and relating to a differently defined class of cases.

Now, let us agree that the publicists are divided on this question. I will grant that García Amador and Lleras support the Honduran position. And I will grant that they are weighty names in Latin American jurisprudence. Let him grant that many names, also weighty in that field, support the position of Nicaragua: Caicedo Castilla, Raul Luis Gardon, Leoro, Fernández-Shaw, Herrarte. They are all discussed — the favourable as well as the unfavourable — in the Counter-Memorial **(I)**, at pages 327 to 334.

The Court will not decide this case by counting the noses (or the weight) of publicists, however. The Court will decide for itself the meaning of the relevant Articles, according to the rules of interpretation laid down in the Vienna Convention, which refers us to the text of the Treaty, its context, its purpose and its history.

The history and provenance of the two Articles is quite different and explains the difference in function and meaning between them. As noted in both the Memorial and the Counter-Memorial, the precursors of the Pact of Bogotá were a variety of separate agreements, resolutions and declarations in the inter-American system providing for peaceful resolution of disputes among American States. Chief among these were the General Treaty of Inter-American Arbitration and the General Convention of Inter-American Conciliation, both signed in Washington in 1929.

The Arbitration Treaty provided for compulsory arbitration of all juridical questions. Juridical questions were identified in Article I of that treaty exactly as they are in Article XXXI of the Pact, by repeating *in haec verba* the language of Article 36, paragraph 2, of the Statute of the Permanent Court. This language, as the Court knows, is identical with the text of Article 36, paragraph 2, of the present Statute. Thus from 1929 the obligation to submit to compulsory adjudication of disputes between American States falling within the scope of the Optional Clause *ratione materiae* was applicable in principle to all American States. I say in principle. In practice of course the obligation was more confined, since by no means all of the American States had ratified the Arbitration Treaty.

The Conciliation Convention applied to all other disputes. But it stipulated only conciliation. This did not necessarily lead to settlement. The parties to the dispute might invoke the process of conciliation but there was no requirement that the process should reach an agreed solution. This was thought to be a defect of the system and one that the draftsmen of the Pact of Bogotá set out to cure.

The distinction between these two categories of disputes is carried forward to Article XXXI and Article XXXII of the Pact. Article XXXI applies to juridical questions. As all the commentators, and Honduras itself, agree, Article XXXII covers all disputes whatever their nature. The new feature introduced by the Pact of Bogotá was the possibility of compulsory settlement of this second category of disputes, the non-juridical ones — first, by reference to the Court, but if that body should decide it was without jurisdiction, then by arbitration. But before a complainant could invoke this extraordinarily new remedy of compulsory process for non-juridical questions, it must first have recourse to conciliation under Chapter Three.

There is no need to embark on an academic or theoretical discussion of the distinction between political and legal questions, or whether such a distinction exists at all. The fact is that the instruments of peaceful settlement in the inter-American system have always maintained such a distinction, and it has been carried forward into Article XXXI and Article XXXII of the Pact of Bogotá. We are required to deal with that as best we may.

In fact, we can hear in the distinction between the two Articles of the Pact an echo of the difference, *ratione materiae* between Article 36, paragraph 2, and Article 36, paragraph 1, of the Court's Statute. As I need not remind the Court, Article 36 paragraph 2, refers to "legal disputes"; Article 36, paragraph 1, deals with "all cases which the parties refer to [the Court] and all matters specially provided for . . . in treaties and conventions in force". In this connection, may I remind counsel for Honduras — who have been so punctilious about references to the Statute of the Court in the Pact of Bogotá — Article XXXII of the Pact states expressly that, in cases falling within its purview, "The Court shall have compulsory jurisdiction in accordance with Article 36, paragraph 1, of [the] Statute".

This brings me to a final textual basis for the conclusion that Article XXXI provides an independent route of access to the Court, not subject to the conciliation requirement of Article XXXII. If the Honduran thesis is correct, and the juridical disputes mentioned in Article XXXI are subject to the precondition of conciliation, there would be no need at all for Article XXXI. This is the same position that Nicaragua took in its Counter-Memorial on Jurisdiction and Admissibility in 1984, which seems to give Professor Dupuy such pleasure (pp. 63-64, *supra*).

But the position of Nicaragua, then as now, is correct: if Article XXXII subjects all disputes, juridical or otherwise, to the precondition of conciliation and at the same time provides for jurisdiction of the Court over such disputes under Article 36, paragraph 1, of the Statute, then Article XXXI of the Pact has no independent significance whatsoever. It is an elementary principle that treaties should be interpreted so as to give independent effect to every provision. In this case, the significance to be given to Article XXXI is obvious. The classes of disputes there enumerated are the subject of a separate "declaration" "recogniz[ing] the jurisdiction of the Court *ipso facto* and without the necessity of special agreement". This jurisdictional declaration is designed to make it clear that for such disputes the parties may invoke the Court's jurisdiction directly and without preconditions that attach in the case of other disputes.

Nicaragua contends that Article XXXI is an independent submission to the jurisdiction of the Court. It is not subject to any qualification laid down in Article XXXII, which was designed primarily to deal with another class of cases not theretofore subject to binding settlement. For that class of cases, conciliation had been historically prescribed and was peculiarly appropriate.

That is the architecture of Chapter IV of the Pact. It entails no "isolation" of Article XXXI, "radical" or otherwise (p. 49, *supra*). In this scheme, each article has its own place and its own field of operation. Each performs a necessary function. None is superfluous. That is the way a treaty should be construed. It remains only to correct a few misconceptions that have been raised about the consistency of past Nicaraguan practice on matters concerning the Pact of Bogotá.

I have already shown that the position Nicaragua now takes with respect to Article XXXI and Article XXXII is in its essential aspects identical to the one maintained in 1984 — in what was, after all, one footnote of a long and complex pleading. The essential point was that Article XXXI constituted an independent title of jurisdiction, separate from a declaration under the Optional Clause. As such, we then maintained, it was not subject to the conciliation requirement in Article XXXII. These are the same propositions that Nicaragua asserts in this case.

To be candid, I must confess that the footnote went somewhat further and stated that Article XXXI actually constituted a declaration of the sort contemplated in Article 36, paragraph 2, of the Statute. That was because at the time, on the basis of the English text, I believed that the acceptance of jurisdiction under that Article would extend to any other American State, whether party to the Pact or not. The memorandum prepared by the United States in response to this footnote pointed out that in the Spanish and French texts, because of the gender of the pronoun, the limitation to "disputes that arise among them" necessarily meant "among the parties" and not "among American States". Thus, there could be no extra-contractual application of the Article. That is a testimony to the superiority of Latin languages. I accept the tuition of the United States memorandum on this point. It will not be the first time I have learned some international law from the United States Legal Adviser's Office.

1957. Professor Dupuy's explanation of the reason for the special agreement in the *Arbitral Award Made by the King of Spain on 23 December 1906* case is pure speculation, unsupported by any citation of authority whatsoever. In fact I think there is only one short paragraph devoted to it in the Honduran Memorial. What is more, it is wrong. The reason for the reliance there on the special agreement was that Honduras believed that if it made an application under the Optional Clause declarations it would be putting in issue the validity of the Arbitral Award, which it did not want to do because it regarded the Award as unquestionably valid. Mr. President, you may recall that I spent some valuable moments of the Court's time demonstrating this point on the basis of the documentation of the affair, which included in fact some of the private papers of Judge Hudson. Have no fear. I have no intention of repeating that performance here. The full account may be found in the *compte rendu* of the afternoon session of Monday 8 October 1984 (*I.C.J. Pleadings, Military and Paramilitary Activities in and against Nicaragua (Nicaragua* v. *United States of America)*, Vol. II).

June 1986. Within 30 days after it was notified of the unilateral Honduran effort of 6 June to modify its obligations under Article XXXI, Nicaragua filed the present Application with the Court, invoking that Article as a title of jurisdiction. What more effective resistance could be imagined?

III. NEITHER ARTICLE II NOR ARTICLE IV OF THE PACT PRECLUDE THE MAINTENANCE OF THIS ACTION

I come now, Mr. President and Members of the Court, to the third topic of my argument addressed to the proposition that neither Article II nor Article IV of the Pact preclude the maintenance of this action. The oral argument on this topic is to be shared between me and my colleague, Professor Pellet. I will make only a few remarks on the provenance of the two articles and the light, unfortunately not much, that the *travaux préparatoires* shed on their meaning. Professor Pellet will then review the facts of this case and the general jurisprudence dealing with conditions of the kind contained in the articles to show that they are inapplicable in the present case.

A. *Article II*

The argument on this issue according to Honduras boils down to the question whether both of the parties to a dispute must agree that it is incapable of resolution "by direct negotiations through the usual diplomatic channels" before resorting to the compulsory procedures of the Pact, or whether it is sufficient that only the complaining party is of this opinion. It hardly seems possible that the Court could seriously concern itself with the issue so defined.

The common-sense meaning of the Article is that before initiating one of the formal procedures, a party must make a good faith effort to settle it in the normal course of bilateral relations. Nicaragua does not contend that the mere assertion by one party that diplomatic negotiations would be unavailing authorizes resort to the Pact procedures. Otherwise a State could set in motion the ponderous machinery of the Pact, including the processes of the International Court of Justice, when there was really no dispute between it and the respondent State.

By contrast, if a reasonable effort reveals that ordinary negotiations are ineffective, then of course resort to the procedures established by the Pact must become available. Otherwise the recalcitrant party can deprive the complainant of the rights and benefits provided in the Pact. Ambassador Hernández Alcerro maintained that the Honduran insistence on agreement between the parties that the negotiations are futile does not amount to giving one party a veto over access to the Pact's procedures. I am unable to understand how that can be. It is elementary that to require a person's agreement before you can take some action gives that person a veto over your taking that action. Presumably, the person can withhold agreement for no reason or any reason — including preventing you from taking that action.

The only way that a veto power over resort to the Pact can be avoided is by an objective evaluation of the circumstances to determine whether negotiations do or do not hold out a reasonable hope of a solution. As Nicaragua pointed out in its Counter-Memorial, that is the way the Court has consistently dealt with similar provisions in jurisdictional or compromissory instruments (**I**, pp. 339-340). The most convincing summary of the jurisprudence on the subject is given by Dr. Shabtai Rosenne. Speaking of such provisions he says:

"Neither Court [neither this Court nor its predecessor] it seems, has attached much significance to these different formulations, and both have directed their attention, in the cases mentioned, to an examination of the question whether the existence of a deadlock in negotiations is established, and whether any reasonable probability exists that further negotiations would lead to a settlement." (*The Law and Practice of the International Court*, Vol. II, p. 515 (2nd ed., 1985).)

That, I submit, is the way the Court should treat this case.

Mr. Pellet will fully demonstrate the answer to these questions on the facts of this case. The criteria established by Dr. Rosenne are met.

In closing on this point, it should be said that the Bogotá Conference did not attach much significance to these different formulations either. As already noted, Article 22 of the original Organization of American States Charter (now Art. 25) provided that:

"In the event that a dispute arises between two or more American States which, in the opinion of one of them, cannot be settled through the usual diplomatic channels, the parties shall agree on some other peaceful procedure that will enable them to reach a solution."

Nicaragua, naturally enough, emphasizes the phrase "which in the opinion of one of them, cannot be settled through the usual diplomatic channels" because that phrase closely resembles the language of Article II of the Pact. Ambassador Alcerro, on the other hand, reminding us that we must read the language in context, emphasizes the last phrase of Article 25: "the parties shall agree on some other peaceful procedure". Well enough. But the context is wider than Article 25. It also includes Article 26 which provides that:

"A special treaty will establish adequate procedures for the pacific settlement of disputes and will determine the appropriate means for their application, so that no dispute between American States shall fail of definitive settlement within a reasonable period."

The Pact of Bogotá was the special treaty envisioned in Article 26 of the Organization of American States Charter. And as both Nicaragua and Honduras agree, its main purpose was to ensure compulsory dispute settlement, even in the absence of agreement between the parties to the dispute.

Ambassador Alcerro entertained us at great length with the story of the succeeding drafts of Article II which began by referring to "the opinion of one of the parties" and ended, in the English and Spanish texts, by saying "the opinion of the parties". Ambassador Alcerro draws a deep meaning from this change. But apparently nobody told the French. For the French text, which is also official, reads "de l'avis de l'une des parties".

Nothing could more clearly demonstrate the insignificance of "these different formulations" as Dr. Rosenne calls them. The question is not whether one of the parties or both of them must think that the dispute between them cannot be settled by ordinary diplomatic means. The question is whether the dispute can in fact be settled by such means. If not, the whole point of the Pact of Bogotá was to make more efficacious means available.

B. Article IV

Article IV says that:

"Once any pacific procedure has been initiated, whether by agreement between the parties or in fulfillment of the present Treaty or a previous pact, no other procedure may be commenced until that procedure is concluded."

Honduras contends that the Contadora process is such a procedure and so recourse to this Court is foreclosed while the Contadora process continues. Again the light to be shed on this provision from the records of the proceedings at Bogotá is lamentably dim.

It is accepted that when the Article speaks of a procedure "initiated by the parties" it is referring to "special procedures" within the meaning of Article II. As Ambassador Alcerro told us, the last clause of Article II, containing this phrase, was inserted at the suggestion of the delegate of Mexico, who thought that the procedures provided in the Pact should not be exclusive if the parties thought otherwise. In particular, the Pact procedures were heavily legal and diplomatic in character. Whereas, said the delegate from Mexico,

"A controversy whose character is fundamentally economic might be resolved by an expert appraisal. In the case of a technical controversy about engineering, it could be arranged that a technical engineer organization carry out an investigation and resolve it." (Counter-Memorial, I, p. 341.)

I believe that is the sum total of comment in the proceedings of the Pact of Bogotá referring to this phrase. The Mexican delegate seems primarily concerned with disputes requiring something other than legal or political expertise, though perhaps it would be too stringent to confine the notion of "special procedures" to such narrowly technical cases.

In any event, there is no doubt that in this connection Article II does require the agreement of both the parties to the dispute to establish the special procedure. When the Article says "in their opinion" here, it means it. For, as noted in the Counter-Memorial the effect of finding that a particular modality is a "special procedure" within the meaning of Article II is that the parties will have waived their right to resort to other forums, including the International Court of Justice, during the pendency of that procedure. Such a waiver is not lightly to be presumed. Not only does it deprive the parties of their rights, but also, and perhaps more important, it would be a disincentive to participate in such exercises as Contadora if a State was in danger of giving up its alternatives when it did so.

Finally, it is not enough that the alternative forum addresses similar issues or subject-matter. To be a "special procedure" it must permit the parties to arrive at a solution to the particular dispute between them that is the subject of complaint.

Before concluding, Mr. President, I must clear up one matter for Ambassador Alcerro and the Court. In his oral pleading, Ambassador Alcerro

"[drew] the attention of the Court to the fact that Nicaragua removed the term 'special' qualifying 'pacific means of solution' in Annex 25 to the Counter-Memorial that has recently replaced the Annex that was originally deposited" (p. 41, *supra*).

The Court, perhaps, has more information about the circumstances of the replacement of the Annex than was available to Ambassador Alcerro. As you may know, the document originally deposited as Annex 25 was not the document referred to in Nicaragua's Counter-Memorial. The Court itself discovered this fact and called it to the attention of the Agent of Nicaragua. Nicaragua then replaced the document originally annexed with the correct document, a note from Honduras to the Secretary-General of the United Nations, dated 18 April 1984. The note appears in Annex 25 in an English translation. Nicaragua got it from Annex 104 to the Counter-Memorial of the United States in the *Military and Paramilitary Activities* case, where the same document was also referred to. Nicaragua does not have the original Spanish version of the note and had no role in preparing the English translation. I know Ambassador Alcerro will be pleased to have these facts and that he intended no aspersions on Nicaragua or its counsel.

In conclusion, Mr. President, the Court is seised of this case by virtue of the submission to its jurisdiction by both Parties in Article XXXI of the Pact of Bogotá, quite apart from the declarations of the Parties under the Optional Clause of the Statute. That jurisdiction is not ousted by the purported reservation deposited with the Secretary General of the OAS on 4 June 1986.

Nor is it ousted by any requirement of prior exhaustion of the process of conciliation provided in Chapter Three of the Pact.

Nor is it ousted by any purported negotiations, whether bilateral or in the framework of Contadora, which have continued now for more than five years while Nicaraguans were being killed by *contras* based in Honduras.

Nicaragua is entitled to ask the Court for justice, and ask now. That is what the Pact of Bogotá is all about.

PLAIDOIRIE DE M. PELLET

CONSEIL DU GOUVERNEMENT DU NICARAGUA

M. PELLET: Monsieur le Président, Messieurs les juges, c'est un grand honneur pour moi de me trouver de nouveau appelé à plaider devant votre haute juridiction en compagnie des juristes éminents qui se trouvent de part et d'autre de cette barre. J'espère me montrer digne de cet honneur.

Monsieur le Président, deux tâches m'incombent. Il m'appartient, en premier lieu, de montrer qu'aucune exception d'irrecevabilité ne peut être tirée des articles II et IV du pacte de Bogotá. Et, plus généralement, je dirai quelques mots des autres exceptions d'irrecevabilité que le Honduras croit pouvoir déduire de la rédaction et des motifs de la requête.

Puis, dans un second temps, je m'efforcerai d'établir que, tout à fait indépendamment des dispositions de ce pacte, la Cour est tout aussi valablement saisie sur le fondement de l'article 36, paragraphe 2, de son propre Statut.

Il n'y a, à vrai dire, guère de points de contacts entre les deux parties de l'exposé que je suis appelé à faire. Et pourtant, l'une et l'autre appellent la même remarque liminaire de ma part car durant la préparation de cette plaidoirie je me suis senti constamment ramené quatre ans en arrière. Il faut se rendre à l'évidence, malgré les efforts que déploie le Honduras pour «habiller» différemment les exceptions dont il se prévaut, les objections qu'il invoque aussi bien à l'encontre de la recevabilité de la requête que vis-à-vis de la compétence de la Cour, ces exceptions sont fondamentalement les mêmes que celles qu'avaient fait valoir, en leur temps, les Etats-Unis d'Amérique, au moins dans leur esprit. Il ne s'agit là que d'un ravalement de façade, le fond demeure le même en substance. Si bien que l'essentiel des questions que soulève le Honduras trouve sa réponse dans l'arrêt que vous avez rendu le 26 novembre 1984.

La requête serait irrecevable, parce que d'autres forums seraient saisis des mêmes problèmes? Vous avez écarté l'objection, il y a quatre ans. L'irrecevabilité tiendrait à ce que des «négociations préalables» n'auraient pas été épuisées? Vous avez tranché également. La requête du Nicaragua ne serait pas compatible avec l'exercice de votre mission judiciaire? Vous avez aussi disposé de cela. Quant à la question de savoir si un Etat lié par une déclaration d'acceptation de votre juridiction obligatoire peut modifier celle-ci selon son bon plaisir, vous y avez répondu aussi avec une totale clarté.

Ma tâche s'en trouve, à vrai dire, considérablement simplifiée. Mais comme il faut bien que je justifie ma présence ici et que je ne puis me borner à lire votre arrêt — que vous connaissez d'ailleurs mieux que moi —, je m'appliquerai à répondre à l'argumentation du Honduras, en faisant mine, sans être vraiment dupe, de découvrir avec lui des différences là où il y a, à l'évidence, surtout de grandes ressemblances.

C'est donc dans cet esprit que j'aborderai d'abord les questions liées à la prétendue irrecevabilité de la requête.

I. LA RECEVABILITÉ DE LA REQUÊTE

Bien qu'il se soit, dans son mémoire, assez longuement étendu sur les chefs d'irrecevabilité qu'il prétend tirer de la rédaction et des motifs de la requête, le

Honduras ne s'y est guère attardé en plaidoirie. Le Nicaragua a répondu sur ce point dans le chapitre 6 de son contre-mémoire **(I)**. Je pense donc qu'il sera suffisant de n'en dire que quelques mots en conclusion de cette première partie de mon exposé. Pour le reste je me propose de centrer cette première partie sur les motifs d'irrecevabilité que le Honduras fonde sur le Pacte de Bogotá et, tout particulièrement, sur ses articles II et IV.

Mon collègue et ami M. Chayes vient d'établir la signification qui s'attache à ces dispositions à la lumière des travaux preparatoires du pacte et il a également indiqué la place que tiennent ces dispositions dans le système de règlement pacifique institué par le pacte. Par conséquent, en ce qui me concerne, je me bornerai à montrer que ni l'un ni l'autre de ces articles ne fait, en la présence espèce, obstacle à ce que la Cour connaisse de la requête du Nicaragua et se déclare compétente sur le fondement de l'article XXXI du pacte qui, comme M. Chayes vient de le démontrer, «contractualise» en la «cristallisant» la clause facultative de juridiction obligatoire et institue le recours à votre haute juridiction comme une procédure, et une procédure privilégiée et autonome, de règlement des différends entre Etats américains.

En relation avec cette disposition centrale du système du pacte, les articles II et IV sont certes pertinents. Ils le sont au même titre qu'à l'égard de toutes les autres procédures prévues par le pacte. Ni plus, ni moins. Ils instituent des préalables dont l'un — les négociations diplomatiques directes visées à l'article II — s'impose dans tous les cas, tandis que l'autre — le recours à des procédures spéciales — dépend des circonstances de l'espèce ou, plus précisément, de l'accord des parties pour recourir à de telles procédures et de l'identité d'objet entre ces procédures et celles qui les suivent.

Comme l'a fait remarquer M. Hernández Alcerro dans sa présentation, le plus simple est probablement de se demander, dans un premier temps, si la condition mise — indirectement — par l'article II du pacte à la saisine de la Cour a, en l'espèce, été remplie, avant de s'interroger, dans un second temps, sur la question de savoir si l'article IV ajoute à cette condition des exigences particulières auxquelles il n'aurait pas eté satisfait en l'espèce.

Je vais essayer d'établir que la condition posée par l'article II du Pacte de Bogotá est bien remplie en la présente espèce.

1. La condition posée par l'article II du pacte de Bogotá est remplie en la présente espèce

Avant d'examiner plus avant cette première proposition, il convient par commodité de rappeler, une nouvelle fois, le texte de l'article II ou, en tout cas, de son second alinéa. Je cite le texte officiel français:

«au cas où surgirait, entre deux ou plusieurs Etats signataires, un différend qui, de l'avis de l'une des parties, ne pourrait être résolu au moyen de négociations directes suivant les voies diplomatiques ordinaires, les parties s'engagent à employer les procédures établies dans ce traité sous la forme et dans les conditions prévues aux articles suivants, ou les procédures spéciales qui, à leur avis, leur permettront d'arriver à une solution».

Comme l'a excellemment montré M. Chayes, cette disposition impose aux parties deux obligations: elles doivent, d'une part, tenter de résoudre leurs différends «au moyen de négociations diplomatiques ordinaires» et, d'autre part, si, de l'avis de l'une d'elles, cela n'est pas possible, employer les procédures établies par le pacte ou toute autre procédure spéciale.

Sous réserve du point de savoir si, en l'espèce, les Parties se sont mises d'accord sur une telle procédure spéciale, point que j'examinerai tout à l'heure, cette seconde obligation, c'est-à-dire l'obligation de recourir à une procédure établie par le pacte, ne fait pas problème: le recours à la Cour internationale de Justice est précisément l'une des «procédures établies dans ce traité».

La seule question qui se pose à ce stade est donc la suivante: la condition — la condition unique — mise par l'article II à la saisine de la Cour est-elle remplie? En d'autres termes des «négociations diplomatiques ordinaires» ont-elles eu lieu et peut-on déduire de celles-ci que le différend ne peut pas être résolu par ce biais? Etant entendu que, conformément à la seule position raisonnable, celle-là même que vient d'exposer M. Chayes, cette déduction peut refléter «l'avis de *l'une des parties*» comme le précise le texte français (faute de quoi, l'autre Etat pourrait indéfiniment bloquer le processus, et ce n'est pas une question de langue, c'est une question de logique); mais étant entendu aussi que la Cour peut et doit exercer son contrôle quant au bien-fondé de cette opinion.

Or, en l'espèce, la situation est la suivante:

i) des «négociations diplomatiques ordinaires» ont eu lieu entre les Parties;
ii) le Honduras a mis fin à ces négociations;
iii) il s'est, par la suite, constamment refusé à les reprendre malgré les demandes répétées du Nicaragua, demandes d'autant plus pressantes que la situation empirait;
iv) il s'ensuit que le différend ne pouvait, à l'évidence, être résolu au moyen de telles négociations diplomatiques et que la condition prealable imposée à la saisine de la Cour par l'article II du pacte de Bogotá est bien remplie.

Je reprendrai successivement et brièvement ces quatre points auxquels M. Argüello Gómez a d'ailleurs fait largement allusion ce matin:

i) Premier point: des «négociations diplomatiques» ordinaires ont eu lieu entre les Parties.

Sur ce premier point les Parties sont d'ailleurs d'accord. Je ne suis pas sûr qu'elles soient d'accord sur la manière dont se sont déroulées les négociations mais elles sont d'accord sur leur tenue.

Le Honduras présente dans son mémoire (**I**), certaines des rencontres qui ont eu lieu jusqu'au début du printemps 1983 entre les autorités des deux Etats (p. 22-24).

Le Nicaragua n'a jamais contesté l'existence de ces négociations dont il fait également état dans son contre-mémoire (**I**, p. 289-290 et 340) et M. le coagent du Honduras les a à son tour invoquées (ci-dessus p. 33-36).

Il n'est pas donc nécessaire d'y revenir. La cause est entendue. Des négociations diplomatiques ordinaires, directes, bilatérales, ont eu lieu entre les Parties et, de ce fait, l'exigence, la seule exigence, posée par l'article II du pacte en tant que préalable à l'emploi des procédures qu'il établit est satisfaite.

Cela pourtant se suffit pas; enfin, pas tout à fait. Il faut encore bien sûr que ces négociations n'aboutissent pas, car, dans l'hypothèse contraire, pourquoi saisir votre haute juridiction? Le différend est résolu à la suite des négociations et tout rendre dans l'ordre. Ce n'est malheureusement pas ce qui s'est produit. Les négociations n'ont pas abouti ou, plus précisément, le Honduras, en y mettant fin, a exclu tout espoir, toute perspective, de les voir aboutir. Et cela me conduit au deuxième point.

ii) Le Honduras a mis fin aux «négociations diplomatiques ordinaires» auxquelles jusqu'en 1982-1983 il s'était prêté. Oh! bien sûr, il n'avait pas fait preuve d'un enthousiasme exessif, mais enfin, il s'y était prêté!

A partir d'avril 1982, c'en est fini de cette bonne volonté de façade: il y aura bien dans les mois qui suivent encore quelques rencontres bilatérales, mais le refus de principe est fixé, *ne varietur*, dans la lettre qu'a adressée le ministre des relations extérieures du Honduras à son homologue nicaraguayen, le 23 avril 1982.

Il est vrai qu'aujourd'hui le Honduras, par la voix autorisée de son coagent, se défend d'avoir rejeté les propositions de négociations bilatérales du Nicaragua (ci-dessus p. 35). Mais il n'est que de lire l'annexe 4 à son mémoire **(I)** pour constater qu'il s'agit d'un refus, diplomatique certes, mais très ferme, de la poursuite des négociations bilatérales: «Quoi qu'il en soit, écrit le ministre des relations extérieures du Honduras, mon gouvernement est d'avis que l'approche régionale devrait prévaloir» (voir aussi annexe 8), et dorénavant il n'y aura plus de négociations bilatérales.

iii) Le refus de négociations directes fut, par la suite, et c'est mon troisième point, une constante de l'attitude hondurienne.

Plus la situation empirait, plus le Nicaragua multipliait les offres de négociations, et plus le Honduras se réfugiait, bien à tort, derrière les conversations menées au plan régional pour se dérober à toute discussion. Il faut d'ailleurs reconnaître au Honduras, si changeant par ailleurs dans certaines de ses argumentations, une admirable constance sur ce point. Cette esquive constitue en effet la base même de sa politique dans ses relations bilatérales avec le Nicaragua. Elle a été pratiquée à nouveau à cette barre il y a trois jours avec talent par M. Hernández Alcerro qui a soutenu que son pays ne se dérobait pas aux négociations directes puisque le processus de Contadora en tenait lieu (ci-dessus p. 35). Cette bonne volonté supposée du Honduras est malheureusement entièrement démentie par les faits. J'en donnerai cinq exemples.

En septembre 1982, les présidents du Mexique et du Venezuela proposèrent que les chefs d'Etat hondurien et nicaraguayen tiennent, sous leurs auspices, une réunion conjointe; le Nicaragua accepta. Mais le chef d'Etat du Honduras pretexta une rencontre avec des commerçants de San Pedro Sule pour se dérober.

Deuxième exemple: le 15 octobre 1983, le Nicaragua a proposé la signature d'un traité bilatéral de paix, d'amitié et de coopération; le Honduras a refusé d'en discuter au prétexte que les problèmes étaient généraux et non pas bilatéraux (il s'agissait d'une proposition de traité bilatéral).

Troisième exemple: le 11 mai 1985, le Gouvernement nicaraguayen a proposé à celui du Honduras que les forces armées des deux pays élaborent conjointement un plan en vue de faire face aux incidents frontaliers; cette proposition ne reçut aucune réponse.

Quatrième exemple: lors de la dix-septième session de l'assemblée de l'Organisation des Etats américains, le Honduras a proposé la création d'une commission internationale de sécurité chargée de surveiller la frontière. Jugeant cette suggestion positive, le ministre des relations extérieures du Nicaragua a suggéré, le 22 février 1988, l'ouverture de pourparlers immédiats en vue d'étudier ses modalités pratiques; le Honduras n'a, à ce jour, pas donné suite.

Cinquième et dernier exemple: de nouveau à l'occasion du dépôt de sa demande en indication de mesures conservatoires, le Nicaragua a proposé la conclusion d'un traité bilatéral d'amitié et de coopération qui aurait d'ailleurs, dans son esprit, contenu une clause de juridiction obligatoire; le Gouvernement du Honduras n'a pas davantage répondu.

Cette liste, Monsieur le Président, n'est pas exhaustive. Mais elle fait justice des protestations du Honduras selon lesquelles il ne se serait pas dérobé à la tenue de négociations bilatérales. Telle a, au contraire, été son attitude parfaitement constante.

Le Nicaragua n'exclut évidemment pas que, dans certaines circonstances, la solution d'un différend bilatéral puisse être recherchée dans un cadre plus vaste, mais, comme nous le verrons dans quelques instants, en la présente espèce tel n'est pas l'objet des négociations de Contadora, dont il faut au surplus constater que le Honduras s'est ingénié à les saborder chaque fois que faire s'est pu comme, par exemple, le communiqué officiel du Gouvernement hondurien n° 002.88 en date du 15 janvier 1988 en a encore donné une preuve avec la récusation de la commission internationale de vérification créée par l'accord d'Esquipulas du 7 août dernier (ce point a été développé tout à l'heure par M. Argüello Gómez).

De plus, si, comme le Honduras le soutient, Contadora devait être tenu pour une «procédure spéciale» au sens de l'article II du pacte — ce qui n'est pas, mais admettons-le: Contadora serait une «procédure spéciale» —, cette «procédure spéciale» devrait, en tout état de cause, être précédée par des «négociations diplomatique ordinaires» en vertu de ce même article II. Il est donc absolument impossible de prétendre, comme le fait le Honduras, que le processus de Contadora constitue, de telles négociations préliminaires et, en même temps, une procédure spéciale. Il ne peut pas à la fois être et précéder!

iv) De l'ensemble des constatations qui précèdent (et qui sont fondées sur des faits, non sur des hypothèses), une conclusion partielle peut être tirée qui constitue le quatrième et dernier point annoncé: du fait du refus persistant du Honduras à se prêter à des négociations sur le différend qui fait l'objet de la présente instance, celui-ci ne peut décidément «être résolu au moyen de négociations diplomatiques ordinaires».

L'abondante jurisprudence tant de la Cour actuelle que de la Cour permanente citée par le Nicaragua aux paragraphes 195 à 200 de son contre-mémoire **(I)** montre très clairement que c'est en effet l'impasse à laquelle aboutissent des négociations diplomatiques qui permet d'affirmer que «le différend n'est pas susceptible d'être réglé par une négociation diplomatique» (*Concessions Mavrommatis en Palestine, 1924, C.P.J.I. série A n° 2*); voir aussi *Droit de passage sur territoire indien, exceptions préliminaires, C.I.J. Recueil 1957*, p. 149; *Sud-Ouest africain, exceptions préliminaires, C.I.J. Recueil 1962*, p. 345; *Personnel diplomatique et consulaire des Etats-Unis à Téhéran, arrêt, C.I.J. Recueil 1980*, p. 27; *Activités militaires et paramilitaires au Nicaragua et contre celui-ci (Nicaragua c. Etats-Unis d'Amérique), compétence et recevabilité, C.I.J. Recueil 1984*, p. 428, et *Activités militaires et paramilitaires au Nicaragua et contre celui-ci (Nicaragua c. Etats-Unis d'Amérique), fond, C.I.J. Recueil 1986*, p. 137). Et comme les auteurs les plus éminents l'ont souligné, la haute juridiction ne s'attache pas à la lettre des textes qui fixent cette exigence de ce que l'on pourrait appeler «l'épuisement des négociations préalables», la jurisprudence s'attache seulement à l'impossibilité effective de les mener; peu importe les formules ainsi que vient de le rappeler M. Chayes.

La partie hondurienne affirme — je cite la plaidoirie de M. Hernández Alcerro — que:

> «Il n'est pas possible à la Cour de substituer son opinion à celle des Parties, sur la question de savoir si le différend est susceptible d'être réglé par des négociations directes.» (Ci-dessus p. 27)

Peut-être... mais il est au moins certainement possible à la Cour de s'assurer de l'objectivité de l'opinion des Parties, et, comme le reconnaît le Honduras lui-même:

> «Il appartient à la Cour de ne pas prendre en compte ce qui a été dit par l'une des Parties, s'il apparaît de toute évidence que la réalité est contraire aux propos qu'elle a soutenus.» *(Ibid.)*

Et à vrai dire le Gouvernement du Nicaragua éprouve de très grandes difficultés à comprendre comment le Honduras pourrait persuader votre haute juridiction qu'il est possible de résoudre par des «négociations diplomatiques ordinaires» un différend qui dure depuis près d'une dizaine d'années, qui a fait l'objet, à ses débuts, de telles négociations (auxquelles le Honduras ne s'est absolument plus prêté depuis plus de cinq ans), qui s'est constamment aggravé depuis lors, et qui a conduit les parties à échanger des notes et des propos souvent fort «raides» et émaillés de gracieusetés que je vous épargne.

Tout ce qui peut être déduit de ces constatations, c'est encore une fois que la situation est bloquée; ce n'est pas dans le contexte actuel d'extrême tension que le problème peut être résolu «au moyen de négociations diplomatiques ordinaires», alors qu'au contraire on peut espérer que la saisine de votre haute juridiction et l'autorité qui s'attache à ses décisions peuvent avoir et auront un effet décisif.

La condition mise par l'article II du pacte de Bogotá à la saisine de la Cour étant remplie, il convient de s'interroger sur l'existence d'un second préalable, que le Honduras croit pouvoir déduire de la combinaison des articles II et IV du pacte de Bogotá.

2. La Cour est valablement saisie en l'absence de toute «procédure spéciale» au sens de l'article II du pacte de Bogotá

Je veux dire qu'elle est valablement saisie parce qu'il n'existe pas en l'espèce de «procédure spéciale» au sens de l'article II du pacte de Bogotá.

Monsieur le Président, comme je l'ai dit tout à l'heure, le Honduras ajoute à la confusion en faisant du processus de Contadora à la fois une manifestation des «négociations diplomatiques ordinaires» exigées préalablement à toute autre procédure de règlement par l'article II du pacte et en même temps une procédure spéciale évoquée par cette même disposition.

On comprend fort bien pourquoi la partie hondurienne veut faire jouer à ce processus de Contadora ce rôle étrange de maître Jacques. Contrairement aux négociations diplomatiques, le processus de Contadora, prolongé par celui distinct d'Esquipulas II, a le mérite d'exister. Et, contrairement à ce qui se produit au cours du procès judiciaire, le Honduras peut empêcher ce processus d'aboutir; et comme l'agent du Nicaragua l'a montré, il a utilisé à maintes reprises avec beaucoup de succès jusqu'à présent ce pouvoir d'empêcher.

Il est certain que le processus ne peut être à la fois l'un et l'autre. A la fois négociations diplomatiques ordinaires et procédure spéciale, à la fois négociations préalables et procédure spéciale consécutive. Mais il faut aller plus loin: il n'est en vérité ni l'un ni l'autre. Tout simplement parce qu'il ne porte pas sur le différend qui fait l'objet du présent litige.

Cela, Monsieur le Président, m'oblige à poser une question préliminaire: existe-t-il bien un différend? La question peut paraître quelque peu incongrue. Mais il faut bien s'y intéresser puisque le Honduras y revient à d'assez nombreuses reprises en affirmant qu'il n'a pas de litige bilatéral avec le Nicaragua (mémoire, **I**, p. 12, 33, 38, etc.).

Certes, comme l'a dit la Cour dans son arrêt du 21 décembre 1962 relatif à l'affaire du *Sud-Ouest africain, exceptions préliminaires* (*C.I.J. Recueil 1962*, p. 328), cité par M. Hernández Alcerro (ci-dessus p. 34), «la simple affirmation ne suffit pas pour prouver l'existence d'un différend» mais, à l'inverse, «le simple fait que l'existence d'un differend est contestée ne prouve pas que ce différend n'existe pas» et, dans le récent avis consultatif sur l'*Applicabilité de l'obligation d'arbitrage en vertu de la section 21 de l'accord du 26 juin 1947 relatif au siège de l'Organisation des Nations Unies,* votre haute juridiction a eu l'occasion d'insister de nouveau sur ce point (*C.I.J. Recueil 1988*, p. 27).

Mais, en la présente espèce, tout malheureusement établit qu'il existe un différend et un différend fort grave entre les Parties:

— les faits énumérés par le Nicaragua dans sa requête le montrent; car ne l'oublions pas tout de même, des hommes, des femmes, des enfants meurent et souffrent chaque jour du fait de l'action du Honduras, celle-là même qui fait l'objet de la présente procédure comme M. Argüello Gómez l'a fort opportunément rappelé tout à l'heure. D'autres éléments montrent, c'est presqu'une évidence, qu'il existe un différend entre les Parties;
— les positions les plus officielles prises par les autorités honduriennes qui ne cessent de dénoncer les prétendues violations de frontière dont le territoire du Honduras serait l'objet de la part du Nicaragua;
— les innombrables lettres, télex, télégrammes de protestations échangés entre les deux pays dont les annexes aux écritures actuelles des Parties ne donnent qu'une vue fort incomplète, et vous devez je crois vous attendre à beaucoup plus, plus tard;
— le fait même que, jusqu'en 1982, le Honduras s'est parfois prêté à des contacts bilatéraux pour discuter des problèmes bilatéraux, et, ensuite, le blocage de ces négociations;
— ou encore la reconnaissance de l'existence de problèmes bilatéraux par les autorités honduriennes elles-mêmes. Et je n'en donnerai qu'un exemple, celui de l'article de M. Hernández Alcerro lui-même à l'*Annuaire français de droit international* de 1985, dans lequel il écrit:

«Quand nous parlons de la crise centraméricaine, nous avons en général tendance à considérer qu'il s'agit d'un conflit unique. En réalité, il existe dans cette zone des conflits nationaux ou internes, *des conflits bilatéraux* et des conflits multilatéraux.» (P. 272.)

Ainsi, il y deux ou trois ans, M. le coagent du Honduras ne semblait pas tenir pour «purement artificielle», comme il le dit aujourd'hui, «la distinction entre situation générale tendue et pluralité de differénds bilatéraux» (ci-dessus p. 46), il ne semblait pas considérer comme étant «contraire aux exigences élémentaires de bonne foi» la décomposition des problèmes *(ibid.).*

Le Honduras voudrait faire croire aujourd'hui qu'il n'y a pas de problèmes bilatéraux, que ceux-ci sont indissociables du conflit régional dont le groupe de Contadora a été et continue d'être saisi, et que le processus d'Esquipulas II s'efforce également, d'une manière distincte, de régler. Pour l'établir, le Honduras affecte de superposer le projet d'acte de Contadora sur la paix et la coopération en Amérique centrale avec la requête du Nicaragua (mémoire, I, p. 44-45). Cette superposition est factice et trompeuse car le Honduras se garde bien de mener l'exercice à son terme et de confronter les conclusions du Nicaragua avec le projet d'acte. Or un simple coup d'œil aux deux documents montre qu'ils n'ont ni le même objet, ni la même portée (le même exercice pourrait être fait avec les documents adoptés dans le cadre d'Esquipulas). La requête du 25 juillet 1986 vise à faire juger par la Cour — et je crois qu'il vaut la peine de relire à nouveau les conclusions du Nicaragua:

> «*a)* que les actes et omissions du Honduras pendant la période pertinente constituent des violations des diverses obligations du droit international coutumier et des traités dont il est fait mention dans le corps de la présente requête, violations dont la responsabilité juridique incombe à la République du Honduras;
> *b)* que le Honduras a l'obligation de mettre immédiatement fin et de renoncer à tout acte constituant une violation des obligations juridiques susmentionnées;
> *c)* que le Honduras est tenu envers la République du Nicaragua de l'obligation de réparer tout préjudice causé à celle-ci par la violation des obligations imposées par les règles pertinentes du droit international coutumier et des dispositions conventionnelles.»

En aucune manière, ni de près, ni de loin, le projet d'acte, par exemple, ne répond à ces préoccupations: il vise exclusivement à établir, pour l'avenir, les conditions d'une paix durable; il ne concerne nullement le cas particulier du Honduras, pas davantage qu'il n'a pour objet de déterminer les responsabilités dans le différend opposant les deux Etats ou de fixer la réparation qui est due en conséquence. D'ailleurs, un forum diplomatique comme le processus de Contadora serait fort mal équipé à cette fin.

C'est d'ailleurs ce qu'admet le Honduras lorsqu'il oppose, au début de son mémoire, le processus de Contadora (et cette phrase m'a toujours beaucoup intéressé) à «[the] unilateral Application to the Court which involves *different procedures, different parties, different aims* and, inevitably, *different results*» (**I**, p. 13). Des «résultats différents»...

C'est le Honduras qui le dit, et sur ce point il a raison.

Mais, bien entendu, dès lors que l'affaire soumise à la Cour, d'une part, et le processus de Contadora, d'autre part, portent sur des objets distincts et visent, comme le Honduras l'admet, «des buts différents», il devient tout à fait impossible de voir dans le second l'une de ces «procédures spéciales» qu'évoque l'article II du pacte de Bogotá en liaison avec le présent litige.

Un second obstacle, tout aussi dirimant, s'oppose d'ailleurs à une telle assimilation.

L'audience est levée à 13 heures

QUATRIÈME AUDIENCE PUBLIQUE (10 VI 88, 10 h)

Présents: [Voir audience du 6 VI 88.]

M. PELLET: Monsieur le Président, Messieurs les juges, avant la suspension de l'audience d'hier, j'avais largement entamé la première partie de mon exposé, celle qui est relative à la recevabilité de la requête.

Dans un premier temps, j'avais montré que la condition posée par l'article II du pacte de Bogotá — le recours à des négociations diplomatiques préalables ou l'impossibilité d'y recourir —, que cette condition était remplie en la présente espèce.

J'en étais arrivé à mon second point et m'efforçais d'établir que les Parties n'étaient convenues d'aucune espèce de «procédure spéciale», au sens de cette même disposition de cet article II du pacte de Bogotá.

Après avoir montré que, contrairement aux affirmations du Honduras, il existait bien un différend bilatéral entre les Parties et que la solution de ce différend ne relevait nullement du processus de Contadora, je crois que l'on peut dire que celui-ci ne constitue pas une procédure spéciale pour régler le différend soumis à la Cour puisque, comme je l'ai montré hier, il ne concerne aucunement ce différend.

Cela rappelé, Monsieur le Président, je reprends, si vous le voulez bien, le fil de mon exposé.

Un second obstacle, tout aussi dirimant, s'oppose d'ailleurs à une telle assimilation entre le processus de Contadora et une procédure spéciale, au sens de l'article II du pacte de Bogotá. Il est peut-être possible de se livrer à de savantes exégèses sur cette disposition pour arriver à une définition générale des «procédures spéciales» de règlement auxquelles les parties peuvent recourir. Mais, sur un point au moins, le texte de cet article II ne laisse place à aucune espèce de doute. Il n'y a procédure spéciale que si les parties sont d'accord pour y recourir. Dans le cas contraire, ce sont «les procédures établies dans ce traité» qu'il faut utiliser, et cette constatation découle de la fin de l'article II lui-même qui est ainsi rédigée, je le rappelle:

> «les parties s'engagent à employer les procédures établies dans ce traité [il s'agit du pacte de Bogotá] sous la forme et dans les conditions prévues aux articles suivants, ou les procédures spéciales qui, *à leur avis*, leur permettront d'arriver à une solution».

La rédaction de l'article IV le confirme également: l'expression «procédure spéciale» n'est pas utilisée dans l'article IV mais cette disposition oppose les «procédures pacifiques» entamées «en vertu d'un accord entre les parties» à celles suivies «en exécution du présent traité». Par conséquent, les «procédures pacifiques» entamées «en vertu d'un accord entre les parties» sont bien les «procédures spéciales» visées à l'article II.

Or le Nicaragua et le Honduras n'ont jamais émis un tel avis ou conclu un tel accord.

Sur ce point, dans sa talentueuse plaidoirie, M. Hernández Alcerro procède à une forte affirmation: «le Nicaragua, nous a-t-il dit, participe aux travaux du groupe de Contadora», il a — je cite M. Hernández Alcerro — «*donc* accepté que les problèmes de l'Amérique centrale soient résolus *en totalité* par cette procédure de règlement» (ci-dessus p. 33-34; les italiques sont de moi). Voilà assurément un raccourci tout à fait saisissant mais qui, à vrai dire, ne prouve pas grand-chose. Certes, le Nicaragua a participé, dès le départ, au processus de Contadora, certes, il y a participé dans un esprit d'ouverture, de coopération; mais cela ne prouve aucunement qu'il y ait vu le cadre approprié du règlement de son différend bilatéral avec le Honduras.

C'est, Monsieur le Président, le contraire qui est vrai. Le Nicaragua qui, avant la création du groupe de Contadora, avait toujours insisté sur la nécessité de régler les problèmes bilatéraux par des négociations bilatérales, s'en est toujours tenu à cette position par la suite. Il suffit pour s'en convaincre de se reporter aux exemples qui ont été donnés par M. Hernández Alcerro lui-même.

Premier exemple: citant, d'ailleurs de façon tronquée, le discours par lequel le coordinateur de la junte de reconstruction nationale au Nicaragua acceptait le processus de Contadora, le coagent du Honduras croit pouvoir affirmer que cette acceptation était principalement due au caractère multilatéral du processus (ci-dessus p. 33). Mais, si l'on se réfère au texte qui est reproduit en annexe 14 au mémoire du Honduras (I), on constate que M. Ortega n'y voit qu'un premier pas et l'accepte, au contraire, *malgré* son caractère multilatéral.

Autre exemple: M. Hernández Alcerro cite une note adressée par le commandant Ortega au président de la République du Honduras le 11 avril 1983, note qui est ainsi rédigée:

> «En ce sens, le Nicaragua continue à considérer que le dialogue bilatéral, dans l'esprit de *Contadora*, est celui qui convient, attendu qu'il constitue un effort sérieux pour rechercher une solution aux problèmes auxquels la région est confrontée.» (Ci-dessus p. 37).

C'est très clair. Mais ce n'est pas très clair dans le sens que voudrait le Honduras; c'est le contraire qui est exact. Les problèmes bilatéraux, écrit le chef de l'Etat nicaraguayen, doivent être traités «dans l'esprit de Contadora», certes; mais ailleurs: dans le cadre d'un dialogue bilatéral.

Et l'on peut multiplier les exemples. Ils établissent tous la même chose: le Nicaragua soutient les efforts du groupe de Contadora pour régler le problème régional global, mais il n'a jamais été d'avis, il n'est jamais convenu, qu'il s'agissait du cadre approprié pour traiter ni pour régler les problèmes bilatéraux.

Il n'y a donc aucun accord entre les Parties en vue du règlement de l'affaire dont la Cour est saisie dans le cadre du processus de Contadora, et ce processus ne saurait par conséquent être considéré comme une «procédure spéciale» au sens de l'article II du pacte de Bogotá, ceci quel que soit son objet.

Cela a une conséquence très importante du point de vue juridique. Le Honduras ne peut opposer au Nicaragua les dispositions de l'article IV du pacte qui pose le principe *electa una via* et qui exige l'épuisement des procédures pacifique déjà entamées avant de recourir à une autre voie. En l'espèce, le processus de Contadora n'est ni une procédure établie par le traité, ni une «procédure spéciale» au sens de l'article II du pacte de Bogotá. Cette procédure n'a pas été acceptée par le Nicaragua comme un mode possible du règlement du différend dont il a saisi la Cour, et cette procédure n'a pas le même objet que ce différend.

Une preuve supplémentaire du fait que le processus de Contadora ne constitue pas une «procédure spéciale» soumise à la règle posée à l'article IV, cette fois, du pacte de Bogotá, tient à l'attitude des parties, à celle des tiers et à celle du groupe de Contadora lui-même qui, ni les uns, ni les autres, n'ont jamais considéré le processus comme un moyen de règlement exclusif; le Nicaragua a insisté sur ce point dans son mémoire, je n'y reviens donc pas, en tout cas en détail, sinon pour ajouter trois brèves remarques et une «note de bas de page».

Cette note de bas de page concerne la déclaration, tout à fait providentielle, faite par le délégué du Chili à la réunion de la commission des affaires juridiques et politiques de l'Organisation des Etats américains et dont a fait état M. Hernández Alcerro (ci-dessus p. 42).

Enfin, le représentant d'un Etat latino-américain semble relier le processus de Contadora au pacte de Bogotá! Je dois peut-être vous rassurer, Monsieur le Président: je ne vais pas me lancer dans une longue dissertation sur la notion de date critique. Je me limite simplement à faire un constatation: cette déclaration, par ce représentant unique, de cet Etat unique, date du 28 avril 1987. La requête nicaraguayenne a été formée le 28 juillet 1986.

Voila pour la note de bas de page. Je reviens aux remarques.

La première de ces remarques concerne la pratique du groupe de Contadora lui-même. Cette pratique est significative à deux points de vue: d'abord parce que jamais le groupe de Contadora ne s'est attaché à résoudre un problème particulier entre deux Etats, au moins s'il n'avait pas été saisi expressément par ceux-ci. Et il ne l'a été qu'une seule fois, ce qui a conduit à la création de la commission pour la vérification et la prévention, entre le Nicaragua et le Costa Rica, création qui a été en effet favorisée par le groupe de Contadora mais qui concerne les relations bilatérales entre, non pas le Nicaragua et le Honduras, mais entre le Nicaragua et le Costa Rica, et création qui a été demandée expréssement par les deux parties. Au contraire il n'existe rien de tel, s'agissant des relations entre le Nicaragua et le Honduras. D'autre part, la pratique du groupe est également intéressante par le fait qu'il a systématiquement encouragé le recours à d'autres modes de règlement, montrant ainsi qu'il ne se sentait investi d'aucun monopole particulier, même dans le domaine dans lequel il avait compétence pour intervenir.

Cela conduit du reste à préciser la portée exacte des développements qui se trouvent aux pages 343 à 345 du contre-mémoire du Nicaragua (**I**), et cela constitue ma deuxième remarque. Ce qu'il s'est agi de montrer dans ce passage du contre-mémoire — et nous aurions pu le faire beaucoup plus longuement — est que le Honduras, d'une part, et les divers organismes cités, d'autre part, ont constamment considéré que le processus de Contadora n'était en aucune manière un mode exclusif de règlement pacifique des différends entre Etats centraméricains. Ni l'un (le groupe de Contadora) ni les autres n'ont jamais imaginé que le fait que ce groupe en traitât pût constituer un obstacle quelconque à l'examen de ces problèmes par d'autres instances. Autrement dit, ils n'ont nullement estimé que le principe *electa un via*, posé par l'article IV, s'appliquât en l'espèce, ce qui par ricochet signifie qu'ils n'ont pas vu dans le groupe de Contadora une procédure préalable, quel qu'en puisse être d'ailleurs l'objet.

Enfin, en troisième lieu (c'est ma dernière remarque sur ce point), l'attitude du Honduras lui-même est, dans cette perspective, particulièrement intéressante. Comme les autres pays d'Amérique centrale, comme l'Organisation des Etats américains, comme les différents organes des Nations Unies, cet Etat a, Monsieur le Président, saisi, au gré de ses intérêts, d'autres organes, et en particulier l'Organisation des Etats américains (voir contre-mémoire, **I**, p. 343).

Pas davantage que mon adversaire et néanmoins ami Pierre Dupuy, je ne m'aventurerai sur le terrain si délicieusement perfide de cette institution d'outre-Manche — et d'outre-Atlantique — qu'est l'*estoppel*. Je n'invoquerai même pas les mânes de Cicéron — peut-être plus rassurantes pour un juriste latin. Il suffit, je crois, de dire qu'il faut être de bonne foi; qu'un Etat ne peut faire un jour ce qu'il conteste le lendemain; au fond tout simplement, que l'«on ne peut souffler à la fois le chaud et le froid».

Le Honduras n'a pas considéré naguère que le processus de Contadora l'empêchait de faire valoir ses vues dans d'autres cadres. Il ne peut pas aujourd'hui, raisonnablement, entendre l'interdire au Nicaragua. Il ne s'est pas senti lié par l'article IV du pacte de Bogotá; pourquoi donc le Nicaragua lui, le serait-il?

Il est vrai que le Honduras a toujours eu, et continue d'avoir, une attitude pour le moins incertaine eu égard au mode pertinent de règlement du différend qui l'oppose au Nicaragua — différend qu'il se refuse (bien à tort) de distinguer du conflit généralisé qui éprouve si douloureusement l'Amérique centrale.

En plaidoirie comme dans son mémoire, le Honduras affecte de considérer que

> «its commitment to the Pact of Bogotá and to the Contadora process as a "special procedure" under the Pact precluded reference to the Court at this stage, before the completion of the Contadora process» (**I**, p. 56-57).

Donc l'engagement du Nicaragua vis-à-vis du groupe de Contadora l'empêcherait, selon le Honduras, de recourir à votre juridiction.

Mais n'est-ce pas ce même Etat (le Honduras cette fois) qui, en 1974, a proclamé de manière absolument générale que le règlement judiciaire «represents the most appropriate means of settling disputes between States» («Communication from the Minister for Foreign Affairs of Honduras to the Secretary-General of the United Nations, 21 June 1974»)? N'est-ce pas ce même pays qui, le 29 mars 1983, a pressé le conseil permanent de l'Organisation des Etats américains d'inviter les Etats d'Amérique centrale à entamer des négociations directes à cinq? N'est-ce pas lui aussi qui a déposé, le 5 avril suivant, un projet de résolutions à cette fin — projet qui n'évoque pas le processus de Contadora (**I**, mémoire, annexe 10)? Et n'est-ce pas ce pays enfin qui a demandé la réunion du Conseil de sécurité pour examiner les menaces à la paix et à la sécurité en Amérique centrale en juillet 1983 (*ibid.*, annexe 12). Ce même Etat aussi qui a, par ailleurs, tenté en octobre 1984 de susciter la création d'une instance concurrente du groupe de Contadora, le groupe de Tegucigalpa?

Admettons un instant que nous soyons en présence, comme l'affirme le Honduras, d'un problème unique, multiforme, insaisissable. Le «forum naturel» de son règlement est-il la Cour internationale de Justice? — il l'a dit — Est-il l'Organization des Etats américains? — il l'a dit aussi — Est-il le groupe de Contadora? — il le dit maintenant. Est-il le groupe de Tegucigalpa? — il l'a pensé. De ces revirements successifs, on ne peut tirer, Monsieur le Président, aucune conclusion certaine: le Honduras n'a jamais considéré les consultations de Contadora comme le moyen exclusif de résoudre les problèmes qui se posent au niveau sous-régional, mais simplement comme un moyen possible de résoudre ces problèmes généraux; si tant est qu'il ait réellement voulu leur apporter une solution tant il est clair, et ceci résulte à l'évidence des déclarations faites hier par l'agent du Nicaragua, que l'attitude du Honduras a été, pour dire le moins, peu «constructive».

Quoi qu'il en soit, et pour revenir à l'article IV du pacte de 1948, par sa conduite, le Honduras a montré que rien ne lui était plus étranger que le principe *electa una via* qu'énonce cette disposition. Il est, dès lors, tout à fait mal venu à s'en prévaloir aujourd'hui.

Il devient alors presque superflu de s'arrêter au dernier argument invoqué par le Honduras pour tenter d'établir l'irrecevabilité de la requête du fait de la tenue du processus de Contadora.

Pourtant comme la partie hondurienne y est revenue pas moins de trois fois dans son mémoire (**I**, p. 33-34, 36 et 47) et au moins à deux reprises en plaidoirie (ci-dessus p. 35 et 45), j'en dirai quelques mots. Selon le Honduras:

> «in the cases brought by Nicaragua against Costa Rica and Honduras in 1986, there is a characteristic which should be emphasized and which was not present in the case filed on 9 April 1984, in which Nicaragua brought an Application against the United States of America. That characteristic is that Nicaragua, Costa Rica and Honduras are all States of Central America, parties to the Pact of Bogotá, and participants in the Contadora process. In contrast, the United States is not within the region of Central America, is not a party to the Pact of Bogotá, and is not a party to the Contadora process.» (Mémoire, **I**, p. 33-34; voir aussi **I**, p. 36 et p. 47.)

Et le Honduras d'en déduire que le problème se pose d'une manière entièrement différente et que la procédure devant la Cour fait double emploi avec le processus de Contadora et en menace l'aboutissement.

Ces allégations se heurtent à une objection fondamentale: dans son arrêt du 26 novembre 1984, la Cour, à aucun moment, ne se fonde sur le fait que les Etats-Unis ne participent pas au processus de Contadora.

Le fait, que le Nicaragua avait, en effet, souligné, demeure; mais il apparaît comme un argument surabondant, qui n'entre pour aucune part dans la réfutation par la Cour de l'argumentation présentée alors par les Etats-Unis. Elle cite ce point, en tant qu'élément des plaidoiries du Nicaragua (*C.I.J. Recueil 1984*, p. 438-439), mais elle ne le fait pas sien. Davantage même, elle envisage précisément l'hypothèse inverse, c'est-à-dire la situation dans laquelle les Etats-Unis auraient participé aux négociations, mais pour conclure aussitôt que cela ne changerait rien à son raisonnement: «La Cour considère que l'existence même de négociations actives auxquelles les deux Parties pourraient participer» (*ibid.*, p. 440) ne doit pas l'empêcher de s'acquitter de ses fonctions.

Dès lors, la particularité dont se prévaut le Honduras, et qui, dans une certaine mesure, est réelle — encore que l'on puisse se demander si lui-même participe réellement et *bona fide* à la recherche d'une solution aux problèmes régionaux — n'a et ne peut avoir aucune incidence sur la solution du présent litige.

Et puis tout de même! Elargissons le débat en nous arrêtant aux exceptions d'irrecevabilité, très «vagues et artificielles» à vrai dire, invoquées, un peu comme un exercice obligé, par M. Hernández Alcerro à la fin de sa plaidoirie. Le Nicaragua éprouve, décidément, de très grandes difficultés à comprendre en quoi un prononcé judiciaire, établissant de façon claire les droits et les obligations des parties, pourrait mettre en péril en quoi que ce soit le succès des négociations de Contadora. En quoi le fait pour la Cour de se prononcer conduirat «à l'échec des négociations... régionale[s]» (ci-dessus p. 46), à moins, bien sûr qu'un Etat en prenne prétexte pour torpiller ces négociations. Et, à l'inverse, en quoi la poursuite de celles-ci en même temps que la Cour examine l'affaire (qui encore une fois porte sur un problème différent) est-elle «contraire aux exigences inhérentes à un bon fonctionnement de la justice internationale?» (*ibid.*). Très franchement, nous ne comprenons pas.

Admettons même un instant que les unes et l'autre — les négociations de

Contadora et le litige soumis à la Cour — aient le même objet — ce qui n'est pas, je le répète, mais admettons-le. Nous ne voyons pas où serait le problème: loin de se nuire les deux modes de règlement se renforceraient l'un l'autre. On nous dit:

> «si la Cour se prononce sur des sujets qui sont aussi partie intégrante du règlement de Contadora, nous n'aurions que deux possibilités: ou l'acte de Contadora doit se conformer à l'arrêt, ou l'acte ignore la décision de la Cour» (ci-dessus p. 45).

Fort bien, mais où est le problème? La Cour dira le droit; les Parties en tireront les conséquences; il n'y a rien là d'inconvenant.

Je ne pense pas, Monsieur le Président, qu'il soit nécessaire que j'évoque davantage ces objections d'irrecevabilité très générales auxquelles le Honduras ne croit visiblement pas. Qu'il me suffise de dire que nous n'y croyons pas non plus et que, sous une forme ou sous une autre, elles ont toutes été abordées et réfutées dans la présentation générale qu'a faite l'agent du Nicaragua.

Je pense donc pourvoir terminer cette première partie de ma plaidoirie en résumant les principales conclusions auxquelles elle nous a conduits:

i) des négociations diplomatiques sur le différend soumis à la Cour ont eu lieu; elles ont cessé depuis plus de cinq ans et rien n'en laisse espérer la reprise; dès lors, elles ne peuvent être tenues raisonnablement comme un moyen de règlement du litige et l'exception d'irrecevabilité fondée par le Honduras sur l'article II du pacte de Bogotá ne peut, en conséquence, qu'être écartée;

ii) le processus de Contadora n'a pas pour objet de résoudre le litige dont votre haute juridiction est saisie; il n'a pas été accepté à cette fin par le Nicaragua; il ne constitue donc en aucune manière une «procédure spéciale» au sens de ce même article II qui exige l'accord des parties et nul ne l'a, du reste, jamais considéré comme tel;

iii) par conséquent, l'article IV du pacte de Bogotá ne justifie pas davantage un fondement possible à l'irrecevabilité de la requête; aucune procédure pacifique particulière n'ayant été «entamée» par accord entre les parties, il n'est évidemment pas possible d'en exiger l'épuisement préalablement à la saisine de la Cour qui constitue elle une procédure établie par le traité.

La Cour est donc compétente en vertu de l'article XXXI du pacte de Bogotá et aucun motif d'irrecevabilité ne s'oppose à ce qu'elle exerce effectivement sa juridiction.

Le même raisonnement dispose, à fortiori, de l'exception d'incompétence que la République du Honduras entend établir sur le paragraphe 2 a) de sa prétendue «nouvelle déclaration» et selon laquelle la Cour ne pourrait connaître du différend au prétexte que «les Parties ont décidé ou pourraient décider de recourir à un autre moyen ou à d'autres moyens de règlement pacifique des différends».

Je crois avoir prouvé que les Parties n'ont rien décidé de tel et qu'en l'état actuel des choses elles ne «pourraient» certainement rien décider de tel. Il n'est pas nécessaire, par conséquent, de consacrer des développements particuliers à ce problème, les plaidoiries du Honduras ne l'ont du reste pas fait non plus.

Cette première réserve qu'invoque le Honduras ne pourrait être opposée au Nicaragua.

Si vous le voulez bien, Monsieur le Président, M. Brownlie abordera maintenant le problème de la seconde réserve, celle relative aux conflits armés affectant le territoire du Honduras. Après quoi je reprendrai la parole, avec votre permission, et m'efforcerai d'établir que de toute manière il existe une autre raison, tout à fait déterminante, pour laquelle ni l'une ni l'autre de ces réserves ne sauraient être invoquées à l'encontre du Nicaragua et cette raison est que l'instrument même dans lequel figure ces réserves n'est pas opposable au Nicaragua. Tel sera l'objet de la seconde partie de mon exposé, tout à l'heure. Entre-temps, Monsieur le Président, je vous prie de bien vouloir donner la parole à M. Brownlie.

ARGUMENT OF MR. BROWNLIE

COUNSEL FOR THE GOVERNMENT OF NICARAGUA

Mr. BROWNLIE: Mr. President, Members of the Court. It is my privilege to speak as the representative of the Republic of Nicaragua and it gives me particular personal pleasure that I do so during the presidency of a distinguished lawyer from another country of Hispanic America.

May it please the Court:

It is my task to deal with the reservation contained in the Honduran declaration of 6 June 1986 which relates to:

> "disputes relating to facts or situations originating in armed conflicts or acts of a similar nature which may affect the territory of the Republic of Honduras, and in which it may find itself involved directly or indirectly".

The substance of the other reservation relating to disputes "in respect of which the parties have agreed or may agree to resort to other means for the pacific settlement of disputes" falls within the argument of my friend and colleague Alain Pellet.

And, as the Court will appreciate, the argument is presented on the basis that what I say about the armed conflicts reservation is without prejudice to the issue of the validity of the declaration of Honduras of 1986 vis-à-vis either the Pact of Bogotá or Article 36 of the Statute of the Court.

Preliminary Objections and the Burden of Proof

It is inevitable that I begin by rejecting the baseless proposition made by counsel for Honduras to the effect that "the burden of proving that the Court *has* jurisdiction rests on Nicaragua" (p. 23, *supra*). It is not surprising that he found it appropriate to refer in support to the 1926 edition of the Rules of Court. The form and substance of the Rules of Court presently applicable make it readily apparent that, given the existence of two valid declarations of acceptance under Article 36, paragraph 2, the party opposing jurisdiction has the burden of establishing the applicability of a preliminary objection.

As the terminology itself indicates, the respondent State is accorded the privilege, by way of the suspension of the proceedings on the merits, of making objections to the jurisdiction prima facie constituted by the interacting declarations of acceptance.

As Rosenne has pointed out, it is, quite literally, an exceptional procedure (*The Law and Practice of the International Court*, 2nd ed., 1965, p. 450).

Indeed, it might have occurred to counsel for Honduras that the privilege of the respondent State speaking first carries the price, so to speak, of discharging the burden of proof. Only thus is procedural equality maintained.

Honduras Has Not Validated Its Preliminary Objection

But, the approach adopted by Honduras in this matter not only flies in the face of principle but also fails to pay due respect to the Rules of Court.

The Rules require that the preliminary objection:

> "shall set out the facts and the law on which the objection is based, the submissions and list of the documents in support; it shall mention any evidence which the party may desire to produce. Copies of the supporting documents shall be attached." (Art. 79, para. 2.)

Mr. President, the manner in which the respondent State has approached the business of compliance with these requirements has been perfunctory and casual to a surprising degree.

It is not simply a question of not discharging the burden of proof. It is extremely doubtful, in our submissions, whether enough has been done to place the preliminary objection in issue in the first place. Moreover, the method of assertion, substantially divorced from the documentary record, gives no real assistance to the Court since it impedes the flow of argument and counter-argument, which one would expect.

"Armed Conflict" Said to Be a "Factual" Concept

Mr. President, it is my intention to try to assist the Court, and I must move on to the issue of substance.

The concept of "armed conflict" was stated by counsel for Honduras to be "not a technical one, but rather a factual one" (p. 24, *supra*). Of course, it is in some sense factual. But no question arising within a significantly legal context — like the pertinence of a preliminary objection — can be purely factual. The term "armed conflicts" and the phrase "armed conflicts or acts of a similar nature" call for application and interpretation in their particular legal context. Like most such questions, they are necessarily both factual and technical.

In so far as the issues are factual — and Honduras says they are — the approach of the representatives of Honduras was extremely unhelpful. Both Ambassador Carías and Professor Bowett showed a marked disinclination to cite actual documents in the present connection, in spite of the existence of a very extensive public record, for example, in the official records of the Security Council.

Since the phrase "armed conflicts or acts of a similar nature" must involve a type or genus — even Professor Bowett referred to it as a "concept" (p. 24, *supra*) — it would seem reasonable, and natural to a lawyer, to propose criteria or indicia as a basis for its classification and practical application. Professor Bowett, having said that the concept was "not a technical one" (*ibid.*), and preferring not to be encumbered by consistency, complained that the perfectly sensible criteria proposed by the Nicaraguan Counter-Memorial (**I**, pp. 355-357) did "not derive from the law" (p. 24, *supra*).

The Indicia Proposed by Nicaragua

Mr. President, I shall not reiterate the criteria proposed in the Counter-Memorial of Nicaragua (**I**, pp. 354-358) and summarized by Professor Bowett.

But I shall, with your permission, endeavour to keep the record in good order. The criteria proposed are in fact indicia and not a mandatory code of conditions which must all be satisfied. They reflect the actual experience of international relations and are based upon a perfectly common-sense approach.

SIGNIFICANT POLICY CONSIDERATIONS

In any event, the indicia or criteria must be applied and the concept of armed conflicts interpreted in the light of some highly significant considerations of policy. In other words, the concept of armed conflicts must be subjected to some kind of contextual analysis.

(a) In the first place, the criteria are to be applied bearing in mind the concept itself is the engine which powers a reservation, an exception to an acceptance of the compulsory jurisdiction under the Optional Clause, and thus the burden of proof as to its application must lie upon the respondent State.

(b) Secondly, whilst the phrase "armed conflict" is to be interpreted in its particular context, there can be no doubt, and I would respectfully underline this, Mr. President, that statesmen and their legal advisers will inevitably give very general currency to the view adopted by the Court in spite of any attempt the Court may make to relate its opinion to the precise context.

After all, the decision in the *Anglo-Norwegian Fisheries* case has never been confined in its effects to the precise circumstances of the Norwegian coastline and the relevant fishing communities. It has been given wide normative significance in relation to the fixing of base lines. It is a fact of life that the phrase "armed conflicts" and its congeners have a particular legal and political cachet and it is commonly assumed to reflect a legal status with significant consequences similar to those consequences attending a state of war.

(c) Against this background, there would be repercussions adverse to international public order if the Court were to characterize the relations of Honduras and Nicaragua in the material period as an "armed conflict" or as "acts of a similar nature" according to the words of the Honduran reservation.

The primary complaint of Nicaragua lies in the responsibility of Honduras resulting from the harbouring of armed bands and various forms of complicity in their activities. That is what this case is about, Mr. President, together with the frontier incidents which are inevitably generated in such circumstances.

It is my submission that the harbouring of armed bands and the complicity in their hostile activities do not amount to an "armed conflict" or "acts of a similar nature" between the host State and the target State. This submission can easily be tested against the recent and contemporaneous experience of State relations.

Thus the significant number of governments which take the view that Pakistan is harbouring armed bands which operate in and against the territory of Afghanistan have not suggested that there is an "armed conflict" between Afghanistan and Pakistan. Nor is that the view of the two States directly involved. The same applies to the governments which take the view that South Africa is playing host to armed bands which operate in and against the territory of Mozambique.

(d) Against this same background, it would be even more unfortunate for public order if a pattern of border incidents were to be characterized as an "armed conflict". A mere perusal of the precise contents of Annexes 48-51 of the Memorial of Honduras will bear out the confusion which would result if the language of international relations were to be subjected to the process of inflation proposed in the arguments made on behalf of Honduras.

Terminology and the Actual Content of the Public Record

These, Mr. President, are the policy considerations which should govern the identification of a situation as an "armed conflict" or as constituting "acts of a similar nature".

From the policy background I would now move to the actual record of events.

A major part of the record takes the form of the official records of the General Assembly and Security Council in the years 1982 onwards. In particular, the quarterly supplements of the official records of the Security Council contain the diplomatic notes exchanged by the Governments of Honduras and Nicaragua. These documents, together with the records of relevant debates in the two principal political organs, provide a continuous public record of the less harmonious aspects of relations between the two States.

The actual content of the notes composed by Honduras for dispatch to Nicaragua — and also to the President of the Security Council — is, in my submission, the ultimate test. The existence of a pattern of events and a fairly consistent terminology are also matters calling for special consideration.

The overall pattern and its common characteristics are striking. Relations are constantly troubled by frontier incidents and by the activities of *contra* bands based in Honduras or receiving assistance from within the territory of Honduras. There is an emergent pattern of delictual episodes causing harm to Nicaragua and involving breaches of specific principles of international law.

But, Mr. President, there is no evidence of a state of war or an armed conflict between Honduras and Nicaragua.

To begin with, the general terminology adopted by Honduras in notes to the Nicaraguan Government alleging harm caused by Nicaraguan forces gives the game away. The references are always to "acts of aggression", or "acts of provocation" or "acts of harassment" or "violations of national territory".

What we are dealing with, and this, it must be said, is from the Honduran viewpoint, is a series of frontier incidents.

A more serious type of incident is exemplified by this Honduran note dated 8 April 1985, which I offer as a perfectly good sample of the type of material:

> "I wish to draw your attention to the following incidents: on Sunday, 4 March, at 5.30 p.m., at the place known as La Remolina, in the village of Cacamuya, district of El Espino, Choluteca department, a group of seven members of the Sandinist People's Army killed two Honduran citizens, Francisco Majia Vasquez and Santos Mejia Sanchez, aged 38 and 19 years respectively. One of the victims was shot in the upper thorax and the other in the face, in both cases with .38-calibre bullets, from which they died instantly. The group of criminals also abducted Andres Rodriguez Ordonez and Pedro Rodriguez, both peasants of Nicaraguan origin, and their fate is as yet unknown. The Government of Honduras, in lodging a vigorous protest at this new crime perpetrated by Sandinist troops, in open violation of Honduran territorial sovereignty, places on record its concern about the repetition of those hostile acts on the part of the Government of Nicaragua — acts which, as is logical, instead of promoting the relaxation of tension which my Government desires, appear to have been designed to provoke a confrontation between the two countries." (*S.C., Official Records, 40th Year, Supplement*, April, May, June 1985, p. 12; contained in a letter dated 9 April 1985 from the representative of Honduras to the Secretary-General, doc. S/17091.)

That is the end of the note which appears in the Security Council records and the references are, of course, contained in the record.

Mr. President, this note and many others like it, are absolutely incompatible with the existence of a state of affairs which any reasonable diplomat, or lawyer, would characterize as an "armed conflict" or as constituting "acts of a similar nature".

Moreover, in the milieu revealed by the diplomatic exchanges, the phrase "acts of aggression" appears as a pejorative description of individual incidents. The phrase appears always as a sloppy translation of the Spanish, the original meaning simply "an attack". In English, of course, the term "aggression" tends to have a more substantial significance.

Armed Conflict Requires a Certain Scale and Persistence in the Use of Force

The panorama of delictual incidents includes some very serious episodes causing considerable harm to the interests of Nicaragua. But the incidents do not involve a military "trial of strength" or contest which in my submission is of the essence of an armed conflict. At no stage was there even a front of continuous military contact. The frontier remains open. Traffic crosses the frontier.

No Need at Any Stage for a Ceasefire or Armistice

A major aspect of the situation has been the complete absence of any reference to the need for a ceasefire or armistice either by the Government of Honduras or Nicaragua or by third States or by the political organs of the United Nations or the Organization of American States.

Surely, at this point, the true incredibility of the Honduran contention becomes apparent.

And in this same general context, it was not necessary, and it was certainly not the practice, to treat personnel found on the wrong side of the frontier as prisoners of war. The legal paraphernalia of taking, holding and exchanging prisoners of war never appeared and the occasional episodes of repatriation simply reflect the sporadic occurrence of frontier incidents and nothing more.

The Existence of a General Pattern of Normal Diplomatic and Economic Relations between the Parties

The dispute which exists between the Parties is, of course, compatible with the existence of relations which are in many respects perfectly normal.

Indeed, throughout the material period there has been a significant pattern of normal diplomatic and economic relations. This has been pointed out by Nicaragua in its Counter-Memorial (**I**, p. 356) and Honduras has not really bothered to deny that statement of the position. In fact, the Agent of Honduras has pointed to a number of problems which were resolved on the basis of bilateral negotiations and friendly accommodation (p. 9, *supra*).

The level of normality in the relations of the Parties is also evidenced by the fact that there has not been any occasion for third States to adopt a stance based upon the law of neutrality.

The Views of Third States

Mr. President, I have referred to the position of third States in relation to the absence of any application of the principles of neutrality law, but the views of third States have a much broader relevance.

States have commonly used the term "armed conflict" when it is considered to be appropriate, as in connection with the conflict between Egypt, on the one hand, and the United Kingdom and France, on the other hand, in 1956 and, more recently, for example, in relation to the undeclared war between Iran and Iraq.

Nevertheless, third States have not described the relations between Honduras and Nicaragua in terms of "armed conflict" and, given the actual circumstances, this is not surprising.

In the relevant period various important groups of States have formulated policy statements dealing with the situation in Central America and yet these declarations make no reference to an armed conflict.

Such declarations, all of which can be found in the official records of the Security Council, should include the following:

1. Conclusions of the Heads of State and Government of the Ten, meeting as the European Council, adopted on 19 June 1983 (*Security Council, Official Records, 38th Year, Supplement*, July, August, September 1983, p. 15; this was annexed to a letter dated 22 June 1983 from the representative of the Federal Republic of Germany to the United Nations Secretary-General).

2. The Cancún Declaration on Peace in Central America, adopted on 17 July 1983 (*ibid.*, p. 25; this was annexed to a letter dated 19 July 1983 from the representatives of Colombia, Mexico, Panama and Venezuela to the Secretary-General).

3. Communiqué of the Fifth Joint Meeting between the Foreign Ministers of the Contadora Group and the Foreign Ministers of Central American Countries, 8 January 1984 (*ibid., 39th Year, Supplement*, January, February, March 1984, p. 12; this was annexed to a letter dated 9 January 1984 from the representative of Panama to the Secretary-General).

4. Communiqué of the Meeting of Foreign Ministers of the Contadora Group, 28 February 1984 (*ibid.*, p. 85; annexed to a letter dated 6 March 1984 from the representative of Panama to the Secretary-General).

5. Bulletin issued at the conclusion of the Sixth Joint Meeting between the Ministers for External Relations of the Contadora Group and the Central American Ministers for External Relations, 1 May 1984 (*ibid., Supplement*, April, May, June 1984, p. 55; annexed to a letter dated 1 May 1984 from the representative of Panama to the Secretary-General).

6. Communiqué of the Seventh Joint Meeting of the Ministers for External Relations of the Contadora Group and the Central American Ministers for External Relations, 7 September 1984 (*ibid., Supplement*, July, August, September 1984, p. 59; annexed to a letter dated 14 September 1984 from the representative of Panama to the Secretary-General).

7. Declaration issued by the Ministers for Foreign Affairs of the Contadora Group, 9 January 1985 (*Security Council, 40th Year, Official Records, Supplement*, January, February, March 1985, p. 9; annexed to a letter dated 10 January 1985 from the representative of Panama to the Secretary-General).

8. Communiqué of the Meeting of the Ministers for External Relations of the Contadora Group, 22 July 1985 (*ibid., Supplement*, July, August, September 1985, p. 23; annexed to a letter dated 23 July 1985 from the representative of Panama to the Secretary-General).

9. Communiqué of the Meeting of Ministers for External Relations of the Contadora Group and the Support Group, 25 August 1985 (*ibid.*, p. 73; letter dated 27 August 1985 from the representative of Panama to the Secretary-General).

10. Press Release issued by the Ministers for External Relations of the Contadora Group and of the Central American countries, 13 September 1985 (*ibid.*, p. 110; annexed to a letter dated 16 September 1985 from the representative of Panama to the Secretary-General).

11. Final Act of the Conference of Ministers for Foreign Affairs of the States Members of the European Community, of Spain and Portugal, and of Ministers for External Relations of the States of Central America and of the Contadora Group, 12 November 1985 (*ibid.*, p. 177; annexed to a letter dated 13 December 1985 from the representative of Luxembourg to the Secretary-General, Ann. I).

These documents make reference, quite frequent reference, to problems in the region of Central America and to various sources of tension in the region. However, they contain no single reference to an armed conflict between Honduras and Nicaragua. Since the significant sample of documents I have referred to all focus upon the problems of Central America and this with great persistence and in detail, the general absence of reference to an "armed conflict" or any similar relations between Honduras and Nicaragua must he accorded considerable significance.

HONDURAS DID NOT CONSIDER THAT AN "ARMED CONFLICT" EXISTED PRIOR TO THE APPEARANCE OF ITS MEMORIAL IN THESE PROCEEDINGS

Mr. President, the respondent has done virtually nothing to give substance to its preliminary objection. No doubt, there is the possibility that according to a loose interpretation the reservation might be applicable to precise episodes, strictly limited in time. But it is for the respondent State to make good the applicability of its preliminary objection and this it has not made any serious effort to do so either generally or in particular.

In any case, the principles of recognition and consistency as legal principles are applicable and Professor Dupuy has helpfully referred to these earlier this week (pp. 66-67, *supra*). In the present context it is a striking fact that, prior to the appearance of its Memorial in these proceedings, Honduras herself did not express the view that there had existed at any time an "armed conflict" between itself and its neighbour Nicaragua.

The Honduran Government has had many occasions to place its views of the situation in Central America on record and there is thus a pattern of pronouncements spread over a period of years. In these circumstances, Mr. President, it is fanciful to suggest that the absence of reference to an "armed conflict" between Honduras and Nicaragua is some mere semantic accident.

By way of memorandum the following extensive statements by representatives of the Government of Honduras are referred to in the record:

1. The speech to the Organization of American States Council special session on 14 July 1983 by Roberto Martinez Ordoñez, Honduran Ambassador to the Organization of American States, quoted in the Nicaraguan Counter-Memorial, **I**, p. 353.
2. The speech to the Security Council by Mr. Herrera Caceres on 3 February 1984 (S/PV.2513, pp. 14-26).

3. The speech to the Security Council by Mr. Flores Bermudez on 4 April 1984 (S/PV.2529, pp. 36-56).
4. Honduran Note to the Secretary-General of the United Nations dated 18 April 1984; Annex 25 to the Nicaraguan Counter-Memorial (Ann. 104 of the United States Counter-Memorial in the case of *Nicaragua* v. *United States*, Jurisdiction phase).
5. The speech to the General Assembly by Mr. Paz Barnica on 3 October 1985 (A/40/PV.20, pp. 72-93).
6. Lastly, the speech to the General Assembly by Mr. Herrera Caceres on 25 November 1985 (A/40/PV.90, pp. 11-35).

Mr. President, it is my submission that the public record demonstrates the undoubted existence of problems and tensions between the two countries and a recurrence of frontier incidents, some of which were very serious. However, the language and subject-matter of these Honduran statements are completely incompatible with the existence of a state of affairs which any statesman or diplomat could, with reasonable credibility, describe as an "armed conflict". The main emphasis of the speeches is on the danger of a confrontation and not on any actual confrontation.

"ACTS OF A SIMILAR NATURE"

Counsel for Honduras stressed the words in the Honduran reservation "or acts of a similar nature" (p. 57, *supra*) but did not try to explain their significance. There is no reason to assume that they dilute the concept of "armed conflicts" and indeed the phrase strongly suggests that the parent phrase itself involves a discrete concept having a definite structure and representing a core principle.

According to the general principles of interpretation applicable to treaties and similar instruments the words should be interpreted in their context and in the light of the contemporaneous meaning of the relevant terms. And for this purpose the key term is the parent or index phrase, which is "armed conflicts".

The phrase "acts of a similar nature" cannot be used to destroy or weaken the natural and logical autocracy of the concept of armed conflicts. In the first place: because the *ejusdem generis* principle and ordinary logic indicate otherwise.

In the second place: because even if a margin of a doubt be admitted to exist the doubt must be resolved in the interest of the applicant State, given that the respondent State has the burden of proof in establishing the validity and relevance of its preliminary objection.

THE RESERVATION DOES NOT POSSESS AN EXCLUSIVELY PRELIMINARY CHARACTER

Mr. President, I have made my submissions against the background of my not, as it were, prejudicing the issue of the validity of the declaration of 1986 of Honduras, and I now make a submission in the alternative on the same basis, with the same proviso. My submission in the alternative is that the Honduran reservation does not possess an exclusively preliminary character.

Not only does this case clearly fall within the ambit of the relevant precedents on this question, it is a particularly good example of the genre. On any view, the interpretation of the phrases contained in the Honduran reservation involves a factual enquiry which considerably overlaps with the facts on which the legal complaints contained in the Application are based. This is the case even though the legal context of the factual investigation on the merits would be different — that of State responsibility.

Moreover, the Honduran approach to this issue underlines the need to join the issue to the merits, since there has been a marked reluctance to get very near the facts. Indeed Honduras states that the application of the reservation is a factual question but declines to treat it as such in practice.

Mr. President, my concluding submission is that terms "armed conflicts or acts of a similar nature" are not applicable to the relations of the Parties during the material period.

Such an interpretation and application would:

— disregard the ordinary meaning of the parent term "armed conflict";
— disregard the contemporaneous usage of international relations and contemporary statecraft;
— disregard the views and attitudes of the Government of Honduras prior to the present proceedings;
— contradict the actual state of relations between Honduras and Nicaragua;
— contradict the opinions and conduct of third States;
— and present a view of the concept of "armed conflicts" inimical to international public order in that it would be out of line with present practice and widely held views.

Mr. President, I would thank you and your colleagues for your patience and courtesy. That concludes my speech.

PLAIDOIRIE DE M. PELLET *(suite)*

CONSEIL DU GOUVERNEMENT DU NICARAGUA

M. PELLET: Les problèmes d'irrecevabilité étant ainsi épuisés, j'en viens maintenant, Monsieur le Président, si vous le voulez bien, à la seconde partie de mon exposé qui portera sur la compétence de la Cour en tant qu'elle est fondée sur l'article 36, paragraphe 2, du Statut.

II. LA COMPÉTENCE DE LA COUR FONDÉE SUR L'ARTICLE 36, PARAGRAPHE 2, DU STATUT DE LA COUR

Comme l'ont montré hier aussi bien l'agent de la République du Nicaragua que mon collègue et ami M. Chayes, les déclarations d'acceptation de la juridiction facultative de la Cour faites par le Nicaragua et le Honduras en vertu de article 36 constituent, par leur concordance, des titres de compétence entièrement distincts. C'est d'ailleurs pour cette raison qu'il nous a paru nécessaire d'évoquer, dans une partie distincte des plaidoiries du Nicaragua, les réserves que le Honduras a prétendu faire en 2986 à l'article XXXI du pacte de Bogotá.

Il convient donc de s'interroger sur la validité de cette déclaration en tant que telle et indépendamment de tout lien avec le pacte ou, plus exactement, il s'agit de s'interroger sur la validité de la déclaration du Honduras, puisque, en ce qui concerne la déclaration du Nicaragua de 1929, la Cour a rappelé très fermement qu'elle était valable.

Dans la plaidoirie, très concise, qu'il a prononcée sur ce point essentiel, M. Bowett a voulu montrer, d'une part, que la «nouvelle déclaration» — et je mets l'expression entre guillemets —, que la «nouvelle déclaration», donc, d'acceptation de la juridiction obligatoire de la Cour faite par le Honduras était opposable au Nicaragua et, d'autre part, que le présent litige tombait sous le coup des réserves dont était assortie cette «déclaration» — entre guillemets toujours, mais je pense qu'il sera superflu de répéter chaque fois que je mets le mot «déclaration» entre guillemets quand il s'agit de la déclaration de 1986 du Honduras.

De l'avis du Nicaragua, ni l'une ni l'autre des deux propositions avancées par M. Bowett ne sont fondées. D'abord, parce que les deux réserves sur lesquelles s'appuie la République du Honduras ne sont pas pertinentes dans le cas d'espèce, ensuite, et surtout, parce que, de toute manière la «déclaration» hondurienne n'est pas en elle-même opposable au Nicaragua, d'où, d'ailleurs, ces fameux guillemets.

Je ne m'attarderai pas ici sur la non-applicabilité des réserves. Je me suis efforcé de montrer dans la première partie de mon exposé que les Parties n'avaient pas décidé, ne pouvaient pas décider, et n'arrivaient pas à décider, «de recourir à un autre moyen ou à d'autres moyens de règlement pacifique des différends». Le paragraphe 2, alinéa *a)*, de la «déclaration» est donc dénué de toute pertinence dans le cas d'espèce. Quant à la réserve relative aux «conflits armés», mon éminent collègue, M. Brownlie, vient d'établir qu'elle n'est pas davantage applicable.

Je ne m'attacherai donc maintenant qu'au problème qui se trouve, si l'on peut dire, en «amont» de celui de l'applicabilité des réserves honduriennes et j'examinerai l'instrument même dans lequel ces réserves figurent, à savoir la «déclaration» adressée par le Honduras au Secrétaire général des Nations Unies le 6 juin 1986.

Pour autant que nous l'ayons comprise — et j'indiquerai tout à l'heure pourquoi nous avons des hésitations sur ce point —, pour autant que nous l'ayons comprise, donc, la thèse de la République du Honduras, telle qu'elle a été exposée par M. Bowett, est en substance la suivante: en pratique, nous dit-il, les Etats qui adhèrent au système de la clause facultative se réservent la possibilité de retirer ou de modifier leur déclaration à tout moment, et ils usent largement de cette possibilité. Il en résulterait, toujours selon M. Bowett, que, d'une manière générale, les Etats peuvent modifier ou dénoncer leur déclaration à bien plaire, quels que soient les termes de celle-ci. Il n'y aurait que trois limites à ce droit de modification ou de substitution d'une déclaration à une autre: les nouvelles réserves doivent être compatibles avec le Statut, d'une part, et avec les obligations conventionnelles assumées par ailleurs par l'Etat déclarant, d'autre part. Enfin ces nouvelles réserves ne sauraient s'appliquer à un différend dont la Cour est déjà saisie, et c'est le principe *Nottebohm* (voir ci-dessus p. 24-25).

Le Nicaragua n'éprouve aucune difficulté à accepter les prémisses dont parle le Honduras. Les Etats ont, sans aucun doute, de plus en plus tendance à se prévaloir de la très grande souplesse de la clause facultative qui a toujours conduit à admettre la possibilité d'assortir de réserves les déclarations étatiques d'acceptation de la juridiction obligatoire de la Cour. M. Bowett a cité certains des instruments pertinents de l'entre-deux-guerres qui le reconnaissaient. Le paragraphe 3 de l'article 36 du Statut de la Cour ne laisse d'ailleurs pas le moindre doute à cet égard. Et l'utilisation qui est faite de cette faculté témoigne assurément d'un certain laxisme et, en tout cas, d'une très grande imagination de la part des Etats. Si bien que le «déclin de la clause facultative» qu'évoquait sir Humphrey Waldock dans son remarquable article publié au *British Year Book* de 1955-1956 («Decline of the Optional Clause», p. 244-287) n'a certainement fait que s'accentuer depuis lors.

De cela, le Nicaragua convient. Mais, et c'est là que nous ne sommes pas certains d'avoir compris la thèse hondurienne, nous ne voyons pas très bien comment le Honduras relie ses conclusions à cette constatation de pur fait. Pour être souple, le système de la clause facultative n'en constitue pas moins une institution du droit des gens à laquelle s'applique les principes fondamentaux du droit international et dont le fonctionnement, l'esprit tout entier, est dominé par le principe de la bonne foi qui doit prévaloir dans les relations entre Etats souverains.

De l'avis du Gouvernement nicaraguayen, un équilibre doit être respecté: parce qu'ils sont souverains et parce que la rédaction des paragraphes 2 et 3 du Statut de la Cour s'y prête, les Etats peuvent moduler comme ils l'entendent les obligations qu'ils sont prêts à assumer en vertu de la clause facultative. En revanche, une fois qu'ils ont pris des engagements sur cette base, ils sont tenus de s'y tenir *bona fide*, faute de quoi la stabilité des relations juridiques s'en trouverait irrémédiablement compromise.

Telle paraît être la philosophie générale du système tout entier de la clause facultative. La pratique des Etats le confirme, ce que je montrerai dans un premier temps, avant de préciser les règles générales que l'on peut en déduire, pour terminer en en faisant application dans le cas d'espèce sur lequel les Parties s'opposent. Donc d'abord la pratique des Etats, ensuite les règles applicables, et enfin l'application de ces règles en l'espèce.

1. *La pratique des Etats*

Quelle est, d'abord, la pratique des Etats en matière de dénonciation ou de modification de leurs déclarations facultatives?

M. Bowett ne l'a pas étudiée par elle-même. Mais, on peut isoler les différents exemples qu'il a cités de la démonstration qu'ils devaient illustrer. On peut en dresser le tableau suivant:

i) neuf déclarations sont d'abord expressément mentionnées qui ont été faites pour une durée indéterminée ou illimitée (ci-dessus p. 19); auxquelles s'ajoutent

ii) dix-neuf autres déclarations, «faites à l'origine pour une durée déterminée» mais restant valables à l'expiration de cette période sous réserve de dénonciation ultérieure *(ibid.)*; vient ensuite,

iii) l'exemple de la déclaration britannique de 1929 par laquelle le Royaume-Uni se réservait la possibilité de dénoncer son acceptation à tout moment après un délai de dix ans; cet exemple, nous précise-t-on, a été imité par «plusieurs autres Etats» *(ibid.)*; suivent,

iv) la mention de diverses dénonciations intervenues en 1938 (Paraguay) et après l'éclatement de la seconde guerre mondiale *(ibid.)*; puis

v) une liste de onze Etats qui ont remplacé leurs déclarations par de nouvelles rédigées différemment *(ibid.)*; à ces onze Etats viennent s'en ajouter

vi) deux autres, l'Afrique du Sud et la France, qui ont mis fin à cette acceptation *(ibid.)*; et

vii) le Portugal qui, suivi par une douzaine d'autres Etats, s'est réservé le droit de modifier sa déclaration à tout moment *(ibid.)*; et, pour clore la marche,

viii) onze Etats qui auraient «modifié les termes de leurs acceptations de la clause facultative sans s'être d'avance réservé le droit de le faire» (il s'agit en réalité de sept Etats et de onze modifications) *(ibid., p. 20)*.

Cette énumération est fastidieuse, Monsieur le Président, Messieurs les juges, et je vous prie de bien vouloir m'en excuser. Mais je crains que la suite le soit plus encore. Il me paraît en effet indispensable de revenir, non pas peut-être sur chacun des Etats cités, mais sur chacun de ces groupes et aussi sur certaines de ces déclarations plus précisément.

Quel était, en effet, le dessein poursuivi par mon éminent contradicteur? Il s'agissait sans aucun doute de faire naître l'idée que les Etats abrogent, dénoncent, retirent, modifient, amendent leur déclarations selon leur seul bon plaisir; qu'ils font «n'importe quoi».

Les choses, à vrai dire, ne me paraissent pas si simples. Et pour deux raisons principales. En premier lieu, M. Bowett a commis, sur certains points, des erreurs, dont une au moins présente de l'importance, et, en second lieu, les regroupements auxquels il a procédé ne semblent pas très pertinents au regard du problème en examen. Je me propose, Monsieur le Président, si vous le voulez bien, de reprendre plus précisément ces deux points successivement.

L'audience, suspendue à 11 h 25, est reprise à 11 h 45

Avant la pause j'indiquais que la construction de M. Bowett reposait, me semble-t-il, sur un certain nombre d'erreurs, dont une au moins présentait de l'importance, et que les regroupements auxquels il a procédé (ou d'ailleurs auxquels il n'a peut-être pas procédé) ne me paraissaient pas pertinents au regard du problème à l'examen.

J'examinerai ces deux points successivement et d'abord les erreurs.

L'une, Monsieur le Président, est sans importance: la France a dénoncé son acceptation de la juridiction de la Cour en 1974 et non pas en 1978.

La deuxième concerne la modification qu'aurait effectuée la Colombie en 1937. Je n'en ai pas trouvé trace. En revanche, j'ai constaté que ce pays avait fait parvenir, le 27 août 1936, au Secrétaire général de la Société des Nations, une lettre faisant état d'une erreur de rédaction du fait que la communication antérieure, de 1932 — communication antérieure de la Colombie, bien sûr —, ne reproduisait pas complètement le texte de la loi ayant autorisé la ratification de la déclaration (*C.P.J.I. Rapport annuel, série E n° 13*, p. 255-267). Quoi qu'il en soit, la déclaration colombienne, qui est toujours en vigueur, ne se limite aucunement à une période de dix ans, comme l'a indiqué M. Bowett.

Enfin, et surtout il n'est pas exact que les onze modifications citées *in fine*, à la fin de la longue liste d'exemples avancés par M. Bowett, émanent d'Etats qui ne s'étaient pas réservés le droit d'en effectuer. Tous, sans aucune exception, avaient prévu que leur déclaration pouvait être dénoncée à tout moment, éventuellement après l'expiration d'une durée spécifiée qui, de toute manière, était expirée au moment du dépôt de la nouvelle déclaration. Je crains que, sur ce point, M. Bowett n'ait accordé trop de foi à une certaine lettre du Gouvernement d'El Salvador. Et, formellement, dans ces hypothèses, il s'est bien agi du remplacement d'une déclaration par une autre mais, de toute manière, cela présente une importance limitée; qui peut le plus peut le moins, et qui peut dénoncer peut modifier.

Ces précisions étant données, il est possible de procéder au classement des exemples donnés par M. Bowett. Encore faut-il s'interroger sur l'objectif d'un tel regroupement.

Dès lors que le Honduras entend établir qu'un Etat qui a fait une déclaration au titre de l'article 36, paragraphe 2, du Statut, peut modifier cette déclaration ou la retirer à tout moment, avec effet immédiat, quels qu'en soient les termes, il paraît naturel de distinguer, d'une part, les hypothèses dans lesquelles de telles modifications ou de telles abrogations se sont produites en conformité avec la rédaction de la déclaration; d'autre part, celles dans lesquelles ces modifications ou abrogations se sont produites contrairement aux termes de la déclaration; troisièmement, les hypothèses dans lesquelles il y a eu abrogation ou modification sans que rien ne soit prévu — c'est notre hypothèse, et à cela on peut ajouter les cas où rien du tout ne s'est produit, cela de façon à couvrir l'ensemble des exemples donnés par mon distingué contradicteur.

Examinons chacun de ces groupes d'hypothèses et essayons de tirer les conséquences de ces examens.

Je commencerai par la dernière hypothèse proposée, c'est-à-dire les cas où il ne s'est rien passé. C'est, à vrai dire la catégorie la plus abondante.

Cette catégorie inclut les vingt-huit déclarations en vigueur conclues pour des durées indéterminées, soit parce que ces déclarations le précisent expressément, soit parce qu'elles ne disent rien, soit parce qu'elles demeurent valides après l'expiration du terme. S'ajoutent à cela la déclaration du Royaume-Uni de 1929 et celles qui l'ont imitée, la déclaration du Portugal de 1956 et la douzaine de ses épigones; tous ces Etats se réservant le droit de modifier ou de retirer leur déclaration à tout moment.

Alors, que déduire de cette première liste ? Essentiellement ceci: que les Etats peuvent, dans leur déclaration, fixer le terme de celle-ci et les modalités de sa modification comme ils l'entendent, du moment que cette possibilité n'est pas limitée par une déclaration antérieure.

Une deuxième catégorie est également raisonnablement fournie (je me borne toujours à parler des exemples avancés, amalgamés, par M. Bowett). Il s'agit des modifications et des abrogations effectuées en conformité avec le texte même de la déclaration modifiée ou abrogée.

Parmi les exemples donnés par M. Bowett — mais beaucoup d'autres auraient pu l'être —, il s'agit des onze Etats mentionnés ci-dessus à la page 20, de l'Afrique du Sud (1967), de la France (1974) et des onze autres déclarations dont j'ai indiqué tout à l'heure qu'elles avaient été faites par des Etats qui s'étaient réservé un droit de retrait à tout moment.

Je tire de cette catégorie, de cette suite d'exemples, la même conclusion que précédemment, et elle n'est pas, à vrai dire, bouleversante d'originalité: les Etats peuvent agir en conformité avec les termes de leur déclaration.

La troisième catégorie, maintenant, est celle des Etats qui ont entendu modifier ou retirer leur déclaration alors que celle-ci était en vigueur pour une durée déterminée. Si on laisse de côté le cas très particulier de la Colombie en 1936-1937, cette catégorie se limite au Royaume-Uni, à diverses nations du Commonwealth et à la France en 1939.

Dans tous ces cas, plusieurs Etats ont formellement contesté la validité de l'opération de modification à laquelle ces Etats se sont livrés. Le conseil du Honduras le concède d'ailleurs avec honnêteté, mais il ajoute: «Cependant la pratique de la Grande-Bretagne, du Commonwealth et de la France n'a jamais été officiellement contestée devant la Cour elle-même.» (Ci-dessus p. 19.) Certes! Mais, peut-on faire remarquer respectueusement qu'en ces temps troublés (nous sommes en 1939-1940), les Etats avaient tout de même d'autres problèmes et que, dans ces circonstances, il est déjà fort significatif qu'ils aient, malgré tout, pris la peine de protester.

Au surplus, il est remarquable que les pays intéressés, les pays du Commonwealth, le Royaume-Uni et la France, aient justifié leur action par un changement fondamental de circonstances. La conjonction de ces circonstances et des protestations des autres Etats interdit probablement de tirer des conséquences quelconques de ces précédents, dans le sens, en tout cas, que voudrait M. Bowett, précédents qui sont d'ailleurs, à ma connaissance, demeurés isolés, si l'on met de côté le cas des Etats-Unis en 1983, cas sur lequel je reviendrai. Comme l'écrit M. Rosenne, à propos de la tentative de 1939: «Having regard to the special circumstances, it is doubtful if any generalization from that precedent is practicable.» (*The Law and Practice of the World Court*, 1985, p. 416.) C'est le moins, à mon avis, que l'on puisse dire.

Reste enfin, Monsieur le Président, une quatrième et dernière catégorie: les cas de modification d'une déclaration conclue pour une durée indéterminée.

Cela ne concerne que deux Etats. Le Paraguay d'abord, dont la dénonciation de sa déclaration, en 1938, a suscité de nombreuses protestations et qui a continué, pendant de très longues années, à figurer, dans l'*Annuaire* de la Cour, sur la liste des Etats ayant accepté la juridiction obligatoire (il est vrai avec une note de bas de page), alors même qu'il avait, lui aussi, justifié sa décision par un changement fondamental de circonstances. Le second exemple est celui d'El Salvador qui, le 26 novembre 1973, a entendu ajouter de nombreuses réserves à sa déclaration initiale du 26 mai 1930. Mais le Honduras, par une longue lettre de son ministre des relations extérieures, en date du 21 juin 1974, avait protesté à l'époque contre l'attitude d'El Salvador. Le Honduras, précisément, dont il s'agit aujourd'hui d'apprécier la validité de la «nouvelle déclaration».

Les choses étant ainsi précisées, sur la base des précédents mêmes qu'invoque le Honduras, il faut se demander quelles conclusions peuvent en être tirées en ce qui concerne les règles applicables à la dernière hypothèse évoquée. Ce sera mon second grand point.

2. Les règles applicables

M. Bowett n'exprime pas les choses de cette manière, mais le présupposé implicite sur lequel est fondé son raisonnement semble bien être le suivant: il existerait une règle coutumière qui autoriserait les Etats à modifier leurs déclarations d'acceptation de la juridiction obligatoire de la Cour quand ils le veulent et comme ils l'entendent.

Par leur comportement — et c'est la «pratique générale» qu'évoque l'article 38, paragraphe 1 c), de votre Statut — les Etats auraient manifesté leur conviction — c'est l'*opinio juris* — que les déclarations sont des instruments instables, n'ayant de portée qu'instantanée.

Si l'on y regarde de plus près, Monsieur le Président, tel n'est pas le droit.

L'examen de la pratique des Etats dans les différentes hypothèses que nous avons dégagées montre que les règles sont beaucoup plus sophistiquées et nuancées que M. Bowett veut le faire croire.

Pas de problème, je le redis, pour les deux premiers cas: les Etats peuvent rédiger leurs déclarations comme ils l'entendent (ce qui est du reste conforme aux dispositions de l'article 36, paragraphe 3, du Statut, et ils peuvent ensuite agir conformément à ce à quoi ils se sont engagés, M. de La Palice n'aurait pas dit beaucoup mieux.

En revanche, et ce n'est que le revers de la même médaille, de la même évidence, les Etats ne peuvent pas faire le contraire de ce qu'ils ont annoncé dans leur déclaration. L'examen de notre troisième hypothèse le montre tout à fait clairement: le Royaume-Uni, les nations du Commonwealth et la France ont tenté de justifier leurs initiatives par des circonstances spéciales et cela n'a pas empêché d'assez nombreux Etats de protester. Or, vous l'avez rappelé récemment dans votre arrêt du 22 juin 1986:

> «Il ... paraît suffisant, pour déduire l'existence de règles coutumières, que les Etats y conforment leur conduite d'une manière générale et qu'ils traitent eux-mêmes les comportements non conformes à la règle en question comme des violations de celle-ci et non pas comme des manifestations de la reconnaissance d'une règle nouvelle. Si un Etat agit d'une manière apparemment inconciliable avec une règle reconnue, mais défend sa conduite en invoquant des exceptions ou justifications contenues dans la règle elle-même, il en résulte une confirmation plutôt qu'un affaiblissement de la règle, et cela que l'attitude de cet Etat puisse ou non se justifier sur cette base.» (*Activités militaires et paramilitaires au Nicaragua et contre celui-ci, C.I.J. Recueil 1986*, p. 98, par. 186.)

Bien qu'il soit allé plus loin dans l'expression de sa réprobation, l'arrêt du 26 novembre 1984, rendu dans l'affaire des *Activités militaires et paramilitaires au Nicaragua et contre celui-ci*, est du reste parfaitement clair. Vous avez rappelé dans votre décision que

> «Le maintien en vigueur de la déclaration des Etats-Unis pendant les six mois de préavis est un engagement positif... [qui] constitue un engagement faisant partie intégrante de l'instrument où elle figure.» (*C.I.J. Recueil 1984*, p. 419, par. 62.)

Les Etats ne peuvent, décidément, contrairement à ce que souhaiterait le Honduras, faire n'importe quoi.

Voilà donc une précieuse et première indication en ce qui concerne les règles applicables aux déclarations conçues pour une durée indéfinie. Mais tenons-nous-en d'abord aux enseignements de la pratique propre à cette hypothèse.

La pratique «positive», si l'on peut dire, est limitée. Limitée mais fort instructive. Elle met en effet sur la sellette le Honduras lui-même, puisque, nous venons de le voir, cet Etat a protesté en 1974 contre la «nouvelle déclaration», ici encore des guillemets, du Salvador. Or celle-ci est précédée d'un exposé des motifs qui montre que, comme le Paraguay en 1938, cet Etat a éprouvé le besoin de se justifier, qu'il ne considérait pas que la chose allait de soi. Comment? En invoquant le changement des circonstances et, tout particulièrement, le fait que la précédente déclaration salvadorienne datait de 1930, c'est-à-dire du temps de la Société des Nations. C'est d'ailleurs cette considération qui a conduit M. Rosenne à estimer que l'on devrait reconnaître la possibilité de dénoncer les déclarations faites durant l'entre-deux-guerres sans limitation de durée. Je cite M. Rosenne:

> «The dissolution of the League of Nations and the Permanent Court and the far-reaching changes in the international community and its organization which that dissolution mirrors, are sufficient to allow those States to withdraw their declarations made in those far off days when the compulsory jurisdiction was [in] its infancy, and which are today applicable by virtue of Article 36 (5) of the Statute.» (*The Law and Practice of the International Court*, 1985, p. 417.)

Comme le Nicaragua l'a montré dans son mémoire, cette opinion n'est guère partagée en doctrine mais, en tout état de cause, il faut souligner que le Honduras ne se trouve pas aujourd'hui dans la situation qui était celle d'El Salvador. Sa déclaration date non pas du temps de la Société des Nations et de la Cour permanente, mais elle date de 1960.

Quant au fait que c'est ce pays, justement, qui a protesté en 1974, il est doublement significatif. D'abord parce que l'on ne peut décidément souffler le chaud et le froid et contester, un jour, ce que l'on imite le lendemain (j'y reviendrai), ensuite parce que, comme la Bolivie en 1938 à l'égard du Paraguay, le Honduras était le principal intéressé, le principal destinaire, le destinataire direct, des réserves salvadoriennes or, vous l'avez rappelé dans les affaires du *Plateau continental de la mer du Nord*, l'attitude des «Etats particulièrement intéressés» (*C.I.J. Recueil 1969*, p. 43, par. 74) revêt une importance toute spéciale pour la détermination de l'existence d'une règle coutumière.

Ici encore, conformément aux principes enconcés dans votre arrêt du 27 juin 1986, les justifications particulières avancées par le Salvador, combinées aux protestations de l'Etat «particulièrement intéressé» qu'était le Honduras, conduisent à donner à ce précédent une valeur probante qui est loin d'être négligeable.

D'autant plus que la pratique pertinente ne se borne pas aux seuls précédents «positifs», si l'on peut dire, du Paraguay et du Salvador. Il résulte en effet de la jurisprudence de la Cour — et je pense tout particulièrement à l'affaire anglo-norvégienne des pêcheries (*C.I.J. Recueil 1951*, p. 139), que des comportements «négatifs», des abstentions d'agir constituent également des éléments formateurs des règles juridiques.

Dès lors, il est loin d'être indifférent que, à l'exception du Paraguay et du Salvador — dont l'attitude a été vigoureusement contestée et, pour le second, contestée par le Honduras — aucun Etat qui a fait une déclaration de durée indéfinie n'a retiré ou modifié celle-ci. Cette abstention d'agir est tout particulièrement significative car elle contraste avec l'attitude éminemment changeante des autres Etats, de ceux qui se réservent la possibilité de retirer ou de modifier leurs déclarations à tout moment et avec effet immédiat et qui en usent et en abusent. Ainsi s'est créé un îlot de stabilité dans le système changeant de la clause facultative.

Et l'on comprend, Monsieur le Président, que ces Etats s'imposent une très grande retenue. En agissant différemment, ils remettraient en cause le fondement même du système de la clause facultative, qui suppose la création de liens contractuels croisés entre les Etats déclarants.

M. Bowett le conteste en affirmant avec force que «les déclarations des Etats faites en vertu de la clause facultative» n'établissent pas de «liens conventionnels»; ou plus exactement corrige-t-il aussitôt:

«Elles portent virtuellement en elles de quoi former un lien consensuel analogue à un traité, mais cette transformation en lien consensuel se réalise seulement lorsqu'une requête est déposée et que la Cour tient sa compétence des deux déclarations unilatérales. C'est seulement à ce moment et non auparavant que nous pouvons parler d'un lien consensuel véritable.» (Ci-dessus p. 21)

Ces vues originales tranchent avec la position de la quasi-unanimité de la doctrine et sont contraires à la jurisprudence, maintenant bien établie, de la Cour elle-même:

«par le dépôt de sa déclaration d'acceptation entre les mains du Secrétaire général, l'Etat acceptant devient partie au système de la disposition facultative à l'égard de tous les autres Etats déclarants, avec tous les droits et obligations qui découlent de l'article 36» (*Droit de passage en territoire indien, exceptions préliminaires* (*C.I.J. Recueil 1957*, p. 146).

Il est difficile de contester que le lien est créé au moment du dépôt de la déclaration:

«Le rapport contractuel entre les Parties et la juridiction obligatoire de la Cour qui en découle sont établis de « plein droit et sans convention spéciale» du fait du dépôt de la déclaration.» *(Ibid.)*

Il est difficile de récuser l'existence d'un tel rapport entre les Etats déclarants...

Bien entendu, malgré ce que l'on a parfois écrit, cette conclusion n'est pas tenue en échec par le fait que les Etats peuvent se réserver le droit de modifier ou de retirer leur déclaration à tout moment. La même chose vaut pour les traités: ils peuvent être conclus sans limitation de durée: mais ils peuvent aussi l'être pour une période convenue ou prévoir une faculté de dénonciation à tout moment. Il n'y a pas la moindre différence avec le système de la clause consulative et le droit applicable aux traités à cet égard.

Cela dit, le Nicaragua convient tout à fait que les déclarations ne sont pas des traités *stricto sensu*. Instruments *sui generis* comme le dit M. Bowett? pourqoi pas? Encore que cela ne nous avance pas beaucoup, et que, tout de même, elles se rattachent étroitement à un traité — le Statut de la Cour — et que, pat leur simultanéité elles créent bel et bien des liens contractuels, peut-être pas entièrement conventionnels, mais certainement quasi conventionnels. Et c'est pourquoi aussi le droit des traités ne leur est sans doute pas applicable purement et simplement, mais il n'est pas incongru de s'en inspirer, d'en appliquer les principes fondamentaux — au moins par analogie et dans toute la mesure où la nature particulière du système de la clause facultative ne l'exclut pas.

A cet égard, deux points en particulier doivent être soulignés. En premier lieu, il ne peut faire aucun doute qu'en faisant une déclaration en vertu de l'article 36, paragraphe 2, du Statut un Etat n'aliène nullement sa souveraineté; il l'exerce. Comme l'a dit la Cour permanente dans son célèbre dictum de 1923, «la faculté de contracter des engagements internationaux est précisément un attribut de la souveraineté de l'Etat» (*C.P.J.I. série A n° 1*, p. 23) et cela est vrai que les engagements en question soient contractés par un traité ou par un acte unilatéral.

En second lieu, de même que le droit des traités est tout entier dominé par le principe de la bonne foi, qui trouve sa traduction la plus éclatante dans le principe *pacta sunt servanda*, il en va de même pour les actes unilatéraux. Comme l'a écrit M. Reuter: «L'obligation de bonne foi est fondamentale dans tous les comportements justiciables du droit international et l'exécution de toutes les obligations.» (*Introduction au droit des traités*, 1985, p. 124.)

Ainsi, nous continuons à penser de ce côté-ci de la barre que le détour «analogique» par le droit des traités proposé par le Nicaragua dans son mémoire est justifié, ne fût-ce que par des raisons de commodité. Le droit des traités est mieux connu, plus complet, plus ferme que celui des actes unilatéraux.

Au demeurant, ce détour n'est pas indispensable aux fins de la présente espèce et l'on peut abandonner l'analogie avec les traités pour s'en tenir aux règles applicables aux actes unilatéraux. Ce sont, à vrai dire, les mêmes que celles qui valent en matière conventionnelle et elles sont fermement établies pour, du moins, ce qui nous interesse.

C'est que le point de départ est toujours le même. C'est le principe de la bonne foi. La Cour l'avait dit dans ses arrêts du 20 décembre 1974 rendus dans l'affaire des *Essais nucléaires:*

> «L'un des principes de base qui président à la création et a l'exécution d'obligations juridiques, quelle qu'en soit la source, est celui de la bonne foi. La confiance réciproque est une condition inhérente de la coopération internationale, surtout à une époque où, dans bien des domaines, cette coopération est de plus en plus indispensable. Tout comme la règle du droit des traités *pacta sunt servanda* elle-même, le caractère obligatoire d'un engagement international assumé par déclaration unilatérale repose sur la bonne foi. Les Etats intéressés peuvent donc tenir compte des déclarations unilatérales et tabler sur elles; ils sont fondés à exiger que l'obligation ainsi créée soit respectée.» (*C.I.J. Recueil 1974*, p. 268 et p. 473.)

La Cour a répété cela dans son arrêt du 26 novembre 1984 et en a fait application, cette fois expressément, aux déclarations facultatives de l'article 36:

> «Dans l'établissement de ce réseau d'engagements que constitue le système de la clause facultative, le principe de la bonne foi joue un rôle essentiel.» (*C.I.J. Recueil 1984*, p. 418, par. 60.)

Pour ce qui est du problème qui nous intéresse: un Etat peut-il dénoncer ou modifier à tout moment et avec effet immédiat une déclaration facultative faite, en vertu de ses termes exprès, pour une durée indéterminée? Il résulte des considérations générales qui précèdent des conséquences tout à fait précises. Je vais les énumérer, elles sont, dans mon esprit, au nombre de quatre.

i) Première conséquence: contrairement à ce qu'a affirmé M. Bowett (ci-dessus p. 18-19), on ne peut certainement pas interpréter de la même manière une déclaration par laquelle un Etat se réserve le droit de dénoncer sa déclaration à tout moment, moyennant seulement une notification, et une autre déclaration ne contenant pas ces précisions mais indiquant, au contraire, qu'elle est faite «pour une durée indéterminée».

La première règle d'interprétation, rappelée, en ce qui concerne les traités, par l'article 36, paragraphe 1, de la convention de Vienne, est que les instruments juridiques doivent être «interprétés de bonne foi», et cette règle inclut, comme l'a relevé en son temps la Commission du droit international, le principe de l'effet utile (*Annuaire de la Commission du droit international*, 1966, vol. II, p. 238).

La Cour d'ailleurs l'a rappelé dans son arrêt du 9 avril 1949, relatif au *Détroit de Corfou*:

> «Il serait ... contraire aux règles d'interprétation généralement reconnues de considérer qu'une disposition de ce genre insérée dans un compromis serait une disposition sans portée et sans effet.» (*C.I.J. Recueil 1949*, p. 24.)

De même, ici, il n'est pas possible d'interpréter les declarations réservant le droit de leur auteur de les modifier ou de les retirer par une simple notification exactement de la même manière que celles qui ne comportent pas une telle mention. Ce serait priver les premières, celles qui précisent les choses, de toute portée. Ce serait aussi priver de sens la distinction faite par le paragraphe 3 de l'article 36 du Statut entre, d'une part, les déclarations «faites purement et simplement» et, d'autre part, celles faites «pour un délai déterminé».

Le Honduras, Monsieur le Président, ne s'y est d'ailleurs pas trompé. Par la soi-disant «nouvelle déclaration» de 1986, il se réserve expressément (je cite cette déclaration):

> «le droit de compléter, modifier ou retirer à tout moment la présente déclaration, ou les réserves qu'elle contient, par notification adressée au Secrétaire général de l'Organisation des Nations Unies».

A qui fera-t-on croire que cette longue phrase signifie la même chose que la formule «pour une durée indéterminée», tout de même beaucoup plus sobre, qui figurait dans sa déclaration de 1960?

ii) La deuxième conséquence qui découle du principe, si fondamental, de la bonne foi concerne les conditions de dénonciation ou de modification des déclarations facultatives. Elles aussi, en effet, doivent intervenir de bonne foi.

Qu'on y voie des instruments conventionnels ou qu'il s'agisse d'actes unilatéraux classiques, j'allais dire d'«actes unilatéraux tout bêtes», la Cour, comme elle l'a fait en 1974, dans l'affaire des *Essais nucléaires*, estimera sans aucun doute

> «que l'engagement unilatéral résultant de ces déclarations ne saurait être interprété comme ayant comporté l'invocation d'un pouvoir arbitraire de revision» (*C.I.J. Recueil 1974*, p. 270, par. 51).

Or c'est précisément un tel «pouvoir arbitraire de revision» que revendique le Honduras.

Bien entendu, Monsieur le Président, il n'y a aucune mauvaise foi de la part d'un Etat qui s'est réservé ce droit à dénoncer ou à modifier sa déclaration facultative pour des raisons de simple opportunité, qu'il détermine librement, et cela avec effet immédiat. Il a annoncé ses intentions. Mais il en va tout différemment lorsque le déclarant s'est engagé volontairement, dans l'exercice de ses droits souverains, pour une durée indéterminée. Il a accepté alors, en toute connaissance de cause, les risques du droit et il a pris un engagement sur lequel les autres Etats, acceptant les mêmes obligations, en sont venus à pouvoir compter.

Cela s'applique tout particulièrement au Honduras. Cet Etat, Monsieur le Président, ne s'est pas engagé «à l'aveuglette», sans mesurer la portée de son geste. Il a, délibérément, modifié sa déclaration de 1954 qui était, pour sa part, faite pour une durée déterminée. Et il l'a fait à une date, en 1960, où le système de la clause facultative était tout à fait bien «rodé», tellement bien rodé que (M. Bowett y a insisté) les Etats maîtrisaient parfaitement l'art de le contourner, tout en demeurant dans la légalité. Cela est tout à fait à l'honneur du Honduras; il n'a pas contourné le système en 1960. Ou plutôt: cela était à l'honneur du Honduras, car son attitude actuelle tranche fort défavorablement avec ses bonnes dispositions antérieures.

iii) Ma troisième conclusion temporaire est la suivante. Selon l'habile conseil du Honduras, nous condamnerions ainsi le pays qu'il défend «à perpétuité» (ci-dessus p. 18). S'il en était ainsi, ce ne serait à vrai dire qu'une condamnation assez bénigne: celle de se soumettre à votre juridiction qui, après tout, n'est là que pour dire le droit, ce droit auquel tout Etat doit se soumettre, avec ou sans clause de juridiction, et que semble tant redouter le Honduras.

M. Bowett fait dire au Nicaragua davantage que ce qu'il dit en réalité. Notre conviction est simplement celle-ci: il convient d'appliquer aux déclarations d'acceptation de la juridiction obligatoire de la Cour, par analogie, les principes fondamentaux du droit des traités. Moyennant quoi, il suffit de rappeler qu'un traité conclu pour une durée indéterminée n'est pas forcément un traité perpétuel. Il est possible, dans certaines circonstances, d'y mettre fin, et d'abord en application de la clause *rebus sic stantibus*.

Quoi qu'il en soit, je ne suis pas certain qu'il soit indispensable de prendre position sur ce problème. En étudiant du mieux que j'ai pu votre jurisprudence, j'ai été frappé par l'attachement au principe de l'économie de moyens que celle-ci manifeste.

A deux reprises au moins la question de la validité du retrait ou de la modification d'un titre de juridiction a été soulevée devant la Cour; dans les deux cas la haute juridiction a refusé de prendre une position de principe et s'est fondée sur les circonstances particulières de l'espèce pour affirmer sa compétence.

La première affaire que j'ai à l'esprit est celle de la *Compétence en matière de pêcheries* dans laquelle la Cour a évoqué:

«l'opinion de certaines autorités d'après lesquelles les traités de règlement judiciaire ou les déclarations d'acceptation de la juridiction obligatoire de la Cour sont au nombre des dispositions conventionnelles qui, par nature, peuvent être dénoncées unilatéralement lorsque aucune disposition expresse ne régit leur durée ou leur extinction» (*C.I.J. Recueil 1973*, p. 15-16 et 60).

Mais vous n'avez pas tranché, vous bornant à constater que cela ne saurait, en tout état de cause, s'appliquer aux clauses compromissoires — ce qui, soit dit entre parenthèses, donne tout de même une indication précise sur le sentiment de la Cour.

Plus significatif encore est votre arrêt du 26 novembre 1984 rendu au sujet des exceptions préliminaires soulevées par les Etats-Unis dans l'affaire des *Activités militaires et paramilitaires au Nicaragua et contre celui-ci*. Là non plus, la Cour n'a pas tranché. Elle a souligné que «le droit de mettre fin immédiatement à des déclarations de durée indéfinie est loin d'être établi» (*C.I.J. Recueil 1984*, p. 420), et, cette fois, la Cour ne fait pas parler des auteurs, elle parle pour elle, ce qui, de nouveau, fournit au moins une indication sur ses sentiments. Mais, ici encore, la Cour s'est fondée sur une règle plus spécifique et cela me conduit à une quatrième et dernière observation en ce qui concerne les règles applicables.

iv) Dans le même arrêt, la Cour a, en effet, déclaré:

«L'exigence de bonne foi paraît imposer de leur appliquer [d'appliquer aux déclarations de durée indéfinie] par analogie le traitement prévu par le droit des traités, qui prescrit un délai raisonnable pour le retrait ou la dénonciation de traités ne renfermant aucune clause de durée.» (*Ibid.*)

Il s'agit là, il faut le reconnaître, d'une position bien embarrassante pour le Honduras. Préférant ne pas affronter la difficulté, M. Bowett s'est efforcé de tourner l'obstacle et a ramené la question du délai raisonnable, dont la Cour a ainsi affirmé l'exigence, à une particularité de l'espèce. Cette exigence aurait, selon l'éminent conseil du Honduras, été posée «simplement parce que alors les Etats-Unis s'étaient expressément obligés à notifier un préavis de six mois» (ci-dessus p. 22).

Malheureusement pour le Honduras, il n'en est rien. La structure même du passage pertinent de l'arrêt de 1984 ne peut laisser aucune espèce de doute: dans un premier temps la Cour affirme que les Etats-Unis sont liés par la clause de préavis de six mois figurant dans leur déclaration; tel est l'objet du paragraphe 61 de l'arrêt. La Cour examine ensuite, dans le paragraphe 62 de son arrêt, le problème général de savoir si les Etats-Unis peuvent invoquer le principe de la réciprocité. Et elle conclut négativement, mais elle prend soin de réfuter, par avance, en quelque sorte, une objection particulière que l'on aurait pu faire à ce raisonnement général sur la réciprocité. Elle ajoute en effet, pour finir, dans le paragraphe 63 de son arrêt, qu'en tout état de cause les Etats-Unis ne peuvent pas invoquer la réciprocité pour justifier la modification de leur propre déclaration sans un préavis raisonnable car cela n'aurait pas non plus été possible au Nicaragua.

Ce n'est donc, en aucune manière, la déclaration des Etats-Unis que vise la Cour dans le passage que j'ai cité tout à l'heure mais celle, faite sans limitation de durée, par le Nicaragua.

La conclusion s'impose: de telles déclarations, en admettant qu'elles puissent être modifiées ou retirées, ne peuvent l'être que «dans un délai raisonnable», règle qu'exige la bonne foi.

Quel est ce délai? Ici encore, comme vous l'avez fait en 1984, il ne sera probablement pas nécessaire de trancher la question dans l'abstrait: il suffit en effet de constater que, dans les circonstances de la cause, cette exigence n'a pas été satisfaite et que, dès lors, la «nouvelle déclaration» du Honduras n'était, de toute manière, pas opposable au Nicaragua au moment ou ce pays a introduit sa requête.

Cela me conduit à aborder un troisième et dernier point, celui de l'application en la présente affaire des règles applicables que je me suis efforcé de dégager. Je pourrai le traiter d'autant plus brièvement que, dans la présentation qu'il a faite hier matin, M. Argüello a donné de nombreuses indications utiles à cet égard.

3. *L'application des règles en l'espèce*

La chronologie des faits pertinents est la suivante:

— le Congrès national du Honduras a autorisé le ministre des relations extérieures à effectuer une nouvelle déclaration en vertu de l'article 36 par le décret n° 75-86 en date des 21-22 mai 1986 (**I**, mémoire du Honduras, annexe 43);
— il a été publié au journal officiel de la République du Honduras, *La Gaceta*, le 4 juin 1986 *(ibid.)*;
— notification en a été donnée au Secrétaire général des Nations Unies le 6 juin 1986;
— et celui-ci en a informé les Etats Membres de l'Organisation des Nations Unies le 29 juillet suivant.

Cette première chronologie se double d'ailleurs d'une chronologie «bis» concernant cette fois non pas la «nouvelle déclaration» faite en vertu de l'article 36, paragraphe 2, du Statut, mais la nouvelle acceptation par le Honduras de la juridiction de la Cour internationale de Justice prévue à l'article XXXI du pacte de Bogotá. Cette expression figure dans le décret par lequel

— le Congrès national du Honduras a autorisé le ministre des relations extérieures à effectuer cette «nouvelle acceptation» (des guillemets, ici encore, s'imposent!) par un décret n° 79-86 des 21-22 mai 1986 (**I**, mémoire du Honduras, annexe 39);
— ce décret a été publié dans *La Gaceta* du 6 juin 1986;
— mais, sans attendre cette publication, le ministre des relations extérieures hondurien avait communiqué le texte de cette «nouvelle acceptation» au Secrétaire général de l'Organisation des Etats américains *(ibid.*, annexe 40-A);
— qui en a informé les Etats membres le 30 juin *(ibid.*, annexe 40-B et 41).

Cette double série de dates appelle plusieurs remarques.

Et d'abord en ce qui concerne cette dualité elle-même. Il est très remarquable, Monsieur le Président, que le Honduras ait jugé nécessaire d'effectuer deux séries de démarches dès l'origine au niveau interne: les unes portent sur la déclaration faite en application de l'article 36 du Statut de la Cour; les autres concernent la nouvelle acceptation de la juridiction de la Cour telle qu'elle serait prévue par l'article XXXI du pacte de Bogotá. Cela montre bien que, contrairement à ce qu'il prétend aujourd'hui, le Honduras estime qu'il s'agit de deux titres distincts de juridiction.

Cette dualité a d'ailleurs créé une certaine confusion, nous le reconnaissons, de ce côté de la barre car le Honduras n'a pas fourni des annexes tout à fait complètes, et peut-être aurez-vous remarqué, Monsieur le Président, que le contre-mémoire du Nicaragua (**I**) commet une *lapsus calami* en indiquant à la page 309 que la notification de la nouvelle déclaration du Honduras aux Etats parties au Statut avait été faite le 30 juin 1986 par le Secrétaire général des Nations Unies. En réalité la communication du 30 juin émane du Secrétaire général de l'Organisation des Etats américains et non pas du Secrétaire général des Nations Unies. Cette notification a été faite aux Etats parties au pacte de Bogotá et non pas aux Etats parties au Statut de la Cour; et elle porte sur la prétendue nouvelle acceptation de la juridiction de la Cour prévue à l'article XXXI de ce pacte et non pas sur la nouvelle déclaration faite en vertu de l'article 36, paragraphe 2, de votre Statut.

Etant donné que seule importe ici la «déclaration» au sens de l'article 36, puisque aussi bien, et M. Chayes l'a montré, toute modification de l'acceptation faite en vertu de l'article XXXI du pacte de Bogotá est évidemment exclue, puisque donc nous traitons de la déclaration de l'article 36, paragraphe 2, c'est la première des deux chronologies que j'ai mentionnées qui importe. Et à son tour, cette première chronologie implique plusieurs remarques.

Elle témoigne, comme d'ailleurs la seconde, que j'ai appelée «chronologie *bis*», d'un empressement fort inhabituel, qui contraste avec les pratiques usuelles de la part du Honduras. Ainsi, l'autorisation de procéder à la précédente déclaration du Honduras avait été donnée par le Congrès national le 29 janvier 1960; le texte en avait été signé par le président de la République du Honduras, le 20 février 1960, et il avait été notifié au Secrétaire général des Nations Unies le 10 mars suivant (voir *C.I.J. Annuaire 1984-1985*, p. 78). La célérité soudaine de l'administration hondurienne laisse songer...

Mais, ce qui est fondamental, c'est ceci: la requête du Nicaragua a eté déposée le 28 juillet 1986, et ce n'est que le 29 juillet 1986 que le Secrétaire général des Nations Unies a notifié aux Etats parties au Statut de la Cour la nouvelle déclaration du Honduras — ce qui veut dire que le 28 juillet le Nicaragua connaissait certes la tentative du Honduras pour faire une réserve nouvelle à l'article XXXI du pacte de Bogotá — il avait probablement reçu quelques jours, ou quelques semaines même auparavant, la communication du Secrétaire général de l'Organisation des Etats américains — mais il n'avait pas connaissance de la «nouvelle déclaration», faite celle-ci en vertu de l'article 36 du Statut de la Cour. Cette «nouvelle déclaration» ne lui était donc certainement pas opposable en ce qui concerne l'article 36.

En effet, Monsieur le Président, à l'inverse de ce qui se produit lorsqu'un Etat accepte positivement la juridiction de la Cour, auquel cas l'Etat est lié à la date de la notification qu'il en donne au Secrétaire général de l'Organisation des Nations Unies, il paraît normal que, lorsque la «nouvelle déclaration» constitue en fait un retrait partiel, celle-ci ne soit opposable aux autres Etats qu'à partir du moment où ils en ont connaissance ou pour être plus précis que le délai du préavis, dont l'écoulement la leur rendra opposable, ne coure qu'à partir de ce moment. Or le 28 juillet 1986, date de la requête, ce délai n'avait, en tout état de cause, pas commencé à courir: ce n'est que le lendemain, 29 juillet, que le Secrétaire général des Nations Unies a procédé à sa diffusion.

Ce n'est donc, Monsieur le Président, que pour surplus de droit que je rappelle ici ce qu'a dit hier l'agent du Nicaragua: si, par impossible, la Cour considérait que le Nicaragua aurait dû faire preuve de prescience au sujet de la «nouvelle déclaration» du Honduras, à un moment où celle-ci ne lui avait pas été communiquée — ce qui, je le répète, serait assez étrange... —, même dans ce cas, donc, cette «déclaration» ne lui serait pas opposable, le «délai raisonnable» à partir duquel elle pourrait, le cas échéant, faire sentir ses effets ne se serait de toute manière pas écoulé.

Et cela est vrai, quelle que soit la date que, dans cette hypothèse extraordinaire, vous tiendriez pour pertinente, que ce soit le 30 juin, date de la notification par le Secrétaire général de l'Organisation des Etats américains de cet instrument différent — et considéré comme distinct par le Honduras lui-même — qu'est la nouvelle acceptation de la juridiction de la Cour en vertu de l'article XXXI du pacte de 1948 — ou que le *dies a quo*, si l'on peut dire, coure même à compter du 6 juin, date à laquelle le Honduras a notifié sa «nouvelle déclaration» au Secrétaire général des Nations Unies. Dans le premier cas, le délai aurait été de moins d'un mois; dans le second, de sept semaines; ni dans l'un, ni dans l'autre, on ne peut penser qu'un «délai raisonnable» se serait écoulé.

Dans son contre-mémoire, le Nicaragua a montré qu'il y a toutes les raisons de s'inspirer du délai de douze mois au moins prévu en matière de traités à l'article 56, paragraphe 2, de la convention de Vienne de 1969. Mais comme je l'ai indiqué, il n'est sans doute pas utile que vous vous prononciez sur cette question dans l'abstrait.

Il suffit bien plutôt de constater, comme vous l'avez fait en 1984, que, de toutes manières, un délai raisonnable ne s'est pas écoulé en l'espèce. Et, comme l'a indiqué hier M. Argüello Gómez, il est évidemment impossible d'imaginer le contraire lorsque l'on a à l'esprit:

— que le Secrétaire général de l'Organisation des Nations Unies a mis, pour sa part, plus de huit semaines pour procéder à la notification lui incombant;
— que le Honduras lui même a réagi au dépôt de la requête qui, quand même, lui était adressée très spécifiquement, en la prétendant irrecevable et en déclarant la Cour incompétente après un délai de plus d'un mois;
— et, surtout, que près de sept mois s'étaient écoulés entre le moment où El Salvador avait modifié sa déclaration, le 26 novembre 1973, et celui où le Honduras avait protesté, le 21 juin 1974.

Cela montre de la manière la plus claire que cet Etat, le Honduras, considérait alors qu'au moment où il a réagi la déclaration dont il contestait la validité n'était pas devenue définitive, qu'elle ne lui était pas opposable. Il en va a fortiori de même ici, et nul ne saurait nier, comme M. Argüello Gómez l'a montré hier, que le Nicaragua a agi avec la plus grande diligence dès qu'il a eu vent de la possibilité d'une « nouvelle déclaration ».

Enfin, la protestation émise par le Honduras à l'encontre de la nouvelle déclaration salvadorienne, en 1973, appelle une autre et dernière remarque.

M. Bowett nous a dit lundi:

« Il ne s'agit ... pas de savoir si la Cour a le pouvoir de sous-entendre, dans la déclaration d'un Etat, l'engagement de donner un préavis raisonnable. Il s'agit de savoir si l'Etat a eu l'intention d'assumer l'obligation de donner un préavis raisonnable. »

Et M. Bowett d'ajouter:

« il n'y a rien, absolument rien dans le dossier ni ailleurs pour établir que le Honduras se soit proposé d'assumer aucune obligation de ce genre » (ci-dessus p. 22).

Eh bien, si! Monsieur le Président. Il y a quelque chose. Et il y a quelque chose de fort important.

Il y a, justement, cette protestation du 21 juin 1974 qui traduit, sans ambiguïté, la position du Honduras sur la portée des déclarations faites pour une durée indéterminée. Et le Honduras s'exprime en connaissance de cause puisque tel était son propre cas, sur lequel, d'ailleurs, il insiste, dans sa lettre de 1974. Que de telles déclarations puissent ou non être dénoncées ou modifiées au regard du droit international et général, le Honduras est lié par sa propre interprétation.

Deux conseils du Honduras, peut-être trois même, ont invoqué avec beaucoup de conviction l'affaire des *Essais nucléaires* pour en tirer la conclusion que les déclarations des Etats faites avec l'intention de se lier les engagent (voir ci-dessus p. 22 et p. 66). Le Honduras a fait une déclaration en 1960, il en a ensuite, en 1974, explicité la signification. Il s'est lié. Et, tout bien réfléchi, M. Dupuy a raison de citer Cicéron: *fiat quod dicitur!*

Ainsi, Monsieur le Président, quelle que soit la manière dont on envisage la question, l'exception d'incompétence soulevée par le Honduras ne peut qu'être rejetée. Sa «nouvelle déclaration» (laissons, s'il vous plaît, les guillemets) de 1986, quelle que puisse être sa validité intrinsèque n'est, de toute façon, pas opposable au Nicaragua:

— premièrement, le Honduras ne peut aujourd'hui récuser ce qu'il affirmait avec la plus grande véhémence en 1974;
— deuxièmement, le texte de sa «nouvelle déclaration» n'avait pas été notifié au Nicaragua au moment où celui-ci a déposé sa requête; un autre instrument lui avait été notifié: le texte de la nouvelle acceptation au titre de l'article XXXI, dont M. Chayes a fait bon droit; et,
— troisièmement, quand bien même une autre approche serait retenue, un «délai raisonnable» ne s'est de toute manière pas écoulé entre la date à laquelle le Honduras a notifié sa déclaration au Secrétaire général de l'Organisation des Nations Unies et celle du dépôt de la requête.

Toute autre manière de présenter les choses serait incompatible avec le principe fondamental de la bonne foi qui gouverne tout le système de la clause facultative et avec la sécurité des rapports juridiques internationaux qui en est le corollaire. Dans l'exercice de sa souveraineté, le Honduras a accepté ce système, il doit maintenant en assumer les conséquences.

Monsieur le Président, Messieurs les juges, je vous remercie très vivement de votre très longue patience.

STATEMENT BY MR. ARGÜELLO GÓMEZ

AGENT FOR THE GOVERNMENT OF NICARAGUA

Mr. ARGÜELLO GÓMEZ: Thank you, Mr. President, Members of the Court.

I wish to inform the Court that Nicaragua is carefully studying the questions that have been formulated by certain of its Members and will respond to them in writing with all possible expedition.

After reviewing all that has been said — and not said — in this hearing, in order to prepare this concluding statement, I came to the conclusion that practically everything that could be legally pertinent and useful in resolving this matter has been amply aired.

The only question of a legal nature that have still to be aswered are those that have been posed, and might still be posed, to the Parties by the Court.

Nicaragua was informed by the Registrar after yesterday's hearing, that the Government of Honduras had indicated its intention of formulating a reply next Monday. Since this decision must be communicated before the end of Nicaragua's pleadings, and perhaps with the thought in mind that Nicaragua would have the advantage of a public answer to these questions, Nicaragua respectfully proposes that after it has formulated its submissions and, of course, the members of the Court have formulated any further questions to the Parties, that you, Mr. President, ask the Agent of Honduras to consider if the questions formulated by the Court afford an appropriate opportunity for the preparation of well-meditated answers to any juridical questions pending.

If this be the case, any other reply would be unnecessary.

Of course, if Honduras considers, as it is its right to do so, that it still needs to have a rejoinder then Nicaragua reserves its right of rebuttal.

Mr. President, Nicaragua does not consider if necessary to modify the submissions made at the end of its Counter-Memorial; and requests that they be considered as reiterated at this point without modifications.

Nicaragua reserves its right to amend them if necessary at the end of any eventual second round of pleadings.

Thank you, Mr. President, Members of the Court, for your kind attention to the arguments of Nicaragua.

QUESTIONS DE M. GUILLAUME

M. GUILLAUME: J'aurais trois séries de questions, qui malheureusement sont un peu longues, que je souhaiterais poser aux deux Parties. La première série concerne la pratique suivie pour l'application de l'article XXXI du pacte de Bogotá, et, à cet égard, j'aurais trois questions.

1. Article XXXI du pacte de Bogotá

La première est la suivante: lors de la signature, de la ratification ou de l'entrée en vigueur du pacte de Bogotá ou de l'adhésion à ce pacte, les Etats contractants qui avaient souscrit auparavant à la déclaration de juridiction obligatoire de l'article 36 du Statut de la Cour (avec ou sans réserve) ont-ils notifié cette déclaration à l'Union panaméricaine ou à l'Organisation des Etats américains? Et, par ailleurs, lors de cette même signature, de cette même ratification, de cette même entrée en vigueur ou de cette même adhésion, les Etats contractants qui n'avaient pas souscrit auparavant à la déclaration de juridiction obligatoire de l'article 36 du Statut de la Cour ont-ils fait une déclaration spéciale pour l'application de l'article XXXI du pacte de Bogotá? C'est donc la première question.

La deuxième est la suivante, toujours dans cette série: lorsque certains Etats parties au pacte de Bogotá ont retiré leur acceptation de la déclaration de juridiction obligatoire de l'article 36 du Statut ont-ils notifié ce retrait à l'Organisation des Etats américains? Ont-ils précisé alors quelle serait leur situation au regard de l'article XXXI?

Troisième question, qui concerne toujours la pratique pour l'application de l'article XXXI: le retrait du Salvador du pacte de Bogotá a-t-il été accompagné d'une déclaration concernant l'article XXXI? Les notifications opérées par les Etats à ces divers titres ont-elles à leur tour été notifiées par l'Organisation des Etats américains aux Etats parties au pacte de Bogota? Ont-elles appelé des réactions, telles qu'accusés de réception, acquiescements ou protestations?

Voilà la première série de questions, qui encore une fois se rapportaient à la manière dont a pu être appliqué l'article XXXI depuis sa conclusion.

La deuxième série est beaucoup plus brève, elle concerne l'article XXXII du pacte de Bogotá.

2. Article XXXII du pacte de Bogotá

La dernière phrase de l'article XXXII dispose que: «La compétence de la Cour restera obligatoire, conformément au paragraphe premier de l'article 36 du ... Statut.» J'aimerais savoir quel sens les Parties donnent à ce texte, compte tenu à la fois, je précise, de sa rédaction en français et dans les autres langues.

La troisième série de questions, qui est la dernière, rassurez-vous, concerne le processus de Contadora et d'Esquipulas II.

3. Processus de Contadora et d'Esquipulas II

Il y a trois questions:

Premièrement, le processus de Contadora est-il définitivement abandonné? Est-il simplement suspendu? Se poursuit-il sous une forme ou sous une autre?

Deuxième question : quel rôle le groupe de Contadora a-t-il joué et joue-t-il dans l'application de la déclaration du Guatemala (Esquipulas II) ?

Enfin la troisième question : selon le septième alinéa de la déclaration adoptée le 16 janvier 1988 par les cinq présidents des Républiques d'Amérique centrale à San José de Costa Rica :

> « une commission exécutive, formée par les ministres des relations extérieures des Etats centraméricains aura la charge principale de vérification, contrôle, suivi de tous les engagements contenus dans la procédure de Guatemala et dans la présente déclaration ».

La déclaration de San José ajoute que cette commission exécutive recherchera à cette fin certaines coopérations extérieures. Enfin, cette même commission doit examiner le rapport général de la commission internationale de vérification et de suivi qui avait été présenté à San José.

J'aimerais savoir comment ce texte a-t-il eté appliqué ? quelles coopérations extérieures ont été cherchées et obtenues et plus généralement où la commission exécutive en est de ses travaux ?

REQUEST BY THE PRESIDENT

The PRESIDENT: This morning I received a letter from Mr. Carías requesting me, on behalf of his country, to have a public sitting of the Court next Monday to reply to the arguments that have been put forward by Nicaragua. After the statement made by the distinguished Agent of Nicaragua, is Mr. Carías insisting on having this meeting on Monday morning?

Mr. CARÍAS: In my letter I also mentioned that we were requesting this meeting to be able to give already some answers to the questions presented by the distinguished Members of the Court. We were thinking especially of those presented by Judge Ni and Judge Shahabuddeen and, since we still think we can also contribute with some general comments on the Nicaraguan pleadings, we would like to have this meeting, on the understanding, as we mentioned some time ago to the Agent of Nicaragua, that it is not the intention to go far or to take too much of the time of the Court. We respectfully ask to keep the meeting as scheduled for Monday, and of course for the opportunity for Nicaragua to be able to reply.

The PRESIDENT: We will therefore have a public sitting of the Court on Monday afternoon at 3 p.m. You have now received some questions put by Judge Guillaume and, as usual, the Parties can reply to these questions in writing, or can reply in the hearing that we are going to have next week. Of course, the Agent of Nicaragua has reserved the right to reply next week. Therefore he will let me know on Monday, at the end of the meeting, whether he is going to reply to the statements or to the positions of Honduras.

As there is no other business now, the next public sitting of the Court will be Monday at 3 p.m. to hear the delegation of Honduras.

The Court rose at 1.05 p.m.

FIFTH PUBLIC SITTING (13 VI 88, 3 p.m.)

Present: [See sitting of 6 VI 88, Judge Bedjaoui absent.]

The PRESIDENT: I have to inform you that Judge Bedjaoui is absent from the Court today, for personal reasons that have been explained to me.

We have received two letters from the delegation of Nicaragua. One is about the documents that I asked the Agent to provide to the Court and to Honduras on 9 June 1988. Copies of these documents will be available to the delegation of Honduras. We have also received another letter from Nicaragua, which I am going to read. The letter is addressed to the Registrar of the Court. It says:

> "Sir. I have the honour to refer to the oral proceedings in the case concerning *Border and Transborder Armed Actions (Nicaragua v. Honduras)*. For the convenience of the Court and in anticipation of the possibility that the Agent or counsel for Nicaragua may find it necessary to refer to certain documents in rebuttal to the second round of argument by Honduras, copies of these documents are submitted to the Court herewith. A list of the documents is also annexed hereto."

These documents were submitted to the Registrar a few minutes before 3 o'clock. The Court has decided that, according to Article 56 of the Rules of Court, these documents should be available to the other Party. I am going to read the pertinent part of Article 56:

> "The party desiring to produce a new document shall file the original or a certified copy thereof, together with the number of copies required by the Registry, which shall be responsible for communicating it to the other party and shall inform the Court. The other party shall be held to have given its consent if it does not lodge an objection to the production of the document."

Therefore, these documents which are diplomatic correspondence between Nicaragua and Honduras in 1988 and press accounts, will be available to the Honduras side as soon as the Registry can produce photocopies of them.

Before giving the floor to the Agent of Honduras I will put a question, as a Judge, to the delegation of Nicaragua. The question is the following. In his initial intervention on 9 June 1988 Mr. Argüello Gómez stated:

> "It must be recalled that the new declaration was authorized by the Honduras Congress on 21 May 1986 and was officially communicated to the Secretary-General of the United Nations on 6 June 1986 and notified to the States parties to the Statute by the Secretary-General on 30 June 1986. Less than one month later, on 28 July 1986, Nicaragua filed the Application that initiated these proceedings." (P. 76, *supra*.)

Later, Mr. Argüello Gómez said:

> "Perhaps the best way to appreciate the diligence shown by Nicaragua is by pointing out that the Nicaraguan Application was filed on 28 July 1986 — that is, less than one month after it was officially communicated

by the Secretary General of the Organization of American States that Honduras purported to 'modify' its valid declaration." (P. 78, *supra*.)

In the course of his statement on 10 June 1988, Professor Alain Pellet said the following:

"La chronologie des faits pertinents est la suivante:

— le Congrès national du Honduras a autorisé le ministre des relations extérieures à effectuer une nouvelle déclaration en vertu de l'article 36 par le décret n° 75-86 en date des 21-22 mai 1986 (**I**, mémoire du Honduras, annexe 43);
— il a été publié au journal officiel de la République du Honduras, *La Gaceta*, le 4 juin 1986 *(ibid.)*;
— notification en a été donnée au Secrétaire général des Nations Unies le 6 juin 1986;
— et celui-ci en a informé les Etats Membres de l'Organisation des Nations Unies le 29 juillet suivant." (P. 132, *supra*.)

Could the Nicaraguan delegation clarify the exact date that the Secretary-General of the United Nations notified the declaration made by Honduras under Article 36, paragraph 2, of the Statute. Secondly, I would be grateful if the Agent of Nicaragua could provide the text of the note from the Secretary-General of the United Nations communicating that Honduras had submitted a new declaration of acceptance of the Court's jurisdiction. Do you wish to reply now?

Mr. ARGÜELLO GÓMEZ: Mr. President, Members of the Court. I will make a partial answer at this moment. With the documents we presented this afternoon we included the document sent by the Secretary-General of the United Nations, so it is part of the records. The correct understanding is that it was notified on 30 June by the Secretary General of the Organization of American States, as I mentioned in the second part of my intervention, which you read.

The PRESIDENT: Which is the date of the notification by the Secretary-General of the United Nations?

Mr. ARGÜELLO GÓMEZ: It is 29 July.

The PRESIDENT: I now give the floor to the Agent of Honduras, Mr. Mario Carías.

MR. CARÍAS: Mr. President, I really take the floor now to respectfully ask when does the Court envisage that Honduras would comment on these new documents, because until now we have not seen them, and I would thank you for an opportunity to react on these documents at an appropriate moment.

The PRESIDENT: It is the tradition of the Court to give opportunities to the parties to comment on each type of new document. Therefore, after you have studied the documents, if you find it necessary to comment, then the Court will give you an opportunity to do so. If you want to do it in writing, do so. If you want to comment orally, you may do so. It is up to you Mr. Carías. May I give you the floor for your pleading of today?

Mr. CARÍAS: Thank you very much, Mr. President.

REPLY OF MR. CARÍAS

AGENT OF THE GOVERNMENT OF HONDURAS

Mr. CARÍAS: Mr. President, distinguished Members of the Court. I would like, first of all, to thank the Court for allowing Honduras to reply to some of the issues raised by the delegation of Nicaragua, and to questions put by Members of the Court in last week's hearings.

I have five points to make. These relate to, first, the Nicaraguan suggestion that, in essentials, the issues raised in this case have already been decided by the Court, in 1984. Second, to the misleading impression given by Nicaragua, that Honduras attempted to frustrate Contadora: this is quite contrary to the truth. Third, to the implications of the Sapoá Agreement which Nicaragua deliberately ignores. Fourth, to Nicaragua's distortions of Honduras's position on verification under the Guatemala Accord. And, last, Nicaragua's quite baseless speculations on the reasons behind the Honduran declaration of 22 May 1986.

In his pleading last Thursday, Professor Pellet suggested that the legal issues raised in the present case so far as they concern competence or admissibility, have already been decided by the Court's Judgment of 26 November 1984 in the case between Nicaragua and the United States.

I suppose this facile remark was predictable. The idea that the present case is a sort of copy of the previous case no doubt inspired Nicaragua to lodge its Applications against Honduras and Costa Rica in July 1986, flushed with its judicial victory against the United States. Nicaragua was tempted to divide up into successive bilateral disputes before the Court a problem which the rest of the Americas recognized to be fundamentally a complex and regional crisis.

In the complexities of this crisis one can eventually distinguish the specific complaints which Nicaragua has against the United States from those which Nicaragua has against its neighbours in Central America. But one can certainly *not* separate any difficulties between Nicaragua and Honduras from the overall regional context in which Nicaragua has problems with its other Central American neighbours. The Court will recognize this immediately from the marked similarity between the complaints filed by Nicaragua against Honduras and Costa Rica in 1986, because that similarity was no accident.

But no such similarity exists with the Nicaraguan complaint against the United States. For Honduras has never initiated military activities against Nicaragua of the kind which the United States was accused of. And Honduras itself has suffered greatly, in terms of human and economic loss, as a consequence of a civil war in Nicaragua for which Honduras bears no responsibility. The United States suffered no comparable loss.

However, these differences are differences of *fact*. At this stage it is the differences in the legal issues between the case in 1984 and the present case which are of more concern to the Court.

I wish to identify three differences which, in my submission, are vital.

First, and contrary to the position of the United States, Honduras and Nicaragua have been engaged since 1983 in a regional procedure of negotiations, the Contadora process, continuing through that of Esquipulas. This has important consequences for the obligations of the parties under the Pact of Bogotá, and the United States is party neither to Contadora nor to the Pact.

Second, the relationship between the obligations of the Parties under the Pact of Bogotá and under the Court's Statute, an important issue in this case, was not at issue in 1984.

Third, the terms of the Honduran acceptance of the Court's jurisdiction, both before and after May 1986, are quite different to the terms of the acceptance by the United States. In this case we have no question of a withdrawal of a declaration, but only one of its modification. We have no undertaking to give six months' notice of withdrawal or modification.

So, Mr. President, quite apart from the principle of Article 59 of the Court's Statute, which of itself excludes the 1984 Judgment as a "precedent", the two cases have neither fact nor legal issues in common. The only common feature is the policy of Nicaragua to seek to derive political advantage from attempting to use the Court. I turn now to my second point.

We would have preferred to maintain this oral pleading at a purely technical and juridical level of discussion with respect to jurisdiction and admissibility. But the interventions of our counterparts compel us to make a rebuttal by giving a brief, but more accurate, account of the political background in order to correct the record.

First, the Contadora negotiations: there is no doubt that in this special procedure Honduras has made important and continuing contributions, and the Co-Agent of Honduras will therefore refer to them in his intervention. The procedure was suspended, due to the Applications brought by Nicaragua before the Court against Costa Rica and Honduras in July 1986, but in the Fall of 1986 both the United Nations General Assembly as well as the General Assembly of the Organization of American States adopted resolutions reiterating their support for the continuation of these negotiations (these can be seen in Annexes 29, 30 and 32 of the Honduras Memorial **(I)**).

Then in January 1987 the Foreign Ministers of the Contadora Group and the Support Group, accompanied by the Secretaries-General of the Organization of American States and of the United Nations, visited the five Central American capitals on a peace mission, the communiqué of which can be read in Annex 33 of the Honduras Memorial.

President Arias's Peace Initiative, as I recalled last week, was endorsed by the Presidents of El Salvador, Guatemala and Honduras in February 1987, and, this is of particular pertinence, when it would seem advisable to broaden its consultations, the Government of Honduras took the initiative to propose a Joint Meeting of Foreign Relations Ministers from Contadora, the Support Group and Central America, to be held in Tegucigalpa, in preparation for the Summit Conference that was later held in Guatemala.

The letter from Minister Lopez Contreras of 24 June 1987 to the Ministers of Contadora, contained the following paragraph:

> "It would be contrary to my Government's policy as well as to the interests of the Central American peoples, to see the stagnation of the peace initiatives prolonged indefinitely. Therefore, Honduras would welcome the reinitiation of multilateral negotiations within the framework of the Contadora Peace Initiative. Actually, the four years of negotiations conducted under the Contadora Group led to the conclusion of agreements on nearly 90 per cent of the topics under discussion."

If I may make a parenthesis, Mr. President, the quotations I am making are from documents which have been distributed through the United Nations or the OAS, or are of notoriety, so we will eventually provide the whole list at the end of this day's meeting.

I would like to say that thus it was the city of Tegucigalpa and the Government of Honduras, which became host for the First Joint Meeting of the Central American and Contadora Foreign Ministers, that led, six days later, to the signing of the "Procedure for the Establishment of a Firm and Lasting Peace in Central America" on 7 August 1987.

The Esquipulas II accord has both political and moral value, because it became the shield that safeguarded the security of the Nicaraguan Government. It was the appeal of the four democratic Presidents that persuaded the United States Congress to abstain from appropriating military aid to the Nicaraguan resistance.

President Azcona signed that accord and he had no doubt in his mind of what he was doing. That was an act that speaks highly of the goodwill of the Honduran President that has not been acknowledged or reciprocated by the Nicaraguan Government. Instead, their Agent in this Court suggested that President Azcona's Government was an accomplice to the Nicaraguan resistance.

Mr. President, the process of defusing the Central American crisis is being carried out through the Esquipulas II Procedure. The Government of Honduras has consistently expressed the view that the only way to overcome the crisis would be the undertaking of political negotiations by Nicaragua with the armed opposition with a view to achieving national reconciliation, democratization, disarmament and reduction of military forces in the domestic realm and the relaxation of political and military alignment with superpowers on the international plane. And this is my third point.

The Agent of Nicaragua has contended that the fundamental reason behind the complaint brought before this Court against Honduras is the existence of *contras* inside Honduras operating from their bases there, "with the fullest knowledge and complicity of the Honduran authorities".

In this respect I would suggest that the Nicaraguan Agent should consult with the President of Nicaragua, because in the letter addressed by President Ortega to President Azcona on 22 December 1986, six months after Nicaragua had filed its complaint before the Court, he said:

> "Nicaragua is conscious that there do not exist discrepancies or conflicts between our two countries and that the tensions that take place have as their source the illegal policy of intervention and force that the Reagan administration pursues against Nicaragua."

On 24 December 1986, President Azcona replied to President Ortega as follows:

> "truly there do not exist conflicts between our two countries, therefore it is incomprehensible that the Sandinista army should attempt to violate, unhindered, the Honduran territory. My Government recognizes however that tensions have developed between our two countries as an expression of the Central American situation in which the most visible disturbing factors are: the political and armed insurgent movements in some countries, among them Nicaragua . . ." (OAS, Cp/INF 2491/87.)

The policy of Honduras in this respect was clearly stated in the speech of Mr. Carlos López Contreras, Minister of Foreign Relations of Honduras, to the United Nations General Assembly, on 5 October 1987, where he said:

> "An essential part of Esquipulas II is an appeal for the cessation of hostilities: Those governments of the States that are at present the vic-

tims of activities carried out by irregular or insurgent groups have committed themselves to whatever action is necessary to implement a cease-fire within a constitutional framework.

An effective ceasefire is essential for the attainment of peace in those countries suffering from civil war. Once the hostilities are over citizens will, as an inevitable result of socio-political realities, return to normal civilian life and take an active part in the democratization of their countries.

Once the hostilities are over, refugees will return to their countries of origin and their homes and give their families the fruit of their work and the quiet home life that is the cement required to build national tranquillity. Once the hostilities are over, the tensions among neighbouring countries produced by such refugee movements will come to an end. Once the hostilities are over, there will be no longer any need for external assistance provided for the purpose of destabilizing governments."

He continued:

"The situation in Central America is quite unlike the situation anywhere else in the world. The crisis there should not be viewed as an international conflict in the sense of hostilities among nations. Its essential characteristic is the existence of long-drawn-out civil wars in the regions that have given rise to tensions among governments. Those civil wars must therefore be brought to an end, for they are a threat to peace and security in the region.

May God enlighten the leaders of our countries and the leaders of the irregular forces now involved in those civil wars. May they enter into a patriotic dialogue, and may they reach agreement on an effective ceasefire that will lead to national reconciliation." (UN A/42/P.V.24.)

For the Government of Honduras it is astonishing that after listening to six hours of allegations from the Nicaraguan delegation, not once has the question of the civil war that their Government has been facing in recent years been mentioned as such. And yet, to give their pleadings some reality, Honduras must draw the Court's attention to the fact that the *contras*, who, according to the Nicaraguan pleadings, are the fundamental "reason" for the case against Honduras, have been recognized by the Nicaraguan Government, as a party, on an equal footing, in the bilateral agreement with the Nicaraguan Government, the Sapoá Agreement of 23 March 1988, concluded between the Government of the Republic of Nicaragua and the Nicaraguan resistance. I referred to the content of this Agreement in my pleading of last Monday (p. 12, *supra*).

A brief glance at the Sapoá Agreement conveys the impression that its scope is very ambitious in order to put an end to the civil war and achieve national reconciliation through the cessation of offensive military operations in the entire territory of Nicaragua. These are hardly the type of operations that could be carried out by *contra* forces based allegedly in the boundary area between Nicaragua and Honduras!

This Sapoá Agreement, the content of which Honduras has been encouraging for many years, in order to solve the civil war in Nicaragua, enjoys many of the features of an international agreement, including the fact that the Secretary General of the Organization of American States attended the signing as a special witness. It accords some degree of recognition to the *contras*. Honduras, in contrast, has refused to recognize the revolutionary movements as insurgents, whether they operate on the Salvadorean or Nicaraguan border.

President Ortega and his Government are currently negotiating the use of Nicaraguan territory by the armed resistance and the means for delivery to them of external humanitarian aid. Yet the grant of refuge and humanitarian aid on Honduras territory, by Honduras, is alleged to be a violation of international law; a strange paradox.

I wonder if the Nicaraguan Agent would dare accuse President Ortega and his Government of an act of "complicity" with the Nicaraguan resistance.

With regard to the transit through Honduran territory of humanitarian aid to the Nicaraguans on the border area during the agreed ceasefire — of which the Agent of Nicaragua showed us two newspaper clippings — we can inform the Court that, as was made known by a press communiqué of our Foreign Relations Ministry of 19 April 1988, these deliveries were authorized by the Government of Honduras under point 5 of the Esquipulas II Agreement. This said that aid for irregular forces and insurrectionist movements, that the Central American Governments were requesting to be terminated,

> "does not cover aid for the repatriation or, failing that, the relocation and necessary assistance with reintegration into normal life of former members of such groups or forces ..." (UN doc. A/42/521).

The provision of humanitarian aid is supervised by the Catholic Church and the United States Embassy, and should be considered a positive contribution to the success of the Sapoá Agreement.

Mr. President, let me now turn to the issue of verification, which is my fourth point.

The Nicaraguan Agent criticized the letter of protest sent by Mr. López Contreras, the Honduran Foreign Minister, in connection with the errors made by the International Verification Commission, whereas President Ortega has endorsed fully the position taken by the Government of Honduras when he signed the Joint Declaration of the Central American Presidents issued in Costa Rica on 16 January 1988.

This assigned to the Executive Committee, formed by the Foreign Ministers of the Central American States, the principal function of verification, control and follow-up of all the commitments undertaken in the Guatemala Accord.

For the purpose of avoiding misunderstanding, I wish to draw the Court's attention to the fact that, contrary to misleading suggestions on the part of Nicaragua, the words *voluntad viciada* in that letter, translated as "vitiated will", that were repeatedly used by the Nicaraguan Agent, as you are fully aware, means decisions improperly adopted, nothing more, nothing less.

But, what is important to recall is that *Honduras made* in November 1987, before the OAS General Assembly, *a proposal for the setting up of an International Security Commission* (OAS General Assembly, 17th regular session, 7th plenary meeting, 12 November 1987) which is essentially a trilateral concept to resolve at one stroke the use of territory by insurgent forces, both on the Salvadorean and Nicaraguan boundaries with Honduras. Unfortunately, as the Nicaraguan Agent has explained, his Government's response was again negative, arguing for a purely bilateral approach.

That Honduran proposal remains on the negotiating table to be addressed by the sixth Foreign Ministers' meeting convened by Honduras in May and now again in June of this year, an invitation so far without a reply from the Government of Nicaragua.

Nevertheless, it is interesting and gratifying to acknowledge through the report of the fact-finding mission of the United Nations to the Bocay area on the border between Nicaragua and Honduras, after the incidents of last

March, that the mission was told by President Ortega that he agreed with the proposal made at the General Assembly of the Organization of American States by the Foreign Minister of Honduras in November 1987 to deploy a multinational force to guarantee stability on the border between Honduras and Nicaragua. The President added that the United Nations and the Organization of American States should together take action to stabilize and defuse tension.

Incidentally, Mr. President, that same report says that it was acknowledged that in the course of the military operations in March the Nicaraguan forces may have carried out incursions two or three kilometres into Honduran territory.

One other important development should be noted. The Governments of Spain, Canada and the Federal Republic of Germany issued on 25 May last a press release in Madrid to the effect that they are ready to undertake the task of verification of the peace process in Central America, in accordance with the Esquipulas II Agreements, if the Executive Committee formalizes the invitation to them to carry out this verification task. But, once again, the Nicaraguan Government has refused to respond to the formal invitation of Honduras to hold the sixth meeting of the Executive Committee where the issue of formalizing the request to the three above-mentioned States is to be addressed. Thereby, Nicaragua deadlocks another mechanism to resolve the Central American crisis.

To come to my last point, the Nicaraguan representatives, instead of dealing with the technical legal aspects of jurisdiction and admissibility of their complaint, have speculated on the motives for the Honduran declaration modifying the Optional Clause. Though those speculations are irrelevant to this case, they shed some light on the intention of the Nicaraguan Government to intervene in the boundary case which has been brought before a special chamber of this Court by Honduras and El Salvador. The Nicaraguan representatives complain that they received delayed information with respect to the modifications to the acceptance of the Optional Clause of the Statute of the Court through private channels. The Honduran Government cannot accept responsibility for the lack of diligence that the Nicaraguan Agent has implied on the part of their Embassy in Tegucigalpa. The Decree of the National Congress of 22 May 1986 received the widest publicity in Honduras: Nicaragua must have known of it.

The validity of this declaration is so well known and recognized by the high authorities of Nicaragua that in the letter sent by President Ortega to President Azcona of 28 March 1988 — which is included in the records of the Court in the documentation of the Nicaraguan request for interim measures of protection — President Ortega, after stating the different positions of his Government, expressed with direct reference to the application before the Court the following:

> "Once all the afore-mentioned is completed, if Honduras insisted on the withdrawal of the claim, Nicaragua would also be willing to be flexible if and when Honduras agrees to sign a bilateral treaty of friendship and co-operation with Nicaragua that obligates both States to find recourse in the International Court of Justice in the case of any controversy or situation that puts peace between both parties in danger. This bilateral treaty must establish the acceptance on the part of Honduras and Nicaragua in a clear and doubtless manner and without any condition or time-limit of the obligatory jurisdiction of the International Court of Justice,

independently of whatever existing reservations and/or of the withdrawal or the modification of the acceptance of obligatory jurisdiction of the Court with respect to third States that may be presented following the signing of the Treaty. Nicaragua would proceed to desist in the claim against Honduras immediately after the implementation of the Treaty of Friendship and Co-operation."

Mr. President, it should be obvious that if, in fact, Nicaragua considered that it was bound by its 1929 declaration and Honduras by its 1960 declaration, this proposal to put aside "existing reservations" would make no sense. Of course, what was in the mind of the Nicaraguan President and his Government was the removal by Honduras of its 1986 reservations, which means that Nicaragua considered the Honduras declaration of 22 May 1986 as perfectly valid and opposable to it.

Mr. President, counsel for Honduras have taken the questions posed by Judges Ni, Shahabuddeen and Guillaume into account in preparing their oral pleadings during this second round. But I shall, in any event, deposit with the Registrar, written answers to each question as well as the one which you as President have put today to both Parties.

The PRESIDENT: I have put one only to the Nicaraguan delegation.

Mr. CARÍAS: Well, if there are any more questions we will then deposit with the Registrar written answers as soon as practicable after the close of the proceedings. Mr. President, will you please give the floor to Professor Bowett, who will continue with this pleading.

REPLY OF PROFESSOR BOWETT

COUNSEL FOR THE GOVERNMENT OF HONDURAS

Professor BOWETT: Mr. President, distinguished Members of the Court, I wish to address, quite briefly, three questions by way of rebuttal.

1. ARTICLE XXXI OF THE PACT OF BOGOTÁ: IS IT A CONVENTIONAL JURISDICTION UNDER ARTICLE 36, PARAGRAPH 1, OR COMPULSORY JURISDICTION UNDER ARTICLE 36, PARAGRAPH 2?

Nicaragua still maintains that, "the legal effect of Article XXXI is to establish jurisdiction under Article 36, paragraph 1" (p. 85, *supra*). Mr. Chayes, in making that submission, relies on two things:

(a) The listing of the Pact in the *Yearbooks* of the Court.

But this is unpersuasive because, clearly, the Pact of Bogotá consists of more than Article XXXI. It includes Article XXXII, which is a true, conventional basis of jurisdiction: so it would have been quite wrong to treat the Pact as a whole as if it were a declaration under the Optional Clause.

(b) The wording of Article XXXI.

Then he relies on the wording of Article XXXI itself. As I understand him, Mr. Chayes suggests that such identity of wording as exists between Article XXXI and Article 36, paragraph 2, is simply designed to ensure that the conventional jurisdiction exists over the same classes, or categories, of disputes as are listed in the Optional Clause. And he supports this interpretation by referring to two differences in wording. The first is the exclusion of the "reciprocity clause". I have earlier suggested that it is by no means clear that this clause is excluded, given the opening phrase "In conformity with Article 36, paragraph 2 ...". Moreover, an express reciprocity clause would have seemed very strange, for since Article XXXI could only apply as between parties to the Pact, it would have been quite superfluous. Then he points to the phrase in Article XXXI "so long as the present Treaty is in force ...".

But, Mr. President, the obligation under Article XXXI to accept the Optional Clause, being derived from Article XXXI, could only last as long as the Pact was in force. That phrase tells us nothing about whether Article XXXI is based upon paragraph 1 or paragraph 2 of Article 36.

In truth, the wording of Article XXXI is against Mr. Chayes. Why say "In conformity with Article 36, paragraph 2 ..." if all that was intended was to define the classes of dispute to which a purely conventional jurisdiction applied? The more so since those classes could have been defined just as easily by saying "in all legal disputes".

But there are two far more substantial weaknesses to the Nicaraguan argument.

The first is that Nicaragua itself considered its formal statement, made when adhering to the Pact, as a reservation to Article XXXI. And that is why, in 1957, Nicaragua did not feel able to rely on Article XXXI of the Pact as a basis of compulsory jurisdiction in its dispute with Honduras. For that reason, a special agreement had to be reached to allow the case concerning the *Arbitral Award Made by the King of Spain on 23 December 1906* to be brought before this Court. So Nicaragua seeks to avoid this weakness in its argument by saying in effect "Well, we admit a State can make reservations to Article XXXI, but these have to be made at the time of adhering to the Pact. They cannot be made subsequently." In this way Nicaragua seeks to avoid the inference that reservations to Article XXXI are essentially reservations to the Optional Clause.

As I said during the first phase of argument, the explanation does not work. It assumes that the reservations to Article XXXI are reservations to the Pact of Bogotá. They are not. They are reservations to the jurisdiction which are permissible under Article 36, paragraph 2, of the Statute, and they are therefore permitted by Article XXXI, which obliges the parties to act only "In conformity with Article 36, paragraph 2".

The second weakness of the Nicaraguan argument is different and, in my submission, it is fatal to this Nicaraguan argument. Nicaragua treats Article XXXI as if it were a conventional basis to jurisdiction under Article 36, paragraph 1, of the Statute of the Court. Hence it argues that subsequent reservations cannot be made, as they can under the Optional Clause: the "treaty rule" applies, allowing only such reservations as are made at the time of adherence, of signing or ratifying.

But the upshot of this argument is to interpret the Pact as if there were *two* conventional bases of jurisdiction: Article XXXI and Article XXXII. For Article XXXII is clearly a conventional or treaty basis of jurisdiction under Article 36, paragraph 1, of the Statute of the Court. It says so in express terms.

That poses a very awkward question for Nicaragua. Why would the Pact envisage two, separate conventional bases of jurisdiction? Why would the parties need two, separate conventional bases of jurisdiction? Why would the parties need two, separate articles, both based upon Article 36, paragraph 1, under which they could unilaterally invoke the jurisdiction of the Court? I suggest, Mr. President, it doesn't make any kind of sense.

It is true that Mr. Chayes has made a valiant effort to lend some kind of sense to this idea of two, separate bases of jurisdiction under Article 36, paragraph 1. He says in effect (p. 90, *supra*) that Article XXXI applies to juridical questions. But Article XXXII covers all disputes, whatever their nature, that is, non-juridical or non-legal disputes. I find it extremely difficult to believe that those drafting the Pact established in Article XXXII the compulsory jurisdiction of the Court over non-legal disputes. To me, the Nicaraguan argument still does not make sense.

But the Honduran interpretation does make sense. Let us regard Article XXXI of the Pact as an obligation relating to the Optional Clause, which States can accept, if they so choose, by making declarations to which reservations are attached. In that event, the system of compulsory jurisdiction under Article XXXI has potential gaps, precisely because of the faculty of making reservations. And the Pact expressly recognizes this possibility, because Article XXXV provides that if the Court declares itself to be without jurisdiction — and that could well be because of these reservations — the parties are obliged to submit to arbitration under Chapter Five of the Pact.

In contrast, Article XXXII of the Pact is quite different. This is truly linked to Article 36, paragraph 1, of the Statute, as a conventional basis of jurisdiction, so subsequent reservations are not allowed. It is a much stricter, a much tighter basis of compulsory jurisdiction. It can of course be invoked unilaterally. But because the acceptance of the jurisdiction cannot be varied by subsequent reservations — as is the case with Article XXXI under the Optional Clause — the Pact imposes two stringent pre-conditions to the right of a party to invoke it. That is to say, the party must show that conciliation has failed, and that the two parties to the dispute have been unable to agree on arbitration. Then, and only then, can this much stricter basis of compulsory jurisdiction be invoked unilaterally.

So, Mr. President, Nicaragua is quite wrong to treat both Articles XXXI and XXXII of the Pact as both based on Article 36, paragraph 1, of the Statute. It doesn't make sense. But the Honduran interpretation does, and if the declarations made pursuant to Article XXXI are correctly construed as Optional Clause declarations, then the right to make subsequent reservations must attach to those declarations, for such a right is "in conformity with Article 36, paragraph 2".

2. Is the Honduran Declaration of 22 May 1986 Opposable to Nicaragua, So As to Exclude Any Jurisdiction Based on Article 36, Paragraph 2, of the Statute?

Nicaragua concedes that where a State has reserved the right to terminate or modify its declaration at any time, it may do so. So the issue is whether a State can do so without such an express reservation.

One ground on which Nicaragua concedes this might be done is *rebus sic stantibus*, or fundamental change of circumstances. It is on this ground that Nicaragua explains away the modifications to their reservations introduced by the Commonwealth Countries, and by France, in 1939.

Now Honduras has not relied on this argument because to do so concedes that, fundamental change of circumstances apart, Honduras would be bound by the terms of its 1960 declaration, on the same basis as if this were a treaty commitment and without a right to modify. But that is not the Honduran position. Nevertheless, if the Court were to hold, contrary to the argument of Honduras, that Honduras was so bound, it would then be open to the Court to construe the situation in Central America in 1986 as a "fundamental change of circumstances" as compared with the situation existing in 1960. And, on that basis, Honduras would be fully entitled to modify its declaration.

Turning to the main Honduran argument, we continue to maintain that nothing in the Statute of the Court precludes modification of a declaration, in the absence of an express undertaking to the contrary. This proposition is based on both State practice and on legal principle.

Let me deal first of all with State practice.

State Practice

I think Mr. Pellet is wrong in his interpretation of the Colombian letter of 30 October 1937. It did involve a modification of its earlier declaration of 6 January 1932 and without protest. However, Mr. Pellet has concentrated on the two examples of Paraguay, in 1938, and El Salvador, in 1973. As to Paraguay he suggests that its denunciation was justified by reliance on *rebus sic stantibus*, although why Paraguay's withdrawal from the League constituted a fundamental change of circumstances is far from clear. The fact is that, despite certain protests, this unilateral termination was, in due course, recognized as effective and valid.

As to El Salvador's modification of its declaration in 1973, Mr. Pellet has concentrated on the Honduran protest of 21 June 1974, suggesting that Honduras then took a position contrary to the position it adopts now. But two things must be kept in mind. The first is that El Salvador had previously agreed with Honduras that their claims and differences would be submitted to the procedures of the Pact of Bogotá: this was noted in resolution II, No. 4, of the Thirteenth Consultative Meeting of Foreign Ministers on 30 July 1969. Moreover, discussions for a new General Treaty in August 1973 had proceeded on the basis that both parties would remain bound by the Pact. And that is why El Salvador's eventual denunciation of the Pact, and modification of its declaration, was regarded by Honduras as a breach of good faith.

But the feature of the 1973 El Salvadorean modification to its declaration, which Mr. Pellet neglects, is that no other State objected. And that is why Honduras abandoned its protest and eventually accepted the validity of El Salvador's modification of its declaration. Thus, when Honduras in 1976 agreed to President Bustamante y Rivero's mediation, this was because Honduras accepted that recourse to the Court was no longer possible. And Article 35 of the 1980 General Treaty of Peace between El Salvador and Honduras, in noting the submission to the Court, expressly deprives the reservations of El Salvador of legal effect. So Honduras thereby recognized that they were otherwise effective.

And there is yet a third instance of State practice which Mr. Pellet neglects. The only State that has protested against, or rather contested, the Honduran declaration of 22 May 1986 is Nicaragua. No other State has contested the right of Honduras to modify its declaration.

Is it conceivable that the Court can hold that over 150 States, parties to the Statute, are mistaken in their view of the Statute? That they all had a right to protest against Honduras's modification of 22 May 1986? Their practice suggests otherwise.

Legal Principles

I turn to legal principles. Let us examine the Nicaraguan thesis that, absent an express reservation, there is no sovereign right of withdrawal or modification of a declaration. What legal principles dictate this conclusion?

The Nicaraguan thesis assumes an obligation, a legal obligation, not to modify a declaration. The essential question is where does such a legal obligation come from? What is its basis?

It cannot be the Statute. The Statute contains no such clause, prohibiting modification. And, if the Statute was the source of an obligation not to modify, this would mean that all reservations reserving the right to modify would be contrary to the Statute, and therefore impermissible. So we can exclude the Statute.

It cannot be Mr. Pellet's obligation of "good faith", because good faith does not exist *in vacuo* — in the air. The obligation of good faith attaches to the performance of an existing obligation (it is not an independent obligation). So we are left with the same question: where is this legal obligation?

It is at this point that Nicaragua uses the treaty analogy. The suggestion is that declarations create a consensual bond, like a treaty, and thus the obligation derives from the basic norm, *pacta sunt servanda*. And thus termination would have to depend on *rebus sic stantibus* — which means only exceptionally, since the conditions for the application of that doctrine are so strict.

But, Mr. President, in depositing declarations States make a bond or lien vis-à-vis the Court: but vis-à-vis other States, with existing or potential declarations, these declarations are unilateral declarations to which a true consensual character attaches only at the time of filing an application. If they created a consensual bond at the outset, when initially made, this would eliminate the right of a State to reserve the power to terminate or modify at will. For, given such a right, it is impossible to conceive of a consensual bond which may be modified in content, or terminated entirely, at the will of one party.

Thus we are left with no discernible legal basis, or source, for this supposed legal obligation. It is for this reason that Honduras submits that these declarations are unilateral declarations, to be interpreted according to the intention of the State filing them, and that States remain free to modify them unless they have undertaken express obligations to the contrary. And that view accords with State practice.

Let me turn now to the secondary Nicaraguan argument that, even if there is a right to modify, it could only be exercised with reasonable notice. The same problem arises. What is the source of any legal obligation to give reasonable notice? Not the Statute, certainly, for States can dispense with any such obligation by express reservation. Not "good faith", for we have no independent obligation to attach the obligation of good faith performance to. And not the treaty analogy, specifically Article 56, paragraph 2, of the Vienna Convention. The obligation could only arise from an express undertaking, such as that given by the United States.

Then there is an argument of last resort which, as I understand it, is that Nicaragua filed its Application on 28 July, that is to say one day before it received the communication of the new Honduran declaration of 22 May 1986, via the Secretary-General of the United Nations.

Let us be clear about the facts. Nicaragua certainly knew of the new Honduran declaration on 22 May 1986, through its Embassy in Tegucigalpa. The press publicity was very wide and prominent. And Nicaragua must have been aware of the publication of the new declaration in the *Official Gazette* of Honduras on 4 June. Nicaragua was in any event officially informed of the full text of the declaration by the Secretary General of the Organization of American States on 30 June. Indeed, Nicaragua formally acknowledged receipt of the text in a letter to the Organization of American States dated 7 July. And the *Journal of the United Nations* for 20 June had previously published a notice of the new declaration. So Nicaragua certainly knew of the new declaration before it filed its Application to the Court.

However, in law the critical date is the date of transmittal to the Secretary-General of the United Nations. For on that date, the intention, the will, of the State, is communicated to the authorized officer of the United Nations. The same is true for the filing of a declaration. Filing, modification, or termination, in all cases the operative date is the date on which the State expresses its will to be bound, or not to be bound, as the case may be.

It does not matter how long the Secretary-General takes to transmit the communication to members. He may take three days, or seven days or, inexplicably (as in this case) some seven weeks. But the effective operation of the State's will cannot depend on the vagaries of the United Nations Secretariat, or the varying times which it may take to communicate between New York and the different capitals in different parts of the world.

Mr. President, that brings me to my third and last question.

3. Do the Reservations of Honduras in Fact Exclude this Particular Dispute from the Competence of the Court?

Mr. President, I turn, very briefly and by way of rebuttal, to deal with the points raised by my good friend Professor Brownlie.

I see little point in debating where the burden of proof lies. In the past the Court has been impatient with such debates. I suspect it will require both Parties to prove their respective cases: that is, Nicaragua must show there is jurisdiction and Honduras that there is not — and the Court will weigh the two arguments.

But I would add that I do not see this as a case in which, prima facie, there is jurisdiction: the reverse is the case, given the terms of the Honduran reservations of 22 May 1986. And I certainly do not follow the argument that, simply by speaking first, Honduras has assumed a special burden of proof.

But now to the core of the argument. The whole of Professor Brownlie's argument is addressed to showing that there is no "armed conflict" between Nicaragua and Honduras: I repeat, between Nicaragua and Honduras.

I would request the Court to read the terms of the reservation with care, because they do not refer to, or require, an armed conflict between Nicaragua and Honduras. What the reservation actually says is that it excludes

> "disputes relating to facts or situations originating in armed conflicts or acts of a similar nature which may affect the territory of the Republic of Honduras, and in which it may find itself involved directly or indirectly".

So, the armed conflict is not identified as one between Honduras and Nicaragua. The relevant armed conflict is in fact one within Nicaragua. Does the situation arising from that conflict affect the territory of Honduras? It does. Is Honduras involved directly or indirectly? It most certainly is. So the reservation applies.

I realize that Professor Brownlie has chided me with not going through the documentation to support these assertions. And if I fail to do so now I will incur his displeasure. But I have the feeling that, if I do so, I will incur the displeasure of the Court. Faced with this invidious choice, I will risk my friend's displeasure and simply refer the Court, once again, to the detailed listing of border incidents which Honduras filed with its Memorial.

The second reservation was dealt with by Mr. Pellet, rather than by Professor Brownlie. It excludes "disputes in respect of which the parties have agreed or may agree to resort to other means for the pacific settlement of disputes". It follows that if the Court is satisfied that the Parties were agreed to use the Contadora process, as a special procedure, under the Pact of Bogotá, this reservation operates so as to exclude the jurisdiction of the Court.

Mr. President, that concludes my remarks. Once again, I thank you and the Court for your patience and courtesy.

The Court adjourned from 4.25 to 4.40 p.m.

RÉPLIQUE DE M. HERNÁNDEZ ALCERRO

COAGENT DU GOUVERNEMENT DU HONDURAS

M. HERNÁNDEZ ALCERRO: Monsieur le Président, Messieurs les membres de la Cour, je me trouve de nouveau devant vous pour exposer certains points concernant les exceptions d'irrecevabilité soulevées par le Honduras, après les plaidories de nos distingués adversaires lors des audiences des 9 et 10 juin. Qu'il me soit permis de les traiter en tant qu'ensemble.

Je limiterai d'ailleurs mon exposé aux points les plus saillants des arguments nicaraguayens; et j'essaierai de mettre en relief, Monsieur le Président, que les interventions orales n'ont rien ajouté au contre-memoire du Nicaragua et que les arguments alors étayés restent sans fondement.

Mais avant tout, Monsieur le Président, Messieurs les membres de la Cour, je voudrais dire un mot sur les exceptions du Honduras concernant le caractère vague et artificiel de la requête du Nicaragua. M. Pellet a dit que le Honduras ne semblait pas croire à ces exceptions, compte tenu qu'elles n'ont pas été développées dans les plaidoiries (ci-dessus p. 108-109).

Ces exceptions, à notre avis, sont fondées: mais elle touchent néanmoins à la fonction judiciaire de la Cour, par rapport aux litiges successifs soumis par le Nicaragua. Et de l'avis du Gouvernement du Honduras, étant donnée la nature de ces exceptions, il appartient à la Cour d'apprécier, même sans l'appui des Parties, si l'exercice approprié de sa fonction juridictionnelle est ou non en cause.

Je passe donc aux exceptions rattachées aux articles II et IV du pacte de Bogotá.

PREMIÈRE PARTIE. DANS LA PRÉSENTE ESPÈCE, LES CONDITIONS EXIGÉES PAR L'ARTICLE II DU PACTE DE BOGOTÁ POUR POUVOIR RECOURIR À LA COUR NE SONT PAS REMPLIES

Monsieur le Président, par rapport à l'article II du pacte de Bogotá, M. Chayes (ci-dessus p. 92-93) et M. Pellet (ci-dessus p. 100-101) ont soutenu que le recours à d'autres procédures de règlement du pacte de Bogotá ne peut être empêché que: «by an objective evaluation of the circumstances to determine whether negotiations do or do not hold out a reasonable hope of a solution». Cette affirmation est en quelque sorte reprise par M. Pellet, en s'appuyant tous les deux sur les critères de M. Rosenne, qui consisterait à dire que la «haute juridiction ne s'attache pas à la lettre des textes qui fixent cette exigence de ce que l'on pourrait appeler l'épuisement des négociations préalables...» (ci-dessus p. 100).

1. L'avis des parties n'a pas été exprimé dans le sens de l'article II

Mais, Monsieur le Président, ce qui n'était pas dit par les conseils du Nicaragua, c'est que le pacte de Bogotá exige que les deux parties dans un différend donné expriment leur opinion. Le pacte est un traité qui exige des conditions tout à fait différentes à celles établies dans d'autres traités dont la Cour a dû prendre connaissance dans des affaires distinctes.

En effet, plusieurs clauses des traités décrivent les différends susceptibles d'être soumis à la Cour, comme des différends «non résolus d'une manière satisfaisante par les voies diplomatiques». Dans ces traités il n'y pas de références à la condition d'avoir l'«avis des parties». C'était le cas dans des affaires telles que l'affaire du *Personnel diplomatique et consulaire des Etats-Unis à Téhéran* (*C.I.J. Recueil 1980*, p. 26-28) ou celle des *Activités militaires et paramilitaires au Nicaragua et contre celui-ci* (*C.I.J. Recueil 1984*, p. 428-429), que le Nicaragua veut nous montrer comme identiques à la présente affaire.

La Cour décida alors de ne pas traiter ces clauses comme une condition préalable, comme une exception d'irrecevabilité.

La Cour a bien jugé car ces clauses ne comportaient qu'une description du genre d'affaire que l'on pourrait lui soumettre. Elle avait le droit de décider par elle-même si l'affaire s'accordait à la description de la clause. L'avis des parties n'était pas exigé, et en conséquence la Cour ne pouvait pas le prendre en considération en tant que condition établie par le traité.

Dans la présente affaire, le pacte de Bogotá a incorporé expressément la phrase «*en opinion de las partes*» et cet élément doit être pris en considération par la Cour étant donné que, au moins dans l'opinion du Honduras, le différend peut être réglé par des négociations directes, par les moyens diplomatiques ordinaires; cela est confirmé par l'intense activité diplomatique qui se déroule en Amérique centrale et qui a été décrite dans le mémoire du Honduras et dans les exposés de son agent et de ses conseils.

Monsieur le Président, si, pendant mes plaidoiries, je me suis permis de faire un effort d'interprétation de l'article II du pacte et de citer en espagnol la phrase «de l'avis des parties», c'était pour démontrer, à la lumière des travaux préparatoires et de l'orientation consensualiste du pacte, que la phrase qui figure dans les textes officiels en espagnol, en anglais et en portugais reproduit correctement les modifications introduites audit article pour l'accorder avec l'article 25 de la charte de l'Organisation des Etats américains (ci-dessus p. 29-31). Le texte en français dit «de l'avis de l'une des parties», mais cela ne change rien à la démonstration faite par le Honduras. Le français n'avait été utilisé que par l'une des parties à la conférence de Bogotá. La langue dans laquelle la plupart des parties ont négocié était l'espagnol. Les procès-verbaux des travaux préparatoires sont aussi en espagnol. Trois des quatre textes officiels adoptent le même sens. Comme il a été exprimé avec propriété par l'agent du Nicaragua (ci-dessus p. 72): «*en el idioma comun de las partes ... y en honor de los eminentes juristas latinoamericanos...*». Ce point avait été soulevé par l'agent du Honduras en mars 1987 et le Greffier de la Cour a répondu dans une lettre en date du 14 avril de la même année. Il figure d'ailleurs dans une note du Greffe, dans les addenda afférents à la traduction française du mémoire du Honduras, établie par le Greffe.

Tout en connaissant cette situation, le Nicaragua n'a pas fait référence aux travaux préparatoires; tout au contraire, il les a mis de côté, en se limitant à exprimer qu'ils ne font pas trop de lumière sur l'interpretation de ces articles (ci-dessus p. 92-93).

C'est ainsi, Monsieur le Président, Messieurs les juges, que cette première condition du pacte n'a pas été remplie en l'espèce, car le Honduras n'est pas d'avis que les parties aient épuisé toute possibilité de règlement par des négociations directes. Et cela me conduit au deuxième point.

2. On n'a pas épuisé toute possibilité de règlement par des négociations directes

Le Nicaragua s'est lancé dans l'exercice hasardeux qui consiste à tenter de démontrer que le différend actuel ne peut pas être résolu par des négociations directes.

Le Nicaragua se heurte à des faits absolument irréfutables devant lesquels la dialectique de son conseil ne peut rien, voyons plutôt:

1. C'était le chef de l'Etat nicaraguayen qui a proposé à celui du Honduras, dans la note en date du 11 avril 1983, que le dialogue bilatéral entre les deux pays ait lieu *dans l'esprit de Contadora,* ce que le Honduras a accepté (ci-dessus p. 37) «dans l'esprit», c'est-à-dire en fonction du contexte régional d'ensemble.

2. C'est le groupe de Contadora lui-même qui a attesté ce fait, dix jours après la note du chef de l'Etat nicaraguayen. Le groupe a informé le 21 avril que les pays centraméricains ont abouti à un accord sur la procédure des consultations et des négociations sur des thèmes divers, «qu'ils soient de portée régionale ou à caractére bilatéral» (ci-dessus p. 36); ce fait est à souligner.

3. Les négociations pour le règlement de la crise centraméricaine, y inclus les questions bilatérales, se poursuivent jusqu'à ce jour; et, dernier point:

4. L'objet des négociations est le même que celui de la requête du Nicaragua contre le Honduras, comme j'aurai l'occasion de le démontrer dans un instant (ci-après p. 160-162).

Le Nicaragua prétend, à tort, que les négociations directes ne sont que celles antérieures au mois d'avril 1983 et que celles de Contadora ne le sont pas. Cette distinction purement formelle de terminologie n'est pas pertinente. Ainsi qu'il a été exprimé par M. Jessup, dans son opinion individuelle dans l'affaire du *Sud-Ouest africain* (*C.I.J. Recueil 1962*, p. 433-434):

> «La terminologie peut varier; certaines clauses parlent du règlement du différend «par la voie diplomatique», ce qui de nos jours doit être interprété comme comprenant ce que l'on appelle la «diplomatie parlementaire»...
>
> Les négociations dans le cadre d'une conférence ne sont certes pas nouvelles dans l'histoire de la diplomatie...»

A l'heure actuelle les négociations continuent. Le Nicaragua l'a reconnu ainsi l'autre jour (ci-dessus p. 101) quand il a déclaré notamment que «le processus de Contadora, prolongé par celui distinct d'Esquipulas II, a le mérite d'exister». Rien ne montre donc, comme il a été longuement prouvé dans ma plaidoirie, qu'on ait épuisé les négociations diplomatiques ou que le Honduras les auraient refusées, comme le prétend à tort le Nicaragua, et moins encore qu'il y ait un point mort dans les négociations.

Monsieur le Président, j'ai maintenant devant moi quatre pages de références se rapportant toutes à la démonstration des initiatives honduriennes en faveur du succès de la négociation. Mais vous les trouverez dans la réponse aux questions posées par M. Guillaume et je vous en épargne la lecture à présent.

Il faut néanmoins souligner qu'il y a à peine deux mois que le ministre des affaires étrangères du Nicaragua a déclaré, lors de la dernière réunion de la commission exécutive (Nations Unies, doc. S/19764, A/42/948), que:

> «En ce qui concerne les accords adoptés à cette réunion [donc la dernière réunion de la commission exécutive], auxquels les ministres des

affaires étrangères [ceux de l'Amérique centrale] reconnaissent une valeur et une autorité spéciales, comme à propos des progrès acquis dans le cadre du processus de Guatemala, le ministre des affaires étrangères du Nicaragua déclare qu'une fois que les objectifs assignés à la sixième réunion de la commission exécutive au Honduras seront atteints le processus de Guatemala sera renforcé, étant donné que ces mesures contribuent de façon significative au rétablissement de la confiance dans les pays de la région et que, dans ce but, il s'engage à demander à la Cour internationale de Justice de mettre fin à la procédure engagée par le Nicaragua, contre le Honduras, le 28 juillet 1986, ce qu'il fera au plus tard le jour où se tiendra la sixième réunion de la commission exécutive prévue au mois de mai de l'année en cours, en République du Honduras.»

Monsieur le Président, Messieurs les juges, est-ce que le Nicaragua peut prouver, après la déclaration de son ministre, que le recours à la diplomatie ait été épuisé? Bien sûr que non!

Est-ce que le Nicaragua peut prouver, après la déclaration de son ministre, que les deux parties aient donné leurs opinions dans ce sens? Bien sûr que non!

Est-ce que le Nicaragua peut réfuter que c'était lui-même qui a proposé et accepté, par l'intermédiaire de son chef d'Etat et de son ministre des affaires étrangères, le processus de Contadora et sa suite celui d'Esquipulas II, pour la négociation des questions bilatérales? Pas du tout!

Est-ce que le Nicaragua peut apporter la preuve, après la déclaration de son ministre, que les négociations de Contadora et d'Esquipulas II sont arrivées à un point mort? Absolument pas!

Est-ce que le Nicaragua peut plaider, contre la declaration de son ministre des affaires étrangères, que l'objet de la requête soit distinct de celui du processus des négociations en cours? Malheureusement pour le Nicaragua, la réponse à cette dernière question est aussi négative.

Monsieur le Président, Messieurs les juges, voilà les raisons pour lesquelles la requête nicaraguayenne est irrecevable sur la base de l'article II du pacte de Bogotá. Il m'appartient maintenant d'aborder les questions qui concernent l'irrecevabilité sur la base de l'article IV dudit pacte par rapport à l'article II.

DEUXIÈME PARTIE. EN VERTU DE L'ARTICLE IV DU PACTE
LE NICARAGUA NE PEUT PAS ENTAMER UNE AUTRE PROCÉDURE
DE RÈGLEMENT PACIFIQUE

*1. Le processus de Contadora est une procédure spéciale
au sens de l'article II du pacte*

En ce qui concerne cette exception, nos adversaires reviennent à deux arguments principaux. D'abord, en parlant du refus des négociations bilatérales directes de la part du Honduras, M. Pellet a essayé de montrer qu'on ne peut pas prétendre que Contadora constitue en même temps des négociations préliminaires et une procédure spéciale (ci-dessus p. 100). Mais ce premier argument, Monsieur le Président, manque de rigueur car, d'une part, selon le pacte de Bogotá, à supposer qu'il ait existé un refus des négociations bilatérales directes de la part du Honduras, rien n'empêche les parties, faute d'accord dans cette voie, d'avoir recours à une procédure spéciale. Et j'ajouterai que ce recours, en plus, est justifié par la structure du pacte de Bogotá, conçue sur un échelonnement des procédures de règlement.

D'autre part, l'argument n'est pas consistant car M. Pellet, semble-t-il, ne croit qu'aux voies de règlement qui, par nature, sont à l'état «pur», et il n'admet que des voies de règlement simples et dépourvues de complexité. Dans les manuels de droit international, certes, les procédures de règlement sont exposées séparément, les auteurs s'attachent à mettre en relief pour chacune d'entre elles ses traits distinctifs et ses fonctions.

Mais la pratique des Etats est, cependant, beaucoup plus riche, et l'existence de procédures complexes est une réalité. Qu'il me soit permis d'indiquer, à titre d'exemple, la procédure de médiation entre El Salvador et le Honduras, entre 1978 et 1980, qui a conduit au traité général de paix souscrit à Lima le 30 octobre de cette année-là. La médiation de M. Bustamante y Rivero, ancien président de la Cour, n'avait alors exclu aucunement le recours aux négociations directes entre les parties, durant même la procédure de médiation.

Et l'effort conjoint du médiateur et des parties a produit ses fruits; il en va de même dans le cadre de Contadora. M. Pellet connaît sans doute d'autres exemples encore plus complexes, comme celui d'un compromis d'arbitrage récent dans lequel les arbitres, en plus de la fonction de dire le droit entre les parties, possèdent une faculté de conciliation qu'ils peuvent exercer au cours de la procédure arbitrale, soumettant ainsi des propositions aux parties.

En ce qui concerne la procédure de Contadora, il suffit de se reporter aux objectifs adoptés par les cinq gouvernements et approuvés par les Etats d'Amérique centrale, et à la pratique des Etats y participant, pour pouvoir apprécier que plusieurs voies de règlement ont été conjuguées au service d'une même finalité. Négociations diplomatiques, sans doute, il est vain de le nier, compte tenu de leur ampleur les cinq dernières années; mais il existe aussi, à plusieurs reprises, des bons offices des Etats du groupe de Contadora, et de la médiation. M. Pellet ne pourra pas nier ce fait ni cette appréciation car c'était l'opinion du Nicaragua dans le mémoire qu'il a soumis à la Cour le 30 juin 1984 (par. 216 — *Activités militaires et paramilitaires au Nicaragua et contre celui-ci*).

Deuxièmement, une fois lancé sur son argument, M. Pellet a eu ce que l'on peut appeler des «sautillements de la pensée», selon l'expression d'Henri Bergson. Car il a lié, ou détaché, selon son bon plaisir, le juridique et le politique, les faits et le droit, pour essayer d'échapper, sans succès, aux restrictions du pacte de Bogotá.

Il a affirmé, en effet (ci-dessus p. 100), que le Honduras veut se réfugier derrière Contadora, procédure prolongée par Esquipulas II, parce qu'elle a «le mérite d'exister». Et, contrairement à ce qui se produit au cours du procès devant la Cour internationale de Justice, le Honduras, dit-il, «peut empêcher ce processus d'aboutir».

Cet argument, avec tout le respect qui se doit, manque aussi de rigueur et relève purement du procès d'intention. S'il existe, comme le Nicaragua l'admet expressément, une procédure en cours comme celle de Contadora, continuée par Esquipulas II, on ne conçoit pas bien comment le Nicaragua a saisi la Cour le 28 juillet 1986 à la fois contre le Costa Rica et contre le Honduras, car cela est contraire au pacte de Bogotá, qu'il invoque comme fondement de la juridiction de la Cour dans la présente affaire. Mais l'argument, au demeurant, même dans sa justification «politique», à savoir la possibilité pour le Honduras de «bloquer» Contadora en participant à cet effort multilatéral, n'est pas sérieux. Dans une procédure de règlement comme Contadora, si un Etat isolé essaie de bloquer un accord, il lui est difficile d'y parvenir, et le seul résultat possible serait, face aux pressions politiques des autres Etats et aux efforts du groupe de Contadora, l'abandon de la procédure.

Mais l'argument de M. Pellet, même s'il manque de logique et s'il est politiquement ingénu, est cependant plein d'intérêt. Admettons en effet, par pure hypothèse, que le Honduras ait bloqué la procédure de Contadora et, de ce fait, que le Nicaragua ait été obligé de chercher refuge devant la Cour, en lui soumettant des requêtes contre le Honduras et le Costa Rica. Quelle serait la conclusion implicite qu'on pourrait tirer de cet argument? La conclusion serait qu'il existe identité entre l'objet des requêtes soumises par le Nicaragua le 28 juillet 1986 et la procédure de règlement de Contadora. Par conséquent, l'article II par rapport à l'article IV du pacte de Bogotá s'avère applicable.

2. L'identité de l'objet du processus de Contadora et de l'objet du différend devant la Cour

On arrive ainsi, Monsieur le Président, Messieurs de la Cour, au point central concernant cette exception d'irrecevabilité. Et il convient de s'attarder un peu sur cette question, car, après avoir exposé la thèse de la Cour en tant que refuge contre les agissements du Honduras au sein de Contadora, le Nicaragua essaie de s'affranchir de l'exception concernant la procédure spéciale à l'aide de deux autres arguments. D'un côté, on nous dit: le pacte de Bogotá exige, pour qu'on puisse parler d'une procédure spéciale, un accord exprès des parties. D'autre part, il existe un différend entre le Honduras et le Nicaragua distinct des différends relevant de la procédure de Contadora, même à supposer qu'elle soit une procédure spéciale au sens du pacte de Bogotá.

A. *L'acceptation du processus de Contadora par le Nicaragua en tant qu'une procédure spéciale*

Le premier argument a été soutenu, si je puis m'exprimer ainsi, «à deux voix». D'abord par M. Chayes, puis par M. Pellet. Et en vérité un tel effort des deux distingués conseils peut surprendre, compte tenu du peu de poids de cette thèse.

A l'audience du 9 juin, M. Chayes a affirmé: «Article II does require the agreement of both Parties to the dispute to establish the special procedure.» Et, pour renforcer l'argument, il a même ajouté que cet accord exprès doit contenir, en plus, la renonciation «to resort to other forums, including the International Court», renonciation qui, étant limitative de la souveraineté des Etats, ne peut être présumée (ci-dessus p. 94).

A l'audience du 10 juin, M. Pellet a insisté d'une façon encore plus catégorique: «Il n'y a procédure spéciale que si les parties sont d'accord pour y recourir.» (Ci-dessus p. 104.)

Par rapport à ces affirmations, certaines données sont à rappeler.

Premièrement: en 1982 et en 1983, il existait une divergence entre le Honduras et le Nicaragua sur le choix des moyens de règlement des problèmes contraméricains. C'était l'opposition entre «bilatéralité» et «multilatéralité». Mais, vers la moitié de 1983, cette opposition est surmontée car la voie multilatérale s'impose à tous grâce aux efforts du groupe de Contadora.

Après ce fait, il devient très difficile de soutenir la voie exclusivement bilatérale car les questions bilatérales faisaient aussi partie de l'ordre du jour du groupe de Contadora.

Deuxièmement, c'est un autre fait difficile à nier, le Nicaragua a accepté, le 19 juillet 1983, la procédure de règlement de Contadora. Peu importe à ce propos s'il a accepté bon gré mal gré, ou si les préférences de Managua restaient au fond en faveur de la voie bilatérale. L'acceptation a été expresse et elle a été faite par le coordonnateur de la junte de reconstruction, le commandant Daniel Ortega.

C'est vraiment étonnant d'entendre dire, cinq ans après, au distingué conseil du Nicaragua (ci-dessus p. 104-105) que celui-ci n'avait jamais vu dans le processus de Contadora «le cadre approprié du règlement de son différend bilatéral avec le Honduras». Mais, Monsieur le Président, on a négocié pendant cinq ans; on est encore en train de négocier, et on vient de découvrir qu'on ne négocie pas sur les questions qui intéressent les deux parties! C'est vraiment étonnant!

De deux choses l'une: ou bien le Nicaragua n'a pas accepté, et y a participé alors de mauvaise foi, ou bien il existe une véritable acceptation, sans arrière-pensée, de cette procédure. La réponse correcte, de l'avis du Honduras, ne peut être que la deuxième. Nous ne spéculons pas, quant à nous, sur la mauvaise foi de nos partenaires en négociation.

Troisièmement, l'acceptation du 19 juillet 1983, à l'encontre de ce qui a été affirmé par M. Chayes, n'exige pas une renonciation expresse à d'autres procédures de règlement y compris le recours à la Cour. Le droit international, M. Chayes le reconnaîtra, n'est pas formaliste. Il suffit, pour constater un *consensus ad idem*, un acte unilatéral adressé à d'autres Etats; et même, sans déclaration expresse, le simple comportement d'un Etat dans le sens d'une conduite générale suffit à attester son accord. L'acceptation par le Nicaragua de la procédure de règlement de Contadora déploie donc ses effets du moment où elle a été faite.

Mais il y a plus, le pacte de Bogotá n'exige aucunement une reconciation expresse à d'autres procédures de règlement si l'on a recours à une «procédure spéciale».

Le même pacte exige, en revanche, qu'une procédure ne soit pas entamée si une autre voie préalable est encore en cours, ce que le Nicaragua n'a pas respecté le 28 juillet 1986, car Contadora, à cette date, était une procédure en cours.

B. *L'identité de l'objet*

Voilà pour la théorie de l'accord. J'en viens maintenant au cœur du problème: l'identité de l'objet de la présente affaire et l'objet des negociations de Contadora.

Le Nicaragua soutient, d'abord, qu'il existe un différend entre les Parties et que les faits énoncés dans sa requête le montrent bien. Et il admet que d'autres faits, tels que des violations de frontières du Honduras par le Nicaragua, ont été invoqués par les autorités honduriennes (ci-dessus p. 102). Mais ensuite, et après quelques sautillements de la pensée, comme toujours, M. Pellet s'insurge contre la méthode suivie par le Honduras qui avait fait référence au projet de l'acte de Contadora et aux faits invoqués par le Nicaragua.

Il nous propose quant à lui, une autre méthode: confronter les conclusions de la requête du Nicaragua avec le projet d'acte de Contadora, ce qui montrerait, à son avis, «qu'ils n'ont ni le même objet, ni la même portée» *(ibid.)*.

M. Pellet voudra bien m'excuser, mais je ne peux suivre cette méthode car elle manque aussi de rigueur en ce qui concerne les termes de comparaison, les «conclusions» de la requête du Nicaragua. Ce choix, en effet, est erroné, car ce qui nous intéresse, aux fins du présent débat, c'est l'objet du litige qui implique un différend international entre deux Etats. Un différend existe ou peut exister sur certains faits ou sur un point de droit et, pour déterminer l'objet d'un différend, il ne faut pas analyser les conclusions d'une requête, mais certains faits constituant le comportement d'un Etat et les positions prises par un autre Etat acceptant ou niant les faits ou les conséquences juridiques qui en découlent.

La question centrale, conséquemment, est celle de savoir si la procédure de Contadora avait pour objet les mêmes faits qui sont inclus dans les requêtes présentées par le Nicaragua le 28 juillet 1986. Et démontrer qu'une identité existe, à la vérité, n'est pas difficile, si on considère la situation envisagée par Contadora, le cadre de négociations, les faits invoqués dans les requêtes et, pour le corroborer, les faits postérieurs à 1986.

Première donnée: dans l'ordre du jour adopté aux fins de négociations multilatérales en mai 1983, sous la rubrique «problèmes politiques et de sécurité» (point 2) vous pouvez trouver, à l'alinéa *f)*, comme objet de futures négociations le libellé suivant: «les tensions et les incidents entre les Etats limitrophes et non-limitrophes» (mémoire, **I**, p. 27, par. 1.22). Les causes des incidents ne sont pas énoncées, mais on sait bien qu'il s'agissait d'incidents surgis par suite de guerres civiles existant en Amérique centrale. Les incidents sont pris dans ce document au sens large, pour comprendre à la fois les incidents armés et de toute autre nature. D'autres documents repris dans les annexes au mémoire du Honduras, des années 1983 et 1984, montrent que les incidents frontaliers étaient au centre des préoccupations du groupe de Contadora; il en est de même du projet d'acte de Contadora pour la paix et la sécurité en Amérique centrale.

Deuxième donnée: les faits rapportés dans les requêtes du Nicaragua du 28 juillet 1986. Même si les requêtes sont vagues et imprécises, il est difficile de nier que les faits invoqués par le Nicaragua sont des incidents entre Etats limitrophes, concernant, de l'avis du Nicaragua, les forces participant à la guerre civile dans ce pays contre le gouvernement, les forces armées honduriennes ou, comme élément de tension sur la frontière, les forces d'un Etat tiers, les Etats-Unis, en ce qui concerne les manœuvres militaires au Honduras.

A ce propos, M. Pellet a bien reconnu que les autorités honduriennes se sont plaintes à plusieurs reprises des violations de la frontière par les forces armées du Nicaragua. La liste des incidents frontaliers, dont un nombre considérable sont des actions armées pour la période 1979-1986, est annexée au mémoire du Honduras (**I**) (annexes 48 à 51). Mais il y a d'autre part une donnée significative: nous sommes dans les plaidoiries d'une affaire dont le nom est, précisément, «Actions armées frontalières et transfrontalières», et le même nom, «Actions armées frontalières et transfrontalières» a été donné par la Cour au litige entre le Nicaragua et le Costa Rica.

Troisième donnée: on peut se demander de plus si les négociations de Contadora, entre 1983 et le 28 juillet 1986, date de la requête du Nicaragua, ont eu pour objet des incidents entre Etats limitrophes ou non limitrophes en Amérique centrale. La réponse, il est difficile de le nier, est affirmative. Mais on peut dire plus: cette question est rattachée dans les négociations au problème des pacifications internes de certains Etats de la région, notamment El Salvador et le Nicaragua, dont les accords de Sapoá sont un bon exemple, car la guerre civile existant depuis 1979 est la cause principale des incidents frontaliers. L'objectif a été d'un côté d'arriver à la réconciliation nationale, là où il existait une guerre civile; d'un autre côté, d'arriver à la sécurité des pays de la zone en évitant, entre autres, des incidents armés, par des mesures de cessez-le-feu, de vérification et de contrôle, et d'autres moyens.

Prouver ces faits, Monsieur le Président, n'est pas nécessaire, tellement ils sont notoires. Comme sont notoires l'identité de l'objet du processus de Contadora et l'objet de la présente affaire.

Monsieur le Président, Messieurs les juges, pour terminer je voudrais m'adresser à deux derniers arguments de nos adversaires.

D'abord, M. Pellet a soutenu (ci-dessus p. 105) que le seul recours par le Honduras aux organes de l'Organisation des Etats américains suffit pour prouver que le processus de Contadora n'a pas un caractère «exclusif» pour le règlement des différends; et, par conséquent, Contadora ne peut pas être une «procédure spéciale» au sens de l'article II du pacte de Bogotá. Mais cet argument, Monsieur le Président, manque absolument de rigueur et la raison est assez simple: le débat politique au sein d'une organisation internationale n'est pas une procédure de règlement à laquelle se réfère le pacte de Bogotá; il est en dehors. Ce qui exclut le recours à une autre procédure, c'est le fait qu'on a utilisé un autre moyen de solution pacifique établi par le pacte de Bogotá. Il s'agit, somme toute, d'une incompatibilité entre les seules procédures prévues par cet accord multilatéral, compte tenu de son échelonnement.

Enfin, M. Pellet s'est efforcé de démontrer qu'il n'y a pas un risque d'incompatibilité entre le recours à la Cour et l'arrêt de celle-ci sur le fond dans le présent litige, et, d'autre part, les négociations en Amérique centrale pouvant conduire ou ayant conduit à un accord politique. Pour le Nicaragua, certes, tout est possible, sous un point de vue purement politique. Mais nous avons attiré l'attention de la Cour sur un fait qui n'a pas été détruit par les arguments du Nicaragua: qu'il existe un risque, et un risque sérieux, d'avoir entamé le présent litige alors qu'est en cours une négociation multilatérale. Cette négociation, comme il est prévu à Esquipulas II, va finir dans un accord à caractère politique, un vrai compromis. Si les accords qui sont le résultat de Contadora se bornaient à établir les droits des parties, on peut s'attendre, bien sûr, à ce que les Etats de l'Amérique centrale ne puissent arriver à un compromis entre eux.

RÉPLIQUE DE M. DUPUY

CONSEIL DU GOUVERNEMENT DU HONDURAS

M. DUPUY: Monsieur le Président, je crains que ma tâche ne soit rude. J'interviens au terme de plaidoiries déjà longues et je crains de lasser votre attention. Je m'efforcerai d'être bref; je serai peut-être contraint de dépasser un peu 18 heures, mais je crois que, compte tenu du retard qui a été pris au début de l'audience d'aujourd'hui, cela ne devrait pas de toute façon aller très loin, peut-être jusqu'à 18 h 10-18 h 15, pas plus.

Mon intervention sera brève parce que celle de mon collègue, M. Chayes, nous a permis à la fois d'obtenir confirmation de la plupart des conclusions que nous avions nous-mêmes tirées lors de nos plaidoiries du mardi 7 juin, et d'enregistrer un certain nombre de concessions ou de reconnaissances faites avec beaucoup de « fair-play » par la partie adverse. Il est donc temps de faire le point. Quelle est la position exacte du Nicaragua à l'égard de l'article XXXI? Ce sera la première partie de mon intervention.

Mais, prenant en considération tant la teneur de ces débats que celle des questions très pertinentes qui ont été posées aux deux Parties relativement au pacte, nous croyons nécessaire d'examiner deux autres points.

Le premier a trait, en référence étroite aux deux premières questions de M. Shahabuddeen ainsi qu'à certains des aspects de l'interrogation initiale de M. Guillaume, à l'interprétation de l'article XXXI du pacte par rapport à l'article 36, paragraphe 2, du Statut, et à la pratique subséquente des Etats parties.

Le second se rapporte au lien entre les articles XXXI et XXXII du pacte, et plus particulièrement aux conclusions qu'il faut tirer de la mention à cet article XXXII du paragraphe 1, et non 2, de l'article 36 du Statut.

I. Bilan des positions nicaraguayennes à l'égard de l'article XXXI du pacte

La plaidoirie très loyale de M. Chayes nous a permis d'enregistrer un certain nombre de reconnaissances.

Ainsi, en premier lieu, les auteurs du pacte ont enfin trouvé grâce auprès du Nicaragua. L'article XXXI est bien écrit! La référence qu'il établit au paragraphe 2 de l'article 36 du Statut n'est pas inadvertance, mais bien le fruit d'un choix délibéré de ses rédacteurs (voir ci-dessus p. 84-85).

Voici donc corrigée l'assertion notamment établie au paragraphe 109 du contre-mémoire nicaraguayen **(I)**. Nous en prenons acte et reviendrons plus loin sur les conclusions qu'il convient d'en tirer.

Nous avons également entendu, jeudi, qu'en définitive il existe bien un lien effectif entre les articles XXXI et XXXII du pacte. L'un n'est pas indépendant de l'autre et l'article XXXI ne peut donc qu'être apprécié dans le contexte normatif dont il fait partie.

M. Chayes nous donne par ailleurs acte du fait que parmi les membres de la doctrine les plus éminents, MM. Lleras et García Amador, notamment, donnent entièrement raison aux thèses avancées devant vous par le Honduras. Il est seulement dommage qu'il persiste à ignorer que parmi les auteurs qu'il a cités à charge, dans le chapitre 3, MM. Caicedo-Castilla, Cardon, Herrarte, Fernández-Shaw et même M. Galo Leoro, il est vrai pour ce dernier au milieu d'une certaine confusion, reconnaissent quant à eux la pleine affiliation de l'article XXXI du pacte à l'article 36, paragraphe 2, du Statut.

Il est vrai, Monsieur le Président, qu'une audience de la Cour ne saurait se réduire à un dîner de têtes ou à une galerie de portraits, mais, après tout, l'article 38 du Statut cite aussi la doctrine parmi les moyens accessoires desquels elle peut tirer l'inspiration de ses arrêts.

Mais la confirmation la plus importante qui ressort des honnêtes plaidoiries du conseil du Nicaragua vient de l'aveu à peine estompé qu'il y a bien eu revirement de la position de ce pays à l'égard de l'interprétation des liaisons existant entre l'article XXXI du pacte et le paragraphe 2 de l'article 36 du Statut. La circonstance que l'opinion du Nicaragua en 1984 ait été admise dans une *footnote*, au demeurant bien copieuse, puisqu'elle couvre deux pages, est évidemment dépourvue de pertinence. Ce qui compte c'est ce qu'a dit hier et ce que déclare aujourd'hui le Nicaragua.

Rappelons donc très brièvement qu'en 1984 il déclarait (le Nicaragua, pas M. Chayes, car les mémoires n'ont pour auteurs que les puissances souveraines qui les signent):

«Les conditions stipulées à l'article XXXI sont précisément celles qui sont requises par l'article 36, paragraphe 2, du Statut. L'emploi du terme factitif «déclarent» indique que les rédacteurs savaient fort bien que cette section du pacte ne pouvait entrer en vigueur en vertu de l'article 31, paragraphe 1, ou de l'article 37 du Statut...» (Mémoire du Nicaragua du 30 juin 1984, par. 93, note 2.)

Le 9 juin 1988, M. Chayes affirmait au nom du Nicaragua:

«since Article XXXI is a part of a multilateral treaty and creates a contractually binding obligation among the parties to accept the jurisdiction of the Court according to its terms, the legal effect of Article XXXI is to establish jurisdiction under Article 36, paragraph 1, of the Court's Statute...» (ci-dessus p. 85).

La confirmation du changement radical d'opinion est ainsi rapportée, et il appartient à la Cour d'en tirer les conséquences de droit. Le Honduras, précisons-le bien à cette occasion, n'a aucun embarras à demander l'application du principe selon lequel un Etat est lié par ses conduites antérieures. En effet, pour ce qui le concerne, il a été démontré par ailleurs, par mon ami le professeur Bowett, qu'à propos de l'admissibilité du principe des réserves à une déclaration unilatérale de reconnaissance la position hondurienne de 1986 s'inscrit dans la ligne directe des manifestations de volonté qui, après 1974, avaient été les siennes en 1976 et, en 1980, dans le traité de paix conclu avec El Salvador.

Pour en rester au constat du revirement nicaraguayen à l'égard de l'article XXXI, perçu hier comme une déclaration collective, aujourd'hui comme un lien contractuel, il y a lieu de ne pas perdre de vue l'objet véritable de l'argumentation de 1984. Il ne s'agissait pas à cette époque, comme l'a dit M. Chayes jeudi, de démontrer «that Article XXXI constituted an independent title of jurisdiction, separate from a declaration under the Optional Clause» (ci-dessus p. 91), mais, très exactement, du contraire.

Le but du Nicaragua à l'époque était de montrer par tous les moyens possibles à la Cour qu'il avait bien manifesté, par son comportement depuis 1929, qu'il s'estimait lié à la juridiction internationale par le biais du système de la clause optionnelle (art. 36, par. 2), celle-ci ayant été souscrite une première fois à l'égard de la Cour permanente puis renouvelée, sous forme de déclaration collective, à l'article XXXI du pacte de Bogotá. Il suffit, d'ailleurs, pour se rendre compte des intentions du Nicaragua de revenir à la lecture des passages pertinents de son mémoire de 1984 (par. 91-93 — *Activités militaires et paramilitaires au Nicaragua et contre celui-ci*) que j'ai souvent cités.

Je me contenterai donc, pour clore ce premier point, Monsieur le Président, de constater que la seconde série des raisons que j'avais avancées devant vous mardi dernier pour écarter l'établissement de votre compétence sur la base de l'article XXXI du pacte de Bogotá, celles que j'avais qualifiées de «subjectives» parce qu'elles se rapportent à la conduite propre au Nicaragua à l'égard du pacte, sont parfaitement confirmées.

Revenons brièvement, si vous le voulez bien, à l'examen des raisons objectives, celles qui tiennent à la logique propre au pacte et à son exégèse, même si, au demeurant, les précédentes raisons, les raisons subjectives, sont suffisantes pour écarter l'argumentation nicaraguayenne.

Le second point de cette intervention sera ainsi tourné vers l'examen des liens qui unissent l'article XXXI du pacte au Statut de la Cour.

II. LA QUESTION DES LIENS ENTRE L'ARTICLE XXXI DU PACTE ET L'ARTICLE 36 DU STATUT

C'est bien sûr l'un des points cruciaux de cette affaire. On comprend que la Cour souhaite obtenir des Parties l'expression la plus nette de leur opinion sur ce point.

Une question, en particulier, a été posée: celle de savoir s'il peut être admis que l'article XXXI du pacte soit en lui-même considéré comme une déclaration collective, selon le système de la clause optionnelle et, si oui, quelles conséquences de droit peuvent alors en être tirées.

La République du Honduras, Monsieur le Président, tient à cet égard à lever toute ambiguïté. Ainsi que l'attestent ses plaidoiries, tant écrites qu'orales, elle ne considère pas quant à elle qu'il s'agisse d'une «troisième voie» d'interprétation de l'article XXXI, mais bel et bien d'une des options offertes par la thèse qu'elle a, quant à elle, toujours défendue, comme le faisait naguère le Nicaragua; celle d'après laquelle l'article XXXI du pacte est une inclusion dans ce traité du système de la reconnaissance de la juridiction de la Cour selon le régime de la «clause optionnelle».

On peut lire ainsi, au paragraphe 4.01, alinéa ii), du mémoire hondurien (**I**, p. 49):

> «La juridiction au titre de l'article 36, paragraphe 2, est normalement fondée sur des déclarations unilatérales, mais il est possible de concevoir un lien entre cette disposition du Statut et un traité. Par exemple, un traité pourrait imposer l'obligation de faire une déclaration unilatérale au titre de l'article 36, paragraphe 2; ou bien, autre éventualité, une disposition conventionnelle pourrait être conçue sous forme d'une déclaration collective aux fins de l'article 36, paragraphe 2.»

La possibilité de voir dans l'article XXXI lui-même une déclaration collective est par ailleurs mentionnée de façon approbative à divers autres passages du mémoire hondurien, et notamment aux paragraphes 4.38, 4.43 et 4.45.

Je l'ai moi-même évoquée l'autre jour (ci-dessus p. 59), lorsque je me suis référé aux analyses de l'Inter-American Institute (1966) et de M. García Amador, faisant précisément cette lecture de l'article XXXI, pour illustrer le bien-fondé de la thèse hondurienne.

On remarquera d'ailleurs que cette identification de l'article XXXI comme une déclaration selon l'article 36, paragraphe 2, du Statut avait également les faveurs du Nicaragua avant le revirement de ses positions quant à la portée de cet article du pacte (voir son mémoire relatif à la compétence de la Cour dans l'affaire des *Activités militaires et paramilitaires au Nicaragua et contre celui-ci (Nicaragua c. Etats-Unis d'Amérique)*, 1984, par. 93, note 2).

Il apparaît en effet, comme déjà indiqué par le mémoire hondurien, que, ce qui est déterminant, c'est la référence, à l'article XXXI du pacte de Bogotá, de l'article 36, paragraphe 2, du Statut. A partir du moment où cette référence est admise, c'est sur base du système de la «clause optionnelle» et de nulle autre que la juridiction de la Cour est établie. Des lors, plusieurs possibilités s'offrent aux Etats:

a) ils peuvent, purement et simplement, se satisfaire de cette expression conjointe de leur déclaration de reconnaissance, sans éprouver le besoin d'en préciser ou d'en modifier la portée. Rien, en effet, dans le texte de l'article 36, paragraphe 2, du Statut, n'interdit qu'une telle déclaration soit faite conjointement;

b) ils peuvent aussi faire une déclaration unilatérale de juridiction de la Cour, évidemment elle aussi fondée sur le même article 36, paragraphe 2, du Statut, sans même, d'ailleurs, vouloir l'affecter de réserves, mais pour lui donner par exemple une portée géographique plus large (la déclaration faite à l'article XXXI du pacte, aussi large qu'elle soit, ne concerne en effet que les Etats parties);

c) ils peuvent enfin estimer nécessaire d'adapter la portée de cette déclaration collective autrement encore, en adoptant une déclaration unilatérale affectée de réserves. Ce seront alors les termes de cette déclaration qui indiqueront quelle est, en ce qui concerne ces Etats, l'étendue de la juridiction de la Cour, établie à l'article XXXI du pacte. Le fait que la déclaration effectuée à l'article XXXI soit valable aussi longtemps que le traité restera en vigueur ne nuit en rien à la réalité selon laquelle il s'agit bien d'une clause optionnelle. Beaucoup d'entre elles, on le sait, sont en effet conclues pour une durée indéfinie.

Le Honduras, quant à lui, a précisément adopté successivement les solutions *b)* et *c)* évoquées ci-dessus, sans jamais provoquer de protestations de la part des autres Etats parties. D'une façon générale, il a, depuis les travaux de la conférence de Bogotá (voir son projet de résolution sur la juridiction de la Cour internationale de Justice du 21 avril 1948, *Documents de la troisième commission, neuvième conférence*, p. 79; doc. CB-330/C.III-Sub.A-6) jusqu'à aujourd'hui, toujours préféré compléter la reconnaissance de juridiction de la Cour faite à l'article XXXI par ses propres déclarations. Et pour répondre à l'une des questions de M. Chayes, s'il n'a pas transmis au secrétariat général de l'Organisation des Etats américains les déclarations de 1954 et de 1960, c'est tout simplement parce que celles-ci, ne comportant aucune réserve, ne différaient en rien de la substance de l'engagement souscrit dans la clause collective de l'article XXXI du pacte. En revanche, à partir du moment où, soit en 1986, il a affecté cette déclaration de réserve comme l'article 36, paragraphe 2, du Statut lui en donne le droit, là, la notification au secrétariat général de l'Organisation des Etats américains devenait indispensable.

J'en viens maintenant à la pratique des Etats parties au pacte. Sur treize

Etats en incluant le Honduras, une grosse majorité, soit dix (Mexique, Costa Rica, Honduras, Nicaragua, République Dominicaine, Haïti, Panama, Uruguay, Colombia et Brésil de 1947 à 1953), a émis, en plus de la reconnaissance de juridiction de la Cour établie à l'article XXXI, une déclaration unilatérale. Deux Etats seulement l'ont fait après l'entrée en vigueur du pacte, le Costa Rica, en 1973, et le Honduras, quand il renouvela sa déclaration de 1948 une première fois en 1954, une seconde fois en 1960, puis lorsqu'il la modifia en 1986. Mais, encore une fois, la variété de ces pratiques est significative de leur conformité aux règles du Statut de la Cour puisqu'il est précisément de l'essence du système de la clause optionnelle de permettre aux Etats une grande liberté dans l'expression de reconnaissance de la juridiction.

Ce qui, en revanche, est totalement improbable, c'est qu'en vertu de la même base légale, c'est-à-dire précisément l'article 36, paragraphe 2, du Statut, la reconnaissance de la juridiction de la Cour effectuée par un Etat varie vis-à-vis d'une catégorie d'Etats ou d'une autre.

La pratique démontre que le régime de la reconnaissance de juridiction de la Cour sur la base du système de la clause optionnelle est homogène pour chaque Etat qui y a souscrit. On peut certes reconnaître concurremment la juridiction de la Cour sur la base du système de la clause optionnelle en même temps que, d'un autre côté, on la reconnaîtra sur une base conventionnelle, selon cette fois l'article 36, paragraphe 1, du Statut. Mais dans le cadre du seul système de la clause optionnelle, il y a unité de juridiction.

Ainsi, puisque l'article XXXI du pacte renvoie à l'article 36, paragraphe 2, du Statut, ce sont, dans la mesure ou elles existent, les déclarations unilatérales des Etats parties qui déterminent la portée de la reconnaissance de juridiction faite par chacun d'entre eux.

J'en viens alors à l'examen des liens qui unissent l'article XXXI du pacte à l'article XXXII, même si, bien sûr, à cette occasion, j'aurai nécessairement l'occasion de revenir sur l'articulation, comme en écho, de l'article 36, paragraphe 2, par rapport à l'article 36, paragraphe 1. C'est mon troisième et dernier point.

III. LA POSITION DU NICARAGUA À L'ÉGARD DE LA QUESTION DES LIENS ENTRE LES ARTICLES XXXI ET XXXII DU PACTE EST ASSEZ ORIGINALE

Le Nicaragua déclare en effet, M. Chayes nous l'a confirmé jeudi matin, qu'après tout il y a bien des liens entre les articles XXXI et XXXII. Mais des liens limités. Le premier définit les classes de différends juridiques susceptibles d'un recours unilatéral devant la Cour (ci-dessus p. 89). C'est même pour cela seulement qu'il se réfère au paragraphe 2 de l'article 36 du Statut. Pour le reste, l'article XXXI est destiné à permettre un recours direct à la juridiction pour le règlement des seuls différends juridiques sur la base de l'article 36, paragraphe 1.

L'article XXXII, quant à lui, couvre en réalité toutes espèces de différends quelle que soit leur nature (*ibid.*, p. 90). Mais, Monsieur le Président, cette interprétation soulève au moins trois objections:

a) En premier lieu, le Nicaragua ne nous dit pas sur la base de quel raisonnement logique ou de quelle technique d'interprétation il parvient, à propos de l'article XXXI, à faire un usage sélectif de la référence que ce dernier établit à l'article 36, paragraphe 2, du Statut. Il prend l'article 36, paragraphe 2, «à la carte».

Il en garde la définition des différends juridiques. Il en jette au rebut le mécanisme de la clause opérationnelle. Il l'utilise *ratione materiae*, mais il en écarte la portée instrumentale, puisque d'après lui, aujourd'hui, contrairement à ce qu'il déclarait hier, l'article XXXI n'est plus une clause optionnelle collective de reconnaissance de la juridiction de la Cour. Quelle est la justification de ce débitage arbitraire d'une seule et même disposition du Statut? Mystère, Monsieur le Président. Comme nous l'avons dit maintes fois nous-mêmes, il est certes d'autres auteurs, ayant nos sympathies, qui disent, tel M. García Amador, que l'article XXXI définit le champ matériel de la juridiction de la Cour. Seulement ces auteurs, je vous les ai recités mardi dernier, disent aussi que l'article XXXI est une déclaration optionnelle collective. Quant à eux, ils recollent les morceaux de l'article 36, paragraphe 2, du Statut. Ils prennent la référence qu'y établit l'article XXXI du pacte dans son acception pleine et entière, à la fois substantielle et procédurale. C'est ce que faisait le Nicaragua de 1984. C'est ce que le Honduras de toujours continue à faire. Mais le Nicaragua de 1988, impitoyable, se livre sans explication à l'amputation du pauvre paragraphe 2 de l'article 36 du Statut!

b) La deuxième objection c'est que la plaidoirie de M. Chayes confirme la thèse de plusieurs des auteurs qu'il a cités au chapitre 3 — confirme qu'il fait sienne cette thèse — cette thèse d'après laquelle c'est le traité et, sur sa base, les parties qui restent ainsi maîtres de la distinction des conflits juridiques et des conflits politiques puisqu'elles pourront, pour le règlement des uns, choisir la voie de l'article XXXI et, pour la solution des autres, élire celles de l'article XXXII. Pourtant rappelons-le, seule la Cour est maîtresse de la qualification des différends dans son appréciation souveraine de leur justiciabilité. Ainsi le dit son Statut, comme du reste l'article XXXIII du pacte.

c) Enfin, la troisième et principale objection tient au fait que, si l'on suit la thèse actuelle du Nicaragua, on doit alors se rendre à l'évidence, deux articles du pacte sont redondants! Ils prévoient en fait deux voies d'accès à la Cour sur la base du seul article 36, paragraphe 1, du Statut: il y a l'article XXXI qui selon le Nicaragua d'aujourd'hui est un engagement contractuel de recourir à la juridiction (article 36, paragraphe 1, du Statut). Et puis il y a l'article XXXII qui est également un engagement contractuel de recourir à la juridiction (article 36, paragraphe 1, du Statut).

Mais alors on ne voit du même coup plus très bien pourquoi il tenait, et semble tenir toujours autant, à la distinction des conflits juridiques et des conflits politiques. En effet, comme il le dit lui-même, l'article XXXII, je cite M. Chayes, «*covers all disputes whatever their nature*» (ci-dessus p. 90). Il couvre, à la fois, les différends politiques et juridiques. Mais alors à quoi sert l'article XXXI? Son existence serait-elle justifiée parce qu'il s'appliquerait «à l'égard de tout autre Etat américain», alors que l'article XXXII ne concernerait que les Etats parties? Mais M. Chayes jeudi dernier, devant vous, a fait amende honorable sur ce point. Il a reconnu que, grâce à la lecture assidue du mémorandum américain, une telle distinction lui était désormais apparue inadmissible. Nous le savions bien, nous qui ne l'avons jamais utilisée.

L'existence de l'article XXXI trouverait-elle un sens parce que l'article XXXII permettrait au préalable de recourir à la conciliation? Mais tout le chapitre III est précisément destiné à organiser ce recours à la conciliation et il n'était nul besoin pour ce faire de l'article XXXII, qui, lui, figure au chapitre IV relatif au recours à la juridiction.

Mais alors à quoi a-t-il servi aux auteurs du pacte, je le demande à la Cour, d'avoir consacré, bien maladroitement, si l'on suit l'argumentation actuelle du Nicaragua, d'avoir institué deux fois la même voie de recours, c'est-à-dire sur la base de l'article 36, paragraphe 1, du Statut? Quelles sont les causes de cet invraisemblable doublon? Nous en attendons toujours la réponse.

Ce qu'il faut bien voir ici c'est que des deux dispositions, l'article XXXI et l'article XXXII, c'est le second qui organise la voie de recours la plus stricte à la juridiction, car à la différence de l'article XXXI, cette voie de recours ne peut pas être pondérée par le système des réserves. Dans le cas de l'article 36, paragraphe 1, du Statut, pas de réserve possible. Certes l'article XXXII a son propre régime de pondération, c'est la condition de l'épuisement préalable des voies de la conciliation. Mais du strict point de vue de la reconnaissance de la juridiction, il n'y a pas la possibilité de soupape de sûreté, si j'ose dire, qu'offre l'article XXXI, articulé à l article 36, paragraphe 2, permettant ainsi le jeu des réserves.

Les auteurs du projet de 1985 de réforme du pacte de Bogotá ne s'y sont du reste pas trompés. Lorsqu'ils ont proposé de modifier une disposition, c'est l'article XXXII qu'ils ont choisi de réformer, pas l'article XXXI. En vue de réduire les conditions d'accès à la Cour et de les subordonner davantage à l'assentiment préalable des Etats concernés, le comité juridique interaméricain a prévu de remplacer ce recours consensuel, établi par l'article XXXII, par la condition de l'accord préalable, sur la possibilité éventuelle du recours unilatéral à la juridiction. En cas d'échec de la conciliation et d'impossibilité d'un accord sur l'utilisation d'une procédure d'arbitrage, les parties au différend ne pourraient désormais aller devant la Cour que si par avance, et par voie de compromis, avant même le recours à la conciliation, elles en ont prévu d'un commun accord la possibilité.

Cette réforme n'est pas entrée en vigueur, elle a même ète vigoureusement critiquée, notamment par le Président Jiménez de Aréchaga, parce qu'elle porterait atteinte à l'originalité du pacte; mais elle est illustrative de la disposition dans laquelle se retrouve justement le poids juridictionnel le plus considérable.

Ainsi pour finir, Monsieur le Président, je ferai les observations suivantes:
— Il y avait un sens à la thèse défendue par les Etats-Unis en 1984, dans ce fameux mémorandum de l'annexe 39 à leur mémoire *(Activités militaires et paramilitaires au Nicaragua et contre celui-ci)*: ils voyaient en effet une reconnaissance conventionnelle de la juridiction de la Cour à la fois dans l'article XXXI et dans l'article XXXII. Donc, me direz-vous, ils soutenaient la thèse actuelle du Nicaragua. Non, non. Car, en même temps, ils conditionnaient l'invocation du premier par l'épuisement des conditions posées au second. Pour eux, les articles XXXI et XXXII ne formaient alors qu'une seule et même voie de droit, établie sur la base de l'article 36, paragraphe 1, du Statut.
— Il y avait également un sens à la thèse que leur opposait le Nicaragua, parce qu'il opérait alors une claire distinction entre les articles XXXI et XXXII par la constatation du fait que l'un relevait de la clause optionnelle, et donc des réserves éventuelles, alors que l'autre était tributaire de la reconnaissance conventionnelle.
— Il y a un sens, comme le fait un large courant de pensée, dont M. García Amador est le représentant le plus autorisé, à défendre à la fois que l'article XXXI est relié à l'article 36, paragraphe 2, du Statut, en considérant qu'il s'agit d'une déclaration optionnelle conjointe, et à l'article XXXII, en percevant ce dernier comme établissant les conditions procédurales de la saisine unilatérale. C'est une thèse que l'on peut dire symétrique à la thèse américaine de 1984. Ici l'unité du couple formé par les articles XXXI et XXXII se retrouve sous le giron de la clause optionnelle, alors que dans la thèse américaine de 1984 elle était établie par l'établissement de la juridiction sur base contentionnelle.

— En revanche, nous devons constater qu'il n'y a qu'incohérence logique à soutenir à la fois que les articles XXXI et XXXII relèvent l'un et l'autre de la reconnaissance conventionnelle (art. 35, par. 1), permettent l'un et l'autre de résoudre des différends juridiques, et constituent pourtant des voies d'accès distinctes à la juridiction. Il faut choisir. Ou bien, le chapitre IV du pacte (article XXXI et XXXII) est considéré comme aligné sur le système de la clause optionnelle, et alors les réserves honduriennes empêchent aujourd'hui de l'invoquer, ou bien, on le voit comme un ensemble conventionnel d'établissement de la juridiction, et alors le recours à celle-ci est conditionné par l'épuisement préalable de la conciliation et de la tentative d'arbitrage. Deux conditions qui ne sont pas remplies dans la présente affaire.

Cette seconde thèse a été défendue par les Etats-Unis, elle est symétrique de celle de M. García Amador, elle a également un sens. Mais on ne peut concurremment défendre que l'un et l'autre, XXXI et XXXII, sont des reconnaissances conventionnelles, d'écartèlement de la logique.

De toutes les solutions possibles, la seule qui respecte avec une fidélité parfaite la lettre aussi bien de l'article XXXII que de l'article XXXI est celle défendue à titre principal par le Honduras depuis 1948, même si nous vous avons proposé également, parmi les autres possibilités, la thèse, disons, «García Amador», qui présente le plus de cohérence logique, et dont l'acceptation ou le rejet est de toute façon indépendante de la thèse principale du Honduras, selon laquelle l'article XXXI est une reprise, au sein du pacte, du système de la clause optionnelle dont l'invocation est ici stérilisée par les réserves honduriennes. L'article XXXII est une reconnaissance conventionnelle de juridiction dont les conditions procédurales ne sont pas remplies en l'espèce. Dans l'un et l'autre cas, votre haute juridiction doit décliner sa compétence.

Je vous remercie, Monsieur le Président, et vous prierais de passer la parole à M. l'agent du Honduras pour ses conclusions.

STATEMENT BY MR. CARÍAS
AGENT FOR THE GOVERNMENT OF HONDURAS

Mr. CARÍAS: Mr. President and distinguished Members of the Court.

Only a brief statement to say that Honduras maintains the submissions presented in its Memorial[1] filed in February 1987.

---

[1] See **I**, p. 80.

REQUEST BY THE PRESIDENT

The PRESIDENT: Last Friday, Mr. Argüello Gómez reserved the right to reply to the argument put forward today by Honduras. Do you wish to use this right, Ambassador?

Mr. ARGÜELLO GÓMEZ: Yes, Mr. President. Nicaragua wishes to make use of this right of a rejoinder.

The PRESIDENT: Therefore we will meet tomorrow at 3 p.m. Does that suit you?

Mr. ARGÜELLO GÓMEZ: Mr. President, if I could make a suggestion. I think that Honduras has had three days in which to prepare itself for coming before the Court and I think this should be taken into consideration by the Court.

The PRESIDENT: I think that there are two holiday dates in the middle, that is, Saturday and Sunday, so Honduras has had really this morning and Friday afternoon. Therefore perhaps we can go until Wednesday morning.

Mr. ARGÜELLO GÓMEZ: That would be agreeable to Nicaragua, Mr. President.

The PRESIDENT: Therefore, the next meeting of the Court to hear your arguments will be on Wednesday morning at 10 a.m.

The Court rose at 6.05 p.m.

SIXTH PUBLIC SITTING (15 VI 88, 10 a.m.)

Present: [See sitting of 6 VI 88, Judge Nagendra Singh absent.]

The PRESIDENT: Judge Nagendra Singh will not be present this morning at the sitting, for personal reasons that have been explained to me.

We have received from Nicaragua two sets of documents and these have been transmitted to the Honduran side. These documents will be referred to in the course of the public sitting of this morning.

REJOINDER OF MR. ARGÜELLO GÓMEZ

AGENT FOR THE GOVERNMENT OF NICARAGUA

Mr. ARGÜELLO GÓMEZ: Mr. President, Members of the Court.

Before going directly to the rejoinder of the arguments made by the representatives of Honduras, I think this whole case must be put in perspective.

This is not a case that has been lightly brought by Nicaragua in order to avoid the use of other peaceful means. As I explained in my opening speech in the previous round of arguments, the problems with Honduras have been festering for many years.

Mr. Carías stated in his opening speech in the first round of pleadings: "The relations between Nicaragua and Honduras have been notoriously relations of an abnormal character during the past decade." I agree with my colleague on this point: after the overthrow of the Somoza dictatorship in Nicaragua ten years ago the relations have not been of a moral character. They have not reached the limits of armed conflict as defined by Mr. Brownlie, but there is no denying that they have been less than normal.

Having said this, it seems really a surrealistic endeavour to insist that prior negotiations have not been exhausted or that there was anything left to realistically attempt by Nicaragua before coming to this Court.

In his first intervention, Mr. Hernández Alcerro began by pointing out that Nicaragua could not read into the words of Article II of the Pact of Bogotá "in the opinion of the parties" the meaning that it was "in the opinion of both parties", only to conclude after 45 minutes that, in Honduras's understanding, it should be read as saying "in the opinion of one of the parties".

In any case, what is really evident in this text, that has been authenticated in four languages, is that the opinion of a procrastinating party cannot foil the search for peaceful solutions by the other party. After the decade of, in the phrase of Mr. Carías, "abnormal" relations, to try to block this suit with split-haired literal interpretation of the Pact goes against the common-sense origin of these legal dispositions, which were designed to avoid hasty, unpremeditated use of other means of pacific settlement involving the use of third parties or organs. Nicaragua has counted to ten years and is still counting.

I believe this preliminary observation was necessary because in reading the nine hours of Honduran transcript, one would think that bilateral negotiation or multilateral negotiations were solutions not given an adequate chance by Nicaragua.

As to bilateral negotiations, our Counter-Memorial explains what came of the last one that took place in Guasaule in May of 1981. No other bilateral agreement has been able to be reached since that time.

The multilateral negotiations will be referred to subsequently in this speech.

As a general observation on this point, I would ask the Court to read carefully the expositions of Mr. Carías and Mr. Hernández Alcerro on the position of Honduras on negotiations. I frankly have not been able to understand, in reading their statements, whether Honduras believed bilateral negotiations were necessary, or whether multilateral negotiations should precede this or what exactly their position is on this point. In any case, to spend so many hours, so many years later, explaining the need for these negotiations to take place before coming to this Court, is a very surprising development.

In his first intervention, Mr. Hernández Alcerro quotes several authors to emphasize the point that the Pact of Bogotá has very complicated mechanisms and conditions that have to be fulfilled in its application and that for this reason it has "not been used for the peaceful settlement of disputes". Is Honduras suggesting that the Pact might have fallen into desuetude because of its lack of application?

Unfortunately, I do not think the Court will have the need to interpret the Pact. The position of Nicaragua is so clearly rooted in the jurisdiction afforded by Article 36 of the Statute of the Court that no further basis is needed. On the other hand, it would have been a good opportunity to clarify whether the Pact is a reasonable and workable document, or if it is so formalistic and riddled with puzzles, as Honduras suggests, that it cannot be realistically used as basis for jurisdiction.

The Agent of the Republic of Honduras, Mr. Carías, made five main points in his opening speech for the second round of arguments. I will try to answer his affirmations in the way he chose to make them.

First, that Nicaragua has suggested that "in essentials, the issues raised in this case have already been decided by the Court in 1984".

This point has already been explained adequately by Professor Pellet. In any case, the Court knows quite well the issues that were involved in the 1984 case and can draw its own conclusions without lecturing from the Parties.

The second point made by Mr. Carías refers to what he calls "the misleading impression given by Nicaragua that Honduras attempted to frustrate Contadora".

Before going further into this point, it should be recalled that it was Honduras who brought Contadora into these hearings and it was necessary to set the record straight.

The only real use Honduras has made of Contadora up to the present time is to invoke its existence in order to avoid the jurisdiction of this Court.

In my opening speech, I recalled the two salient points in the history of Contadora. The production of two proposed documents for the consideration and signature of the Central American Nations. The first one was presented by Contadora in September of 1984, after nearly two years of negotiations. Only Nicaragua accepted it in all its terms.

The second document was produced in June 1986 and, as I have already pointed out, Nicaragua agreed but Honduras replied that it was not satisfied and again refused to sign this new document. This negative reply by Honduras preceded by more than one month the filing of the Application in this case, and was the main reason why Contadora could advance no further. The filing of this Application thus was not the reason why the Contadora "procedure was suspended", as the Honduran Agent affirms. I have also pointed out that this refusal by Honduras was one of the reasons taken into consideration in deciding our coming to this Court.

Mr. Carías has said that the way Nicaragua has presented the issue of Contadora lacks "technical and juridical level". Frankly, I don't see this lack in having pointed out the plain truth that if Contadora was to be mentioned here, it should be recalled who accepted the work of Contadora and who did not accept it. After all, the purpose of Contadora was precisely the preparation of those documents for the agreement of the parties. Besides, and I repeat, Honduras was the one to bring Contadora into these proceedings. The Ministers for Foreign Affairs of the Contadora countries and the Support Group would probably be bemused on learning that finally Honduras has discovered a use for their years of efforts.

A very telling pattern of Honduran behaviour emerges from the following facts. When Nicaragua brought this case, Honduras had already stated that it would not sign the last Contadora Peace Treaty. Nonetheless, after this case was filed, and as can be seen in the Honduran Memorial (I), the excuse given for not accepting the jurisdiction of this Court was that Contadora was in process and that this was the appropriate forum. Of course, at the other side of the Atlantic, Honduras refused further Contadora efforts, saying that this wasn't possible while this case was pending.

The other telling fact that shows the pattern is more recent. As has been recalled, the proceedings in this case were suspended at the request of the Honduran President after the signing of the Esquipulas II Accord. Nicaragua accepted this for the reasons given in my previous exposition, and which are very clearly stated in the diplomatic note sent by the Foreign Minister of Nicaragua to his Honduran counterpart on 23 April of this year. A copy has been provided to the Court.

But what has caused surprise is that it was Honduras who requested that the proceedings in this case be reactivated.

Why? It has surprised even persons close to this affair. The last they had heard of this situation was a couple of weeks earlier when Honduras had called for a meeting of the Security Council and circulated a resolution that in effect pretended to call on Nicaragua to withdraw this case. Presumably, friendly advisers suggested that this resolution was preposterous and that it should be withdrawn. And so it was. But why, then, request the reactivation of what they had so anxiously tried to avoid? Almost as anxiously as they have avoided any verification or inspection in Honduran territory.

The answer was given by the Minister for Foreign Affairs of Honduras. In an open letter published in *La Tribuna* on 3 June of this year, he affirms that Honduras will not continue with the Esquipulas Agreement whilst this case is pending.

In other words, on the other side of the Atlantic Honduras tells its Latin American counterparts that it cannot comply with Esquipulas because of these proceedings.

On the other hand, on this side of the Atlantic and before this Court, Honduras says these proceedings should not go ahead because there is another process that is ongoing and more appropriate, something which stops the Court from continuing this case.

The pattern speaks for itself and calls for no further comment.

At this point, it is perhaps appropriate to refer to the offer made by Nicaragua to Honduras and partially quoted by Mr. Hernández Alcerro in his exposition (see *supra* p. 157).

On 28 March of this year, President Ortega of Nicaragua sent a letter to

President Azcona offering the eventual withdrawal of this Application if certain conditions specified therein were met. A copy of this letter was sent to the Court the following day, that is, 29 March of this year.

To presume to see in this offer an acceptance that the "new declaration" of Honduras was valid, and that therefore the reservations purportedly made were applicable, is simply not true. We could go on at length as to why this offer cannot be interpreted in the fashion suggested by Honduras, but I think the Court can make up its mind very easily on this point. If anything, this offer of Nicaragua highlights the good faith of the efforts of Nicaragua in its dealings with Honduras, and perhaps I should thank Mr. Hernández Alcerro for bringing it to the attention of the Court again.

The third point of Mr. Carías is on the implication of the Sapoá Agreement which he affirms has been deliberately ignored by Nicaragua in these proceedings.

And why not, may one ask?

This agreement is between the constitutional Government of Nicaragua and a group of Nicaraguans identified in that agreement as the "Nicaraguan resistance". It has less of the characteristics of an international agreement than, for example, the legitimate Government of Honduras signing an agreement giving special exploratory rights in parts of its territory to an American company called, for example, "North and Associates".

This agreement shows that those who signed it recognized the Nicaraguan Government as constitutional. For this reason the Honduran suggestion as to their status as "insurgents", and the purported existence of a civil war in Nicaragua, is all the more surprising. In any case, this sheds light on a very peculiar situation. Honduras — after years of protestations that they could not control the *contras* in their territory — finally was able to expel some of them a few weeks ago. Those that were expelled were precisely those that had signed the Sapoá Agreement that Honduras has mentioned in this Court. This telling fact was called to the attention of the Honduran Government in a diplomatic note sent on 9 May of this year and which has been provided to the Court.

I must also point out that the references by the representatives of Honduras to the opinions of their Government as to the way the internal affairs of Nicaragua should be handled, shows a will to intervene in the internal affairs of Nicaragua so strong that even here, in these proceedings, the tip of the iceberg is seen.

The negotiations of the Nicaraguan Government with the *contras* cannot be used to justify the activities of Honduras with relation to this group. Of course, this will be a matter that will appropriately be treated in another phase of these proceedings.

My references to their dealings with the *contras* was made because these hearings cannot be heard completely *in vacuo* . . . in the air, to use the phrase of Mr. Bowett. Thousands of Nicaraguans have died, and the territory of Nicaragua — not that of Honduras — has been ravaged.

In relation to these latest activities of the Government of Honduras vis-à-vis the *contras*, which are attempted to be portrayed as philanthropic, the Secretary General of the Organization of American States sent a letter to Secretary of State Shultz of the United States on 25 April of this year, saying very clearly that deliveries of assistance to the *contras* during the peace process are not congruent with the Sapoá Agreement or the Esquipulas II Accord. Consequently, he expresses his "deep concern about this whole situation". A copy of this letter has been supplied to the Court.

The fourth point made by Mr. Carías is to the effect that Nicaragua has distorted the position of Honduras on verification under the Guatemala Accord.

I think the letter sent by the Minister for Foreign Affairs of Honduras criticizing the "vitiated will" of the members of the Verification Committee set up by Esquipulas II, and which I read verbatim in my opening speech, speaks for itself.

This position, in this letter, of Honduras resulted in the changing of the composition of the members of the Verification Committee. Henceforth, as Honduras points out, it would only consist of the Central American countries without the participation of the Ministers for Foreign Affairs of Contadora and the Support Group, or that of the Secretary-General of the United Nations, or the Secretary General of the Organization of American States.

What Honduras fails to point out, is that in the meeting that resulted in this removal of the non-Central American members of the Verification Committee, the position of Honduras had been that it would withdraw if this change was not made. Nicaragua, in the interest of keeping alive the Esquipulas Accord, agreed to this together with the other participants.

Nicaragua at the time pointed out that this change effectively weakened the Verification Committee in as much as the same countries were not set up as judges and defendants.

If Honduras had not agreed to an inspection *in situ* when the verification committee had important members and witnesses, how then would it agree when it depended exclusively on its own will? Honduras must remember that those meetings are widely attended, and that the records of those meetings cannot be kept secret forever. As a matter of fact, an earlier version of the persistent Honduran efforts to hinder the other process, that of Contadora, can be read in the book published by the former Minister for Foreign Affairs of Panama and which was quoted in our Counter-Memorial **(I)**.

I was very surprised to hear Mr. Carías cite a report of the fact-finding mission of the United Nations to the Bocay area on the border between Nicaragua and Honduras. He goes on to say that the report

> "acknowledged that in the course of the military operations in March, the Nicaraguan forces may have carried out incursions two or three kilometres into Honduran territory".

I do not need to dwell on the detail that the report does not affirm this as a fact.

What is pertinent to recall is that this situation is described in the context of the fourth point of the Agent's speech, that is the one in which he purports to show that Nicaragua has distorted Honduras's position on verification. The surprising thing is that he failed to point out that this precise United Nations mission was also not allowed into Honduran territory. Only Nicaragua opened its doors to this mission.

The fifth and final point made in the opening speech of the Agent of Honduras, Mr. Carías, is that Nicaragua has made baseless speculations on the reasons behind the Honduran "new declaration" of 22 May 1986.

The object of those so called speculations was indicated extensively in my opening speech and I will not go into them again. The main point was that the situation covered by that document is coloured from top to bottom with references to the territory of Honduras.

Evidently this exercise had the further effect of finally forcing Honduras to try to present a case based on the reservation contained in its "new declaration". This aspect will be developed further by Mr. Brownlie.

My only comment at this point is to say that it really is mind-boggling to consider the proposition that the destruction and ravaging of the Nicaraguan territory and the thousands of Nicaraguan deaths could seriously be presented by Mr. Bowett as affecting the Honduran territory.

To finalize my comments on the Agent of Honduras' speech, Mr. Carías, I wish to point out that Nicaragua has never complained of having received delayed information with respect to the Honduran "new declaration" through private channels or that there was a lack of diligence on the part of our Embassy in Tegucigalpa. This is a wholly gratuitous construction of the narration of events given in my opening speech that was meant to highlight the diligence shown by Nicaragua in this affair.

As Mr. Pellet will point out, even if the publication by the Honduran Congress of 22 May 1986 of the edict containing the "new declaration" had become known immediately and Nicaragua placed in an appropriate position in which to consider a reply, a reasonable time had not elapsed — even from this period — to the time of the filing of this Application that occurred two months later on 28 July. I repeat the telling fact already noted, that Honduras took more than one month, after being duly notified of the filing of this Application, to inform the Court that it questions its jurisdiction. This decision is a fairly easy and quick one to take compared with what Nicaragua had to take into consideration in bringing the case before the Court, and which I tried to make visual in my previous intervention.

Mr. Carías pointed out in his opening statement that an important difference between this case and that brought against the United States by Nicaragua is that "the relationship between the obligations of the parties under the Pact of Bogotá . . . an important issue in this case, was not at issue in 1984".

I agree with this statement and hence find the insistence of the Honduran counsel on Nicaragua's position on this point — the Pact of Bogotá — in that case with the United States — where the Pact was not in play — to be simply a smokescreen against the important issues at hand. The reference, and particularly when made by the Honduran counsel, that this is a test of Nicaragua's good faith is simply preposterous.

I have said in my previous intervention that the important thing is to explain clearly what Nicaragua's position is now before the Court, not least because it is the first time Nicaragua is invoking the Pact of Bogotá.

Honduras has at different opportunities questioned the reasons for Nicaragua's withdrawal of an Application it had filed against Costa Rica.

Evidently, the bilateral relations between Nicaragua and Costa Rica are not the object of this case and cannot be explained in any effective manner at this opportunity, even if considerations of time allowed it.

Therefore, the answer given to the Honduran Agent's question is necessarily partial and related to the specific act involved. In effect, it will consist of a single example.

But before going any further it should be emphasized that the fact that the procedure followed by Nicaragua with relation to the cases then pending before this Court was different vis-à-vis Costa Rica and Honduras serves to highlight, if anything, another point and that is that these judicial proceedings were independent of the signing of Esquipulas II.

It should be further noted on this point, before going on to address the question in reference, that the Commission set up by Esquipulas II to verify the compliance of the parties with the agreement, never referred to these cases before the Court as being part of any agreement and hence in need of verification. The attempt by Honduras to portray the agreement of suspension of this case by Presidents Ortega and Azcona as part of Esquipulas really only serves to weigh the good faith of the parties involved.

Coming back to the main point, it should be recalled that shortly before the meeting of Esquipulas II the President of Costa Rica publicly ordered *those contras* then living and operating in Costa Rica that they should stop their participation in armed activities or abandon the country. This order was carried out at the time and several members of the *contra* leadership publicly stopped their illegal activities in compliance with President Arías's orders.

On the other hand, Honduras took no initiatives of a similar nature. Quite the contrary, as has already been pointed out, the only *contras* that have ever been expelled from Honduras were those that signed the Peace Agreement of Sapoá last March, and that has been brought to the attention of the Court precisely by Honduras.

Mr. President, I wish to point out that the relations between Nicaragua and Honduras can be further appreciated in the diplomatic correspondence that has been made available to the Court. This correspondence clarifies those situations which might have been mentioned here and that might not have been addressed adequately for lack of time.

Mr. President, Members of the Court, with this I have concluded my part of our rejoinder. I now ask you to give the floor to Mr. Pellet.

DUPLIQUE DE M. PELLET

CONSEIL DU GOUVERNEMENT DU NICARAGUA

M. PELLET: Monsieur le Président, Messieurs les juges, comme lors du «premier tour» des plaidoiries, je m'efforcerai d'établir successivement, en deux parties tout à fait distinctes, d'abord que la prétendue «nouvelle déclaration» du Honduras n'est pas opposable au Nicaragua, ensuite, et après l'intervention de M. Brownlie, que vous ne sauriez au surplus accueillir les exceptions d'irrecevabilité que la partie hondurienne prétend tirer des articles II et IV du pacte de Bogotá. Sans répéter ce qui a été traité dans le contre-mémoire du Nicaragua — dont celui-ci maintient intégralement l'argumentation — sans répéter non plus ce qui a été dit dans nos précédentes plaidoiries, je me bornerai à réfuter aussi brièvement que possible l'argumentation du Honduras sur chacun de ces points.

I. LA «NOUVELLE DÉCLARATION» DU HONDURAS N'EST PAS OPPOSABLE AU NICARAGUA

1. Comme elle l'a rappelé dans l'affaire relative à l'*Application de la convention de 1902 pour régler la tutelle des mineurs*, la Cour

   «reste libre dans le choix des motifs sur lesquels elle fondera son arrêt et n'est pas tenue d'examiner toutes les considérations présentées par les Parties, si d'autres lui paraissent suffisantes à cette fin» (*C.I.J. Recueil 1958*, p. 62).

Ce principe de l'économie des moyens nous conduit à penser, contrairement à ce qui paraît être l'opinion de M. Bowett, qu'il n'est probablement pas utile de discuter à perte de vue sur la question de savoir si, dans l'abstrait, un Etat peut ou non dénoncer sa déclaration facultative lorsque celle-ci est faite sans limitation de durée. C'est un cas concret sur lequel vous êtes appelés à vous prononcer. Il suffit bien plutôt de constater qu'en la présente espèce la «nouvelle déclaration» du Honduras n'est pas opposable au Nicaragua du fait, d'une part, de la position prise par le Honduras en 1974 quant à la portée des déclarations faites sans limitation de durée et que, d'autre part, en tout état de cause, un «délai raisonnable» ne s'est pas écoulé entre la formulation de cette «nouvelle déclaration» — quelle qu'en soit la date, j'y reviendrai — et le dépôt de la requête.

Etant donné que le Honduras n'est pas revenu, en plaidoirie, sur le premier point, c'est-à-dire sur l'idée qu'il a interprété, de façon très claire, ce qu'il entendait par déclaration de durée indéterminée, je ne pense pas utile d'y revenir en je me permets simplement de renvoyer à mon exposé de vendredi dernier (ci-dessus p. 125 et suiv.).

Dès lors, le seul problème auquel je m'attacherai est celui du «delai raisonnable».

Selon mon contradicteur, il n'existe pas de règle imposant un tel délai avant l'entrée en vigueur de la modification ou du retrait d'une déclaration faite pour une durée indéterminée. Pour l'affirmer M. Bowett se fonde sur trois considérations:

— les précédents seraient en sens contraire;
— cette règle n'aurait aucun fondement;
— et, en tout état de cause, le délai aurait commencé à courir à compter du 6 juin 1986.

Je reprendrai ces trois propositions mais dans un ordre différent et en m'interrogeant d'abord sur:

A. Le fondement de l'exigence d'un délai raisonnable

2. Selon M. Bowett, l'exigence d'un délai raisonnable ne saurait trouver son fondement dans le Statut de la Cour car «States can dispense with any such obligation by express reservation» (ci-dessus p. 153). C'est une vue bien singulière. Certes, les Etats peuvent se réserver le droit de modifier ou de mettre fin à leur déclaration avec effet immédiat et vingt-sept des quarante-cinq Etats parties au système de la clause facultative se sont, en effet, réservé ce droit. Mais *a contrario*, il en résulte que si la déclaration des Etats qui ont accepté la juridiction obligatoire de la Cour est muette, ils admettent, implicitement mais nécessairement, qu'ils ne bénéficient pas d'une telle possibilité. Du reste, cette conclusion est seule compatible avec le texte du paragraphe 3 de l'article 36 du Statut qui opère une distinction entre les déclaration «faites purement et simplement» et celles qui sont prévues «pour un délai déterminé». Si les premières peuvent être modifiées ou dénoncées avec effet immédiat et sans condition, que reste-t-il de la distinction? En quoi les autres se singularisent-elles?

3. Revenant à une idée qui lui est chère, M. Bowett s'en prend en second lieu à l'analogie avec le droit des traités qui constitue en effet l'un des motifs, parmi d'autres, permettant au Nicaragua d'affirmer l'exigence d'un délai raisonnable.

Entre les deux tours de plaidoirie, la thèse hondurienne a cependant évolué sur ce point. Lundi 6 juin, le lien consensuel créé par les déclarations faites en vertu de l'article 36, paragraphe 2, ne se réalisait qu'au moment du dépôt de la requête (ci-dessus p. 21); le 13 juin, M. Bowett affirme «States make a bond or *lien* vis-à-vis the Court» (ci-dessus p. 152). La Cour pourtant, que je sache, n'est pas partie au système de la clause facultative et, je l'ai rappelé la semaine dernière, sa jurisprudence constante est bien que les déclarations des Etats constituent un réseau de relations contractuelles non pas entre eux et la Cour, mais entre Etats (ci-dessus p. 127). Telle est aussi la position de la doctrine la plus autorisée et, par exemple, de sir Gerald Fitzmaurice (*British Year Book of International Law*, 1957, p. 230-232), de sir Humphrey Waldock (*The Development of International Law by the International Court*, 1958, p. 345-346) ou de Charles De Visscher (*Problèmes d'interprétation judiciaire en droit international public*, 1968, p. 199).

Et l'on ne voit pas du tout en quoi, si ces déclarations «created a consensual bond at the outset, when initially made, this would eliminate the right of a State to reserve the power to terminate or modify at will» (ci-dessus p. 153). Faut-il le redire? Ces déclarations engagent les Etats, dans la limite de ce qui y est déclaré; exactement de la même manière qu'un traité lie les parties pour, et seulement pour, ce qui y est fixé et celles-ci peuvent, si elles le souhaitent, se réserver le droit de dénoncer le traité comme elles l'entendent, éventuellement avec effet immédiat.

4. Du reste, tel est bien l'esprit même de la clause facultative. Les Etats ne sont engagés en rien *ipso facto*, du fait qu'ils deviennent parties du Statut, mais

une fois effectuée la déclaration de l'article 36, paragraphe 2, l'«effet potentiel» de cette disposition — pour reprendre les termes dont s'est servie la Cour dans son arrêt du 26 novembre 1984 (*C.I.J. Recueil 1984*, p. 404) — se trouve réalisé. L'Etat est lié par son engagement, auquel l'article 36 confère une valeur contractuelle — et il doit le respecter de bonne foi.

5. Il est tout à fait exact que la bonne foi n'existe pas *in vacuo*, ne crée pas d'obligations, par elle-même, «en l'air» (ci-dessus p. 152). En revanche, elle constitue un principe fondamental d'interprétation et même, comme le rappelle l'article 31, paragraphe 1, de la convention de Vienne de 1961, *la* règle générale d'interprétation.

Ici, l'obligation naît de la déclaration elle-même: l'Etat s'engage à se soumettre à la Cour dans les limites de celle-ci. C'est à ce stade que joue le principe de bonne foi: une déclaration faite pour une durée indéterminée ne peut être interprétée de la même manière qu'une déclaration de durée définie ou modifiable à tout moment. Ce n'est ni cohérent, ni conforme à l'esprit même du système de la clause facultative — dont je redirai à nouveau un mot tout à l'heure.

6. D'autant plus que M. Bowett feint d'oublier qu'une obligation internationale peut trouver son fondement en dehors d'un traité et, en particulier, dans «une pratique générale acceptée comme étant le droit». D'où l'intérêt d'étudier les précédents. C'est pourquoi j'en viens maintenant, Monsieur le Président, à l'examen de la pratique internationale.

B. *La pratique internationale*

7. Le conseil du Honduras étudie les rares précédents dont il dispose, exclusivement en relation avec la question plus large de l'interdiction de modifier ou de retirer une déclaration faite pour une durée indéterminée. Pour les raisons que j'ai mentionnées tout à l'heure, je relierai cette étude des précédents au problème plus précis du préavis raisonnable.

8. Quels précédents? M. Bowett est évidemment un peu à court. A toutes fins utiles, il annexe d'abord l'épisode colombien de 1936 (ci-dessus p. 151). Il suffit à cet égard de se reporter aux termes de la lettre de la Colombie au Secrétaire général de la Société des Nations, lettre en date du 27 août 1938 (*C.P.J.I. série E n° 13, 1936-1937*, p. 276-277) pour constater que «le texte de la déclaration de 1932 n'exprimait pas la volonté véritable de l'Etat déclarant et que la modification annoncée fut acceptée par tous comme la simple et incontestable correction d'une erreur de forme», ainsi que l'avait déjà rappelé devant cette Cour, le 9 octobre 1984, mon éminent ami M. Brownlie, dans l'affaire des *Activités militaires et paramilitaires au Nicaragua et contre celui-ci* (audience publique du 9 octobre 1984, section «The Note of 6 April 1984 Cannot Modify or Terminate the United States Declaration of 1946», par. 2, A).

9. En ce qui concerne le Paraguay, il suffit, là encore, de lire la lettre que ce pays a fait parvenir au Secrétaire général de la Société des Nations, le 27 mai 1938, lettre qui reproduit le décret du 26 avril sur lequel son soi-disant retrait était fondé (*C.P.J.I. série E n° 14*, p. 51), pour vérifier que ce pays a bien invoqué un changement fondamental de circonstances pour justifier son geste.

Mais il y a beaucoup plus intéressant. Selon M. Bowett: «this unilateral termination was, in due course, recognized as effective and valid» (ci-dessus p. 152). «In due course»? Le temps, en effet, a fait son œuvre, mais seulement en 1959... Ce n'est en effet qu'à partir de l'édition de l'*Annuaire* de la Cour de 1959-1960 que le Paraguay a disparu de la liste des Etats liés par une déclaration facultative. Le délai raisonnable, ici, a duré vingt et un ans!

10. Pour ce qui est de l'attitude d'El Salvador, M. Bowett réinterprète hardiment les motifs des protestations honduriennes (ci-dessus p. 152) et avance des considérations fort différentes de celles qu'a fait valoir le Honduras dans sa lettre du 21 juin 1974 (reproduite dans S. Rosenne, *Documents on the ICJ*, 1979, p. 361-364). Mais admettons encore. Le conseil du Honduras n'en néglige pas moins trois éléments fondamentaux:

   i) Comme j'ai essayé de le montrer la semaine dernière (ci-dessus p. 134), le Honduras est bel et bien lié par l'interprétation qu'il a lui-même donnée de la portée des déclarations faites sans limitation de durée. Il a affirmé alors, avec beaucoup de vigueur, que de telles déclarations ne pouvaient être modifiées à bien plaire avec effet immédiat; cela — qui était fondé sur des considérations juridiques de nature très générale — est opposable à ce pays, aujourd'hui comme hier.
  ii) D'autant plus, et c'est le second point, qu'il n'est pas exact que le fait que les deux Etats aient, par la suite, recherché une médiation pour résoudre leur différend prouve, en quoi que ce soit, que le Honduras aurait reconnu la validité de la nouvelle déclaration salvadorienne: le principe du libre choix des moyens de règlement pacifique des différends, posé notamment à l'article 33 de la Charte des Nations Unies, suffit à écarter une telle conclusion et, conformément à la jurisprudence constante de la Cour, aucun de ces modes n'a, en règle générale, de priorité par rapport à n'importe quel autre (voir *C.I.J. Recueil 1978*, p. 12; *C.I.J. Recueil 1980*, p. 23; *C.I.J. Recueil 1984*, p. 433 et suiv.).
 iii) et puis, et c'est mon troisième point, de toute manière, «une hirondelle ne fait décidément pas le printemps», et ce n'est pas à M. Bowett, je pense, que j'apprendrai qu'un précédent ne crée pas une coutume. Surtout, lorsqu'il a fait l'objet d'une protestation de la part du principal Etat intéressé qu'était alors le Honduras.

11. Reste alors le cas, justement, du Honduras en 1986. Selon M. Bowett, seul le Nicaragua a protesté contre la «nouvelle déclaration» qu'entend faire ce pays (ci-dessus p. 152). Certes, mais, ici encore, l'Etat objectant était le plus directement intéressé et, surtout, il a objecté très rapidement, en déposant la présente requête avant même que la notification de la «nouvelle déclaration» ne soit donnée par le Secrétaire général des Nations Unies aux Etats parties au Statut. Donc, matériellement, ceux-ci ne pouvaient pas raisonnablement faire preuve de davantage de diligence et, une fois la Cour saisie, une réaction n'avait plus aucune espèce de sens: la haute juridiction était saisie; elle dira le droit.

12. Avant de tirer les conséquences de cette revue des précédents trompeurs sur lesquels s'appuie le Honduras, il convient, Monsieur le Président, de remarquer que la Partie adverse néglige le fait que la pratique, dont est faite la coutume, est également constituée par les abstentions d'agir de la part des Etats. Or il est remarquable que, en dehors de ces soi-disant précédents, tous les autres Etats ayant fait des déclarations pour des durées indéterminées se sont abstenus de les dénoncer. Et, à l'inverse, le fait que vingt-sept Etats se soient au contraire réservé le droit de retirer ou de modifier leur déclaration avec effet immédiat, en dépit du fameux «déclin de la clause facultative», montre bien qu'il ne s'agit pas là, en aucune manière, d'un droit inhérent.

13. Ainsi, Monsieur le Président, se trouve établi qu'il n'existe aucun droit de dénonciation ou de modification avec effet immédiat et que, à l'inverse, un tel droit est exlu si les Etats ne se le sont pas réservé. Cette règle, contrairement à ce qu'a soutenu M. Bowett, trouve sa source aussi bien dans le Statut

(au moins, par implication, dans l'article 36, paragraphe 3), que dans l'esprit du système de la clause facultative et dans la coutume issue de la pratique des Etats.

14. Il est vrai que, saisissant au vol une idée que nous lui avions soufflée, le Honduras affirme, à titre subsidiaire et, semble-t-il, à tout hasard, que la substitution d'une «nouvelle déclaration» à celle qu'il avait faite en 1960 serait justifiée par un changement fondamental de circonstances (ci-dessus p. 151). La Cour ne pourra certainement pas s'arrêter à ce nouvel argument, si c'en est un.

En premier lieu, l'existence d'un changement de circonstances doit être appréciée eu égard à l'objet même des dispositions que l'on entend neutraliser en se fondant sur la clause *rebus*. Or qu'en est-il ici? Au nom d'un changement de circonstances, dont il se garde de préciser la consistance, le Honduras tente de s'affranchir de l'obligation, qu'il a librement acceptée, de se soumettre à la juridiction de la Cour. Or,

i) d'abord, on voit mal, eu égard à cet objet précis, ce qui a changé par rapport à 1960. Si ce n'est, peut-être, qu'à cette date le Honduras était assuré de gagner son procès contre le Nicaragua à propos de la *Sentence arbitrale rendue par le roi d'Espagne le 23 décembre 1906*, alors qu'il sait aujourd'hui que les actes contraires au droit international qu'il commet à l'encontre de ce même pays seront inévitablement censurés par la haute juridiction;
ii) plus sérieusement, le Honduras oublie que, conformément à la jurisprudence de la Cour — qui l'a affirmé notamment dans ses arrêts du 2 février 1973 (*C.I.J. Recueil 1973*, p. 20 et 65) et du 24 mai 1980 (*C.I.J. Recueil 1980*, p. 28) — les clauses de juridiction sont particulièrement résistantes aux changements et ont, et doivent avoir, une stabilité particulière.

En second lieu, comme l'admet M. Bowett, le droit international impose des conditions strictes à l'invocation d'un changement fondamental de circonstances (ci-dessus p. 152). Ces conditions ne sont pas seulement de fond. Et elles sont, pour ce qui nous intéresse, particulièrement intéressantes et pertinentes en matière de délais, codifiées par les articles 65 et 66 de la convention de Vienne de 1969, ces exigences de forme et de délai sont, comme l'a rappelé la Cour dans ses arrêts de 1973 relatifs à la *Compétence en matière de pêcheries*, les indispensables compléments procéduraux de la doctrine du changement de circonstances (*C.I.J. Recueil 1973*, p. 21 et 65). Or quels sont ces délais? Selon l'article 65, paragraphe 2, notification doit être donnée trois mois à l'avance par l'Etat qui entend se prévaloir d'un changement de circonstances et, de plus, si cette notification a soulevé une objection, les Etats disposent d'un délai complémentaire de douze mois pour se mettre d'accord, ceci en vertu de l'article 66 de la convention.

Ici encore, le Nicaragua ne prétend pas que le droit des traités est applicable en tant que tel, mais il ne lui paraît pas douteux que le principe même d'une notification préalable dans un délai raisonnable est imposé par le droit international général et vaut, au moins par analogie, en ce qui concerne les déclarations d'acceptation de la juridiction obligatoire de la Cour. Ces constatations, Monsieur le Président, conduisent à s'interroger, pour terminer, sur le point de départ de ce délai.

C. *Le point de départ du délai*

15. En ce qui concerne le point de départ du délai, le Honduras ne conteste pas que le Secrétaire général de l'Organisation des Nations Unies a notifié sa

«nouvelle déclaration» aux Etats parties au Statut le 29 juillet 1986. Cela est du reste attesté par le document de transmission portant cette date, que le Nicaragua a versé au dossier lundi dernier. La requête a donc été déposée la veille de cette notification et, vraisemblablement, plusieurs jours avant sa réception par le Nicaragua, si bien qu'en fait le problème du délai ne se pose pas.

16. Il est vrai que M. Bowett affirme que la date critique — «the critical date» — est celle de la notification effectuée non pas *par* le Secrétaire général aux Etats parties au Statut mais par l'Etat qui modifie ou dénonce sa déclaration *au* Secrétaire général (ci-dessus p. 153).

C'est là, Monsieur le Président, une théorie fondée sur une fausse symétrie. S'il est exact qu'une déclaration facultative engage son auteur à la date à laquelle il la notifie, le contraire par contre ne saurait être exact. C'est que, en faisant une déclaration, l'Etat s'impose des obligations et, corrélativement, il confère des droits, il œuvre des possibilités, aux autres Etats ayant accepté la même obligation. Mais, en modifiant ou en retirant sa déclaration, l'Etat prive au contraire les autres parties au système de la clause facultative de certains droits et il s'affranchit de ses propres obligations. En admettant même qu'il puisse le faire, il ne saurait évidemment le faire subrepticement; il y a là toute la différence qui sépare ce que la doctrine francophone appelle souvent les actes «autonormateurs» — les actes par lesquels les Etats s'imposent des obligations à eux-mêmes —, d'une part, et les actes «hétéronormateurs», par lesquels ils entendent limiter les droits des autres Etats, d'autre part.

De plus, l'Etat qui retire ou qui modifie sa déclaration agit dans un esprit tout différent de celui qui la fait. Comme l'a dit la Cour,

> «toute déclaration de ce genre constitue un certain progrès dans la voie de l'extension à l'ensemble du monde du système de règlement judiciaire obligatoire des différends internationaux» (affaire des *Activités militaires et paramilitaires au Nicaragua et contre celui-ci (Nicaragua c. Etats-Unis d'Amérique), C.I.J. Recueil 1984*, p. 407).

Mais, à l'inverse, le retrait d'une déclaration constitue au contraire une régression et on ne saurait appliquer aux deux actes les mêmes règles.

17. Bien sûr, selon le Honduras, le Nicaragua connaissait la modification que lui-même se proposait d'apporter à sa déclaration (ci-dessus p. 153). A cela, je crois qu'il suffit de répondre par deux remarques:

i) D'abord, le Nicaragua aurait connu — ou aurait dû connaître — les projets honduriens? Mais on voit mal pourquoi une connaissance fortuite, hasardeuse, incertaine, créerait une opposabilité quelconque dans le cas du retrait d'une déclaration, alors même que rien de semblable ne se produirait s'agissant des déclarations par lesquelles les Etats acceptent la juridiction obligatoire de la Cour — ce que, à vrai dire, le Honduras ne prétend pas puisque la «date critique», rappelle M. Bowett, est, de toute manière, dans ce cas, quelque connaissance que les Etats aient pu avoir, purement formelle, c'est celle de la notification.

ii) Une seconde et dernière remarque. Et surtout: que savait le Nicaragua? Essentiellement — et cela depuis le 30 juin, date de la notification du secrétaire général de l'Organisation des Etats américains — que le Honduras voulait modifier son «acceptation» de la compétence de la Cour en vertu de l'article XXXI du pacte de Bogotá — modification évidemment exclue en droit. Savait-il aussi que le Gouvernement hondurien entendait revenir sur sa déclaration facultative en vertu de l'article 36, paragraphe 2? Les choses, c'est le moins que l'on puisse dire, n'étaient pas absolument limpides, et la confusion maintenue devant la Cour elle-même jusqu'à tout récemment, le montre surabondamment.

18. Et quand bien même... Quand bien même le délai raisonnable aurait couru depuis le 6 juin 1986 ? Il n'aurait certainement pas expiré le 28 juillet — cinquante-deux jours plus tard ! Il n'aurait pas davantage expiré s'il avait pris naissance le 22 mai, comme l'a signalé tout à l'heure M. Argüello Gómez.

Tout, Monsieur le Président, interdit de le penser:
— les vingt et un ans qui ont été nécessaires pour que, dans le cas du Paraguay, le temps ait fait son œuvre;
— le délai d'un an que le droit des traités impose à un Etat pour pouvoir se dégager des obligations conventionnelles liées à un traité conclu sans limitation de durée, et cela quand bien même cette possibilité pourrait être déduite «de la nature du traité»;
— le temps de réflexion que je viens d'invoquer, imposé dans le domaine du changement fondamental de circonstances;
— les sept mois qu'a mis le Honduras à réagir en 1973-1974, face à la nouvelle déclaration faite par El Salvador;
— et puis d'une manière plus générale tout ce que l'on pourrait appeler ces «délais d'inertie» matériellement inévitables, qui interdisent dans des cas de ce genre une réaction immédiate, instantanée et dont la présente espèce fournit maints exemples dont certains ont été cités jeudi dernier par l'agent du Nicaragua (ci-dessus p. 78) ou, par moi-même, vendredi (ci-dessus p. 134).

Il n'est nul besoin de raisonnements compliqués: la «nouvelle déclaration» du Honduras n'est pas opposable au Nicaragua, tout simplement parce que, en vertu de la déclaration précédente, celle de 1960, celui-ci, je veux dire le Nicaragua, celui-ci avait un droit: celui de porter devant la Cour les litiges l'opposant à son voisin du Nord. Lorsqu'il a eu vent des manœuvres de ce dernier pour échapper à votre haute juridiction, le Nicaragua a fait toute diligence pour saisir la Cour. Il l'a fait non seulement dans un délai raisonnable, mais, de l'avis du Nicaragua, il l'a fait avant même que ce délai commence à courir puisque le bon sens comme le droit interdisent évidemment de considérer que le *dies ad quem* précède le *dies a quo*.

J'en ai terminé, Monsieur le Président, Messieurs le juges, avec ce premier exposé.

Si vous le voulez bien, Monsieur le Président, M. Brownlie prendra maintenant la parole pour en terminer avec l'argumentation du Honduras concernant la «nouvelle déclaration» du Honduras. Ce n'est qu'ensuite que j'introduirai l'examen des questions liées au second fondement de la compétence de la Cour, c'est-à-dire le pacte de Bogotá.

REJOINDER OF MR. BROWNLIE
COUNSEL FOR THE GOVERNMENT OF NICARAGUA

Mr. BROWNLIE: Mr. President, Members of the Court, may it please the Court.

My task is twofold. In the first place I shall deal with Mr. Bowett's assertions concerning the "armed conflicts" reservation of Honduras. Secondly, I shall make some critical observations relating to the constructions placed upon the Sapoá Agreement by Mr. Carías in his speech on Monday afternoon.

THE "ARMED CONFLICTS" RESERVATION: THE ABSENCE OF AN ARMED CONFLICT BETWEEN HONDURAS AND NICARAGUA

My first topic, then, is the "armed conflicts" reservation contained in the Honduran declaration of 22 May 1986, a declaration the validity of which is itself in question. The Memorial of Honduras (**I**, p. 56) and counsel for Honduras in the present proceedings would have the Court believe that the relevance and application of this reservation is a matter of extreme simplicity.

And yet, Mr. President, it was only at the third stage of argument, *ex post facto* the Memorial and the first round of oral argument, that Mr. Bowett offered the view that what is involved is an "armed conflict . . . within Nicaragua" (p. 154, *supra*). So it was not so simple after all, and counsel for Honduras has, by shifting his ground completely, conceded that there is no "armed conflict", and no "acts of a similar nature" within the meaning of the reservation, as between Honduras and Nicaragua.

This concession is to be welcomed but the complete change of ground suggests that the Honduran delegation has been reluctant to give this issue serious examination.

THE NEW ARGUMENT OF HONDURAS: IS THERE AN "ARMED CONFLICT . . . WITHIN NICARAGUA"?

I now move on to the new argument of Honduras. Mr. Bowett has said that the "armed conflict in the reservation is not identified as one between Honduras and Nicaragua". In his words: "The relevant armed conflict is in fact one within Nicaragua" (p. 154, *supra*).

As with his first argument there is a complete absence of further and better particulars and it is my submission that, as in the case of the first argument, Honduras has failed to validate, to place in issue, the reservation in relation to the Rules of Court and the normal principles of proof.

HONDURAN ATTITUDE TO THE BURDEN OF PROOF AND DOCUMENTATION

At this point, Mr. President, as counsel for Nicaragua I am forced once again to express disquiet in face of the cavalier approach toward the questions of evidence and the burden of proof adopted on behalf of Honduras. What is in issue is the application of a reservation which is invoked as the basis for a limitation on this Court's jurisdiction. This process involves both a technical issue — the construction of the terms of the reservation — and a delicate factual question.

The facts and the construction selected have to be matched, their relation demonstrated.

Moreover, the idea that the burden of proof is distributed, so to speak, is facile. That result must depend upon the nature of the issues and the mode of pleadings, as in the *Temple of Preah Vihear, Merits*, case (*I.C.J. Reports 1962*, pp. 15-16), where these matters are considered. Such a result is not automatic and is totally inappropriate in a case such as the present.

My friend Mr. Bowett even asserts (p. 154, *supra*) that prima facie there is an absence of jurisdiction in the present case. This is bold indeed when counsel has already radically changed the basis of his argument that the reservation is applicable.

In this case Mr. Bowett has managed to develop a whole new model of pleading: it is the jurisprudence of cheerful assertion. He did not wish to go through the documents to support his "assertions" *(ibid.)* — his word, Mr. President, it is in the record. Out of a solicitude for the Court he preferred to "simply refer the Court, once again, to the detailed listing of border incidents which Honduras filed with its Memorial" *(ibid.)*. There is no attempt to explain what, if any, connection there might be between his new argument and the "border incidents", and I can assure you that none will be found in the Annexes to the Memorial of Honduras.

Mr. Bowett, on Monday, offered an entirely new and very seductive approach to litigation. On Monday afternoon here we were, Judges and counsel alike, toiling in the late afternoon in the legal vineyards. Suddenly we hear the distracting sound of flourishes on a flute. There is a figure on the highway offering comfort and physic to the toilers. Incredibly, it turns out to be my friend Mr. Bowett preaching new legal freedoms.

The toilers have problems with the burdens of proof? No matter, lay the burdens down or, even better, distribute them equally.

The toilers are faced with problems of documentation? It really does not matter, it can be taken as read.

Thus, Mr. Bowett preaches a new doctrine of forensic anarchism.

Mr. President, this type of pleading simply will not do, and it is patronising to the Court and patronising to the applicant State.

The construction of the Honduran declaration is a matter involving issues of real legal significance and factual questions of importance and great political delicacy.

It is not as though the other side has had no opportunity to read the documents or to explain to the Court why the documents support whichever argument they espouse at a particular juncture in these pleadings.

The Contents of the Annexes to the Memorial of Honduras
Contradict the New Argument of Honduras

In his second round speech Mr. Bowett supported his thesis that there is an armed conflict "within Nicaragua" by a reference to what he described as "the detailed listing of border incidents which Honduras filed with its Memorial" (p. 154, *supra*).

The reference appears to be to Annexes 48 to 51 inclusive of the Memorial.

Mr. President, Members of the Court, the contents of these documents do not provide any support whatsoever to Mr. Bowett's thesis in the second round.

Annex 48 presents a "chronology of incidents with the Republic of Nicaragua". I pick out a page at random, it is page 260 **(I)**.

There are columns giving dates, the identification of incidents and the place.

	Date	Incident	Place
(113)	05.03.83	Harassment of a patrol	Cayambuco
(114)	20.03.82	Kidnapping of four Hondurans and their two "pangas" (small boats)	Punta Condega
(115)	20.02.83	Harassment of border posts	Palo Verde
(116)	27.03.83	Violation of national territory and theft of livestock	El Pilon
(117)	11.04.83	Violation of airspace	Madrigales
(118)	12.04.83	Violation of national territory, kidnapping and murder of a minor and theft of livestock	La Bruja sector
(119)	12.04.83	Violation of national territory and theft of livestock	"7 de Mayo"
(120)	14.04.83	Violation of territorial waters, attack against Honduran fishermen and hijacking of the boat *Dayana G*	Near Cayos Bobel and Media Luna
(121)	17.04.83	Violation of territorial waters and harassment of patrols	Ampala sector
(122)	19.04.83	Mortar and machine gun fire	Palo Verde and San Benito
(123)	19.04.83	Violation of airspace	Madrigales sector
(124)	19.04.83	Provocation of Honduran fishermen, violation of territorial waters	
(125)	22.04.83	Violation of national territory, harassment of peasants	Tierra Colorada
(126)	23.04.83	Violation of national territory	Cacausca and Minis de Cacambuya
(127)	09.05.83	Violation of airspace	Cifuentes sector
(128)	10.05.83	Violation of airspace	Cifuentes sector

And, Mr. President, I point out that there are another 9 pages of similar material in the same annex.

I move on to Annex 49. This consists of two diplomatic notes from the Foreign Minister of Honduras to the Foreign Minister of Nicaragua which form part of an exchange of notes relating to the shooting down of a helicopter. There is no reference, either expressly or implicitly, to any conflict within Nicaragua.

Annex 50 consists of a protest note which is exclusively concerned with allegations of the circumstances of a border incident.

Annex 51 is a composite item also containing material exclusively relating to border incidents and completely unconnected with any conflict within Nicaragua.

Mr. President, these are the documents correctly identified by counsel for Honduras as relating to "border incidents".

They do not contain even a minimum of evidence to support the thesis that there is an armed conflict within Nicaragua. They do not make out a prima facie case for the application of the Honduran reservation and, in my submission, Honduras has failed to place its preliminary objection in issue, since there is no link between the new thesis of Honduras and the documentary evidence.

The Criteria for Identifying an Armed Conflict and the New Honduran Thesis

I turn next to an examination of the new Honduran thesis in terms of the criteria which reflect generally accepted standards in these matters. In my submission, the phrase "armed conflicts" has a strong presumptive meaning, according to which the conflict is between States or between entities recognized as belligerents.

There is no evidence, as we shall see, that Honduras recognized the existence of any kind of civil war or armed conflict "within Nicaragua" prior to the opening of the written pleadings in this case.

It is particularly striking that the reservation of Honduras avoids the terminology of civil strife, civil war, internal conflict and so forth. And yet it would have been very easy to include just such terms. All the circumstances, including the background of the reservation described by the Agent of Nicaragua in his first speech, indicate that the intention behind the reservation did not extend to the circumstances of a civil war in a neighbouring State. Such a reservation would be eccentric in any case.

The Construction of the Preliminary Objection and the New Thesis of Honduras

The application of general criteria or indicia to the phrases "armed conflicts" or "acts of a similar nature" in the reservation which forms the basis of the Honduran preliminary objection, is only one of several possible approaches to the construction of its terms.

There is another approach which hinges upon the identification of different key words.

If I can reiterate the wording of the reservation:

> "disputes relating to facts or situations originating in armed conflicts or acts of a similar nature which may affect the territory of the Republic of Honduras, and in which it may find itself involved directly or indirectly".

A reasonable approach from a legal point of view would be to focus upon the phrases "disputes" and "originating in". Thus the main clause becomes "disputes relating to facts or situations originating in armed conflicts or acts of a similar nature".

In my submission, the term "dispute" is obviously a technical term referring to the *lis*, the legal claim and its denial. Furthermore, in terms of the claims of Nicaragua as appropriately concretized and refined in the form of causes of action set forth in the Application, the key question is thus whether the precise issues of State responsibility necessarily depend on the existence or allegation of the existence of an armed conflict or acts of a similar nature within Nicaragua. After all, the legal criterion is whether the dispute originates in "armed conflicts" or "acts of a similar nature" and this criterion should be applied in terms of the particular causes of action employed in the Application. When the Application is examined it will be seen that not a single one of the causes of action invoked by Nicaragua depends to any degree upon the existence of an armed conflict within Nicaragua.

The existence of armed bands operating from foreign territory or receiving assistance from abroad is not a necessary concomitant of an armed conflict.

Of course, the main clause in the Honduran reservation is qualified by the subordinate clauses as follows: "which may affect the territory of the Republic of Honduras and in which it may find itself involved either directly or indirectly".

The second of these qualifying clauses — the reference to direct or indirect involvement — is reasonably straightforward. It adds nothing to the core principle and the double formulation simply refers to the need for a single element of causation. By way of analogy, in the law of State responsibility, it is probable that very few modern lawyers would now consider the distinction between direct and indirect damage to be significant either in doctrinal or in practical terms.

Leaving that clause aside, the present focus of my attention is the condition contained in the words "which may affect the territory of the Republic of Honduras".

The effect of this must be to place some restriction upon the main part of the reservation. The term "affect" in the English language has the definite connotation of physically impinging upon, an overlapping with or trespassing upon.

Hence, once again, the criterion must be: whether the causes of action relied upon by Nicaragua involve facts or situations which "may affect the territory of the Republic of Honduras". In my submission they do not. Rather the reverse, since the facts and situations giving rise to the Application and the relevant bases of claim involve actions in relation to which the territory of the Republic of Nicaragua is the target. Thus the territory of Honduras is not in any way "affected". It would, Mr. President, be a strange use of language to say that if an armed band uses my house as a base of operations against your household, this attack could be said to "affect" my house.

In concluding my examination of the ways in which the reservation of Honduras could be interpreted and applied, I would make two observations.

First, in view of the procedural qualities of the preliminary objection, any grey area, any residual difficulties of construction which may persist, should be construed in favour of the applicant State.

Second, an examination of the new thesis of Honduras inevitably involves the Court in characterizing the internal political situation of the applicant State, and this in a context in which the key issues of fact have not been placed before the Court except in relation to the special question of the application of a reservation in a declaration, the validity of which is itself seriously in question. In such a context no doubt the Court would be inclined to proceed with considerable caution.

Mr. President, I now turn to another part of my argument, which is a development of the reference in my first speech to the conduct of Honduras (pp. 117-118, *supra*).

THE RESERVATION OF HONDURAS IS NOT OPPOSABLE TO NICARAGUA IN
RELATION TO THE PERIOD PRIOR TO THE FILING OF THE MEMORIAL OF
HONDURAS ON 23 FEBRUARY 1987

It is my submission that prior to the filing of its Memorial in the present proceedings on 23 February 1987 the Government of Honduras had by its consistent attitude and unequivocal conduct adopted the position that there was no armed conflict, either between itself and Nicaragua or within Nicaragua.

And, in consequence, for present purposes the reservation of Honduras is not opposable to Nicaragua, at least in relation to acts or situations prior to the filing of the Honduran Memorial. The principles on which I rely are those of recognition and consistency.

In the case concerning the *Temple of Preah Vihear (Cambodia v. Thailand), Merits (I.C.J. Reports 1962*, p. 6), considerable reliance was placed by the Court on the conduct of Thailand. The Court stated the principle in the following passages:

> "It has been contended on behalf of Thailand that this communication of the maps by the French authorities was, so to speak *ex parte*, and that no formal acknowledgement of it was either requested of, or given by, Thailand. In fact, as will be seen presently, an acknowledgement by conduct was undoubtedly made in a very definite way; but even if it were otherwise, it is clear that the circumstances were such as called for some reaction, within a reasonable period, on the part of the Siamese authorities, if they wished to disagree with the map or had any serious question to raise in regard to it. They did not do so, either then or for many years, and thereby must be held to have acquiesced. *Qui tacet consentire videtur si loqui debuisset ac potuisset.*" (*Ibid.*, p. 23.)

And again, another passage:

> "The Court however considers that Thailand in 1908-09 did accept the Annex 1 map as representing the outcome of the work of delimitation, and hence recognized the line on that map as being the frontier line, the effect of which is to situate Preah Vihear in Cambodian territory. The Court considers further that, looked at as a whole, Thailand's subsequent conduct confirms and bears out her original acceptance, and that Thailand's acts on the ground do not suffice to negative this. Both Parties, by their conduct, recognized the line and thereby in effect agreed to regard it as being the frontier line." (*Ibid.*, pp. 32-33.)

Mr. President, evidently the circumstances of the present case are different, but it is our submission that *mutatis mutandis* the principle of acquiescence is still applicable. It may be that in the *Temple* case the period was long — it was in fact 50 years — but in the present case the intensity of relations of the Parties in the still quite long period of five or six years, is significant and the general pattern of the conduct of the Parties I think points unequivocally to the fact that Honduras did not consider that there was a civil war in Nicaragua.

The general principle involved has been examined at length by Philippe Cahier in the volume *En hommage à Paul Guggenheim*, published in 1968 (pp. 237-265), and the Court has recognized the significance of acquiescence recently in its Judgment in the Jurisdiction Phase of the case of *Military and Paramilitary Activities in and against Nicaragua (Nicaragua v. United States of America) (I.C.J. Reports 1984*, p. 412, para. 47).

In my first speech, Mr. President, I have already provided the evidential basis for the argument that the Honduran reservation is not opposable to Nicaragua with respect to the issue whether or not there was an armed conflict between Honduras and Nicaragua (pp. 116-117, *supra*).

I now extend that submission to the new thesis put forward by Honduras that there is an "armed conflict within Nicaragua". The very same materials provide substantial evidence that the Government of Honduras has not recognized the existence of an armed conflict within Nicaragua in the material period.

In this connection, particular reference may be made to the extensive address by Mr. Herrera Caceres to the General Assembly on 15 November 1985 (A/40/PV.90, pp. 11-35). This speech contains a considerable number of passages in which the situation in Central America is characterized. And yet there is no reference to an armed conflict within Nicaragua, or to anything like it.

That was in November 1985. In February 1987 the Memorial of Honduras in this case was filed. At page 113 **(I)** it contains the following passage:

"The Statement of Facts contained in the Nicaraguan Application of 28 July 1986, paragraphs 2-9, 11, 13-20; and the description of the Nature of the Claim, paragraph 30, clearly demonstrate that the dispute alleged by Nicaragua falls within the terms of this reservation. Indeed, the essence of the Nicaraguan complaint is that Honduras has allowed its territory to become the base for hostile, armed expeditions by the *contras* and also by the armed forces of Honduras itself against Nicaragua. The dispute is therefore necessarily one covered by this reservation."

This, in my submission, confirms the existence of the constant attitude of the Government of Honduras in this matter, not least because the written pleading is a supremely technical setting and those who drafted it must have known what was involved. And yet there is no reference to involvement, direct or indirect, in an armed conflict within Nicaragua.

Mr. President, in concluding I would reiterate my submission in the alternative, according to which in any case the interpretation and application of the reservation of Honduras is not a question of an exclusively preliminary character.

The Court adjourned from 11.35 to 11.45 a.m.

Mr. President, I conclude my speech concerning the armed conflict reservation by reiterating my alternative submission that, in any case, given the subject-matter, given the circumstances, the application and interpretation of that reservation is a matter which is not one of an exclusively preliminary character and therefore should be subject to the procedure of joinder to the merits.

However, I would respectfully point out that this submission in the alternative will only be operative in case the Court takes the view that Honduras has succeeded in placing the reservation in issue in spite of its failure to produce the necessary evidence.

I would conclude on the question of joinder with a quotation from the Judgment of the Court in the *Barcelona Traction, Light and Power Company, Limited, Preliminary Objections, Judgment (I.C.J. Reports 1964*, p. 46):

"The Court is not called upon to specify which particular points, relative to the questions of fact and law involved by the third Objection, it considers an examination of the merits might help to clarify, or for what reason it might do so. The Court will therefore content itself by saying that it decides to join this objection to the merits because — to quote the Permanent Court in the *Pajzs, Csáky Esterházy* case (*P.C.I.J., Series A/B, No. 66*, at p. 9) — 'the . . . proceedings on the merits . . . will place the Court in a better position to adjudicate with a full knowledge of the facts'; and because 'the questions raised by . . . these objections and those arising . . . on the merits are too intimately related and too closely interconnected for the Court to be able to adjudicate upon the former without prejudging the latter'."

And in my submission these considerations are obviously applicable to the present case.

THE SAPOÁ AGREEMENT

Mr. President, I will now turn to another question.

In his speech during the second round Mr. Carías made reference to the Sapoá Agreement dated 23 March 1988 concluded between the constitutional Government of the Republic of Nicaragua and an entity described in the document as the Resistencia Nicaraguense. This entity represents the *contra* elements, that is, those not yet deported to Miami from Honduran territory, who are willing to negotiate with the Government of Nicaragua at any particular time.

Mr. Carías has offered some views on the legal implications of this Agreement (pp. 145-146, *supra*).

In our submission these views are wholly at variance with the known facts and the relevant principles of public international law.

In the first place Mr. Carías remarks that, as a result of the Agreement, the *contras* "have been recognized as a party, on an equal footing". It is, of course, difficult to deny that the *contras* have the role of a party to the Agreement. However, it is a political and legal *non sequitur* to suggest that the result of an agreement is that the parties have an equal legal status for general purposes. It is a well-known fact that in national legal systems it is not a condition for the making of a valid legal agreement that both parties should have the same and equal legal capacity or competence.

Many examples could be given. One example would be the agreement falling within the sphere of administrative law in francophone legal systems.

Secondly, Mr. Carías states that the Sapoá Agreement "enjoys many of the features of an international agreement, including the fact that the Secretary General of the Organization of American States attended the signing as a special witness".

Whatever status the Agreement may have within the law of Nicaragua or otherwise, its status cannot be fixed by reference to the distinguished persons who agreed to act as witnesses to its signature. The role of the Secretary General of the Organization of American States cannot confer an international status on the instrument any more than the presence of a church dignitary would have the consequence that the Agreement fell within the system of Canon Law.

The fact is that the Sapoá Agreement is not between two States or between a State and an international organization or between two international organizations. Nor is there any evidence to suggest that it is governed by the rules of international law. The *contras* are not a subject of international law as a matter of principle and in any case no State has recognized them as a subject of international law. In the view of the Nicaraguan Government the Sapoá Agreement is perfectly compatible with this analysis.

I conclude my speech on the second round.

Mr. President, I thank you and your colleagues for their courtesy and patience and ask you to give the floor again to my colleague Alain Pellet.

DUPLIQUE DE M. PELLET *(suite)*
CONSEIL DU GOUVERNEMENT DU NICARAGUA

II. LES PRÉTENDUS MOTIFS D'IRRECEVABILITÉ DE LA REQUÊTE TIRÉS DES ARTICLES II ET IV DU PACTE DE BOGOTÁ

M. PELLET: Monsieur le Président, Messieurs de la Cour, avec votre permission, la délégation du Nicaragua abordera maintenant l'examen du second fondement de la compétence de votre haute juridiction en la présente affaire, celui que constitue le pacte de Bogotá.

Dans un premier temps, je m'attacherai à réfuter les arguments que le Honduras croit pouvoir tirer des articles II et IV du pacte en ce qui concerne l'irrecevabilité de la requête, tandis que, dans un second temps, M. Chayes établira que l'article XXXI justifie la compétence de la Cour.

Monsieur le Président, n'étant pas fondamentalement «bergsonien», je ne sais pas si notre pensée «sautille», mais j'ai la très nette impression que celle de nos honorables contradicteurs fait, elle, des bonds tout à fait spectaculaires en s'accommodant de gaps majeurs dans le raisonnement, du fait qu'elle tient pour acquis des points qui sont très loin de l'être, j'en donnerai des exemples, et j'ai le sentiment, surtout, que la Partie hondurienne se meut à reculons.

1. M. Hernández Alcerro reconnaît que le «cœur du problème» est de savoir si les négociations de Contadora portent sur le différend soumis à la Cour (ci-dessus p. 161), mais il n'aborde ce point fondamental que dans le dernier quart de sa plaidoirie *(ibid.)* alors même que la réponse à cette question conditionne tout le reste.

Il est en effet parfaitement vain de se demander si Contadora constitue une négociation diplomatique ou une procédure spéciale au sens de l'article II du pacte de Bogotá s'il n'y a pas identité d'objet entre ce processus et la requête dont le Nicaragua a saisi la Cour.

Bien sûr, cela ne dispose pas entièrement de la question car, même si, par impossible, la haute juridiction voyait une identité d'objet entre deux actions qui sont, au mieux, complémentaires, il n'en résulterait pas pour autant que les exceptions d'irrecevabilité invoquées par le Honduras seraient fondées: le processus de Contadora est, en effet, fort loin de présenter les caractères que lui prêtent nos adversaires.

C'est au bénéfice de cette double remarque que j'examinerai successivement les prétentions honduriennes visant à voir, dans le processus de Contadora, d'une part, des «négociations diplomatiques ordinaires» et, d'autre part, une «procédure spéciale» — aussi contradictoires que soient ces deux propositions.

A. *Contadora en tant que «négociations diplomatiques ordinaires»*

2. Puisque, de l'avis du Honduras lui-même, l'identité d'objet entre le processus de Contadora et le litige dont la Cour est saisie constitue le «cœur du problème», il paraît assez logique de partir de cette question et non pas attendre, comme l'a fait mon contradicteur, la fin de l'exposé pour l'aborder.

L'argumentation du coagent du Honduras visant à établir que cette identité existe procède de la «méthode Coué» bien davantage que de la démonstration. Il semble que, selon M. Hernández Alcero, cette identité:

 i) serait «notoire»,
 ii) aurait été acceptée par le Nicaragua, et
iii) serait en outre attestée par le blocage des négociations de Contadora et d'Esquipulas II consécutif à la saisine de la Cour.

L'identité donc serait «notoire» ... «Prouver ces faits, a dit mon contradicteur, n'est pas nécessaire tellement ils sont notoires. Comme sont notoires l'identité de l'objet du processus de Contadora et l'objet de la présente affaire.» (Ci-dessus p. 163.)

A vrai dire, de ce côté-ci de la barre, nous aurions apprécié que cette «notoriété» fût attestée par quelques faits, quelques données concrètes, que nous eussions pu discuter. Mais rien, si ce n'est une rubrique de l'ordre du jour des négociations multilatérales adopté en septembre 1983 et l'indignation manifestée à l'encontre du timide rappel que nous avions osé faire des conclusions de la requête. Voyons cela.

3. D'abord, l'alinéa *f)* du point 2 de cet ordre du jour adopté aux fins de négociations multilatérales en septembre 1983 et qui porterait sur «les tensions et les incidents entre les Etats limitrophes et non limitrophes» (ci-dessus p. 162). Sauf erreur de ma part, ce document n'a pas été communiqué à la Cour, si bien qu'il est difficile de le commenter et de savoir comment cette formule était introduite. Mais on peut, sans doute, avoir une idée de l'esprit dans lequel cette formule a été adoptée en consultant les annexes 16 et 17 au mémoire du Honduras **(I)**, c'est-à-dire la liste d'objectifs du processus de Contadora du 9 septembre 1983 et les «mesures à prendre pour assurer l'exécution des engagements pris dans la liste d'objectifs». Les choses sont ici très claires: ces documents fixent un cadre général, une orientation globale comme le fait aussi l'accord d'Esquipulas II du 7 août 1987. Ils reposent sur une constatation d'évidence: il faut rétablir la confiance et, pour cela, réduire la tension, toutes les tensions. Mais il n'est dit nulle part, et pour cause, que Contadora est le cadre adéquat pour s'occuper de tout: des problèmes nationaux, des problèmes bilatéraux, des problèmes régionaux et, pourquoi pas, des problèmes dépassant le cadre de la sous-région et même dépassant celui de l'hémisphère occidental.

Contadora n'est pas ce processus attrape-tout que voudrait le Honduras: il est une impulsion dont le reste doit procéder et, en particulier, «dans l'esprit de Contadora», la solution des problèmes bilatéraux, ce qui peut être fait par des négociations bilatérales ou par n'importe quel autre moyen — y compris par un arrêt de la Cour, puisque, comme vous l'avez dit en 1984 (*C.I.J. Recueil 1984*, p. 183-184), et répété en 1986:

«Les travaux du groupe de Contadora peuvent faciliter les négociations délicates et ardues s'inspirant de l'esprit et de la lettre de la Charte des Nations Unies qui sont à présent nécessaires.» (*C.I.J. Recueil 1986*, p. 145.)

Quoi qu'ait pu dire le coagent du Honduras, telle a, en effet, été la position constante du Nicaragua — et je n'en veux pour preuve que ce qu'il écrivait dans son mémoire du 30 juin 1984. Je cite simplement le passage auquel, curieusement, la Partie adverse veut faire dire le contraire de ce qui est écrit (ci-dessus p. 159):

« From this beginning, the Contadora powers were successful in establishing arrangements, with the agreement of the five Central American States, for general negotiations about the problems of the region. » (*C.I.J. Mémoires, Activités militaires et paramilitaires au Nicaragua et contre celui-ci*, mémoire, par. 26.)

4. Bien sûr, nous sommes, pour notre part, embarrassés pour apporter la preuve de l'absence d'identité entre ce dont s'occupe Contadora et la présente affaire. Mais si nous sommes embarrassés, ce n'est pas parce que l'argumentation de nos adversaires nous trouble en quoi que ce soit, c'est tout simplement parce qu'il est toujours impossible d'apporter la preuve positive d'un fait négatif.

Sans entrer dans des discussions académiques sur le fardeau de la preuve, le Nicaragua a essayé d'apporter son concours à la haute juridiction en confrontant les conclusions de sa requête au projet final d'acte de Contadora — que le Honduras n'a pas signé. La même démarche aurait pu être faite à l'égard d'ailleurs de tout autre document général adopté dans le cadre du processus de Contadora ou de celui de Guatemala City.

Malheureusement, cette démanche n'a pas l'heur de plaire à nos amis, de l'autre côté de la barre. Elle manquerait de rigueur car l'objet du litige ne saurait être défini par les conclusions de la requête (ci-dessus p. 162). Je m'étais risqué à la comparaison car c'est, me semble-t-il, ce qu'enseigne votre jurisprudence et la Cour a, si j'interprète convenablement ses arrêts, toujours considéré que ce sont bien les conclusions des parties, et elles seules, qui fixent l'objet du différend (voir *Société commerciale de Belgique, C.P.J.I.* série A/B n° 78, p. 178; *Droit d'asile, C.I.J. Recueil 1950*, p. 402; *Nottebohm, C.I.J. Recueil 1955*, p. 16; *Droit de passage sur territoire indien, C.I.J. Recueil 1960*, p. 30-31; etc.).

Cela au demeurant n'est pas essentiel: il y a un moyen empirique et tout aussi sûr de faire justice des affirmations hasardeuses du coagent du Honduras; ce moyen consiste à parcourir la documentation fournie par les Parties au sujet du processus de Contadora. Je vous en laisse le soin Messieurs de la Cour: vous ne pourrez que constater que, nulle part, il n'y est question du litige bilatéral qui vous est soumis; ces documents n'abordent que des problèmes — d'ailleurs fort graves — mais généraux: le rétablissement de la confiance, la diminution des tensions, la poursuite du dialogue — dans tous les cadres possibles et par tous les moyens envisageables. Votre haute juridiction est, en ce qui concerne le litige bilatéral dont vous êtes saisis, l'un de ces cadres; le prononcé judiciaire, l'un de ces moyens.

5. Dès lors, les affirmations répétées de la Partie hondurienne — elles sont le fait aussi bien de l'agent, M. Carías (ci-dessus p. 143), que du coagent, M. Hernández Alcerro (ci-dessus p. 163) — selon lesquelles l'intervention de l'arrêt de la Cour compromettra le processus sont non seulement déplaisantes mais aussi particulièrement insoutenables. Tout au plus peut-on penser que le climat créé par Contadora et par Esquipulas II et la dynamique qui sera due à vote décision se renforceront et conduiront au dénouement heureux de l'affaire de Contadora — et du différend bilatéral — c'est l'objet de cette requête qui gêne au plus haut point le Honduras.

Qui le gêne même tellement, qu'il en est venu, ainsi que l'a montré tout à l'heure M. Argüello Gómez, à bloquer le processus de Contadora au fallacieux prétexte que la Cour est saisie, et à tenter d'exercer un véritable chantage consistant à dire en substance: si la requête n'est pas retirée ou si la Cour se reconnaît compétente, ce blocage continuera. *Nemo auditur propriam turpitudinem allegans...*

Au surplus, cette thèse paradoxale me rappelle, bien fâcheusement, un précédent récent. Oui, décidément, malgré les protestations de M. Carías (ci-dessus p. 142), j'ai bien le sentiment d'être ramené quatre ans en arrière.

6. Quoi qu'il en soit, le Nicaragua ne conteste nullement que la «diplomatie parlementaire» peut, dans certaines circonstances, constituer un cadre de négociations (voir ci-dessus p. 157). Mais, ici encore, le «nœud du problème» est de savoir s'il y a identité d'objet. Or même en admettant que le processus de Contadora constitue un exercice de diplomatie parlementaire, cela ne change rien à l'affaire. Il ressort clairement de ce que j'ai dit jusqu'à présent que cet exercice n'a pas pour objet la solution du litige dont est saisie la Cour. Les négociations qui concernaient ce litige sont bloquées depuis 1982, je l'ai montré la semaine dernière et je n'y reviens pas (la dernière rencontre au sommet date de 1981).

Dès lors, les conseils du Honduras peuvent citer toutes les déclarations des autorités nicaraguayennes qu'ils veulent, ils ne pourront leur faire dire plus que ce qui y est affirmé et qui est constamment ceci:

— le processus de Contadora existe;
— il n'est, à l'heure actuelle, bloqué que par la mauvaise volonté du Honduras;
— ce processus doit reprendre car il contribuera à restaurer la confiance, ce qui, assurément, facilitera le règlement des différends bilatéraux;
— mais ce règlement des différends bilatéraux se fera dans d'autres cadres.

Il n'y a rien là qui permette de conclure que les négociations sur les actions armées — pas le «conflit armé» —, sur les actions armées frontalières et transfrontalières (puisque c'est ainsi que vous avez désigné la présente affaire) qui opposent les deux pays se poursuivent et il est très remarquable à cet égard que, malgré, je le suppose, des recherches approfondies, tous les exemples de négociations portant sur ces points qu'a pu citer M. Hernández Alcerro, le 6 juin comme le 13 juin, portent sur des événements survenus avant 1983, sans aucune exeption.

7. En dépit de cela, le Honduras persiste et signe: le Nicaragua peut bien penser que les négociations sont bloquées; il peut bien l'avoir établi et, après une patience de plus de dix ans, le fait peut bien ne pouvoir être mis en doute par aucun observateur impartial... Peu importe. Contre toute raison, le Honduras, pour sa part, se déclare inébranlablement optimiste: les négociations sur le problème bilatéral sont en cours; elles progressent de la manière la plus satisfaisante...

Cet optimisme de façade — que démentent les faits et, plus que tout, le comportement même du Honduras —, cet optimisme, donc, est indispensable à ce pays pour qu'il puisse tirer du texte espagnol de l'article II du pacte de Bogotá, auquel nos adversaires s'accrochent, un maigre argument: le différend ne doit pas pouvoir être régler par des négociations diplomatiques ordinaires *en opinion de las partes*. Le Honduras affirmera donc que, de son avis, il peut l'être...

C'est oublier, Monsieur le Président, quatre choses:

i) D'abord, que le texte officiel français de la même disposition dispose que «les négociations directes suivant les voies diplomatiques ordinaires» doivent être impossibles «de l'avis de l'une des parties». Loin de moi la pensée que le français présente une supériorité intrinsèque sur la langue de Cervantes et de Vitoria; mais enfin, conformément aux dispositions de l'article 33, paragraphe 1, de la convention de Vienne sur le droit des traités: «Lorsqu'un traité a été authentifié en deux ou plusieurs langues, son texte fait foi dans chacune de ces langues.»

ii) Au surplus, et c'est un deuxième point que néglige aussi le Honduras, dans la droite ligne de ce qu'exprime le paragraphe 4 de ce même article 33, la Cour a rappelé dans son arrêt du 26 novembre 1984 que, en cas d'incompatibilité apparente entre des textes rédigés en deux langues officielles, c'est l'interprétation correspondant le mieux à la «préoccupation générale» des parties qui doit prévaloir (*C.I.J. Recueil 1984*, p. 407). (Je me permets de rappeler que dans l'affaire de 1984 c'était aussi une interprétation à «quatre contre un», le texte français était, là aussi, isolé.) Or, en l'espèce, quelle était cette préoccupation? Permettre, et même imposer, le règlement pacifique et effectif des différends entre les parties. Or le texte espagnol dans l'interprétation littérale, étroite, étriquée, qu'en donne nos contradicteurs ne le permettrait pas: «l'une des parties» pourrait indéfiniment bloquer tout progrès dans la recherche d'une solution. C'est d'ailleurs très exactement ce à quoi s'emploie le Honduras.

iii) Troisième oubli de la Partie hondurienne: malgré quelques incitations doctrinales, en règle générale, la jurisprudence se refuse à accorder une quelconque prééminence à la langue dans laquelle ont été effectués les travaux préparatoires, comme l'a montré la sentence récente rendue le 16 mai 1980 par le tribunal arbitral sur les dettes extérieures allemandes dans l'affaire de l'*Emprunt Young* (*Revue générale de droit international public*, 1980, p. 1156).

iv) Enfin, et c'est peut-être le plus important, comme M. Chayes l'a rappelé jeudi dernier (ci-dessus p. 92) et comme j'y ai insisté moi-même (ci-dessus p. 100), les juridictions internationales et, d'abord, la Cour, ne se sont jamais attachées au sens étroit et littéral de dispositions de ce genre. L'accent mis par le Honduras sur la différence existant entre la rédaction de l'article II du pacte et celle, par exemple, de l'article XXI, paragraphe 2, du traité d'amitié, de commerce et de droits consulaires de 1955 entre les Etats-Unis et l'Iran, ou bien de l'article XXIV du traité de 1956 entre le Nicaragua et les Etats-Unis, n'a guère de raison d'être. Dans tous les cas, l'appréciation des chances de succès d'une négociation est «essentiellement relative», comme l'a rappelé la Cour permanente dans l'affaire des *Concessions Mavrommatis en Palestine* (*C.P.J.I. série A n° 2*, p. 13), et c'est «aux parties» qu'il appartient de les apprécier, que cela soit précisé ou non dans le texte, ceci sous le contrôle du juge. Dans tous les cas,

«l'intention des parties, lorsqu'elles acceptent ces clauses, est sans aucun doute de se réserver ce droit de s'adresser unilatéralement à la Cour faute d'accord en vue de recourir à un autre mode de règlement pacifique» (affaire du *Personnel diplomatique et consulaire des Etats-Unis à Téhéran*, *C.I.J. Recueil 1980*, p. 27; voir aussi affaire des *Activités militaires et paramilitaires du Nicaragua et contre celui-ci, C.I.J. Recueil 1984*, p. 428-429).

9. Ainsi, Monsieur le Président, il apparaît, tout à fait clairement je crois, que le processus de Contadora n'a pas le même objet que le litige dont vous êtes saisis et que, de toute manière, la simple affirmation, par le Honduras, qu'à son avis ce différend pourrait être résolu au moyen de négociations directes ne peut interdire l'emploi des procédures établies dans le pacte de Bogotá, et le règlement par la Cour constitue l'une de ces procédures établies.

Il est vrai qu'elle peut entrer en concurrence avec une éventuelle procédure spéciale au sens de l'article II du pacte, ce qui impose d'étudier, dans un second temps, le processus de Contadora en tant que «procédure spéciale».

B. *Le processus de Contadora en tant que «procédure spéciale»*

10. Cet examen pourra être beaucoup plus sommaire. Il est clair, en effet, que la question de l'existence de Contadora en tant que procédure spéciale ne se pose, dans la présente espèce, que dans la mesure où ce processus a le même objet que la saisine de la Cour. Je crois avoir montré suffisamment que tel n'était pas le cas...

Il suffira donc d'ajouter que même en admettant, pour les seuls besoins de la discussion, qu'il y aurait identité d'objet — ce qui n'est pas —, il n'en resterait pas moins que Contadora n'en serait pas, pour autant, une procédure spéciale.

11. M. Hernández Alcerro affirme que le pacte de Bogotá prévoit «l'échelonnement des procédures» (ci-dessus p. 159). Cela est à la fois vrai et faux: c'est exact car il faut commencer, dans tous les cas, à explorer la voie des «négociations directes»; mais cela ne l'est pas car il dépend ensuite des parties de recourir à la procédure «qu'elles considèrent le plus appropriée à chaque cas» et il n'existe, comme le précise en termes exprès l'article III, aucune hiérarchie, aucun ordre entre elles. Pas davantage — et cette fois, cela résulte de l'article II — qu'il n'y a de préséance entre les procédures «établies» et les procédures «spéciales». Simplement, alors que les Etats peuvent, unilatéralement, recourir aux procédures établies, ils doivent convenir de la procédure spéciale pertinente. Ils n'ont rien convenu de tel et le coagent du Honduras est fort loin de démontrer le contraire.

12. En premier lieu, il fait dire à M. Chayes quelque chose qu'il n'a pas dit. Dans la plaidoirie qu'il a prononcée jeudi dernier, mon éminent ami n'a nullement affirmé, comme le prétend M. Hernández Alcerro (ci-dessus p. 160), que pour que l'on soit en présence d'une procédure spéciale les Etats devaient avoir, expressément, renoncé à la saisine de la Cour. Non. Il a seulement rappelé que, l'article XXXI ouvrant un droit aux Etats, ceux-ci ne pouvaient être aisément présumés y avoir renoncé. En d'autres termes il a indiqué que, si procédure spéciale il y avait, l'accord pour y recourir devait être clair (ci-dessus p. 94).

13. Il est — et c'est un euphémisme — fort loin de l'être, en l'espèce, puisque, mise à part la relation déformée de l'exposé de M. Chayes, que je viens d'évoquer, le seul et unique argument qu'avance le coagent du Honduras est que «le Nicaragua a accepté, le 19 juillet 1983, la procédure de règlement de Contadora» (ci-dessus p. 100). Oui, mille fois oui, il l'a acceptée, et soutenue, et encouragée. Mais sur quoi devait porter et sur quoi porte ce processus? Sur ce que j'ai décrit tout à l'heure. Sur les moyens de faire renaître la confiance et l'amitié entre les peuples et les Etats de la région. C'est cela et rien d'autre qu'a accepté le Nicaragua, notamment par la voix de M. Daniel Ortega dans son discours du 19 juillet 1983 que mentionne M. Hernández Alcerro (ci-dessus p. 160-161) et qui est on ne peut plus clair: le caractère multilatéral de la négociation n'est accepté que «pour commencer» et sous réserve que des accords soient conclus «avec l'aide du groupe de Contadora», certes, mais en dehors de celui-ci; et je cite M. Daniel Ortega:

> «Le Nicaragua... manifeste clairement cette intention en souscrivant à l'avis des chefs d'Etat du groupe de Contadora selon lequel le règlement de tels ou tels différends entre les pays doit nécessairement commencer par la signature d'un mémorandum d'accord et la création de commissions qui permettront aux parties de mener des actions conjointes...» (**I**, mémoire, annexe 14.)

14. Le processus de Contadora, dont la Cour a, fort sagement, estimé qu'il ne pouvait être considéré «comme constituant à proprement parler un «accord régional» aux fins du chapitre VIII de la Charte des Nations Unies» (*C.I.J. Recueil 1984*, p. 440), n'est pas davantage une procédure spéciale de règlement des différends particuliers aux fins de l'article II du pacte de Bogotá. Comme l'Organisation des Etats américains, comme les Nations Unies elles-mêmes, il est un forum qui peut faciliter ces règlements. Rien de plus, même si c'est déjà beaucoup.

D'ailleurs, Monsieur le Président, le Honduras s'enferme dans une contradiction insoluble lorsqu'il affirme qu'il pouvait, lui Honduras, saisir justement l'Organisation des Etats américains ou les Nations Unies alors que le Nicaragua, pour sa part, ne pourrait pas saisir la Cour au prétexte que (je cite M. Hernández Alcerro): «le débat politique au sein d'une organisation internationale n'est pas une procédure de règlement à laquelle se réfère le pacte de Bogotá» (ci-dessus p. 103). Mais le processus de Contadora aussi est un forum politique; il est aussi «en dehors» du pacte de Bogotá, et personne n'a jamais prétendu qu'il fût lié au pacte de Bogotá auparavant — sauf le Honduras et encore, seulement depuis que le Nicaragua a saisi la Cour!

15. En réalité, en saisissant l'Organisation des Etats américains le Honduras a bien montré qu'il n'était nullement convaincu par sa propre argumentation — au demeurant bien tardive — et il ne s'est pas senti tenu par l'article IV pour la raison toute simple que Contadora n'est pas une «procédure spéciale». L'attitude même de la partie hondurienne en constitue l'aveu. Il en va de même de celle de tous les Etats concernés et de tous les organismes internationaux intéressés — le Nicaragua l'a montré dans son contre-mémoire (**I**, p. 127-132) et en plaidoirie (ci-dessus p. 106). Je n'y reviens donc pas, sinon pour dire à l'agent du Honduras que le fait, qu'il a souligné dans son exposé de lundi dernier, que les Nations Unies et l'Organisation des Etats américains ont apporté aux procédures de Contadora et d'Esquipulas II un soutien renouvelé après même que le Nicaragua eut saisi la Cour (ci-dessus p. 143) va plutôt à l'encontre de ce qu'il voudrait prouver: ces résolutions ne condamnent nullement la saisine par le Nicaragua de votre haute juridiction — elles admettent donc, implicitement, que les deux procédures peuvent aller de pair, qu'elles ne se recouvrent pas, qu'elles ne se «télescopent» pas, que l'article IV du pacte de Bogotá n'y fait obstacle.

Plus significatif encore est l'échec essuyé par le Honduras en avril dernier, lorsqu'il a dû renoncer à soumettre au Conseil de sécurité, dont il avait demandé la convocation, un projet de résolution (je le cite en anglais, je n'ai pas le texte français) appelant «the Republic of Nicaragua to definitely and unconditionally desist from other methods of peaceful resolutions as long as the one in effect [et cela visait Esquipulas II] has not been exhausted» (ce projet a été au dossier lundi dernier). La manœuvre était claire. Le réponse a été cinglante: le Conseil a refusé d'endosser la thèse forgée pour les besoins de la présente procédure, selon laquelle Esquipulas II, comme Contadora, sont des «procédures spéciales» (et simultanées, soit dit en passant, ce qui n'est guère conciliable avec l'article IV!) au sens de l'article II du pacte du Bogotá, procédures qui devraient être épuisées avant de rechercher un autre mode de règlement. Pas plus que le Conseil de sécurité devant lequel le Honduras a dû retirer son projet, la Cour ne pourra considérer, dans ces conditions, que l'article IV fournit un fondement quelconque à l'exception d'irrecevabilité que le Honduras voudrait en tirer.

16. Mais la tentative du Honduras dont je viens de parler, et qu'a évoquée l'agent du Nicaragua tout à l'heure, montre autre chose encore: l'extrême

acharnement mis par la République du Honduras à utiliser tous les moyens pour échapper à votre juridiction. Elle l'a manifesté aussi en tentant, dans la précipitation, de modifier sa déclaration facultative et en inaugurant une pratique, encore plus singulière s'il se peut, consistant à essayer d'apporter des réserves à un traité en vigueur trente-huit ans après sa signature et trente-six ans après sa ratification.

C'est de ce dernier problème que traitera M. Chayes, si vous voulez bien lui donner la parole, Monsieur le Président, pour ma part, il me reste, Monsieur le Président, Messieurs les juges, à vous remercier très vivement de votre bienveillante attention.

REJOINDER OF MR. CHAYES

COUNSEL FOR THE GOVERNMENT OF NICARAGUA

Mr. CHAYES: Mr. President, Members of the Court. We have imposed on your patience for a long time, but we are coming to the end. I am the last one to plead before you. You may notice as I proceed that I am losing my voice. That is not an entirely unalloyed misfortune. It ensures that I will confine myself strictly to what is necessary and avoid the flights of rhetorical fancy that seem to delight advocates in about the same degree that they bore judges.

My function is to reply to Professors Bowett and Dupuy on Articles XXXI and XXXII of the Pact of Bogotá. I will try not to repeat matter that was covered in the Memorials or in prior oral pleadings and to confine myself to what might be called technical lawyers' work.

I will address two questions. The first is: is Article XXXI of the Pact simply a form of declaration under Article 36, paragraph 2, of your Statute, or is it a conventional engagement binding the parties to accept the jurisdiction of the Court in the types of cases enumerated which thereby become "matters specially provided for . . . in the treaties or conventions in force". (Art. 36, para. 1.)

As I believe Professor Dupuy now concedes (p. 97, *supra*), it is neither theoretically nor practically inconceivable that two States might agree to accept jurisdiction in disputes between them involving Article 36, paragraph 2, questions. Such an agreement would give rise to jurisdiction under Article 36, paragraph 1. If that is so, the same must be true of an undertaking or even a collective declaration in a multilateral treaty like the Pact of Bogotá.

But we are not engaged here in some abstract exercise in legal taxonomy. The significance of the classification for this case is its bearing on a single issue whether the new declaration filed by Honduras with the Secretary-General of the United Nations on 6 June 1986 operates equally to modify its obligation under Article XXXI of the Pact. That is the question on which we should focus our attention.

For Honduras to prevail on that issue, it must show that Article XXXI of the Pact is essentially identical to a declaration under the Optional Clause. Then and only then would the reservation of 6 June 1986 also limit its obligations under Article XXXI. Nicaragua continues to maintain its position that the Article XXXI jurisdiction is to be classified as conventional. Thus, like any other treaty provision, it is not susceptible of unilateral change except, as we shall see, by denunciation of the Pact in accordance with its terms. But Nicaragua also contends that however we characterize the jurisdictional source, modifications of declarations made under Article 36, paragraph 2, of the Statute do not and cannot modify the Article XXXI obligation. This appears both from the text of the two instruments and from the practice under them.

A. The Text of the Two Articles

I turn first to the text. I have already pointed out that, according to the Statute, Article 36, paragraph 2, declarations must be made "in relation to any other State accepting the same obligation". Since Article XXXI applies only with respect to "any other American State [party to the Pact]" it simply does not conform to the statutory requirements for an optional clause declaration. As Nicaragua has already noted, this omission is especially significant because the omitted words are the very ones on which the practice with respect to reservations and modifications of declarations under the Optional Clause is based.

Furthermore, Article XXXI recites that it is binding on the parties "so long as the present Treaty is in force". But if Honduras is right, the obligation of Article XXXI can be varied, or even abolished, at any time, simply by notifying a new declaration to the Secretary-General of the United Nations. It is a contradiction in terms however to say that an undertaking modifiable by the parties at will is binding "so long as the present Treaty remains in force". Such a unilaterally modifiable obligation is not binding at all.

Further, the durational clause of Article XXXI confutes Professor Bowett's argument on its own terms. His position is that an optional clause declaration is modifiable at will "in the absence of an express undertaking to the contrary" (p. 151, *supra*). If a State were to make a declaration under Article 36, paragraph 2, limited to a set term of years, as is permitted by Article 36, paragraph 3, — and as many other States, including Honduras did at one time — that would be an "express undertaking to the contrary". It would follow that the declaration could not be modified during the stated period. By the same token, if a submission to jurisdiction — conventional or by declaration, collective or otherwise — is said to be for "the period that the Pact of Bogotá is in force" that is an express undertaking precluding uniliteral modification of the submission during that period.

Finally, according to Article 36, paragraph 4, optional clause declarations must be "deposited with the Secretary-General of the United Nations, who shall transmit copies thereof to the parties to the Statute and to the Registrar of the Court".

This part of the "system of the Optional Clause" has obviously not been imported into Article XXXI. Neither the Pact of Bogotá nor Article XXXI thereof was ever deposited with the Secretary-General or notified by him to the Registrar and the parties to the Statute. Indeed, it is not easy to see how that could be done without radical revision of the deposit and notification procedures now prevailing.

B. The Practice under the Two Articles

On Monday Professor Dupuy made a brief reference to the practice. My tour will be somewhat more extensive.

1. First, let us look at the practice with respect to reservations made at the time of signing the Pact. Let us start. Professor Bowett dismisses Nicaragua's reservation made at that time with the assertion that it was not a reservation to the Pact of Bogotá at all. It was a reservation to jurisdiction permissible under Article 36, paragraph 2, of the Statute and therefore permitted under Article XXXI (p. 150, *supra*) *ipse dixit*!

The Nicaraguan reservation on the *contras*, like those of the six other States who made reservations at the time of the signing of the Pact, is appended to the body of the Treaty deposited with the Organization of American States. These reservations appear in the official text as reproduced in the United Nations *Treaty Series* and in the text distributed by the Organization of American States, which has been conveniently supplied to us by Honduras as Annex 34 to its Memorial **(I)**.

By contrast, neither the reservation of Nicaragua nor any of the other reservations was notified to the United Nations or appears in the *Yearbooks* of the Court. How does it come about, then, that they are not reservations to the Pact of Bogotá but reservations to the Court's jurisdiction? I submit, it is another example of Professor Bowett's jurisprudence of cheerful assertion.

Let me remind you also of the reservation made by the United States upon signing the Pact. As we already saw, it directly contradicts Professor Bowett's position. In the first round of oral pleadings, you will recall, he dismissed it as a statement of the obvious. It has been forgotten, or at least totally omitted from the second.

2. Now I want to look at the subsequent practice of the Parties in the Court, which as you will recall was the subject of questions submitted by the Court. The practice is limited but instructive.

I first want to recall Professor Dupuy's position. He said that if we accept that Article XXXI is a declaration under the Optional Clause, collective or otherwise, the parties would have a menu of ways to record that fact:

"*(a)* they can, purely and simply, be satisfied with that joint expression of their declaration of recognition, without feeling the need to clarify or modify its terms;

(b) they can also make a unilateral declaration of the jurisdiction of the Court, founded on the same paragraph, Article 36, paragraph 2, without wishing to make any reservations, but, for example, to enlarge its geographical scope;

(c) they might, finally, think it was necessary to adapt the scope of their collective declaration by adopting a unilateral declaration with reservations. The terms of that declaration would establish the extent of the Court's jurisdiction under Article XXXI of the Pact." (P. 167, *supra*.)

Now Professor Dupuy's catalogue is a splendid example of the legal imagination at work. Its only defect is that it has nothing to do with the practice and administrative procedure of the Court. In fact, it might be said that a sufficient ground for rejecting the Honduran interpretation is the enormous burden it would impose on the Registrar and his staff to make the necessary revisions and correction in the *Yearbooks*. Professor Dupuy's smorgasbord has nothing to do, either, with the practice of the parties. We shall see that none of the options he proposes has ever been deliberately exercised by any of the parties to the Pact of Bogotá, leaving aside perhaps the 1986 new declaration of Honduras. In fact, in every respect, they have treated the Pact and the Optional Clause as two independent and unrelated submissions to jurisdiction, just as Nicaragua contends.

At present, 14 States are parties to the Pact. Of these, five — Colombia, Dominican Republic, Haiti, Panama and Uruguay — had outstanding declarations dating from the Permanent Court at the time they ratified the Pact. Those declarations have remained undisturbed since then. One other State, Mexico, filed its declaration with the Court about a year before it ratified the Pact of Bogotá. That declaration also has remained undisturbed. These six States have neither notified the Court of their later supposed declaration under Article XXXI, nor reiterated their previous declaration nor modified it. They have done nothing. As a result, the two submissions simply co-exist, one in the archives of the Organization of American States, the other at the Court.

Five States had not accepted the Optional Clause at the time of their ratification of the Pact. Of these, four — Brazil, Chile, Paraguay and Peru — have not thereafter either deposited a declaration or notified the United Nations Secretary-General of a purported declaration under Article XXXI of the Pact. Thus, there is no indication in the records of the Court that these four States have in any way accepted its jurisdiction under Article 36, paragraph 2, of the Statute. This is especially significant as to Brazil and Paraguay, both of which were at one time subject to the Optional Clause, but terminated — or in the case of Brazil lapsed — their acceptance of Article 36, paragraph 2, to jurisdiction long before adhering to the Pact.

Costa Rica, the remaining State in this group, had no declaration on 6 May 1949, when it became a party to the Pact. Almost 25 years later, on 20 February 1973, it filed a declaration under the Optional Clause. It did not, I should say, notify the Organization of American States of that fact.

Thus, none of the five that did not have declarations extant at the time of ratification of the Pact of Bogotá ever gave any indication that they were obliged to file such declarations. Nor did they do anything to suggest that they were under a duty to notify the Court through the United Nations of their so-called "declaration" under Article XXXI of the Pact.

Finally, three States, Nicaragua, Honduras and El Salvador, have engaged in some affirmative activity that may shed light on the interrelation between Article XXXI of the Pact and Article 36, paragraph 2, of the Statute.

Nicaragua — I have already mentioned that when Nicaragua entered a reservation upon signing the Pact of Bogotá, that reservation was not treated in any respect as a modification of its Optional Clause declaration and was not notified to the United Nations and the Court.

Honduras — Honduras ratified the Pact on 7 February 1950. At that time it had a declaration in force limited to six years, which was not due to expire until four years later, in February 1954. Nevertheless, Honduras did not feel any obligation to bring its existing declaration into line with its supposed declaration under Article XXXI accepting the jurisdiction of the Court under Article 36, paragraph 2, for as long as the Pact of Bogotá was in force. Nor did Honduras think it necessary to notify the Organization of American States of this discrepancy. It is clear Honduras had no idea that one declaration affected the other.

This past record contrasts sharply with the Honduran attitude in 1986.

El Salvador — this is in some ways the most instructive of all the evidence of practice. El Salvador filed a declaration with the Permanent Court of International Justice on 26 May 1930. It ratified the Pact on 11 September 1950, among the earliest Latin American States to do so. This situation remained undisturbed until November 1973. Then El Salvador did two things on the very same day, 26 November 1973. First, it filed a new declaration under Article 36, paragraph 2, with the Court, containing an elaborate reservation to its acceptance of jurisdiction, excluding, among other things, disputes involving territorial boundaries and disputes arising out of hostilities. Second, it denounced the Pact of Bogotá in accordance with its terms as specified in Article LVI. We have deposited with the Court the English and Spanish texts of the note of El Salvador to the Organization of American States denouncing the Pact. You will see that this note is dated 24 November but the denunciation is listed by the Organization of American States as notifed on 26 November 1973, the same day that the reservation to the jurisdiction of the Court became effective. The note recites that El Salvador reached its decision because the Pact had not fulfilled the expectations of its framers and many American States had failed to adhere. These facts, if relevant, had been true for a number of years without provoking El Salvador to reconsider its position.

I submit that only one inference is available, given the linkage of the two actions in time: El Salvador's denunciation of the Pact was motivated by its desire to prevent the Court from having jurisdiction under Article XXXI of any dispute arising out of the controversy then in train between itself and Honduras. It modified its Optional Clause declaration to provide for the exclusion of such controversies. But it knew that by this action, contrary to the contention of Honduras, it could not eliminate its exposure under Article XXXI of the Pact of Bogotá. Nor could it do so by the simple expedient that Honduras has attempted, the expedience of filing a unilateral reservation with the Organization of American States. The only way to escape the obligation under Article XXXI was to denounce the entire Pact. And so, El Salvador became the first and only State to do so.

El Salvador's behaviour makes sense only under Nicaragua's interpretation of Article XXXI.

As this review demonstrates, the practice of the Court and of the High Contracting Parties to the Pact of Bogotá cannot be reconciled with the Honduran contention that Article XXXI of the Pact is tantamount to a declaration by the parties under the Optional Clause. The point is made not only by such glaring examples of gross inconsistency as the United States reservation and El Salvador's conduct in 1973. Even more important, it is apparent that the parties and the relevant international institutions acted on assumptions and employed procedures that are wholly incompatible with the Honduran interpretation.

Now I come to my second question in rebuttal: what is the relationship between Article XXXI and Article XXXII?

Mr. President and Members of the Court, I can see how the true basis of Article XXXI jurisdiction might be relevant to the question we have just been discussing, that is, the effectiveness of reservations to modify the obligation of Article XXXI. Because if Article XXXI imports the system of the Optional Clause it might be argued that it imports the traditional practice with respect to reservations also. I think I have shown that that is not the case. On the other hand, whether jurisdiction under Article XXXI is conventional or not has in my view absolutely nothing to do with determining the proper relationship between Article XXXI and Article XXXII.

Nicaragua maintains that whatever the scope of jurisdiction conferred by the two Articles, and whether or not Article XXXI is a collective declaration, both Articles derive from the agreement of the parties in the Treaty and thus trace their efficacy to Article 36, paragraph 2, of the Statute. I have tried very hard to understand Professor Dupuy's argument that there is a logical inconsistency in that position, but I confess I cannot find it. Both Articles are in the Pact, both confer jurisdiction, both represent the agreement of the parties. The problem for the Court is simply to determine the intent of the Treaty as to the relation between the two.

Now, may I point out that Professor Bowett and Professor Dupuy are not altogether in agreement on this relationship. Professor Bowett seems to believe that Optional Clause reservations not only carry over into Article XXXI but may affect the outcome under Article XXXII as well. Here is what he says:

> "Let us regard Article XXXI of the Pact as an obligation relating to the Optional Clause, which States can accept, if they so choose, by making declarations to which reservations are attached. In that event, the system of compulsory jurisdiction under Article XXXI has potential gaps, precisely because of the faculty of making reservations. And the Pact

expressly recognizes this possibility, because Article XXXV provides that if the Court declares itself to be without jurisdiction — and that could well be because of these reservations — the parties are obliged to submit to arbitration under Chapter Five of the Pact." (P. 150, *supra*.)

Now on this same point, Professor Dupuy says:

"What must be clearly seen here is that, of the two provisions, Article XXXI and Article XXXII it is the second that establishes the surest way of recourse to the jurisdiction of the Court, because, unlike Article XXXI, that way is not qualified by the system of reservations. In the case of Article XXXII no reservations are possible. Of course Article XXXII has its own régime of qualification, if I may call it that. It is the condition of previous exhaustion of the conciliation process." (P. 170, *supra*.)

You will understand my delight in being able to point out this disparity to you. If my Honduran friends are not able to remain consistent from one end of a session of oral pleadings to the other, how can they criticize me for not being consistent over a period of four years?

But let us return to the positions taken respectively by Professor Bowett and Professor Dupuy as to the relation between Articles XXXI and XXXII. Both are, in my view, untenable.

Professor Bowett, you will remember, says that reservations in Optional Clause declarations qualify not only the jurisdictional submission under Article XXXI, but also under Article XXXII, because that is the way to ultimate arbitral decision. That cannot be right. If it were, as Professor Bowett himself tells us, the dispute subject to the reservation would ultimately be settled by compulsory arbitration, once the Court found itself without jurisdiction. It is not conceivable that the parties to the Pact would have gone to such lengths to preserve their reservations to the jurisdiction of the Court under Article XXXI, but would be willing to submit the same dispute to compulsory settlement by an arbitral panel. Yet that is the result of Professor Bowett's analysis.

Now, to tell the truth, I think Professor Bowett may have misspoken himself in the passage I quoted. Because in the next paragraph of his speech, he brought himself into harmony with Professor Dupuy. There he said that jurisdiction under Article XXXII was not subject to subsequent reservations but only to "two strict pre-conditions . . . That is to say, the party must show that conciliation has failed, and that the two parties to the dispute have been unable to agree on arbitration." (P. 151, *supra*.) Although for the life of me, I cannot see how Professor Bowett can reconcile the two paragraphs, the second presents the same view of the Article XXXI-XXXII relationship as Professor Dupuy.

But this resolution is equally unsatisfactory. In the first place, as I have already pointed out, this reading makes Article XXXI wholly superfluous. If Article XXXII confers jurisdiction, under Article 36, paragraph 1, of the Statute, over all disputes within the competence of the Court, without regard to reservations, and all subject to the pre-condition of conciliation, what need is there for Article XXXI?

There is a further, and more practical reason to reject Professor Dupuy's version of the relationship between the two Articles. The pre-conditions established in Article XXXII — *le régime de pondération*, in Professor Dupuy's phrase — are not really so stringent after all. The conciliation procedure must be concluded within six months, according to Article XXV of the Pact.

Article XXVIII says, further, that there is no obligation on either party to comply with the recommendations of the Commission. Thus the party seeking judicial settlement can easily frustrate conciliation. Similarly, it can refuse to agree to arbitration and thus satisfy the second condition. The upshot of the Honduran interpretation would be that the recalcitrant party could require resort to the Court, despite any reservation by the other party, after a delay of a short six months. Again, it is hard to see why the drafters of the Pact should have been so anxious to preserve Article 36, paragraph 2, reservations under Article XXXI of the Pact, if they were willing to permit them to be overcome so easily under Article XXXII.

No. A viable interpretation has to give substantive significance to the one procedural difference between the two Articles, the requirement of conciliation. That is what Nicaragua's proposed construction does. Disputes that are clearly within the competence of the Court — the classes of cases enumerated in Article XXXI — may go there directly. All others must go first to conciliation, with ultimate resort to compulsory settlement, either by the Court or by an arbitral tribunal, as may be appropriate.

Incidentally, this division fully explains the proposed but unadopted 1985 amendment to the Pact that Professor Dupuy mentioned on Monday 13 June. The amendment would have eliminated Article XXXII but left Article XXXI intact. Its effect would have been to restore the situation that prevailed under the pre-1948 instruments of the Latin-American juridical system. You will recall that under the 1929 treaties compulsory adjudication was provided for all juridical disputes; conciliation but not compulsory settlement in all others. That situation would have been restored by the proposed 1985 amendment, because Article XXXI would have been there to apply in all juridical disputes, as we contend, unmodifiable by reservation, and Article XXXII would no longer be there so conciliation would he required, but not ultimately compulsory settlement, in other disputes.

I have already shown that the principal objective of Article XXXII was to cure this absence of compulsory settlement in non-juridical disputes. No doubt it would have been neater if the draftsmen of the Pact had stopped there. Legal questions to the Court under Article XXXI. All others to conciliation, followed by compulsory arbitration if conciliation failed.

But the draftsmen did not stop there. They added that, in such a case if conciliation failed and there was no agreement, that is volontary, arbitration,

> "either of [the parties] shall be entitled to have recourse to the International Court of Justice in the manner prescribed by Article 40 of the Statute thereof. The Court shall have compulsory jurisdiction in accordance with Article 36, paragraph 1, of the said Statute."

As Judge Guillaume asked, "What are we to make of that?"

Well, it goes without saying, that the Pact could not confer jurisdiction on the Court to decide questions that are not within its competence. The Pact recognizes that in Article XXXIII, which says that in such cases, "the Court itself shall first decide whether it has jurisdiction".

By such cases it means cases coming through Article XXXII.

As I said last week, it is not for me here to go into the subtle question whether there are "cases" or "matters", to use the words of Article 36, paragraph 1, that may be brought to the Court by the agreement of the parties under that Article, but do not fall within the enumeration of "legal disputes" in Article 36, paragraph 2. The Permanent Court said, somewhat cryptically, in *Rights of Minorities in Upper Silesia (Minority Schools)*,

"The Court's jurisdiction depends on the will of the parties. The Court is always competent once the latter have accepted its jurisdiction, since there is no dispute which States entitled to appear before the Court cannot refer to it." *(P.C.I.J., Series A, No. 15.)*

Even putting aside the possibility of a decision *ex aequo et bono* under Article 38, paragraph 2, it is at least arguable, on the basis of the differences in language, that the ambit of Article 36, paragraph 1, is broader than the four categories listed in Article 36, paragraph 2. The draftsmen of the Pact of Bogotá were eager, in those far off days of 1948 when the Court was new, to give it their fullest support.

They were entitled to entertain the possibility that its competence under Article 36, paragraph 1, might be broader than under Article 36, paragraph 2, and they were entitled to provide for that possibility. That is what I think they were trying to do in Article XXXII.

I know that this is not a completely satisfying solution to the difficult problem of construction presented by Articles XXXI and XXXII of the Pact of Bogotá. But as I said in my speech last Thursday "In this scheme, each Article has its own place and its own field of operation. Each performs a necessary function. None is superfluous." That cannot be said of the proposals put before you by Honduras.

In the end, Mr. President and Members of the Court, I commend this interpretation to you with the legendary defence Winston Churchill made of democracy as a system of government: "It's not that it is so good. Only that it is better than all the others."

Mr. President, Members of the Court. The Pact of Bogotá was designed to ensure that disputes between the parties to the Pact were settled and settled promptly. It is time to begin.

STATEMENT BY MR. ARGÜELLO GÓMEZ
AGENT FOR THE GOVERNMENT OF NICARAGUA

Mr. ARGÜELLO GÓMEZ: Mr. President, Members of the Court. With the argument of Professor Chayes, Nicaragua has concluded its rejoinder.

At this point I wish to mention that the questions posed by the Members of the Court will be answered in writing[1] in the way we had expressed before; then, to reiterate that the submissions of Nicaragua are those contained in our Counter-Memorial[2].

We wish, Mr. President, to thank you for your patience, and Members of the Court for the time that was given to us to answer this. We exhausted it, and the team also.

---

[1] See *infra*, Correspondence, No. 97.
[2] See **I**, pp. 374-375.

CLOSING OF THE ORAL PROCEEDINGS

The PRESIDENT: In the common language of the Parties, the Registrar and the President, I thank the Agents, counsel and advocates of both Parties for the assistance they have given to the Court, saying muchas gracias, thank you very much.

As is customary, I request the Agents of the Parties to remain at the disposition of the Court for any further assistance it may require. Subject to these reservations, and to the outstanding replies of the Parties to questions put by Members of the Court, I declare the oral proceedings on the questions of jurisdiction and admissibility in this case, closed.

The Court rose at 1.15 p.m.

SEPTIÈME AUDIENCE PUBLIQUE (20 XII 88, 10 h)

Présents : M. RUDA, *Président* ; M. MBAYE, *Vice-Président* ; MM. LACHS, ELIAS, ODA, AGO, SCHWEBEL, sir Robert JENNINGS, MM. BEDJAOUI, NI, EVENSEN, TARASSOV, GUILLAUME, SHAHABUDDEEN, *juges* ; M. VALENCIA-OSPINA, *Greffier*.

LECTURE DE L'ARRÊT

Le PRÉSIDENT : La séance est ouverte.

Before turning to the business of today's sitting I have first the sad duty of recording the passing of a Member of the Court, Judge Nagendra Singh, who died here in The Hague on 11 December 1988. Judge Nagendra Singh took part in all the phases of the case concerning *Border and Transborder Armed Actions (Nicaragua* v. *Honduras)* until his sudden and untimely death.

Judge Nagendra Singh had participated in the work of the Court since 1972, when he was appointed Judge *ad hoc* in the case concerning the *Appeal Relating to the Jurisdiction of the ICAO Council*. He joined the Court on 6 February 1973. He was Vice-President of the Court from 1976 to 1979 and its President from 1985 to February of this year. His term of office would have ended in February 1991.

Our colleague had a long and distinguished career both in the service of his country, India, and in the international field. He pursued his studies of law at Agra University and St. John's College, Cambridge, and was called to the Bar at Gray's Inn in 1942. In the course of his life he received many academic and professional honours.

From 1937, he had a distinguished career in the Indian Civil Service and after India attained its independence he held a number of important positions, particularly in the field of shipping in the Transport Ministry, culminating in the post of Secretary to the President of India. In 1947-1948 he was a member of the Constituent Assembly of India. As representative of his country he led several delegations in important bilateral negotiations and at international conferences. He was a member of the United Nations International Law Commission from 1966 to 1972, and its Vice-Chairman in 1969.

As an international lawyer he was particularly active in maritime law and the law of the sea and he wrote several well-known books relating to these fields. Judge Singh was also concerned with the development of nuclear weapons and wrote a noteworthy book on the subject.

Apart from international law, Judge Singh was very much concerned with the protection of the environment and recently participated in the development of the so-called Brundtland Report entitled "Our Common Future". He also showed interest in matters relating to art and culture, especially the protection of his country's heritage.

Nagendra Singh was a man of good-will and peace. As could be seen in many of his declarations and opinions, he strove unremittingly to uphold the rule of law and the cause of world peace. He had a profound knowledge of the

spiritual values of the ancient Indian civilization, and he fully represented those values in this Court.
We, his colleagues, feel his loss very keenly.
May I invite you to stand for one minute's silence, as a tribute to the late Judge Nagendra Singh.

[Les personnes présentes se lèvent.]

Veuillez vous rasseoir.

La Cour se réunit aujourd'hui pour donner lecture en séance publique, conformément à l'article 58 du Statut de la Cour et à l'article 94 de son Règlement, de l'arrêt concernant sa compétence et la recevabilité de la requête en l'affaire relative à des *Actions armées frontalières et transfrontalières*. L'instance a été introduite par la République du Nicaragua, par requête enregistrée le 28 juillet 1986, contre la République du Honduras.

Je vais maintenant commencer la lecture de l'arrêt. J'omettrai de cette lecture les qualités, c'est-à-dire les paragraphes rappelant les diverses étapes de la procédure, les conclusions des Parties, etc.

[Le Président lit les paragraphes 15 à 99 de l'arrêt[1].]

J'invite maintenant le Greffier à donner lecture du dispositif de l'arrêt en anglais.

[The Registrar reads the operative clause in English[2].]

M. Lachs joint une déclaration à l'arrêt. MM. Oda, Schwebel et Shahabuddeen joignent à l'arrêt les exposés de leur opinion individuelle.

L'audience est levée à 13 heures

Le Président,
(Signé) José María RUDA.

Le Greffier,
(Signé) Eduardo VALENCIA-OSPINA.

---

[1] *C.I.J. Recueil 1988*, p. 75-107
[2] *I.C.J. Reports 1988*, p. 107.

**DOCUMENTS PRÉSENTÉS À LA COUR
APRÈS LA CLÔTURE
DE LA PROCÉDURE ÉCRITE**

**DOCUMENTS SUBMITTED TO THE COURT
AFTER THE CLOSURE OF THE
WRITTEN PROCEEDINGS**

A. Document déposé conjointement
par les agents du Nicaragua et du Honduras

Accord signé le 7 août 1987 par les présidents des Républiques du Honduras et du Nicaragua à l'occasion de la réunion au sommet d'Esquipulas II, à Guatemala[1].

B. Documents déposés par l'agent
du Nicaragua

1. Letter dated 28 March 1988 from President Daniel Ortega of Nicaragua to President José Azcona of Honduras[2].
2. *Position of Honduras in the Fifth Meeting of the Executive Commission Held in Guatemala on March 23 and 24 of 1988 and Proposal by Nicaragua to Overcome the Situation*[3].
3. "Humanitarian Aid Arrives: Boots and Uniforms" (*La Tribuna*, 24 April 1988)[4].
4. "Aid to the 'Contras' Still Arriving" (*Tiempo*, 5 May 1988)[4].
5. Press Release No. 002-88 of the Ministry of Foreign Affairs of the Republic of Honduras (15 January 1988)[4].
6. Note of Nicaragua to Honduras, 23 April 1988[4].
7. United Nations Depositary Notification, 29 July 1986[4].
8. Diplomatic correspondence between Nicaragua and Honduras: 1988 Notes from Honduras to Nicaragua; 1988 Notes from Nicaragua to Honduras[5].
9. Press accounts[6].
10. Note of the Republic of El Salvador to the Organization of American States dated 24 November 1973[7].
11. Open letter by the Foreign Minister of Honduras published in *La Tribuna* on 3 June 1988[7].
12. Letter from the Secretary General of the Organization of American States to United States Secretary of State, George Schultz, dated 25 April 1988[7].
13. Draft resolution of the Security Council circulated by Honduras [undated][8].
14. Statement by the Contadora Group and Contadora Support Group, Tlatelolco, d.f., Mexico, 27 June 1988[9].
15. Tela Bilateral Accord between Nicaragua and Honduras in relation to the procedure brought by Nicaragua against Honduras before the International Court of Justice, 7 August 1989[10].

---

[1] Voir ci-après, correspondance, n° 42.
[2] See Correspondence, No. 61, *infra*.
[3] *Ibid.*, No. 62, *infra*.
[4] *Ibid.*, No. 84, *infra*.
[5] *Ibid.*, No. 85 (Annex A), *infra*.
[6] *Ibid.*, No. 85 (Annex B), *infra*.
[7] *Ibid.*, No. 89, *infra*.
[8] *Ibid.*, No. 93, *infra*.
[9] *Ibid.*, No. 97, *infra*.
[10] *Ibid.*, No. 116, *infra*.

16. *Joint Plan for the Demobilization and Voluntary Repatriation or Relocation in Nicaragua and Third Countries of the Members of the Nicaraguan Resistance and Their Families, Together with Assistance for the Demobilization of All Those Involved in Armed Activities in the Countries of the Region, When Such Persons Voluntarily Request This Assistance*, signed in Tela, Honduras, on 7 August 1989, by the Central American Presidents[1].
17. Tela Agreement, agreed upon by the Central American Presidents on 7 August 1989[1].
18. Declaration of San Isidro de Coronado, signed by the Central American Presidents on 12 December 1989[2].

C. DOCUMENTS DÉPOSÉS PAR L'AGENT DU HONDURAS

1. Note de protestation du 16 mars 1988 du ministre des relations extérieures du Honduras au ministre des relations extérieures du Nicaragua adressée trois jours avant la première note de protestation du Nicaragua, jointe à sa demande[3].
2. Lettre du 15 mars 1988, adressée par le président Azcona au président Reagan, concernant l'exercice du droit de légitime défense par le Honduras face à l'agression sandiniste[3].
3. Communiqué de presse n° 018-88 émis le 16 mars 1988 par la direction de l'information du ministère des affaires étrangères du Honduras, au sujet des événements dans le secteur de Bocay, à la frontière entre le Honduras et le Nicaragua[3].
4. Note n° 198-DA du 21 avril 1988 du ministre des relations extérieures du Honduras au ministre des relations extérieures du Nicaragua[4].
5. Letter from Minister Carlos López Contreras to the Ministers of Foreign Relations of the Nine Member Countries of the Contadora and Support Group. 24 June 1988: copy attached, Press Communiqué[5].
6. Letter from President Ortega to President Azcona, 22 December 1986: United Nations document[5].
7. Letter from President Azcona to President Ortega, 24 December 1986: OAS cp/Inf.2491/87[5].
8. Statement by Minister Carlos López Contreras at the United Nations General Assembly, 7 October 1987: A/42/PV.24[5].
9. Sapoá Agreement between the Government of Nicaragua and the Nicaraguan Resistance, 23 March 1988: press clip and translation[5].
10. Press communiqué of 19 April 1988 on transit of humanitarian aid through Honduras[5].
11. Speech by the Secretary of Foreign Affairs of Honduras to the seventeenth General Assembly of the OAS, 12 November 1987: booklet, pp. 34-35[5].
12. Press communiqué by representatives of Canada, Federal Republic of Germany and Spain, on verification in Central America, 25 May 1988[5].
13. Fifth Meeting of the Executive Commission of Ministers of Foreign Relations of Central America, Guatemala, 7 April 1988[5].

---

[1] See Correspondence, No. 116, *infra*.
[2] *Ibid.*, No. 126, *infra*.
[3] Voir ci-après, correspondance, n° 68
[4] *Ibid.*, n° 72.
[5] See Correspondence, No. 87, *infra*.

14. *Journal of the United Nations*, Friday, 20 June 1986[5].
15. Accusé de réception par le Nicaragua, en date du 7 juillet 1986, de la lettre du secrétaire général de l'OEA en date du 30 juin 1986;
    Accusé de réception par la Colombie, en date du 14 juillet 1986, de la lettre du secrétaire général de l'OEA en date du 30 juin 1986[1].
16. Note No. 218 DSM from Mr. Carlos López Contreras, Minister of Foreign Affairs of Honduras, dated 15 June 1987, to the Secretary General of OAS[1].
17. Déclaration de Buenos Aires, 13 avril 1987[1].
18. Communiqué commun de la réunion des ministres des relations extérieures, 1er août 1987[1].
19. Minutes de la première réunion du groupe centre-américain et Contadora pour la mise en œuvre de la procédure de Guatemala, 10 décembre 1987[1].
20. Joint proposal of Costa Rica and Guatemala, 28 May 1986[1].
21. Act of Contadora. Commitments with regard to armaments and troop strength, 2 July 1986[1].
22. Act of Contadora. Verification and control commission for security matters, 9 October 1985[1].
23. Statute of the verification and control mechanism for security matters under the Contadora Act on Peace and Co-operation in Central America, 16 April 1985[1].
24. Communiqué relatif à la constitution de la commission internationale de contrôle et de suivi, Caracas, 22 août 1987[1].
25. Communiqué conjoint de la seconde réunion de la commission internationale de contrôle et de suivi, Washington, 7 novembre 1987[1].
26. Communiqué de presse de la commission internationale de contrôle et de suivi, suite à sa quatrième réunion, New York, 4 décembre 1987[1].
27. Rapport final de la commission internationale de contrôle et de suivi sur les progrès réalisés dans l'exécution des accords de la procédure en vue de parvenir à une paix ferme et durable en Amérique centrale, 20 janvier 1988[1].
28. *Commission exécutive*. Constitution et installation — Communiqué conjoint, 20 août 1987[1].
29. *Commission exécutive*. Première réunion, 20 août 1987[1].
30. *Commission exécutive*. Deuxième réunion, 15 septembre 1987[1].
31. *Commission exécutive*. Troisième réunion, 25 octobre 1987[1].
32. Interview du président Daniel Ortega, *El Pais*, 17 novembre 1987[1].
33. *Commission exécutive*. Quatrième réunion, 17 fevrier 1988[1].
34. *Commission exécutive*. Cinquième réunion, 7 avril 1988[1].
35. Dialogue entre le gouvernement sandiniste et la «contra», *El Pais*, 10 juin 1988[1].
36. Dialogue entre le gouvernement sandiniste et la «contra», *El Pais*, 11 juin 1988[1].
37. Projet de note au groupe technique auxiliaire préparé par les ministes des relations extérieures d'Amerique centrale, 21 juin 1988[1].
38. Tela Agreement between the Presidents of Honduras and Nicaragua in relation to the Application filed by Nicaragua before the International Court of Justice in the case concerning *Border and Transborder Armed Actions (Nicaragua v. Honduras)*, 7 August 1989[2].

---

[1] Voir ci-après, correspondance, n° 104.
[2] See Correspondence, No. 117, *infra*.

39. Declaration of Antigua, signed by the Central American Presidents on 17 June 1990 [extracts][1].
40. *Commission exécutive.* Documents of Conclusions, 29-30 October 1990 [extracts][2].

---

[1] See Correspondence, No. 134, *infra*.
[2] *Ibid.*, No. 136, *infra*.

CORRESPONDANCE

CORRESPONDENCE

1. THE AGENT OF NICARAGUA TO THE REGISTRAR OF THE
INTERNATIONAL COURT OF JUSTICE

[See I, pp. 3-7]

2. THE REGISTRAR TO THE AGENT OF NICARAGUA

28 July 1986.

I have the honour to acknowledge receipt of two Applications by the Republic of Nicaragua, one instituting proceedings against the Republic of Costa Rica and the other against the Republic of Honduras, both filed in the Registry today, 28 July 1986 at 10.00 a.m. local time.

The Government of Costa Rica and the Government of Honduras are informed by me by telex[1] of the filing of the Applications. In accordance with Article 38, paragraph 4, of the 1978 Rules of Court, a certified copy of the relevant Application will be immediately transmitted to the Governments concerned.

(Signed) Santiago TORRES BERNÁRDEZ.

3. LE GREFFIER AU MINISTRE DES RELATIONS EXTÉRIEURES
DU HONDURAS

28 juillet 1986.

Comme suite à mon télégramme[2] de ce jour, j'ai l'honneur de confirmer à Votre Excellence que le Gouvernement de la République du Nicaragua a déposé aujourd'hui, 28 juillet 1986, à 10 heures du matin, au Greffe de la Cour internationale de Justice, à La Haye, une requête introduisant une instance contre le Gouvernement de la République du Honduras.

Votre Excellence voudra bien trouver ci-joint, conformément aux articles 40, paragraphe 2, du Statut et 38, paragraphe 4, du Règlement de la Cour, copie certifiée conforme de ladite requête. Je lui ferai prochainement parvenir d'autres exemplaires de la requête en question, dans l'édition imprimée, établie par les soins du Greffe, qui en contiendra également la traduction en langue française.

Je saisis cette occasion pour attirer l'attention de Votre Excellence sur l'article 40 du Règlement de la Cour qui dispose, à son paragraphe 2, que dès la réception de la copie certifiée conforme de la requête ou le plus tôt possible après, le défendeur fait connaître à la Cour le nom de son agent. Le paragraphe 1 du même article dispose que les agents doivent avoir au siège de la Cour un domicile élu auquel sont adressées toutes les communications relatives à l'affaire.

---

[1] Not reproduced.
[2] Non reproduit.

4. THE REGISTRAR TO THE SECRETARY-GENERAL OF THE UNITED NATIONS

28 July 1986.

With reference to my telex message[1] transmitted to you today, I have the honour to communicate to you herewith a copy of the Application instituting proceedings against the Republic of Honduras filed by the Government of the Republic of Nicaragua in the Registry of the Court at 10 a.m. on 28 July 1986. The usual printed bilingual edition is in preparation, and copies will be supplied to you as soon as possible with a view to the notification contemplated by Article 40, paragraph 3, of the Statute of the Court.

5. LE CHARGÉ D'AFFAIRES A.I. DU HONDURAS AUX PAYS-BAS AU GREFFIER

13 août 1986.

J'ai l'honneur, suivant les instructions reçues du ministère des relations extérieures du Honduras, d'accuser réception de la copie certifiée conforme de la requête introductive d'instance du Nicaragua contre le Gouvernement du Honduras, déposée le 28 juillet au Greffe de la Cour et parvenue au Honduras le 1er août 1986.

Le ministère hondurien des relations extérieures se propose de vous faire connaître ses vues au sujet de ladite requête le plus tôt possible.

(Signé) Arias DE SAAVEDRA Y MUGUELAR.

6. LE GREFFIER AU MINISTRE DES AFFAIRES ÉTRANGÈRES D'AFGHANISTAN[2]

21 août 1986.

Le 28 juillet 1986 a été déposée au Greffe de la Cour internationale de Justice une requête par laquelle la République du Nicaragua a introduit contre la République du Honduras une instance en l'affaire des *Actions armées frontalières et transfrontalières (Nicaragua c. Honduras)*.

J'ai l'honneur, à toutes fins utiles, de vous transmettre ci-joint un exemplaire de cette requête.

7. THE MINISTER FOR EXTERNAL RELATIONS OF HONDURAS TO THE REGISTRAR

29 August 1986.

The Government of Honduras, following the receipt of the certified copy of the Application of the Government of the Republic of Nicaragua,

---

[1] Not reproduced.

[2] Une communication analogue a été adressée aux autres Etats Membres des Nations Unies et aux Etats non membres des Nations Unies admis à ester devant la Cour.

addressed to the International Court of Justice, and dated 25 July 1986, has the honour, acting on the basis of Article 40, paragraph 2, of the Rules of the Court, to nominate Ambassador Mario Carías as Agent, charged with the representation of Honduras in this matter; his address for service being the Embassy of Honduras, Catsheuvel 83, 2517 KA The Hague.

In so acting, the Government of the Republic of Honduras is bound to state that the accusations made against it in the Application are without any legal basis. The Government expressly rejects them. Furthermore, the Government of the Republic of Honduras would emphasize that the true origin of the situation of which the Government of Nicaragua complains lies essentially in the evolution of internal political events within Nicaragua itself. These events have produced a political alignment, both international and within Nicaragua, which has created friction with Nicaragua's neighbours, and has led Nicaragua into a series of illicit acts against those neighbours, in particular the encouragement and fomenting of civil strife within neighbouring countries and the organization of armed incursions into their territories, including the territory of Honduras.

With respect to jurisdiction, the Government of the Republic of Honduras maintains the view that the Court has no jurisdiction over the matters contained in the Application introduced by the Government of Nicaragua.

The Government of the Republic of Honduras takes this view in the light of the principle that jurisdiction rests on consent, a principle deriving from the Statute of the Court and reaffirmed by the Court in its Advisory Opinion on the interpretation of the Peace Treaties, of 30 March 1950, *I.C.J. Reports 1950*, p. 71. Based on this principle, the Government invokes the reservations which accompany its Declaration accepting the compulsory jurisdiction of the Court dated 22 May 1986, which applies with equal force to the jurisdiction provided for in Article XXXI of the Pact of Bogotá.

(1) Firstly, reservation *(a)* excludes from the jurisdiction of the Court:

> "les différends au sujet desquels les Parties seraient convenues ou conviendraient d'avoir recours à un ou plusieurs autres modes de règlement pacifique".

Clearly, the facts and situations alleged in the Nicaraguan Application cannot be isolated from the whole context of events in Central America since 1979. The Government of the Republic of Honduras would recall the fact that, as it has already emphasized in its Note addressed to the Court through the intermediary of the Secretary-General of the United Nations, dated 24 April 1984, amongst the other procedures for pacific settlement of disputes put into operation within the regional framework of the Organization of American States, a comprehensive process of negotiation has been conducted by the Contadora Group of States. This initiative has been taken with a view to achieving, in the spirit of Central American co-operation, a progressive and peaceful settlement of the various disputes between Central American States. The initiative actively involves 13 Latin American States; it has been recognized and approved as the appropriate procedure for settlement by the United Nations, by the European Communities, and the international community in general.

The Government of the Republic of Honduras considers it is profoundly regrettable that this surprising Application by Nicaragua, essentially inspired by political considerations, should be made. Nicaragua must know that its

Application will compromise the hopes which both Nicaragua and the other States concerned had placed in this process, a process which the Court itself has recently described as an effort "which merits full respect and consideration as a unique contribution to the solution of the difficult situation in the region" (Judgment of 27 June 1986, para. 291). The Government of Nicaragua must know that, by its action in making this Application it is jeopardizing the successful outcome of the Contadora process, and is attempting to frustrate any further progress. Yet it is this same Contadora process which both Nicaragua and Honduras have agreed to use as the most appropriate method of resolving the very disputes which form the subject-matter of the Application made by Nicaragua. For these reasons, these disputes are excluded from the jurisdiction of the Court on the basis of reservation *(a)*.

(2) Secondly, reservation *(c)* accompanying the declaration of the Government of the Republic of Honduras of 22 May 1986, also excludes

"les différends relatifs à des faits ou situations nés des conflits armés ou actes de même nature pouvant affecter le territoire de la République du Honduras dans lesquels elle pourrait être directement ou indirectement impliquée".

It is clear that this reservation applies precisely to the facts and situations invoked by the Government of Nicaragua in its Application.

The Government of the Republic of Honduras would further reserve the right to expand and explain its views in relation to the Nicaraguan Application in a written pleading to be filed subsequently, and would hope that the Court will confine all preliminary pleadings, by all Parties, exclusively to the issues of jurisdiction and admissibility, in accordance with established precedent.

(Signed) Carlos LÓPEZ CONTRERAS.

8. THE DEPUTY-REGISTRAR TO THE AGENT OF NICARAGUA[1]

3 September 1986.

I have the honour to inform Your Excellency that the Vice-President of the Court, exercising the functions of the presidency pursuant to Article 13, paragraph 3, of the Rules of Court, wishes to receive the Agents of the Parties to the case concerning *Border and Transborder Armed Actions (Nicaragua* v. *Honduras)*, at 11 a.m. on Friday 12 September 1986. The purpose of the meeting will be, pursuant to Article 31 of the Rules of Court, to ascertain the views of the Parties with regard to questions of procedure in the case including the suggestion made by the Government of Honduras in the final paragraph of its letter of 29 August 1986, a copy of which was transmitted to you with our letter of the same date.

(Signed) Eduardo VALENCIA-OSPINA.

---

[1] A similar communication was sent to the Agent of Honduras.

9. THE DEPUTY-REGISTRAR TO THE AGENT OF HONDURAS

3 September 1986.

I have the honour to refer to the letter addressed on 29 August 1986 by the Secretary of Foreign Relations of the Republic of Honduras to the Registrar informing him, in particular, of the appointment of Your Excellency as Agent of the Republic of Honduras in the case concerning *Border and Transborder Armed Actions (Nicaragua v. Honduras)*. The receipt of that letter was acknowledged by the Registrar's letter of the same date.

The letter from the Secretary of Foreign Relations, while drafted in English, contains two quotations in French corresponding to reservations *(a)* and *(c)* to the Declaration accepting the compulsory jurisdiction of the Court, made by the Government of the Republic of Honduras on 22 May 1986. They read as follows:

(a) "les différends au sujet desquels les Parties seraient convenues ou conviendraient d'avoir recours à un ou plusieurs autres modes de règlement pacifique".

(c) "les différends relatifs à des faits ou situations nés des conflits armés ou actes de même nature pouvant affecter le territoire de la République du Honduras dans lesquels elle pourrait être directement ou indirectement impliquée".

The text of the above-quoted reservations is identical to that contained in the French translation of the Declaration of acceptance sent to the Registry under cover of a letter of 26 May 1986 from the then Ambassador of the Republic of Honduras to the Netherlands, His Excellency Mr. R. Arita Quiñonez.

However, the above-mentioned French text differs from the French text of the Declaration of acceptance communicated to the Registry by the Secretariat of the United Nations. According to that French text the reservations in question read as follows:

(a) "les différends pour lesquels les parties ont décidé ou pourraient décider de recourir à un autre moyen ou à d'autres moyens de règlement pacifique des différends";

(c) "les différends ayant trait à des faits ou des situations ayant leur origine dans des conflits armés ou des actes de même nature qui pourraient affecter le territoire de la République du Honduras, et dans lesquels cette dernière pourrait se trouver impliquée, directement ou indirectement".

For your convenience I attach both the French and the English texts of the Declaration of acceptance as communicated to the Registry by the United Nations Secretariat.

Annex

SECRETARIAT OF STATE FOR FOREIGN AFFAIRS OF THE
REPUBLIC OF HONDURAS

DECLARATION ON THE JURISDICTION OF THE
INTERNATIONAL COURT OF JUSTICE

The Government of the Republic of Honduras, duly authorized by the National Congress under Decree No. 75-86 of 21 May 1986 to modify the

Declaration made on 20 February 1960 concerning Article 36 (2) of the Statute of the International Court of Justice,

Hereby declares:

That it modifies the Declaration made by it on 20 February 1960 as follows:

1. It recognizes as compulsory *ipso facto* and without special agreement, in relation to any other State accepting the same obligation, the jurisdiction of the International Court of Justice in all legal disputes concerning:
   (a) the interpretation of a treaty;
   (b) any question of international law;
   (c) the existence of any fact which, if established, would constitute a breach of an international obligation;
   (d) the nature and extent of the reparation to be made for the breach of an international obligation.
2. This Declaration shall not apply, however, to any of the following disputes to which the Republic of Honduras is a party:
   (a) disputes in respect of which the parties have agreed or may agree to resort to other means for the pacific settlement of disputes;
   (b) disputes concerning matters subject to the domestic jurisdiction of the Republic of Honduras under international law;
   (c) disputes relating to facts or situations originating in armed conflicts or acts of a similar nature which may affect the territory of the Republic of Honduras, and in which it may find itself involved directly or indirectly;
   (d) disputes referring to:
      (i) territorial questions with regard to sovereignty over islands, shoals and reefs; internal waters, bays and the legal status and limits of the territorial sea;
      (ii) all rights of sovereignty or jurisdiction concerning the legal status and limits of the contiguous zone, the exclusive economic zone and the continental shelf;
      (iii) the airspace over the territories, waters and zones referred to in this subparagraph.
3. The Government of Honduras also reserves the right at any time to supplement, modify or withdraw this Declaration or the reservations contained therein by giving notice to the Secretary-General of the United Nations.
4. This Declaration replaces the Declaration made by the Government of Honduras on 20 February 1960.

National Palace, Tegucigalpa, D.C., 22 May 1986.

(Signed) José AZCONA H.,
President of the Republic.

(Signed) Carlos LÓPEZ CONTRERAS,
Secretary of State for Foreign Affairs.

Ministère des Relations Extérieures de la République du Honduras

Déclaration sur la juridiction de la Cour internationale de Justice

Par la présente, le Gouvernement de la République du Honduras, dûment autorisé par le Congrès national, en vertu du décret n° 75-86 du 21 mai 1986, à modifier la déclaration faite le 20 février 1960 concernant le paragraphe 2 de l'article 36 du Statut de la Cour internationale de Justice, *déclare*:

Modifier comme suit la déclaration qu'il a faite le 20 février 1960:

1) Reconnaître comme obligatoire de plein droit et sans convention spéciale, à l'égard de tout autre Etat acceptant la même obligation, la juridiction de la Cour internationale de Justice sur tous les différends d'ordre juridique ayant pour objet:

   a) l'interprétation d'un traité;
   b) tout point de droit international;
   c) la réalité de tout fait qui, s'il était établi, constituerait la violation d'un engagement international;
   d) la nature ou l'étendue de la réparation due pour la rupture d'un engagement international.

2) La présente déclaration ne s'applique pas, toutefois, aux différends auxquels la République du Honduras serait partie et qui appartiennent aux catégories suivantes:

   a) les différends pour lesquels les parties ont décidé ou pourraient décider de recourir à un autre moyen ou à d'autres moyens de règlement pacifique des différends;
   b) les différends ayant trait à des questions relevant de la juridiction interne de la République du Honduras, conformément au droit international;
   c) les différends ayant trait à des faits ou des situations ayant leur origine dans des conflits armés ou des actes de même nature qui pourraient affecter le territoire de la République du Honduras, et dans lesquels cette dernière pourrait se trouver impliquée, directement ou indirectement;
   d) les différends ayant trait:

   i) aux questions territoriales concernant la souveraineté sur les îles, les bancs et les cayes; les eaux intérieures, les golfes et la mer territoriale, leur statut et leurs limites;
   ii) à tous les droits de souveraineté ou de juridiction concernant la zone contiguë, la zone économique exclusive et le plateau continental, leurs statuts et leurs limites;
   iii) à l'espace aérien situé au-dessus des territoires, des eaux et des zones décrits dans le présent alinéa *d)*.

3) Le Gouvernement de la République du Honduras se réserve également le droit de compléter, modifier ou retirer à tout moment la présente déclaration, ou les réserves qu'elle contient, par notification adressée au Secrétaire général de l'Organisation des Nations Unies.

4) La présente déclaration remplace la déclaration formulée par le Gouvernement de la République du Honduras le 20 février 1960.

Fait au palais présidentiel, à Tegucigalpa (D.C.), le 22 mai 1986.

Le président de la République,
(Signé) José AZCONA H.

Le secrétaire d'Etat aux relations extérieures,
(Signé) Carlos LÓPEZ CONTRERAS.

10. THE DEPUTY-REGISTRAR TO THE AGENT OF NICARAGUA

4 September 1986.

Further to the letter of 29 August 1986 addressed to Your Excellency by the Registrar and enclosing copy of a letter of the same date from the Secretary of Foreign Relations of the Republic of Honduras, I have the honour to transmit to Your Excellency copy of a letter which I have sent to the Agent of the Republic of Honduras in the case concerning *Border and Transborder Armed Actions (Nicaragua* v. *Honduras).*

11. LE GREFFIER ADJOINT AU MINISTRE DES AFFAIRES ÉTRANGÈRES DES PAYS-BAS

18 septembre 1986.

Me référant au paragraphe V des principes généraux de l'accord du 26 juin 1946 entre le Gouvernement des Pays-Bas et la Cour internationale de Justice, j'ai l'honneur de porter à votre connaissance qu'en l'affaire des *Actions armées frontalières et transfrontalières (Nicaragua c. Honduras)* le Gouvernement du Nicaragua a désigné comme agent S. Exc. M. Carlos Argüello Gómez, ambassadeur à La Haye. De son côté, le Gouvernement du Honduras a désigné comme agent S. Exc. M. Mario Carías Zapata, ambassadeur à La Haye.

12. THE DEPUTY-REGISTRAR TO THE AGENT OF HONDURAS[1]

16 October 1986.

Further to my letter of 3 September 1986 I have the honour to transmit copies of the corrections made to the English and French translations of the new Honduras Declaration of 22 May 1986 which had been prepared and circulated by the United Nations Secretariat. For your convenience, I am also transmitting the integral text of the translations of the new Declaration into English and French.

---

[1] A similar communication was sent to the Agent of Nicaragua.

The corrected text of those translations has been communicated to the Registry by the Treaty Section of the United Nations Office of Legal Affairs; it will be reproduced in the Court's *Yearbook 1985-1986*.

13. THE REGISTRAR TO THE AGENT OF NICARAGUA[1]

22 October 1986.

I have the honour to inform you that by an Order[2] dated 22 October 1986, the Court has fixed the following time-limits for the written proceedings on the questions of the jurisdiction of the Court and the admissibility of the Application in the case concerning *Border and Transborder Armed Actions (Nicaragua v. Honduras)*.

For the Memorial of the Republic of Honduras: 23 February 1987.
For the Counter-Memorial of the Republic of Nicaragua: 22 June 1987.

The subsequent procedure, including the date for the opening of oral proceedings, is reserved for further decision. I enclose the official sealed copy of the Order.

14. LE GREFFIER AU MINISTRE DES RELATIONS EXTÉRIEURES DU BRÉSIL[3]

3 novembre 1986.

Par lettres du 21 août 1986, j'ai eu l'honneur de vous communiquer un exemplaire de chacune des deux requêtes introductives d'instance présentées à la Cour par la République du Nicaragua contre la République du Costa Rica et la République du Honduras, respectivement, dans les affaires des *Actions armées frontalières et transfrontalières (Nicaragua c. Costa Rica)* et *Actions armées frontalières et transfrontalières (Nicaragua c. Honduras)*.

J'ai maintenant l'honneur de vous informer, premièrement, que, par ordonnance du 21 octobre 1986, la Cour a fixé comme suit les délais pour le dépôt des pièces de la procédure écrite dans l'affaire des *Actions armées frontalières et transfrontalières (Nicaragua c. Costa Rica)*.

Pour le mémoire de la République du Nicaragua: le 21 juillet 1987.
Pour le contre-mémoire de la République du Costa Rica: le 21 avril 1988.

Deuxièmement, par ordonnance du 22 octobre 1986, la Cour a fixé comme suit les délais pour le dépôt des pièces de la procédure écrite relatives aux questions de la compétence de la Cour et de la recevabilité de la requête dans l'affaire des *Actions armées frontalières et transfrontalières (Nicaragua c. Honduras)*

Pour le mémoire de la République du Honduras: le 23 février 1987.
Pour le contre-mémoire de la République du Nicaragua: le 22 juin 1987.

---

[1] A communication in the same terms was sent to the Agent of Honduras.
[2] *I.C.J. Reports 1986*, p. 551.
[3] La même communication a été adressée aux Etats suivants: Chili, Colombie, Haïti, Mexique, Pérou, République dominicaine et Uruguay.

Dans les deux cas, la Cour a réservé la suite de la procédure (c'est-à-dire en particulier le déroulement de la procédure orale).

Le texte imprimé des ordonnances vous sera communiqué sous peu.

Enfin, j'ai reçu pour instructions, conformément à l'article 43 du Règlement de la Cour, d'appeler votre attention sur le fait que, dans les deux requêtes, la République du Nicaragua invoque notamment le traité américain de règlement pacifique (pacte de Bogotá) conclu à la neuvième conférence internationale des Etats américains en 1948. Il me faut ajouter cependant que la présente notification ne préjuge aucune décision que la Cour pourrait être appelée à prendre en application de l'article 63 du Statut.

15. LE GREFFIER AU MINISTRE DES RELATIONS EXTÉRIEURES ET DES CULTES DU COSTA RICA

20 novembre 1986.

J'ai l'honneur de me référer à la lettre du 21 août 1986 par laquelle je vous ai communiqué un exemplaire de la requête introductive d'instance présentée à la Cour par la République du Nicaragua contre la République du Honduras en l'affaire concernant des *Actions armées frontalières et transfrontalières (Nicaragua c. Honduras)*, ainsi qu'à l'ordonnance en date du 22 octobre 1986 par laquelle la Cour, tout en réservant la suite de la procédure, a fixé les délais pour la procédure écrite relative aux questions de la compétence de la Cour et de la recevabilité de la requête en cette affaire. Vous trouverez ci-joint un exemplaire de cette ordonnance.

J'ai reçu pour instructions, conformément à l'article 43 du Règlement de la Cour, d'appeler votre attention sur le fait que, dans sa requête, la République du Nicaragua invoque notamment le traité américain de règlement pacifique (pacte de Bogotá) conclu à la neuvième conférence internationale des Etats américains en 1948. Il me faut ajouter cependant que la présente notification ne préjuge aucune décision que la Cour pourrait être appelée à prendre en application de l'article 63 de son Statut.

16. L'AGENT DU HONDURAS AU GREFFIER

23 février 1987.

J'ai l'honneur, dans le délai fixé par l'ordonnance rendue par la Cour le 22 octobre 1986, de déposer au Greffe de la Cour le texte original et deux copies certifiées conforme du mémoire du Gouvernement du Honduras, accompagné d'un volume d'annexes, dans l'affaire relative à des *Actions armées frontalières et transfrontalières (Nicaragua c. Honduras) (compétence et recevabilité)*.

Je dépose aussi cent vingt-cinq exemplaires (mémoire et annexes) requis par le Greffe conformément à l'article 52 du Règlement.

Finalement je vous remets un exemplaire qui contient les annexes dont les textes figurent traduits à l'une des langues officielles de la Cour dans le volume des annexes.

(Signé) Mario CARÍAS.

17. THE REGISTRAR TO THE AGENT OF HONDURAS

23 February 1987.

I have the honour to acknowledge receipt of the Memorial of the Republic of Honduras on questions of jurisdiction and admissibility in the case concerning *Border and Transborder Armed Actions (Nicaragua* v. *Honduras)*, and the annexes thereto, filed by you in the Registry today, together with a signed copy for communication to the other Party and the additional copies required under Article 52, paragraph 1, of the Rules of Court. Also deposited was a volume of the original Spanish texts of a number of documents of which translations, or translations of extracts, were included in the annexes to the Memorial, and a video-cassette of a television interview, a translation of an extract from which forms Annex 28.

(Signed) Eduardo VALENCIA-OSPINA.

18. THE REGISTRAR TO THE AGENT OF NICARAGUA

23 February 1987.

I have the honour to transmit to you herewith a signed copy of the Memorial of the Republic of Honduras on questions of jurisdiction and admissibility in the case concerning *Border and Transborder Armed Actions (Nicaragua* v. *Honduras)*, together with the annexes thereto, filed in the Registry today. Also deposited in the Registry was a volume of the original Spanish texts of a number of documents of which translations, or translations of extracts, were included in the annexes to the Memorial, and a video-cassette of a television interview, a translation of an extract from which forms Annex 28.

19. THE REGISTRAR TO THE AGENT OF NICARAGUA

27 February 1987.

I have the honour to refer to my letter of 23 February 1987 with which I transmitted to Your Excellency a signed copy of the Memorial of Honduras on questions of jurisdiction and admissibility in the case concerning *Border and Transborder Armed Actions (Nicaragua* v. *Honduras)*, and the annexes thereto. Annex 29, document D, consists of an English translation of a resolution of the OAS General Assembly (ag/cg doc. 23/86). The Agent of Honduras has deposited a copy of the original Spanish text of this resolution; he has however also supplied a copy of the official English text issued by the OAS Secretariat, and I am enclosing a copy of this latter text[1] for your convenience.

---

[1] See **I**, p. 175.

20. THE REGISTRAR TO THE AGENT OF HONDURAS

27 February 1987.

On a preliminary examination of the Memorial on questions of jurisdiction and admissibility filed by Your Excellency on 23 February 1987 in the case concerning *Border and Transborder Armed Actions (Nicaragua v. Honduras)* and the annexes thereto, I note that Annex 8 consists of a translation of an extract from a Report from the Minister for Foreign Relations to the National Congress of Honduras dated 15 June 1983, and this extract contains two sections headed respectively "A) The situation in Nicaragua and its repercussion on Honduras and the region" and "B) The negotiations within the Contadora Group". The corresponding Spanish text, deposited by you pursuant to Article 50, paragraph 2, and Article 51, paragraph 3, of the Rules of Court, contains the text corresponding to section A but only the title of section B (pp. 51-57 of the original Spanish document). On the assumption that section B is also regarded as relevant in support of the contentions in the Memorial (cf. para. 1.22 thereof), I should be obliged if you would in due course deposit the original Spanish text.

Should any further queries of this kind arise in the course of further examination of the documents, I shall not fail to bring them to Your Excellency's attention. I enclose for your information a copy of a letter I have today sent to the Agent of Nicaragua.

21. L'AGENT DU HONDURAS AU GREFFIER

2 mars 1987.

J'ai l'honneur de vous accuser réception de votre aimable lettre 77384 en date du 27 février se référant à l'omission par erreur d'une partie de l'annexe 8 en original espagnol.

Vous trouverez ci-joint cette partie B[1] de l'annexe 8 que vous demandez et qui par regrettable erreur n'avait pas été déposée avec le reste des documents.

22. THE DEPUTY-REGISTRAR TO THE AGENT OF NICARAGUA

23 June 1987.

I have the honour to acknowledge receipt of the Counter-Memorial[2] of the Republic of Nicaragua on questions of jurisdiction and admissibility in the case concerning *Border and Transborder Armed Actions (Nicaragua v. Honduras)*, and of a volume of annexes thereto, filed by Your Excellency in the Registry yesterday, together with a signed copy for communication to the

---

[1] Non reproduite.
[2] See **I**, pp. 279-509.

other Party and 18 of the additional copies required under Article 52 (1) of the Rules of Court.

I beg further to remind you that the provision of certified texts in one of the Court's official languages of the documents annexed in Spanish is required by Article 51 (3) of the Rules of Court. I venture also to request that you provide more readily legible copies of Annex 21.

(Signed) Bernard NOBLE.

23. DEPUTY-REGISTRAR TO THE AGENT OF HONDURAS

23 June 1987.

I have the honour to transmit to Your Excellency a certified copy of the Counter-Memorial on questions of jurisdiction and admissibility filed yesterday in the Registry by the Agent of Nicaragua in the case concerning *Border and Transborder Armed Actions (Nicaragua v. Honduras)*, together with a volume of annexes thereto.

24. THE AGENT OF COSTA RICA IN THE CASE CONCERNING *BORDER AND TRANSBORDER ARMED ACTIONS (NICARAGUA V. COSTA RICA)* TO THE REGISTRAR

22 June 1987.

In my capacity as Agent of the Republic of Costa Rica in the case before that Court *Border and Transborder Armed Actions (Nicaragua v. Costa Rica)*, and in reference to the case 1986 General List No. 74 — *Border and Transborder Armed Actions (Nicaragua v. Honduras)*, I respectfully request that my Government may have available copies of the pleadings and documents annexed presented by the parties during the preliminary objections stage of said case.

I am confident that Honduras, as well as Nicaragua will not have any objections to the above request.

(Signed) Edgar UGALDE.

25. THE DEPUTY-REGISTRAR TO THE AGENT OF COSTA RICA IN THE CASE CONCERNING *BORDER AND TRANSBORDER ARMED ACTIONS (NICARAGUA V. COSTA RICA)*

23 June 1987.

I acknowledge receipt of the letter of 22 June 1987 in which Your Excellency has requested that the pleadings and annexed documents presented by the Parties in the current phase of the case concerning *Border and Transborder Armed Actions (Nicaragua v. Honduras)* be made available to your

Government and have the honour to advise you that this request will be considered in accordance with the procedure laid down by Article 53 (1) of the Rules of Court.

We shall not fail to inform you as soon as a decision is taken in the matter.

26. THE DEPUTY-REGISTRAR TO THE AGENT OF HONDURAS[1]

23 June 1987.

I have the honour to transmit to Your Excellency a copy of a letter dated 22 June 1987 whereby the Agent of Costa Rica in the case concerning *Border and Transborder Armed Actions (Nicaragua* v. *Costa Rica)* has requested that the pleadings and annexed documents presented by the Parties in the current phase of the case between Nicaragua and Honduras be made available to his Government.

It would be appreciated if the view of your Government on this request could be communicated to the Court at your earliest convenience, for the purposes of the application of Article 53 (1) of the Rules of Court.

27. THE AGENT OF NICARAGUA TO THE REGISTRAR

29 June 1987.

I have the honour to refer to the letter dated 23 June 1987 whereby the Deputy-Registrar requests the view of my Government on the request made by the Agent of Costa Rica that the pleadings and annexes presented by the Parties in the case concerning *Border and Transborder Armed Actions (Nicaragua* v. *Honduras)* be made available to his Government.

After consideration, my Government has no objection to this specific request by the Government of Costa Rica.

(Signed) Carlos ARGÜELLO G.

28. THE PRINCIPAL LEGAL SECRETARY OF THE COURT TO THE AGENT OF NICARAGUA

1 July 1987.

I have the honour to acknowledge receipt of Your Excellency's letter of 29 June 1987, informing me that the Government of Nicaragua has no objection to copies of the pleadings and annexed documents in the case concerning *Border and Transborder Armed Actions (Nicaragua* v. *Honduras)* being furnished to the Government of Costa Rica, which has requested such communi-

---

[1] A communication in the same terms was sent to the Agent of Nicaragua.

cation in accordance with Article 53 of the Rules of Court. I shall not fail to inform you of the decision taken in due course by the Court or the President on that request.

(Signed) H. W. A. THIRLWAY.

29. THE REGISTRAR TO THE AGENT OF NICARAGUA[1]

13 July 1987.

I have the honour to confirm that, as the President of the Court indicated to Your Excellency at the meeting held on 30 June 1987 with the Agents of the Parties to the case concerning *Border and Transborder Armed Actions (Nicaragua v. Honduras)*, the President has fixed Tuesday 20 October 1987 at 10 a.m. as the date for the opening of the oral proceedings on questions of jurisdiction and admissibility in that case. This decision was taken pursuant to Article 54, paragraphs 1 and 3, of the Rules of Court.

30. THE REGISTRAR TO THE AGENT OF NICARAGUA

20 July 1987.

I have the honour to refer to my letter of 10 November 1986, with which I sent Your Excellency a note concerning the printing of pleadings, for guidance in the preparation of the Counter-Memorial of Nicaragua in the case concerning *Border and Transborder Armed Actions (Nicaragua v. Honduras)*. In that letter I mentioned that the number of copies of pleadings required by the Registry in this case, pursuant to Article 52, paragraph 1, of the Rules of Court, had been fixed at 125.

When the original Counter-Memorial of Nicaragua was filed on 22 June 1987, it was accompanied by the certified copy for the other Party required by Article 52 of the Rules, but by only 18 additional copies. It was understood that the copies required by the Registry would be supplied very shortly, as soon as the necessary binding work could be done, and it was on this understanding that the Deputy-Registrar accepted the pleading as duly filed, notwithstanding the absence of strict compliance with Article 52. At the same time, it was noted that a number of the Annexes to the Counter-Memorial were in the original Spanish only, no translation being supplied as required by Article 51, paragraph 3, of the Rules of Court. This point was in fact adverted to in Your Excellency's letter of 23 June 1987.

Since four weeks have now passed without the required number of copies of the Counter-Memorial being filed, or the necessary translations being supplied, I consider it my duty to remind Your Excellency of the matter. Apart from the complications caused to the work of the Registry, in particular the translation of the pleading into French, the shortage of copies prevents me from supplying the other Party with the additional copies it requires for the preparation of its oral argument, and since the counsel instructed by Hondu-

---

[1] A communication in the same terms was sent to the Agent of Honduras.

ras may not necessarily be able to read Spanish, their work is also hindered by the absence of translations. This is a situation which would appear to conflict with the principle of the equality of the Parties.

I shall therefore be obliged if you will make arrangements to supply the missing translations and to file the additional copies as soon as possible, if necessary in instalments.

31. THE REGISTRAR TO THE SECRETARY GENERAL OF
THE ORGANIZATION OF AMERICAN STATES

21 July 1987.

I have the honour to inform you that in the case concerning *Border and Transborder Armed Actions (Nicaragua* v. *Honduras)*, brought before the Court by Nicaragua, one of the bases of jurisdiction for the Court relied on by Nicaragua is Article XXXI of the American Treaty on Pacific Settlement (Pact of Bogotá) concluded at the Ninth International Conference of American States in 1948. Honduras has however contended, *inter alia*, that Article XXXI of that Treaty cannot be invoked as a basis of jurisdiction independently of Article XXXII, and that the latter Article precludes any unilateral application to the Court except on certain conditions which, in the view of Honduras, are not satisfied in this case. The proceedings therefore appear to raise questions of construction of the Pact of Bogotá.

The Court has directed that the initial pleadings in the case be directed to questions of jurisdiction and admissibility, and those pleadings have now been filed, on 20 October 1987 oral proceedings will open, with a view to a judgment being given by the Court on those questions.

Article 34, paragraph 3, of the Statute of the Court provides as follows:

> "3. Whenever the construction of the constituent instrument of a public international organization or of an international convention adopted thereunder is in question in a case before the Court, the Registrar shall so notify the public international organization concerned and shall communicate to it copies of all the written proceedings."

The Pact of Bogotá appears to fall in the category of conventions contemplated by this Article, since it provides in its preamble as follows:

> "In the name of their peoples, the Governments represented at the Ninth International Conference of American States have resolved, *in fulfilment of Article XXIII of the Charter of the Organization of American States*, to conclude the following Treaty: . . ." (Emphasis added.)

In these circumstances the Court has instructed me to communicate to the Organization of American States copies of all the written proceedings. I accordingly have the honour to enclose herewith copies of the Application instituting proceedings, the Memorial submitted by the Government of Honduras, and the Counter-Memorial submitted by the Government of Nicaragua, together with the annexes to those pleadings.

This instruction was given pursuant to Article 69, paragraph 3, of the Rules of Court, which is in the following terms:

> "3. In the circumstances contemplated by Article 34, paragraph 3, of the Statute, the Registrar, on the instructions of the Court, or of the

President if the Court is not sitting, shall proceed as prescribed in that paragraph. The Court, or the President if the Court is not sitting, may, as from the date on which the Registrar has communicated copies of the written proceedings and after consulting the chief administrative officer of the public international organization concerned, fix a time-limit within which the organization may submit to the Court its observations in writing. These observations shall be communicated to the parties and may be discussed by them and by the representative of the said organization during the oral proceedings."

The Vice-President of the Court, Acting President, has directed me further to ask you to inform me as soon as possible whether the Organization of American States would wish to submit to the Court observations on the matter in accordance with Article 69, paragraph 3, of the Rules of Court, and to inform you that he has fixed 20 September 1987 as the time-limit within which such observations may be filed.

Furthermore, I should inform you that Nicaragua has also instituted proceedings against the Republic of Costa Rica *(Border and Transborder Armed Actions (Nicaragua* v. *Costa Rica))*, and one of the bases of jurisdiction relied on in these proceedings also is Article XXXI of the Pact of Bogotá. However, the Government of Costa Rica has not yet indicated whether or not it contests the claim of Nicaragua to the existence of jurisdiction on that basis, and it therefore appears premature to say whether a question of construction of Article XXXI will arise in that case as well. I enclose for your information a copy of the Application in that case and of the Orders made by the Court on both cases.

Finally, for the sake of completeness, I should also draw your attention to the fact that in its Applications in these two cases Nicaragua asserts that Honduras and Costa Rica have committed breaches of the Charter of the OAS and of the Pact of Bogotá. These allegations may also raise questions of construction of those two instruments, but, in the proceedings brought against Honduras at least, the Court will only be called upon to examine such allegations if it is satisfied that it has jurisdiction, a point which, as indicated, forms the subject of the initial stage of those proceedings.

32. THE REGISTRAR TO THE AGENT OF NICARAGUA

21 July 1987.

I have the honour to transmit to Your Excellency herewith a copy of a letter I have today sent to the Secretary General of the Organization of American States, referring to the cases concerning *Border and Transborder Armed Actions (Nicaragua* v. *Honduras)* and *Border and Transborder Armed Actions (Nicaragua* v. *Costa Rica)*.

33. THE REGISTRAR TO THE AGENT OF HONDURAS

21 July 1987.

I have the honour to transmit to Your Excellency herewith a copy of a letter I have today sent to the Secretary General of the Organization of

American States, referring to the case concerning *Border and Transborder Armed Actions (Nicaragua* v. *Honduras)*.

34. THE REGISTRAR TO THE AGENT OF COSTA RICA IN THE CASE CONCERNING *BORDER AND TRANSBORDER ARMED ACTIONS (NICARAGUA V. COSTA RICA)*

21 July 1987.

I have the honour to transmit to Your Excellency herewith a copy of a letter I have today sent to the Secretary General of the Organization of American States. This letter relates primarily to the case concerning *Border and Transborder Armed Actions (Nicaragua* v. *Honduras)*, but as you will observe, reference is also made to the case concerning *Border and Transborder Armed Actions (Nicaragua* v. *Costa Rica)*.

35. L'AGENT DU HONDURAS AU GREFFIER

26 juillet 1987.

J'ai l'honneur de vous exprimer me référant à votre aimable communication en date du 23 juin relative à la demande du Costa Rica pour que lui soient communiquées les pièces de la procédure dans l'affaire des *Actions armées frontalières et transfrontalières (Nicaragua c. Honduras)*, dans sa phase actuelle, que le Gouvernement du Honduras n'a pas d'objection à ce que nos pièces écrites soient communiquées au Costa Rica.

36. THE SECRETARY GENERAL OF THE ORGANIZATION OF AMERICAN STATES TO THE REGISTRAR

29 July 1987.

I am pleased to acknowledge receipt of your note 78281, dated July 21, 1987, enclosing a copy of all the written proceedings on the case concerning *Border and Transborder Armed Actions (Nicaragua* v. *Honduras)* brought before the International Court of Justice by Nicaragua.

As to whether or not the Organization of American States wishes to submit to the Court observations on the matter, I am of the opinion that, in this case, the Secretary General would not have the authority to make such observations.

Furthermore, the convening of the Permanent Council of the Organization on this matter would require that each Member State be provided with copies of all the written proceedings on the case which may contravene the Rules of the Court.

On the other hand, it is my understanding that the Court has already notified all the other parties to the American Treaty on Pacific Settlement

(Pact of Bogotá) on the fact that these proceedings appear to raise questions of the construction of this Pact.

(*Signed*) Joäo Clemente BAENA SOARES.

37. THE REGISTRAR TO THE AGENT OF HONDURAS

30 July 1987.

I have the honour to acknowledge receipt of Your Excellency's letter of 26 July 1987, received in the Registry today, informing me that the Government of Honduras has no objection to copies of the pleadings and annexed documents in the case concerning *Border and Transborder Armed Actions (Nicaragua* v. *Honduras)* being furnished to the Government of Costa Rica, which has requested such communication in accordance with Article 53 of the Rules of Court. I shall not fail to inform you of the decision taken in due course by the President on that request.

38. THE REGISTRAR TO THE AGENT OF HONDURAS[1]

31 July 1987.

I have the honour to inform Your Excellency that the President of the Court, in exercise of the powers conferred upon him by Article 53 (1) of the Rules of Court and after ascertaining the views of the Parties, has decided that copies of the pleadings and documents annexed presented by the Parties in the current phase of the case concerning *Border and Transborder Armed Actions (Nicaragua* v. *Honduras)* be made available to the Government of Costa Rica as requested by that Government's Agent before the Court in a letter dated 22 June 1987.

39. THE REGISTRAR TO THE AGENT OF COSTA RICA IN THE CASE CONCERNING *BORDER AND TRANSBORDER ARMED ACTIONS (NICARAGUA* V. *COSTA RICA)*

31 July 1987.

I have the honour to inform Your Excellency that the President of the Court, in exercise of the powers conferred upon him by Article 53 (1) of the Rules of Court and after ascertaining the views of the Parties, has decided that copies of the pleadings and documents annexed presented by the Parties in the current phase of the case concerning *Border and Transborder Armed Actions (Nicaragua* v. *Honduras)* be made available to the Government of Costa Rica as requested by Your Excellency in a letter dated 22 June 1987. The aforementioned copies are being despatched separately to the Embassy of Costa Rica at The Hague.

---

[1] A communication in the same terms was sent to the Agent of Nicaragua.

40. THE REGISTRAR TO THE AGENT OF NICARAGUA

3 August 1987.

I have the honour to transmit to Your Excellency herewith a copy of a letter dated 29 July 1987 and handed to me today by the Legal Adviser of the Organization of American States containing the reply of the Secretary General of the OAS to my letter of 21 July 1987 referring to the cases concerning *Border and Transborder Armed Actions (Nicaragua v. Honduras)* and *Border and Transborder Armed Actions (Nicaragua v. Costa Rica)*.

41. THE REGISTRAR TO THE AGENT OF HONDURAS

3 August 1987.

I have the honour to transmit to Your Excellency herewith a copy of a letter dated 29 July 1987 and handed to me today by the Legal Adviser of the Organization of American States containing the reply of the Secretary General of the OAS to my letter of 21 July 1987 referring to the case concerning *Border and Transborder Armed Actions (Nicaragua v. Honduras)*.

42. LES AGENTS DU HONDURAS ET DU NICARAGUA AU GREFFIER

13 août 1987.

Nous avons l'honneur, nous référant à la phase orale de la procédure dans l'affaire des *Actions armées frontalières et transfrontalières (Nicaragua c. Honduras) (compétence et recevabilité)*, de vous demander de bien vouloir transmettre à Monsieur le Président de la Cour internationale de Justice l'accord signé le 7 août 1987 par les présidents des Républiques du Honduras et du Nicaragua dont le texte espagnol est le suivant (traduction française non officielle ci-jointe):

«Los Presidentes de la República de Honduras y de Nicaragua, en la convicción de que es necesario fortalecer este plan de pacificación regional, mediante la adopción de medidas de restablecimiento de la confianza recíproca, han acordado instruir a sus respectivos Secretarios de Relaciones Exteriores, para que soliciten a la Corte Internacional de Justicia, que tenga a bien aceptar el diferimiento de la celebración de la fase oral del Juicio sobre Competencia, que inter alia, se ventila ante aquel Alto Tribunal, por un período de tres meses, en el entendimiento que dicha situación judicial será examinada nuevamente por ellos con mitovo de la Reunión de Presidentes Centroamericanos que tendrá lugar en el término de ciento cincuenta días conforme el Compromiso establecido en este plan, con el fín de convenir el desistimiento del recurso a la acción judicial internacional sobre la situación Centroamericana.

Suscrito en ocasión de la Reunión Cumbre Esquipulas II, en la ciudad de Guatemala, el siete de agosto de mil novecientos ochenta y siete.

<table>
<tr><td>José AZCONA HOYO,
Presidente de la República
de Honduras.</td><td>Daniel ORTEGA SAAVEDRA,
Presidente de la República
de Nicaragua.»</td></tr>
</table>

Annexe

(Traduction non officielle)

Les présidents de la République du Honduras et du Nicaragua, convaincus de la nécessité de fortifier ce plan de pacification régionale, en adoptant des mesures de rétablissement de la confiance réciproque, sont convenus d'instruire leurs secrétaires de relations extérieures, pour qu'ils demandent à la Cour internationale de Justice de bien vouloir accepter l'ajournement de l'ouverture de la procédure orale dans sa phase sur la compétence qui, *inter alia*, se déroule devant cette Haute Cour, pour une période de trois mois, étant entendu que cette situation judiciaire sera examinée de nouveau par eux à l'occasion de la réunion des présidents d'Amérique centrale qui aura lieu dans le délai de cent cinquante jours conformément à l'engagement pris dans ce plan, afin de convenir le désistement du recours à l'action judiciaire internationale sur la situation en Amérique centrale.

Signé à l'occasion de la réunion au sommet d'Esquipulas II, en la ville de Guatemala, le sept août mil neuf cent quatre-vingt-sept.

<table>
<tr><td>José AZCONA HOYO,
président de la République
du Honduras.</td><td>Daniel ORTEGA SAAVEDRA,
président de la République
du Nicaragua.</td></tr>
</table>

43. LE GREFFIER À L'AGENT DU NICARAGUA[1]

13 août 1987.

J'ai l'honneur d'accuser réception de la lettre conjointe en date du 13 août 1987 par laquelle, les agents du Honduras et du Nicaragua, se référant à la phase orale de la procédure en l'affaire des *Actions armées frontalières et transfrontalières (Nicaragua c. Honduras) (compétence et recevabilité)*, ont bien voulu me communiquer, pour transmission au Président de la Cour, le texte en langue originale espagnole — accompagné d'une traduction française non officielle — d'un accord signé le 7 août 1987, à l'occasion de la réunion au sommet d'Esquipulas II, par S. Exc. M. le président de la République du Honduras et S. Exc. M. le président de la République du Nicaragua, visant à solliciter l'ajournement, pour une période de trois mois, de l'ouverture de la procédure orale en l'affaire susvisée et dans lequel il est précisé que

«cette situation judiciaire sera examinée de nouveau par eux à l'occasion de la réunion des présidents d'Amérique centrale qui aura lieu dans le délai de cent cinquante jours conformément à l'engagement

---

[1] La même communication a été adressée à l'agent du Honduras.

pris dans [le] plan [de pacification régionale], afin de convenir le désistement du recours à l'action judiciaire internationale sur la situation en Amérique centrale». [Traduction française non officielle des Parties.]

J'ai en outre l'honneur de vous faire savoir que le Président de la Cour, auquel le texte de l'accord susmentionné a été transmis par mes soins, a décidé, en application de l'article 54 du Règlement de la Cour, de prononcer le renvoi de l'ouverture de la procédure orale en l'affaire à une date ultérieure qui sera fixée après consultation des agents des Parties.

Une communication identique est adressée à M. l'agent du Honduras.

44. THE REGISTRAR TO THE AGENT OF NICARAGUA

13 August 1987.

I have the honour to acknowledge receipt of 100 additional copies of the Counter-Memorial of the Republic of Nicaragua on questions of jurisdiction and admissibility in the case concerning *Border and Transborder Armed Actions (Nicaragua* v. *Honduras)*, and of the volume of Annexes thereto.

I note that the volume of Annexes incorporates English translations of Annexes 7, 8, 13, 15, 17, 18, 20 and 25. No translations, however, have yet been received of the Spanish-language documents contained in Annexes 19, 22 and 24. Versions in one of the official languages of the Court of these three documents are still, therefore, required in order to ensure compliance with Article 51 (3) of the Rules of Court. I shall therefore be obliged if you will arrange to supply these, in the same number of copies as the translations already filed, as soon as possible.

45. THE REGISTRAR TO THE AGENT OF HONDURAS

14 August 1987.

Further to my letter of 23 June 1987, I have the honour to send Your Excellency some additional copies of the Annexes to the Counter-Memorial on questions of jurisdiction and admissibility filed by the Agent of Nicaragua in the case concerning *Border and Transborder Armed Actions (Nicaragua* v. *Honduras)*.

I also transmit herewith a copy of a letter which I addressed to the Agent of Nicaragua on 13 August 1987. As mentioned in that letter, you will note that certain English translations absent from the certified copy transmitted to you on 13 June have been incorporated in the additional copies now provided.

46. THE REGISTRAR TO THE AGENT OF NICARAGUA

18 August 1987.

I have the honour to draw Your Excellency's attention to the document of which a copy has been filed as Annex 25 to the Counter-Memorial of your

Government in the case concerning *Border and Transborder Armed Actions (Nicaragua* v. *Honduras)* and which is described in the Table of Contents at the end of the Counter-Memorial as a "Note from Honduras to United Nations, 18 April 1986 *[sic]*" whereas in paragraph 259 of the same pleading it is referred to as a "Honduran Note dated 18 April 1984 *[sic]* to the Secretary-General of the United Nations".

In fact the text in Annex 25 appears to be that of an undated letter from the Minister for External Relations of Honduras to the "General Secretary" of the Organization of American States. Its contents do not include the material which paragraph 259 would lead one to expect.

I would therefore appreciate it if you would be so good as to identify the document which it was intended to adduce under Annex 25 in support of your Government's contentions and, if the text initially supplied does not meet the case, to provide and certify a copy of the correct text, together if need be with a certified translation thereof into an official language of the Court.

47. L'AGENT DU HONDURAS AU GREFFIER

18 août 1987.

J'ai l'honneur, me référant à la note que nous vous avons adressée conjointement avec l'agent du Nicaragua, le 13 août dernier, de vous remettre ci-joint: «La procédure pour l'établissement d'une paix ferme et durable en Amérique centrale», texte signé à Guatemala le 7 août 1987.

Je vous saurais gré de bien vouloir porter ce texte à la connaissance des membres de la Cour.

Je saisis cette occasion pour renouveler, à Monsieur le Greffier, les assurances de ma haute considération.

Annexe

Preambulo

Los Presidentes de las Repúblicas de Guatemala, El Salvador, Honduras, Nicaragua y Costa Rica, reunidos en la ciudad de Guatemala el 6 y 7 de agosto de 1987, alentados por la visionaria y permanente voluntad de Contadora y el Grupo de Apoyo en favor de la paz; robustecidos por el apoyo constante de todos los gobernantes y pueblos del mundo, de sus principales organizaciones internacionales y en especial de la Comunidad Económica Europea y de Su Santidad Juan Pablo Segundo; inspirador en Esquipulas I, y juntos en Guatemala para dialogar en torno al plan de paz presentado por el Gobierno de Costa Rica, hemos acordado:

— asumir plenamente el reto histórico de forjar un destino de paz para Centro América;
— comprometernos a luchar por la paz y erradicar la guerra;
— hacer prevalecer el diálogo sobre la violencia y la razón sobre los rencores;
— dedicar a las juventudes de América Central, cuyas legítimas aspiraciones de paz y justicia social, de libertad y reconciliación, han sido frustradas durante muchas generaciones, estos esfuerzos de paz;
— colocar al Parlamento Centroamericano como símbolo de libertad e independencia de la reconciliación a que aspiramos en Centro América.

Pedimos respeto y ayuda a la comunidad internacional para nuestros esfuerzos. Tenemos caminos centroamericanos para la paz y el desarrollo, pero necesitamos ayuda para hacerlos realidad. Pedimos un trato internacional que garantice el desarrollo para que la paz que buscamos sea duradera. Reiteramos con firmeza que Paz y Desarrollo son inseparables.

Agradecemos al Presidente Vinicio Cerezo Arévalo y al noble pueblo de Guatemala haber sido la casa de esta reunión. La generosidad del mandatario y el pueblo guatemalteco resultaron decisivos para el clima en que se adoptaron los acuerdos de paz.

Procedimiento para Establecer la Paz Firme y Duradera en Centroamerica

Los Gobiernos de las Repúblicas de Costa Rica, El Salvador, Guatemala, Honduras y Nicaragua, empeñados en alcanzar los objetivos y desarrollar los principios establecidos en la Carta de las Naciones Unidas, la Carta de la Organización de los Estados Americanos, el Documento de Objetivos, el Mensaje de Caraballeda para la Paz, la Seguridad y la Democracia en América Central, la Declaración de Guatemala, el Comunicado de Punta del Este, el Mensaje de Panamá, la Declaración de Esquipulas, y el proyecto de Acta de Contadora para la Paz y la Cooperación en Centroamérica del 6 de junio de 1986, han convenido en el siguiente procedimiento para establecer la paz firme y duradera en Centroamérica.

1. Reconciliación Nacional

a) *Diálogo*

Realizar urgentemente en aquellos casos donde se han producido profundas divisiones dentro de la sociedad, acciones de reconciliación nacional que permitan la participación popular, con garantía plena, en auténticos procesos políticos de carácter democrático, sobre bases de justicia, libertad y democracia y, para tal efecto, crear los mecanísmos que permitan, de acuerdo con la ley, el diálogo con los grupos opositores.

A esta fin, los Gobiernos correspondientes iniciarán el diálogo con todos los grupos desarmados de oposición política interna y con aquellos que se hayan acogido a la Amnistía.

b) *Amnistía*

En cada país centroamericano, salvo en aquellos en donde la Comisión Internacional de Verificación y Seguimiento determine que no es necesario, se emitirán decretos de amnistía que deberán establecer todas las disposiciones que garanticen la inviolabilidad de la vida, la libertad en todas sus formas, los bienes materiales y la seguridad de las personas a quienes sean aplicables dichos decretos. Simultáneamente a la emisión de los decretos de amnistía, las fuerzas irregulares del respectivo país, deberán poner en libertad a todas aquellas personas que se encuentren en su poder.

c) *Comisión Nacional de Reconciliación*

Para la verificación del cumplimiento de los compromisos que los cinco Gobiernos centroamericanos contraen con la firma del presente documento, en materia de amnistía, cese del fuego, democratización y elecciones libres, se creará una Comisión Nacional de Reconciliación que tendrá las funciones de constatar la vigencia real del proceso de reconciliación nacional, así como el respeto irrestricto de todos los derechos civiles y políticos de los ciudadanos centroamericanos garantizados en este mismo documento.

La Comisión Nacional de Reconciliación estará integrada por un delegado propietario y un suplente del Poder Ejecutivo; un titular y un suplente sugerido por la Conferencia Episcopal y escogído por el Gobierno de una terna de Obispos que deberá ser presentada dentro del plazo de quince días después de recibida la invitación formal. Esta invitación la formularán los gobiernos dentro de los cinco días hábiles siguientes a la firma de este documento. El mismo procedimiento de terna se utilizará para la selección de un titular y un suplente de los partidos políticos de oposición legalmente inscritos. La terna deberá ser presentada en el mismo plazo anterior. Cada Gobierno Centroamericano escogerá, además, para integrar dicha Comisión, a un ciudadano notable que no pertenezca ni al gobierno ni al partido de gobierno, y a su respectivo suplente. El acuerdo o decreto en que se integre la respectiva Comisión Nacional, será comunicado de inmediato a los otros Gobiernos Centroamericanos.

2. Exhortación al Cese de Hostilidades

Los gobiernos hacan una exhortación vehemente para que, en los Estados del área que actualmente sufren la acción de grupos irregulares o insurgentes, se concierte el cese de las hostilidades. Los gobiernos de dichos Estados se comprometen a realizar todas las acciones necesarias para lograr un efectivo cese del fuego dentro del marco constitucional.

3. Democratizacion

Los gobiernos se comprometen a impulsar un auténtico proceso democrático pluralista y participativo que implique la promoción de la justicia social, el respeto de los Derechos Humanos, la soberanía, la integridad territorial de los Estados y el derecho de todas las naciones a determinar libremente y sin injerencias externas de ninguna clase, su modelo económico, político y social, y realizarán, de manera verificable, las medidas conducentes al establecimiento y, en su caso, al perfeccionamiento de sistemas democráticos, representativos y pluralistas que garanticen la organización de partidos políticos y la efectiva participación popular en la toma de decisiones y aseguren el libre acceso de las diversas corrientes de opinión a procesos electorales honestos y periódicos, fundados en la plena observancia de los derechos ciudadanos. Para efectos de verificar la buena fe en el desarrollo de este proceso de democratización, se entenderá que:

a) Deberá existir completa libertad para la televisión, la radio y la prensa. Esta completa libertad comprenderá la de abrir y mantener en funcionamiento medios de comunicación para todos los grupos ideológicos y para operar esos medios sin sujeción a censura previa.
b) Deberá manifestarse el pluralismo político partidista total. Las agrupaciones políticas tendrán, en ese aspecto, amplio acceso a los medios de comunicación, pleno disfrute de los derechos de asociación y de las facultades de realizar manifestaciones públicas en el ejercicio irrestricto de la publicidad oral, escrita y televisiva, así como la libre movilidad para los miembros de los partidos políticos en función proselitista.
c) Asímismo, los Gobiernos Centroamericanos que tengan en vigencia el estado de excepción, sitio o emergencia, deberán derogarlo, haciendo

efectivo el estado de derecho con plena vigencia de todas las garantías constitucionales.

4. Elecciones Libres

Creadas las condiciones inherentes a toda democracia, deberán celebrarse elecciones libres, pluralistas y honestas.

Como expresión conjunta de los Estados Centroamericanos para encontrar la reconciliación y la paz duradera para sus pueblos, se celebrarán elecciones para la integración del Parlamento Centroamericano, cuya creación se propuso mediante la "Declaración de Esquipulas", del 25 de mayo de 1986.

A los propósitos anteriores, los mandatarios expresaron su voluntad de avanzar en la organización de dicho Parlamento, a cuyo efecto la Comisión Preparatoria del Parlamento Centroamericano deberá concluir sus deliberaciones y entregar a los Presidentes Centroamericanos el respectivo proyecto de Tratado dentro de 150 días.

Estas elecciones se realizarán simultáneamente en todos los países de América Central en el primer semestre de 1988, en la fecha que oportunamente convendrán los Presidentes de los Estados Centroamericanos. Estarán sujetas a la vigilancia de los órganos electorales correspondientes, comprometiéndose los respectivos Gobiernos a extender invitación a la Organización de los Estados Americanos y a las Naciones Unidas, así como a Gobiernos de terceros Estados, para que envíen observadores que deberán constatar que los procesos electorales se han regido por las más estrictas normas de igualdad de acceso de todos los partidos políticos a los medios de comunicación social, así como por amplias facilidades para que realicen manifestaciones públicas y todo otro tipo de propaganda proselitista.

A efecto de que las elecciones para integrar el Parlamento Centroamericano se celebren dentro del plazo que se señala en este apartado, el tratado constitutivo correspondiente deberá ser sometido a la aprobación o ratificación en los cinco países.

Luego de efectuadas las elecciones para integrar el Parlamento Centroamericano, deberán realizarse, en cada país, con observadores internacionales e iguales garantías, dentro de los plazos establecidos y los calendarios que deberán proponerse de acuerdo a las actuales Constituciones Políticas, elecciones igualmente libres y democráticas para el nombramiento de representantes populares en los municipios, los Congresos y Asambleas Legislativas y la Presidencia de la República.

5. Cese de la Ayuda a las Fuerzas Irregulares o a los Movimientos Insurreccionales

Los Gobiernos de los cinco Estados Centroamericanos solicitarán a los Gobiernos de la región y a los Gobiernos extrarregionales que, abierta o veladamente proporcionan ayuda militar, logística, financiera, propagandística, en efectivos humanos, armamentos, municiones y equipo a fuerzas irregulares o movimientos insurreccionales, que cesen esa ayuda, como un elemento indispensable para lograr la paz estable y duradera en la región.

No queda comprendida en lo anterior la ayuda que se destine a repatriación o, en su defecto, reubicación y asistencia necesaria para la reintegración a la vida normal de aquellas personas que hayan pertenecido a dichos grupos o fuerzas. Igualmente solicitarán a las fuerzas irregulares y a los grupos insurgentes que actúan en América Central, abstenerse de recibir esa ayuda, en aras de un auténtico espíritu latinoamericano. Estas peticiones se harán en cumplimiento de lo establecido en el Documento de Objetivos en cuanto a eliminar el tráfico de armas, intrarregional o proveniente de fuera de la región, destinado a personas, organizaciones o grupos que intenten desestabilizar a los gobiernos de los países centroamericanos.

6. No Uso del Territorio para Agredir a Otros Estados

Los cinco países que suscriben este documento reiteran su compromiso de impedir el uso del propio territorio y no prestar ni permitir apoyo militar logístico a personas, organizaciones o grupos que intenten desestabilizar a los Gobiernos de los Países de Centroamérica.

7. Negociaciones en Materia de Seguridad, Verificacion, Control y Limitacion de Armamento

Los Gobiernos de los cinco Estados centroamericanos, con la participación del Grupo de Contadora, en ejercicio de su función mediadora, proseguirán las negociaciones sobre los puntos pendientes de acuerdo, en materia de seguridad, verificación y control en el proyecto de Acta de Contadora para la Paz y la Cooperación en Centroamérica.

Estas negociaciones abarcarán también medidas para el desarme de las fuerzas irregulares que están dispuestas a acogerse a los decretos de amnistía.

8. Refugiados y Desplazados

Los Gobiernos Centroamericanos se comprometen a atender con sentido de urgencia los flujos de refugiados y desplazados que la crisis regional ha provocado, mediante protección y asistencia, especialmente en los aspectos de salud, educación, trabajo y seguridad, así como a facilitar su repatriación, reasentamiento o reubicación, siempre y cuando sea de carácter voluntario y se manifieste individualmente.

También se comprometen a gestionar ante la Comunidad Internacional ayuda para los refugiados y desplazados centroamericanos, tanto en forma directa, mediante convenios bilaterales o multilaterales, como por medio del Alto Comisionado de las Naciones Unidas para los Refugiados (ACNUR) y otros organismos y agencias.

9. Cooperacion, Democracia y Libertad para la Paz y el Desarrollo

En el clima de libertad que garantiza la democracia, los países de Centroamérica adoptarán los acuerdos que permitan acelerar el desarrollo, para alcanzar sociedades más igualitarias y libres de la miseria.

La consolidación de la democracia implica la creación de un sistema de bienestar y justicia económica y social. Para lograr estos objetivos los gobiernos gestionarán conjuntamente un apoyo económico extraordinario de la Comunidad Internacional.

10. Verificación y Seguimiento Internacional

a) *Comisión Internacional de Verificación y Seguimiento*

Se creará una Comisión Internacional de Verificación y Seguimiento conformada por los Secretarios Generales, o sus representantes, de la Organización de los Estados Americanos y de las Naciones Unidas, así como por los Cancilleres de América Central, del Grupo de Contadora y del Grupo de Apoyo. Esta Comisión tendrá las funciones de verificación y seguimiento del cumplimiento de los compromisos contenidos en este documento.

b) *Respaldo y facilidades a los mecanismos de reconciliación y de verificación y seguimiento*

Con el objeto de fortalecer la gestión de la Comisión Internacional de Verificación y Seguimiento, los Gobiernos de los cinco Estados centroamericanos emitirán declaraciones de respaldo a su labor.

A estas declaraciones podrán adherirse todas las naciones interesadas en promover la causa de la libertad, la democracia y la paz en Centroamérica.

Los cinco Gobiernos brindarán todas las facilidades necesarias para el cabal cumplimiento de las funciones de verificación y seguimiento de la Comisión Nacional de Reconciliación de cada país y de la Comisión Internacional de Verificación y Seguimiento.

11. Calendario de Ejecucion de Compromisos

Dentro del plazo de quince días a partir de la firma de este documento, los Cancilleres de Centroamérica se reunirán en calidad de Comisión Ejecutiva para reglamentar, impulsar y viabilizar el cumplimiento de los acuerdos contenidos en el presente documento, y organizar las comisiones de trabajo para que a partir de esta fecha, se inicien los procesos que conduzcan al cumplimiento de los compromisos contraídos dentro de los plazos estipulados, por medio de consultas, gestiones y demás mecanismos que se estimen necesarios.

A los 90 días, contados a partir de la fecha de la firma de esta documento, entrarán a regir simultáneamente en forma pública los compromisos relacionades con amnistía, cese del fuego, democratización, cese de la ayuda a las fuerzas irregulares o a los movimientos insurreccionales y no uso del territorio para agredir a otros Estados, como se define en el presente documento.

A los 120 días a partir de la firma de este documento, la Comisión Internacional de Verificación y Seguimiento analizará el progreso en el cumplimiento de los acuerdos previstos en el presente documento.

A los 150 días, los cinco Presidentes centroamericanos se reunirán y recibirán un informe de la Comisión Internacional de Verificación y Seguimiento y tomarán las decisiones pertinentes.

Disposiciones Finales

Los puntos comprendidos en este documento forman un todo armónico e indivisible. Su firma entraña la obligación, sceptada de buena fe, de cumplir simultáneamente lo acordado en los plazos establecidos.

Los Presidentes de los cinco estados de la América Central con la voluntad política de responder a los anhelos de Paz de nuestros pueblos lo subscribimos en la Ciudad de Guatemala, a los siete días del mes de agosto de mil novecientos ochenta y siste.

Oscar ARIAS SÁNCHEZ, Presidente República de Costa Rica.	José NAPOLEÓN DUARTE, Presidente República de El Salvador.
Vinicio CEREZO ARÉVALO, Presidente República de Guatemala.	José AZCONA HOYO, Presidente República de Honduras.

Daniel ORTEGA SAAVEDRA,
Presidente
República de Nicaragua.

48. THE DEPUTY-REGISTRAR TO THE AGENT OF HONDURAS

21 August 1987.

I have the honour to acknowledge receipt of the letter of 18 August by which Your Excellency transmitted to the Court the original Spanish text of the document signed in Guatemala on 7 August 1987 and bearing the title "Procedimiento para establecer una paz Firme y duradera en Centroamérica".

The text has been communicated to the Members of the Court. It would however be much appreciated if any authorized versions that may exist thereof in English and French could be communicated to me.

49. THE DEPUTY-REGISTRAR TO THE AGENT OF NICARAGUA

21 August 1987.

I have the honour to advise you that the Agent of Honduras in the case concerning *Border and Transborder Armed Actions (Nicaragua* v. *Honduras)* has transmitted to the Court a copy of the Spanish original text of the document entitled "Procedimiento para establecer una paz Firme y duradera en Centroamérica", signed in Guatemala on 7 August 1987.

I enclose a copy of my acknowledgment of that communication.

50. L'AGENT DU HONDURAS AU GREFFIER ADJOINT

4 septembre 1987.

J'ai l'honneur de porter à votre connaissance que le Gouvernement de la République du Honduras a désigné, par accord n° 274-SP en date du 10 août 1987, le docteur Jorge Ramón Hernández Alcerro comme co-agent du Gouvernement du Honduras dans l'affaire *Actions armées frontalières et transfrontalières (Nicaragua c. Honduras) (compétence et recevabilité)*.

Le docteur Jorge Ramón Hernández Alcerro est actuellement le représentant permanent du Gouvernement du Honduras auprès de l'Organisation des Nations Unies à New York.

51. THE REGISTRAR TO THE AGENT OF NICARAGUA

20 November 1987.

I have the honour to refer to my letters of 13 August 1987 (No. 78356) and 18 August 1987, concerning respectively the absence of translations of Annexes 19, 22 and 24 to the Counter-Memorial of Nicaragua in the case concerning *Border and Transborder Armed Actions (Nicaragua* v. *Honduras)*, and the identification of the document filed as Annex 25 to that pleading, and to request that Your Excellency be good enough to take the necessary action to put the case-file in order in this respect.

52. L'AGENT DU HONDURAS AU GREFFIER

1ᵉʳ février 1988.

Me référant à notre conversation téléphonique du 28 janvier, j'ai l'honneur de vous transmettre, pour la connaissance de la Cour internationale de Justice, la déclaration conjointe des présidents de l'Amérique centrale, signée à San José, Costa Rica, le 16 janvier 1988.

Vous pourrez apprécier que par cette déclaration conjointe les présidents ont ratifié la valeur historique et l'importance de l'accord d'Esquipulas II, signé le 7 août 1987, et se sont engagés à satisfaire des obligations pour son exécution totale et inexcusable.

Au sujet de l'affaire *Actions armées frontalières et transfrontalières (Nicaragua c. Honduras) (compétence et recevabilité)* les présidents du Nicaragua et du Honduras n'ont pas examiné la situation judiciaire lors de la réunion de San José; par conséquent les deux gouvernements devront encore se concerter pour décider la suite à donner à la requête du Nicaragua conformément à l'accord du 7 août qui vous fut alors transmis.

Annexe

Declaración conjunta de los Presidentes de Centroamérica

Los Presidentes han recibido las conclusiones del informe de la Comisión Internacional de Verificación y Seguimiento, preparado de acuerdo al numeral 11 de Esquipulas II, con reservas señaladas por algunos de ellos.

Los Presidentes reconocen el esfuerzo y el ingente trabajo de la Comisión, a la que agradecen su dedicación y esfuerzo para coadyuvar al cumplimiento de los acuerdos de Esquipulas II.

Los Presidentes encomiendan a la Comisión Ejecutiva para que al recibirse el informe general lo examine haciendo las recomendaciones pertinentes.

Los Presidentes ratifican el valor histórico y la importancia del acuerdo de Esquipulas II, cuya concepción y espíritu hoy reconocen y reiteran como vitales para el logro de la democratización y la pacificación de la región.

Por no estar satisfecho enteramente el cumplimiento de los compromisos de Esquipulas II, se comprometen a satisfacer obligaciones incondicionales y unilaterales que obligan a los Gobiernos a un cumplimiento total e inexcusable. Dentro de éstas se encuentran el diálogo, las conversaciones para la concertación del cese de fuego, la amnistiá general y, sobre todo, la democratización, que necesariamente incluye el levantamiento des estado de excepción, la libertad de prensa total, el pluralismo político y el no funcionamiento de tribunales especiales. Los compromisos enunciados que no se han cumplido por los gobiernos, deberán ser cumplidos inmediatamente en forma pública y evidente.

El cumplimiento de los acuerdos del documento de Esquipulas II comprende compromisos cuya observancia por los gobiernos es objeto de una imprescindible verificación específica, particularmente el cese de la ayuda a los grupos irregulares, el no uso del territorio para apoyar a los mismos, y la libertad efectiva de los procesos electorales que deberán ser verificados por la Comisión Nacional de Reconciliación, dándole especial importancia a la elección del Parlamento Centroamericano, todos "como un elemento indispensable para lograr la paz estable y duradera en la región".

La Comisión Ejecutiva integrada por los Ministros de Relaciones Exteriores de los Estados Centroamericanos, tendrá la función principal de verificación, control y seguimiento de todos los compromisos contenidos en el procedimiento de Guatemala y en la presente declaración. Para ello, gestionará la cooperación de estados regionales o extrarregionales, u organismos de reconocida imparcialidad y capacidad técnica, que han manifestado su deseo de colaborar en el proceso de paz de Centroamérica.

Igualmente el cumplimiento de Esquipulas II implica el seguimiento de obligaciones que comprenden una estrategia ya establecida, como es el de la regulación del armamentismo, y los acuerdos de seguridad y desarme.

Expresamos nuestro reconocimiento a la comunidad internacional por el apoyo político y financiero que ha comprometido para impulsar proyectos regionales, orientados a alcanzar el desarrollo económico y social de Centroamérica, como objetivo directamente ligado con la tarea de lograr, preservar y consolidar la paz, ya que siendo económicas y sociales las causas primigenias de este conflicto, no es posible alcanzar la paz sin desarrollo.

Los Presidentes, conscientes de su responsabilidad histórica frente a sus pueblos, reafirman su voluntad de cumplimiento en la forma expresada, que estiman irrenunciable e inalterable, prometiendo cumplir lo pendiente en forma immediata sin reticencias no soslayo, conscientes de que serán sus pueblos y la comunidad internacional quienes juzgarán el cumplimiento de las obligaciones contraídas de buena fe.

Suscribimos la presente declaración, agradeciendo al Pueblo de Costa Rica y a su Presidente, el Dr. Oscar Arias Sanchez, la hospitalidad brindada que nos permitió el marco adecuado para la celebración de esta reunión.

Oscar ARIAS SÁNCHEZ, Presidente República de Costa Rica.	José NAPOLEÓN DUARTE, Presidente República de El Salvador.
Vinicio CEREZO ARÉVALO, Presidente República de Guatemala.	José AZCONA HOYO, Presidente República de Honduras.

Daniel ORTEGA SAAVEDRA,
Presidente
República de Nicaragua.

53. LE GREFFIER À L'AGENT DU NICARAGUA

3 février 1988.

Me référant à la communication conjointe, en date du 13 août 1987, des agents de la République du Honduras et de la République du Nicaragua en l'affaire des *Actions armées frontalières et transfrontalières (Nicaragua c. Honduras)*, ainsi qu'à ma lettre n° 78357 du même jour, j'ai l'honneur de vous faire tenir ci-joint copie d'une lettre datée du 1er février 1988, émanant de M. l'agent du Honduras, ainsi que du document en langue originale espagnole qui l'accompagnait (Déclaration conjointe des présidents des cinq Etats d'Amérique centrale, signée à San José (Costa Rica) le 16 janvier 1988).

54. THE REGISTRAR TO THE AGENT OF HONDURAS[1]

11 February 1988.

I have the honour to inform Your Excellency that the President of the Court wishes to receive the Agents of the Parties to the case concerning *Border and Transborder Armed Actions (Nicaragua* v. *Honduras)*, at 11 a.m. on Monday 22 February 1988.

In the light of the joint letter addressed to me by the Agents of the Parties on 13 August 1987, the purpose of the meeting will be, pursuant to Article 31 of the Rules of Court, to ascertain the views of the Parties with regard to the subsequent procedure in the case.

55. REQUEST FOR THE INDICATION OF PROVISIONAL MEASURES OF PROTECTION SUBMITTED BY THE GOVERNMENT OF NICARAGUA ON 21 MARCH 1988

[See I, pp. 511-520]

56. THE REGISTRAR TO THE AGENT OF HONDURAS

21 March 1988.

I have the honour to inform Your Excellency that the Agent of Nicaragua in the case concerning *Border and Transborder Armed Actions (Nicaragua* v. *Honduras)* called upon me this evening and handed me a request for the indication of provisional measures in that case, under Article 41 of the Statute and Article 73 of the Rules of Court. I have the honour to transmit to you herewith a certified copy of that request, and of the documents attached thereto. In view of the fact that the request was received outside the office hours of the Embassy of Honduras in The Hague, the address for service chosen by Your Excellency's Government pursuant to Article 40 of the Rules of Court, I considered it my duty forthwith to address a telex message to the Foreign Minister of Honduras and I enclose also a copy of that message for Your Excellency's information.

57. THE AGENT OF NICARAGUA TO THE REGISTRAR

22 March 1988.

Nicaragua filed yesterday a Request for Interim Measures in the case concerning *Border and Transborder Armed Actions (Nicaragua* v. *Honduras)*. This document has the following errata in para. 8, sec. *(a)*: the reference to Article 50 is to the corresponding Article of the Statute of the Court and the reference to Article 66 is to the corresponding Article of the Rules of Court.

---

[1] A communication in the same terms was sent to the Agent of Nicaragua.

One of the documents accompanying the request is a copy of a telefax containing an English translation of a speech delivered in Spanish by the President of Nicaragua. The first line of the second page of that document is somewhat blurred and should read as follows:

". . . Government has not taken a single step in order to comply with the . . ."

The first line of the third page of the same document should read as follows:

". . . sovereignty of Honduras, that has provoked destabilization in . . ."

58. THE REGISTRAR TO THE AGENT OF NICARAGUA

23 March 1988.

I have the honour to acknowledge receipt of Your Excellency's letter of 22 March 1988, drawing attention to certain corrections to the request for provisional measures, and one of the documents attached, in the case concerning *Border and Transborder Armed Actions (Nicaragua v. Honduras)*. The President of the Court has given leave, under Article 52, paragraph 4, of the Rules of Court, for these corrections to be made, and the Agent of Honduras has been informed of them.

59. THE REGISTRAR TO THE AGENT OF HONDURAS

23 March 1988.

I have the honour to transmit to Your Excellency herewith a copy of a letter dated 22 March 1988, and received in the Registry today, from the Agent of Nicaragua in the case concerning *Border and Transborder Armed Actions (Nicaragua v. Honduras)*, drawing attention to certain corrections to the request for provisional measures, and one of the documents attached, in that case. The President of the Court has given leave, under Article 52, paragraph 4, of the Rules of Court, for those corrections to be made.

60. THE REGISTRAR TO THE AGENT OF NICARAGUA[1]

24 March 1988.

I have the honour to refer to the request for the indication of provisional measures filed by the Government of Nicaragua in the case concerning *Border and Transborder Armed Actions (Nicaragua v. Honduras)*, and to inform you that the President of the Court requests the Agents of the Parties to attend a meeting in his office on Tuesday 29 March 1988, at 11.00 a.m.,

---

[1] A similar communication was sent to the Agent of Honduras.

in order that he may ascertain the views of the Parties with regard to the procedure, pursuant to Article 31 of the Rules of Court.

Article 74, paragraph 2, of the Rules of Court requires the decision on a request of this kind to be reached "as a matter of urgency"; by paragraph 3 of the same Article, the Court or its President is required to fix a date for a hearing which "will afford the parties of being represented at it".

61. THE AGENT OF NICARAGUA TO THE REGISTRAR

29 March 1988.

I have the honour to refer to the case concerning *Border and Transborder Armed Actions (Nicaragua v. Honduras)*.

I have received instructions from my Government to deliver to the Court a copy of the letter dated 28 March 1988 which has been sent by President Daniel Ortega of Nicaragua to President José Azcona of Honduras. Enclosed is a copy of the original document in Spanish[1] together with an English translation.

Annex

Managua, March 28, 1988.

Dear President and Friend:

As you know, the Fifth Meeting of the Executive Commission of the Esquipulas II Accords, held last week in Guatemala, could not conclude its business. The meeting was tabled with April 7th set as the date of resumption.

However, the dynamic of recent events — the dispatch of 3,200 US soldiers to Honduras and Nicaragua's request for temporary protective measures from the International Court of Justice — has a rhythm of its own which obliges us to make immediate decisions.

In the presence of the other Central American Ministers at the Guatemala meeting, Minister Carlos López Contreras made a commitment that all 3,200 US soldiers, sent to Honduras with the acknowledged intention to "strengthen or protect the Nicaraguan insurgents that are fighting against the Sandinista régime", would be completely withdrawn from Honduran territory on March 26 and 27.

Today, March 28, we have been able to verify that the commitment of Minister López Contreras has not been carried out. Although we have learned from public sources that under consideration is the partial withdrawal of said troops between today and tomorrow, the 29th. This would include the retention of remaining troops in Honduras indefinitely with some taking part in military manœuvres that may have the same aim as that which determined their dispatch.

On the other hand, esteemed President, representatives for Nicaragua and Honduras were summoned by the President of the International Court of Justice to appear at a meeting that was scheduled to be held tomorrow, March 29. This meeting was postponed until Thursday the 31st, at the petition of Honduras.

---

[1] Not reproduced.

To Your Most Excellent Sir,
José Azcona Hoyo,
President of the Republic of Honduras,
Tegucigalpa.

On Thursday the 31st, however, we should be well prepared to clearly define before the President of the International Court of Justice our decision regarding the form of continuing legal proceedings and/or the conditions under which we could proceed to conclude said proceedings.

Therefore, esteemed President, with the intention of continuing to contribute the utmost to the consolidation of peace, by means of strengthening the process initiated with Esquipulas II, I take the liberty of making the following proposal:

First. Nicaragua is ready to continue to be flexible and patient and in this spirit, to wait until Wednesday, March 30 at 24:00 hours for the 3,200 US soldiers sent to Honduras to totally abandon the territory of that country.

If at that time, the troops that Minister López Contreras guaranteed would be out of Honduras on Sunday the 27th have made an effective and complete withdrawal, then Nicaragua, in the meeting with representatives of Honduras and Nicaragua before the President of the International Court of Justice set for Thursday, March 31, would consent to desist in the request for temporary protective measures presented to the International Court of Justice. But, at the same time, would proceed to insist that said Court set a date for the oral audience on jurisdiction in the claim initiated by Nicaragua against Honduras.

Second. Nicaragua would be willing to alter its position with respect to the date on which an oral audience on jurisdiction is held if, within a time period of no longer than 45 days, a mechanism to guarantee security on the border between Honduras and Nicaragua is established *in situ* and for a minimum period of one year. This mechanism would be established by means of a bilateral accord between both States. For that purpose, a request would be made to the General Secretary of the United Nations to organize, if possible with the co-operation of the Organization of American States, permanent mobile units, such as those suggested by the UN-OAS technical commission that visited Central America in October 1987. These permanent mobile units would be established on the border between Honduras and Nicaragua, and in accord with the letter of the Esquipulas II Accords, its members would be selected from regional and extra-regional countries that have shown a desire to co-operate with peace efforts in Central America. These include countries such as Mexico, Colombia, Panama, Venezuela, Argentina, Brazil, Peru, Uruguay, Canada, Spain, Finland, Italy, Norway, Federal Republic of Germany, and Sweden.

Third. If by May 15th, we find the mechanism to guarantee border security between Honduras and Nicaragua already established *in situ*, Nicaragua would consent to agree that the representatives of both countries appear before the International Court of Justice to express their desire that the date on which the oral audience on jurisdiction takes place be indefinitely suspended.

Fourth. Once all the aforementioned is completed, if Honduras insisted on the withdrawal of the claim, Nicaragua would also be willing to be flexible when and if Honduras agrees to sign a bilateral treaty of friendship and co-operation with Nicaragua that obligates both States to find recourse in the International Court of Justice in the case of any controversy or situation that puts peace between both parties in danger. This bilateral treaty must establish the acceptance on the part of Honduras and Nicaragua, in a clear and doubtless manner and without any condition or time limit, of the obligatory jurisdiction of the International Court of Justice, independently of whatever existing reservations and/or of the withdrawal or the modification of the acceptance of obligatory jurisdiction of the Court with respect to third States that may be presented following the signing of the treaty. Nicaragua would proceed to desist in the claim against Honduras immediately after the implementation of the treaty of friendship and co-operation.

For your information, I am also enclosing the document that Nicaragua is delivering to Central American Governments and to the international community on the situation we face.

President and Friend, please accept my cordial greetings.

Daniel ORTEGA SAAVEDRA.

62. THE AGENT OF NICARAGUA TO THE REGISTRAR

30 March 1988.

I have the honour to refer to the case concerning *Border and Transborder Armed Actions (Nicaragua* v. *Honduras)*.

The letter of President Ortega to President Azcona dated March 28, 1988 — a copy of which was delivered to the Court yesterday — indicates in its text that another document was also enclosed. The copy that was delivered to the Court did not have that enclosure because I had not yet received a legible copy. This arrived today and is enclosed herein.

Annex

Position of Honduras in the Fifth Meeting of the Executive Commission Held in Guatemala on March 23 and 24 of 1988 and Proposal by Nicaragua to Overcome the Situation

Honduras came to the fifth meeting of the Executive Commission, held in Guatemala on March 23-24, 1988, declaring its decision to withdraw if, in the final statement of said meeting, a paragraph was not introduced by which Nicaragua would commit itself to unconditional withdrawal of its request before the International Court of Justice (ICJ) for temporary protective measures. Moreover, Honduras sought Nicaragua's withdrawal of the claim lodged against Honduras on July 28, 1986, that is to say, more than one year prior to the signing of the Esquipulas II Accords.

The Foreign Minister of Honduras, Carlos López Contreras, tried to justify the official position of his Government by alleging that Nicaragua had not sought recourse in mechanisms of verification, control and follow-up provided for in Esquipulas II. He further alleged that, on the occasion of the border incidents that took place in the Bocay Zone in the middle of March, Nicaragua had appealed to the International Court of Justice instead of allowing the Executive Commission to intervene in the affair.

In an objective examination of the facts, these statements are clearly untenable.

First. The mechanism of verification and follow-up created by the Presidents in the context of the Esquipulas II Accords, that is to say, the International Commission for Verification and Follow-up (CIVS), ceased to exist because some of the signatory countries of the Accord — among them Honduras — felt affected by the objective revelations contained in the report on the prevailing situation in each one of the Central American countries. And they insisted on changing the Commission. Nicaragua was the only country that accepted the Report in the form in which it had been formulated by the Ministers and Specialists of the member countries of the Contadora Group and the Contadora Support Group, as well as by the Representatives of the General Secretaries of the United Nations and the Organization of American States. Nicaragua also defended to the end the basic principle that one cannot be judge of a situation to which one is also a party.

Second. In fact, before the formulation of the Report, the CIVS had been handicapped, in large part, by Honduras's rejection of the indispensable *in situ* verification. In this context, it is worth the effort to cite a few specific points of the Report prepared by the CIVS, the only mechanism authorized by the Presidents to pass judgment on compliance or non-compliance with the Accords. In numeral 22 of Chapter IV of the Report, that contains the comments, observations, and conclusions of the CIVS, it is stated:

> "The CIVS should point out that the utilization of the territory of States in the region to attack others, with or without the consent of the Government whose territory would be compromised, facilitates the action of said forces or movements and hinders the achievement of peace. The CIVS is still not in a position to verify the aforementioned due to not having been able to install mechanism of *in situ* inspection to date."

Further on, in numeral 30 of the same Chapter, the CIVS points out:

> "One of the first considerations of the CIVS was the necessity to establish practical forms for verification of agreements contained in the Proceedings of Guatemala. For the verification of commitments contracted in the area of security, namely, cease fire, non-use of territories to attack other States, and cessation of aid to irregular forces and insurrectional movements, the necessity of *in situ* inspection is a *sine qua non* of verification if it is to be truly objective, independent, and effective. All the members of the CIVS accept this basic premise and nobody disputes the necessity that such a mechanism must, of necessity, be established so that verification and follow-up can be initiated."

Third. In the summit held in Alajuela, Costa Rica, the Presidents agreed to delegate to the Central American Foreign Ministers the principal responsibility in the area of verification, control and follow-up. This responsibility involves designing a system for verification of the 22 commitments assumed, and deciding on the regional and extra-regional Governments as well as international organizations that it would be appropriate to invite to collaborate in said tasks.

Fourth. It was the responsibility of the Government of El Salvador, in its capacity as *pro tempore* Secretary of the Executive Commission in the period following the Alajuela Summit, to convene the Foreign Ministers so that they could make the pertinent decisions to fill the dangerous vacuum created by the decision to change the mechanism of verification and follow-up. This vacuum constitutes a threat to the permanence of the Accords. It became indispensable to immediately proceed to the creation of a new verification mechanism.

Fifth. El Salvador convened the Fourth Meeting of the Executive Commission on February 17, 1988, for the sole purpose of reaching minimal agreements in preparation for the meeting in Hamburg. This call overlooked the fact that the best way to solidify international solidarity, which is very much needed, is by making decisions and taking steps that constitute irrefutable proof of our seriousness in the fulfilment of international agreements. Nicaragua took three extensive proposals to this meeting in San Salvador regarding procedure to undertake in order to fulfil the Ministers' principal responsibility in the area of verification and follow-up of the accords.

Sixth. For unexplainable reasons, the meeting in San Salvador lasted only one day. Obviously, there was not time to consider in any depth the form in which the Executive Commission should organize and put into motion the new verification mechanism. Consequently, neither was there time to study and judge the proposals presented by Nicaragua. For these, it was agreed in the Joint Declaration of said meeting that the Nicaraguan proposals would be the subject of consideration in the meeting to be held in Guatemala on March 23-24, where accords would have to be adopted in relation to the "identification of the forms as well as the countries and international organizations that will participate in the specific verification of the commitments regarding cessation of aid to irregular groups or insurrectional forces and the non-use of territory to attack other States".

Seventh. It is important to emphasize again that Honduras cannot elude the responsibility that rests exclusively on it for having impeded the adequate operation of verification mechanisms created in the context of the Esquipulas II Accords. Therefore, Honduras is not in the right when it alleges that recourse has not been sought in mechanisms that, in fact, are non-existent or inoperative because of the systematic opposition of Honduras to the functioning of those same mechanisms.

Eighth. On March 15, Charles Redman, spokesperson for the State Department, made the first reference in international media to the offensive launched by the EPS with the aim of dislodging the mercenary groups that attempted to establish themselves on the Nicaraguan shore of the Coco River, in the Bocay Zone. The next day, March 16th, the same spokesperson Redman declared that the Sandinista Army had made an incursion into Honduran territory with the objective of destroying arsenals of the "resistance" that were stored in Honduras. Redman pointed out that those arsenals represented a large part of the military material in the hands of the "resistance", and that its loss would signify a severe blow for its members who were now facing a "desperate situation". Likewise, he warned that these acts might be answered by "actions" on the part of the United States, which would honour its commitment to the Honduran Government to aid in the defense of its national sovereignty and territorial integrity. Redman added, of course, that the United States has had a long-standing commitment to the "freedom fighters" of Nicaragua.

Ninth. Later, the dispatch of 3,200 soldiers from the 82nd Airborne Division was announced. According to Frank Carlucci and Michael O'Brien, US Embassy Consul in Tegucigalpa, their "principal objective" was to "strengthen or protect the Nicaraguan insurgents that are fighting against the Sandinista régime". Clearly, at no time was this an effort to defend the sovereignty and territorial integrity of Honduras, which was never threatened. The only objective pursued with the transfer of US troops to Honduras was to "strengthen or protect" the mercenary forces.

Tenth. In a press conference held by the President of Nicaragua on March 16 in light of the threats by the US Government — expressed by spokesperson Redman — and in spite of the fact that there had not yet been any Honduran protest presented repeating the charges formulated by the spokespersons of the Reagan Administration, President Daniel Ortega stated:

> "In view of the gravity of the situation, I have been in contact with President Azcona since yesterday, and today [March 16] we have spoken twice. I have also contacted all the Central American Presidents. I communicated to President Azcona, in particular, what the situation was. I proposed that we meet immediately and that by common agreement, we could call a commission to come and verify these acts and offer recommendations for the evacuation of the counterrevolutionaries from this vital zone for the mercenaries. That is the interest of the United States in defending those positions. We await an answer from President Azcona on the three proposals: a meeting between President Azcona and myself; a meeting between Heads of the Army of both countries; and on the proposal of President Cerezo, an urgent meeting of Central American Ministers. We would be agreeable to any of these options, but we consider the most important to be the participation of the UN-OAS Technical Commission with the aim of verifying events and adopting appropriate resolutions."

Eleventh. It is clearly established, therefore, that in the serious border incident between Honduras and Nicaragua that took place in the middle of March, the mechanisms provided for in the Proceedings of Guatemala could not function, only and exclusively because Honduras, once again, hindered its operation. President Cerezo, whose country exercises the *pro tempore* Secretary of the Executive Commission, in a responsible and timely manner, instructed Foreign Minister Alfonso Cabrera to proceed to convene the Central American Foreign Ministers to gather information and analyse the facts and their causes, and in this way be in a position to adopt pertinent resolutions. President Daniel Ortega, personally, accepted the proposal of President Cerezo and said that the doors of Nicaragua were open for hosting such a meeting, as well as for the necessary *in situ* inspection. Honduras was the only country that denied said mechanism, in the context of Esquipulas II, from being able to operate.

Likewise, Honduras refused to open its doors to the Technical Mission of investigation sent by the General Secretary of the United Nations that was previously approved by consultations of the Security Council. Said mission, because of the negative response of Honduras, could only carry out its task on Nicaraguan soil.

In view of Honduras's position to hinder the functioning of mechanisms contained in Esquipulas II, Nicaragua was obligated to seek recourse in the International Court of Justice, to request temporary protective measures within the legal proceedings brought against Honduras.

From this chronological review of the facts, it follows that the attempt by Honduras to blame Nicaragua for having hampered the operation of mechanisms of Esquipulas II is totally unjustified. As has been demonstrated, Nicaragua first sought recourse in said mechanisms. However, it was Honduras that opposed the utilization of those mechanisms, in line with its policy of systematic rejection of implementing verification mechanisms established in Esquipulas II. This policy has not varied, regardless of repeated promises and proposals for modifying it that have never materialized.

But what is even more serious, and certainly constitutes the biggest violation imaginable of the letter and spirit of the Esquipulas II Accords, is that Honduras has solicited, or at least accepted, US troops in its territory to "strengthen or protect" mercenary forces that Honduras had committed itself not to aid in any way. On the contrary, Honduras had taken on the solemn commitment to block these forces from using its territory.

On the other hand, and independently of the fact that the conduct of Honduras is openly in violation of the Esquipulas II Accords, Nicaragua wants to present clear and forceful evidence that the conduct of Honduras is also totally in violation of the most fundamental principles of international law. These include principles such as the non-use or threat of use of force, non-intervention and respect for the sovereignty and territorial integrity of the States. At the same time, Nicaragua offers proof that there is not a single bilateral, regional or any other sort of accord that can diminish the rights and obligations of the States established in the Charter of the United Nations according to Article 103 of that Charter. The request for transfer of US combat troops to Honduras to protect the mercenary forces, consequently, violates not only the Esquipulas Accords but also transgresses international law.

It is foreseeable that, even though we may be able to overcome these most recent incidents, similar acts could happen again — as has happened in the past. Similar acts could happen as long as the well-equipped mercenary forces (as has been recognized by spokespersons for the Reagan Administration) continue to enjoy the support and protection of Honduras to launch, from the territory of that country, their armed actions against Nicaragua.

Likewise, it is evident that the signing of the Sapoá Accords does not eliminate the possibility of a repetition of these incidents, because it is well known that the most recalcitrant somozaist ex-guards that lead the mercenary units refuse to accept said accords.

Therefore, the request for temporary protective measures is totally justified and necessary for the preservation of peace between both brother countries. Nevertheless, in light of Honduran demands, Nicaragua is willing to be flexible and, inspired in its permanent vocation of peace, presents the following proposal to the Honduran Government:

Proposal by Nicaragua to Achieve the Re-establishment of Peace and Tranquility in the Border Zone between Honduras and Nicaragua

1. On March 17, 3,200 US soldiers landed in Honduras. Statements by Mr. Frank Carlucci, Secretary of Defense for the United States, repeated by Mr. Michael O'Brien, Consul for the US Embassy in Tegucigalpa, publicly acknowledged that the "principal objective of the troops that the United States Government has recently dispatched at the request of the Honduran Government is to strengthen or protect the Nicaraguan insurgents fighting against the Sandinista régime".

In the meeting of the Executive Commission, held in Guatemala last March 23 and 24, Mr. Foreign Minister for Honduras, Carlos López Contreras, issued an assurance that said troops would begin their withdrawal from Honduras on the 26th and would be totally out of Honduran territory on March 27, that is to say, during the weekend. It turns out that this is not true, as US troops continue to be stationed in Honduras.

Today, March 28, Nicaragua continues to be willing to maintain its flexibility, and to wait until Wednesday, March 30 at 24:00 hours for the total withdrawl of US troops from Honduras. If at that time, the 3,200 US soldiers that Foreign Minister López Contreras guaranteed would be out of Honduras on Sunday the 27th, have made an effective and total withdrawal, then Nicaragua, in the meeting with representatives of Honduras and Nicaragua before the President of the International Court of Justice set for Thursday, March 31, would consent to desist in the request for temporary protective measures presented to the International Court of Justice. But, at the same time, would proceed to insist to said Court that it set a date for the oral audience on jurisdiction in the claim initiated by Nicaragua against Honduras as soon as possible.

2. Nicaragua would be willing to alter its position with respect to the date on which an oral audience on jurisdiction is held if, within a time period of no longer than 45 days, a mechanism to guarantee security on the border between Honduras and Nicaragua is established *in situ* and for a minimum period of one year. This mechanism would be established by means of a bilateral accord between both States. For that purpose, a request would be made to the General Secretary of the United Nations to organize, if possible with the co-operation of the Organization of American States, permanent mobile units, such as those suggested by the UN-OAS technical commission that visited Central America in October 1987. These permanent mobile units would be established on the border between Honduras and Nicaragua, and in accord with the letter of the Esquipulas II Accords, its members would be selected from regional and extra-regional countries that have shown a desire to co-operate with peace efforts in Central America. These include countries such as Mexico, Colombia, Panama, Venezuela, Argentina, Brazil, Peru, Uruguay, Canada, Spain, Finland, Italy, Norway, Federal Republic of Germany, and Sweden.

3. If by May 15th, we find the mechanism to guarantee border security between Honduras and Nicaragua already established *in situ*, Nicaragua would consent to agree that the representatives of both countries appear before the International Court of Justice to express their desire that the date on which the oral audience on jurisdiction takes place be indefinitely suspended.

4. Once all the aforementioned is complete, if Honduras insisted on the withdrawal of the claim, Nicaragua would also be willing to be flexible when and if Honduras agrees to sign a bilateral treaty of friendship and co-operation with Nicaragua that obligates both States to find recourse in the International Court of Justice in the case of any controversy or situation that puts peace between both parties in danger. This bilateral treaty must establish the acceptance on the part of Honduras and Nicaragua, in a clear and doubtless manner and without any condition or time-limit, of the obligatory jurisdiction of the International Court of Justice, independently of whatever existing reservations and/or of the withdrawal or the modification of the acceptance of obligatory jurisdiction of the Court with respect to third States that may be presented following the signing of the treaty. Nicaragua would proceed to desist in the claim against Honduras immediately after the implementation of the treaty of friendship and co-operation.

Managua, March 28, 1988.

Miguel D'ESCOTO BROCKMANN,
Foreign Ministry.

63. THE AGENT OF NICARAGUA TO THE REGISTRAR

31 March 1988.

I have the honour to refer to the case concerning *Border and Transborder Armed Actions (Nicaragua* v. *Honduras)*.

I have been instructed by my Government to make the following communication to the Court.

The Deputy Minister of Foreign Affairs of Nicaragua, Dr. José Leon Talavera, was expressly charged with delivering to the Ministry of Foreign Affairs of Honduras, of the letter dated 28 March 1988 that President Ortega addressed to President Azcona, and of which the Court was furnished with a copy.

On occasion of that meeting, Deputy Minister Talavera was given assurances by the Honduran authorities that the troops of the Government of the United States that had recently been sent to that country were being withdrawn. He was also told that due to the Easter celebrations President Azcona was away from his ordinary round of duties and for that reason they requested a prudential period of time to respond to President Ortega's letter.

For the reasons stated above, and particularly in view of the formal assurances given by the Government of Honduras — that have begun to be put into effect — of proceeding to the withdrawal of the troops of the United States that were the principal reason for the urgent request made by Nicaragua to the Court, my Government has given me instructions to withdraw the request of interim measures of protection that had been requested from the Court on 21 March of this year.

With respect to the other considerations in President Ortega's letter, my Government considers it convenient — in view of the explanations given by the Honduran authorities — to await the reply of President Azcona at his return.

64. THE REGISTRAR TO THE AGENT OF HONDURAS

31 March 1988.

I have the honour to transmit to Your Excellency herewith a copy of a letter dated 31 March 1988 and handed to me at 1.15 p.m. today by the Agent of Nicaragua in the case concerning *Border and Transborder Armed Actions (Nicaragua v. Honduras)*.

In view of the terms of the letter, the President of the Court proposes to make an Order today placing on record the withdrawal of the request for the indication of provisional measures made by the Republic of Nicaragua on 21 March 1988.

65. THE REGISTRAR TO THE AGENT OF NICARAGUA

31 March 1988.

I have the honour to acknowledge receipt of Your Excellency's letter of 31 March 1988 withdrawing the request made by the Republic of Nicaragua for the indication of provisional measures in the case concerning *Border and Transborder Armed Actions (Nicaragua v. Honduras)*. I have the honour further to transmit herewith a plain copy of an Order[1] made by the President of the Court today, placing on record that withdrawal. The formal sealed copy of the Order for the Government of Nicaragua will be sent to you early next week.

---

[1] *I.C.J. Reports 1988*, p. 9.

66. THE REGISTRAR TO THE AGENT OF HONDURAS

31 March 1988.

Further to my letter of today's date, by which I transmitted to Your Excellency a copy of the letter of 31 March 1988 from the Agent of Nicaragua in the case concerning *Border and Transborder Armed Actions (Nicaragua v. Honduras)* withdrawing the request made by the Republic of Nicaragua for the indication of provisional measures in that case, I have the honour to transmit herewith a plain copy of an Order[1] made by the President of the Court today, placing on record that withdrawal. The formal sealed copy of the Order for the Government of Honduras will be sent to you early next week.

67. L'AGENT DU HONDURAS AU GREFFIER

5 avril 1988.

J'ai l'honneur de vous accuser réception de vos aimables notes 79283 et 79284 du 30 et 31 mars, relatives au retrait par le Nicaragua de sa demande à la Cour en indication de mesures conservatoires dans l'affaire *Actions armées frontalières et transfrontalières (Nicaragua c. Honduras)*, accompagnée de l'ordonnance du 31 mars, prise par Monsieur le Président de la Cour.

Je vous serais gré, Monsieur le Greffier, de bien vouloir transmettre à Son Excellence le Président de la Cour internationale de Justice la lettre que, au sujet de cette procédure incidente, j'ai l'honneur de lui adresser accompagnée de trois annexes.

68. L'AGENT DU HONDURAS AU PRÉSIDENT DE LA COUR

1er avril 1988.

La République du Honduras prend acte du retrait effectué par le Gouvernement du Nicaragua en date du 31 mars, à propos de la demande en indication de mesures conservatoires qu'il avait introduite devant la Cour internationale de Justice le 21 mars 1988.

Elle tient à préciser à l'attention de la Cour qu'elle ne pouvait de toute façon que déplorer l'initiative de cette demande, provoquée, qui plus est, par des actions armées dont le Nicaragua avait lui-même pris l'initiative.

Cette demande illustrait une nouvelle fois le caractère tactique des agissements du Nicaragua à l'encontre du Honduras devant la Cour, qui s'inscrivent manifestement dans le cadre d'une stratégie politique d'ensemble, au sein de laquelle la Haute Juridiction est sollicitée pour permettre au Nicaragua d'atteindre, sous le couvert du droit, les objectifs purement politiques qu'il s'est fixés.

La République du Honduras ne peut que déplorer cette attitude, peu compatible avec le respect dû à la Cour et au droit international en général.

---

[1] *I.C.J. Reports 1988*, p. 9.

Concernant la demande en indication de mesures conservatoires invoquée ci-dessus, la République du Honduras n'aurait pas pu l'accepter d'avantage que la requête principale sur laquelle cette procédure incidente venait se greffer.

Pour ordonner de telles mesures, il eût en effet fallu que la Cour se déclarât « prima facie » compétente, pour connaître de la requête nicaraguayenne du 28 juillet 1986. Or une telle position ne pouvait être prise s'agissant d'un cas dans lequel la compétence de la Haute Juridiction et la recevabilité de la requête sont manifestement dépourvues de bases juridiques, pour les raisons que la République du Honduras a pu amplement développer dans le mémoire qu'elle a eu l'honneur de déposer au Greffe de la Cour le 22 février 1987.

La République du Honduras tient par ailleurs à souligner que l'ajournement de la procédure orale dans la phase de juridiction et recevabilité, dans notre affaire, demandé par lettre conjointe des présidents des deux Républiques le 7 août 1987, était destiné à favoriser le déroulement de procédures plus appropriées au règlement des différends dans l'ensemble de la région d'Amérique centrale, et ne comportait pas des engagements des parties sur les différends de fond qui les séparent.

Dans ce contexte le Gouvernement du Honduras rejette en outre formellement les accusations du Gouvernement du Nicaragua contre le Honduras et les diverses affirmations fausses et erronées qu'il attribue aux hauts fonctionnaires du Gouvernement du Honduras, dans ces récentes communications à la Cour, ainsi que sa particulière interprétation de la position du Honduras à la commission exécutive des accords d'Esquipulas II.

Finalement le Gouvernement du Honduras tient à souligner, en rapport à la lettre de M. l'agent du Nicaragua du 31 mars, que le retrait des troupes américaines du Honduras était prévu à la fin des manœuvres conjointes et ne faisait nullement partie des mesures conservatoires demandées le 21 mars par le Gouvernement du Nicaragua.

La République du Honduras porte respectueusement à l'attention de la Cour les documents joints en annexe à la présente lettre afin de lui permettre d'avoir une connaissance plus exacte des faits allégués par le Nicaragua dans sa demande en indication de mesures conservatoires.

ANNEXES

1. Note de protestation du 16 mars 1988, du ministre des relations extérieures du Honduras, au ministre des relations extérieures du Nicaragua, adressée trois jours avant la première note de protestation du Nicaragua, jointe à sa demande.

2. Lettre du 15 mars 1988, adressée par le président Azcona au président Reagan, concernant l'exercice du droit de légitime défense par le Honduras face à l'agression sandiniste.

3. Communiqué de presse n° 018-88 émis le 16 mars 1988 par la direction de l'information du ministère des relations extérieures du Honduras, au sujet des événements dans le secteur de Bocay, à la frontière entre le Honduras et le Nicaragua.

Annexe 1. Note de protestation

N° 025-DSM   Tegucigalpa, le 16 mars 1988.

Monsieur le Ministre,

Je m'adresse à Votre Excellence pour porter à sa connaissance que des éléments de l'armée populaire sandiniste estimés entre mille et mille cinq cents ont envahi le territoire hondurien dans le secteur où la rivière Bocay verse ses eaux dans le fleuve Coco ou Segovia au sud-est du département d'Olancho. L'attaque fut précédée par des bombardements d'artillerie et aériens.

Il s'agit là d'une ouverte agression armée contre l'Etat du Honduras, avec la violation conséquente de son territoire et de son espace aérien.

Elle constitue en outre une violation de la Charte des Nations Unies, de la charte de l'Organisation des Etats américains et du traité interaméricain d'assistance mutuelle. Instruments tous qui proscrivent l'emploi et la menace de la force dans les relations internationales.

Face à ces événements graves et injustifiés, mon gouvernement présente sa plus énergique protestation; demande le retrait immédiat des troupes envahissantes et prévient le Gouvernement du Nicaragua qu'il adoptera les mesures nécessaires pour exercer son droit de légitime défense prévu à l'article 51 de la Charte des Nations Unies.

Je renouvelle à Votre Excellence les assurances de ma haute considération.

                                           Carlos LÓPEZ CONTRERAS,
                                                    ministre.

Son Excellence Don Miguel d'Escoto,
ministre des relations extérieures,
Managua, Nicaragua.

Annexe 2

                                       Tegucigalpa, D.C., March 15, 1988.

Mr. President:

I have the honour of addressing Your Excellency to refer first of all, that yesterday Sandinista Popular Army troops have trespassed the border between Honduras and Nicaragua, attacking with artillery forces and combat aircraft the localities situated on Honduran territory at the Southeastern sector of the Olancho Province.

In order to prevent the worsening of the situation in the frontier, I have demanded President Ortega to order his troops to abstain from violating our national territory and the immediate withdrawal of the military units that have invaded Honduras.

I have also kept in touch with Presidents José Napoleón Duarte, Vinicio Cerezo and Oscar Arias Sánchez and asked them to call the Government of Nicaragua to put an end to its aggression against Honduras and to withdraw its troops from the frontier zone.

My Government, in exercise of the right of legitimate self-defence consecrated in Article 51 of the UN Charter, immediately proceeded to execute the necessary actions to reject the invasion, instructing its Armed Forces to repel the troops of the Sandinista Popular Army.

In view of this unjustified aggression and the evident disadvantage my country is in, regarding the number of military effectives and armaments the aggressor forces dispose of, my Government is forced to appeal to the continental solidarity to repel the aggression and to restore peace in the region.

In the light of international law the actions carried out by the invading army are indeed an act of aggression which in consequence should be considered as an attack against all American States.

Therefore, according to the above-mentioned Article 51 of the UN Charter; Articles 3, 8 and 9 of the Interamerican Reciprocal Assistance Treaty; in consonance of the special security relations between our two States and the provisions of the Military Assistance Treaty subscribed on May 20, 1954, I am in the need of requesting your Government the effective and immediate assistance to maintain the sovereignty and territorial integrity of my country.

I am convinced, Mr. President, that you share with me the assurance that a joint action of both our countries is necessary to defeat this new aggression of the Sandinista régime.

I avail myself of this opportunity to reiterate to Your Excellency the assurances of my highest and distinguished consideration.

José AZCONA HOYO,
President.

HIS EXCELLENCY MR. RONALD REAGAN,
PRESIDENT OF THE UNITED STATES OF AMERICA,
WASHINGTON, D.C.

Annexe 3. Press Release Issued on 16 March 1988 by the Honduran Ministry of Foreign Affairs

The Ministry of Foreign Affairs of the Republic of Honduras wishes to inform the general public, in Honduras and throughout the world, of events which have taken place in the Honduran-Nicaraguan border region (Bocay sector of the Department of Olancho):

1. On 15 March, the Honduran Armed Forces notified the President of the Republic of an encroachment on our territory by forces of the Sandinist People's Army: several hundred troops made an incursion into Honduran territory, with artillery support and with bombs being dropped from fixed-wing aircraft and helicopters.

2. With a view to preventing any worsening of the border situation, the President of Honduras contacted President Ortega and requested him to order his troops to refrain from encroaching on our territory, and to withdraw immediately the military units which had invaded Honduras.

3. Similarly, he contacted President José Napoléon Duarte, President Vinicio Cerezo and President Oscar Arias Sánchez, requesting them to urge the Government of Nicaragua to halt its aggression against Honduras and withdraw the troops from the border region.

4. Also on 15 March, after the aforementioned telephone communications, President Azcona, with a view to safeguarding the security of the Honduran people, addressed a letter to the President of the United States of

America, informing him of these developments and requesting his solidarity in countering the violation of Honduran territory.

Inasmuch as the military action by the Sandinist People's Army in Honduran territory constitutes aggression, President Azcona, on the basis of the special security relationship with the United States and on the basis of international collective-security instruments, found it necessary to ask the United States Government for the effective and immediate assistance which Honduras needs in order to maintain its territorial sovereignty and integrity.

5. On 16 March, the United States Ambassador in Tegucigalpa, on express instructions from his Government, reaffirmed the United States commitment to support Honduras and provide any assistance needed by our country for the defence of its national sovereignty.

6. The Ministry of Foreign Affairs has protested in the strongest terms to the Government of Nicaragua at the act of aggression, has demanded the immediate withdrawal of the invasion forces, and has warned that Government that it will take the necessary action to exercise its right of self-defence, as envisaged in Article 51 of the Charter of the United Nations.

7. Honduras regrets that the Government of Nicaragua, through the internal and international use of force, persists in jeopardizing the effort to achieve a peaceful solution to its social conflict.

8. Tonight the President of Honduras again spoke with the President of Nicaragua and took the opportunity both to reiterate the urgent need to withdraw Sandinist troops from Honduran territory and to inform him of the steps taken by the Government of Honduras to safeguard its territorial sovereignty and integrity.

69. L'AGENT DU HONDURAS AU GREFFIER

12 avril 1988.

J'ai l'honneur de me référer à l'ouverture de la procédure orale dans l'affaire des *Actions armées frontalières et transfrontalières (compétence et recevabilité) (Nicaragua c. Honduras)* vous priant de bien vouloir porter à la connaissance de S. Exc. M. le Président que le Gouvernement du Honduras demande respectueusement qu'elles aient lieu entre les dates du 23 mai et le 10 juin 1988.

70. THE REGISTRAR TO THE AGENT OF HONDURAS[1]

26 April 1988.

In confirmation of the arrangements discussed at the meeting between the President of the Court and the Agents of the Parties in the case concerning *Border and Transborder Armed Actions (Nicaragua v. Honduras)*, held on 20 April 1988, I have the honour to inform you that the Court has decided that the oral proceedings on the questions of jurisdiction and admissibility in that case will open at 3 p.m. on Monday 6 June 1988.

---

[1] A communication in the same terms was sent to the Agent of Nicaragua.

It is my understanding that the Parties are in agreement that the representatives of Honduras should address the Court on 6 and 7 June, and the representatives of Nicaragua on 9 and 10 June; the possibility of a second exchange of speeches remains reserved. These arrangements have been approved by the Court in accordance with Article 58, paragraph 2, of the Rules of Court.

71. THE REGISTRAR TO THE AGENT OF NICARAGUA

26 April 1988.

I refer to my letters of 13 August 1987, 18 August 1987 and 20 November 1987, concerning the absence of translation into an official language of the Court of Annexes 19, 22 and 24 to the Counter-Memorial of Nicaragua in the case concerning *Border and Transborder Armed Actions (Nicaragua* v. *Honduras)*, and the identification of the document filed as Annex 25 to that pleading; these matters were also drawn to Your Excellency's attention by the Registry in a telephone conversation of 12 January 1988. In view of the fact that oral proceedings in this case are to open in little more than a month's time, it is my duty to call upon Your Excellency's Government to bring its pleading into compliance with the Rules of Court in this respect without further delay.

72. L'AGENT DU HONDURAS AU GREFFIER

28 avril 1988.

J'ai l'honneur, aux fins de connaissance de la Cour, de vous envoyer ci-joint la note n° 198-DA en date du 21 avril 1988 adressée par le ministre des relations extérieures du Honduras, M. Carlos López Contreras, au ministre des relations extérieures du Nicaragua, M. Miguel d'Escoto Brockmann.

(Free translation)

Note No. 198-DA

Tegucigalpa, D.C., 21 April 1988.

His Excellency Dr. Miguel d'Escoto Brockmann,
Minister of Foreign Relations,
Managua, Nicaragua.

Your Excellency,

I have the honour to refer to Your Excellency's letter of 20 April 1988 by which your Government strongly protests the authorization of the Government of Honduras to the delivery of humanitarian aid to groups of Nicaraguans, approved by the Congress of the United States of America with the affirmative vote of representatives and Senators of both the Republican and Democratic Parties.

Your Excellency, I consider your protest to be absolutely ungrounded, considering that said aid was approved with the consent of the Nicaraguan Government once an agreement of a temporary cease-fire was reached, precisely with the purpose of expediting the agreements of Esquipulas II, and the Sapoá negotiations, which are still in effect.

What the Honduran Government has allowed is, that under the supervision of the International Agency for Development, the Catholic Church, and Price Waterhouse, a private enterprise, said aid reaches those groups of Nicaraguans that are in the country and who do not fall under the protection of the Higher Commissioner of the United Nations for the Refugees (ACNUR).

In reference to the legal action of the Nicaraguan Government against the Government of Honduras before the International Court of Justice, Your Excellency is perfectly aware of the firm posture assumed by my country since the beginning of the case, which is, in brief, that any forum of negotiations, let it be called Contadora or Esquipulas, is incompatible with the legal action raised before the Court. It would be more truthful to affirm that it is the obstinate attitude of the Nicaraguan Government not to abandon its legal claim which constantly undermines the different efforts to achieve a regional agreement, even when the Government of Honduras has presented concrete proposals to solve the border incidents. The purpose of the Honduran request to the Court to have a date for the oral hearing is to avoid that Nicaragua continues to manipulate this legal claim before the Court to achieve its own political ends. Therefore, Your Excellency, it is up to your Government to allow the process of Guatemala and the Declaration of San José to advance, or to become stagnant.

Copy of this note will be forwarded to the International Court of Justice.

I avail myself of this opportunity to renew to Your Excellency the assurances of my highest consideration.

Carlos LÓPEZ CONTRERAS,
Minister of Foreign Relations.

73. THE AGENT OF NICARAGUA TO THE REGISTRAR

8 May 1988.

I refer to the case concerning *Border and Transborder Armed Actions (Nicaragua v. Honduras)*.

Enclosed are translations into English of Annexes 19, 22 and 24 of the Counter-Memorial[1]. The document included in the Counter-Memorial as Annex 25 should be the copy of the letter sent by the Government of Honduras to the Secretary-General of the United Nations on 18 April 1984 and which I am also enclosing.

---

[1] See **I**, pp. 415, 421 and 478, respectively.

74. THE REGISTRAR TO THE AGENT OF NICARAGUA

9 May 1988.

I have the honour to acknowledge receipt with thanks of Your Excellency's letter of 8 May 1988 enclosing translations into English of the documents attached to the Counter-Memorial of Nicaragua in the case concerning *Border and Transborder Armed Actions (Nicaragua* v. *Honduras)* as Annexes 19, 22 and 24. I note further that Annex 25 to the Counter-Memorial should be a letter dated 18 April 1984 from the Government of Honduras to the Secretary-General of the United Nations, the text of which you were also good enough to enclose with your letter. The President of the Court has given leave, pursuant to Article 52, paragraph 4, of the Rules of Court, for the substitution of this text for the text previously filed as Annex 25[1].

75. THE REGISTRAR TO THE AGENT OF NICARAGUA[2]

31 May 1988.

I have the honour to draw your attention to the following provisions of Article 71 of the Rules of Court:

"1. A verbatim record shall be made by the Registrar of every hearing, in the official language of the Court which has been used...

4. Copies of the transcript shall be circulated to judges sitting in the case, and to the parties. The latter may, under the supervision of the Court, correct the transcripts of speeches and statements made on their behalf, but in no case may such corrections affect the sense and bearing thereof..."

The transcript of the oral proceedings on the question of jurisdiction and admissibility in the case concerning *Border and Transborder Armed Actions (Nicaragua* v. *Honduras)*, opening on Monday 6 June 1988, will be circulated to the Parties as follows: the transcript of a hearing held from 10 a.m. to 1 p.m. will be available in the evening of the same day, and that of a hearing held from 3 to 6 p.m. will be available during the morning of the following day.

In order to facilitate any supervision which the Court may feel it proper to exercise, I shall be obliged if you will hand your corrections to my secretary as soon as possible after the circulation of each transcript, and in any event not later than 6 p.m. on the day following such circulation.

76. THE REGISTRAR TO THE AGENT OF HONDURAS[3]

31 May 1988.

I have the honour to refer to Article 53, paragraph 2, of the Rules of Court, which provides that:

---

[1] See **I**, pp. 501-503.
[2] A communication in the same terms was sent to the Agent of Honduras.
[3] A communication in the same terms was sent to the Agent of Nicaragua.

"The Court may, after ascertaining the views of the parties, decide that copies of the pleadings and documents annexed shall be made accessible to the public on or after the opening of the oral proceedings."

I should be obliged if you would communicate to the Court as soon as possible any views which the Government of Honduras may desire to express on this question in respect of the proceedings on the question of jurisdiction and admissibility in the case concerning *Border and Transborder Armed Actions (Nicaragua v. Honduras)*. A similar enquiry has been addressed to the Government of Nicaragua.

77. THE AGENT OF NICARAGUA TO THE REGISTRAR

3 June 1988.

I have the honour to refer to your letter dated 31 May 1988 in which you request the views of my Government on the matter of making accessible to the public, on or after the opening of the oral pleadings, of copies of the pleadings and documents annexed in the case concerning *Border and Transborder Armed Actions (Nicaragua v. Honduras)*.

After consideration, my Government has no objection to making accessible copies of such documents.

78. L'AGENT DU HONDURAS AU GREFFIER

3 juin 1988.

J'ai l'honneur, me référant à votre aimable communication 79575 en date du 31 mai, de porter à votre connaissance que le Gouvernement du Honduras ne fait pas d'objection à ce que des exemplaires des pièces de procédure et des documents annexés soient rendus accessibles au public à l'ouverture de la procédure orale ou ultérieurement dans l'affaire des *Actions armées frontalières et transfrontalières (Nicaragua c. Honduras) (compétence et recevabilité)*, comme prévu à l'article 53, paragraphe 2, du Règlement.

79. L'AGENT DU HONDURAS AU GREFFIER

7 juin 1988.

Au terme de l'exposé de ses arguments et de la réfutation dès thèses du Nicaragua dans ses plaidoiries dans l'affaire des *Actions armées frontalières et transfrontalières (Nicaragua c. Honduras) (compétence et recevabilité)*, la République du Honduras ne juge pas nécessaire de modifier les conclusions[1] qu'elle a respectueusement soumises à la Cour à la fin de son mémoire.

---

[1] Voir **I**, p. 80.

Je prie donc la Cour de considérer leurs termes commes inchangés. Nous nous réservons la possibilité de les compléter éventuellement au terme d'un second tour de plaidoiries.

80. THE AGENT OF HONDURAS TO THE REGISTRAR

9 June 1988.

I have the honour to enclose herewith the Summary Records CR 88/4 and CR 88/5, corresponding to the oral hearings held on Monday 6 June, at 15 hours, and Tuesday 7 June, at 10 hours, containing the interventions of the Agent, Co-Agent and Counsels of Honduras, with the following corrections[1].

81. THE REGISTRAR TO THE AGENT OF NICARAGUA

9 June 1988.

Pursuant to Article 60, paragraph 2, of the Rules of Court, I have the honour to transmit to Your Excellency herewith a copy of a letter dated 7 June 1988 by which the Agent of Honduras in the case concerning *Border and Transborder Armed Actions (Nicaragua* v. *Honduras)* confirms the indication given at the hearing of that date that Honduras maintains at the present stage of the proceedings the submissions stated in its Memorial. Attached to that letter was a copy of pages 173-175 of that Memorial, where the submissions are set out, a copy of which is enclosed. The Agent of Honduras has also requested that the Annex to CR 88/5 consists of the original English text of his Government's submissions, rather than the French translation as at present.

82. THE AGENT OF NICARAGUA TO THE REGISTRAR

10 June 1988.

I have the honour to present, in accordance with the Rules of Court, the Submissions of the Government of Nicaragua[2], in *Border and Transborder Armed Actions (Nicaragua* v. *Honduras).*

---

[1] The corrections which the Parties requested to be made in the transcripts of their oral arguments, under the supervision of the Court, were taken into account at the time of publication of the text in the present series.
[2] See pp. 136, *supra,* and **I,** pp. 374-375.

83. THE REGISTRAR TO THE AGENT OF HONDURAS

10 June 1988.

I have the honour to transmit to Your Excellency herewith a copy of a letter of today's date from the Agent of Nicaragua in the case concerning *Border and Transborder Armed Actions (Nicaragua v. Honduras)*, and a copy of the text of the submissions of Nicaragua enclosed with that letter.

84. THE AGENT OF NICARAGUA TO THE REGISTRAR

13 June 1988.

I have the honour to refer to the oral proceedings in the case concerning *Border and Transborder Armed Actions (Nicaragua v. Honduras)*.

At the request of the President of the Court at the oral proceedings on 9 June 1988, copies of the documents referred to by Nicaragua's Agent and counsel on that date are hereby submitted to the Court. A list of the documents is also annexed hereto.

Annex

1. "Humanitarian Aid Arrives: Boots and Uniforms" (*La Tribuna*, 24 April 1988).
2. "Aid to the 'Contras' Still Arriving" (*Tiempo*, 5 May 1988).
3. Press Release No. 002-88 of the Ministry of Foreign Affairs of the Republic of Honduras (15 January 1988).
4. Note of Nicaragua to Honduras, 23 April 1988.
5. United Nations Depositary Notification, 29 July 1986.

La Tribuna, 28 April 1988, p. 1.

Humanitarian Aid Arrives: Boots and Uniforms

Tegucigalpa. The first plane with US aid for the Nicaraguan rebels arrived yesterday. Dozens of packages with uniforms, boots and knapsacks flew into Toncontin Airport aboard a military plane, and were then stored in a warehouse near the airport. The "humanitarian" aid was transported by these trailers.

[Spanish text not reproduced]

Tiempo, 5 May 1988, p. 1.

Aid to the "Contras" Still Arriving

Caption: *Tegucigalpa.* The American aid to Nicaraguan insurgents who have retreated into the country continued to reach the capital yesterday in four C-130 transport planes of the United States Air Force. They landed yesterday morning at Toncontin Airport with medicine, clothing and other personal-use items. The cargo (in the photograph[1]) was transported in trucks to other locations. (Photo: Majin).

[Spanish text not reproduced]

---

*Ministry of Foreign Affairs
of the Republic of Honduras*

PRESS RELEASE NO. 002-88

The Honduran Foreign Minister, Carlos López Contreras, has written to Central American Presidents in his capacity as a member of the CIVS protesting irregular actions in the work entrusted to them by some members of the Commission on Verification and Follow-Up.

The note, sent from Panama, says:

"I have the honor of writing to you in my capacity as a full member of the 'Commission on Verification and Follow-Up' (CIVS), created in the 'Procedure for the Establishment of a Firm and Lasting Peace in Central America'. During the IV Meeting of the CIVS held in Washington, D.C., United States of America, we concluded that the five basic commitments provided for in paragraph number 11 of the Guatemala Procedure did not simultaneously and publicly take effect as agreed, due to the unilateral conditions imposed by one Central American government.

Today, I have the painful obligation of informing you that during the V and last meeting of the CIVS, held in this city on January 12 and 13 of this year, some of its non-Central American members tried to assume tasks alien to verification. They crossed over into the area of policy definitions that the Presidents have reserved for themselves. Some of said representatives tried to adopt interpretive functions by judging, even reforming the Guatemala Procedure, and questioning the usefulness of some its provisions. This was clearly trespassing into responsibilities voluntarily assumed by the governments.

Counter to the objectivity and impartiality necessary to analyze progress made in compliance with the Guatemala Accord, they strived to minimize the testimony of non-governmental organizations on human rights violations collected by the Ad-Hoc Commission of Representatives in Managua.

Also, during the debates of the last session, certain members of the CIVS dealt with the conditions imposed by the Nicaraguan Government for implementation of amnesty and lifting the state of emergency, with surprising indulgence and even went so far as to endorse them.

Finally, ignoring the Central American Presidential Accord that sets forth the composition of the CIVS as a body of 15 members with equal rights and obligations, some CIVS members departed from the rule of consensus in decision making. In the process, they have damaged this important organism by imposing their vitiated will.

---

[1] Not reproduced.

In view of these irregular actions, which affect the rights of Central American Governments and could make the presidential resolutions ineffective, I consider it my duty as a CIVS member to provide evidence and knowledge of my protest to the Presidents so that they may undertake to resolve it.

In closing, I assure the Honorable Presidents of my utmost esteem and consideration.

Carlos LÓPEZ CONTRERAS,
Minister of Foreign Affairs."

Tegucigalpa, D.C.,
January 15, 1988,
Press and Information Office,
Ministry of Foreign Affairs.

[Spanish text not reproduced]

MINISTRY OF FOREIGN AFFAIRS MANAGUA, NICARAGUA

Managua, April 23, 1988.

The Minister:

I am writing in reference to your note dated April 12 regarding judicial proceedings initiated before the International Court of Justice on July 28, 1986, for illegal activities and violations of international law by Honduras to the detriment of the Republic of Nicaragua.

Before getting into the details of your note, I must express our surprise at the Honduran Government's decision to request continuation of the Nicaraguan lawsuit. As The Minister will recall, on March 28, President Daniel Ortega submitted a concrete proposal to President José Azcona Hoyos on the form under which our country could agree to Honduras's demand to withdraw the lawsuit. President Ortega's proposal — made in the context of border incidents in the Bocay Zone and landing of US troops in Honduras — was not even answered by the Honduran Government, even though it was directed at resolving a problem raised by Honduras on the lawsuit in question in a just and reasonable way.

As Your Excellency will recall, my Government withdrew our petition for provisional protective measures before the International Court of Justice when US troops were withdrawn from Honduras. The presence of these troops in Honduras was a clear threat to Nicaragua, and the main reason for our petition before the ICJ. The case then returned to the status it had been in since August 7, 1987.

The Nicaraguan proposal, presented by President Ortega, outlined the obligations Honduras would have to assume to satisfy Nicaragua and allow us to withdraw the lawsuit before the ICJ. This proposal was repeated in the Executive Commission meeting, held on April 7 of this year in Guatemala, as reflected in the statement issued by Central American Ministers at the close of the meeting.

Therefore, Nicaragua was surprised by the unilateral action of the Honduran Government in contradiction to its previous agreements and positions. This occurred just before the Executive Commission's next meeting, scheduled for the latter part of May in Tegucigalpa.

By this action, Minister, it would seem that Honduras is seeking a new excuse to continue its policy of sabotaging on-site verification by all possible means. On-site verification is especially necessary for certifying compliance with the agreement to not aid irregular forces in any way. And that is one of the main themes of the upcoming Executive Commission meeting.

Given the many erroneous interpretations in your note on this topic, I am obliged to address each one.

The first paragraph of your note states, "On August 7, 1987, the Central American Presidents signed the 'PROCEDURE FOR THE ESTABLISHMENT OF A FIRM AND LASTING PEACE IN CENTRAL AMERICA', *in one of its clauses agreement was reached*" on the text signed by President Daniel Ortega and President Azcona regarding Nicaragua's lawsuit against Honduras that Your Excellency cites in your April 12 note.

Regarding this, I must remind The Minister that the text referred to was formulated completely by the Honduran Government and submitted to President Ortega by President Azcona, who requested his signature. The text was signed following the signing of the Esquipulas II Accord. Therefore, said text is not, nor ever has been, part of the "Guatemala Procedure". It was a transitory agreement of a strictly bilateral character between the two Presidents for a period of one hundred and fifty days until the following meeting of Central American heads of State. At that meeting, the International Commission on Verification and Follow-up (CIVS) was to present a report, a key part of which would be Honduras compliance with the "commitment to impede use of its territory and not permit even logistical military support to persons, organizations, or groups who are attempting to destabilize the Governments of Central American countries".

In the interest of seeing this commitment kept, Nicaragua was agreeable to reviewing with President Azcona the judicial proceedings initiated before the International Court of Justice, including considering withdrawal of the lawsuit. In January 1988, the second meeting of Central American Presidents was held. On that occasion, President Azcona, who had not even minimally complied with his commitment to prevent the use of Honduran territory for attacking Nicaragua, did not even suggest that President Ortega consider extending the period for scheduling public hearings pending in the International Court of Justice. Consequently, when the one hundred and fifty days ended, Nicaragua was freed from any obligation and could renew its case at any time. Nonetheless, we chose patience because we did not want the case before the ICJ to be used as a pretext for obstructing the peace process in Central America.

I would like to add that the CIVS report clearly stated that they were unable to fulfill their verification mission because they were not permitted to carry out on-site inspection. The CIVS considers this a *sine qua non* condition for reaching the goals for which it was created. The CIVS could not accomplish its task because Honduras was the only Central American country which refused to accept on-site inspection. This refusal by Honduras, in turn, was and is due to the fact that such an inspection would show that Honduran territory is the main platform of aggression against Nicaragua.

The Honduran Government's conduct towards Nicaragua in violation of international law was demonstrated once again. Moreover, the Honduran Government refused to accept on-site inspection by the United Nations mission sent by the Secretary-General to investigate border incidents that occurred last March in the Bocay Zone.

On the other hand, it bears noting that the only two points in common between Esquipulas II and the text signed by the Honduran and Nicaraguan Presidents are the place and date of their signing. Therefore, trying to portray that text as a "clause" of the Esquipulas II Accord is not only illogical, but also contrary to the most elementary legal principals.

Your Excellency states, in another part of your note, that "this clause recognizes the inconsistency of the use of judicial recourse, with the implementation and compliance of the special procedure of Esquipulas II".

This statement by The Minister astounds us. Especially since we have read and re-read the text signed by the Honduran and Nicaraguan Presidents, and have been unsuccessful in locating the section of the so-called "clause" where it "recognizes the inconsistency" between Esquipulas II and the International Court of Justice. The only thing certain about this statement is that it has consistently been the claim of the Honduran Government. It was never accepted by Nicaragua, and never adopted by the International Commission on Verification and Follow-Up (CIVS), in spite of demands by the Honduran Government that it do so. To state that the Esquipulas Accords can dissolve rights and responsibilities of States established in the United Nations Charter is not only extremely absurd, but also lacking foundation.

This fact was made obvious to the Honduran Government on April 5 when it requested that the Security Council be convened. Honduras sought the Council's approval of a resolution urging Nicaragua not to seek recourse to forms of peaceful resolution not mentioned in Esquipulas. The Security Council resolution would have required Nicaragua not to make use of its rights as a United Nations Member State simply for having signed the Esquipulas Accord. The convening of the Council by Honduras provoked such a level of discord and criticism among members of the United Nations, and among many members of the Security Council, that the Honduran Government had to withdraw its request on April 8. Moreover, the fact that Honduras sought Security Council assistance on April 5 is, according to the Honduran Government's logic, an action inconsistent with the "Esquipulas II Procedure".

What was really inconsistent with the Esquipulas II Accord was the acceptance (or was it a request?) by the Honduran Government, last March, of the deployment of US troops to its territory to "strengthen or protect" the *contra* forces who were being dislodged from national territory by the Nicaraguan Army. This was totally inconsistent with the Esquipulas II Accord since, as the US Government itself acknowledged, "The main objective of the troops recently sent by the US Government at the request of the Honduran Government is to strengthen or protect the Nicaraguan insurgents who are fighting against the Sandinista régime". To allow US troops to enter Honduras to support military and paramilitary activities against Nicaragua condemned by the International Court of Justice, not only violates the Esquipulas II Accord but is also a flagrant violation of international law.

The Honduran Government's attempt to use the Esquipulas II Accord as a pretext to flee from serious responsibilities incurred by its illegal conduct against Nicaragua is unacceptable. Esquipulas II cannot be interpreted as a letter of impunity under which the signatory countries are free to act illegally against another signatory State.

On the other hand, Esquipulas is not, nor has it ever tried to be, a "special procedure" as asserted by The Minister. It also does not have any relation either in content or form, to the lawsuit initiated by Nicaragua against Honduras on July 28, 1986, more than one year before the signing of the Esquipulas Accord. Esquipulas is an agreement between the five Central American Governments to procure solutions to the area's specific problems. It is not an accord that substitutes the United Nations Charter. Esquipulas II does not contain any commitment related to bilateral problems between Central American countries, which must be resolved through procedures established by international law, according to the United Nations Charter.

The text signed by the Presidents of Honduras and Nicaragua, at the request of Honduras, to defer public hearings on jurisdiction scheduled by the International Court of Justice for October 20, 1987, was aimed — as has been explained before — at giving Honduras an opportunity to comply with its commitments according to international law, two of which were expressly contained in the Esquipulas II Accord. Those two obligations were to cease support to irregular forces and not allow the use of its territory to attack another State. This, and no other, was the goal of the agreement between the Honduran and Nicaraguan Presidents to defer the date.

In your letter, you also state that "in view of the fact that the Honduran Government cannot remain in a state of uncertainty with respect to its participation in the case initiated by the Nicaraguan Government before the International Court of Justice, which raises the same matters dealt with in the 'Guatemala Procedure', the Honduran Government, very reluctantly, has found it necessary to request the President of the previously mentioned Court to set dates for the phase of public hearings in the case 'Armed Border and Cross-Border Actions (Jurisdiction and Admissibility) (Nicaragua v. Honduras)'."

It is strange that the reason for the Honduran Government's decision is that "it cannot continue in a state of uncertainty with respect to its participation in the case initiated by the Nicaraguan Government". One can say that there has been some uncertainty with respect to the case. But, that uncertainty has been a product of systematic refusal by Honduras to resolve its bilateral conflict with Nicaragua through an institution *par excellence* of peaceful solution of conflicts, such as the International Court of Justice.

On the other hand, to assert that the "Esquipulas Procedure" deals with the same matters as the Nicaraguan lawsuit is complete fiction. The Honduran Government, among other violations of international law, has intervened and intervenes in the internal affairs of Nicaragua. It has promoted, instigated and participated in military and paramilitary activities against Nicaragua. It has encouraged and protected human rights violations, and it has violated and violates Nicaraguan sovereignty. Likewise, it has refused to end its illicit conduct or peacefully resolve the existing bilateral conflict. Instead, it maintains a systematic policy of blackmail towards Nicaragua, threatening at every opportunity to make the Esquipulas II process fail if Nicaragua does not withdraw its lawsuit against Honduras.

In the end, overwhelmed with "uncertainty", the Honduran Government decided to request the continuation of the case before the International Court of Justice in exchange for its withdrawal from the Esquipulas process, for which it seeks to blame Nicaragua. This attitude only confirms the lack of any real willingness by the Honduran Government to comply with its international obligations and commitments — something we have repeatedly protested. The Honduran Government could have avoided considerable domestic uncertainty if it had made these decisions months ago.

Nicaragua regrets the Honduran Government's decision to use the ICJ case as an excuse for discontinuing participation in the Esquipulas II process. However, we feel highly satisfied that the decision clarifies your Government's position, accepting recourse in the International Court of Justice. Nicaragua, as the plaintiff country and guided by international law, can finally continue the judicial process without any uncertainty from the continuous blackmail of the Honduran Government regarding the Court at The Hague.

Nicaragua understands that the Honduran decision to reactivate the case before the International Court of Justice constitutes a formal and official rejection of the proposal of President Daniel Ortega to President Azcona, regarding measures that would satisfy Nicaragua and would permit it to withdraw the lawsuit. In view of this rejection on the part of the Honduran Government to our generous and flexible proposal, the Nicaraguan Government officially withdraws said proposal and conveys its decision to continue the case until termination, without further delays, in keeping with the wish expressed by the Honduran Government.

Nicaragua holds the Honduran Government responsible for its systematic blockade of the Esquipulas peace process, and the resulting consequences. It is now clear that the responsibility for reaching peace in Central America in the future rests with the Honduran Government due to its open support for and participation in the US Administration's policy of aggression, and its complicity with all actions aimed at causing regional peace efforts to fail.

In regard to Honduras's public proposal for guaranteeing border security (first presented in November 1987 during the OAS General Assembly in Washington, and repeated in the Executive Commission meeting held on February 17 and 18 in San Salvador), I will limit myself to stating that we are clear that its value was merely propagandistic since the Honduran Government has never shown any willingness to meet with Nicaragua to discuss implementation of said proposal. The Nicaraguan Government requested activation of the Honduran proposal on many occasions, in conversations with Your Excellency, as well as in diplomatic notes, such as the one sent on February 22 of this year. Nicaragua has never received a positive response from the Honduran Government.

In closing, I assure Your Excellency of my utmost esteem and consideration.

Miguel D'ESCOTO BROCKMANN,
Minister of Foreign Affairs.

To His Excellency
Carlos López Contreras,
Minister of Foreign Affairs,
Tegucigalpa, Honduras.

[Spanish text not reproduced]

C.N.152.1986.TREATIES-1 (Depositary Notification)

COMPULSORY JURISDICTION OF THE INTERNATIONAL COURT OF JUSTICE

Declaration by Honduras Replacing a Previous Declaration

The Secretary-General of the United Nations, acting in his capacity as depositary, and referring to depositary notification C.N.38.1960.TREATIES-1 of 7 April 1960, communicates the following:

On 6 June 1986, the Secretary-General received from the Government of Honduras a Declaration by which that Government indicates that it modifies the Declaration made on 10 March 1960 under Article 36, paragraph 2, of the Statute of the International Court of Justice, and that this new Declaration replaces the previous Declaration. A translation of the new Declaration is annexed herewith.

29 July 1986.

Attention: Treaty Services of Ministries of Foreign Affairs and of international organizations concerned.

C.N.152.1986.TREATIES-1 (Annex)

Translated from Spanish

SECRETARIAT OF STATE FOR FOREIGN AFFAIRS
OF THE REPUBLIC OF HONDURAS

*Declaration on the Jurisdiction of the
International Court of Justice*

The Government of the Republic of Honduras, duly authorized by the National Congress under Decree No. 75-86 of 21 May 1986 to modify the Declaration made on 20 February 1960 concerning Article 36 (2) of the Statute of the International Court of Justice.

Hereby Declares:

That it modifies the Declaration made by it on 20 February 1960 as follows:

1. It recognizes as compulsory *ipso facto* and without special agreement, in relation to any other State accepting the same obligation, the jurisdiction of the International Court of Justice in all legal disputes concerning:

    (a) The interpretation of a treaty;
    (b) any question of international law;
    (c) the existence of any fact which, if established, would constitute a breach of an international obligation;
    (d) the nature and extent of the reparation to be made for the breach of an international obligation;

2. This Declaration shall not apply, however, to any of the following disputes to which the Republic of Honduras is a party:

    (a) disputes in respect of which the parties have agreed or may agree to resort to other means for the pacific settlement of disputes;
    (b) disputes concerning matters subject to the domestic jurisdiction of the Republic of Honduras under international law;
    (c) disputes relating to facts or situations originating in armed conflicts or acts of a similar nature which may affect the territory of the Republic of Honduras, and in which it may find itself involved directly or indirectly;
    (d) disputes referring to:

(i) territorial questions with regard to sovereignty over islands, shoals and reefs; internal waters, bays and the legal status and limits of the territorial sea;
(ii) all rights of sovereignty or jurisdiction concerning the legal status and limits of the contiguous zone, the exclusive economic zone and the continental shelf;
(iii) the airspace over the territories, waters and zones referred to in this subparagraph.

3. The Government of Honduras also reserves the right at any time to supplement, modify or withdraw this Declaration or the reservations contained therein by giving notice to the Secretary-General of the United Nations.
4. This Declaration replaces the Declaration made by the Government of Honduras on 20 February 1960.

National Palace, Tegucigalpa, D.C., 22 May 1986.

(Signed) José AZCONA H.,
President of the Republic.

(Signed) Carlos LÓPEZ CONTRERAS,
Secretary of State for Foreign Affairs.

85. THE AGENT OF NICARAGUA TO THE REGISTRAR[1]

13 June 1988.

I have the honour to refer to the oral proceedings in the case concerning *Border and Transborder Armed Actions (Nicaragua v. Honduras)*. For the convenience of the Court, and in anticipation of the possibility that the Agent or counsel for Nicaragua may find it necessary to refer to certain documents in rebuttal to the second round of argument by Honduras, copies of these documents are submitted to the Court herewith. A list of the documents is also annexed hereto.

Annex

A. *Diplomatic Correspondence between Nicaragua and Honduras*

1988 *Notes from Honduras to Nicaragua*

27 April	1988
27 April	1988
27 April	1988
23 April	1988
21 April	1988
15 April	1988

---

[1] See also No. 93, *infra*.

12 April   1988
8 April   1988
   (note from the Permanent Representative of Honduras to the United Nations addressed to the President of the Security Council)
5 April   1988
23 March   1988
16 March   1988
1 March   1988
24 February 1988
20 February 1988
19 February 1988
4 February 1988
3 February 1988
8 January   1988

1988 Notes from Nicaragua to Honduras

17 May   1988
16 May   1988
13 May   1988
12 May   1988
9 May   1988
6 May   1988
29 April   1988
27 April   1988
26 April   1988
20 April   1988
28 March   1988
23 March   1988
19 March   1988
19 March   1988
18 March   1988
17 March   1988
22 February 1988
4 February 1988

B. Press Accounts

1. *La Tribuna*, 28 May 1988.
2. *La Tribuna*, 23 May 1988.
3. *New York Times*, 19 May 1988.
4. *Tiempo*, 28 April 1988.
5. *El Heraldo*, 28 April 1988.
6. *La Prensa*, 28 April 1988.
7. *El Heraldo*, 28 April 1988.
8. *La Tribuna*, 25 April 1988.
9. *Miami Herald*, 22 April 1988.
10. *La Prensa*, 20 April 1988.
11. *Tiempo*, 28 March 1988.
12. *Christian Science Monitor*, 8 December 1987.

A. *Diplomatic Correspondence between Nicaragua and Honduras*

1988 Notes from Honduras to Nicaragua

The Ministry of Foreign Affairs of Honduras reports that:

On April 26 of this year, the Minister of Foreign Affairs of the Republic wrote to the Secretary of State, His Excellency Mister George Shultz, regarding recent events in the country in which the United States Consulate in Tegucigalpa suffered physical damage. The note in question begins by condemning those acts, explaining that they are the result of the Matta Ballestreros case as well as provocations by disruptive forces who were undoubtedly inspired by the demonstrations carried out in many American cities criticizing United States Government policy towards Central America.

Clearly, the real aim of some of the demonstrators was to provoke casualties and injuries at the hands of Honduran authorities or Embassy security forces in the assault on the Consulate. Failing in this objective, they fatefully opted to create their own martyrs by wounding several of their comrades and killing two of them.

In these circumstances, we had to choose between an immediate intervention by the police or the thoughtful and prudent response we have chosen on similar occasions, thereby preventing the Government from falling into the trap set by the antisocial individuals.

. . . .

The authorities chose the second alternative, avoiding involvement in the violence that afflicts our neighbor countries. A rapid police intervention would have caused the desired bloodbath, with incalculable economic, social, and political consequences for our country. It would have put relations between Honduras and the United States into danger, as well.

We recognize and regret the magnitude of material damage caused to the Consulate, but we reject the insinuation that there was bad faith or premeditated negligence on the part of our law enforcement officials in offering protection. Prudence in our actions prevented a crisis of much greater proportions.

On the other hand, the Honduran Government has not just limited itself to condemning drug trafficking. It has also adopted measures that have resulted in the capture and destruction of large quantities of narcotics.

This was recognized in an April 15 message to the President of the Republic from distinguished Senators of the United States, from both the Republican and Democratic Parties. They expressed their solidarity and support in the struggle against drug trafficking. That is why we are so surprised by the intense campaign launched by United States newspapers to discredit and defame the Honduran Government and its Armed Forces. The Minister of Foreign Affairs of the Republic, Carlos López Contreras, has conveyed to Secretary of State George Shultz that it is equally incomprehensible that the United States Government consider declaring Honduras a high-risk country, putting its ally in the same category as its enemies. This, in addition to producing justifiable indignation, is causing serious economic and moral damage.

These events have endangered the cordial and beneficial relationship between the two countries in areas of economic, political, and security cooperation. This includes the temporary presence of US forces in Honduran military installations. For these reasons, the facts deserve deeper discussion.

April 27, 1988,
Information and Press Office,
Ministry of Foreign Affairs.

[Spanish text not reproduced]

Urgent
Telex No. 805

Tegucigalpa,
April 27, 1988.

His Excellency
Miguel d'Escoto Brockmann,
Minister of Foreign Affairs,
Managua, Nicaragua.

I have the honor of writing to Your Excellency regarding today's telex in which you suggest a meeting of the Technical Group take place on May 4 and 5 in Managua to negotiate the Treaty of Regional Friendship and Cooperation.

It pleases me to inform you that Ambassador Roberto Flores Bermudez, Coordinator of the Advisory Cabinet of this Ministry, will participate in said meeting. I will notify you of the details on his arrival as soon as possible.

In closing, I assure your Excellency of my highest esteem and consideration.

Guillermo CACERES PINEDA,
Acting Minister of Foreign Affairs.

Urgent

Tegucigalpa,
April 27, 1988.

His Excellency
Miguel d'Escoto Brockmann,
Minister of Foreign Affairs,
Managua, Nicaragua.

In keeping with the Joint Statement adopted by Foreign Ministers at the V Meeting of the Executive Commission, I have the honor of inviting Your Excellency to the VI Meeting, to be held in Tegucigalpa. I suggest Thursday, May 19, and Friday, May 20 for this meeting.

I would appreciate it if Your Excellency could inform me of the possibility of attending the meeting on the dates indicated.

In closing, I assure Your Excellency of my highest esteem and consideration.

Guillermo CACERES PINEDA,
Acting Minister of Foreign Affairs.

[Spanish text not reproduced]

MINISTRY OF FOREIGN AFFAIRS OF THE REPUBLIC OF HONDURAS

Tegucigalpa,
April 23, 1988.

The Minister:

I have the honor of writing to Your Excellency to submit my Government's most emphatic protest of the Sandinista Army attack on the village of Suji, located on the Honduran bank of the Wanks, Coco or Segovia River, in Gracias a Dios Province.

On Wednesday, April 13, between 02:00 and 03:00 hours, approximately 65 Sandinista Army soldiers assaulted the Suji population, opening fire indiscriminately in a military operation. Killed were Samuel Toribio Miller, a soldier, and Mister Eduardo Martinez, and there were several wounded, all Hondurans. In addition to the material damages inflicted by your Government's Army, Sandinista soldiers acted like common criminals by vulgarly looting the village, in the crude spirit of the attack itself.

My Government, Mr. Minister, has been closely following the negotiations between your Government and the Directorate of the Nicaraguan Resistance. We are convinced that national reconciliation and progress towards democratization in your country would represent a valuable contribution to regional peace. Therefore, we have tried to help provide the Nicaraguan Government the space needed for the negotiations to progress, without distractions, in spite of the seriousness of the acts that occurred in April.

However, your Government's Army has continued its hostile behaviour against the Honduran villages of Awasbila, Pranza, and Rus-Rus in Gracias a Dios Province, by harassing, provoking, and threatening to use violence. This occurred repeatedly on Saturday the 16th, Monday the 18th, and yesterday, Friday the 22nd of April. My Government also emphatically protests these acts, which are incompatible with the basic principles of international law.

It is obvious that the increase in tensions caused by the systematic violence of the Sandinista Army jeopardizes the already questionable future of the regional peace process. This process has been affected by the Nicaraguan Government's insistence upon using the international legal option instead of the special procedure agreed upon by the Distinguished Central American Presidents.

I hope that your Government will consider these factors and adopt a position in keeping with the demands of this historical moment in which we, as Central Americans, are seeking to resolve our differences in order to help normalize interregional relations.

In closing, I assure Your Excellency of my utmost esteem and consideration.

(Signed) Guillermo CACERES PINEDA,
Acting Minister of Foreign Affairs.

To His Excellency
Miguel d'Escoto Brockmann,
Minister of Foreign Affairs,
Managua, Republic of Nicaragua.

[Spanish text not reproduced]

MINISTRY OF FOREIGN AFFAIRS OF THE REPUBLIC OF HONDURAS

Official Letter No. 198-DA

Tegucigalpa,
April 21, 1988.

The Minister:

I am writing to Your Excellency in reference to your April 20, 1988 note. In said note, your Government emphatically protests the Honduran Government's authorization of delivery of humanitarian aid to groups of Nicaraguans. This aid was approved by the United States Congress with the affirmative vote of Representatives and Senators from both the Republican and Democratic Parties.

Minister, I consider your protest to be completely unfounded, since the aid in question was approved with the consent of the Nicaraguan Government after a temporary ceasefire was in place, precisely to facilitate the Esquipulas II Accords and Sapoá negotiations, both of which are still in effect.

The Honduran Government has allowed said aid, under the supervision of the Agency for International Development, the Catholic Church, and the private firm of Price Waterhouse, to reach groups of Nicaraguans who are in the country and who do not enjoy the protection of the United Nations High Commissioner for Refugees (UNHCR).

In regard to the action filed by the Nicaraguan Government against the Honduran Government in the International Court of Justice, Your Excellency knows the position of my country since the beginning of the case perfectly well. This can be summarized by saying that any form of negotiation, be it Contadora or Esquipulas, is inconsistent with the legal action brought before the Court. It would be closer to the truth to say that the Nicaraguan Government's obstinate position has repeatedly sabotaged efforts to achieve a regional agreement, by continuing to pursue the lawsuit even after Honduras formulated concrete proposals to resolve border issues. Our request to schedule the next hearing is aimed at preventing Nicaragua from continuing to manipulate this lawsuit before the Court for its own political aims. Thus, Mr. Minister, it is up to your Government whether or not the Guatemala Procedure and the San José Declaration progress or stagnate.

The text of this note will also be sent to the International Court of Justice.

In closing, I assure Your Excellency of my utmost esteem and consideration.

(Signed) Carlos LÓPEZ CONTRERAS,
Minister of Foreign Affairs.

His Excellency
Miguel d'Escoto Brockmann,
Minister of Foreign Affairs,
Managua, Nicaragua.

[Spanish text not reproduced]

Telex No. 716

Tegucigalpa,
April 15, 1988.

Miguel d'Escoto Brockmann,
Minister of Foreign Affairs,
Managua, Nicaragua.

I have the honor of writing regarding the message dated April 14, in which Your Excellency suggests Managua as the site for the meeting of the Technical Group charged with negotiating the Treaty of Regional Friendship and Cooperation. This Treaty was mentioned in the Joint Statement of the V Meeting of the Executive Commission.

I am pleased to inform you that the Honduran Government will gladly participate in this meeting as soon as we receive evidence that the irregular situation of the Esquipulas II Procedure has ended with the withdrawal of the lawsuit against Honduras before the International Court of Justice.

It is important to make efforts to conquer the last barriers blocking the normalization of relations in Central America.

In closing, I assure Your Excellency of my utmost esteem and consideration.

(Signed) Carlos LÓPEZ CONTRERAS,
Minister of Foreign Affairs.

[Spanish text not reproduced]

MINISTRY OF FOREIGN AFFAIRS OF THE REPUBLIC OF HONDURAS

Telex No. 698

Tegucigalpa,
April 12, 1988.

Your Excellency:

On August 7, 1987, the Presidents of the Central American countries signed the "Procedure for the Establishment of a Firm and Lasting Peace in Central America", in one of whose clauses the following was agreed on:

> "The Presidents of the Republics of Honduras and Nicaragua, in the belief that it is necessary to strengthen this plan of regional peace, by re-establishing mutual trust, have agreed to instruct their respective Ministers of Foreign Affairs to request that the International Court of Justice defer scheduling the oral phase of the trial on jurisdiction that, *inter alia*, is before that high tribunal, for a period of three months. The Presidents understand that said legal situation will be re-analyzed by them before the meeting of Central American Presidents, to take place in a period of one hundred and fifty days in keeping with the commitment established in this plan, for the purpose of agreeing on the waiver of recourse to international legal action on the Central American Situation."

This clause recognizes the incompatibility of using legal recourse with the implementation and fulfilment of the Special Procedure of Esquipulas II.

Eight months have passed since the adoption of the "Guatemala Procedure" and still the Nicaraguan Government refuses to refrain from recourse to the international legal action in question.

Instead, on March 21 of this year, the Nicaraguan Government submitted a request for provisional protective measures to the International Court of Justice. This request was framed within the lawsuit against Honduras it had filed with that International Tribunal. On March 31, Nicaragua withdrew its request for provisional measures, but not its original lawsuit.

The Honduran Government cannot continue in a state of uncertainty regarding participation in the trial initiated by the Nicaraguan Government before the International Court of Justice. Nicaragua's lawsuit takes up the same issues dealt with in the "Guatemala Procedure". The Honduran Government, reluctantly, has found it necessary to request that the President of said Court set the dates for the hearings in the case "Armed Border and Cross-Border Actions" (Jurisdiction and Admissibility) (Nicaragua v. Honduras).

The Honduran Government is aware of the effect this trial will have on the "Guatemala Procedure". We have systematically stressed this to international organizations in our bilateral relations with friendly countries and those who are a part of the "Guatemala Procedure".

Our Government has taken all possible precautions and has not found any interest by the Nicaraguan Government in ending the legal procedure before the International Court of Justice. Therefore, the Honduran Government declines all responsibility for possible consequences on the Esquipulas II Procedure, as the continuation of the legal claim is not attributable to Honduras.

My Government reiterates its determination to continue participating, in good faith, in the regional efforts aimed at bringing internal peace back to the countries suffering civil wars, and normalizing inter-Central American relations, once the Central American question definitively ceases to be diverted to international legal bodies. This suggestion by Honduras encompasses the proposals made by the Government at the XVII General Assembly of the OAS in November of 1987, and points on the agenda of the Executive Commission of the Esquipulas II Procedure.

In closing, I assure Your Excellency of my utmost esteem and consideration.

(Signed) Carlos LÓPEZ CONTRERAS,
Minister of Foreign Affairs.

To His Excellency
Miguel d'Escoto Brockmann,
Minister of Foreign Affairs,
Managua, Nicaragua.

[Spanish text not reproduced]

S/19753
8 April 1988
English
Original: Spanish.

Letter dated 8 April 1988 from the Permanent Representative of Honduras to the United Nations Addressed to the President of the Security Council

On instructions from my Government, I have the honour to withdraw the request for a meeting of the Security Council next Monday, 11 April, in view of the results of the meeting of the Executive Committee, composed of the Central American Ministers for Foreign Affairs, held yesterday in Guatemala City.

The purpose of the Honduran request was to point out the difficulties and obstacles standing in the way of a positive advance in the current negotiating process and the measures considered necessary to overcome them.

Yesterday, the Executive Committee decided, *inter alia*, on the following:

1. To establish a system of verification and follow-up of the commitments contained in the Guatemala Procedure (Esquipulas II) and in the Alajuela Joint Declaration of the Central American Presidents of 16 January 1988, which, with regard to political matters, will be the responsibility of the National Reconciliation Commissions.

In matters of security, the Executive Committee will request, through the Secretary-General of the United Nations, the co-operation of an auxiliary technical group, composed of specialized personnel of the Governments of Canada, Spain and the Federal Republic of Germany, in setting up the verification, control and follow-up machinery.

2. The Central American Ministers for Foreign Affairs, of whom the Executive Committee is composed, also decided to negotiate a treaty of friendship and regional co-operation, for signature at the sixth meeting of the Executive Committee, to be held in the Republic of Honduras next May.

3. With regard to the agreements adopted, the Minister for Foreign Affairs of the Republic of Nicaragua reported his Government's undertaking to submit to the International Court of Justice notice of the Government of Nicaragua's relinquishment of the claim entered against the Government of Honduras on 28 July 1986, which it will do, at the latest, at the sixth meeting of the Executive Committee in May 1988 in the Republic of Honduras.

4. It should be noted that the Ministers expressed gratification at the forthcoming submission by the Secretary-General of the United Nations of a special plan of economic assistance for Central America, in accordance with resolutions 42/1 and 42/204 of the United Nations General Assembly.

5. Lastly, the Executive Committee called for an international conference on solutions for Central American refugees, co-sponsored by the United Nations High Commissioner for Refugees.

I request you to have this note circulated as a document of the Security Council.

(Signed) Jorge Ramón HERNÁNDEZ ALCERRO,
Ambassador, Permanent Representative.

[Spanish text not reproduced]

April 5, 1988.

Letter Dated 5 April 1988 to the President of the Security Council from the Permanent Representative of Honduras to the United Nations

I have the honor of writing to Your Excellency pursuant to instructions from my Government to request that you convene the Security Council on Monday, April 11, 1988, to discuss the collateral effects of the pacification of Nicaragua on the situation in Central America, and the maintenance of peace and security in the region, in view of recent events.

(Signed) Jorge Ramón HERNÁNDEZ ALCERRO,
Ambassador.

[Spanish text not reproduced]

A/42/943
S/19678
English
Page 2

Annex

Communication Dated 23 March 1988 Sent to the Minister for Foreign Affairs of Nicaragua by the Minister for Foreign Affairs of Honduras

I am writing to you in order to inform the Government of Nicaragua about the incidents to which I refer below and to register the most vigorous protest on the part of the Government of Honduras.

Yesterday, 22 March 1988, at 2000 hours, approximately 50 soldiers from the Sandinist People's Army violated the Honduran frontier, entering our country through the Pico Español sector, Department of El Paraíso.

Almost simultaneously, a unit of the Sandinist People's Army, containing an estimated 300 soldiers, crossed the frontier and entered our country in a further incursion through the Bocay sector, Department of Olancho.

In presenting to the Government of Nicaragua the Honduran Government's extremely vigorous protest because of these incidents, which infringe our sovereignty and are a clear-cut and patent violation of international law, and for whose results the Government of Honduras cannot be held responsible, I must also state that acts of provocation and aggression of this nature tend to aggravate the already tense situation on the frontiers of our two countries.

Carlos LÓPEZ CONTRERAS,
Minister.

[Spanish text not reproduced]

Official Letter No. 025-DSM

Tegucigalpa, D.C.,
March 16, 1988.

The Minister:

I am writing to Your Excellency to inform you that between 1,000 and 1,500 Sandinista People's Army soldiers have invaded Honduran territory in the area where the Bocay River flows into the Coco or Segovia River, southeast of Olancho Province. The attack was preceded by artillery and aerial bombings.

This is a clear armed aggression against the State of Honduras accompanied by the consequent violation of its territory and airspace.

It constitutes, moreover, a violation of the UN Charter, OAS Charter, and Inter-American Treaty of Reciprocal Assistance, which are all instruments that proscribe the use or threat of force in international relations.

In the face of these serious and unjustified events, my Government emphatically protests. We request the immediate withdrawal of invading troops and forewarn the Nicaraguan Government that we will adopt measures necessary to exercise our legitimate right to defense, provided for in Article 51 of the UN Charter.

In closing, I assure Your Excellency of my utmost esteem and consideration.

Carlos LÓPEZ CONTRERAS,
Minister.

To His Excellency
Don Miguel d'Escoto,
Minister of Foreign Affairs,
Managua, Nicaragua.

[Spanish text not reproduced]

MINISTRY OF FOREIGN AFFAIRS OF THE REPUBLIC OF HONDURAS

Official Letter No. 015-CAYM-88

Tegucigalpa, D.C.,
March 1, 1988.

The Minister:

I respectfully write to Your Excellency to submit an emphatic protest to Nicaragua's illustrious Government for the following action:

On February 20, a boat from the Nicaraguan naval fleet captured a small boat owned by Honduran citizen Ernesto Contreras in Honduran national waters, co-ordinates 13-01-45 latitude north and 87-24-05 longitude west. The captured boat was sail and paddle propelled, four metres long and one metre wide, without name. The boat's crew were also taken into custody: German Israel Casco, 22 years old; Gilberto Rios, 23 years old; and Teodoro Amador,

22 years. All three are Honduran citizens who were taken to Nicaragua along with the boat.

I emphatically protest these events and request the immediate release of citizens Casco, Rios, and Amador, and the return of the captured boat. Once again, I call on the illustrious Government of Nicaragua to take appropriate steps to avoid repetition of acts such as these. These types of acts have occurred frequently and have seriously harmed Honduran fishermen, causing fear and uneasiness which disrupts their honest work of fishing in purely Honduran waters.

In closing, I assure Your Excellency of my utmost esteem and consideration.

(Signed) Guillermo CACERES PINEDA,
Acting Minister of Foreign Affairs.

To His Excellency
Miguel d'Escoto Brockmann,
Minister of Foreign Affairs,
Managua, Nicaragua.

[Spanish text not reproduced]

MINISTRY OF FOREIGN AFFAIRS OF THE REPUBLIC OF HONDURAS

Official Letter No. 011-CAYM-88

Tegucigalpa, D.C.,
February 24, 1988.

The Minister:

I respectfully address Your Excellency in order to make a vigorous protest to the illustrious Government of Nicaragua over the following events:

On February 4 of this year, a Sandinista People's Army patrol penetrated Honduran territory in the Las Minas sector, Duyusupo jurisdiction, Choluteca province. The patrol fired on Honduran citizens Boanerges Betanco, Elmer Osorio, and Rolando Betancour.

Citizen Elmer Osorio was mortally wounded, passing away a few moments later. Mr. Betanco, who tried to assist him, was brutally decapitated. The third victim, Mr. Rolando Betancour, was wounded in the right foot but was able to flee to the village of Las Delicias and is now receiving medical treatment in Choluteca.

The Honduran Government, in vigorously protesting to the illustrious Nicaraguan Government the violation of Honduran territory, the murders of Misters Osorio and Betanco, and the serious wounds inflicted on the citizen Betancour, also requests a prompt and thorough investigation of the events by your Government, that the guilty be punished, and strict orders be issued to avoid a repetition of these criminal acts which interrupt the relative harmony in the border zone in recent months.

In closing, I assure Your Excellency of my utmost esteem and consideration.

(Signed) Carlos LÓPEZ CONTRERAS,
Minister.

His Excellency
Miguel d'Escoto,
Minister of Foreign Affairs of the Republic of Nicaragua,
Managua, Nicaragua.

[Spanish text not reproduced]

MINISTRY OF FOREIGN AFFAIRS OF THE REPUBLIC OF HONDURAS

Feb. 20, 1988.

The Ministers:

In September 1984, in San José, Costa Rica, the European Community, its member States, and the Central American States initiated a new political and economic dialogue between the two regions, with the participation of the Contadora Group. The aim of that dialogue was to strengthen the efforts of Central American countries to promote peace, social justice, economic development, respect for human rights and democratic freedoms in the region.

At the time, Central America faced a crucial point in what has been the longest, most painful and most complex crisis in its history.

The outbreak of armed conflicts in some countries of the region, which were exploited by foreign interests, unleashed strong international tensions that many believed could lead to a break in peace that would tragically involve the entire isthmus.

Fortunately, a process of negotiation was initiated between the Central American countries, in search of a peaceful, just, and lasting solution to the crisis being experienced.

That process of negotiation, inaugurated under the auspices of the Contadora Group, deserves special mention. Contrary to pessimistic predictions, the invaluable efforts of the Governments of Colombia, Mexico, Panama, and Venezuela, were a success. Not only did they make dialogue between Central American countries possible, which was difficult, but they also aided us in finding points of agreement broad enough to take us to the next stage. A new initiative, product of the Central American region, culminated in the signing, on August 7, 1987, of the "Procedure for the Establishment of a Firm and Lasting Peace in Central America".

The Contadora Group's tremendous work in helping us find the road to peace, democracy, and development in Central America, and their dedication to our cause, deserves, fellow Ministers, our most profound appreciation.

Since the last draft of the "Contadora Proposal for Peace and Co-operation in Central America" was put forth in June 1986, and left unsigned, a gap in negotiations was produced. This occurred in spite of the fact that Central American countries were in overwhelming agreement on solutions for problems of the crisis. However, still pending were accords on limitation, control, and reduction of armaments and military personnel, regulation of international military manœuvres, and mechanisms of verification and control.

Under those circumstances and in view of the need to find a formula for renewing momentarily interrupted negotiations in the region with a reasonable possibility of success, the President of the Republic of Costa Rica, Oscar Arias Sánchez, submitted a new initiative. This turned out to be a viable, timely, and constructive instrument to contribute to normalization on the Central American isthmus. The initiative of President Arias was the object of dynamic study and received support from the various Central American Governments. It led us to the signing of the "Procedure for the Establishment of a Firm and Lasting Peace in Central America", in Guatemala City.

This is an appropriate forum in which to recall that the President of Costa Rica was honored with the Nobel Peace Prize for an initiative that has allowed Central Americans to get on the road to consolidating peace, democracy, and development.

We feel proud and honored by that effort, which has resulted in the joint action of Central Americans defining our own future.

The "Guatemala Procedure" is a balanced system of compromises whose fulfilment leads to a solution of the regional crisis. In that vein, internal obligations have been outlined to end deep political differences among the citizenry of certain States, and aid consolidation of democratic institutions in all the region's countries.

Those measures, provided for in the Esquipulas Accord, are to be complemented by others directed at guaranteeing respect by each of the region's countries, or outside countries, for the principle of non-intervention in the internal affairs of others.

Additionally, the five States would pursue negotiations on the pending issues of security, verification, and control of the draft "Contadora Proposal for Peace and Co-operation in Central America". These discussions would take place with the Contadora Group serving as mediator.

To settle our differences as soon as possible, we Central Americans set up a system of short periods to comply with the obligations undertaken, during which all of us have made efforts to comply with Esquipulas II.

There is no denying that obstacles still persist in Central America's peace process, but today a spirit of understanding reigns in the region. This leads us more and more each day to a democratic and peaceful destiny accompanied by the social well-being our peoples deserve.

Much progress has been made. And much remains to be done. The Executive Commission, body delegated by the Central American Presidents and composed of Ministers of Foreign Affairs of the region's five countries, has been charged with driving forward compliance with each and every one of the obligations assumed. It continues a process of discussion, having scheduled its next meeting for March. There, complementary proposals on democratization and security will be taken up.

For us, as Central Americans, it is evident that the primary responsibility for success or failure of the "Procedure for the Establishment of a Firm and Lasting Peace" and security in the Central American countries rests with us. I say that without ignoring that there are foreign factors and interests whose presence can favorably or unfavorably affect the Central American situation. We are aware that, to the degree that we are sufficiently proficient in uniting to unleash ourselves from negative aspects of external factors, and changing interest shown in our region by many of the world's nations into effective political and economic support, then the possibilities for success in peace and development will be substantially increased.

Peace and development, just as justice and liberty, are inseparable factors that mutually condition and aid each other. In the belief that consolidation of democracy implies the full reaffirmation of our own independence and sovereignty, as well as the creation of a system of social well-being, of economic and social justice, the Governments agree to make a joint proposal for special economic aid from the international community.

The continued advance of the peace process requires an improvement in the standard of living of layers of the Central American population who live in a state of critical poverty.

Aware of the enormous responsibility that we have assumed, as well as the interrelation in the economic and social life of the five states of the region, we have jointly initiated design of an immediate Action Plan that contains a strategy for regional development.

That Action Plan, whose broad outlines are already known by the European Community, mainly contains steps for meeting urgent needs produced by the current situation.

The emergency plan has identified the following most pressing problems:

1. Securing food supplies for the Region.
2. Attention to repatriation and relocation programs for refugees and displaced persons.
3. Economic reactivation of Central America.
4. Secure fuel supplies.
5. The foreign debt.

Secondly, the Action Plan foresees measures and programs in the short- and medium-term to reactivate general integration and social development.

In this way, it tries to strengthen intra-regional trade, strengthening regional payment and finance mechanisms, to raise levels of production and exchange rates.

To be able to sustain its development, Central America also needs to drive forward its reinsertion into the international economy. Plans to promote and diversify exports to third countries are in the making. For this, it is necessary to have access to international markets, frequently made difficult by protectionist measures.

Additionally, the Action Plan contains provisions for improving all productive activities in the region, and strengthening regional institutions of Central American integration.

In the Esquipulas Procedure, the Central American Presidents said, "We have plans for peace and development, but we need help in making them a reality. We request the international treatment that will guarantee development, so that the peace we seek will be lasting."

In answer to that call, the XLII Regular Session of the United Nations General Assembly in 1987 approved two resolutions designing a development plan for the region, and urging the international community to "increase its technical, economic, and financial assistance to Central American countries, as a means of reinforcing their efforts towards peace and development".

The Action Plan elaborated by Central Americans themselves and the one which I have referred to, is the backbone of what the Secretary-General of the United Nations will present to the General Assembly no later than April 30 of this year.

We hope that the presentation of the plan in question to the international community will afford it an opportunity to concretize the verbal support it has so often given to our Central American peace and development efforts.

I would like to emphasize the fact that development is an indispensable element for attaining peace. In our opinion, the argument that peace and stability must be in place in Central America before moral and material support to the region can be offered, is unjustifiable.

Ministers:

Since the Esquipulas Accord was signed, the Central American situation has varied substantially. All Central American countries have significantly advanced in complying with the commitments assumed, and we are determined to fully comply with all of those commitments.

We are aware, I repeat, that only our determination will make peace, democracy, justice, and freedom in Central America a reality. In that belief, we have taken steps of great consequence. In that spirit, we have strengthened our common institutions and reinvigorated the interrelation that exists between us at all levels. With that intention, we signed the Treaty that institutes the Central American Parliament as a symbol of the freedom, independence, and reconciliation to which we aspire in Central America.

The European Community, Ministers, is for us an inspiring example. Of the twelve States that compose it, many were protagonists in some of the cruellest conflicts of history in the not so distant past. Visionary statesmen, thinkers from all of Europe, could understand the necessity of integrating their distinct parts into one whole. You have made the dream of José Ortega y Gasset possible, who in 1930 already said,

> "The unity of Europe is not a fantasy, rather reality itself, and the fantasy is exactly the opposite: the belief that France, Germany, Italy, or Spain are substantial and independent realities",

concluding that,

> ". . . only the decision to construct one great nation of all the continental peoples will revive the pulse of Europe. This will give it confidence, it will automatically demand more of itself and discipline itself."

That integrationist dream is our dream also. Hopefully, we will be capable of making it a reality, following your footsteps.

Europe's efforts in support of peace and harmony are not limited to your own continent, rather they project themselves all the way to geographically far away Central America, in a convergence of common efforts for peace, democracy, and understanding between peoples. This meeting is a part of the dialogue which is proof of that.

Permit me, Ministers, to raise my voice in the name of the Central American countries, to honor the Minister of Foreign Relations of the Federal Republic of Germany, Don Hans Dietrich Genscher, whose dedication and personal determination played an important role in bringing about dialogue between Central America and the European community.

END.

[Spanish text not reproduced]

MINISTRY OF FOREIGN AFFAIRS
OF THE REPUBLIC OF HONDURAS

Official Letter
No. 010-CAYM-88

Tegucigalpa, D.C.,
February 19, 1988.

The Minister:

I respectfully write to Your Excellency to inform you that on February 17 of this year, several Honduran fishermen were intercepted, attacked, and forcibly dispossessed of 15 pieces of fishing equipment by 1 of 2 Sandinista Navy vessels that penetrated Honduran waters.

The affected fishermen reported this action to the director of the Punta Condega post, Alferez de Fragata C. G. Efrain Mann Hernandez, who proceeded to carry out an investigation. As he headed towards the two Sandinista Navy vessels in the El Conchal area, co-ordinates latitude 12° 59' north and 87° 24' latitude west, one of which had dispossessed the Honduran fishermen of their fishing equipment, they opened fire with automatic weapons and fled towards Nicaragua.

The action described is both a violation of Honduran sovereignty, and an armed attack on our National Navy unit. The Honduran Government emphatically protests these acts to the illustrious Government of Nicaragua. At the same time, we request that your Government investigate the facts, sanction those responsible, and institute urgent measures to avoid a repetition of actions harmful to the peaceful coexistence that the Central American people yearn for.

In closing, I assure the Minister of my utmost esteem and consideration.

Respectfully,

(Signed) Carlos LÓPEZ CONTRERAS,
Minister.

To His Excellency
Doctor Miguel d'Escoto,
Minister of Foreign Affairs
  of the Republic of Nicaragua.
Your Information.

[Spanish text not reproduced]

Telex No. 244

Tegucigalpa, D.C.,
February 4, 1988.

The Minister:

I have the honor of writing to Your Excellency regarding the message I sent yesterday. In it, we scheduled a technical meeting to work out a political statement for San José IV for February 15 and 16 in Tegucigalpa. We also suggested that a meeting of Foreign Ministers be held immediately after the first meeting, also in Tegucigalpa, to prepare for the Hamburg meeting.

With regard to the latter meeting, the Salvadoran Foreign Ministry has suggested that the Executive Commission meet on that same date to deal with issues related to Esquipulas II and discuss the Central American position at San José IV. I take this opportunity to inform Your Excellency of my Government's consent to travel to San Salvador on February 17 and 18 for the purposes outlined. I do so with the understanding that the other Central American countries are in agreement.

I await your prompt response regarding the delegation that will attend the technical meeting in Tegucigalpa on behalf of your country.

In closing, I assure Your Excellency of my utmost esteem and consideration.

Guillermo CACERES PINEDA,
Acting Minister of Foreign Affairs of Honduras.

His Excellency
Miguel d'Escoto B.,
Minister of Foreign Affairs,
Managua, Nicaragua.

[Spanish text not reproduced]

———

The Minister:

I have the honor of writing to Your Excellency regarding preparations for the Fourth Meeting of Foreign Ministers from the European and Central American Community (San José IV).

First of all, I am pleased to inform Your Excellency that a meeting has been called for February 15 and 16 in Tegucigalpa to work out a political statement to be issued in Hamburg. This meeting, subject to the agreement of the region's countries, will be of a technical nature. We urgently request that Your Excellency inform us of the composition of your country's delegation as soon as possible.

Secondly, we support the Guatemalan Ministry's suggestion that a meeting of Foreign Ministers take place immediately after the technical meeting, in the region, to define the Central American position in this matter. For practical reasons, I propose that the second meeting take place in Tegucigalpa on February 17. I trust that Your Excellency will agree with this suggestion. I await your answer regarding this.

In closing, I assure Your Excellency of my utmost esteem and consideration.

(Signed) Guillermo CACERES PINEDA,
Acting Minister of Foreign Affairs.

His Excellency
Ricardo Acevedo Peralta,
Minister of Foreign Affairs,
San Salvador, El Salvador.

His Excellency
Miguel d'Escoto Brockmann,
Minister of Foreign Affairs,
Managua, Nicaragua.

His Excellency
Alfonso Cabrera Hidalgo,
Minister of Foreign Affairs,
Guatemala.

His Excellency
R. Rodrigo Madrigal Nieto,
Minister of Foreign Affairs,
San José, Costa Rica.

3 February 1988.

[Spanish text not reproduced]

MINISTRY OF FOREIGN AFFAIRS OF THE REPUBLIC OF HONDURAS

Official Letter No. 003-DA

Tegucigalpa, D.C.,
January 8, 1988.

Honorable Sirs:

In accord with the meeting held yesterday afternoon, the Government of Honduras would like to confirm the statements pronounced by the President of the Republic, the Honorable José Azcona H., commenting upon the cessation of aid to irregular forces or insurrectional movements.

In the second half of October 1987, during a visit to the United States of America, the President stated: "There should not be military aid (to the *contras*) because it violates the Guatemala Accord", insisting that only non-lethal aid should be provided in the framework of the Guatemala agreement.

Moreover, the Minister of Foreign Affairs, Carlos López Contreras, in a public event held on September 10, 1987, stated:

> "We have been pleased to learn that the illustrious Government of El Salvador, demonstrating its firm will to seek peace, has already organized the National Reconciliation Commission and other commissions it considers necessary to implement the Guatemala Accord. We trust that the irregular armed groups that operate in El Salvador will accept this Peace Accord, as well as the call of all Central American Presidents, by agreeing to a cessation in hostilities to reach national reconciliation."

In his speech before the XVII General Assembly of the Organization of American States, the Minister López Contreras said that:

> "By making the public call for ceasing military aid to irregular forces, we trust that it will be accepted and complied with by all States

involved in that type of activity, including those that obstinately deny it, in spite of evidence to the contrary."

In closing, I assure the Honorable *Ad Hoc* Representatives to the International Commission for Verification and Follow-Up, of my utmost esteem and consideration.

(Signed) Guillermo CACERES PINEDA,
Deputy Minister of Foreign Affairs.

Honorable Sirs,
Ad Hoc Representatives of the
International Commission for
Verification and Follow-Up,
Tegucigalpa.

[Spanish text not reproduced]

1988 Notes from Nicaragua to Honduras

MINISTRY OF FOREIGN AFFAIRS, MANAGUA, NICARAGUA

Managua, May 17, 1988.

The Minister:

I have the honor of writing to Your Excellency regarding the mechanism that our Governments established to facilitate voluntary repatriation of Nicaraguans from Honduras, with the collaboration of the United Nations High Commissioner for Refugees (UNHCR). In an exchange of diplomatic notes between our respective Ministries of Foreign Affairs dated June 13 and July 2 of 1986, we agreed on said mechanism.

The Nicaraguan Government designates Ambassador Danilo Abud Vivas as Official Liaison with the Honduran Government to co-ordinate all matters related to repatriation. Ambassador Danilo Abud Vivas replaces Doctor Oscar Ramon Tellez, Director of Latin America and the Caribbean.

I am sure Ambassador Abud Vivas will be able to rely on your illustrious Government's assistance at all times, to the advantage of the important aims guiding co-operation efforts to facilitate voluntary repatriation.

In closing, I assure Your Excellency of my utmost esteem and consideration.

(Signed) Miguel D'ESCOTO BROCKMANN,
Minister of Foreign Affairs.

To His Most Excellent Sir,
Carlos López Contreras,
Secretary of Foreign Affairs of Honduras.

[Spanish text not reproduced]

MINISTRY OF FOREIGN AFFAIRS
MANAGUA, NICARAGUA

Managua,
May 16, 1988.

IA. NO.

The Minister:

I am writing to Your Excellency in reference to the serious events outlined below.

On April 28 of this year, members of the Honduran Armed Forces intruded on Nicaraguan territory and kidnapped Nicaraguan citizen, José Bonifacio López. Mr. López was Secretary of Records for the only Court of Santo Tomas del Norte, in Chinandega Province. According to available reports, the individual kidnapped was transferred, blindfolded and handcuffed, to Choluteca city, where he is in fact imprisoned.

The Nicaraguan Government vigorously protests this flagrant violation of Nicaraguan sovereignty, and kidnapping of a citizen of my country.

These events oblige me to request that the Honduran Government immediately release José Bonifacio López, and carry out a thorough investigation to clarify the facts and impose the corresponding punishment on military personnel found to be involved.

In closing, I assure Your Excellency of my utmost esteem and consideration.

(Signed) Miguel D'ESCOTO BROCKMANN,
Minister of Foreign Affairs.

His Excellency
Carlos López Contreras,
Minister of Foreign Affairs of Honduras.

[Spanish text not reproduced]

MINISTRY OF FOREIGN AFFAIRS
MANAGUA, NICARAGUA

Managua,
May 13, 1988.

The Minister:

According to information published in the May 12 edition of the Honduran newspaper *La Prensa*, soldiers from your country's Armed Forces apprehended Diogenes Hernández Membreño (Fernando), a leader of the so-called Nicaraguan Resistance. The information indicated that he was to be deported yesterday, Thursday, to the United States.

Today, May 13, that information was corroborated in an article by Sam Dillon published in *The Philadelphia Inquirer*, where it states:

"Honduran authorities have detained Diogenes Hernández, *contra* dissident officer, thereby neutralizing his efforts to remove Enrique Bermudez. According to *contra* sources and other agencies, Hernández was taken by helicopter from his mountain camp near the Nicaraguan border to a Honduran military base. A Honduran based officer said that Honduran authorities would very likely deport Hernández to Miami." (*TN: translated from the Spanish.)

Minister, once again, I am obliged to emphatically protest your Government's conduct in support of the Reagan Administration's criminal policy by permitting your territory to be used as a base of aggression against Nicaragua, and ultimately intervening in *contra* internal disputes on the side of combative, anti-Sapoá, and anti-Esquipulas sectors.

I must also express my concern, Minister, regarding the Honduran practice of systematically ignoring a large part of our communications during these moments of great tension. This policy of indifference to our diplomatic notes does not in any way contribute to creating the atmosphere of peace and co-operation that your illustrious Government says it is interested in advancing. In this context, I must refer to my note dated May 9, 1988, in which I protested the detention and "deportation" of Walter Calderón López (Toño), a signer of the Sapoá Accord. On that occasion, I requested exact information on the place, date, time and means of transportation by which the "deported" Nicaraguans arrived in the United States, in the interest of "clearly establishing the fate of *contra* leaders mentioned and the conditions under which they were 'deported'".

Unfortunately, my request was never answered.

On this occasion, I hope to receive a prompt response to our request for consular access. This request was made by the Nicaraguan Embassy in Honduras in a diplomatic note delivered today and is in keeping with the Vienna Convention on Consular Relations.

I insist, Minister, that repressive measures against members of the so-called Nicaraguan Resistance who are signatories to the Sapoá Accord — while Somocista Enrique Bermudez remains free — constitute clear proof of your Government's complete involvement in President Reagan's policy against␣␣Nicaragua. They are also a clear demonstration of efforts to hinder signing of a definitive ceasefire in Nicaragua and fuel the continuation of war.

The Honduran Government's conduct proves the justness of Nicaragua's position in proceeding with the lawsuit brought against your country before the International Court of Justice. This lawsuit was unilaterally reactivated by Honduras, thereby rejecting Nicaragua's generous offer to withdraw it. For this reason, my Government is obliged to withdraw said offer.

Under these circumstances, we will have to settle the issues raised in Nicaragua's lawsuit before the International Court of Justice. We will continue to reject Honduras's attempts at blackmail with respect to the Esquipulas II Accords, that, moreover, your country has not complied with in any way.

The Nicaraguan Government calls on Honduras to exercise wisdom and moderation, in hope that your Government's conduct does not obligate us anew to request Provisional Protective Measures before the International Court of Justice. This time such a request would not be withdrawn.

A copy of this note will be sent to the President of the International Court of Justice, the President of the Security Council for distribution as an Official Document, the Secretary-General of the United Nations, and the Secretary

General of the Organization of American States, as well as the Governments that make up the Contadora and Support Groups.

In closing, I assure Your Excellency of my utmost esteem and consideration.

(Signed) Miguel D'ESCOTO BROCKMANN,
Minister of Foreign Affairs.

To His Most Excellent Sir,
Carlos López Contreras,
Minister of Foreign Affairs of Honduras.

[Spanish text not reproduced]

MINISTRY OF FOREIGN AFFAIRS
MANAGUA, NICARAGUA

IA. NO.

The Ministry of Foreign Affairs presents its compliments to the Honorable Honduran Embassy. On this occasion we are sending you a transcription of Note No. 225 dated April 27, 1988, in which the Colombian Embassy in Managua requests that the Nicaraguan Government intercede on its behalf before the Honduran Government to secure the release of Colombian citizen Tomas Miguel Ruiz Mont. Mont was kidnapped by forces of the counterrevolutionaries on March 20, 1986, and is being detained in Honduran territory. Following is the text of their communication:

"The Colombian Embassy presents its compliments to the Honorable Ministry of Foreign Affairs. Please permit us to courteously and respectfully request that the Honorable Nicaraguan Ministry of Foreign Affairs have the good will to intercede before the Honduran Government in the case of Colombian citizen Tomas Miguel Ruiz Mont. His situation is well known (see notes regarding this dated April 9, 1986 and AJ-020 dated August 22, 1986). Our request, in light of the Sapoá Accords, is that the aforementioned citizen be released to the Nicaraguan Government, and that, in turn, your Government release him to the Colombian Government for his repatriation. Our request is based on reliable reports in our possession that Colombian Tomas Miguel Ruiz Mont was kidnapped by counterrevolutionaries on March 20, 1986. He was kidnapped in the Zelaya Norte region as he accompanied the Director of the company "COMADECASA", Omar Castillo Rojas, who is Nicaraguan. Our sources of information indicate that Ruiz Mont was seen in the neighboring country between April 20 and 25 of 1986, and it is very likely that he is still under detention by counterrevolutionary forces that operate from Honduran territory."

In closing, the Ministry of Foreign Affairs assures the Honorable Honduran Embassy of our utmost esteem and consideration.

Managua, May 12, 1988.

To the Honorable Embassy of Honduras,
Managua, Nicaragua.

[Spanish text not reproduced]

S/19882

ANNEX

Letter Dated 9 May 1988 from the Minister for Foreign Affairs of Nicaragua Addressed to the Minister for Foreign Affairs of Honduras

For years, your enlightened Government has turned a deaf ear to the numerous protests made by the Government of Nicaragua at your policy at allowing the *contras* to turn Honduran territory into a springboard for aggression against our people with the support, often direct, of the Honduran armed forces.

Your Government has always chosen to deny publicly what everyone knows to be an irrefutable fact. In private, it has always said that it is unable to prevent the *contras* from using Honduran territory, claiming that it could not withstand the inevitable reprisals which the United States Government would take if Honduras were to show independence. Honduras has done nothing to change its policy even since the signing of the Esquipulas II agreements.

Now that the Sapoá agreement has been signed and that the possibility of peace is, for the first time, drawing within reach, the Government of Honduras has finally decided to take action against leaders of the *contras*. In order that, in the words of a communiqué issued by the armed forces on 6 May, Honduras "should not become involved in the internal affairs of other nations", the Honduran authorities proceeded to arrest and expel from the country "seven leading members of the Nicaraguan resistance".

Curiously enough, the individuals arrested and imprisoned by the DNI are precisely those leaders who say that they are for peace and for compliance with the Sapoá agreement, which involves signing a definitive cease-fire agreement. Moreover, two of the arrested, Walter Calderón López (Toño) and Diogenes Hernández Membreño (Fernando), are, as a *Herald* article of 6 May indicates, signatories to the Sapoá agreement. In other words, Honduras has taken the reprehensible step of interfering in the internal struggle among the *contras* and of siding with those elements who want to pursue the war.

The Government of Nicaragua lodges a vigorous and categorical protest at this action by the Honduran Government, which is unquestionably further proof of your Government's deep commitment to the cause of terrorism, death and destruction against Nicaragua.

Lastly, we have learned of the note sent to a Honduran newspaper and signed by most of the arrested *contra* leaders who, according to the above-mentioned communiqué of the armed forces, have been "deported" to the United States. These Nicaraguan citizens feared for their lives, and say as much in their note. Accordingly, we request your enlightened Government to inform us precisely where, when and how these Nicaraguan "deportees" arrived in the United States. The Government of Nicaragua is naturally interested in establishing precisely what has happened to the above-mentioned *contra* leaders and under what circumstances they were "deported".

Copies of this note will be sent to the President of the International Court of Justice, the Secretary-General of the United Nations, the Secretary Gene-ral of the Organization of American States and the President of the United Nations Security Council.

Miguel d'Escoto Brockmann,
Minister for Foreign Affairs.

[Spanish text not reproduced]

MINISTRY OF FOREIGN AFFAIRS
MANAGUA, NICARAGUA

Managua,
May 6, 1988.

The Minister:

I am writing to Your Excellency to protest the following actions:

On May 4 of this year, two "Pirana" type boats originating from the Honduran naval base of Amapala invaded Nicaraguan jurisdictional waters. They attacked Sandinista People's Army positions on the Bocana seaboard, one kilometre south-east of Potosi, in Chinandega Province. During the onslaught, M-50 heavy machine gun and rifle fire were used. Nicaraguan military authorities repelled the assault and forced the attacking boats to return to their place of origin.

In view of this attack, the Nicaraguan Government is obliged to once again lodge a vigorous protest. Actions such as those reviewed above are serious violations of Treaties in effect, and of norms of general and common international law.

My country's Government insists that Honduran authorities adjust their conduct in keeping with the order of international law, in particular, by impeding use of Honduran territory for acts of destabilization against Nicaragua, and hindering the repetition of these deeds. The continuation of these actions weighs negatively on efforts to reach a just and lasting peace in Central America.

In closing, I assure Your Excellency of my utmost esteem and consideration.

(Signed) Miguel D'Escoto Brockmann,
Minister of Foreign Affairs.

To His Excellency
Carlos López Contreras,
Minister of Foreign Affairs of the Republic of Honduras.

[Spanish text not reproduced]

MINISTRY OF FOREIGN AFFAIRS
MANAGUA, NICARAGUA

Managua,
April 29, 1988.

The Minister:

I must categorically reject the protest note of April 23 sent by Your Excellency. This note attempts to attribute to my country's Army an attack against the Honduran village of Suji, as well as harassment against the villages of Awasbila, Pranza, and Rus-Rus.

A Honduran Armed Force statement issued on April 23 tries to convey that the UNHCR verified "dead and wounded, as well as material damage left by Sandinista troops". This was denied by the UNHCR in an April 26 note where it affirms that "this office has not been invited to visit affected zones . . . to verify the supposed existence of wounded, dead, or material damage".

Likewise, the UNHCR points out in the note that "the circulation of this version occurs at a particularly successful moment of our work", given the number of repatriations that have been carried out. In the judgment of my Government, this situation creates serious suspicions about hidden intentions underlying the unsustainable accusations contained in your note.

Based on contacts with some of the 164 repatriated individuals who arrived in Nicaragua from Honduras last Tuesday via the Leymus post, it can be deduced that a confrontation between the Honduran Army and Yatama forces occurred at Suji. Consequently, there was no participation from my country's Army. Similar confrontations had taken place in the Awawas and Awaslala sectors on April 19 and 21, with the capture of almost one hundred Nicaraguans being reported.

In accord with this testimony, it has been established that the cause of attacks by Yatama forces rests in the innumerable abuses, repressive acts, and persecution against Nicaraguan citizens of Miskito origin.

According to reports, the conduct of your country's Army ranges from harassing motorists who transport the repatriated, illegally confiscating motors from the boats used in the repatriation, up to and including repressive and arbitrary measures in refugee camps. These measures have gone as far as using physical violence against refugees and imposing obstacles to the repatriation of young people.

The following are among the cases cited:

> "On January 27, 1988, the citizen Otoniel Gomez was murdered by an officer of the V Military Batallion of Honduras, in a place known as Wis-Wis.
>
> On March 28, a small boat that was transporting a corpse back to the community of Krin Krin, was detained by the Honduran Army at the border post of Pranza. They searched the crew members and treated the cadaver disrespectfully.
>
> Throughout this year, Miskito villages at the point known as Waspuk ta have been the object of searches and pressures by the Honduran military.
>
> Since March 15, Honduran military personnel have repeatedly violated Nicaraguan sovereignty by crossing the border and carrying out arbitrary actions in villages such as Wiwinack.
>
> The Honduran military virtually impedes free transit to the communities, in the stretch that goes from Asang to Santa Isabel."

The Nicaraguan Government firmly and emphatically condemns the repressive acts committed against Nicaraguan citizens of Miskito origin, as well as the violations of our national sovereignty. We request an immediate and definitive end to this intolerable situation.

An integral solution to this problem would include facilitating voluntary repatriation and preventing an increase in repression against refugees due to these reports. In order to seek such a solution, the Nicaraguan Government requests that the Honduran Government allow a Government Delegation to carry out an on-site inspection in the refugee camps. This visit would be a key factor in accelerating the repatriation of all Nicaraguan citizens of Miskito origin who are in Honduras.

In closing, I assure Your Excellency of my highest esteem and consideration.

(Signed) Miguel D'ESCOTO BROCKMANN,
Minister of Foreign Affairs.

His Excellency
Carlos López Contreras,
Minister of Foreign Affairs of the Republic of Honduras.

[Spanish text not reproduced]

MINISTRY OF FOREIGN AFFAIRS
MANAGUA, NICARAGUA

Managua,
April 27, 1988.

The Minister:

Once again, the Honduran Government has answered a message of the Nicaraguan Government with a *fait accompli*. A recent case, is the letter sent by President Daniel Ortega to President José Azcona in response to concerns of Honduras. President Ortega expressed our willingness to withdraw the lawsuit before the International Court of Justice if the Government of your country took concrete steps to re-establish the rule of international law in relations between the two States. Your Government's answer to Nicaragua's generous proposal was to request the scheduling of public hearings (June 6) before the International Court of Justice which Nicaragua had frozen.

Undoubtedly, this action by Honduras can only be interpreted as an official rejection of our proposal for the withdrawal of the lawsuit, obliging us to cancel our offer — as we have, in effect, done — and move forward in the judicial procedure without further setbacks, as Honduras requested.

Today, your country's Government again answered a communication from Nicaragua by means of a *fait accompli*. On April 22, President Ortega spoke with President Azcona by telephone to voice his concern over the Honduran Government's illegal authorization for US Administration "assistance" to be delivered to irregular forces in Honduran territory via AID. He amply explained to the President of Honduras the need to hinder Honduran territory from being used for such illicit aims since said authorization is inconsistent, in absolute terms, with the Esquipulas II Accords, the Sapoá Accord, and even the interventionist law approved by the Congress of the United States. This concern of Nicaragua had also been expressed in a letter I sent to Your Excellency dated April 20, which has yet to be answered.

President Azcona offered to respond to the concerns expressed by President Ortega (in the April 22 telephone conversation) on April 23. The answer to both my letter and President Ortega's message arrived by means of accomplished fact. Today, April 27, the Honduran Director of Information and Press announced that a US Air Force airplane unloaded 38,000 pounds of so-called "humanitarian aid" for irregular forces in Honduran territory.

That was your Government's answer: allow the illegal delivery of "aid" characterized as contrary to and "incongruous" with the Sapoá and Esquipulas II Accords by a Member of the Sapoá Accords Verification Commission. Those were the words of Joäo Clemente Baena Soares in a letter sent to the Secretary of State of the United States.

Honduras is not a signatory to the Sapoá Accord, certainly, but it is a signatory to Esquipulas II and the United Nations Charter. By disregarding your commitments under Esquipulas II and the United Nations Charter in making illegal aid available to the *contras*, Honduras is sabotaging the Sapoá Accord and putting the success of Nicaragua's peace process into danger.

In view of this situation, Nicaragua calls on the Honduran Government to publicly declare its irrevocable intention to stop allowing use of its territory for delivery of illegal aid to irregular groups.

The Nicaraguan Government awaits a prompt and complete answer to its legitimate proposals. If silence, or facts themselves, reveal Honduras's intention to continue obstructing the peace efforts, then Nicaragua will request an urgent and extraordinary meeting of the Executive Commission. At the same time, and depending on the evolution of events, Nicaragua will consider actions before the Security Council of the United Nations and the International Court of Justice, where the case brought by Nicaragua has been reactivated by will of the Republic of Honduras.

In closing, I assure Your Excellency of my highest esteem and consideration.

(Signed) Miguel D'ESCOTO BROCKMANN,
Minister of Foreign Affairs.

To His Excellency
Carlos López Contreras,
Minister of Foreign Affairs of Honduras,
Tegucigalpa.

[Spanish text not reproduced]

NOTE FOR THE MINISTERS OF GUATEMALA, HONDURAS,
EL SALVADOR AND COSTA RICA

Managua,
April 26, 1988.

The Minister:

I have the honor of writing to Your Excellency to invite you to designate a representative who would travel to Managua to negotiate a Treaty of Regional Friendship and Co-operation. This treaty would adhere to the framework agreed upon in the Statement issued at the end of the V Meeting of the Executive Commission, and should be signed at the VI Meeting of the Executive Commission to be held in the Republic of Honduras in May.

In light of the fact that it was not possible for the Technical Group that was to negotiate the terms of the Treaty to meet on the date proposed in my Note of April 14, I would like to suggest May 4 and 5 of 1988.

I would highly appreciate hearing of Your Excellency's acceptance of this offer as soon as possible. In case your answer is positive, please forward the name of the official who will participate in the Technical Group, as well as the flight and time of arrival in Managua.

In closing, I assure Your Excellency of my utmost esteem and consideration.

(Signed) Miguel D'ESCOTO BROCKMANN,
Minister of Foreign Affairs.

To His Excellency,
Minister of Foreign Affairs of . . .

[Spanish text not reproduced]

S/19831

ANNEX II

Letter Dated 20 April 1988 from the Minister for Foreign Affairs of Nicaragua to the Minister for Foreign Affairs of Honduras

I have the honour to refer to the authorization given by the Government of your country for the United States Administration, through the Agency for International Development (AID), to provide "aid" to the irregular forces that are in Honduran territory. Such authorization is mentioned in a press release issued by the information and press office of your country's Ministry of Foreign Affairs on 19 April 1988.

The Government of Nicaragua registers a strong protest at the fact that Honduras is, once again, acting in clear violation of the spirit and the letter of Esquipulas II and interfering in the proper implementation of the agreement signed at Sapoá, by lending itself to the manœuvres of the Government of the United States, the sole objective of which is to sabotage peace efforts.

As you will recall, under section 5 of the Esquipulas II Agreement, it is "vital" for the attainment of peace that any kind of aid to the irregular forces be terminated, except that intended for "the repatriation or, failing that, the relocation and necessary assistance with reintegration into normal life of former members of such groups or forces".

Logically, such an exception cannot apply in the case of armed groups that are in Honduras and that openly declare their decision to disregard the Sapoá agreement and continue terrorist acts against Nicaragua.

We cannot omit to point out that the unilateral reactivation by Honduras of the legal action instituted by Nicaragua before the International Court of Justice, through a request for the setting of the date of the next hearing, is motivated by the search for a pretext to continue refusing the establishment of permanent mobile units in its territory to carry out the essential on-the-spot verification of the implementation of the security agreements, in accordance with the "Guatemala Procedure" and the declaration signed at Alajuela.

I should inform you that a copy of this note is being transmitted to the International Court of Justice.

(Signed) Miguel D'ESCOTO BROCKMANN,
Minister for Foreign Affairs.

[Spanish text not reproduced]

Managua,
March 28, 1988.

Dear President and Friend:

As you know, the Fifth Meeting of the Executive Commission of the Esquipulas II Accords, held last week in Guatemala could not conclude its business. The meeting was tabled with April 7th set as the date of resumption.

However, the dynamic of recent events — the dispatch of 3,200 US soldiers to Honduras and Nicaragua's request for temporary protective measures from the International Court of Justice — has a pace of its own which obliges us to make immediate decisions.

In the presence of the other Central American Ministers at the Guatemala meeting, Minister Carlos López Contreras made a commitment that all 3,200 US soldiers, sent to Honduras with the acknowledged intention to "strengthen or protect the Nicaraguan insurgents that are fighting against the Sandinista regime", would be completely withdrawn from Honduran territory on March 26 and 27.

Today, March 28, we have been able to verify that the commitment of Minister López Contreras has not been carried out, although, we have learned from public sources that under consideration is the partial withdrawal of said troops between today and tomorrow, the 29th. This would include the retention of remaining troops in Honduras indefinitely with some taking part in military manœuvres that may have the same aim as that which determined their deployment.

On the other hand, esteemed President, the Agents for Nicaragua and Honduras were summoned by the President of the International Court of Justice to appear at a meeting that was scheduled to be held tomorrow, March 29. This meeting was postponed until Thursday the 31st, at the request of Honduras.

On Thursday the 31st, however, we should be prepared to clearly define before the President of the International Court of Justice our decision regarding the form of continuing legal proceedings or even the conditions under which we could proceed to conclude said proceedings.

Therefore, esteemed President, with the intention of continuing to contribute the utmost to the consolidation of peace, by means of strengthening the process initiated with Esquipulas II, I take the liberty of making the following proposal:

First. Nicaragua is ready to continue to be flexible and patient and in this spirit, to wait until Wednesday, March 30 at 24:00 hours for the 3,200 US soldiers sent to Honduras to totally abandon the territory of that country.

If at that time, the troops that minister López Contreras guaranteed would be out of Honduras on Sunday the 27th have made an effective and complete withdrawal, then Nicaragua, in the meeting with the agents of Honduras and Nicaragua before the President of the International Court of Justice set for Thursday, March 31, would consent to desist in its request for temporary protective measures presented to the International Court of Justice. But, at the same time, would proceed to insist that said Court set a date for the hearing on jurisdiction in the claim initiated by Nicaragua against Honduras.

Second. Nicaragua would be willing to alter its position with respect to the date on which the hearing on jurisdiction is held if, within a time period of no longer than 45 days, a mechanism to guarantee security on the border between Honduras and Nicaragua is established *in situ* and for a minimum period of one year. This mechanism would be established by means of a bilateral accord between both States. For that purpose, a request would be made to the General Secretary of the United Nations to organize, if possible with the co-operation of the Organization of American States, permanent mobile units, such as those suggested by the UN-OAS technical commission that visited Central America in October 1987. These permanent mobile units would be established on the border between Honduras and Nicaragua, and according to the letter of the Esquipulas II Accords, its members would be selected from regional and extra-regional countries that have shown a desire to co-operate with peace efforts in Central America. These include countries such as Mexico, Colombia, Panama and Venezuela; Argentina, Brazil, Peru and Uruguay; Canada, Spain, Finland, Italy, Norway, the Federal Republic of Germany, and Sweden.

Third. If by May 15th, we find the mechanism to guarantee border security between Honduras and Nicaragua already established *in situ*, Nicaragua would consent to agree that the agents of both countries appear before the International Court of Justice to express their desire that the date on which the hearing on jurisdiction is to take place be indefinitely suspended.

Fourth. Once all the aforementioned is completed, if Honduras insists on the withdrawal of the claim, Nicaragua would also be willing to be flexible as long as Honduras agrees to sign a bilateral Treaty of Friendship and Co-operation with Nicaragua that obliges the two States to find recourse in the International Court of Justice in the case of any conflict or situation that puts peace between them in danger. This bilateral treaty must clearly and undoubtedly establish acceptance by Honduras and Nicaragua, and without any condition or time-limit, of the obligatory jurisdiction of the International Court of Justice, independently of whatever existing reservations and/or of the withdrawal or the modification of the acceptance of obligatory jurisdiction of the Court with respect to third States that may be presented following the signing of the treaty. Nicaragua would proceed to desist in the claim against Honduras immediately after the implementation of the Treaty of Friendship and Co-operation.

For your information, I am also enclosing the document that Nicaragua is delivering to Central American Governments and to the international community on the situation we face.

President and Friend, please accept my cordial greetings.

Daniel ORTEGA SAAVEDRA.

His Most Excellent Sir,
José Azcona Hoyo,
President of the Republic of Honduras,
Tegucigalpa.

[Spanish text not reproduced]

A/42/946
S/19698
25 March 1988
English
Original: Spanish.

Letter Dated 25 March 1988 from the Chargé d'Affaires a.i. of the Permanent Mission of Nicaragua to the United Nations Addressed to the Secretary-General

I have the honour to transmit to you below the note which His Excellency Mr. Miguel d'Escoto Brockmann, Minister for Foreign Affairs of Nicaragua, sent to His Excellency Mr. Carlos López Contreras, Minister for Foreign Affairs of Honduras, on 23 March 1988:

"I am writing in reference to your note of 23 March, in which you ascribe responsibility for violations of Honduran territory on 22 March in Pico Español sector, El Paraíso department, and Bocay sector, Olancho department, to troops of the Sandinist People's Army.

The Government of Nicaragua categorically rejects such accusations. As you are aware, and as official spokesmen of your country and of the United States Government have acknowledged, Nicaraguan government troops have successfully concluded operations to drive the mercenary forces out of Nicaraguan territory and back to their bases in Honduras, and are at this moment safeguarding the territorial integrity of Nicaragua.

It is a matter of concern to my Government that the false accusations levelled by the Government of Honduras coincide with the arrival in Nicaragua of the United Nations technical mission that has been dispatched to observe the situation in the border area. We nevertheless appreciate the communication received today by the Nicaraguan embassy in Tegucigalpa from civilian and military authorities, indicating that every effort will be made to help to guarantee the safety of the mission during its visit to the border sector of Bocay.

While reiterating our appeal to the Government of Honduras to grant access to the mission so that it can observe the situation on both sides of the frontier and ascertain the veracity of the accusations, we would point out that the outrage upon Honduran sovereignty has been committed by the United States Government by imposing the presence of mercenary forces on your country."

I should be grateful if you would arrange to have this note circulated as an official document of the forty-second session of the General Assembly under agenda item 34, and of the Security Council.

(*Signed*) Julio ICAZA GALLARD,
Ambassador,
Chargé d'affaires a.i.

[Spanish text not reproduced]

A/42/934
S/19660
21 March 1988
English
Original: Spanish.

Letter Dated 21 March 1988 from the Chargé d'Affaires a.i. of the Permanent Mission of Nicaragua to the United Nations Addressed to the Secretary-General

I have the honour to transmit to you below the note dated 19 March 1988 which His Excellency Mr. Miguel d'Escoto Brockmann, Minister for Foreign Affairs of Nicaragua, sent to His Excellency Mr. Carlos López Contreras, Minister for Foreign Affairs of Honduras:

"I am compelled to write to you once again with reference to the following attacks:

Between 0800 and 0830 hours today, 19 March, two F-5 aircraft coming from Honduran territory overflew the sectors of Mukuwas, San Andrés de Bocay, Waniwas y Wayawas, situated approximately 12 kilometres inside Nicaraguan territory, and proceeded to drop bombs and fire gun shots there.

Later, between 1435 and 1445 hours, two F-5 aircraft overflew the sectors of Amaka and Bocay, situated 8 kilometres inside Nicaraguan territory, and dropped four bombs on Sandinista People's Army positions there. The aircraft later returned to their sanctuary in Honduran territory.

The Government of Nicaragua protests vigorously and formally at this series of aggressions against Nicaraguan territory, to which must be added the reprehensible aerial bombings, attacks and incursions which I reported in the notes which I sent to you yesterday and this morning.

These incidents make quite clear what President Azcona meant when he said yesterday at a press conference that 'our most readily available resource is the Air Force and we shall use it again tomorrow if we continue to find that the Sandinistas have not left our territory'. What President Azcona was really doing was reporting, in advance, the bombing of Nicaraguan territory, for there has been no Sandinista 'invasion' of Honduran soil. As a result, for his words to be fulfilled, what he must have meant — and what in fact happened — was that the target was our national territory.

These latest attacks show that the Republic of Nicaragua was justified in applying, in the common interests of both peoples, to the International Court of Justice for interim protective measures in the case brought by Nicaragua. The Government of Honduras must realize that only respect for international law can provide an effective framework for relations among neighbouring countries."

I should be grateful if you would have this note distributed as an official document of the forty-second session of the General Assembly, under agenda item 34, and of the Security Council.

(*Signed*) Julio ICAZA GALLARD,
Ambassador,
Chargé d'Affaires a.i.

[Spanish text not reproduced]

A/42/937
S/19666
22 March 1988
English
Original: Spanish.

Letter Dated 21 March 1988 from the Chargé d'Affaires a.i. of the Permanent Mission of Nicaragua to the United Nations Addressed to the Secretary-General

I have the honour to send you a transcript of the note dated 19 March 1988 which His Excellency Mr. Miguel d'Escoto Brockmann, Minister for Foreign Affairs of Nicaragua, sent to His Excellency Mr. Carlos López Contreras, Minister for Foreign Affairs of Honduras.

"I am writing to inform you of the following incidents:

At 2100 hours on 18 March 1988, a group of approximately 30 mercenaries entered Nicaraguan territory from Honduran territory via the sector of Valle de Torres, 5 kilometres north-east of Somotillo, on co-ordinates 4508. The group clashed with a unit of the Sandinista People's Army: one member of our army, José Dimas Rodríguez Ríos, was killed and soldiers Anastasio Sánchez Zamora, Javier Velásquez Poveda, Leónidas Adán Rivera Ramos and Osmán Sánchez Corrales were wounded. Among the terrorist group, two mercenaries were killed and a large assortment of military supplies were captured. The rest of the group fled towards Honduran territory, taking the El Coyol road on co-ordinates 4708. This infiltration was openly supported by the Honduran army, which fired rifle shots at the Sandinista People's Army border post located at Palo Grande Viejo, half a kilometre west of Somotillo on co-ordinates 35-98-4.

I must also inform you that on 15 March of this year, aircraft coming from Honduras violated Nicaraguan airspace on three occasions, returning to Honduran territory after their incursions. Similar violations of Nicaragua's airspace — 4, 10 and 9 incursions respectively — occurred under similar circumstances on 16, 17 and 18 March, making a total of 26 violations of Nicaraguan sovereignty. I must emphasize that, on a number of occasions, these incursions were accompanied by attacks on our territory.

Faced with these repeated, unjustified and treacherous acts of aggression against the Republic of Nicaragua, I wish to lodge the strongest and most vigorous protest and to inform you that our representative to the International Court of Justice has been instructed to apply immediately to the Court for interim protective measures in the case concerning 'border and transborder military actions' brought by the Republic of Nicaragua.

This decision is further proof that the Government of Nicaragua, faithful to its commitment to always seek peaceful solutions to situations which threaten international peace is using the means of dispute settlement to which it is bound by the United Nations Charter and the Bogotá Charter. Such action is motivated by our profound concern to see the establishment of a just and lasting peace in the region, a peace which your Government unjustifiably and irresponsibly insists on jeopardizing."

I should be grateful if you would have this communication distributed as an official document of the forty-second session of the General Assembly, under agenda item 34, and of the Security Council.

(Signed) Julio ICAZA GALLARD,
Ambassador,
Chargé d'Affaires a.i.

[Spanish text not reproduced]

A/42/935
S/19661
21 March 1988
English
Original: Spanish.

Letter Dated 21 March 1988 from the Chargé d'affaires a.i. of the Permanent Mission of Nicaragua to the United Nations Addressed to the Secretary-General

I have the honor to transmit to you below the note which His Excellency Mr. Miguel d'Escoto Brockmann, Minister for Foreign Affairs of Nicaragua, sent to His Excellency Mr. Carlos López Contreras, Minister for Foreign Affairs of Honduras, on 18 March 1988:

"It is with profound concern that I am writing to inform you of the following incidents:

At 1200 hours on 17 March 1988, two jet planes entered Nicaraguan airspace from Honduras and fired 5 rockets in the sector of Amaka, on the border between the two countries, at precisely the moment when Lt. Col. Javier Carrión, Deputy Chief of Staff of the Sandinista People's Army, was holding a press conference for 31 national and foreign journalists. This treacherous attack, which was widely covered by the journalists present at the scene of the incident, was totally unprovoked.

At 1640 hours on the same day, a jet plane also coming from Honduran airspace fired two air-to-ground rockets at the sector of San Andrés de Bocay in Nicaraguan territory bordering Honduras. The plane later re-entered Honduran airspace.

The Government of Nicaragua protests formally and vigorously at these attacks on Nicaraguan territory, which show that the Government of Honduras is persisting in its refusal to conduct its relations with Nicaragua in accordance with international law and the treaties in force.

The incidents to which I have referred are not only extremely serious in themselves but are all the more dangerous in that they are taking place at a time when the United States Government, launching a massive campaign of false accusations against Nicaragua, has deployed 3,200 soldiers to southern Honduras in a move designed to set the stage for a interventionist adventure against Nicaragua.

The incidents to which I have referred, combined with the continued tolerance and support which the Government of Honduras has shown for the military and paramilitary activities being conducted from Honduran territory by the mercenary groups in the service of the United States Government, are more than adequate and unequivocal proof that Honduras has not only failed to comply with the Esquipulas II agreements, by supporting irregular groups and not preventing the use of its territory as a base for aggression against Nicaragua, but also appears not to have any intention of complying with them in the future.

The Government of Nicaragua once again calls on the Government of Honduras to heed the legitimate interests of the Honduran people and allow access to the United Nations/OAS technical mission so that it can conduct an on-the-spot investigation and propose the necessary procedures for disarming and relocating the mercenary groups currently stationed on the border between Honduras and Nicaragua."

I should be grateful if you would have this note distributed as an official document of the forty-second session of the General Assembly, under agenda item 34, and of the Security Council.

(Signed) Julio ICAZA GALLARD,
Ambassador,
Chargé d'affaires a.i.

[Spanish text not reproduced]

MINISTRY OF FOREIGN AFFAIRS
MANAGUA, NICARAGUA

Managua,
March 17, 1988.

I.A. No.

The Minister:

I am writing to Your Excellency to categorically and emphatically reject your protest of March 16, in note No. 025-DSM. The Minister attempts to base his protest on a non-existent "invasion" of Honduran territory by the Sandinista Army "in the area where the Bocay River flows into the Coco or Segovia River, south-east of Olancho Province".

The Nicaraguan Government firmly rejects the unfounded accusation that members of the Armed Forces of Nicaragua have *invaded* Honduras. If any invasion of Honduras has taken place, it is that of US troops and their mercenaries, as has been systematically denounced by diverse sectors of the Honduran population. And the only aggression that has occurred is the daily aggression waged from Honduran territory by the Reaganite forces. This is tolerated by the Honduran Government which has been incapable of denouncing the Reagan Administration's illegal use of its territory.

For more than seven years, the United States Government has maintained an illegal and immoral policy of war against Nicaragua, which has entailed using neighboring countries as platforms for attack by mercenary groups at its service.

Throughout all these years, the Nicaraguan Government has tried to hamper, unsuccessfully, the involvement of brother countries in the criminal war against my country. To this end, Nicaragua has proposed many concrete peace initiatives, such as joint patrols on the borders and creation of mixed security commissions.

In spite of those efforts, the irregular groups created, armed, trained, and directed by the US Government have made Honduran territory their sanctuary. From there, they commit the terrorist acts I have referred to with impunity, often provoking border incidents as a result of that illegal presence.

Previous years have shown how the US Government has attempted, on innumerable occasions, to distort these incidents in order to escalate the aggression against Nicaragua and open the doors to an eventual interventionist adventure. The deployment of 3,200 US Army soldiers is reliable proof of the war objectives hidden behind the false accusations against my country.

The slanderous campaigns against my country, and events following border incidents in March and December of 1986, clearly illustrated the aggressive aims of the US Administration, alien to the real interests of our peoples.

It was precisely to prevent the Honduran Government from being dragged by this policy into a regional war of incalculable consequences, that the Nicaraguan Government, under the procedures for peaceful solution in the United Nations Charter, appealed to the International Court of Justice. Nicaragua sought to secure an end to the use of Honduran territory as a launching pad for brutal aggression against our nation.

The Nicaraguan Government has never harbored hostility towards the brother people and Government of Honduras. On the contrary, convinced of the historical links that unite both nations, Nicaragua has always tried to make peace and friendship the basis of relations with its neighbor, in the framework of international law.

When Nicaragua repels mercenary groups that daily commit the most atrocious crimes against its people under a policy of aggression and State terrorism, it is only exercising its legitimate and unquestionable right to defend its sovereignty, independence, and territorial integrity.

The Nicaraguan Government views with great concern the non-compliance of Honduras with the obligation under international law, and repeated by Central American Presidents in the Esquipulas II Accords, of impeding the use of their territory to attack other States. Efforts to get the Honduran Government to accept mechanisms for on-site inspection have also been unsuccessful. These would eventually help to re-establish peace and tranquillity in the border zones affected by the mercenary presence.

The Nicaraguan Government calls on the Government of Honduras to consider the situation, so as to not get dragged along by an illegal policy that has already been condemned by the International Court of Justice, and that will only bring more death and destruction to the Central American people.

In this spirit, Nicaragua invites the Honduran Government to receive the visit of the UN-OAS Technical Mission. This Mission has been established to carry out on-site verification in border zones, and formulate concrete proposals on procedures for disarmament and withdrawal of all mercenary forces from the common border area.

In closing, I assure Your Excellency of my utmost esteem and consideration.

Miguel D'ESCOTO BROCKMANN,
Minister of Foreign Affairs.

His Excellency
Carlos López Contreras,
Minister of Foreign Affairs,
Tegucigalpa.

[Spanish text not reproduced]

MINISTRY OF FOREIGN AFFAIRS
MANAGUA, NICARAGUA

Managua,
February 22, 1988.

The Minister:

I have the honor of writing to Your Excellency regarding the proposal you presented on behalf of the Government of Honduras during the XVII Regular Session of the General Assembly of the Organization of American States. This proposal was again presented by the Minister in the February 17, 1988, Executive Commission meeting in San Salvador.

Your Excellency proposed, among other things, the formation of an International Security Commission on the borders. This body would be charged with impeding irregular forces from using Honduran territory, as well as disarming and detaining those groups that would seek sanctuary in your country.

Your proposal also called for the creation of civilian organizations of an international character. These would assume the tasks of organizing reception and internment centers for irregular forces, as well as repatriation or transferral to third party countries (within a period of three months) of those members of said groups who disarm on Honduran soil, and other tasks.

Your Excellency will surely recall that the Nicaraguan Government has insisted on the absolute necessity of establishing effective mechanisms to guarantee border security between our two countries on many occasions since May 1981, when the Presidents of Honduras and Nicaragua met at the border post of El Guasaule. In fact, that 1981 Summit produced an agreement that the Ministers of Defense and Chiefs of Staff of our countries would meet and take concrete steps to guarantee border security by means of a joint patrol. Unfortunately, in spite of Nicaragua's insistence, it was impossible to keep that agreement. It was not even possible to secure Honduras's consent to meet at the level agreed upon to discuss how to carry out said joint patrol.

At the V Meeting of the Executive Commission, held in San Salvador on February 17, 1988, Nicaragua submitted concrete and detailed proposals for implementing the agreements of Esquipulas II in the areas of verification, control, follow-up, and especially "indispensable" on-site verification. The latter is a commitment which Honduras has, to date, refused to comply with. The proposal presented by Honduras to the General Assembly of the OAS, and again on February 17 in San Salvador, would appear to have been submitted as an alternative to on-site inspection, which is a commitment we made under the Guatemala Procedure.

Our understanding is that your Government's proposal reflects a firm political will to respect the basic principles of international law and to thereby adopt the necessary measures to prevent Honduran territory from being used as a base of aggression against Nicaragua. Therefore, I wish to repeat that my Government considers this a positive proposal, as I expressed in my note dated November 16, 1987.

However, the real value of your proposal, Minister, depends on the willingness of the Honduran Government to implement it as quickly as possible.

Nicaragua invites the Honduran Government to immediately establish direct talks between our countries to agree on and implement your country's proposal, with the urgency that the situation warrants. I propose that the first meeting of commissions from both countries take place on Monday, February 29, in Managua, or if you prefer, in Tegucigalpa. These commissions should be led by the respective Chiefs of Staff of the Honduran and Nicaraguan Armies.

In closing, I assure Your Excellency of my highest esteem and consideration.

(Signed) Miguel D'ESCOTO BROCKMANN,
Minister of Foreign Affairs.

To His Excellency
Carlos López Contreras,
Minister of Foreign Affairs,
Honduras.

[Spanish text not reproduced]

MINISTRY OF FOREIGN AFFAIRS
MANAGUA, NICARAGUA

Managua,
February 4, 1988.

The Minister:

I have the honor of writing to Your Excellency to convey the contents of the note I sent today to His Excellency, Ricardo Acevedo Peralta, Minister of Foreign Affairs of El Salvador. The text of the note follows.

"Managua,
February 4, 1988.

To His Excellency
Ricardo Acevedo Peralta,
Minister of Foreign Affairs of El Salvador.

I have the honor of writing to Your Excellency to confirm my acceptance of the invitation made today, by telephone, to attend an Executive Commission meeting on February 17 and 18 of 1988 in San Salvador. This meeting will allow us to carry out the mandate entrusted to us by the Central American Presidents in the Costa Rica Summit meeting. As Foreign Ministers of our respective countries, we can take advantage of this meeting to discuss the positions our Governments will present at the IV Meeting of Ministers of Foreign Affairs from the European Community, Contadora Group, and Central America.

The Nicaraguan Government noted that the Honduran Foreign Ministry, in telex No. 244, dated today, has already consented to be in San Salvador on the proposed dates for the purposes outlined. We have also noted that the Minister of Guatemala, His Excellency Alfonso Cabrera Hidalgo, is in agreement with the procedure outlined, as stated to me in a telephone conversation today.

In closing, I assure Your Excellency of my utmost esteem and consideration.

Miguel D'Escoto Brockmann,
Minister of Foreign Affairs."

In closing, I take this opportunity to assure your Excellency of my utmost esteem and consideration.

Miguel D'Escoto Brockmann,
Minister of Foreign Affairs.

[Spanish text not reproduced]

B. Press Accounts

La Tribuna, 28 May 1988, p. 6.

4 Planes Loaded with Aid for Nicaraguans

(Caption: "Civilian personnel await authorization to unload the Hercules C-130 of the United States Air Force, in order to dispatch the 'humanitarian' aid for the contras."[1])

It was officially reported that a new shipment of humanitarian aid sent yesterday by the United States to the *contras* and displaced Nicaraguans arrived in four C-130 military planes. They unloaded their supplies at Toncontin Airport in Tegucigalpa.

The press attaché of the United States Embassy, Charles Barkley, reported that the aircraft of the Military Air Transport Command (MAC) were carrying medicine, clothing and shoes from Charleston, South Carolina.

He said that the aid will be delivered "by land to the families and the Nicaraguans in the border zones".

The distribution of the assistance is being supervised by a staff appointed by the Catholic Church of Honduras, the team of the Agency for International Development (AID) located in Honduras, and the United States accounting firm Price Waterhouse.

Barkley said that "this is another installment of the humanitarian aid that began to flow two months ago", and will possibly continue to be sent until September, at an overall cost of the $18 million passed by the US Congress.

Other planes will be landing in Tegucigalpa over the weekend carrying more aid for the Nicaraguans, according to the spokesman.

When the cease-fire went into effect on April 1, thousands of *contras* gathered in Honduras, primarily in the areas of Yamales and Capire, in the eastern province of El Paraíso, said inhabitants of the zone.

[Spanish text not reproduced]

---

[1] Photograph not reproduced.

La Tribuna, 23 May 1988, p. 6.

Although They're Just Beans:
Contras Celebrate Arrival of Food

By Humberto Arce, AFP Special Correspondent

Capire, Honduras, May. (AFP). Camouflaged by their olive green uniforms, some unarmed and others with guns over their shoulders, the Nicaraguan *contras* go down the steep streets of Capire and Yamales in eastern Honduras with a festive air. They are receiving food, medicine, combat boots, and their wages sent from the United States.

After several days of great anxiety due to the feuds that have broken out among their guerrilla commanders, the *contras* in this remote region of Honduras in the eastern province El Paraíso are happy because the American aid has been abundantly flowing since Thursday.

An average of 4 or 5 transport vehicles arrive daily in Capire from Tegucigalpa and other Honduran cities, with hundreds of tons of supplies for the *contras*.

Recently baptized "Little Managua" by the *contras*, Capire is a small village some 200 km from Tegucigalpa, and only 10 km from the border with Nicaragua, where for the last four months the Strategic Operations Command Post (COE) or Staff Headquarters of the *contras* has been operating again.

The COE is really a small complex of warehouses and ramshackle huts at the foot of a rock mountain at the entrance to Capire. Thousands of guerrillas file by daily, desperate for a new pair of boots, a package of lard, salt or medicine.

Most of the guerrilla camps are dispersed in the area of Yamales, some 15 kilometers before Capire. Because it harbors the COE, the latter town serves as the *contra* "capital", which is why it is called "Little Managua".

Capire and Yamales, now almost depopulated, are small villages hidden between the hills and deforested peaks that extend all the way to the border with Nicaragua. There the farm camps have shrunk to make room for the *contra* camps.

Most of the 6,000 *contra* fighters who moved into this region, had to walk for two or three weeks to reach Yamales. Ironically, they went through more difficult times in these weeks than in their confrontations in Nicaragua, according to their own testimonies.

The trucks transporting the American aid for the rebels park at the COE. There, hundreds of enthusiastic combatants rapidly unload the supplies and re-load them onto pick-ups and off-the-road vehicles which will take them to the camps.

Last Thursday when the two-week distribution first began, there was an incredible volume of vehicles travelling to and from the COE because of the anguish in most of the camps over the food shortage.

Cars overflowing with sacks of beans and canned goods went in and out of the COE at racecar speed to learn of the distribution network from one camp to another.

The commanders of each guerrilla camp participated actively in transporting supplies, sometimes in the driver's seat. They even carefully supervised to ensure that distribution was according to the food needs of their troops.

The food, this time basically beans, was left on either side of the road between Capire and Yamales. From there the troops later carried them on their backs to the final destination, the camps — usually one or two kilometers off the road.

For example, the 325 guerrillas camped at the Tactical Operations Command Base (COT) in San José de Yamales had a monumental task on Thursday. They carried 100- and 200-lb sacks of beans on their backs for two kilometers over rugged mountain terrain.

The sight of young guerrillas toting loads almost equal to their own weight was to be seen at all entrances to the commando camps of "Rafaela Herrera", "Jorge Salazar", "Juan Castro", "Quilali", etc.

[Spanish text not reproduced]

The New York Times, 19 May 1988.

Contras *Taking Refuge in Honduras*

By Stephen Kinzer, Special to *The New York Times*

Yamales, Honduras, May 17. In the three months since Congress cut off military aid to the Nicaraguan guerrillas, thousands of rebels have flooded into Honduras and created a mini-state in the mountainous border area.

Honduran officials have repeatedly denied that they cooperate with the *contras*, but a trip through the area showed that in fact the Honduran military works closely with them. One of the *contra* camps, in the village of Capire, is 500 yards from a Honduran military post.

The *contras* maintained camps here in past years, but many of them abandoned Honduras in the mid-1980s, moving into Nicaragua to fight the Sandinistas. With military aid now cut off, the majority of the *contra* force, about 5,000 men, has moved into a section of Honduras that the Honduran authorities have turned over to them.

Honduran soldiers maintain guard posts along the road into the *contra* zone, and outsiders are not permitted to pass. But today, two correspondents who were able to enter the area found that the *contras* have effectively assumed control of an area covering about 120 square miles. Their presence contradicts assertions made Friday by Foreign Minister Carlos López Contreras, who rejected Nicaraguan charges that *contras* are based inside Honduras.

"They're in Charge Here"

"The Government of Honduras is not permitting the *contras* to use its territory as a base for aggression against Nicaragua, and certainly not with the direct or indirect support of the Honduran armed forces", Mr. López wrote in a reply to the Nicaraguan charges.

The *contra* zone is reached by a rugged dirt road that begins outside the town of Las Trojes and winds through hillside pastures and coffee fields.

"This is *contra* country", said a Honduran farmer who lives here. "They're in charge here."

There was no sign of tension or conflict in the area today, despite the feud that has broken out among *contra* military commanders. Even *contras* loyal to dissident commanders said they were prepared to accept the discharge of their commanders if that proved necessary to maintain the strength of their fighting force.

Dissidents Are Deported

Last month, several prominent field commanders urged the removal of Enrique Bermúdez, who has been their chief military strategist since the Nicaraguan conflict began more than six years ago. But with decisive help from the Honduran Army, Mr. Bermúdez appears to have withstood the incipient rebellion and retained his post.

On May 6, the Honduran authorities detained and deported seven leading *contras* who had denounced Mr. Bermúdez. "The Honduran Army played a decisive role in resolving this problem", said a *contra* soldier who was sipping a soft drink at a roadside stand here today.

Diplomats said Honduras acted against the dissidents at the behest of the Central Intelligence Agency, which backs Mr. Bermúdez and maintains close ties to the Honduran Army.

The official Honduran position is that Honduras has not taken sides in the *contras'* internal dispute. But a Honduran official with close ties to senior military officers said that neutrality is more formal than real.

Foreign diplomats agreed. "The Honduran military has virtually become a bodyguard for Bermúdez", one ambassador said.

Congress has approved funds to buy food, clothing and medicine for the *contras*, but the supplies are arriving slowly. American officials in Honduras have taken pains to assure that supply convoys carry no military equipment, and their monitoring has led to complaints by the *contras*.

"The American auditors are counting every banana and every tomato, and half the food spoils before it gets out to fighters", said Bosco Matamoros, a *contra* spokesman. "This problem of supplies is hurting us much more than our internal disputes."

Supply Problems Are Cited

One prominent *contra* commander, who uses the nom de guerre Halcón, meaning Falcon, said today that he crossed into Honduras with 115 men on Saturday. Like many other *contras* in the area, he said he was ready to return to Nicaragua to fight if the current cease-fire does not lead to a final peace accord.

"We have had supply problems, and we are here to see what can be done to resolve them", Halcón said in an interview. "The differences among our leaders are being worked out by the leaders. All of us are prepared to fight to the end if there is no negotiated settlement."

One of Halcón's comrades, who gave his name as René, said Honduran soldiers in this area have no conflicts with Honduran troops.

"We get along fine with them", he said. "They treat us with respect."

Many Honduran families living in this area have left, and their homes have been occupied by *contras*. *Contras* are the principal customers at general stores and other small businesses operated by the Hondurans who remain.

One Honduran family has posted a sign on the wall of the house that, translated, reads, "We Repair Firearms and Radios."

Half a mile from the road, *contras* who belong to the Tactical Operations Command maintain a base that is home to at least 100 men. They said their unit has been trained to parachute into Nicaragua to commit acts of sabotage and conduct other special operations.

Contras spoke freely about their backgrounds and their skepticism over current peace efforts.

"I don't agree with the expulsion of Toño", said a *contra* who fought under one of the dissident commanders, Walter Calderón López, who uses the name Toño. "I hope he is allowed to come back. But if he doesn't, we'll go on anyway. It will be as if he was killed in combat."

In a telephone interview from Miami, Aldolfo Calero, a member of the *contra* directorate, said Toño would probably not return to the ranks of the *contras*. But he said negotiations were under way with other dissident commanders in the hope that they will resume their posts under Mr. Bermúdez's leadership.

"I've been listening to their complaints because I think they deserve to be heard", Mr. Calero said. "The accusations are not against Bermúdez so much as they are against the way certain things have been done."

Toño and other dissident commanders have described Mr. Bermúdez as dictatorial and corrupt, and asserted that he is not committed to democracy in Nicaragua.

A Young Contra's Decision

Contras who have assumed control of this part of Honduras include men and women, veterans and new recruits. Some are almost elderly and others have not yet reached their teens.

"I joined up nine months ago, because I was getting to the age when the Sandinistas were going to draft me", said a 15-year-old *contra* who called himself Siete Mares, or Seven Seas. He said he was from the Nicaraguan city of Matagalpa. "I was going to have to fight for one side or the other, and since I don't like the Sandinista system and all the controls, I decided to become a *contra*."

Honduran soldiers based nearby said they have an informal agreement with the *contras*.

"Their zone, more or less, is from Capire to Yamales, and we don't go in there much", one soldier said. "As long as they keep to themselves, there's no problem."

Tiempo, 28 April 1988, p. 39.

Boots and Military Uniforms among the "Humanitarian Aid" Arriving for the Contras

Tegucigalpa. The first shipment of "humanitarian aid" for the *contras* taking refuge in Honduras arrived in the capital yesterday in a heavy Hercules C-130 plane. It was affirmed that among the supplies were military boots and uniforms.

Foreign Ministry spokesman Eugenio Castro said that the shipment contains 38,000 pounds of clothing, shoes, and cooking utensils. He did not refer to the boots and uniforms that some journalists reported on.

Immediately after the plane parked around 9:00, the cargo began to be unloaded and transferred to a warehouse near the "Las Torres" neighborhood of Comayaguela. From there it will be sent to the border zone.

A spokesman of the United States Embassy said that the plane came from Pope Air Base in North Carolina, and is the first flight with assistance for the rebels. Last week supplies were delivered, but they had been purchased in Honduras.

Officials from the Agency for International Development (AID) and the US Embassy were at Toncontin yesterday during the unloading.

The shipments are from the $48 million that Congress recently approved to aid the rebels within the framework of the peace efforts they are involved in with the Sandinistas.

The Honduran Government's authorization for the delivery of the aid here is considered to be tacit recognition of the presence of anti-Sandinista rebels in Honduran territory.

Nicaraguan Ambassador Danilo Abud Vivas said on the radio yesterday that President Daniel Ortega had spoken with his Honduran colleague, José Azcona, on Friday to tell him that Honduras's decision constituted a violation of the Esquipulas and Sapoá peace accords.

Danilo Abud asserted that this aid seeks to militarily strengthen the *contra* faction that follows the Reagan Administration's orders and opposes the peace efforts.

"This humanitarian aid is turning into logistical support because it is going to armed men", said the chief of Managua's diplomatic mission in Tegucigalpa.

On the other hand, he stated that the Government of Honduras has also denied that there are rebel camps in its territory, but with this act, "it is openly acknowledging the fact".

He emphasized that the aid that arrived in Tegucigalpa yesterday obstructs the Sapoá Accords, by strengthening the faction headed by Colonel Enrique Bermúdez which wants to continue the military hostility.

(Caption: The first load of "humanitarian" aid for the *contras* who have taken refuge in Honduras arrived yesterday in the capital aboard a heavy Hercules C-130 plane. It was reported that among the supplies are military boots and uniforms. The cargo was transferred to a warehouse (in the photograph[1] near Toncontin Airport.)

[Spanish text not reproduced]

El Heraldo, 28 April 1988, p. 1.

Aid to the "Contras"

This is the Hercules C-130 plane[2] that flew into Toncontin Airport yesterday from North Carolina (USA), full of "humanitarian aid" for the Nicaraguan *contras*. The assistance is to be delivered in the course of this week under the supervision of AID, the US Embassy in Tegucigalpa, and the Honduran Catholic Church. OAS Secretary General Joäo Baena Soares protested the delivery of the aid yesterday, accusing the United States of obstructing the peace efforts of the Central American Presidents.

[Spanish text not reproduced]

---

[1] Not reproduced.
[2] Photograph not reproduced.

La Prensa, 28 April 1988, p. 5.

Humanitarian Aid Arrives for Nicaraguans

(Caption: A load of humanitarian aid for the Nicaraguans arrived yesterday aboard a C-130 airplane. (Martinez.))[1]

Tegucigalpa. (By Felipe Casaca Ventura.) A US Air Force plane flew into Toncontin International Airport yesterday from the Pope military base in North Carolina, USA. It brought 38,000 pounds of humanitarian aid supplies for the Nicaraguan counterrevolutionaries.

Eugenio Castro Claramount, spokesman of the Honduran Foreign Ministry, reports that the aircraft arrived at 8:30 a.m. transporting clothing, shoes, cooking utensils and other items.

The foreign policy spokesman affirmed that this merchandise was for the Nicaraguans on the border, and who are not included in the aid package of the United Nations High Commissioner on Refugees (UNHCR), but he refused to say it was for the "*contras*".

He said that this aid comes under number 5 of the agreement signed at Guatemala last August, which states that the Central American countries would ask countries within and outside of the region to not aid armed groups. He pointed out that this clause does preclude aid for the repatriation or relocation necessary to reintegrate former members of said groups or forces into normal life.

Castro Claramount also explained that possibly that aid is in response to the temporary cessation of the armed struggle between the "*contras*" and the Sandinistas, agreed upon in Sapoá.

According to unofficial reports, the plane belongs to the US Air Force, is a C-130, and carries no war matériel in its cargo.

[Spanish text not reproduced]

El Heraldo, 28 April 1988, p. 2.

Plane with Aid for "Contras" Arrives at Toncontin

Tegucigalpa (ACAN-EFE). A Hercules "C-130" plane from North Carolina, United States, arrived in Tegucigalpa yesterday with "humanitarian aid" for the Nicaraguan "*contras*" located in eastern Honduras.

A spokesperson of the Honduran Foreign Ministry informed ACAN-EFE that the aircraft, with some 19,000 kilos of cargo including food, clothing, shoes, and cooking utensils, landed in the civilian section of Toncontin Airport, at the southern end of this capital.

The aid to the anti-Sandinistas will be distributed by the Agency for International Development (AID), the Catholic Church, and the United States Embassy.

The Church announced this week that it would help deliver the aid to the "*contras*" for humanitarian reasons.

On April 20, the Government of Honduras agreed to allow the aid to be

---

[1] Photograph not reproduced.

delivered to the Nicaraguan rebels in the territory of this Central American country, under the supervision of AID, the Church and the US Embassy accredited in this capital.

In February, the United States passed $48 million in aid to the *"contras"* that have operated in Honduras since 1981.

After the announcement that the aid to the insurgents would be delivered through Honduras, the Government of Nicaragua made a formal protest to the United States and Honduras. It says that this violates the Accords signed at Sapoá between Managua and the Nicaraguan Resistance.

[Spanish text not reproduced]

La Tribuna, 25 April 1988, p. 6.

Montoya Urges for Protests over the Contras *and US Arrogance*

** Some police leaders are incapable of bowing their heads and saying yes to the American police.
** Judicial Branch should punish Matta's kidnappers.

The President of the National Congress, Carlos Montoya, called for protests over the presence of the *contras* in Honduras and "over the arrogance of the Americans in Honduras". He noted that "some leaders of our police force are incapable of bowing their heads and saying yes to the United States' police".

He also said that the Judicial Branch should take action, at the Government's initiative or at the request of one of the parties, against those who participated in and sponsored the abduction of alleged drug trafficker Ramon Matta, "because it is a crime that violates all the laws of Honduras, including the Constitution".

The presidential hopeful said the above in a speech before some 900 leaders of his movement who were participating in a political meeting in San Pedro Sula on Saturday night.

Montoya maintained that those responsible for the "abduction and handing over of Matta should be put on trial, because they only presented us with a *fait accompli*. When the Honduran people learned about it, he was already on a plane in the Dominican Republic, after having been captured by agents of the DEA of that country".

He asked "Who responds to *fait accomplis*?" and immediately answered, "The law has to punish whoever violates it. That is why from the beginning I said it was a violation of the Constitution and an abduction, and the Judicial Branch has to take action."

But instead of telling the gathering about the demands . . . [2 lines of illegible text] said Montoya, who thought that "a strange mixture of conservatives and leftists started the protest march".

Montoya asked, "Why were there no demonstrations when over 150 leaders disappeared in Honduras, whose only crime was to think differently? Everyone remained silent", he said. "Now, taking advantage of the commission of one crime — the kidnapping of Matta — they sling mud at President Azcona's administration, make the Liberal Party seem weak as if it cannot govern, and put together a chain of communications depicting this act as a tremendous violation of the Constitution."

"And many of us view it as much more than a crime," he added, "so we get caught up in a dangerous game. Who funds those demonstrations? What is their purpose? How is it that the conservative college students are anxious to ally themselves with the ultra-left and set flame to the United States Consulate with molotov cocktails, as Enrique Ortez said?" he asked without pause.

He then added, "There is a rise in drug trafficking, and Honduras is a transit point for narcotics. There is a lot of money involved and there is also the arrogance of the US authorities who offend the dignity of our people. There is also the inability of some leaders of our police force to bow their heads and say yes to the arrogant US police."

There was a whole string of "errors, acts and violations which should be examined clinically, without the passion of an imprudent act of rejection or rebellion", he noted.

Montoya then immediately said, "We don't like to see our dignity trampled on, we don't like the arrogance of the Americans in Honduras, we don't like them sticking our country with the *contras*. We should protest all of this, but we also should preserve President Azcona's Constitutional government." To this he received the applause of his followers.

"But also," he added, "we must clean up Honduran society from the danger of drug trafficking. It is a multi-million dollar business, and it could touch all of our country's structures, it could prostitute our society. It can buy off governments, buy off military officers, buy off leaders, and use them as springboards."

He said that such is the current situation in Panama, where "nothing is respected. President Del Valle was thrown out like any civil servant, while General Noriega takes in millions from drug trafficking."

"We Liberals," he emphasized, "do not want a country tied to crime, or to drug trafficking, or to war, or to the *contras*, or to dependence. We want a democratic country with dignity, with freedom and with respect for the law. But the people have to achieve this little by little."

[Spanish text not reproduced]

The Miami Herald, Friday 22 April 1988.

Honduras: Contra *Aid Relayed*

Tegucigalpa. Honduras says it is allowing US nonlethal aid to reach Nicaraguan rebels on its soil, even though Nicaragua says the aid violates a regional peace plan.

US Embassy officials said the first consignment of the aid, part of a $47.9 million nonlethal package approved by Congress last month, was dropped by air to the rebels in a remote part of eastern Honduras on Tuesday.

The Foreign Ministry said Wednesday that "the government of Honduras has authorized the handing over of the ... humanitarian aid to the Nicaraguan population that is in Honduran territory, bordering on Nicaragua."

It was a rare admission of the presence of Nicaraguan rebels in Honduras. The Government had previously said it did not want the *contras* in the country but could not keep them out.

La Prensa, 20 April 1988, p. 2.

Honduras Authorizes Delivery of Humanitarian Aid to "Contras"

Tegucigalpa. Upon knowing of the agreement between the Nicaraguan Resistance and the Sandinista Front, the Honduran Government authorized delivery of part of the humanitarian aid package to the Nicaraguan population located in national territory.

Following is the brief communiqué released last night by the Minister of Foreign Affairs, establishing that whereas:

The Government of Nicaragua and the Nicaraguan Resistance agreed upon a provisional cease-fire as a result of talks held in Sapoá, the Republic of Nicaragua;

The approval of funds by the United States Congress for humanitarian aid expresses a bipartisan policy regarding the aforementioned cease-fire, and has the support of all interested sectors;

The providing of said aid is expressly in line with the commitment under clause 5 of the "Procedure for the Establishment of a Firm and Lasting Peace in Central America", signed by the Presidents of the Central American countries on August 7, 1988; and

The recipients of this assistance are not included in the international aid offered through the office of the United Nations High Commissioner for Refugees.

Therefore:

The Government of Honduras has authorized the delivery of said humanitarian aid to the Nicaraguan population in Honduran territory along the border with Nicaragua. The following entities are in charge of coordinating distribution: AID; Price Waterhouse, the Catholic Church of Honduras, and the Embassy of the United States of America.

[Spanish text not reproduced]

Tiempo, 28 March 1988, p. 9.

[Paid Space]

Open Letter

Tegucigalpa, D.C., March 24, 1988.

Mr. President of the National Congress of Honduras,
Lic. Carlos Orbin Montoya,
Tegucigalpa.

Honorable Sir:

Our organizations are made up of Hondurans who are *indignant* upon daily seeing sectors of the government sell out our country's sovereignty and dignity.

It is we, Hondurans, who pay our *taxes* on time so that they can be used on development and social welfare. We do not pay to see our money converted into war instruments such as F-5's, and much less military manœuvres which taint our native land every 24 hours.

Mr. Montoya, we believe that when the Honduran people elected the current President, they did so thinking there was going to be a change in Honduras's foreign policy. However, two years have been sufficient to demonstrate that things remain the same: the subservience has not been curbed at all and Honduras continues to be latched onto the hawk cowboy who runs the White House.

Last year we were given hope upon seeing President Azcona add his signature to the peace accord known as Esquipulas II. We thought it marked an honorable rectification of Honduras's foreign policy. But we were completely wrong. Government policy not only continued to be essentially the same, it became even more hard-line and upped its dosage of cynicism.

We have heard Mr. Azcona's speeches, particularly those referring to the Central American political situation. And we have heard the long, boring speeches of the Foreign Minister of Honduras, Attorney Carlos López Contreras, sometimes denying the presence of the anti-Sandinista counterrevolutionaries, and at others (as on international television), admitting that Honduras served as their "sanctuary". We see that the lessons of clever Goebbels have been learned well. This, Mr. President of the National Congress of Honduras, infuriates us to the core!

But the straw that broke the camel's back, Mr. Montoya, is the events of the past few days. 3,200 more US soldiers landed in our country, allegedly to defend us from Nicaraguan "aggression". For allowing this to take place, the Azcona Administration can take pride in making the greatest sell-out yet of our national sovereignty.

The most ironic aspect is that the news of the alleged incursion of the Sandinista People's Army into Honduran territory came out in the United States before Honduras itself. Don't you think there's something a bit absurd and unbelievable about all this? Is there not desperation in the White House and the Pentagon because their *contras*, their precious "freedom fighters", apostles of Bolivar, are losing the war? Or is it that they underestimate the people so much that they think we are unable to reason logically?

The Constitution of the Republic grants the Armed Forces the duty, among others, of safeguarding the territorial integrity of the nation.

If this territorial integrity is in danger and 3,200 US soldiers are called in to defend it, this means that the Armed Forces are incapable of doing their job.

On the other hand, the Constitution — as you should know, Mr. Montoya, being an attorney — clearly states that the National Congress is the State agency that must authorize the presence of foreign troops on Honduran soil. Why was it not Congress who made the decision in this matter? Mr. Montoya, does it not seem that the branch of government over which you preside was also disrespected by Azcona?

In a previous March, this one of 1924, 200 marines moved into the heart of Tegucigalpa under the pretext of defending American interests, which were allegedly endangered by the bloody civil war of that year. The day after the unruly soldiers arrived, the great Honduran patriot Froylan Turcios published the *Bulletin of National Defense* asking that they be expelled. That was accomplished in April of that same year.

Now, in the fiery month of March 1988, we invoke the spirit of Froylan Turcios and his brave colleagues, Alfonso Guillen Zalaya, Federico Peck Fernandez, Saul Jimenez, Vicente Mejia Colindres and other honorable spokespersons of the generation of 1924 who got Honduras's sovereignty respected by means of civic consciousness.

Based on the above, we demand the following:

1. That the National Congress use its constitutional powers and order the immediate departure of the foreign troops — both the Americans and the Somocista counterrevolutionaries.
2. That the Government of Honduras behave in keeping with international law, and in strict compliance with the Esquipulas II Accord.
3. We do not agree with war, because it is a threat to man's most sacred gift: *life*. We demand jobs, freedom and social justice to live as a dignified and respected people.

We hope this patriotic call will yield the desired result: a Honduras free of foreign troop presence, as our forefathers dreamed and as we, good descendants, also hope.

Accept assurances of our most distinguished consideration.

Organization:	United Federation of Workers of Honduras (FUTH)
Stamp and signature:	(signature)
Organisation:	National Federation of Farmworkers (CNTC)
Stamp and signature:	
Organization:	Co-ordinating Committee of People's Organizations (CCOP)
Stamp and signature:	(signature) (seal)
Organization:	Committee for the Defense of Human Rights in Honduras (CODEH)
Stamp and signature:	(signature) (seal)
Organization:	Professional Association of Honduras Teachers (COLPROSUMAH)
Stamp and signature:	(seal) (signature)
Organization:	Professional Association of Teachers in Middle Education of Honduras (COPEMH)
Stamp and signature:	(signature) (seal)
Organization:	National School of the Arts (ENBA)
Stamp and signature:	(signature) (seal)
Organization:	Council for the Integral Development of Women in the Countryside (CODIMCA)
Stamp and signature:	(signature) (seal)
Organization:	Peasant Organization of Honduras (OCH)
Stamp and signature:	(signature) (seal)
Organization:	Committee of Families of the Detained and Disappeared in Honduras (COFADEH)
Stamp and signature:	(signature) (seal)

[Spanish text not reproduced]

The Christian Science Monitor, 8 December 1987, p. 9.

Peace Plan in Trouble: Honduras Poses Obstacle to Verifying Central America's Peace Plan

By Peter Ford, Special to the *Christian Science Monitor*

The Central America peace plan is running into serious trouble in Honduras — the country that is the Reagan administration's closest ally in the region and the one where the *contra* rebels are based.

The Honduran Government is refusing to allow inspectors to check that it is keeping its promises under the pact, according to a report by a group involved in checking such compliance.

This stance, the confidential document concludes, makes verification of security aspects of the Aug. 7 peace agreement impossible.

The report was prepared by a technical group of the International Verification and Follow-up Commission (known by its Spanish acronym CIVS), formed to ensure that five Central American nations comply with their obligations under the pact.

That plan requires Honduras to cease offering sanctuary to Nicaraguan *contra* rebels, who are known to have established base camps, communication networks, and logistical centers in Honduras.

But the CIVS mission reported that Tegucigalpa would not allow *in situ* inspection of its territory until the five Central American Governments have concluded an agreement on mutual arms limitation. "This is potentially an extremely bad sign", said one official closely involved in the verification process. An arms agreement is foreseen under the peace pact, but no time frame has been set. "It could go on *ad infinitum*", the official said. "And Honduras is in a position to stall the arms talks."

At a meeting last Friday in New York, the CIVS — comprised of foreign ministers from five Central American nations, eight Latin American countries, and the Secretary-Generals of the United Nations and the Organization of American States — agreed to send a mission to the region in early January to check compliance with political obligations under the peace pact. But they took no action on the technical mission's report that "it is clear that the conditions to suggest concrete steps toward *in situ* inspection do not exist".

The 30-man team "will ask governments pertinent political questions about security issues, but they won't be observing compliance as such", the official said.

The Central American Presidents set up the CIVS to verify their steps toward the peace plan's five key goals: democratization, amnesty for political prisoners, cease-fires, an end to outside aid for rebels, and halting the rebels' use of regional territory.

The commission was to have begun its inspection a month ago and be ready to report to a presidential summit scheduled for Jan. 15, 1988. But so far it has only sent its technical team on two trips to the region, which led to a "basically negative outcome", the team report said.

Nicaragua, El Salvador, and Costa Rica are all in favor of establishing mobile inspection teams in the region by the end of the year, the report said, while Guatemala warned that its congress must approve any inspection team visits.

But the Honduran Government is tying territorial inspections to full democratization in Nicaragua, the report states. Tegucigalpa also sees regional arms limitation as part of the peace plan's "harmonious whole", and is insisting that there be no verification without simultaneous compliance with all the plan's provisions.

Even then, the report says, Honduras is offering the CIVS access only "so long as this does not compromise the regular activities of the armed forces or requirements imposed by security motives".

Many of the *contras'* communications and supply bases are known to have been established in Honduran Army camps, such as the Palmerola and Aguacate Air Force bases, and in military installations on the Swan Islands.

Honduras's insistence on simultaneity has frustrated officials seeking to verify the treaty. The country's refusal to allow *in situ* inspection until other aspects of the plan are in place means "the notion of simultaneity, a fundamental ingredient of the accord, could nonetheless become its Achilles heel", the CIVS report warns.

Resolving that problem is crucial. If it is not solved, the CIVS team warns, "compliance with the accord as a whole will probably be bogged down".

86. THE REGISTRAR TO THE AGENT OF HONDURAS

13 June 1988.

I have the honour to transmit to Your Excellency herewith a copy of two letters[1] of today's date from the Agent of Nicaragua in the case concerning *Border and Transborder Armed Actions (Nicaragua v. Honduras)*, together with one set of copies of the documents enclosed with each such letter. As the President announced at the opening of this afternoon's hearing, the Government of Honduras is invited to comment, if it so desires, upon these documents in accordance with Article 56, paragraph 3, of the Rules of Court.

87. THE AGENT OF HONDURAS TO THE REGISTRAR

14 June 1988.

I have the honour to refer to the oral proceedings in the case concerning *Border and Transborder Armed Actions (Nicaragua v. Honduras) (Jurisdiction and Admissibility)*, to submit to the Court, copies of documents already published, but of which reference was made by myself as Agent, and Professor Derek W. Bowett, as counsel of Honduras in their pleadings of 13 June 1988.

M. Carías (Public sitting, 13 June 1988)

1. Letter from Minister Carlos López Contreras to the Ministers of Foreign Relations of the nine member countries of the Contadora and Support Group. 24 June 1987: copy attached, Press Communiqué. (See p. 143, *supra.*)

---

[1] See Nos. 84 and 85, *supra.*

2. Letter from President Ortega to President Azcona. 22 December 1986: United Nations document. (See p. 144, *supra*.)
3. Letter from President Azcona to President Ortega. 24 December 1986: OAS cp/Inf. 2491/87. *(Ibid.)*
4. Statement by Minister Carlos López Contreras at the United Nations General Assembly. 7 October 1987: A/42/P.V.24. *(Ibid.)*
5. Sapoá Agreement between the Government of Nicaragua and the Nicaraguan Resistance. 23 March 1988: press clip and translation. (See p. 145, *supra*.)
6. Press Communiqué of 19 April 1988 on transit of humanitarian aid through Honduras. (See p. 146, *supra*.)
7. Speech by the Secretary of Foreign Affairs of Honduras to the Seventeenth General Assembly of the OAS. 12 November 1987: booklet, pp. 34-35. *(Ibid.)*
8. Press Communiqué by representatives of Canada, Federal Republic of Germany, and Spain, on verification in Central America. 25 May 1988. (See p. 147, *supra*.)
9. Fifth Meeting of the Executive Commission of Ministers of Foreign Relations of Central America. Guatemala, 1 April 1988. *(Ibid.)*

Professor Bowett (Public sitting, 13 June 1988)

Journal of the United Nations.
Friday, 20 June 1986. (See p. 153, *supra*.)

---

1. Letter from Minister Carlos López Contreras to the Ministers of Foreign Relations of the Nine Member Countries of the Contadora and Support Group. Press Communiqué

(Free translation)

24 June 1988.

Mister Minister:

I have the honor to address Your Excellency in reference to the continuous efforts of Honduras leading to the holding of meetings by the Central American Foreign Ministers, in order to adequately prepare the summit of Presidents, in which important decisions were to be adopted regarding the peace initiative of His Excellency, Mr. Oscar Arias Sánchez, President of Costa Rica.

On the occasion of the visit to Tegucigalpa of His Excellency, Mr. Marco Vinicio Cerezo, President of Guatemala, last June 16, a consensus was reached by four Central American Governments to hold Foreign Ministers' meetings prior to the Presidents' summit.

On the basis of such consensus, the Government of Honduras once again invited the Central American Foreign Ministers to a meeting that would take place at the city of Tela, on June 25 and 26, 1987, with the main purpose of "developing and establishing the sequence of the Arias initiative". Regrettably, such preparatory meetings have been systematically blocked in an attitude seeming to reflect the desisting, on the part of some Central American Governments, to celebrate the summit to deal with the proposal of President Arias.

Such circumstances led the Government of Honduras to the need of having to suspend, much to its regret, the Foreign Ministers meeting to be held in Tela.

It would be contrary to my Government's policy as well as to the interests of the Central American peoples, to see the stagnation of the peace initiatives prolonged indefinitely. Therefore, Honduras would welcome the reinitiation of multilateral negotiations within the framework of the Contadora peace initiative. Actually, the four years of negotiations conducted under the Contadora Group led to the conclusion of agreements on nearly ninety per cent of the topics under discussion.

After repeatedly failing to undertake possible direct negotiations between Central American countries, it appears wise to reiterate to Contadora its full competence as mediator of the Central American situation. On such basis, the Government of Honduras suggests that the Contadora Group proceed to call a meeting of Central American Foreign Ministers in order to exhaust negotiation of pending matters included in the Contadora Agreement for Peace and Co-operation. In the same manner and due to circumstances prevailing in the area, the Government of Honduras is pleased to offer the city of Tela as host of the first meeting of Foreign Ministers called by the Contadora Group.

Allow me to reiterate to Your Excellency the assurances of my highest consideration.

Carlos LÓPEZ CONTRERAS.

Amb. Eugenio Castro,
Director of Information,
Honduras Foreign Ministry.

---

2. Letter from President Ortega to President Azcona.
United Nations Document

22 December 1986.

Estimado Presidente:

Los ultimos acontecimientos en la zona fronteriza entre Honduras y Nicaragua, provocados por los ataques armados de grupos mercenarios desde territorio hondureño, evidencian la perentoria necesidad de continuar los esfuerzos para encontrar una solución pacifica y justa a tal situación, que permita el restablecimiento de la paz y la tranquilidad en la frontera comun.

No obstante estar informados de sus declaraciones sobre la propuesta de Nicaragua de solicitar conjuntamente una comisión de inspección de Naciones Unidas, tambien estamos informados del creciente rechazo que provoca en el pueblo hondureño, la presencia y actividades de la contrarrevolucion y de las declaraciones de congresistas y otras altas personalidades hondureñas, difundidas ampliamente por los medios de prensa de Honduras, sobre las gestiones que su Gobierno estaria realizando con el Gobierno de los Estados Unidos para que los grupos mercenarios abandonen el territorio de Honduras.

Nicaragua esta consciente de que no existen discrepancias ni conflictos entre nuestros Paises y que las tensiones que se suceden tienen su origen en la politica ilegal de intervención y fuerza de la administración Reagan contra Nicaragua. Guiados por esa certidumbre, como una demostración mas de la voluntad de mi Gobierno de luchar por una solución efectiva y duradera a las tensiones existentes, propongo a Usted, estimado Presidente, las siguientes acciones que mi Gobierno esta dispuesto a enprender en colaboración con el Gobierno de Honduras:

 1. Nicaragua acogeria, con todas las garantias legales, a los ciudadanos nicaraguenses involugrados en actividades contrarrevolucionarias que voluntariamente deseen acogerse a la ley amnistia, siguiendo el ejemplo de los 6000 Nicaraguenses que ya se han acogido a dicha ley y que, habiendose reunido con sus familias, estan dedicados al trabajo honrado.

 2. Nicaragua colaboraria con Honduras en gestiones conjuntas ante terceros países que, eventualmente, puedan ser receptores de los ciudadanos nicaraguenses que no deseen acogerse a la ley de amnistia.

 3. Nicaragua, en colaboración con Honduras y el ACNUR, acogeria sin restricción alguna, a todos los refugiados nicaraguenses que voluntariamente deseen retornar, cubriendo los gastos para el traslado que no puedan ser proporcionados por ACNUR. Estos refugiados gozarian de las facilidades para su vida futura que han recibido los mas de 10300 repatriados que se encuentran en Nicaragua.

 Mi Gobierno considera que estas acciones permitiran resolver, tanto las tensiones en la zona fronteriza, como el grave problema que significa para Honduras la permanencia de los grupos contrarrevolucionarios y la carga que le representan los refugiados. Asimismo, se daria respuesta al problema humanitario de los involucrados en actividades contrarrevolucionarias y de los refugiados, dandole la oportunidad de regresar a su país y trabajar por la paz.

 Estoy seguro que la gran mayoria de las naciones del mundo, recibiran con agrado estas acciones conjuntas, por todo lo que vendran a beneficiar a nuestros pueblos y a la region centroamericana. Las cuestiones contretas de esta propuesta de Nicaragua, pueden ser analizadas por nuestros Ministros de Relaciones Exteriores, en una fecha proxima en este mes de diciembre, dada la urgencia de resolver la situación en la zona fronteriza.

 Estoy procediendo a comunicar la propuesta nicaraguense a los países que integran los grupos de Contadora y apoyo, asi como al Secretario General de Naciones Unidas, a quienes solicito su colaboración para lograr la materialización de la misma.

 En la confianza de que Usted sabra valorar este nuevo esfuerzo de Nicaragua, pues como governantes nuestra primera obligación es trabajar por la paz y el bienestar de Hondureños y Nicaraguenses, reciba un cordial saludo,

Fraternalmente,
Daniel ORTEGA SAAVEDRA.

3. *Letter from President Azcona to President Ortega*
(OAS cp/Inf.2491/87)

Tegucigalpa, D.C., 24 de diciembre, 1986.

Señor Presidente:

 Aviso a usted recibo de su mensaje enviado vía telex el día de hoy, aunque fechado en Nicaragua el 22 del corriente mes de diciembre. En dicho mensaje usted se refiere a lo que identifica como "los últimos acontecimientos en la zona fronteriza entre Honduras y Nicaragua", pero que mi Gobierno califica como los hechos sangrientos derivados de la agresión militar del ejército sandinista contra la población y las Fuerzas Armadas en territorio hondureño, que dió lugar a una respuesta adecuada en ejercicio del derecho inmanente de legítima defensa.

En verdad que no existe conflictos entre nuestros países, resultando por ello incomprensible que el ejército sandinista pretenda violar impunemente el territorio hondureño. Mi Gobierno reconoce, sin embargo, que entre nuestros dos países se producen tensiones derivadas de la compleja situación centroamericana, en la cual los factores de perturbación más visibles sea los movimientos de insurgencia política armada en algunos países, entre ellos Nicaragua. Factores de perturbación que, por la fuerza de la contiguedad geográfica, tienden a implicar a las naciones vecinas, no obstante los esfuerzos que ha venido haciendo y que continúa haciendo el Gobierno de Honduras de mantenerse sustraído a los conflictos internos de los países vecinos.

Como es de su conocimiento, el Gobierno de Honduras a lo largo de más de tres años ha buscado una solución diplomática, nagociada a la crisis que atraviesa Centro América, pero una solución que, desde luego, tenga en cuenta y salvaguarde los intereses políticos y de seguridad de todas las partes que intervienen en el proceso de pacificación, bajo la iniciativa del Grupo de Contadora.

Mi Gobierno está en la mejor disposición de proseguir una solución diplomática, tan pronto como el Gobierno de Nicaragua ponga en marcha acciones que restablezcan la situación existenteantes del 25 de julio de 1986. De lo contrario resultará incomprensible que uested, de una parte declare "la perentoria necesidad de *continuar* los esfuerzos para encontrar una solución pacifica y justa" a la situación en la frontera, mientras, por otra parte, su Gobierno rechaza la negociación política bloqueando efectivamente la acción de Contadora, mediante el desplazamiento de la cuestión centroamericana a una instancia judicial internacional.

Tiene usted razón cuando dice que la inmensa mayoría del pueblo hondureño y el Gobierno que presido desean, en forma vehemente, mantenerse sustraídos a la violencia que se produce en el interior de algunos países centroamericanos y que amenaza con implicar a otros Estados. Deseo reiterarle que mi Gobierno persigne una solución pacífica, de carácter global, a la situación de seguridad centroamericana y que, obviamente, iría en detrimento de los intereses de seguridad hondureños aceptar soluciones parciales que solo beneficien los intereses de otro Estado. Asimismo, en repetidas ocasiones he manifestado que es sumamente díficil lograr este objetivo, mientras todos los Gobiernos del área no tengan una concepción común de lo que es la democracia representativa, pluralista y participativa y actúen con el mayor respeto a las libertades públicas y a los derechos y dignidad de la persona humana.

Es por ello, Señor Presidente, que tomo nota con satisfacción, de que el Gobierno de Nicaragua acogería con todas las garantías legales, a los ciudadanos nicaraguenses involucrados en actividades contrarrevolucionarias que voluntariamente desean acigerse a la Ley de Amnistía; asimismo, que Nicaragua colaboracía con Honduras en gestionar que terceros países puedan recibir ciudadanos nicaraguenses que no desean regresar a su país; y, finalmente, que Nicaragua, en colaboración con Honduras y el ACNUR acogería sin restricción alguna a todos los refugiados nicaraguenses que desean retornar voluntariamente a su país. Mi Gobierno examina con interés el mensaje que usted ha tenido a bien dirigirme, y los diversos puntos en él contenidos y de ninguna manera descarta la posibilidad de que dichas cuestiones, junto con otros que interesan de manera particular a la seguridad de Honduras, puedan ser analizados por nuestros Ministros de Relaciones Exteriores, si se restablecieran condiciones que hicieran viable el fluído el diálogo.

A próposito de la iniciativa de los Secretarios Generales de la organización de Estados Americanos y de la Organización de las Naciones Unidas, ofreciendo servicios para complementar las gestiones de pacificación del Grupo de Contadora, mi Gobierno les ha hecho la observación de que "aún se encuentran pendientes de acuerdo entre los cinco países de la región, aspectos sustantivos del Acta de Cantadora para la Paz y la Cooperación en Centroamérica, así como los mecanísmos de verificación y control en materia política y de seguridad". Y, además, les ha expresado que dicha proposición "abre incuestionables avenidas para la ejecución de los acuerdos que se illeguen a convenir entre las Partes y merece ser meditada con profundidad para obtener de ella los mayores beneficios en favor de la pacificación de América Central".

Estoy convencido, Señor Presidente, que es fundamental que todos los Gobiernos de América Central profundicen en las diversas iniciativas políticas de pacificación del área, y que deben eliminarse los obstáculos a la efectividad de la gestión conjunta que durante la segunda quincena de enero realizarán, cerca de los Gobierno de Centroamérica, el Grupo de Contadora para la Paz y la Cooperación en Centroamérica, su Grupo de Apoyo y los Secretarios Generales de la Organización de los Estados Americanos y de la Organización de las Naciones Unidas.

La República de Honduras ha estado comprometida en la búsqueda de una situación pacífica centroamericana. Mi Gobierno se mastiene fiel a ese compromiso.

Del Señor Presidente con toda consideración.

José AZCONA HOYO,
Presidente Constitucional de la Republica de Honduras.

---

4. *Statement by Minister Carlos López Contreras at the United Nations General Assembly*

Provisional
A/42/PV.24
7 October 1987.
English

Forty-second Session
GENERAL ASSEMBLY
PROVISIONAL VERBATIM RECORD OF THE TWENTY-FOURTH MEETING
Held at Headquarters, New York, on Monday, 5 October 1987, at 10 a.m.

. . . .

AGENDA ITEM 9 *(continued)*

General Debate

Mr. *López Contreras* (Honduras) (interpretation from Spanish): On behalf of the Government of Honduras I extend to you, Sir, sincere congratulations on your election as President of the forty-second session of the General Assembly. Your personal qualities and your knowledge of this world Organization guarantee wise and successful guidance of the Assembly's work. We should also like to express our appreciation to Mr. Humayun Rasheed Choudhury, the representative of Bangladesh, who preceded you in your important functions.

To the Secretary-General of the United Nations, Mr. Javier Pérez de Cuéllar, I wish once again to express my Government's great appreciation for his outstanding work in charge of the Organization.

The democratic Government of Honduras, presided over by José Azcona, constantly reaffirms its commitment to peace, development and democracy.

It should be seen as an encouraging sign that in Central America, torn by violence and political radicalization, my country is fighting resolutely for political freedom and economic and social well-being. This is so because the Honduran Government has set as its primary objectives improved living standards for the people and the consolidation and development of democracy as a system of life and of Government.

These goals are faithfully reflected in the foreign policy of Honduras. Just as domestically, at the governmental and the private levels, we are endeavouring by peaceful means to overcome the obstacles of underdevelopment, internationally, we are endeavouring to resolve our differences with other countries by resorting to the peaceful means of settling disputes contained in international law.

. . . .

Other continuing conflicts threaten the system of world peace and security. We reaffirm our conviction that the question of Korea must be resolved peacefully through dialogue and negotiations between South Korea and North Korea. We reiterate that, in accordance with the principle of universality set out in the United Nations Charter, all nations that so desire must be a part of that universality and assume the obligations set forth in the Charter. There must be an end to the legacy of the cold war that persists in the Korean peninsula and in no way contributes to the attainment of international peace and security.

My Government supports the General Assembly resolutions on Kampuchea, which call for the withdrawal of all occupying forces and the restoration of the country's independence, sovereignty and territorial integrity. In this connection, we strongly support the eight-point proposal for a political settlement presented by the Coalition Government of Democratic Kampuchea to the Socialist Republic of Viet Nam.

The Government of Honduras condemns the armed occupation of Afghanistan and urges all States to reach a political solution based on the unconditional and total withdrawal of foreign forces from Afghanistan, full respect for Afghanistan's political independence, sovereignty and territorial integrity, and the adoption of measures guaranteeing the right of the Afghan people to decide its own future without foreign interference, as well as on the return of Afghan refugees to their homes.

In view of the unfortunate events recently experienced by the Government of the Philippines, we express our hope that peace and harmony will return to that country so that it can pursue its development in the framework of freedom, justice and democracy.

The persistence of the conflict in the Middle East makes it even more essential to find a lasting solution through the peaceful means of negotiations. Honduras views with satisfaction the efforts of the State of Israel and the Arab Republic of Egypt to promote peace in the region, strengthen the peace treaty between them and resolve outstanding problems. We believe those efforts are important for the prospects of peace with other Arab States.

The armed confrontation that has continued for seven years between Iran and Iraq is a very clear example of extreme nationalism compromising world security. That war has not only claimed hundreds of thousands of victims and brought back the use of illegal methods of warfare, but also interfered with freedom of navigation and international maritime trade. My Government hopes that the belligerent States will heed the appeals of the international community for agreement on a peaceful settlement of their conflict.

The Government of Honduras takes this opportunity to reiterate its condemnation of the policy of *apartheid* of the Government of South Africa, which is a clear violation of human rights.

Once again the Government of Honduras states its sincere hope that the Governments of Argentina and the United Kingdom of Great Britain and Northern Ireland, countries with which we have traditionally maintained the best of relations, will settle their differences on the highest level of justice, understanding and peace. The Government of Honduras would be most willing to co-operate — if its efforts might prove useful — in the attainment of a speedy settlement of the dispute.

One of the objectives of this Organization is the promotion of its purposes and principles through regional co-operation, which finds its reflection in various kinds of co-operation with other intergovernmental organizations. We are pleased that an item has been included in the agenda of the present session relating to co-operation between the United Nations and the Organization of American States. This is the result of an initiative by Honduras, with the support of many other Latin American States. It will surely contribute to the common search for solutions to the many economic, social, cultural and humanitarian problems that beset the international community.

Another purpose of the United Nations system is to promote technical cooperation for development, and that is particularly important for my country. In this regard, the Government of Honduras appreciates the many co-operative efforts being made by organs and bodies within the United Nations system ; in particular we appreciate what has been done so effectively in Latin America by the United Nations Development Programme (UNDP).

My Government is pleased that the fourth UNDP programme of co-operation for Honduras has been adopted and will support the activities of those organizations in the area of forestry and agriculture, public enterprises working in this area and technical co-operation among developing countries. The fourth programme will make it possible for Honduras to give attention to environmental problems and the protection of natural resources as a matter of priority.

We should like to emphasize that the adoption by the United Nations Children's Fund (UNICEF) of the support programme for the new period is important to Honduras. It will make possible the adoption of a number of basic programmes protecting mothers and children in Honduras.

We also welcome the design for the new five-year programme covering population activities.

In keeping with its humanitarian traditions, since 1979 about 200,000 persons have sought refuge in Honduras. They have been drawn there by a climate of peace and freedom, having fled from political and social violence in their countries. About 47,000 of those refugees have been receiving assistance from the international community — they deserve its recognition — and from other organizations.

My country has also received much assistance at the international level from other friendly countries to help refugees. But the flow of refugees continues and will continue until a climate propitious to their return home has been created.

The promotion and respect of human rights is one of the primary purposes of the United Nations. However, the international community continues to witness barbaric acts violating human rights, freedoms, man's dignity and fundamental rights. It is therefore urgent that the international community take concerted action and wage a broad campaign against terrorism, which threatens domestic and international peace and can by no means be justified.

My Government is convinced that those nations professing faith in human rights have a legal and moral obligation to protect them and to condemn the countries which inexcusably and repeatedly violate them.

Once again in the United Nations we shall consider the item entitled "The situation in Central America: threats to international peace and security and peace initiatives", which has already been the subject of a number of General Assembly resolutions. We believe that to carry out a proper analysis of the crisis in Central America it is important to understand its origins and political and social development. It is necessary to understand the colonial, federal and republican backgrounds of Central America which have led to the present economic, social, political and security situation. The accumulation of those events in the history of Central America has led to the social tension and internal struggles besetting the countries of the region today, and now the crisis has come to the periphery of East-West confrontation.

Internal conflicts in certain countries have led to a massive exodus of refugees, whose repatriation must be undertaken in keeping with the commitment to national reconciliation. This cannot be delayed, lest economic and social problems become more acute. Of late, one of the primary receiving countries of refugees has been Honduras.

The persistence of these internal conflicts has caused irreparable harm to economies, productive investments, and the social and security balance in neighbouring countries; armed opposition movements have tried to use border areas as sanctuaries and all too frequently those actions have led to claims, protests, tensions and even armed raids such as those suffered by Honduras in March and December 1986. Those raids have prompted the Honduran army to expel aggressor forces from our national territory.

The arms race is another force disruptive to peace in Central America; it too has led to growing insecurity in the region. The Government of Honduras has insisted that the arms race be halted, that armaments be limited and military forces reduced — all under effective international control.

Given the abnormal situation now prevailing in Central America, Honduras has endeavoured to assume a dispassionate and thoughtful position in its relations with neighbouring countries. Our foreign policy has been realistic, forthright and free of undue passion.

In January 1987 the countries of Central America were honoured by the visit of the Secretaries-General of the United Nations and the Organization of American States (OAS), who met with the Ministers for Foreign Affairs of the countries of the Contadora and Support Groups.

Those distinguished visitors informed the Central American heads of State of their concern at the crisis afflicting Central America. The Honduran Government, which fully appreciated the visit, expressed its willingness to maintain and consolidate peace by all legal means.

On that occasion, the Secretaries-General indicated that their organizations would co-operate in the settlement of internal disputes and accompanying regional tensions. Their offer was greatly appreciated and proved to be an important contribution towards regional normalization.

When the President of Costa Rica proposed a new peace initiative in February 1987, my Government supported it as a suitable and timely method for maintaining peace in Central America through political negotiation. We also recommended that the peace initiative be implemented in two stages — at the national level, in relation to agreements concerning national reconciliation, that is, on a cease-fire, amnesty, democratization, supervision and control; and at the international level with the participation of the Contadora Group and the Support Group, to seek agreement on the following: the cessation of military assistance to insurgents; the non-use of territory for the launching of acts of aggression against other States; disarmament and the relocation of insurgents; limits on and control and reduction of weapons and military advisers; the arms trade; international verification and control; and co-operation on political, economic and security questions.

On 1 August, at the initiative of Honduras, the Foreign Ministers of Central America and the Contadora Group met once again, this time in Tegucigalpa, in order to continue efforts to normalize the situation in the region. We considered the Arias plan, modifications suggested by the Governments and the document entitled "Proposals by Honduras regarding peace initiatives for Central America", which attempted to harmonize the political objectives of democratization included in the plan with a Honduran recommendation that mediation by the Contadora Group be reactivated so that agreements on problems of security could be reached.

That meeting, which represented a milestone in the peace process, culminated in the signing by the Central American Presidents, on 7 August of this year in Guatemala City, of the document entitled "Procedures for the establishment of a firm and lasting peace in Central America". We are pleased that many of the proposals by Honduras regarding peace initiatives in Central America have been included in the Esquipulas II agreement, including that for active mediation by the Contadora Group in security matters.

Three important meetings have been held regarding execution of the commitments embodied in the Guatemala accord — the first in San Salvador, where an executive committee was set up; the second in Caracas, where the International Committee on Verification and Follow-up was created; and the third in Managua, where a framework for action by both committees was decided.

The Executive Committee, composed of the Presidents of Central America and invested with the power to regulate, implement and enforce compliance with the commitments entered into under the Guatemala agreement at the recent meeting in Managua, endeavoured to define principles, guidelines and orientation for the work of the International Committee on Verification and Follow-up, which was assigned the task of enforcing the various commitments entered into by the Governments. Consequently, the Executive Committee will see to it that the International Committee on Verification will have the support and facilities it needs to carry out its tasks.

Indeed, it is up to the Committee on Verification to ensure the simultaneous implementation of the agreements on amnesty, including those on irregular forces and political prisoners, a cease-fire, democratization, cessation of assistance to insurgent forces and the non-use of territory to carry out acts of aggression against other States.

The number and nature of commitments entered into are not the same for all the parties, for these depend on the political and social situation of each country. Some Governments are called upon to implement all the commitments. Others, such as Honduras, which has avoided much of the social unrest affecting its neighbours, have entered into those parts of the agreement that apply specifically to them.

Central America, by means of the Executive Committee, now has within its control the process of a return to normalcy in countries suffering from civil war and bilateral and multilateral tension.

In order to ensure the success of the process of peace and détente in the region, it is essential that irregular forces fully accept the Guatemala agreement and act in accordance with it. This applies to those forces operating in Nicaragua and El Salvador. After irregular forces publicly accept the agreement, the Governments of Nicaragua and El Salvador must take all necessary action to agree on and implement an effective cease-fire within a constitutional framework.

All the Central American countries must ensure that their territory not be used for acts of aggression against other countries, in regard to material aid as well as to moral and propaganda considerations. Again, this is an obligation that must be fulfilled by States members of the International Committee on Verification and Follow-up and by those States expressing an interest in efforts to normalize the situation in Central America.

The Central American countries having made an international appeal for the cessation of military assistance to irregular forces and insurgents, we trust that it will be accepted and complied with, in good faith, by all the States involved in that type of activity, including those which have stubbornly denied their involvement despite proof to the contrary.

The restoration of the equilibrium of security in Central America depends upon our ability to keep out of the East-West conflict. We must recognize that if the regional crisis were not so complex it would not have taken five years of patient negotiations and the contribution of 13 countries and 2 international organizations, 1 regional and 1 world-wide, to bring about its return to normalcy.

Honduras is participating in good faith in the process agreed to in Guatemala, a process based on mutual trust, arising from the premise that all Governments will abide by the commitments they have entered into, as agreed.

The Central American homeland demands democratic peace. For that reason, we trust that the principles of good faith and mutual trust underlying the Guatemala agreement will be strengthened. That can be done by putting an end to certain international juridical situations that represent an unjustifiable threat to such principles and that are incompatible with certain international treaties provided for in the agreement.

An essential part of Esquipulas II is an appeal for the cessation of hostilities. Those Governments of the States that are at present the victims of activities carried out by irregular or insurgent groups have committed themselves to whatever action is necessary to implement a cease-fire within a constitutional framework.

An effective cease-fire is essential for the attainment of peace in those countries suffering from civil war. Once the hostilities are over citizens will, as an inevitable result of socio-political realities, return to normal civil life and take an active part in the democratization of their countries.

Once the hostilities are over, refugees will return to their countries of origin and their homes and give their families the fruit of their work, and the quiet home life that is the cement required to build national tranquillity. Once the hostilities are over, the tensions among neighbouring countries produced by such refugee movements will come to an end. Once the hostilities are over, there will no longer be any need for external assistance provided for the purpose of destabilizing Governments.

The situation in Central America is quite unlike the situation anywhere else in the world. The crisis there should not be viewed as an international conflict in the sense of hostilities among nations. Its essential characteristic is the existence of long-drawn-out civil wars in the region that have given rise to tensions among Governments. Those civil wars must therefore be brought to an end, for they are a threat to peace and security in the region.

May God enlighten the leaders of our countries and the leaders of the irregular forces now involved in those civil wars. May they enter into a patriotic dialogue, and may they reach agreement on an effective cease-fire that will lead to national reconciliation.

---

5. *Sapoá Agreement between the Government of Nicaragua and the Nicaraguan Resistance.*
23 March 1988: Press Clip and Translation

[*El Heraldo*, 24 March 1988]

Sapoá Agreement

The Constitutional Government of the Republic of Nicaragua and the Nicaraguan Resistance, meeting in Sapoá March 21-23, 1988, with the aim of contributing to reconciliation within the framework of the Esquipulas II Agreement and in the presence of witnesses, Cardinal Miguel Obando y Bravo, President of the Episcopal Conference of Nicaragua, and Ambassador Joäo Baena Soares, Secretary General of the OAS, have arrived at the following agreement:

1. Cessation of offensive military operations in the entire national territory for a period of sixty days beginning April 1 of this year, during which there will occur a negotiating process for definitive cease-fire whose effective implementation will occur jointly with the other commitments contemplated in Esquipulas II. Both parties agree to meet at the highest level in Managua on April 6 to continue the negotiations on a definitive cease-fire.

2. During the first 15 days, the forces of the resistance will locate themselves in zones whose locality, size, and *modus operandi* will be mutually agreed to by a special commission in a meeting in Sapoá to begin Monday, March 29.

3. The Government of Nicaragua will decree a General Amnesty for those tried and sentenced for violation of the law of maintenance of order and public security, and for the members of the army of the previous régime for crimes committed before July 19, 1979. In the case of the first group, amnesty will be gradual, taking into account the religious sentiments of the Nicaraguan people on the occasion of Holy Week, and will begin with the liberation of the first 100 prisoners on Palm Sunday. Subsequently, upon verification of the entry of the Nicaraguan Resistance Forces in the zones mutually agreed upon, there will be freed 50 per cent of the prisoners. The remaining 50 per cent will be freed on a date after signature of the cease-fire and will be agreed upon in the meeting of April 6 in Managua.

In the case of the prisoners referred to in the second category of the first paragraph under this number, their liberation will begin with the signature of the definitive cease-fire under guidelines *(previo dictamen)* of the Inter-American Human Rights Commission of the OAS.

The Secretary General of the OAS will be the guarantor and trustee *(depositario)* of the implementation of the Amnesty.

4. With the objective of guaranteeing food and basic supplies for the irregular forces, they will arrange for and accept exclusively humanitarian assistance, consistent with Article 5 of the Esquipulas II Agreement, which will be provided by neutral organizations.

5. The Government of Nicaragua will guarantee unrestricted freedom of expression as contemplated in the Esquipulas II Agreement.

6. Once the forces of the Nicaraguan Resistance are concentrated in the zones mutually agreed to, (the Resistance) can send to the National Dialogue as many delegates as the political organizations that make it up, up to a maximum of eight. In the National Dialogue there will be considered, among other topics, that of military service.

7. There is guaranteed to all persons who, for political motives or any other reason, have left the country, the ability to return to Nicaragua, be integrated into the political, economic, and social processes without any type of condition other than those established in the laws of the Republic. They will not be judged, punished, or persecuted, for activities of a political/military nature that they may have undertaken.

8. The Government of Nicaragua confirms that those persons who have been reintegrated into a peaceful life can participate with equal conditions and guarantees in the elections for the Central American Parliament, and the municipal elections on the dates that are established for these, as well as in the national general elections on the date established by the Constitution.

9. To put into effect the verification of compliance with this Agreement, the Verification Commission will be established, composed of the President of the Episcopal Conference of Nicaragua, His Eminence Cardinal Miguel Obando y Bravo, and the Sec. Gen. of the OAS, His Excellency João Baena Soares.

The technical assistance and the services necessary for this commission, that would permit and expedite compliance, follow-up, and verification of this agreement, will be solicited and entrusted to the Sec. Gen. of the OAS.

Addenda:

Both sides agreed to extend to April 1 of this year the cessation of offensive military operations previously agreed to by both parties on March 21, 1988.

[Spanish text not reproduced]

---

6. Press Communiqué of 19 April 1988 on Transit of Humanitarian Aid through Honduras

Free Translation

The Ministry of Foreign Relations herewith informs the national and international media, that:

Considering:

that the Government of Nicaragua and the Nicaraguan Resistance agreed on a provisional cease-fire as a result of the meetings that took place in Sapoá, Nicaragua;

that the funds approved by the Congress of the United States of America in the form of humanitarian aid are the expression of a bipartidist policy in accordance with said cease-fire and the consent of the parties interested;

that the assistance for the delivery of said aid is expressly included in the undertaking of numeral 5 of the "Procedure for establishment of a firm and lasting peace in Central America", signed by the Presidents of Central America, on August 7, 1987[1];

that the beneficiaries do not fall within the international aid of the High Commissioner of the United Nations for Refugees;

Therefore:

the Government of Honduras has authorized the delivery of such aid to the Nicaraguan population that is in Honduran territory in the border with Nicaragua, under the responsibility and co-ordination by representatives of AID, Price Waterhouse of Honduras, the Catholic Church, and the Embassy of the United States of America.

---

7. Speech by the Secretary of Foreign Affairs of Honduras
Carlos López Contreras

SEVENTEENTH ORDINARY PERIOD OF THE GENERAL ASSEMBLY
ORGANIZATION OF AMERICAN STATES

Washington, D.C.,
November 12, 1987.

Mr. Chairman,
Mr. Foreign Secretaries,
Mr. Secretary General,
Mr. Assistant Secretary General,
Mr. Delegates:

After listening with attention to the distinguished speakers before me, I have been able to verify the consensus existing in some of the topics that have been dealt with. But in none has that consensus been more evident than in the unanimous manifestation of satisfaction on the election of the Foreign Minister of Costa Rica as Chairman of this General Assembly.

---

[1] UN document A/42/521.

The Government of Honduras, under President José Azcona, widely identified with ideas of peace, liberty and democracy that also inspire the Government of Costa Rica, joins others in congratulating Minister Madrigal Nieto with the conviction that his experience, shrewdness, perseverance and diplomatic finesse more than guarantee fruitful and positive achievements for this General Assembly.

Mr. Chairman:

It is most unfortunate to admit that our Organization, in spite of the efforts of Secretary General Baena Soares, continues suffering an almost paralysing crisis, both economically and financially. Such phenomenon, in itself reason of concern, would entail alarming characteristics if it reflected lack of interest of the Member States in the Organization and in what it stands for. It would be like abandoning the dreams of our heroes, seeing the United America of Bolivar and Valle turn into a group of thirty separate countries, perhaps joined in small nuclei in search of their own individual fates.

The economic-financial problems would become an effect and not the cause of the present crisis, which manifests itself in different ways: the timorous manner with which the Organization has faced the different regional problems and the reluctance to start using the mechanisms that would turn the Organization more operative as provided in the Cartagena Protocol which as of this date has only been ratified by fourteen countries and may run the same luck of the 1975 Protocol of Reforms to the International Treaty for Reciprocal Assistance. The absence of political will to amend the Pact of Bogotá or to approve a new American Treaty of Pacific Solutions is similarly significant.

We thus find ourselves in an Organization on the brink of bankruptcy, whose basic instruments are disarticulated and uncoordinated.

In spite of all this, it is convenient to admit that in the past year, thanks to the initiative of Secretary General, Ambassador João Clemente Baena Soares, together with the Secretary-General of the United Nations, Ambassador Javier Pérez de Cuéllar, both organizations finally participated, in an active manner, on the search of solutions to one of the crises in the Continent: The Central American situation.

With respect to this inter-organizational cooperation, I have the pleasure to inform you that on last October 28th, the United Nations General Assembly approved by consensus the draft of a resolution presented by the Honduran Delegation with the co-sponsorship of all the OAS Member States, except one. Such Resolution is an invitation by the Secretary-General of the United Nations to:

— procure additional cooperation and coordination between both organizations and their specialized organisms;
— submit in 1988 a report on the application of said resolution, maintaining the inclusion of the subject in the forty-third period of the General Assembly.

Mr. Chairman:

Several historic circumstances, external factors and the same political crisis affecting Central America are attempting against the well-being and future development of the area. Facing such situation and fully conscious of the close links joining peace, democracy and development, it is evident that Central America deserves more assistance in its effort of recovering with the aid of friendly countries and institutions of international technical and financial cooperation. The Government of Honduras acknowledges the Secretariat General's compliance with mandates aimed at ensuring an effective treatment to particular problems in the Central American area as a whole and in Honduras in particular.

In this sense, I wish to emphasize the compliance with the Resolution of the Fourteenth General Assembly, seeking for better attention to the needs of development of Central America. In the last months, the Secretariat General, with the support of the Inter-American Development Bank and the Pan-American Health Organization, has backed national efforts to carry out an international meeting of donors, in order to channel resources aimed at tending to the social needs of the poorest sectors in all the countries in the area.

My country is participating with interest in the Program of Social Investments for Development of the Central American Isthmus, which constitutes the basis for that meeting. On this occasion, Honduras wishes to highlight the valuable support being received from the Secretariat General in this field.

Mr. Chairman:

Respect to human rights is the foundation on which the democratic state of law must stand. True democracy cannot exist without respect to human rights. Democracy and human rights are both values of the same equation.

The Government of Honduras, a result of the people's will expressed in free and honest elections, is based on full respect to human rights, acknowledging in the human person — whose dignity is inviolable — the supreme end of society and the State.

For this reason, Honduras appears among the first countries to ratify the 1969 American Convention of Human Rights and to accept the jurisdiction of the Inter-American Court, without any reservations nor conditions.

During the last decades, our Continent has bled as a result of indiscriminate violence brought by terrorist actions, internal confrontations bordering with civil wars and the logical mass violations of human rights.

Central America has been suffering from endemic subversive movements as far as thirty years ago and since 1978 to date, the area has faced domestic armed struggles causing over one hundred thousand dead, wounded and missing persons, thousands of prisoners and political exiles, as well as considerable material damages. Honduras, however, thanks to its consolidated democratic process has managed to withdraw itself from those conflicts. Instead of generating refugees, it has received more than two hundred thousand Central American refugees who have found shelter in the climate of peace and liberty prevailing in Honduras in spite of the enormous economic difficulties we are facing at present.

Notwithstanding that Honduras works in peace devoting its major efforts toward the strengthening of democracy, aimed at its people's integral development, at safeguarding human rights of hundreds of thousands Central American refugees to whom it provides safe shelter, while attempting through all kinds of means to bring the area back to normal conditions, our country finds itself in a quite paradoxical situation.

It is the first nation to be accused by the Inter-American Commission of Human Rights before the Court for alleged violations that supposedly took place in previous régimes.

However, the Government of Honduras, far from feeling humiliated or insulted by such accusation, believes that it should be used as an example to several sectors trying to condemn us, whose action, if they are in fact defending human rights, should be oriented instead towards having their Governments submit themselves to the jurisdiction of the Inter-American Court of Human Rights, in the same broad manner shown by Honduras.

It suffices to say that once again the Government of Honduras is proceeding with characteristic correction and serenity, honoring its legal obligation by appearing before the International Court to present its defense allegations.

On the question of human rights, good intentions are not enough; concrete and urgent actions are required. I, therefore, urge the other members of this Organization to follow the example set by Honduras — if they have failed to do so — and proceed to accept the unconditional jurisdiction of the Inter-American Court of Human Rights. Such acceptance would become the best proof that true respect of human rights is far more than a stereotyped and convenient posture.

Led by the firm spirit inspiring us and true to honor the compliance with the "Procedure for the establishment of a firm and lasting peace in Central America", in the middle of last October the first massive repatriation of the area took place in the Honduran-Salvadorean border, with 4,311 Salvadorean citizens returning to their country. Similarly, in the Oriental region of Honduras, the voluntary repatriation program has allowed the return of 2,504 Nicaraguans. It is our hope that this program will be increased until every Central American is able to live in his own nation, free from violence and repression.

Mr. Chairman:

It is convenient to clarify that the so-called Central American crisis has its own characteristics, consisting of prolonged isolated civil wars which have originated tensions between nations without producing any armed international conflicts, apart from some armed incidents at the borders.

As has been repeatedly said, this crisis became more serious when it found itself amid the East-West confrontation, with its sequel of domestic struggle in some countries and the interminable currents of refugees.

The Contadora Group is born as a result of this dramatic situation. The Group offers its disinterested mediating efforts, accepted with hope and satisfaction by the Central American Governments. This is so because, as brilliantly expressed by the great Peruvian jurist, José Luis Bustamante y Rivero,

> "among institutions of law, there are some which excel for discretion and this is the case of mediation. It evolves quietly, without boasting or exaggerating signs. It moves in the shade, it does not cast shadows on anybody . . . and in the dimness of its sobriety, its influence is felt as an advice and not as a mandate . . ."

It is then this mediating effort the one that will help us continue negotiations still pending in the fields of security and verification and control in the draft of the Contadora Act.

Domestic conflicts, as I mentioned before, have originated massive emigrations of refugees, whose repatriation is imperative, in a clear response to compliance with national reconciliation commitments.

This is one of the fundamental commitments found within the sphere of Contadora's mediating role because it implies dialogue, cease-fire, amnesty, tolerance, refugees' repatriation and human rights to arrive at democratization and return to normal conditions.

Armamentism is another factor of disturbance and insecurity in Central

America. Consequently, Honduras has insisted in the termination of arms build-up, as well as on limitation, reduction and control of armaments and troops. In this context, the Contadora Group has been reiteratedly provided with its first instance mediating role, which must not be frustrated due to uncompromising attitudes, as it already occurred in the past, since that role is a key solution to control extraregional military presence in the area.

On February 1987, when the President of Costa Rica, Mr. Oscar Arias, honored now, to our satisfaction, with the Nobel Prize for Peace, proposed a new peace initiative, my Government considered it a constructive option for maintaining peace in Central America within the context of political negotiations.

On July 31, 1987, at the initiative of Honduras, the Foreign Ministers of Central America and the Contadora Group met again after a year, this time in Tegucigalpa, aiming to continue with their efforts to bring the region back to normal. The agenda comprised the Arias Plan, the suggestions made by the Governments and the document entitled "Honduran Proposals with regard to the Peace Initiatives for Central America", oriented towards the harmonious merging of the political objectives of domestic reconciliation included in such plan with the Honduran recommendations for reactivating the Contadora Group's mediation in the field of security.

This meeting proved to be a landmark in the pacifying process, which culminated with the subscription in Guatemala, by the Central American Presidents of the document "Procedure for the establishment of a firm and lasting peace in Central America" on August 7, 1987.

As provided for in the Guatemala agreement, five important meetings have been held to date: the first one took place in San Salvador, where the Executive Commission was established; the second was held in Caracas, where the International Commission on Verification and Follow-up was formed; the third meeting, in Managua, established the framework for both Commissions; the fourth, in San José, permitted the Executive Commission to set the scope of the simultaneity principle regarding the compliance with agreed commitments and finally, the fifth meeting, in the headquarters of our Organization, where the International Commission on Verification and Follow-up took notice of the steps taken by the Governments for complying with such commitments.

The Executive Commission, in its character of delegate organ of the Central American Presidents, has described the principles, the directives and the orientations to guide the tasks of the International Commission on Verification and Follow-up, in its role of facilitating organ for compliance with their respective commitments by the Governments.

Consequently, the Executive Commission will see to it that the International Commission on Verification and Follow-up is assisted and supported with the necessary means to fulfill its function.

Mr. Chairman:

Central America, through the Executive Commission, has under its command and control the process of return to normality, both in the cases of countries with civil wars, as in the ones concerning bilateral and multilateral tensions derived from such conflicts.

In order to guarantee the success of the pacifying and distension process, it is fundamental that irregular forces fully accept the Agreement of Guatemala, proceeding to act accordingly. This includes those forces in El Salvador, as well as the ones in Nicaragua and Guatemala. Once such public acceptance is achieved on the part of the irregular forces, the Governments of El Salvador, Nicaragua and Guatemala must undertake all the necessary actions "to reach an agreement and bring about an effective cease-fire, in accordance with the Constitution".

In conformity with the agreements of Esquipulas II, it is essential that all the Central American countries impede the use of their territory for acts of aggression against other States, both from the material point of view as from the one pertaining to moral and propaganda support. This obligation must also be fulfilled by the Member States of the International Commission on Verification and Follow-up and in those countries interested in the success of our efforts to bring the area back to normal.

When the public appeal to terminate military aid to irregular forces is made, we trust that it will be accepted and complied with by all the nations engaged in this type of activity, including those who repeatedly deny it, in spite of the evidence in contrary.

Honduras is a good faith participant in the procedure of Guatemala, founded on reciprocal trust, under the premises that all governments will comply with the corresponding commitments, as agreed.

The Central American fatherland demands that such principles of good faith and reciprocal trust on which the Agreement of Guatemala is sustained be strengthened through the elimination of international legal actions which represent an unjustifiable challenge to such principles.

An essential part of the "Esquipulas II" document is the appeal to cease hostilities and it is because of this that the Governments of those States, where irregular or insurgent groups are currently active, have committed themselves to undertake all necessary steps to bring about a cease-fire and national reconciliation, pursuant to the Constitution.

In effect, if hostilities cease in those countries suffering from a civil war, the national reconciliation process shall have begun; refugees will go back to their native land and tensions produced by those seeking a sanctuary in the bordering lines will end between neighboring countries. Consequently, the work of the International Commission on Verification and Follow-up will be made easier and the same thing will apply to compliance with commitments on the part of other governments undergoing tensions generated by domestic conflicts.

Mr. Chairman:

As I stated before, the main characteristic of today's situation in Central America is that it is the result of prolonged civil wars which generate tensions between governments. It is then necessary to put an end to these civil wars because they threaten security and peace in the area. This is why it is so important for national reconciliation processes to devote their best efforts to their achievement.

In this sense and even though Honduras is not included in those cases "where deep divisions have taken place within society", the President of the country, exercising his constitutional powers, resolved to establish a National Commission of Reconciliation in order to offset some ill-intentioned opinions, pretending to argue that the failure to establish said Commission stood for non-compliance of the procedure agreed in "Esquipulas II".

In the same manner, my Government is honored to comply with the "commitment to prevent the use of its own territory by persons, organizations or groups seeking to destabilize the Governments of Central American countries and to refuse to provide them with or allow them to receive military and logistical support". We have faith that this obligation will also be complied with by the other Governments and, in order to guarantee such compliance, Honduras is willing to request the presence of an international security commission in the countries' bordering lines, especially the ones pertaining to El Salvador and Nicaragua, to ensure that such lines are not crossed over by subversive elements, from one side to the other and vice versa.

Mr. Chairman:

The Central American Presidents upon subscription of the "Procedure of Guatemala", agreed to establish a ninety-day term for the execution of those commitments involving a series of actions at the same moment of those other one single action commitments. This balanced system of compliance with the agreements would ensure the simultaneity in such compliance.

Accordingly, the verification and follow-up of the commitments accepted under the "Procedure of Guatemala" necessarily imply parallel actions as to the moment in which such commitments must begin to cast their effects. The principle of harmonious interaction and the complementarity in the fulfillment of the commitments themselves with the corresponding verification and follow-up is evident on the basis of the Agreement adopted by the Executive Commission during its III Meeting.

The Government of Honduras considers that verification must provide equal treatment to commitments of both political and security nature. The mechanisms established by the International Commission on Verification and Follow-up throughout the area will give a better opportunity to fortify trust among the countries in the area.

Ever since the "Esquipulas II" document was subscribed, as well as during the subsequent meetings, Honduras has insisted, as provided for in item 7 of the Agreement, that the Central American Governments, with the mediating participation of Contadora, proceed with negotiations on pending matters in the fields of security, verification and control in the draft of the Contadora Act for Peace and Cooperation in Central America.

However, it was not until the third meeting of the Executive Commission in San José, Costa Rica, on October 27-28, 1987, that the agreement to proceed with negotiations on limiting military armaments and troops within the following forty-five days was adopted.

Once again, before this General Assembly, I urge the other Central American countries and the Contadora mediating Group to conclude the negotiation of these essential aspects of regional security.

Mr. Chairman:

It is necessary to recover the spirit of harmony and understanding, by means of concrete actions leading to normalization and distension in Central America.

With the realism that should preside our acts, it is advisable to recognize that the International Commission on Verification and Follow-up, during its meeting at this House last Saturday, in effect verified — in the light of the Governments' public reports and statements on conditionality, that the five fundamental commitments set forth in item 11 in the Guatemala Agreement did not become effective publicly and simultaneously, as agreed by the Central American Presidents.

The Government of Honduras is in the best disposition to impede the failure of our peace efforts, without excluding an urgent call for a new Central American Presidential summit, aimed at evaluating and readjusting the Peace Plan, wherever necessary, since aside from the Executive Commission, there is no other organ to evaluate or interpret such plan.

The Government of Honduras considers as a decisive contribution to strengthen trust and regional peace, the implementation of the following actions by the Government of Nicaragua:

First: withdrawal of offensive military troops and equipment from the border line with Honduras;

Second: cessation of violations to Honduran air, land and maritime space;

Third: cessation of bombings and planting of antipersonal mining devices in Honduran territory and kidnappings of Honduran citizens;

Fourth: cessation of political-military interventions in the other Central American States;

Fifth: restoration of full jurisdiction of the mediating effort of the Contadora Group; and,

Sixth: dialogue with the Nicaraguan armed opposition for national reconciliation purposes and the issuance of a broad and unconditional amnesty.

On the other hand, in a harmonious interaction with the aforementioned, the Governments of El Salvador, Honduras and Nicaragua could undertake the following joint actions:

First: to request the establishment of an International Security Commission in the borders of Honduras-El Salvador and Honduras-Nicaragua, responsible for:

(a) monitoring and denouncing aggressions against nationals and against the Honduran territory;
(b) denouncing and impeding the entrance of armed irregular forces from El Salvador and Nicaragua into Honduras;
(c) disarming and confining in internationally inspected camps irregulars from El Salvador and Nicaragua seeking sanctuary in Honduran territory; and,
(d) impeding irregulars or refugees the use of frontier lines for military purposes.

Second: to urge for the establishment of civil mechanisms of an international character, to allow for:

(a) the organization of admission centers and camps for confining disarmed irregulars from El Salvador and Nicaragua;
(b) the admission of disarmed irregulars, providing them with humanitarian assistance;
(c) the repatriation or relocation to third countries within a 3-month period of irregulars having laid down their arms in Honduran territory; and,
(d) the facilitation of repatriation programs of Nicaraguan and Salvadorean refugees.

With regard to security matters, the Government of Honduras announces its decision to consider a timetable for the withdrawal of temporary US military personnel from its territory, provided that the Government of Nicaragua, in a simultaneous and verifiable manner, sets a timetable for the withdrawal of military forces of Soviet bloc countries in Nicaragua and maximum limits or applicable reductions on military armaments and troops are agreed upon by both countries.

Likewise, if there is a relaxing of tensions between the Governments of the United States of America and Nicaragua, and if both parties agree to negotiations, the Government of Honduras would be very pleased for those negotiations to take place in its territory, thus, as of now, Honduras extends its most cordial invitation.

Mr. Chairman:

Honduras has not been a cause of the crisis that saddens Central America. On the contrary, the country suffers from its consequences. It is time now to say *enough*! Enough to violence, enough to oppression, *enough* especially to indecision to confront basic problems due to demagogic or circumstantial reasons.

Our Organization was created to achieve orderly peace and justice in the Continent, on the basis of the effective exercise of representative democracy.

Such beautiful concepts did not originate from the inspiration of a dreamer nor are they a simple lyrical and utopic vision. Quite the contrary, they are carved indelibly in the deepest corner of the soul of the man of the Americas.

The American Continent after two hundred years continues in its struggle to become the true land of hope and freedom. Much blood has been shed and will continue to be shed to reach and consolidate such goals. Everything seems to indicate that we are to win the battle. This is evidenced by the present crushing majority of democracies in our vast continent, expected to become universal.

What the Latin American people demand is for us to show without shame nor hesitation the virile boldness of our ancestors in defending their conquests.

Only if we nail down forever, in the highest peak of the American Continent the banner of justice and liberty shall we be able to justify the existence of our Organization and the reason of being of our own nations.

[Spanish text not reproduced]

---

8. Press Communiqué by Representatives of Canada, Federal Republic of Germany and Spain, on Verification in Central America

25 May 1988.

TEXT OF THE PRESS RELEASE DELIVERED TO THE FIVE CENTRAL AMERICAN AMBASSADORS ACCREDITED TO MADRID, BY THE GENERAL DIRECTORS FOR IBEROAMERICA FROM CANADA, FEDERAL REPUBLIC OF GERMANY AND SPAIN

Representatives of the Federal Republic of Germany, Canada and Spain met in Madrid on 25 May 1988.

The principal aim of this meeting was to exchange, in a generic and informal way, points of view about the role the three countries could play in the verification of the peace process of Central America, in relation to the Declaration of 7 April 1988 of the Executive Commission of the Esquipulas Agreement, that was forwarded to them through the offices of the Secretary-General of the United Nations.

In conformity to the Declaration of April 7, the task of the three countries appointed would be the integration of the mechanisms of verification, follow-up and control.

This Declaration also alluded, specifically, to the terms of reference that the three countries would present to the Executive Commission for their consideration. The possible terms of reference were discussed in the meeting.

The three countries are in awaitance of a formal invitation from the five Central American countries.

The three countries said to be honoured by the trust bestowed to them by the Central American countries in considering their collaboration in the process of verification, and confirmed their wish to co-operate to the peace process in the way that is deemed most appropriate.

The meeting in Madrid has served to make clear the nature of the task that has to be performed and to prepare the three countries for a prompt reaction in case they should receive a formal invitation from the Central American countries.

[Spanish text not reproduced]

---

9. *Fifth Meeting of the Executive Commission of Ministers of Foreign Relations of Central America. Guatemala, 7 April 1988*

V REUNION DE LA COMISION EJECUTIVA

ESQUIPULAS II

La Comisión Ejecutiva, integrada por los Ministros de Relaciones Exteriores de Costa Rica, El Salvador, Guatemala, Honduras y Nicaragua se reunió en la ciudad de Guatemala, los días 23 y 24 de marzo y 7 de abril de 1988, con el propósito de analizar la situación prevaleciente en el área y las medidas a aplicar o recomendar por la Comisión Ejecutiva, a fin de continuar con el cumplimiento de los compromisos contenidos en el Procedimiento de Guatemala y en la Declaración Conjunta de los Presidentes Centroamericanos, suscrita en Alajuela el 16 de enero de 1988.

Como resultado de sus deliberaciones, la Comisión Ejecutiva

ACORDO:

1. De conformidad al Procedimiento para establecer la paz firme y duradera en Centroamérica y a la Declaración de Alajuela, crear el sistema de verificación, control y seguimiento de los compromisos contenidos en dichos Acuerdos.

Las Comisiones Nacionales de Reconciliación verificarán el cumplimiento de los compromisos que a ellas les corresponde verificar, conforme al Procedimiento de Guatemala y la Declaración de Alajuela, por medio de inspecciones *in situ* o de cualquier otro procedimiento de verificación específica que estimen conveniente y necesaria. Las Comisiones Nacionales de Reconciliación rendirán informes mensuales, de sus funciones a los Gobiernos Centroamericanos, que los discutirán en el seno de la Comisión Ejecutiva.

Tratándose de los compromisos en materia de seguridad, la Comisión Ejecutiva solicitará por medio del Secretario General de Naciones Unidas, la colaboración de un Grupo Técnico Auxiliar integrado por personal especializado de los Gobiernos de Canadá, España y la República Federal de Alemania, Gobiernos que han manifestatdo el deseo de colaborar en el proceso de paz de Centroamérica para que conformen los mecanismos de verificación, control y seguimiento.

Una vez formalizada la referida solicitud, el Grupo Técnico Auxiliar dictará sus normas de funcionamiento que comunicará a la Comisión Ejecutiva para su consideración. En el desempeño de sus funciones, mantendrá contactos directos con las autoridades que señalen los respectivos Gobiernos de la región. Presentará informes mensuales del resultado de sus labores a la Comisión Ejecutiva, la que los analizará y, en lo que crea pertinente, le hará las observaciones del caso.

Decide igualmente la Comisión Ejecutiva, a nombre de sus Gobiernos, celebrar un Tratado de Amistad y Cooperación Regional, el que habrá de suscribirse en la VI Reunión de la Comisión Ejecutiva a celebrarse en la República de Honduras en el mes de mayo próximo, el cual consignará, entre otros principios de importancia, que las Partes se comprometen de manera firme e irrevocable, a hacer siempre uso de los procedimientos de solución pacífica de las controversias, renunciando al uso de la fuerza o a cualquier otro medio coercitivo, a fin de afianzar de esta manera, la mejor convivencia entre sus pueblos.

En tal virtud, los Cancilleres se comprometen a designar, en el término de los próximos ocho días, a los funcionarios respectivos que participarán en el Grupo Técnico que negociará los términos del Tratado en mención.

En atención a los Acuerdos adoptados en esta Reunión, a los cuales los Cancilleres reconocen especial validez y firmeza, así como a los progresos alcanzados dentro del Procedimiento de Guatemala, el señor Canciller de Nicaragua declara que, habiéndose cumplido los propósitos previstos para la VI Reunión de la Comisión Ejecutiva en Honduras, se habrá fortalecido el Procedimiento de Guatemala, ya que dichas medidas contribuyen significativamente al restablecimiento de la confianza entre los países del área y que, en esa virtud, se compromete a presentar ante la Corte Internacional de Justicia, el desistimiento del Gobierno de Nicaragua de la demanda iniciada contra el Gobierno de Honduras el 28 de julio de 1986, lo que hará a más tardar el día en que se celebre la VI Reunión de la Comisión Ejecutiva, que tendrá lugar en el mes de mayo del año en curso en la República de Honduras.

2. Urgir a las fuerzas armadas irregulares y a los movimientos insurreccionales a que, a través de los mecanismos ya establecidos en el Procedimiento de Guatemala, los miembros de dichos grupos o fuerzas, se dispongan seriamente a la conclusión del cese al fuego, con el fin de integrarse a los procesos democráticos auténticos y pluralistas, con plenas garantías de sus derechos a la vida, la libertad en todas sus formas — incluyendo el goce total de los derechos civiles y políticos —.

3. De igual manera reiterar su demanda más enérgica a los Gobiernos regionales y extrarregionales que estuvieren dando cualquier tipo de ayuda o respaldo, abierto o velado a los grupos insurgentes o fuerzas irregulares, para

que lo cesen inmediatamente como acción indispensable para lograr la paz estable y duradera de la región. Se exceptúa de esta disposición la ayuda humanitaria contemplada en Esquipulas II.

4. Señalar que ha sido preocupación constante de los países centroamericanos obtener los recursos suficientes en condiciones apropiadas para su desarrollo integral, como una contribución efectiva para la consecución de la paz y el afianzamiento de la democratización de sus peublos.

Por lo que se congratulan de la presentación, por parte de la Secretaría General de las Naciones Unidas, de la "Bases de un plan especial de cooperación dirigido a Centroamérica", instrumentación del punto 6 de la Resolución 42/1 de la Asamblea General de las Naciones Unidas.

Solicitar, en consecuencia, que se analice de inmediato dicho plan a fin de encontrar fuentes financieras indispensables para hacer realidad los postulados contenidos en el citado documento. Su aprobación constituirá un factor determinante de desarrollo y la paz de los cinco países centroamericanos.

Considera igualmente, que es de especial importancia que en la determinación de prioridades y en la ejecución misma del plan, tengan estas naciones una plena y directa participación.

5. Reiterar su honda preocupación por el gran número de refugiados y desplazados en la región como consecuencia de la situación que atraviesa Centroamérica y, de acuerdo con la recomendación de la Subcomisión de Refugiados y Desplazados, convocar a una Conferencia Internacional sobre soluciones a favor de los refugiados centroamericanos con el co-auspicio de ACNUR, a la brevedad, e invitar a otros países afectados directamente por este problema a que apoyen ampliamente esta convocatoria.

6. Que todas las disposiciones contenidas en la presente Declaración Conjunta serán confirmadas en su próxima reunión a verificarse en la República de Honduras, ya que deberán realizarse consultas con los países invitados e implementarse los mecanismos de verificación.

7. Agradecer al Pueblo y Gobierno de Guatemala la fraternal hospitalidad y las facilidades brindadas a los miembros de la Comisión Ejecutiva y sus Delegaciones durante su permanencia en el país, que contribuyeron significativamente al éxito de la reunión.

Guatemala, 7 de abril de 1988.

Rodrigo MADRIGAL NIETO,
Ministro de Relaciones
Exteriores y Culto de la
Republica de Costa Rica.

Ricardo ACEVEDO PERALTA,
Ministro de Relaciones
Exteriores de la
Republica de El Salvador.

Alfonso CABRERA HIDALGO,
Ministro de Relaciones
Exteriores de la
Republica de Guatemala.

Carlos LÓPEZ CONTRERAS,
Secretario de Relaciones
Exteriores de la
Republica de Honduras.

Miguel D'ESCOTO BROCKMANN,
Ministro del Exterior de la
Republica de Nicaragua.

Professor Bowett,
(Public sitting, 13 June 1988)

Journal of the United Nations,
Friday, 20 June 1986, No. 86/117 (Part II). (See p. 153, *supra.*)

Signatures, Ratifications, etc.

[MULTILATERAL TREATIES DEPOSITED WITH THE SECRETARY-GENERAL]

Declaration recognizing as compulsory the jurisdiction of the International Court of Justice under Article 36, paragraph 2, of the Statute of the Court

Declaration replacing
that of 10 March 1986: Honduras (6 June 1986)[1]

———

[TRAITÉS MULTILATÉRAUX DÉPOSÉS AUPRÈS DU SECRÉTAIRE GÉNÉRAL]

Déclaration reconnaissant comme obligatoire la juridiction de la Cour internationale de Justice en application de l'article 36, paragraphe 2, du Statut de la Cour

Déclaration remplaçant
celle du 20 mars 1986i: Honduras (6 juin 1986)[2]

....

88. THE REGISTRAR TO THE AGENT OF NICARAGUA

14 June 1988.

I have the honour to acknowledge receipt of Your Excellency's letter of 10 June 1988, enclosing a copy of the text of the submissions of Nicaragua at the close of the first round of oral argument in the case concerning *Border and Transborder Armed Actions (Nicaragua* v. *Honduras)*, in accordance with Article 60, paragraph 2, of the Rules of Court.

89. THE AGENT OF NICARAGUA TO THE REGISTRAR

15 June 1988.

I have the honour to refer to the oral proceedings in the case concerning *Border and Transborder Armed Actions (Nicaragua* v. *Honduras)*.

———

[1] The date of receipt of the relevant documents.
[2] Date de réception des documents pertinents.

I hereby transmit to the Court copies of the following documents to which Nicaragua's Agent or Counsel may refer on 15 June: (1) a Note of the Republic of El Salvador to the Organization of American States dated 24 November 1973; (2) an open letter by the Foreign Minister of Honduras, Carlos López Contreras, published in *La Tribuna* on 3 June 1988; and (3) a letter from the Secretary General of the Organization of American States to United States Secretary of State George Shultz dated 25 April 1988.

---

1. Note of the Republic of El Salvador to the Organization of American States

Ministry of Foreign Affairs,
Republic of El Salvador, C.A.

Office of the Secretary of State
A. 513 No. 19700

San Salvador
24 November 1973.

Mr. Secretary General:

I avail myself of this means to inform the Secretariat General under your authority, as the successor to the Pan-American Union, that the Republic of El Salvador denounces the "American Treaty of Pacific Solution" or the "Pact of Bogotá", adopted at the Ninth International American Conference, held in Bogotá, Colombia, from 30 March to 2 May 1948. I respectfully urge that you see fit to transmit this denunciation to the other High Contracting Parties.

The reasons that move my Government to withdraw El Salvador from the aforementioned collective pact, consequently freeing it from the obligations deriving therefrom towards the other contracting parties, are essentially the following:

1. On several occasions El Salvador has demonstrated its full acquiescence and has made determined efforts to put in place an effective structure for the peaceful resolution of controversies, particularly among the countries which make up the Inter-American regional system.

It would be too long to invoke here the many examples that justify the above assertion. However, they demonstrate the unwavering vocation for peace that has characterized El Salvador in the past, distinguishes it in the present, and will doubtlessly be maintained in the future. It is one of the best features of our people as they strive for individual and collective self-improvement.

El Salvador participated in the Ninth International American Conference full of interest and enthusiasm. The Salvadorean delegates to that important regional conclave signed the instrument which we now denounce, and it was ratified shortly thereafter by the corresponding authorities of the Government of this Republic.

By signing and ratifying this multilateral agreement, El Salvador undertook a reciprocal obligation with the rest of the American countries, through the structures and mechanisms of an ideal instrument for the purposes for which it was conceived.

Despite the spirit of complete solidarity that prevailed among the delegates of the 21 countries at the signing of the Pact of Bogotá, only some of those States have ratified it to date, that is, more than 25 years after its approval.

Time, and the fact that a large number of the signatory countries have not ratified it, have shown that the system set up under the Pact of Bogotá cannot effectively fulfill its purposes. Also, it is not acceptable to many American States (since many of them signed or ratified with reservations), and not all new members of the Organization have adhered to the Pact. This has led El Salvador to reconsider its position within a multilateral treaty subject to the aforementioned circumstances. The reconsideration causes us to adopt a new attitude in agreement with the feelings of the States which comprise the inter-American system.

2. On the other hand, the application of some provisions of the Pact of Bogotá could put the Republic of El Salvador in situations contrary to the spirit and the letter of Constitutional principles consecrating its sovereignty and integrity, which did not exist when the Pact was ratified by our Republic.

The above has also been a powerful motivation inspiring the current Government of El Salvador to watch over the preservation and effective application of the Constitutional principles which govern the life of the Republic, and which reflect the feelings and desires of the Salvadorean people. At the same time we are still driven by a desire to resolve international controversies directly and peacefully.

3. Although El Salvador has decided to denounce the Pact of Bogotá, this does not mean that it has rejected all means of peaceful resolution of international controversies. It is aware of the need for these means, and recognizes that there are other pertinent provisions within the inter-American system, particularly in the Charter of the Organization of American States and the Inter-American Treaty of Reciprocal Assistance, as well as the Charter of the United Nations. These proscribe the use of force except in cases of legitimate defense, protect States against aggression, and provide to States the resources by which they can resolve their differences in set peaceful procedures.

All of the American States that signed but did not ratify the Pact of Bogotá, or that signed or ratified with reservations, or never adhered to it, are in this exact situation.

Finally, my Government would like to state for the record that, because of the above reasons, El Salvador hereby denounces the Pact of Bogotá as of today. At the same time it reiterates its firm intention to continue to participate in the collective efforts currently underway to restructure some aspects of the system, in order to bring it in line with the fundamental changes that have occurred in the relations among American States.

Again, Mr. Secretary General, I beg that this denunciation be transmitted to the other High Contracting Parties. I avail myself of this opportunity to assure you of my highest and most distinguished consideration.

(Signed) Mauricio A. BORGONOVO POHL,
Minister of Foreign Affairs
of El Salvador.

[Spanish text not reproduced]

2. Open Letter by the Foreign Minister of Honduras

La Tribuna, 3 June 1988.
(Paid Space)

BY CARLOS LÓPEZ CONTRERAS
Minister of Foreign Affairs

The oral proceedings on jurisdiction and admissibility in the lawsuit entitled "Border and Transborder Armed Actions" that the Government of Nicaragua filed against Honduras on 28 June 1986 will begin on 6 June of this year.

Background

Since the beginning of the decade, the Central American governments have been using diplomatic negotiations in an effort to resolve the civil wars and bilateral and multilateral disputes which make up the Central American crisis. In some countries this crisis manifests itself in a lack of democracy, and the absence of fundamental civil and political freedoms, such as the freedom of speech and of assembly. This has led the political opposition to take up arms to change a situation it finds intolerable. The confrontation between the armed opposition and established governments caused civil war to spill over into neighbouring countries. Meanwhile, the political and military interference of the superpowers in the region came to be both the cause and effect of an unbridled arms race; the flow of hundreds of thousands of refugees; systematic armed incursions which disturb the peace and quiet of border communities; numerous violations of the national territory — by land, sea, and air — of neighbouring countries; destabilization through terrorism, subversion and sabotage; and cross border arms trafficking. The Central American countries then began negotiations on these political and security issues, as well as domestic and regional economic problems. They did so under the auspices of the Contadora Group countries (Colombia, Mexico, Panama and Venezuela), and later with the participation of the Support Group (Argentina, Brazil, Peru and Uruguay).

The Contadora Group has been playing the role of mediator in the regional crisis since 1983. In June of 1986 the Contadora Group presented a draft of the Treaty for Peace and Cooperation in Central America, which was not accepted because it left some fundamental security issues unclear. In the opinion of Honduras, it would have been dangerous to acknowledge and legally sanction a *de facto* situation: the military hegemony of one of the Central American States over the rest. I am referring to the arms race launched by the Government of Nicaragua with massive assistance from the Soviet Union.

The Procedure before the Court

On 28 July 1986 the Government of Nicaragua filed suit against Honduras in the International Court of Justice over alleged violations of its international obligations regarding non-intervention in the internal affairs of Nicaragua, and the ban on the threat or use of force against that State.

In its note of 29 August 1986, Honduras informed the Court that, in light of applicable law, the High Court did not have jurisdiction over the subject-matter of the suit filed by Nicaragua. Consequently, the Court decided it should hold a preliminary proceeding on its jurisdiction. It issued an order indicating 23 February 1987 as the deadline for Honduras to submit its Memorial, and 22 June 1987 as the deadline for Nicaragua to submit its Counter-Memorial. Both countries fulfilled this order in the proper time and form.

The position of Honduras on the Court's lack of jurisdiction on this matter is primarily founded on the following factors.

1. What has now become a regional conflict originated in the domestic conflict in Nicaragua itself.
2. The suit by Nicaragua is an attempt to bring its internal conflict to a bilateral plane, trying to use the Court for improper, propagandistic and artificial purposes.
3. The Nicaraguan suit violates the principles established in the inter-American system. It tries to initiate another internal procedure (a legal one) to resolve a controversy, without having exhausted the one that is underway (in this case, the Contadora mediation).
4. Honduras accepts the Court's jurisdiction, to the exclusion of the subject of the Nicaraguan suit.

The Court set 20 October 1987 as the date for the oral phase of the trial on jurisdiction.

The Esquipulas II Accords

On 7 August 1987 the Presidents of the Central American countries signed the "Procedure for the Establishment of a Firm and Lasting Peace in Central America". Attached to it is an addendum by which the Presidents of Honduras and Nicaragua agreed to defer the oral phase of the trial on admissibility and jurisdiction. The purpose of the aforementioned was the withdrawal of the suit, pursuant to the progress of and compliance with Esquipulas II.

This clause manifestly acknowledged the incompatibility between recourse to legal action, and the implementation of and compliance with the Special Esquipulas II Procedure. Nicaragua's withdrawal of a similar suit it had filed against Costa Rica, also in the International Court of Justice, was the conclusive act to confirm this incompatibility.

Oral Phase

Eight months have passed since the adoption of the "Guatemala Procedure" and the Government of Nicaragua has not complied with its obligation to desist from the legal action in question. To the contrary, after its armed incursion into Honduran territory, on 21 March the Government of Nicaragua submitted a request to the International Court of Justice for interim measures of protection, within the framework of its suit against Honduras in the International Court. On 31 March, Nicaragua proceeded to withdraw its request for provisional measures, but not its original suit.

In light of the obstruction by the Sandinistas, and in order to clear the way for the normalization of Central America by freeing the Esquipulas II political procedure signed by the Central American Presidents from the interference of legal procedures, the Government of Honduras asked the International Court of Justice to set a date for the oral phase of the trial on jurisdiction.

On 20 April 1988 the Court decided that the oral phase should begin on 6 June 1988. The Government of Honduras shall uphold its position on the 6th and 7th; the Government of Nicaragua shall speak on 9 and 10 June. The Court shall issue its judgment on jurisdiction and admissibility in the fall of this year.

The Government of Honduras has designated Ambassador Mario Carías Zapata as the Agent to represent it in this trial, and Ambassador Jorge Ramón

Hernández Alcerro as the Co-Agent. Honduras also will be making use of the legal counsel of distinguished European jurists.

Esquipulas II and Judicial Recourse

By trying to place a manifestation of the regional crisis on a bilateral plane through judicial recourse, the Government of Nicaragua has tried to frustrate the diplomatic negotiating process which has not only involved the Central American countries, but also the member States of the Contadora and Support Groups, the United Nations, and the Organization of American States. In addition to these 13 States and the two organizations mentioned, the Esquipulas II diplomatic procedure has attained direct support from the 12 member countries of the European Community, and the possible participation of Spain, Canada and the Federal Republic of Germany, as well as the endorsement of the International Community.

In view of the incompatibility between the "Guatemala Procedure" and judicial recourse (which Nicaragua obstinately refuses to lay aside), the Central Americans' own efforts to keep peace in the region are in great danger of being frustrated.

The Government of Nicaragua is responsible for the consequences that may be dealt to the Esquipulas II Procedure, because Honduras is not the one maintaining the lawsuit.

Once the issue of the Court's jurisdiction is decided, Honduras will be free of undue pressure from Nicaragua. It will be able to continue contributing to the normalization of Central America by complying with the commitments undertaken in good faith in the special Esquipulas II procedure.

[Spanish text not reproduced]

---

3. *Letter from the Secretary General of the Organization of American States to the United States Secretary of State, George Shultz*

April 25, 1988.

Excellency:

As a member of the Verification Commission, having the responsibility of monitoring and verifying compliance with the accords set out in the March 23, 1988, Sapoá Agreement between the Constitutional Government of Nicaragua and the Nicaraguan Resistance, I wish to state the following regarding the deliveries of assistance by the Agency for International Development ("USAID") to members of the Nicaraguan Resistance during the week of April 17th last, under Joint Resolution H.J.Res.523:

The press reported that USAID has claimed that last week's deliveries were part of the 47.9 million non-lethal aid program authorized under Joint Resolution H.J.Res.523 of the United States Congress. Section 2 of that Resolution states:

"The assistance and support for which this joint resolution provides shall be administered consistent with the Sapoá Agreement. No authority contained in this joint resolution is intended to be exercised in any manner that might be determined by the Verification Commission established by the Sapoá Agreement to be inconsistent with that Agreement or any subsequent agreement between the Government of Nicaragua and the Nicaraguan democratic resistance."

Article 4 of the Sapoá Agreement addresses the issue of humanitarian aid for the members of the Nicaraguan Resistance.

"4. — Con el fin de garantizar los alimentos y suministros básicos para las fuerzas irregulares, se gestionará y aceptará exclusivamente ayuda humanitaria, de conformidad con el numeral 5 de los Acuerdos de Esquipulas II, la que será canalizada a través de organizaciones neutrales."
(Original version: Spanish.)

"4. — In order to guarantee food and basic supplies to the irregular forces, only humanitarian aid shall be sought and accepted, in conformity with Numeral 5 of the Esquipulas II Accords, and it shall be channeled through neutral organizations."
(Unofficial translation.)

Numeral 5 of the Esquipulas II Accord states:

"5) — Los Gobiernos de los cinco Estados Centroamericanos solicitarán a los Gobiernos de la región y a los Gobiernos extraregionales que, abierta o veladamente proporcionan ayuda militar, logística, financiera, propagandística, en efectivos humanos, armamentos, municiones y equipos a fuerzas irregulares, o movimientos insurreccionales, que cesen esa ayuda, como un elemento indispensable para lograr la paz estable y duradera en la región.

No queda comprendida en lo anterior la ayuda que se destine a repatriación o, en su defecto, reubicación y asistencia necesaria para la reintegración a la vida normal de aquellas personas que hayan pertenecido a dichos grupos o fuerzas."
(Original version: Spanish.)

"5) — The Governments of the five Central American States request that governments in the region and governments outside the region that have either overtly or covertly provided military, logistical, financial and propaganda assistance, troops, arms, munitions and equipment to the irregular forces or insurrectionists, cease that support, as an essential element for the achievement of a stable and lasting peace in the region.

Assistance which is for the repatriation or, if not applicable, the resettlement of those persons that were members of such groups or forces, and which is necessary for their reintegration into normal life, is not included in the above."
(Unofficial translation.)

There is an explicit linkage between the legislation adopted by the Congress of the United States of America, the Sapoá Agreement, the provisions of Esquipulas II and any subsequent agreement between the signatory parties of the Sapoá accord. Any action that deviates from those texts is inconsistent with the foregoing legal provisions and the conditions agreed to by the parties. Any change of these texts can only emanate from the authority that adopted or agreed to them.

I can well understand the human problem posed to the men of the irregular forces in the field during the peace process, and I am worried by such circumstance. Nonetheless, I cannot share the view that the action taken by USAID falls within the mandates which regulate this matter.

As a member of the Verification Commission, which is the only one created by the parties to the Sapoá Agreement, I cannot be accountable for monitoring actions that are not congruent with the objectives and reasons underlying its conception. Therefore I must express to you my deep concern about this whole situation.

(Signed) João CLEMENTE BAENA SOARES,
Secretary General,
Member of the Verification Commission
of the Sapoá Agreement.

90. THE REGISTRAR TO THE AGENT OF NICARAGUA

15 June 1988.

I have the honour to transmit to Your Excellency herewith a copy of a letter dated 14 June 1988, and received in the Registry yesterday evening, from the Agent of Honduras in the case concerning *Border and Transborder Armed Actions (Nicaragua v. Honduras)*, together with a copy of the lists of documents which have been referred to in oral argument by the representatives of Honduras. Copies of the documents will be supplied to you as soon as possible.

91. THE REGISTRAR TO THE AGENT OF NICARAGUA

16 June 1988.

Further to my letter of 15 June 1988, I now have the honour to transmit to Your Excellency herewith a set of copies of the documents, deposited in the Registry by the Agent of Honduras in the case concerning *Border and Transborder Armed Actions (Nicaragua v. Honduras)* on 14 June 1988, to which reference was made in oral argument by the representatives of Honduras in that case.

92. THE REGISTRAR TO THE AGENT OF HONDURAS

16 June 1988.

I have the honour to acknowledge receipt of Your Excellency's letter of 15 June 1988, enclosing 25 copies of the documents to which reference was made during oral argument in the case concerning *Border and Transborder Armed Actions (Nicaragua v. Honduras)*.

It is noted that the documents numbered 2, 3, 8 and 9 on the list of documents referred to in your own address to the Court are in Spanish only. I should therefore be obliged if a text or translation of these in either of the official languages of the Court, could be supplied, also in 25 copies.

93. THE AGENT OF NICARAGUA TO THE REGISTRAR

17 June 1988.

I have the honour to refer to the oral proceedings in the case concerning *Border and Transborder Armed Actions (Nicaragua v. Honduras)*.

On June 13 of this year, we submitted copies of documents to which the representatives of Nicaragua might have made reference in the event of a rejoinder. We omitted from the master list sent to the Court on that day, the document here included which consists of a draft resolution of the Security Council that was circulated by Honduras at the time of its request for a meeting of that entity of the United Nations. I respectfully request that it be included in the list of documents submitted by Nicaragua.

DRAFT

The Security Council,

Recalling its resolutions 530 (1983) of May 19, 1983, and 562 (1985) of May 10, 1985,

Taking into account the repeated support that the General Assembly has accorded to efforts by Central American countries to find, by means of negotiation, a solution to the crisis that affects that region, through its resolutions 38/10 of November 11, 1983, 39/4 of October 26, 1984, and 41/37 of November 18, 1986,

Recalling in particular, resolution 42/1 of October 7, 1987, of the General Assembly that expresses its firm backing of the Accord "Procedure for the Establishment of a Firm and Lasting Peace in Central America" and calls on the Central American Presidents to continue in their efforts to reach peace in the region,

Convinced that the adoption of the Esquipulas Accord by the Central American Presidents is both an expression of the political will that inspires them to resolve their differences by means of dialogue and negotiation, and, in virtue of the advances achieved in the peace process, the best option for achieving peace, democracy, security and stability in the Central American countries,

Conscious that the success of the Esquipulas Accord requires additional efforts by all Central American countries,

Convinced that it is correct that countries that are a part of the Esquipulas Procedure and the entire international community cooperate in eliminating obstacles that may block the successful culmination of the Central American peace process,

1. Expresses its full support for the Accord "Procedure for the Establishment of a Firm and Lasting Peace in Central America" signed by the Central American Presidents on August 7, 1987, in Guatemala City.
2. Urges the Republic of Nicaragua to definitively and unconditionally desist from other methods of peaceful resolution as long as the one in effect has not been exhausted.

3. Calls on the international community to offer its most firm support to said Accord.
4. Requests the Secretary-General to maintain the Security Council informed on compliance with this resolution.

[Spanish text not reproduced]

94. THE REGISTRAR TO THE AGENT OF HONDURAS

28 June 1988.

I have the honour to refer to my letter of 13 June 1988, with which I transmitted to Your Excellency *(inter alia)* a set of copies of documents deposited by the Agent of Nicaragua in the case concerning *Border and Transborder Armed Actions (Nicaragua v. Honduras)* to which, as the Agent explained in his letter of that date, counsel for Nicaragua might find it necessary to refer during the second round of oral argument.

Pursuant to Article 56, paragraph 1, of the Rules of Court, I requested the Agent of Nicaragua to supply further copies of these documents. When these were supplied, there was at the same time submitted to the Court a further document, namely a draft of a Security Council resolution (text in English and Spanish); I enclose a copy of the letter which the Agent of Nicaragua addressed to me in this respect on 17 June 1988.

In order to complete the communication of documents to Honduras in accordance with Article 56 of the Rules of Court, I have the honour to send Your Excellency herewith also a copy of the draft resolution enclosed with that letter.

95. THE REGISTRAR TO THE AGENT OF NICARAGUA

7 July 1988.

I have the honour to refer to the questions put to the Parties by Members of the Court during the oral hearings in the case concerning *Border and Transborder Armed Actions (Nicaragua v. Honduras)*, and to recall that at the close of the hearings held on 15 June 1988, Your Excellency stated that the replies of the Government of Nicaragua to these questions would be given in writing (*supra*, p. 213).

Article 61 of the Rules of Court provides that when questions are put to the agents, counsel or advocates of the parties during the hearings, they "may either answer immediately or within a time-limit fixed by the President". No such time-limit was set during the hearings; in view however of the fact that the Court has now to deliberate on the case in accordance with Article 54, paragraph 2, of the Statute, and therefore requires to be fully informed, the Vice-President of the Court, Acting President, has decided to fix 15 July 1988 as the time-limit for replies to the questions put during the hearings.

A similar letter is today being addressed to the Agent of Honduras.

96. THE REGISTRAR TO THE AGENT OF HONDURAS

7 July 1988.

I have the honour to refer to the questions put to the Parties by Members of the Court during the oral hearings in the case concerning *Border and Transborder Armed Actions (Nicaragua* v. *Honduras)*, and to recall that at the hearing held on 13 June 1988, Your Excellency stated that written replies of the Government of Honduras to these questions would be deposited with the Registrar (*supra*, p. 148).

Article 61 of the Rules of Court provides that when questions are put to the agents, counsel or advocates of the parties during the hearings, they "may either answer immediately or within a time-limit fixed by the President". No such time-limit was set during the hearings; in view however of the fact that the Court has now to deliberate on the case in accordance with Article 54, paragraph 2, of the Statute, and therefore requires to be fully informed, the Vice-President of the Court, Acting President, has decided to fix 15 July 1988 as the time-limit for replies to the questions put during the hearings.

A similar letter is today being addressed to the Agent of Nicaragua.

97. THE AGENT OF NICARAGUA TO THE REGISTRAR

8 July 1988.

I have the honour to refer to the questions put to the parties by Members of the Court during the oral hearings in the case concerning *Border and Transborder Armed Actions (Nicaragua* v. *Honduras)*.

The answers to the questions in reference are included herein. Please note, that the answer to Judge Guillaume's questions includes as an annex a Statement made by the Contadora Group and the Support Group on 27 June 1988.

I would like to bring to the Court's attention the fact that, at present, Prof. Chayes, Counsel for Nicaragua is in the hospital undergoing surgery. Prof. Chayes had been charged in particular with investigating fully the answers to the first questions posed by Judges Guillaume and Shahabuddeen. Therefore, at present, the answers to those questions do not have the full benefit of Prof. Chayes' investigations. If Prof. Chayes has any further comments to the questions after his recovery, I will forward them to the Court if they are made within a time-limit acceptable to the Court.

QUESTION POSED BY JUDGE NI [1]

Distinguished Agents and counsel and advocates, I think it might be a convenient time to address a question to both Parties. The point on which I wish to have a clarification is whether any step or steps have been taken as a matter of recorded fact within the framework of the Contadora Process towards the solution of the border disputes between Honduras and Nicaragua. This is the question. I am not referring to the efforts for the solution of the matters of general

---

[1] See also p. 70, *supra*. *[Note by the Registry.]*

interest to the States of the American continent. I do not expect an instant reply or replies so that there will be time for reflection.

REPLY

The answer to this question is very firmly in the negative. The Group of Contadora has not played a role in the solution of the bilateral disputes between Nicaragua and Honduras.

In a general manner, it is convenient to point out that the Declaration of Contadora of January 1983 that originated this process, does not include among its aims the solution of bilateral disputes (see Annex 9 of the Honduran Memorial).

Furthermore, as was clearly evinced in the oral hearings, Honduras has never accepted the creation of mechanisms that could have permitted the reaching of solutions to the bilateral problems.

As a point of comparison, we note that in the case of the bilateral relations between Nicaragua and Costa Rica — mentioned by the Honduran Government at the oral hearings — the situation was different. A solution to the bilateral problems was sought by different means including, at one point, the friendly co-operation of the French Government in 1984.

QUESTIONS POSED BY JUDGE SHAHABUDDEEN [1]

First Question:

I gather that neither side adopts what I may refer to as a third view, to the effect that Article XXXI of the Pact by itself constitutes a self-sufficient declaration by each member of the Pact of acceptance of the Court's compulsory jurisdiction under Article 36, paragraph 2, of the Statute. According to Nicaragua, Article XXXI of the Pact is indeed a self-sufficient acceptance of the Court's jurisdiction, but this is a conventional jurisdiction under Article 36, paragraph 1, of the Statute, and not a compulsory jurisdiction under Article 36, paragraph 2.

By contrast, according to Honduras, Article XXXI of the Pact does look to Article 36, paragraph 2, of the Statute, but separate declarations have to be made under the latter to complete a grant of jurisdiction.

However, from the material presented by the Parties, it appears that there is a body of opinion supportive of what I have referred to as the third view. See in particular the Honduran Memorial *(I)* at pages 14, 49, 66, 68, 69 and 75.

My question then is this, can the Court competently consider this third view? And, if it can, and if it accepts this third view, how, if at all, would this affect the arguments?

Second Question:

Are there any ratifying members of the Pact who have not had any declarations in force under Article 36, paragraph 2, of the Statute? I really do not know myself the answer to that, but, if it is so, has this situation ever been criticized by other members, or by qualified commentators, as constituting a breach of an understanding given in Article XXXI of the Pact to deposit declarations under Article 36, paragraph 2, of the Statute?

---

[1] See also pp. 70-71, *supra*. *[Note by the Registry.]*

REPLY TO THE TWO QUESTIONS QUOTED ABOVE

Nicaragua considers that these questions were answered in the public sittings held on June 9 and 10 of 1988 and in particular that of Wednesday 15 June 1988 in the intervention of Professor Chayes (*supra*, pp. 205-212).

RÉPONSES AUX AUTRES QUESTIONS POSÉES PAR LE JUGE SHAHABUDDEEN [1]
LORS DE L'AUDIENCE DU MARDI 7 JUIN 1988

Troisième question:

Même s'il peut être établi qu'un Etat entendait en fait que sa déclaration soit irrévocable, peut-il encore y mettre fin unilatéralement dans l'exercice d'un pouvoir souverain absolu de définir les termes sur la base desquels il admet de se soumettre à la juridiction de la Cour?

RÉPONSE

La République du Nicaragua est passionnément attachée au principe de la souveraineté de l'Etat, dont la violation par le Honduras constitue précisément l'un des fondements de la requête. Toutefois, loin d'être incompatible avec celui du respect dû aux obligations internationales, le principe de la souveraineté l'implique au contraire, et il est significatif que la résolution 2625 (XXV) de l'Assemblée générale des Nations Unies, portant déclaration relative aux principes du droit international touchant les relations amicales et la coopération entre Etats, conformément à la Charte des Nations Unies, fasse du devoir qu'a chaque Etat «de s'acquitter pleinement et de bonne foi de ses obligations internationales» l'un des «éléments» du principe de l'égalité souveraine des Etats.

En application de ce principe, la Cour permanente de Justice internationale s'est refusée

«à voir dans la conclusion d'un traité quelconque, par lequel un Etat s'engage à faire ou à ne pas faire quelque chose, un abandon de sa souveraineté. Sans doute, toute convention engendrant une obligation de ce genre apporte une restriction à l'exercice des droits souverains de l'Etat, en ce sens qu'elle imprime à cet exercice une direction déterminée. Mais la faculté de contracter des engagements internationaux est précisément un attribut de la souveraineté de l'Etat.» (*Vapeur* Wimbledon, *arrêts, 1923, C.P.J.I. série A n° 1*, p. 25).

C'est que, comme l'a rappelé Anzilotti,

«les limitations de la liberté d'un Etat, qu'elles dérivent du droit international commun, ou d'engagements contractés, n'affectent, aucunement, en tant que telles, son indépendance.» (*Régime douanier entre l'Allemagne et l'Autriche*, opinion individuelle, *1931, C.P.J.I. série 1 A/B n° 41*, p. 58).

Ce qui vaut pour les traités vaut tout autant pour les déclarations facultatives faites en application de l'article 36, paragraphe 2, du Statut. Quelle que puisse être la nature exacte de ces instruments, il ne fait aucun doute qu'elles constituent des engagements internationaux et créent des obligations juridiques à la charge de leurs auteurs, «l'Etat intéressé étant désormais tenu en droit de suivre une ligne de conduite conforme à sa déclaration» (*Essais*

---

[1] Voir aussi ci-dessus p. 71. *[Note du Greffe.]*

nucléaires, C.I.J. Recueil 1974, p. 267 et 472), sans que cela soit, d'une manière quelconque, incompatible avec sa souveraineté.

La Cour elle-même a du reste considéré, de la manière la plus claire, que:

> «Les déclarations d'acceptation de la juridiction obligatoire de la Cour sont des engagements facultatifs, de caractère unilatéral, que les Etats ont toute liberté de souscrire ou de ne pas souscrire. L'Etat est libre en outre soit de faire une déclaration sans condition et sans limite de durée, soit de l'assortir de conditions ou de réserves. Il peut en particulier en limiter l'effet aux différends survenant après une certaine date, ou spécifier la durée pour laquelle la déclaration elle-même reste en vigueur ou le préavis qu'il faudra éventuellement donner pour y mettre fin. Le caractère unilatéral des déclarations n'implique pourtant pas que l'Etat déclarant soit libre de modifier à son gré l'étendue et la teneur de ses engagements solennels.» (*Activités militaires et paramilitaires au Nicaragua et contre celui-ci (Nicaragua c. Etats-Unis d'Amérique), compétence et recevabilité, arrêt, C.I.J. Recueil 1984*, p. 418).

Dès lors, c'est en vertu de son pouvoir souverain que l'Etat s'engage mais, ayant ainsi librement accepté certaines obligations à l'égard d'autres Etats, il ne peut y mettre fin unilatéralement à son gré; il ne lui est possible de s'en dégager que de deux manières: soit en application des limites dont il a lui-même assorti sa déclaration soit en vertu des règles du droit international général applicables.

Quatrième question:

Il me semble ressortir du contre-mémoire de Nicaragua, à la page 33, que, dans sa protestation de 1974, le Honduras avait dit que la notification de dénonciations immédiate d'El Salvador «était totalement dénuée de validité». En employant ces termes, le Honduras adoptait-il une position au sujet de la question de savoir si la notification de dénonciation d'El Salvador était ou non totalement contraire au droit et, en conséquence, si cette notification pourrait ou non devenir effective après un certain délai?

RÉPONSE

Le texte anglais intégral de la lettre du ministre des affaires étrangères du Honduras en date du 21 juin 1974 figure dans Shabtai Rosenne, *Documents on the International Court of Justice* (Alphen aan den Rijn, 1979, pp. 361-366).

Il résulte clairement des termes mêmes de cette lettre que le Honduras estime, pour des raisons générales de principe, qu'il n'est possible ni de dénoncer ni de modifier une déclaration facultative d'acceptation de la juridiction obligatoire de la Cour faite sans limitation de durée. Cela résulte en particulier des passages suivants, reproduits également dans le contre-mémoire du Nicaragua (**I**, p. 303):

> "Leading authorities on international law take the position that a declaration not containing a time-limit cannot be denounced, modified or broadened unless the right to do so is expressly reserved in the original declaration and that, accordingly, new reservations cannot be made unless this requirement has been fulfilled.
>
> To say otherwise would mean accepting the notion that a state can unilaterally terminate its obligation to submit to the jurisdiction of the Court whenever that suits its interests, thus denying other states the right

to summon it before the Court to seek a settlement of disputes to which they are parties. This could well undermine the universally applicable principle of respect for treaties and for the principles of international law . . .

For the reasons stated above, my Government challenges the declaration by which El Salvador seeks to revoke and replace its original declaration accepting the jurisdiction of the Court since the new declaration is improperly made, hence completely lacking in validity, and would set a precedent prejudicial to the stability of the legal institutions established by the international community and to the effective exercise of the right of States to settle their disputes under the guarantee provided by the highest judicial body so far conceived by man."

Et le Honduras d'ajouter que l'invocation d'une modification du droit constitutionnel de l'Etat auteur de la déclaration pour justifier une modification de celle-ci

"is contrary to the universally accepted principle that the sacred treaty obligation will continue to be the basic rule of international law".

Les termes particulièrement catégoriques ou absolus utilisés par le Honduras montrent bien que cet Etat considère que, non seulement la notification de dénonciation d'El Salvador, mais encore toute dénonciation ou modification d'une déclaration faite sans limitations de durée, est totalement contraire au droit et ne peut devenir effective même après un certain délai.

Comme le Nicaragua l'a montré dans son contre-mémoire (**I**, pp. 297-304), cette position n'est pas dénuée de fondement. Toutefois, il n'est sans doute pas utile de prendre une position tranchée sur ce point en l'espèce; il suffit bien plutôt de constater que, de toutes manières, la «nouvelle déclaration» du Honduras n'était pas opposable au Nicaragua au moment ou celui-ci a introduit sa requête.

La position de principe très ferme adoptée en 1974 par le Honduras n'est pas sans pertinence en la présente espèce: ce pays ne peut faire aujourd'hui ce qu'il contestait catégoriquement naguère. Comme la Cour l'a rappelé dans un *dictum* invoqué à plusieurs reprises en plaidoirie par le Honduras:

«Il est reconnu que des déclarations revêtant la forme d'actes unilatéraux et concernant des situations de droit ou de fait peuvent avoir pour effet de créer des obligations juridiques. ... Quand l'Etat auteur de la déclaration entend être lié conformément à ses termes, cette intention confère à sa prise de position le caractère d'un engagement juridique, l'Etat intéressé étant désormais tenu en droit de suivre une ligne de conduite conforme à sa déclaration.» (*Essais nucléaires (Australie c. France), arrêt, C.I.J. Recueil 1974*, p. 267).

Quel que puisse être le bien-fondé de l'interprétation donnée par le Honduras au regard des règles générales applicables, celui-ci est «désormais tenu en droit de suivre une ligne de conduite conforme à sa déclaration».

Cinquième question:

Je crois savoir que le Honduras prétend qu'une relation consensuelle ne prend naissance en vertu de l'article 36, paragraphe 2, du Statut qu'à la date du dépôt d'une requête. L'opinion selon laquelle une requête est introduite sur la base d'une relation consensuelle est-elle fondée? Si oui, la requête peut-elle faire naître la relation et reposer sur elle?

RÉPONSE

De l'avis de la République du Nicaragua, il n'est pas exact qu'une relation consensuelle ne prenne naissance en vertu de l'article 36, paragraphe 2, du Statut qu'à la date du dépôt de la requête. C'est au jour de la notification elle-même que cette relation s'établit entre l'Etat déclarant et les autres parties au système de la clause facultative:

> «C'est en effet ce jour-là que le lien consensuel qui constitue la base de la disposition facultative prend naissance entre les Etats intéressés.» (*Droit de passage sur territoire indien, exceptions préliminaires, arrêt, C.I.J. Recueil 1957*, p. 146.)

Dès lors, il apparaît que c'est bien sur la base d'une relation consensuelle qu'une requête est introduite, mais cette relation est fondée non par la requête elle-même, mais bien par la déclaration, qui «contractualise» le système de la clause facultative entre les Etats parties.

Il serait d'ailleurs totalement illogique d'admettre que, comme le prétend le Honduras, la requête fait naître cette relation consensuelle et, en même temps, repose sur celle-ci: elle ne peut en être à fois son propre fondement et sa propre conséquence.

QUESTIONS POSED BY JUDGE GUILLAUME [1]

1. Article XXXI of the Pact of Bogotá

First Question: At the signature, the ratification or the coming into force of the Pact of Bogotá, or at the time of accession to the Pact — did the Contracting States which had previously made the declaration recognizing the jurisdiction of the Court as compulsory under Article 36 of the Statute of the Court (with or without reservations), notify the Pan-American Union or the Organization of American States of that declaration? And, at the same time of signature, ratification or coming into force, or at the same of accession, did the Contracting States which had not previously made the declaration recognizing the jurisdiction of the Court as compulsory under Article 36 of the Statute of the Court, make a special declaration in pursuance of Article XXXI of the Pact of Bogotá?

REPLY

The answer is negative for both parts of the question.

Second Question: When certain States parties to the Pact of Bogotá withdrew their acceptance of the declaration recognizing the jurisdiction of the Court as compulsory under Article 36 of the Statute, did they notify the Organization of American States of that withdrawal? Did they state clearly at the time what their situation would be in relation to Article XXXI?

---

[1] The answer to this set of questions was consulted by the Nicaraguan Mission before the Organization of American States with Dr. Domingo Acevedo, the chief legal adviser of the Under Secretary of the OAS for juridical matters.
See also p. 137, *supra*. *[Note by the Registry.]*

REPLY

The answer to this question is also negative. The only examples were those considered by Nicaragua in the public sitting held 15 June 1988 (*supra*, pp. 205-212). There have been no notifications of withdrawal of acceptance. The only country to notify a "modification" of its declaration has been Honduras. No mention has been made as to their relation to Article XXXI.

Third Question: Was El Salvador's withdrawal from the Pact of Bogotá accompanied by a declaration concerning Article XXXI?

REPLY

This question was addressed at the public sitting held 15 June 1988 (*supra*, pp. 205-212).

Fourth Question: Were the notifications effected by the States for these various purposes communicated in turn by the Organization of American States to the States parties to the Pact of Bogotá? Did they provoke reactions such as acknowledgements, acquiescences or protests?

REPLY

The answer to the first part of the question is no, because no such notifications were effected by the States, with the exception of the "modification" notified by Honduras and the denunciation of the Pact made by El Salvador.

The answer to the second part of the question is that only Nicaragua has entered a protest for Honduras's attempt to enter reservations to the Pact, 40 years after it was ratified. This point was addressed also in the public sitting on 9 June 1988 (*supra*, p. 88).

2. Article XXXII of the Pact of Bogotá

Question: The final sentence of Article XXXII reads: "The Court shall have compulsory jurisdiction in accordance with Article 36, paragraph 1, of the said Statute." I would like to know how the Parties interpret this text, bearing in mind at the same time how it is drafted in French and in the other languages.

REPLY

The reply to this point was made in the public sitting held on 15 June 1988 (*supra*, pp. 209-212).

3. Contadora and Esquipulas II Process

First Question: Has the Contadora process been definitely abandoned? Is it merely suspended? Is it continuing in any form?

REPLY

The Contadora process has not been abandoned or suspended at any moment. When the Esquipulas II Agreement was signed by the Central American nations, the Group of Contadora together with the Group of Support of Contadora remained in existence and its relations with the Central American peace procedures was recognized in the same Esquipulas II Agreement by giving the Contadora Group specific responsibilities.

The permanence of the Contadora process has been ratified in the meeting held in Tlatelolco, Mexico, by the countries members of the Contadora Group and the Group of Support. When this meeting ended on 27 June 1988, the members made public a statement which is attached to this answer.

On the other hand, it must be pointed out that the faculties of mediation of Contadora in the region rest on the political will of the five Central American nations. When this will is lacking, even if it be in one of the countries, the work of Contadora is hindered — if not frustrated — as was the case cited by Nicaragua at the public sitting held on 9 June 1988 (*supra*, pp. 73-74) and in the public hearing on 15 June 1988 (*supra*, pp. 177-178).

Second Question: What role did the Contadora Group play and what role does it still play in the implementation of the Guatemala Declaration (Esquipulas II)?

REPLY

In the Guatemala Declaration, the Group of Contadora was given two main functions:

1. The first one is contained in point 7 of the Guatemala Agreement and it refers to the continuation of "negotiations in matters of security, verification, control and limitation of armaments".

2. The second role that the Guatemala Agreement gave to Contadora is in point 10 of the Accord in which the Commission of Verification was created. In accordance with the Agreement, this Commission would be composed of the Contadora Group and the Support Group together with the Secretary-General of the United Nations and the Secretary General of the OAS. The way this second role of Contadora was frustrated by Honduras was recounted at the public sittings (*supra*, pp. 73-74 and 177-178).

Finally, it must be said that the recent Statement of the Contadora Group and the Contadora Support Group, annexed hereto, indicates precisely what the Group itself thinks its role to be[1].

Third Question: According to the 7th paragraph of the declaration adopted on 16 January 1988 by the five Presidents of Central America at San José an

"Executive Committee, made up of the Ministers of External Relations of the Central American States, is to exercise the principal function of verification, control and monitoring of all undertakings contained in the Guatemala Procedure and in the present declaration".

The San José declaration adds that to that effect, it will promote the co-operation of certain outside bodies. Lastly, the same Committee will be responsible for examining the general report of the International Verification and Monitoring Commission which was submitted at San José.

I would like to know how this text has been implemented, what outside co-operation has been sought and obtained, and, more generally, what progress has the Executive Committee made in its work?

---

[1] In passing, notice should be taken that this statement of Contadora — very complete in its subject-matter — does not mention or even hint at any recommendation on the present case. It must be recalled that Honduras has suggested that the withdrawal of these procedures was part of the Esquipulas Agreement. Also, and quite obviously, Contadora does not consider these procedures incompatible with its continued existence and role.

REPLY

During the Fifth Meeting of the Executive Committee, held in Guatemala on 7 April 1988, it was agreed that a formal petition should be addressed to the Secretary-General of the United Nations in order to request the "collaboration of an auxiliary technical group comprised of specialized personnel from the Governments of Canada, Spain and the Federal Republic of Germany". This group would integrate the mechanism of verification, control and follow up. This formal petition was to be made in writing by means of a letter signed by the five Ministers of Foreign Affairs of Central America.

Nonetheless, Honduras refused to sign that letter in both the meeting in Guatemala and the following meeting held in Honduras on 22 June 1988. The result has been that up to the moment no formal request has been made in order to obtain the external co-operation for the Esquipulas procedure.

The Honduran refusal to sign the request to the Secretary-General of the United Nations — on both occasions — has been attempted to be justified by saying that if Nicaragua did not withdraw the present case against Honduras before this Court, it was not possible to proceed. This position was upheld by the Minister of Foreign Affairs of Honduras in the meeting held in Tegucigalpa, notwithstanding the fact that the President of Honduras himself, at a meeting with the Executive Committee, said that the case before the Court was a bilateral matter that was not related to the Esquipulas procedure and that he was instructing his Minister of Foreign Affairs — this was said in front of the other Ministers of Foreign Affairs of Central America — to disassociate the case before the Court from the process of negotiation. The President of Honduras also said that the document he had signed with the President of Nicaragua agreeing to a postponement of the oral hearings, had no bearing with Esquipulas II.

In any case Honduras continued to refuse to sign any petition to the Secretary-General of the United Nations. Therefore, up to the moment, the Executive Committee is *de facto* not in operation.

STATEMENT BY THE CONTADORA GROUP
AND CONTADORA SUPPORT GROUP

Tlatelolco, d.f.,
Mexico.

27 June 1988.

(Translation)

The foreign ministers of Colombia, Mexico, Panama and Venezuela who constitute the Contadora Group — and the foreign ministers of Argentina, Peru, Uruguay and Brazil who compose the Contadora Support Group — meeting in Mexico City today, expressed concern regarding the impasse in the peace process and sharpened tensions in Central America. They pointed out that this concern arises from fraternal solidarity with the Central American peoples, as well as the possible adverse effects on legitimate national interests of their countries.

Esquipulas II opened an era of significant advances in the Central American crisis. Negative signs now surfacing should not be allowed to obscure that fact. The reality is that the past year, since the peace accord was signed by the Central American presidents, has proven that negotiation and not force or threat of force is the only road to peace.

The ministers stressed the importance of establishing a mechanism to verify compliance with security accords, in keeping with agreements made in the Vth Meeting of the Executive Commission held in Guatemala City on 7 April 1988. There, the Central American foreign ministers stated their desire to request assistance from three extra-regional governments to carry out the task of verification, with support from the United Nations and other specialized organizations.

The freezing of talks on implementing the Sapoá Accords has added a new element of tension not only for Nicaragua, but for the entire region.

In general, the implementation of one of the most important commitments of Esquipulas II, the national political dialogue for reconciliation and peace, was interrupted in the majority of countries shortly after its start, and there are no clear indications of quick renewal.

The foreign ministers repeated the urgency of implementing the agreement contained in numeral (7) of the Guatemala Procedure. This was an agreement to continue negotiation of security issues pending from the peace proposal.

On other matters, political instability and a sharp economic crisis has aggravated the already dramatic situation of thousands of Central American refugees and persons displaced by the war. Meanwhile, actions and mechanisms established to protect them have had little effect.

In this situation, governments that are members of the Contadora Group and Contadora Support Group, urgently call on the governments of Central American countries to establish a political dialogue for peace, suspend all form of support to irregular forces, not allow use of their territory for threats or attacks against neighbouring countries, and form appropriate verification mechanisms in keeping with the accords signed on 7 August.

In addition, the foreign ministers repeated their call to governments with an interest in or ties to the region to contribute to the pressing cause of peace. Today, it is obvious that the use of force, support for confrontation, a climate of threats of military intervention in the region, and the arms race only hamper the logic of negotiation and the effort for peace.

They stated their willingness to broaden, as much as possible, co-operation of each one of their countries with Central America. They also stated their desire to co-ordinate action within the framework of the special plan for economic co-operation with the region, recently approved by the General Assembly of the United Nations. The ministers said they would support projects carried out by the Action Committee in Support of Economic and Social Development of Central America (CADESCA), a Committee of the Latin American Economic System (SELA). They renewed their invitation to the international community to deepen its assistance in Central American economic and social development.

Finally, they reaffirmed their ongoing willingness to support and contribute to the Central American peace process and they called on the five Governments of the region to give peace efforts undertaken in Esquipulas II another push.

98. L'AGENT DU HONDURAS AU GREFFIER

La Haye, le 11 juillet 1988.

J'ai l'honneur de vous accuser réception de votre aimable note 79764 en date du 7 juillet 1988 relative au délai fixé par le Vice-Président de la Cour et président en exercice pour les réponses aux questions posées par MM. les juges lors des plaidoiries dans l'affaire des *Actions armées frontalières et transfrontalières (Nicaragua c. Honduras) (compétence et recevabilité)*.

Etant donné que la traduction en français des documents qui accompagnent les réponses est effectuée en France et que les journées des 14 et 15 sont fériées dans ce pays, je demande respectueusement de bien vouloir rapporter le délai pour la présentation des réponses au mercredi 20 juillet.

99. THE DEPUTY-REGISTRAR TO THE AGENT OF HONDURAS

11 July 1988.

I have the honour to acknowledge receipt of Your Excellency's letter of 11 July 1988 requesting an extension of time-limit to 20 July 1988 for the provision of written replies to judges' questions in the case concerning *Border and Transborder Armed Actions (Nicaragua* v. *Honduras)* (Jurisdiction and Admissibility). A copy of that letter has been transmitted to the Agent of Nicaragua whose views were sought by telephone. It has not yet been possible, however, to make contact with His Excellency.

That being so, and bearing in mind the proximity of the original time-limit, I am to inform you that the Vice-President of the Court accedes to your request and extends the time-limits for both parties to 20 July 1988. The Agent of Nicaragua will be informed accordingly.

100. THE DEPUTY-REGISTRAR TO THE AGENT OF NICARAGUA

11 July 1988.

I have the honour to send Your Excellency herewith a letter of today's date which I have received from the Agent of Honduras in the case concerning *Border and Transborder Armed Actions (Nicaragua* v. *Honduras)* and in which His Excellency requests an extension of time-limit for the provision of replies to questions put by judges at the hearing on the questions of jurisdiction and admissibility.

On receipt of the enclosed letter I immediately sought the views of your Government but I was unfortunately unable to make appropriate contact.

That being so, and bearing in mind the proximity of the original time-limit, the Vice-President of the Court, Acting President, has acceded to the Honduran request and extended the time-limit for both Parties to 20 July 1988.

101. THE DEPUTY-REGISTRAR TO THE AGENT OF NICARAGUA

14 July 1988.

I acknowledge receipt of the letter dated 8 July 1988 by which Your Excellency has transmitted the written answers of your Government to questions put by Members of the Court at the hearing on questions of jurisdiction and admissibility in the case concerning *Border and Transborder Armed Actions (Nicaragua* v. *Honduras)*.

A copy of the letter and its attachments will be duly communicated to the Agent of Honduras.

I note with sympathy the difficulty encountered by your Government in preparing some of its replies owing to the situation of Professor Chayes, whose recovery, I trust, will be rapid and complete. Allow me, meanwhile, to point out that the opportunity which will be afforded your Government in accordance with Article 72 of the Rules of Court will enable it further to distinguish its views.

I enclose a copy of a letter which I am sending at the same time to the Agent of Honduras.

102. THE DEPUTY-REGISTRAR TO THE AGENT OF HONDURAS

14 July 1988.

I have the honour to send Your Excellency herewith a copy of a letter dated 8 July 1988 which I received yesterday afternoon from the Agent of Nicaragua in the case concerning *Border and Transborder Armed Actions (Nicaragua* v. *Honduras)*; the letter was accompanied by the written answers to which it refers, and of which you will of course receive a copy as soon as I am in a position to provide the Agent of Nicaragua with the text of your Government's replies.

I enclose further a copy of a letter which I am sending at the same time to the Agent of Nicaragua.

103. THE DEPUTY-REGISTRAR TO THE AGENT OF NICARAGUA

14 July 1988.

I acknowledge receipt of the letter of 8 July 1988 whereby Your Excellency has advised the Registry of your absence from The Hague for a period of about one month and of the possibility of your being contacted through your Embassy staff.

I wish further to advert to your other letter of the same date, by which you transmitted the written answers of your Government to questions put by Members of the Court at the hearing on questions of jurisdiction and admissibility in the case concerning *Border and Transborder Armed Actions (Nicaragua* v. *Honduras)*. An acknowledgment of this letter has already been addressed to you. Perusal of the written answers supplied reveals, however, that they do not include any formal reply to the question put by the President of the Court, in his capacity as an individual judge, at the hearing of 13 June 1988 (*supra*, p. 140). I take it that the Government of Nicaragua has nothing to add to the reply given by Your Excellency at the same sitting (*supra*, p. 141), even though it was then described as "a partial answer", and it was further stated at the sitting of 14 June 1988 that the questions put would be answered in writing.

104. THE AGENT OF HONDURAS TO THE REGISTRAR

The Hague, 19 July 1988.

I have the honour to submit you herewith, in the delay fixed by the Court, the answers of the Republic of Honduras to the questions posed by Judges Ni, Shahabuddeen, and Guillaume during the oral hearing in the case concerning the *Border and Transborder Armed Actions (Nicaragua* v. *Honduras) (Jurisdiction and Admissibility)*. We are presenting 25 copies, of which two originals signed by me. You will also find enclosed a list of the documents annexed, relating to Judge Guillaume's first and third question.

ANSWERS OF HONDURAS TO QUESTIONS POSED BY JUDGES, 18 JULY 1988

During the oral pleadings in the case concerning the *Border and Transborder Armed Actions (Nicaragua* v. *Honduras) (Jurisdiction and Admissibility)* three distinguished judges posed questions to the Governments of Honduras and Nicaragua, that is to say on 7 June 1988, Judge Ni and Judge Shahabuddeen (*supra*, pp. 70 ff.) and on 10 June 1988 Judge Guillaume (*supra*, pp. 137 ff.).

The present document contains the answer of the Government of Honduras to those questions.

ANSWER TO QUESTION POSED BY JUDGE NI [1]

Judge Ni's question is as follows:

> "Whether any step or steps have been taken as a matter of recorded fact within the framework of the Contadora Process towards the solution of the border disputes between Honduras and Nicaragua. This is the question."

Honduras' answer is yes, either if one takes special regard to the alleged facts put forward by Nicaragua in its Application, or if one considers the differences between Nicaragua and Honduras as being part, by the express consent of both countries, of a wider set of controversies between the Central American governments that it has been agreed should be resolved through the Contadora and Esquipulas processes.

Several steps have evidently been taken in these processes to resolve the claims of Honduras and Nicaragua against each other, and this assertion is supported by the following documents:

1. In the *Informative Bulletin of the Contadora Group* of 21 April 1983, — Annex 11, Memorial of Honduras —, that is after the initiation of consultations between the Contadora Group and the Central American governments,

---

[1] See also p. 70, *supra*. *[Note by the Registry.]*

but before the formal acceptance of this multilateral procedure by Nicaragua, one can read in the fifth paragraph the following:

> "Among the matters which in the opinion of the Ministers of Contadora require principal attention there must be mentioned: ... the arms traffic, the presence of military advisers and other forms of foreign military assistance, *the actions intended to destabilize the internal order of other States, the threats and verbal attacks, the belligerent incidents, and the border tensions* . . .". (Emphasis added.)

And in the seventh paragraph, the following:

> "*an agreement in principle was obtained on the procedures of consultation and negotiation* which will have to be followed in the near future in such a way that they will take into account the varying nature of the subjects, *whether they be of regional scope or of a bilateral character*. . .". (Emphasis added.)

2. In the "Cancún Declaration on peace in Central America" of 17 July 1983 — Annex 13 of the Memorial of Honduras — paragraph 10; the Presidents of Colombia, Mexico, Panama and Venezuela

> "agreed on the general lines of a programme to be proposed to the countries of Central America which requires, in addition to strict compliance with the essential principles governing international relations, the conclusions of agreements and political commitments that will lead, region-wide, to effective control of the arms race, the elimination of foreign advisers, the creation of demilitarized zones, *the prohibition of the use of the territory of some States for the development of political or military destabilization actions in other States, the eradication of transit of and traffic in arms as well as the prohibition of other forms of aggression or interference in the internal affairs of any country in the area*". (Emphasis added.)

3. Nicaragua, in the speech about the Contadora negotiations made by Commander Daniel Ortega, on 19 July 1983, — Annex 14 of the Memorial of Honduras — declares:

> "The Government of Nicaragua . . . accept that the beginning of the *negotiation* process promoted by the Contadora Group be of a multilateral character ... the Sandinista National Liberation Front proposes that discussions begin immediately on the following basic points:
>
> (1) *An Agreement to put an end to any belligerent situation prevailing*, by means of the immediate signature of a Non-Aggression pact between Nicaragua and Honduras.
> (2) Absolute *cessation of any supply of weapons* by any country *to the forces in conflict in El Salvador* so that the nation can solve its problems without external interference.
> (3) Absolute *cessation of any military support in the form of supply of weapons, training, utilization of territory to launch attacks or any other form of aggression by the forces opposing any of the Central American Governments.*
> . . ." (Emphasis added.)

4. In the Press Release of Contadora and Central America of 30 July 1983 — Annex 15 of the Memorial of Honduras —, when the negotiations

started and the Ministers considered that it was necessary to establish the basis for agreements, at the end of paragraph 3 we can read the following:

> "the Ministers of Costa Rica, El Salvador, Guatemala and Honduras on the one hand, and the Minister of Nicaragua on the other hand, *formulated concrete contributions* on the criteria and new points of the countries with respect to the characteristics, contents and scope which such agreements should have...". (Emphasis added.)

5. In the "Document of Objectives" agreed by the five Central American Governments on 9 September 1983 within the Contadora negotiations — Annex 16 of the Memorial of Honduras — we find, among others, these objectives:

> "To establish internal control machinery to prevent the traffic in arms from the territory of any country in the region to the territory of another;
>
> To eliminate the traffic in arms, whether within the region or from outside it, intended for persons, organizations or groups seeking to destabilize the Governments of Central American countries and to refuse to provide them with or permit them to receive military or logistical support;
>
> To refrain from inciting or supporting acts of terrorism, subversion or sabotage in the countries in the area;
>
> To establish and co-ordinate direct communication systems with a view to preventing or, where appropriate, settling incidents between States of the region."

6. In the "Measure to fulfil the commitments entered into in the Document of Objectives" of 8 January 1984 — Annex 17 of the Memorial of Honduras — different specific measures were adopted and a machinery established in paragraph II to monitor the progress made in carrying out these measures.

In paragraph III the Ministers agreed:

> "To establish in the framework of the Contadora Group, three working Commissions for the purpose of concerning security and political matters, as well as economic and social questions and of making proposals for verifying and supervising the implementation of the measures agreed upon."

The Working Commission on Security Matters who held continuous meetings from January to April 1984, had as representatives from Honduras:

Colonel Omar Zelaya, Director of the Superior School for the General Staff.
Colonel Wilfredo Sanchez, then member of the General Staff; in 1988 Minister of Defence.
Ambassador Mario Carías, Adviser at the Ministry of Foreign Relations.

The representatives from Nicaragua were:

Commander Julio Ramos, Head of Military Intelligence.
Captain Ricardo Wheelock, Adviser to the Minister of Defence.
Mr. Augusto Zamora, Legal Adviser to the Ministry of Foreign Relations.

The other participants had representations of a similar level. The negotiations were clearly engaged by officials with responsibilities in the fields of defence and foreign affairs.

7. In the Press Release of Contadora and Central America of 1 May 1984 — Annex 18 of the Memorial of Honduras — after taking note with satisfaction of

the work done, the nine Ministers, after registering other undertakings, said in paragraph 9:

> "In addition (in the Commission of Security) there was consensus on principles relating to prevention of the use of territory by irregular forces for actions against neighbouring countries and the prevention of destabilization operations, sabotage and terrorism. *The Commission considered specific options for the prevention and settlement of border incidents*". (Emphasis added.)

8. In June 1984, September 1984, September 1985 and June 1986, the Contadora Group put forward successive drafts of the "Contadora Act for Peace and Co-operation in Central America". These drafts have been continuously improved through negotiations between the Central American representatives and Plenipotentiaries, and the mediation efforts of the Contadora delegates.

The "Commitments" (Compromisos) on different subject-matters are purported to be political undertakings that will be part of a legal comprehensive instrument; but they also already demonstrate agreements by the Central American governments on the means to solving the difficult problems under consideration.

(a) In the Draft Act of September 1984, — Annex 24 of the Counter-Memorial of Nicaragua — the Commitments on Security Matters are contained in eight sections of Chapter III, paragraphs 16 to 43; and there are Commitments in regard to execution and follow-up through a "Commission for Verification and Control in Security Matters", Part II, 2.

(b) In the Draft Act of September 1985 — distributed as Annex V of the United Nations document A/40/737-S/17549 of 9 October 1985 — the Commitments on Security Matters, always in Chapter III, are from paragraphs 16 to 44 in eight sections. The "Verification and Control Commission for Security Matters", now paragraph 3, B, of Part II, takes into account the observations submitted by Costa Rica, El Salvador and Honduras in October 1984, and it has now its functions detailed, including an agreed establishment of an International Corps of Inspectors, for the appropriate implementation of the verification measures.

(c) In the final Draft Act of June 1986 — distributed as Annex II of the United Nations document A/40/1136-S/18184 — 2 July 1986 — Chapter III contains again the eight sections on Commitments on Security Matters, that are the concern not only of Nicaragua and Honduras, but of the other three Central American countries, and of the Contadora Group as mediators.

9. The Esquipulas II Procedure is a sequence both of the Esquipulas I Summit of 25 May 1986 (Annex 26 of the Memorial of Honduras), and of the Contadora Process. In the 1986 Esquipulas I Declaration, it can be recalled, the five Central American Presidents express that:

> "They agree that the best political forum which is at present available to Central America for the achievement of peace and democracy, and the reduction of tensions produced in the countries of the region is the Contadora process..."

And they also declared:

> "1. That they have decided to hold meetings of Presidents on a regular basis as a necessary and appropriate forum for analysing the most

urgent problems facing the area with respect to peace and regional development and *for seeking appropriate solutions to those problems*." (Emphasis added.)

10. Accordingly, and after having given due consideration to President Arias' Plan, the five Presidents approved the Esquipulas II Procedure, that with regard to claims of Nicaragua against Honduras (and other countries), as well as claims and positions of Honduras with regard to the problems raised by the Nicaraguan situation, contains, in particular the following items:

"1. *(c)* National Reconciliation Commission.

To verify fulfilment of the commitments with regard to amnesty, a cease-fire, democratization and free elections entered into by the five Central American Governments in signing this document, a National Reconciliation Commission shall be set up in each country, responsible for verifying genuine implementation of the process of national reconciliation and also unrestricted respect for all the civil and political rights of Central American citizens guaranteed in this document.

2. Appeal for an end to hostilities.

The Governments make an urgent appeal that, in those States of the region where irregular or insurgent groups are currently active, agreement be reached to end hostilities. The Governments of those States undertake to take all necessary steps, in accordance with the constitution, to bring about a genuine cease-fire.

...

5. Termination of aid for irregular forces and insurrectionist movements.

The Governments of the five Central American States shall request Governments of the region and Governments from outside the region which are providing either overt or covert military logistical, financial or propaganda support, in the form of men, weapons, munitions and equipment, to irregular forces or insurrectionist movements to terminate such aid; this is vital if a stable and lasting peace is to be attained in the region.

6. Non-use of territory to attack other States.

The five countries signing this document reiterate their commitment to prevent the use of their own territory by persons, organizations or groups seeking to destabilize the Governments of Central American countries and to refuse to provide them with or allow them to receive military and logistical support.

7. Negotiations on security, verification and the control and limitation of weapons.

The Governments of the five Central American States, with the Contadora Group acting as mediator, shall continue negotiating on the points outstanding in the draft Contadora Act on Peace and Co-operation in Central America with regard to security, verification and control.

These negotiations shall also cover measures for disarming irregular forces prepared to avail themselves of amnesty decrees."

ANSWER TO QUESTIONS POSED BY JUDGE SHAHABUDDEEN[1]

Judge Shahabuddeen's First Question is summarized as follows:

"Can the Court competently consider this third view (to the effect that Article XXXI of the Pact by itself constitutes a self-sufficient declaration by each member of the Pact of acceptance of the Court's compulsory jurisdiction under Article 36, paragraph 2, of the Statute)? And if it can, and if this third view is accepted, how, if at all, would this affect the arguments?"

Honduras' answer to this question has been given extensively, in Professor Dupuy's pleading, Monday afternoon 13 June, in particular at pages 166-167, *supra*.

Judge Shahabuddeen's Second Question is as follows:

"Are there any ratifying members of the Pact who have not had any declarations in force under Article 36, paragraph 2, of the Statute? I really do not know myself the answer to that, but, if it is so, has this situation ever been criticized by other members, or by qualified commentators, as constituting a breach of an undertaking given in Article XXXI of the Pact to deposit declarations under Article 36, paragraph 2, of the Statute?"

Honduras' answer to this question has also been given in Professor Dupuy's pleading, Monday afternoon 13 June, showing the practice of States which are Parties to the Pact of Bogotá, at pages 167 ff., *supra*.

Judge Shahabuddeen's Third Question is as follows:

"It is the case that, even if it could be established that a State in fact intended its declaration to be irrevocable, it could still terminate it unilaterally in the exercise of an overriding sovereign power to define the terms on which it consents to jurisdiction?"

Honduras' answer is, first, that it does not construe a declaration for an indefinite term as an irrevocable declaration, but rather as one which the declarant State reserves the right to revoke.

But even supposing the declaration were expressed to be "irrevocable", that expression of intent by the State would remain unilateral and States must be deemed to remain free to change their minds (or their policies) so long as they have not entered into a binding commitment vis-à-vis another State which restricts that freedom. Such binding commitment could rise.

(a) by separate treaty,
(b) by operation of law, once another State had filed an application (the Nottebohm principle),
(c) or possibly by estoppel, if a State, by its conduct had led another State to believe it would not revoke its declaration, and that other State had relied on that representation to its detriment.

But the unilateral declaration itself cannot create such a binding commitment for, as explained in Honduras' oral argument, the obligation not to

---

[1] See also pp. 70-71, *supra*. *[Note by the Registry.]*

revoke would have to arise from an undertaking towards a third Party. There is no such obligation contained in the Statute (vis-à-vis the Court). The idea that "good faith" might provide the obligation is illusory, for good faith presupposes there is an existing obligation to be performed in good faith. Nor can different, unilateral declarations be assimilated to a Treaty, so as to provide this obligation. Because, in practice, States reserve freedom to change or terminate declarations at will, so that one could never specify what content such a "treaty" possessed.

Judge Shahabuddeen's Fourth Question is this:

"It seems from the Nicaraguan Counter-Memorial (I), at page 303-304, that the 1974 Honduran protest characterized El Salvador's notice of immediate termination as 'completely lacking in validity'. Was Honduras, by this language, taking any position as to whether El Salvador's notice of termination was or was not wholly bad in law, and, correspondingly, as to whether the notice could or could not become operative after the passage of reasonable time?"

Honduras' answer to this question has been given in Professor Bowett's pleading, Monday afternoon, 10 June (*supra*, pp. 149-154), concerning the particular circumstances of El Salvador-Honduras relations in 1970. He explained that Honduras then believed that El Salvador had given special assurances that recourse to the I.C.J. would be available, and thus the modification of its declaration was a breach of these assurances. Moreover, given the absence of protest by any other State, Honduras then decided, as can be shown by subsequent acts of Honduras, to accept the validity of El Salvador's modification of the Salvadorian declaration. (*Supra*, at pp. 115-116.)

It should be noted, on the other hand, that it was never Honduras' opinion that the notice of modification of El Salvador's declaration did not become operative until "after the passage of a reasonable time".

In relation to filing, modification or termination of declarations, the operative date is the date on which the State expresses its will to be bound, or not to be bound, as the case may be. It does not matter, therefore, how long the Secretary-General takes to transmit the filing, modification or terminations of declarations to States which are Parties to the Statute of the Court.

Judge Shahabuddeen's Fifth Question is:

"I understand Honduras to be submitting that a consensual relationship comes into existence under Article 36, paragraph 2, of the Statute only on the filing of the application. Is there any merit in the view that an application is brought on the basis of consensual relationship? If so, can the application both bring the relationship into existence and be based on it?"

Honduras' answer is no. As the last sentence rightly implies, there is an essential contradiction in regarding the application as both creating and deriving from a consensual relationship. The best analogy is to regard the unilateral declaration as an "offer", or an "invitation to treat" which *per se* creates no legal obligation and can be withdrawn or modified at any time prior to "acceptance". But once another State "accepts" the offer of jurisdiction, by filing an application, the consensual relationship is established. Both parties are bound to the Court's jurisdiction in the terms of their declarations on the date of filing. This, in the view of Honduras, is essentially the Nottebohm principle.

RÉPONSE AUX TROIS QUESTIONS POSÉES PAR M. GUILLAUME[1]

La première question concerne l'article XXXI du Pacte de Bogotá:

«*a*) Lors de la signature, de la ratification ou de l'entrée en vigueur du pacte de Bogotá ou de l'adhésion à ce pacte:

— les Etats contractants qui avaient souscrit auparavant à la déclaration de juridiction obligatoire de l'article 36 du Statut de la Cour (avec ou sans réserve) ont-ils notifié cette déclaration à l'Union panaméricaine ou à l'Organisation des Etats américains?

— les Etats contractants qui n'avaient pas souscrit auparavant à la déclaration de juridiction obligatoire de l'article 36 du Statut de la Cour ont-ils fait une déclaration spéciale pour l'application de l'article XXXI du pacte de Bogotá?

b) Lorsque certains Etats parties au pacte de Bogotá ont retiré leur acceptation de la déclaration de juridiction obligatoire de l'article 36 du Statut, ont-ils notifié ce retrait à l'Organisation des Etats américains? Ont-ils précisé alors quelle serait leur situation au regard de l'article XXXI?

c) Le retrait d'El Salvador du pacte de Bogotá a-t-il été accompagné d'une déclaration concernant l'article XXXI?

d) Les notifications opérées par les Etats à ces divers titres ont-elles été notifiées par l'OEA aux Etats parties? Ont-elles appelé des réactions (accusés de réception, acquiescements, protestations)?»

La réponse à la première question posée par M. Guillaume relativement à la pratique des Etats parties à l'égard de l'article XXXI du pacte de Bogotá a déjà été abordée dans la plaidoirie du professeur P.-M. Dupuy, lors de la séance du 13 juin 1988 (ci-dessus, notamment pp. 167-168). Les informations reçues entretemps de l'Organisation des Etats américains (OEA) permettent toutefois d'apporter les précisions suivantes:

a) Les Etats contractants qui avaient souscrit une déclaration d'acceptation de la juridiction de la Cour conformément à l'article 36, paragraphe 2, de son Statut antérieurement à l'entrée en vigueur du pacte de Bogotá n'ont pas jugé nécessaire de notifier cette déclaration à l'Union panaméricaine ou à l'Organisation des Etats américains.

Cette attitude se comprend sans peine, si l'on considère le système de publication officielle, très largement diffusée, des déclarations optionnelles assuré par le Greffe au moyen des *Annuaires* de la Cour internationale de Justice. Les Etats parties au Pacte de Bogotá sont alors implicitement partis de la présomption d'après laquelle ces déclarations antérieures étaient bien connues du service juridique de l'OEA.

Ceux d'entre eux qui n'avaient pas fait de déclaration selon l'article 36, paragraphe 2, du Statut de la Cour antérieurement à l'entrée en vigueur du pacte et qui ont, postérieurement à celle-ci, formulé une déclaration ne sont qu'au nombre de deux. L'un est le Costa Rica, en 1973. L'autre est précisément le Honduras, quand il renouvela sa déclaration de 1948 une première fois, en 1954 et, une seconde fois, en 1960.

Aucun de ces deux Etats n'a lors considéré nécessaire de notifier le texte de sa déclaration au secrétariat de l'OEA, parce que ce texte, ne comportant aucune réserve à la juridiction de la Cour, ne différait substantiellement en

---

[1] Voir aussi ci-dessus, p. 137-138. *[Note du Greffe.]*

rien de celui de la déclaration collective de juridiction de la Cour effectuée par les Etats parties à l'article XXXI du pacte de Bogotá[1]. Dans les rapports *inter se*, c'est-à-dire entre les parties au pacte, les nouvelles déclarations costaricaine et hondurienne n'apportaient ainsi aucun élément nouveau[2]. Elles ne nécessitaient donc aucune notification à leur égard.

En revanche, la nouvelle formulation de la déclaration hondurienne de 1986 exigeait que le Gouvernement de Tegucigalpa avertisse dûment l'OEA des changements intervenus dans la substance de sa déclaration, puisque celle-ci comporte désormais des réserves. Rappelons que cette pratique n'a soulevé aucune objection de la part du service juridique de l'OEA, pas plus que des autres Etats parties au pacte et/ou membres de l'organisation régionale, y compris le Nicaragua, du moins, pour ce cernier, pendant à peu près un an!

b) Si l'on met à part les Etats parties au pacte qui, tels El Salvador ou le Honduras (voir *supra*), ont non pas dénoncé mais modifié leur déclaration de reconnaissance de la juridiction de la Cour depuis l'entrée en vigueur du traité interaméricain de règlement des différends, un seul Etat est concerné. Il s'agit du Brésil, qui n'a pas renouvelé sa déclaration du 12 mars 1948, accomplie à l'époque pour cinq ans. Au terme de la durée de validité de la déclaration de 1948, soit en mars 1954, le Brésil n'a pas notifié au secrétariat de l'OEA son non-renouvellement de la reconnaissance de juridiction sur la base de l'article 36, paragraphe 2, du Statut.

Là encore, cette abstention s'explique aisément. La déclaration brésilienne de 1948 était faite explicitement sous la seule condition de réciprocité. Elle ne comportait, en dehors de cette précision, aucune mention ni réserve particulière. Son contenu n'apportait ainsi aucun élément particulier par rapport à la déclaration collective souscrite à l'article XXXI du pacte. En conséquence, son non-renouvellement n'a en rien modifié l'engagement du

---

[1] S'agissant de la pratique des déclarations collectives de reconnaissance de juridiction de la Cour contenues dans un traité international, on rappellera que le cas du pacte de Bogotá n'est nullement isolé, ainsi que l'atteste en particulier, avant qu'il modifie sa présentation, l'*Annuaire de la Cour internationale de Justice* de 1960-1961. Ainsi que le notait justement le mémoire du Nicaragua en 1984, dans l'affaire l'opposant aux Etats-Unis, affaire dont on sait qu'il y soutenait alors vigoureusement l'identité de l'article XXXI du pacte avec une clause collective de l'article 36, paragraphe 2, du Statut, cet *Annuaire* «listed a number of other multilateral and bilateral treaties that also contained provisions purporting to establish the Court's jurisdiction by referring, directly or indirectly, to Article 36, paragraph 2, of the Statute» (mémoire du Nicaragua sur la juridiction de la Cour dans l'affaire des *Activités militaires et paramilitaires au Nicaragua et contre celui-ci*, 30 juin 1984, par. 93, note 2). Dans la liste des accords ainsi répertoriés, l'attention est tout particulièrement attirée par l'accord entre le Brésil et le Venezuela sur le règlement pacifique des différends du 30 mars 1940 (*C.I.J. Annuaire 1950-1951*, pp. 207-208), le traité également relatif au règlement des différends conclu entre le Danemark et la Finlande signé à Helsinki le 24 septembre 1953 (*C.I.J. Annuaire 1954-1955*, pp. 201-202) ainsi que l'accord portant sur un objet identique entre la Grèce et la Suède, du 11 décembre 1956 (*C.I.J. Annuaire 1957-1958*, p. 214). Ainsi que le notait également le mémoire nicaraguayen de 1984 jusqu'à 1960-1961, avec ces autres accords dont la liste comportait en tout sept titres, «the Pact is listed in the same part of the Annex as the declarations accepting compulsory jurisdiction; it is listed separately from those treaties providing jurisdiction pursuant to Article 36, paragraph 1».

[2] La raison de leur émission tient au désir de ces Etats d'accorder à la Cour une juridiction qui ne soit pas restreinte aux seules parties au pacte: ces déclarations ont permis à ces deux Etats de reconnaître la juridiction de la Cour pour les différends éventuels qui les opposeraient à des Etats tiers (soit d'autres Etats américains non partis au pacte, soit tout autre Etat existant).

Brésil vis-à-vis des autres parties au pacte. Il n'y avait donc pas lieu d'en aviser l'OEA.

c) La dénonciation du pacte de Bogotá par El Salvador n'a pas été accompagnée d'une déclaration spécifique relative à l'article XXXI. Quoique la présence de cette disposition dans le traité en cause ait été certainement déterminante pour la décision d'El Salvador de le dénoncer (puisqu'il craignait alors de se voir attrait devant la Cour par le Honduras à propos du différend frontalier qui l'opposait à cet Etat) El Salvador a préféré notifier sa décision en se référant au système général établi par le Pacte, dont il a estimé qu'il n'avait pas donné les résultats que l'on pouvait en escompter.

En conclusion, sur la pratique des Etats membres relativement au pacte de Bogotá, on constatera qu'elle ne contredit en rien le tableau des diverses possibilités offertes aux parties á l'égard de l'article XXXI du pacte, en liaison avec l'article 32, paragraphe 2, du Statut de la Cour, bien au contraire (voir plaidoirie du 13 juin 1988, ci-dessus p. 167).

Précisons de plus qu'en ce qui concerne les Etats ayant déjà émis une déclaration de reconnaissance sur la base de l'article 36, paragraphe 2, ils n'avaient évidemment pas à aviser individuellement le Greffe de la Cour de l'entrée en vigueur du pacte, avec son article XXXI, puisque cette notification avait été faite directement par les services de l'OEA au Greffe. On ne saurait donc déduire de cette absence de notification individuelle la preuve d'une autonomie des deux systèmes de reconnaissance de juridiction, l'un par rapport à l'autre.

d) La notification opérée par la République du Honduras au secrétariat général de l'OEA du nouveau texte de sa déclaration de reconnaissance de la juridiction de la Cour a, comme on sait, été ensuite diffusée par cette organisation auprès de tous les Etats parties. Deux d'entre eux ont réagi par un accusé de réception exempt de toute protestation: le Nicaragua, par note en date du 30 juin 1986, et la Colombie, par note du 14 juillet 1986 (voir ci-après, annexe 1 d)).

La deuxième question de M. Guillaume est relative à l'article XXXII du Pacte de Bogotá:

> « La dernière phrase de l'article 32 dispose que: «La compétence de la Cour restera obligatoire, conformément au paragraphe 1 de l'article 36 du Statut.» Quel sens les Parties donnent-elles à ce texte, dans les diverses langues du pacte?»

La question posée par M. Guillaume relativement aux différences de traduction de la dernière phrase de l'article XXXII du pacte de Bogotá et aux enseignements qu'il conviendrait éventuellement d'en tirer pour l'interprétation de cette disposition appelle, de la part du Gouvernement du Honduras, les observations suivantes.

Ces différences illustrent une nouvelle fois les insuffisances ou imperfections de la traduction, en particulier vers le français. On en a rencontré d'autres manifestations avec l'article II du pacte. Le mémoire du Honduras a également appelé l'attention sur le cas du texte de l'article XXXV. Le Honduras s'en tient, quant à lui, ainsi qu'il l'a fait à propos de l'article II, aux textes espagnol et anglais, qui ont été les langues de travail des conférences préparatoires et, notamment, de celle de Bogotá.

En espagnol, le texte «la jurisdicción de la Corte quedara obligatoriamente abierta conforme al inciso 1º del Articulo 36 des mismo Estatuto» peut se traduire par «la juridiction de la Cour sera établie obligatoirement conformément, etc.». C'est d'ailleurs exactement le sens que l'on retrouve dans le texte anglais: «The Court shall have compulsory jurisdiction in accordance with...» Le texte officiel français se contente donc d'une traduction littérale, qui risque effectivement, apparemment sans que les traducteurs s'en soient rendu compte, d'induire un sens dévié, par l'emploi servile du verbe rester. Cependant, ainsi que le démontrent les travaux préparatoires et le contexte général du chapitre IV, il n'y a lieu de tirer de cette traduction malhabile aucune conséquence de droit.

La troisième question de M. Guillaume relativement au processus de Contadora et d'Esquipulas II comporte trois points.

«*a)* Le processus de Contadora est-il définitivement abandonné? Est-il simplement suspendu? Se poursuit-il sous une forme ou sous une autre?»

La réponse du Honduras est la suivante:

Le processus de Contadora n'a pas été abandonné. Après que les quatre pays non centre-américains membres de Contadora aient présenté la version finale de l'acte, en juin 1986 (voir note de remise, en annexe 27 du mémoire du Honduras, **I**), les ministres des relations extérieures de Colombie, du Mexique, du Panama et du Venezuela, conjointement aux membres du groupe de soutien, MM. les ministres de relations extérieures de l'Argentine, du Brésil, du Pérou et de l'Uruguay, engagèrent, à l'automne 1986, des consultations avec les ministres des pays d'Amérique centrale, en particulier à l'occasion de la quarante et unième assemblée générale des Nations Unies et de la seizième assemblée générale de l'Organisation des Etats américains.

Puis, en compagnie des secrétaires généraux des Nations Unies et de l'OEA, ils visitèrent les capitales de l'Amérique centrale, en janvier 1987 (**I**, annexe 33 du mémoire du Honduras).

Le 13 avril 1987, les huit pays adoptèrent la «Déclaration de Buenos Aires» (annexe 3 *a)* 1 de la présente réponse), dans laquelle ils déclarent notamment:

— au paragraphe 4, que:

«ils soulignent l'importance de la proposition du président Arias, qui s'inscrit dans la volonté de réactiver le processus négociateur de Contadora...»;

— au paragraphe 5:

«que les groupes de Contadora et de soutien manifestent leurs dispositions à collaborer activement au succès de la réunion d'Esquipulas, au moyen d'un processus d'information et de consultations...»

Après une réunion de deux jours (voir note annexe à l'intervention de l'agent du Honduras, lors de l'audience orale du 13 juin 1988), les ministres des relations extérieures de l'Amérique centrale et Contadora indiquèrent à Tegucigalpa (Honduras), le 1er août 1987, dans un communiqué commun (annexe 3 *a)* 2 de la présente réponse), ce qui suit:

— au paragraphe 4:

«on mit en évidence que le «plan Arias» et l'«acte de Contadora pour la paix et la coopération en Amérique centrale» ne sont pas des instruments exclusifs l'un de l'autre, mais, plutôt, complémentaires. *En effet, les ministres des relations extérieures s'accordèrent à dire que le «plan Arias» est un précieux instrument susceptible de contribuer particulièrement à résoudre les problèmes les plus graves de la zone centre-américaine.* Ils réaffirmèrent également l'importance qu'ils attribuent à l'acte de Contadora, en tant que fruit d'une négociation conjointe, en le considérant comme un instrument global contenant un système intégral...» (les italiques sont de nous.)

— Au paragraphe 11:

«Les ministres des relations extérieures centre-américains adressèrent aux ministres des relations extérieures du groupe de Contadora une incitation en vue d'une nouvelle réunion de consultation, postérieure au sommet de Guatemala, en vue de s'engager plus avant dans le processus de pacification...»

Le sommet qui s'est tenu le 7 août 1987 à Guatemala a adopté la «Procédure en vue de l'instauration d'une paix ferme et durable en Amérique centrale», dans laquelle des compétences spécifiques sont conférées au groupe de Contadora.

«*b)* Quel rôle le groupe de Contadora a-t-il joué et joue-t-il dans l'application de la déclaration de Guatemala (Esquipulas II)?»

Le groupe de Contadora et le groupe de soutien sont inclus dans la procédure d'Esquipulas, tant au niveau politique des réunions des ministres des relations extérieures que dans l'application spécifique de certains accords concernant la sécurité qui, outre les manœuvres militaires, comprend: A) la négociation sur la limitation et la réduction des armements, effectifs et installations militaires — négociation pendante depuis 1986, mais qui constitue une partie essentielle du projet final de l'acte — et B) questions du contrôle et du suivi des engagements assumés par les gouvernements d'Amérique centrale.

A) En ce qui concerne les négociations relatives aux armements, effectifs et installations, il convient de constater, premièrement, que *le numéro 7 de la procédure* d'Esquipulas élargit cette négociation afin qu'elle *couvre aussi «des mesures visant à désarmer les forces irrégulières qui seraient disposées à invoquer les décrets d'amnistie»* (les italiques sont de nous.)

En second lieu, que la première réunion de l'Amérique centrale et du groupe de Contadora en vue de la mise en œuvre du numéro 7, se tint à Caracas (Venezuela) le 10 décembre 1987, selon les minutes du document ci-joint (annexe 3 *b)* 1 de la présente réponse).

Les antécédents aux négociations pendantes relatives aux engagements en matière de réduction d'armements et d'effectifs militaires peuvent être consultés dans les documents suivants, datant de 1986:

— proposition du Costa Rica et du Guatemala, en date du 27 mai 1986, relatives aux «Commitments with regard to military manœuvres and to armaments and troop strength» (Nations Unies, doc. A/40/420-S/18107) (annexe 3 *b)* 2 de la présente réponse).

— texte des «Commitments with regard to armaments and troop strength in the final version of the Contadora Act of 26 June 1986» (Nations Unies, doc. A/40/436-S/18184) (annexe 3 *b)* 3 de la présente réponse).

B) En ce qui concerne les questions de contrôle et de suivi, la première observation est que les fonctions de contrôle que, en matière politique, le projet d'acte final de 1986 confiait à un comité *ad hoc* en vue de l'évaluation et du suivi des engagements en matière politique, de réfugiés et de déplacés, ont été en grande partie transférées aux «commissions nationales de réconciliation». Attendu que le comité prévu dans l'acte ne prendra ses fonctions qu'à l'entrée en vigueur de ce dernier et que les présidents considèrent que la réconciliation et la démocratisation sont des tâches urgentes en vue de la pacification de l'Amérique centrale, les commissions assument, dans chaque pays, des compétences de contrôle liées aux engagements d'Esquipulas II sur l'amnistie, le cessez-le-feu, la démocratisation, les élections libres et le strict respect des droits civils et politiques des Centre-Américains (Esquipulas, n° 1, *a)*).

La seconde observation est qu'Esquipulas II a instauré, au n° 10, une «commission internationale de contrôle et de suivi» (CIVS) composée des ministres des relations extérieures de l'Amérique centrale, du groupe de Contadora, du groupe de soutien et des secrétaires généraux des Nations Unies et de l'OEA. Le rapport de cette commission, le 13 janvier 1988, fut analysé par les cinq présidents des Républiques d'Amérique centrale lors de leur réunion du 16 janvier, dans laquelle ils décidèrent de centraliser les fonctions de négociation et de contrôle dans la commission exécutive des ministres des relations extérieures d'Amérique centrale, qui sera secondée dans ses travaux par des mécanismes intégrés par le biais du secrétaire général des Nations Unies.

Les principaux documents en la matière sont les suivants:

— mécanisme de la «verification and control commission for security matters», du projet d'acte de Contadora, de septembre 1985, qui regroupe des observations du Costa Rica, d'El Salvador, du Guatemala et du Honduras relatives à la définition des fonctions d'un «International corps of inspectors» (Nations Unies, doc. A/40/737-S/17549) (annexe 3 *b)* 4 de la présente réponse).

Ce mécanisme se maintient dans la version finale de l'acte de Contadora du 26 juin 1986, mais n'est pas totalement accepté par le Nicaragua;

— «statute of the verification and control mechanism for security matters» présenté par les gouvernements du Honduras, du Costa Rica et d'El Salvador, en février et mars 1985 (Nations Unies, doc. A/39/889-S/17104) (annexe 3 *b)* 5 de la présente réponse).

Il n'a pas été accepté à cause de l'opposition du Nicaragua et est tributaire des négociations;

— communiqué du 22 août 1987 des ministres des relations extérieures de Contadora, du groupe de soutien de l'Amérique centrale, avec les secrétaires généraux des Nations Unies et de l'OEA (annexe 3 *b)* 6 de la présente réponse).

On y annonce la constitution de la CIVS et on y programme des réunions;

— communiqué du 7 novembre 1987 sur la seconde réunion de la CIVS (annexe 3 *b)* 7 de la présente réponse);

— communiqué de décembre 1987 de la CIVS (annexe 3 *b)* 8 de la présente réponse);

— rapport final de la CIVS en date du 13 janvier 1988 (annexe 3 *b)* 9 de la présente réponse).

«*c)* Selon le septième alinéa de la déclaration adoptée le 16 janvier 1988 par les cinq présidents des Républiques de l'Amérique centrale à

San José de Costa Rica, une «commission exécutive, formée par les ministres des relations extérieures des Etats centre-américains aura la charge principale de vérification, contrôle, suivi de tous les engagements contenus dans la procédure de Guatemala et dans la présente déclaration». Cette commission exécutive recherchera à cette fin certaines coopérations extérieures. Cette même commission doit examiner le rapport général de la commission internationale de vérification et de suivi présenté à San José.

Comment a été appliqué le septième paragraphe de la déclaration du 16 janvier 1988: travaux de la commission exécutive? Quelles coopérations extérieures ont été cherchées et obtenues?»

La commission exécutive constituée des cinq ministres des relations extérieures de l'Amérique centrale commença ses travaux les 19 et 20 août 1987 (annexes 3 c) 1 et 2 de la présente réponse).

Lors de la seconde réunion, qui s'est tenue à Managua les 17 et 18 septembre 1987 (annexe 3 c) 3 de la présente réponse), la Commission a constaté avec satisfaction l'installation de la commission internationale de contrôle et de suivi (CIVS), la création de commissions nationales de réconciliation et la rapide réactivation des négociations sur la limitation des armements, effectifs et installations militaires (quoique cette réactivation se soit produite, de fait, jusqu'en décembre).

La troisième réunion, les 27 et 28 octobre, passa en revue les progrès réalisés et tint un important débat sur la simultanéité de l'accomplissement des engagements contractés (annexe 3 c) 4 de la présente réponse).

Après le sommet présidentiel du 16 janvier 1988, la commission tint sa quatrième réunion à San Salvador, les 16 et 17 février 1988 (annexe 3 c) 6), dont il convient de souligner que, dans l'exercice de sa fonction principale de contrôle, d'*importantes décisions furent unanimement* adoptées sur:

— la démocratisation et son contrôle (par. 3 et 4);
— aboutir, lors de la *prochaine réunion* à des *accords* sur la détermination des modalités, ainsi que des pays et organismes internationaux qui participeront *au contrôle spécifique* des engagements sur la cessation de l'aide apportée aux groupes irréguliers ou aux forces insurrectionnelles et le non-usage du territoire pour agresser d'autres Etats (par. 5);
— inclure à l'ordre du jour la proposition du Honduras devant la dix-septième Assemblée générale de l'OEA (par. 7), proposition qui fut jointe à l'intervention du représentant du Honduras, le 13 juin, et qui reçut un accueil favorable du président du Nicaragua. (Voir annexe 3 c) 5 de la présente réponse: article du journal *El Pais*, de Madrid, même si le président Ortega donne certaines interprétations des faits étrangères à la proposition et attribue au Honduras d'autres propositions qui n'ont pas été formulées);
— adresser une véhémente exhortation aux mouvements insurrectionnels (d'El Salvador, du Guatemala et du Nicaragua) afin qu'ils se prévalent de l'amnistie et s'intègrent au dialogue et à la vie démocratique (par. 11).

Lors de la cinquième réunion, qui s'est tenue en deux parties, les 23-24 mars et le 7 avril, les ministres des relations extérieures ont poussé plus avant le processus négociateur avec des décisions qui cependant, à cause de l'obstruction du Nicaragua, n'ont pas encore pu être ratifiées (voir annexe 3 c) 7 de la présente réponse).

Il faut rappeler que l'armée populaire sandiniste a, à la veille d'une réunion avec les dirigeants de la «contra», lancé, en mars 1988, une offensive militaire d'envergure contre les insurgés, opérations militaires qui amenèrent l'armée sandiniste à envahir le territoire hondurien, et le Gouvernement du Honduras à exercer son droit inhérent de légitime défense (voir documentation liée à la demande du Nicaragua de mesures provisionnelles de protection, et à son retrait — dossier devant la CIJ, mars-avril 1988).

D'autre part, il faut constater de nouveau que, avec la signature de l'accord de Sapoá, en date du 23 mars 1988, fut conclu le premier accord de cessation des hostilités dans l'Amérique centrale et se sont ouvertes des possibilités sérieuses de démocratisation et de réconciliation au Nicaragua, malgré les récentes contradictions dans les négociations entre le gouvernement et la résistance nicaraguayenne (voir annexes 3 c) 8 et 3 c) 9 de la présente réponse).

Finalement, en ce qui concerne la *coopération extérieure* aux mécanismes de contrôle, le Gouvernement du Honduras rappelle le document, en date du 25 mai 1988, présenté comme annexe à l'intervention de l'agent du Honduras, le 13 juin, par lequel les gouvernements du Canada, de la République fédérale d'Allemagne et de l'Espagne déclarent être disposés à assister les pays centreaméricains dans les fonctions de contrôle, à réception de l'invitation formelle en ce sens de la part des cinq pays.

Or, malheureusement, cette invitation, dont le texte fut présenté à la sixième réunion de la commission exécutive, qui s'est tenue à Tegucigalpa (Honduras), les 21 et 22 juin 1988 (voir annexe 3 c) 10 de la présente réponse), ne put être adoptée et envoyée à cette occasion au Secrétaire général des Nations Unies, du fait de la politique du Nicaragua continuant obstinément à en subordonner l'adoption à l'acceptation, de la part du Honduras et des autres participants, de nouvelles exigences, clauses et mesures uniquement favorables au Nicaragua, sans contreparties qui prendraient dûment en compte les intérêts légitimes de sécurité des autres pays participant à la négociation.

(Signed) Mario CARÍAS,
Agent of the Republic of Honduras.

List of Documents Appended to Honduran Answers to the First and Third Questions Posed by Judge Guillaume

1 d) *Article XXXI of Pact of Bogotá*

    1. Accusé de réception de la lettre du secrétaire général de l'OEA en date du 30 juin 1986 par le Nicaragua en date du 7 juillet 1986.
Accusé de réception de la lettre du secrétaire général de l'OEA en date du 30 juin 1986 par la Colombie en date du 14 juillet 1986.
    2. Note No. 218 DSM from Mr. Carlos López Contreras, Minister of Foreign Affairs of Honduras dated 15 June 1987 to the General Secretary of OAS.

3 a) *Participation of Contadora in Esquipulas II*

    1. 13.04.87   Déclaration de Buenos Aires.
    2. 01.08.87   Communiqué commun de la réunion des ministres des relations extérieures.

3 b) *Numéro 7 – Esquipulas II*

   1. 10.12.87 Minutes de la premières réunion du groupe centre-américain et Contadora pour la mise en œuvre de la procédure de Guatemala.
   2. 28.05.86 Joint proposal of Costa Rica and Guatemala
   3. 02.07.86 Act of Contadora. Commitments with regard to armaments and troop strength

Verification and security

   4. 09.10.85 Act of Contadora. Verification and control commission for security matters.
   5. 16.04.85 Statute of the verification and control mechanism for security matters under the Contadora Act of Peace and co-operation in Central America.
   6. 22.08.87 Communiqué relatif à la constitution de la commission internationale de contrôle et de suivi, Caracas.
   7. 07.11.87 Communiqué conjoint de la seconde réunion de la commission internationale de contrôle et de suivi, Washington.
   8. 04.12.87 Communiqué de presse de la commission internatonale de contrôle et de suivi, suite à sa quatrième réunion, New York.
   9. 20.01.88 Rapport final de la commission internationale de contrôle et de suivi sur les progrès réalisés dans l'exécution des accords de la procédure en vue de parvenir à une paix ferme et durable en Amérique centrale.

3 c) *Executive Commission*

   1. 20.08.87 Constitution et installation – Communiqué conjoint.
   2. 20.08.87 Première réunion.
   3. 18.09.87 Deuxième réunion.
   4. 28.10.87 Troisième réunion.
   5. 17.11.87 Interview du président Daniel Ortega, *El Pais*.
   6. 17.02.88 Quatrième réunion.
   7. 07.04.88 Cinquième réunion.
   8. 10.06.88 Dialogue entre le gouvernement sandiniste et la «contra», *El Pais*.
   9. 11.06.88 Dialogue entre le gouvernement sandiniste et la «contra», *El Pais*.
  10. 21.06.88 Projet de note au groupe technique auxiliaire préparé par les ministres des relations extérieures d'Amérique centrale.

Annexe 1 d) 1

Mission permanente du Nicaragua devant l'Organisation des Etats américains, Washington, D.C.

S. Exc. Monsieur Joäo Baena Soares,
Secrétaire général de l'Organisation des Etats américains,
Washington, D.C.

N° 839/86 MPN/OEA   7 juillet 1986.

Excellence,

    J'ai l'honneur de m'adresser à Votre Excellence pour accuser réception de sa lettre du 30 juin dernier, par laquelle elle m'a fait parvenir une copie du communiqué n° DSM-206/86, en date du 26 mai 1986, que lui a adressé Son Excellence Monsieur le ministre des relations extérieures de la République du Honduras, conjointement à la déclaration du Gouvernement hondurien relative aux modifications apportées à l'acceptation de la juridiction de la Court internationale de Justice.

En la remerciant de cette transmission, je profite de l'opportunité pour renouveler à Votre Excellence les marques de considération et d'estime les plus profondes.

(Signé) Edgard PARRALES,
ambassadeur.

[Texte espagnol non reproduit]

Annexe 1 d) 2

Mission permanente de Colombie, devant l'Organisation des Etats américains, Washington

S. Exc. Monsieur Joäo Baena Soares,
Secrétaire général de l'Organisation des Etats américains,
Washington, D.C.

N° 471   14 juillet 1986.

Monsieur le Secrétaire général,

J'ai le plaisir de m'adresser à Votre Excellence pour lui accuser réception de sa lettre du 30 juin dernier par laquelle elle a bien voulu me faire parvenir une copie de la déclaration du Gouvernement hondurien relative aux modifications apportées à l'acceptation, de la part du Honduras, de la juridiction de la Cour internationale de Justice sur l'article XXXI du traité américain de solutions pacifiques.

Je renouvelle à Votre Excellence l'assurance de mes considérations distinguées.

(Signé) Francisco POSADA DE LA PENA,
ambassadeur.

[Texte espagnol non reproduit]

Annexe 1 d) 3

Ministry of Foreign Affairs of Honduras

Note 218-DSM

Tegucigalpa, D.C.
June 15, 1987.

Mr. Secretary General:

I have the honour to address your Excellency with reference to the note addressed to you under date of May 15, 1987, by the Minister of Foreign

Affairs of Nicaragua with respect to the communication from this Secretariat advising you of the amendments that the Government of Honduras has made to its acceptance of the jurisdiction of the International Court of Justice, in view of the fact that the terms of that amendatory declaration are equally applicable to Article XXXI of the American Treaty on Pacific Settlement

I consider it irrelevant to refer to the points of view set forth by the Nicaraguan Foreign Office a year after the General Secretariat communicated to it the amendments introduced to the acceptance of the jurisdiction of the International Court of Justice by the Republic of Honduras.

Suffice it to say that in the intervening period Nicaragua instituted proceedings against Honduras in the International Court of Justice and my country has already communicated its memorial alleging lack of jurisdiction of the Court on the grounds, *inter alia*, that the declaration to which Article 36, No. 2, of the Statute of the Court refers is the source of the Court's jurisdiction and any modification made to it equally modifies the scope of provisions contained in other instruments, as is the case with Article XXXI of the Pact of Bogotá, which in addition to expressly citing Article 36, No. 2, of the Statute of the Court, and of basing itself on that provision, is in all pertinent respects a faithful copy of that provision. It is worth mentioning that at the present stage of the litigation, and pursuant to Article 36, No. 6, of the Statute of the Court, the authority to decide on its own jurisdiction resides exclusively in the Court.

I should be very grateful if your Excellency would arrange for the text of this note to be circulated to the member States of the Organization.

Accept, Mr. Secretary General, the renewed assurance of my highest consideration.

Carlos LÓPEZ CONTRERAS,
Secretary.

His Excellency Joäo Clemente Baena Soares,
Secretary General of the Organization of American States,
Washington, D.C.

[Spanish text not reproduced]

Annexe 3 a) *1*

Déclaration de Buenos Aires

Les ministres des relations extérieures de Contadora et du groupe de soutien déclarent:

1. Que la crise centre-américaine est un conflit dont les répercussions affectent l'ensemble de la région, ainsi qua la sécurité, la stabilité et la coexistence de nos pays et de nos peuples.

2. Qu'ils considèrent comme une préoccupation extrême la stagnation du processus négociateur tendant à la signature de l'acte de Contadora en vue de la paix et de la coopération en Amérique centrale, à partir de juin 1986, date à laquelle le groupe de Contadora remit le projet correspondant, et rappellent en outre l'engagement des Secrétaires généraux des Nations Unies et de l'Or-

ganisation des Etats américains de collaborer à l'application des mécanismes de vérification et de contrôle prévus dans l'acte de paix.

3. Que leur engagement à œuvrer pour la paix se voit renforcé par des faits tels que la réunion des cinq présidents centre-américains à Esquipulas (Guatemala), au mois de juin prochain.

4. Qu'ils soulignent également l'importance de la proposition du président Arias qui s'inscrit dans une volonté de réactiver le processus négociateur de Contadora, ainsi que l'exprime la lettre que le Gouvernement du Costa Rica fit parvenir — par le truchement de son ministre des relations extérieures — aux groupes de Contadora et de soutien, en date du 8 avril dernier, lettre dont l'un des paragraphes stipule:

> « De ce fait, le Costa Rica souhaite exprimer à Messieurs les ministres des relations extérieures des groupes de Contadora et de soutien, ainsi qu'il l'a déjà fait en plusieurs occasions, que cette proposition se situe tout à fait dans le cadre des efforts négociateurs globaux de Contadora et que l'un de ses principaux objectifs est précisément de créer — dans de brefs délais qu'il faut tenter de fixer — une série de conditions qui permettent de renouer la négociation de l'acte et de lui donner un terme heureux, dans un contexte de démocratie, de paix, de liberté et de sécurité dans chacun des Etats centre-américains.
>
> A cet égard, le Gouvernement du Costa Rica tient à signaler que la réunion des présidents, à Esquipulas, favorisera un accord entre les cinq pays, conjointement à la signature de la proposition, ou en tant que partie de celle-ci, en vue de réamorcer la négociation de l'acte, comme conséquence naturelle de l'exécution du plan costaricain. »

5. Que les groupes de Contadora et de soutien manifestent leurs dispositions à collaborer activement au succès de la réunion d'Esquipulas, au moyen d'un processus d'information et de consultations pour lequel ils ont convenu de s'adresser au Gouvernement du Guatemala aux fins d'analyser les mécanismes adaptés à cet effet.

6. Que, convaincus que c'est pour tous une obligation morale que de contribuer à la création d'un climat propice au dialogue entre les Centre-Américains et qu'il est nécessaire d'éviter que le temps qui nous sépare du sommet d'Esquipulas puisse donner lieu à des circonstances susceptibles de ternir ce climat, ils exhortent les pays directement ou indirectement impliqués dans le conflit à s'abstenir de tout fait ou action de force ou d'intimidation susceptible d'affecter les résultats de la prochaine réunion d'Esquipulas.

7. Enfin, ils conviennent de se réunir, outre les rencontres consécutives aux initiatives susdites, après la réunion d'Esquipulas pour en analyser les résultats et examiner les formes de coopération qui faciliteront la mise en œuvre des accords adoptés au sommet des présidents centre-américains, en vue de renouer les négociations de l'acte de Contadora.

Buenos Aires (Argentine), le 13 avril 1987.

Source: Mémoire du ministère des relations extérieures du Honduras, 1987.

[Texte espagnol non reproduit]

Annexe 3 a) 2

Communiqué commun de la réunion des ministres des relations extérieures des pays centre-américains et du groupe de Contadora

Réunis en la ville de Tegucigalpa (République du Honduras), les 31 juillet et 1ᵉʳ août 1987, les ministres des relations extérieures des pays centre-américains, Rodrígo Madrigal Nieto (Costa Rica), Ricardo Acevedo Peralta (El Salvador), Mario Quinonez Amézquita (Guatemala), Miguel d'Escoto Brockmann (Nicaragua) et Carlos Lopez Contreras (Honduras) et les ministres des relations extérieures du groupe de Contadora, Julio Londono Paredes (Colombie), Bernardo Sepulveda Amor (Mexique), Jorge Abadia Arias (Panama) et Simon Alberto Consalvi (Venezuela) procédèrent à un examen de la situation centre-américaine telle qu'elle se présente aujourd'hui, dans le but de trouver des solutions justes et durables aux divers problèmes auxquels est confrontée la région.

Dans une atmosphère de cordialité, de compréhension et de franchise, ils réaffirmèrent qu'il incombe fondamentalement aux Centre-Américains de rechercher et de trouver ces solutions. Ils réaffirmèrent également l'importance de la contribution des pays du groupe de Contadora et du groupe de soutien, en signalant que la crise centre-américaine intéresse et affecte l'ensemble de la région

C'est dans cet esprit qu'ils analysèrent attentivement le « plan Arias », ses implications et ses conséquences. Après un échange d'opinions fructueux, on parvint à la conclusion selon laquelle la crise centre-américaine est le fruit de tous les problèmes et situations relevant de la sphère nationale, ainsi que de ceux à caractère international et, par conséquent, leur extension la rend plus grave de jour en jour et il est impératif de déployer les efforts les plus grands pour revenir rapidement à une situation normale dans l'espace centre-américain.

En ce sens, on mit en évidence que le «plan Arias» et «l'acte de Contadora pour la paix et la coopération en Amérique centrale» ne sont pas des instruments exclusifs l'un de l'autre, mais plutôt complémentaires. En effet, les ministres des relations extérieures s'accordèrent à dire que le «plan Arias» est un précieux instrument susceptible de contribuer particulièrement à résoudre les problèmes les plus graves de la zone centre-américaine. Ils réaffirmèrent également l'importance qu'ils attribuent à l'acte de Contadora en tant que fruit d'une négociation conjointe, en le considérant comme un instrument global contenant un système intégral.

Les ministres des relations extérieures d'El Salvador, du Nicaragua, du Guatemala et du Honduras formulèrent des observations et des commentaires concernant le plan Arias; ils tendirent à préciser des concepts et à déterminer des procédures, aux fins de lui conférer davantage de positivité. A cet égard, le Gouvernement du Honduras présenta un document tendant à harmoniser les dispositions dudit plan avec celles de l'acte et des actions de Contadora. Le ministre des relations extérieures du Costa Rica manifesta sa satisfaction quant à toutes les observations faites et se proposa de les étudier attentivement, en envisageant de les adopter.

A la lumière des événements, les ministres des relations extérieures centre-américains décidèrent de solliciter la précieuse coopération du groupe de Contadora pour fixer les textes dans un document servant de base à la poursuite de la négociation lors de la réunion des ministres des relations extérieures centre-américaines, à Guatemala. Une fois encore, le groupe de Contadora souligna sa volonté de contribuer à la solution de la crise centre-américaine, geste dont les ministres de relations extérieures de l'Amérique centrale lui surent gré.

Ils reconnurent les courageux efforts déployés par les gouvernements de la zone, en étroite collaboration avec les services du Haut Commissariat des Nations Unies pour les réfugiés (ACNUR), en vue d'une solution au problème posé par les milliers de réfugiés. A cet égard, ils prirent acte, avec satisfaction, du rapport des ministres des relations extérieures du Nicaragua et du Honduras, relatif à la mise en œuvre d'un processus de rapatriement volontaire des réfugiés nicaraguayens ainsi que d'actions qui seront menées, dans ce domaine entre le Costa Rica et le Nicaragua.

Les ministres des relations extérieures du Honduras et d'El Salvador rendirent également compte des efforts entrepris en vue de résoudre la problématique des réfugiés salvadoriens au Honduras et pour impulser des programmes de rapatriement volontaire. Ils annoncèrent la tenue, à San Salvador, à la fin de ce mois, d'une réunion de la commission tripartite qu'ils forment avec l'ACNUR.

Ils donnèrent également leur appui à la tenue d'une conférence régionale sur les réfugiés centre-américains qu'il est envisagé d'organiser l'année prochaine sous les auspices de l'ACNUR.

Messieurs les ministres exprimèrent leur satisfaction pour la présence à cette réunion de MM. Harry Belevan et Ricardo Tichauer, représentants respectifs des secrétaires généraux de l'Organisation des Etats américains et des Nations Unies, dont la présence constituait une réaffirmation du soutien apporté aux actions en faveur de la paix dans l'isthme centre-américain.

Les ministres des relations extérieures centre-américains adressèrent aux ministres des relations extérieures du groupe de Contadora une incitation en vue d'une nouvelle réunion de consultation, postérieure au sommet de Guatemala, en vue de s'engager plus avant dans le processus de pacification.

A cet effet, il fut convenu que les résultats du sommet présidentiel seraient transmis officiellement et immédiatement aux pays du groupe de Contadora et du groupe de soutien.

Les ministres des relations extérieures des quatre pays centre-américains et ceux du groupe de Contradora font état de leur reconnaissance à l'égard du Gouvernement du Honduras pour l'organisation d'une réunion qu'ils jugent hautement précieuse. Ils exprimèrent également leur gratitude pour la cordiale hospitalité du peuple hondurien.

Tegicugalpa, le 1er août 1987.

Source: Mémoire du ministère des relations extérieures du Honduras, 1987.

[Texte espagnol non reproduit]

———

Annexe 3 b) 1

Minute de la première réunion du groupe centre-américain et Contadora pour la mise en œuvre de la procédure de Guatemala

En exécution du mandat figurant au numéro 7 de la «procédure pour instaurer une paix ferme et durable en Amérique centrale», s'est tenue à Caracas, le 10 décembre de cette année, une réunion des représentants des gouvernements des pays centre-américains, avec la participation du groupe de Contadora dans l'exercice de sa fonction médiatrice (annexe I)

Les membres de la réunion disposaient d'un document contenant les antécédents généraux et des suggestions sur l'organisation et la méthode de travail.

Les membres de la réunion adoptèrent l'ordre du jour suivant:
1) préciser les thèmes de référence des négociations;
2) organisation des travaux futurs;
3) date et siège de la prochaine rencontre.

A l'issue des délibérations, les représentants des pays centre-américains et du groupe de Contadora décidèrent ce qui suit, en ce qui concerne les points de l'ordre du jour:

1. Préciser les thèmes de référence des négociations

En ce qui concerne ce point, il y eut unanimité pour décider que les matières qui feraient l'objet d'un examen de la part de cette commission seraient énumérées ci-après:

a) engagements en matière d'armements et d'effectifs militaires (acte, chap. III, sect. 2);
b) engagements en matière de manœuvres militaires (acte, chap. III, sect. 1);
c) affaires à caractère procédural et opérationnel, relatives au règlement ou au statut de la commission de vérification et de contrôle en matière de sécurité (acte, partie II, 2 B, *e)*);
d) mesures en vue du désarmement des forces irrégulières qui seraient disposées à invoquer les décrets d'amnistie.

En ce qui concerne les letters *a)* et *b)*, il fut convenu que, à la lumière de l'évolution survenue au cours des dix-huit derniers mois, les pays centre-américains pourraient élaborer de nouveaux documents et adapter, s'ils le jugent utile, les propositions déjà présentées. A cet égard, il fut fait mention des documents qu'avaient présentés les délégations du Honduras, du Nicaragua et de la proposition conjointe du Costa Rica et du Guatemala.

Pour ce qui concerne la lettre *d)*, les délibérations dégagèrent une entente sur le fait qu'il faudrait aborder ce thème en détails lors d'une prochaine occasion, du fait de sa relation avec le processus général de reconciliation nationale.

2. Organisation des travaux futurs

Il fut convenu que les prochaines réunions seraient convoquées au moyen de consultation entre les pays centre-américains et le groupe de Contadora, étant entendu que ce dernier exercera la coordination de ladite réunion. Il fut également décidé que pourraient se constituer les groupes de travail qui seraient nécessaires, en fonction de la nature des sujets.

Il fut convenu de porter à l'attention des gouvernements qu'il convenait que leurs représentants aient un niveau hiérarchique approprié avec, de préférence, rang de vice-ministre et que, dans la composition des délégations, on tienne compte de la possibilité de former lesdits groupes de travail.

3. Date et siège de la prochaine rencontre

En ce qui concerne le siège des futures réunions, il fut convenu que celles-ci se tiendraient dans les pays du groupe de Contadora. A cet égard, le Panama proposa d'être le siège de la prochaine réunion qui, en principe, se tiendra la première semaine de février 1988, moyennant confirmation par voie de consultation.

Caracas, le 10 décembre 1987.

Source: Mémoire du ministère des relations extérieures du Honduras, 1987.

[Texte espagnol non reproduit]

Annexe 3 b) 2

Letter dated 27 May 1986 from the Chargé d'affaires a.i. of the Permanent Mission of Honduras to the United Nations addressed to the Secretary-General

I have the honour to transmit herewith the joint proposal of Costa Rica and Guatemala, to which El Salvador and Honduras have adhered (see annex), and to request you to arrange for its distribution as an official document of the fortieth session of the General Assembly, under agenda item 21, and of the Security Council.

At the same time, I should like to inform you that this proposal has already been communicated to the Organization of American States.

(Signed) Hector ZELAYA COLMANN,
Chargé d'affaires a.i.

ANNEX

JOINT PROPOSAL OF COSTA RICA AND GUATEMALA

Concerning the military manœuvres, armaments and troop strength covered by Chapter III: "Commitments with regard to security matters" of the Contadora Act on Peace and Co-operation in Central America, the delegations of Costa Rica and Guatemala are aware that our negotiations must enter a more constructive phase in order for the commitments agreed to by our Foreign Ministers at their latest meeting in Panama on 6 and 7 April 1986 to be fulfilled. Since extremely divergent proposals exist which impede the achievement of the goals set for the signing of the Contadora Act on Peace and Co-operation in Central America on 6 June of this year, we have analysed these proposals and their consequences exhaustively, in the conciliatory spirit which guides us in these negotiations, and, in our desire to co-operate in the search for a consensus solution, we wish to comment as follows on the points of agreement on aspects vital to achieving peace in the region contained in the different proposals:

(1) Both proposals recognize the need to impose limits on military development.
(2) Both proposals recognize the need to create conditions for a climate of confidence among the States of Central America.
(3) The proposals also agree that the security element is a fundamental factor for the overall development of each country and the general welfare of the peoples of Central America.
(4) Similarly, the proposals reflect the political will to conclude the negotiating process by signing the Act on the agreed date.

In view of the above and of the fact that all the States represented by us agree that a comprehensive, simultaneous and verifiable settlement is essential to ensuring genuine compliance with the commitments into which they will enter, we present the following proposal:

Chapter III. Commitments with Regard to Security Matters

In conformity with their obligations under international law and in accordance with the objective of laying the foundations for effective and lasting peace, the Parties assume commitments with regard to security matters relating to the regulation of military manœuvres, the cessation of the arms build-up, the dismantling of foreign military bases, schools or other installations, the withdrawal of foreign military advisers and other foreign elements participating in military or security activities, the prohibition of the traffic in arms, the cessation of support for irregular forces, the denial of encouragement or support for acts of terrorism, subversion or sabotage and the establishment of a regional system of direct communication.

To that end, the Parties undertake to take specific action in accordance with the following:

Section 1. Commitments with Regard to Military Manœuvres

16. To comply with the following provisions as regards the holding of national military manœuvres:

(a) When national military manœuvres are held in areas less than 10 kilometres from the territory of another State and when the number of troops exceeds 1,000, the appropriate prior notification to the other States Parties and the Verification and Control Commission, mentioned in part II of this Act, shall be made at least 30 days beforehand.

(b) The notification shall contain the following information:

1. Name;
2. Purpose;
3. Participating troops, units and forces;
4. Area where the manœuvre is scheduled;
5. Programme and timetable;
6. Equipment and weapons to be used.

(c) Invitations shall be issued to observers from neighbouring States Parties.

17. To comply with the following provisions as regards the holding of international military manœuvres:

1. Not to hold the manœuvre within an area of 5 kilometres measured from the border, except with the consent of the adjoining country.
2. When the manœuvre is held in an area within 30 kilometres measured from the border, notification to the Verification and Control Commission and neighbouring States Parties shall be given at least 30 days beforehand, specifying:

    (a) Name;
    (b) Purpose;
    (c) Participating States;
    (d) Participating troops, units and forces;
    (e) Area where the manœuvre is scheduled;
    (f) Programme and timetable;
    (g) Equipment and weapons to be used.

3. The total number of combat troops in the manœuvre in the area established in paragraph 2 above shall not exceed 5,000 combatants.
4. The number of foreign combat troops participating in the manœuvre shall not exceed the number of national combat troops.
5. The zones in which artillery weapons are positioned shall be at such a distance that their maximum range is, in all directions, within the territory of the State in which the manœuvre is being held.
6. The duration of each manœuvre shall not exceed 30 days.

7. The total duration of manœuvres shall not exceed 60 days a year.
8. The States in whose territory the manœuvre is being held shall invite the other States Parties to send observers.

Section 2. Commitments with Regard to Armaments and Troop Strength

18. To halt the arms race in all its forms, imposing maximum limits on weapons and the number of troops under arms with a view to their control and reduction in order to establish a reasonable balance of forces in the region.

19. On the basis of the foregoing, the Parties agree:

(a) To submit simultaneously to the Verification and Control Commission their respective current inventories of weapons, military installations and troops under arms within 15 days of the entry into force of this Act.

(b) To regulate the maximum limit on military forces at the equivalent of 100,000 units of value in accordance with the basic chart for determining factors for establishing maximum limits for military development, which forms an integral part of this Act.

To that end, the following proportions and timetables are established:

1. Thirty days after the entry into force of the Act, no State Party shall have military resources exceeding the equivalent of 135,000 units of value.
2. Sixty days after the entry into force of the Act, no State Party shall have military resources exceeding the equivalent of 115,000 units of value.
3. Ninety days after the entry into force of the Act, no State Party shall have military resources exceeding the equivalent of 100,000 units of value.

(c) Not to increase their existing military equipment and forces after the date of entry into force of the Act. They may, however, replenish supplies, acquire ammunition and spare parts and mobilize reinforcements in order to keep existing equipment in operation and maintain current personnel levels, provided that the maximum limits agreed to in *(b)* above are not exceeded.

20. Not to introduce new weapons systems that alter the quality or quantity of current inventories of war *matériel*.

21. Not to introduce, possess or use lethal chemical weapons or biological, radiological or other weapons which may be deemed to be excessively injurious or to have indiscriminate effects.

22. To initiate constitutional procedures so as to be in a position to sign, ratify or accede to treaties and other international agreements on disarmament, if they have not already done so.

Annexe 3 b) *3*

Report of the Secretary-General

1. This report is submitted in accordance with Security Council resolutions 530 (1983) of 19 May 1983 and 562 (1985) of 10 May 1985 and with General 0Assembly resolution 39/4 of 26 October 1984.

. . .

Section 2. Commitments with Regard to Armaments and Troop Strength

18. To halt the arms race in all its forms and begin immediately negotiations permitting the establishment of maximum limits for armaments and the number of troops under arms, as well as their control and reduction, with the object of establishing a reasonable balance of forces in the area.
19. On the basis of the foregoing, the Parties agree on the following implementation stages:

FIRST STAGE:

(a) The Parties undertake not to acquire, after the entry into force of the Act, any more military *matériel*, with the exception of replenishment supplies, ammunition and spare parts needed to keep existing *matériel* in operation, and not to increase their military forces, pending the establishment of the maximum limits for military development within the time-limit stipulated for the second stage.

(b) The Parties undertake to submit simultaneously to the Verification and Control Commission their respective current inventories of weapons, military installations and troops under arms within 15 days of the entry into force of this Act.

The inventories shall be prepared in accordance with the definitions and basic criteria in the Annex to this Act.

(c) Within 60 days of the entry into force of this Act, the Verification and Control Commission shall conclude the technical studies and shall suggest to the States Parties, without prejudice to any negotiations which they have agreed to initiate, the maximum limits for their military development, in accordance with the basic criteria laid down in paragraph 20 of this section and in accordance with the respective timetables for reduction and dismantling.

SECOND STAGE:

After a period of 60 days from the entry into force of this Act, the Parties shall establish within the following 30 days:

(a) Maximum limits for the types of weapons classified in the annex to this Act, as well as timetables for their reduction.

(b) Maximum limits for troops and military installations which each Party may have, as well as timetables for their reduction or dismantling.

(c) If the Parties do not reach agreement on the above-mentioned maximum limits and timetables within such period, those suggested by the Verification and Control Commission in its technical studies shall apply provisionally, with the prior consent of the Parties. The Parties shall set by mutual agreement a new time-limit for the negotiation and establishment of the above-mentioned limits.

Should the Parties fail to reach agreement on maximum limits, they shall suspend execution of the commitments with regard to international military manœuvres, foreign military bases and installations and foreign military advisers for which time-limits have been set in the Act, except in cases where the Parties agree otherwise.

The maximum limits referred to in subparagraphs *(a)*, *(b)* and *(c)* and the timetables shall be regarded as an integral part of this Act and shall have the same legally binding force from the day following expiry of the 30 days established for the second stage or the day following their establishment by agreement among the Parties.

Unless the Parties agree otherwise, under subparagraph *(c)* the maximum agreed limits shall be reached 180 days after the entry into force of the Act or in a period established by the Parties.

20. In order to satisfy the requirements of peace, stability, security and economic and social development of the countries of the region and in order to establish maximum limits for the military development of the Central American States and to control and reduce their military levels, the Parties will agree on a table of values that will consider the following basic criteria and in which all armaments will be subject to control and reduction:

    (1) Security needs and defence capacity of each Central American State;
    (2) Size of its territory and population;
    (3) Length and characteristics of its borders;
    (4) Military spending in relation to gross domestic product (GDP);
    (5) Military budget in relation to public spending and other social indicators;
    (6) Military technology, relative combat capability, troops, quality and quantity of installations and military resources;
    (7) Armaments subject to control; armaments subject to reduction;
    (8) Foreign military presence and foreign advisers in each Central American State.

21. Not to introduce new weapons systems that alter the quality or quantity of current inventories of war *matériel*.
22. Not to introduce, possess or use lethal chemical weapons or biological, radiological or other weapons which may be deemed to be excessively injurious or to have indiscriminate effects.
23. Not to permit the transit through, stationing, or mobilization in, or any other form of utilization of their territories by foreign armed forces whose actions could mean a threat to the independence, sovereignty and territorial integrity of any Central American State.
24. To initiate constitutional procedures so as to be in a position to sign, ratify or accede to treaties and other international agreements on disarmament, if they have not already done so.

Annexe 3 b) 4

Report of the Secretary-General

1. This report is submitted in accordance with Security Council resolutions 530 (1983) of 19 May 1983 and 562 (1985) of 10 May 1985.

. . .

   B. *Verification and Control Commission for Security Matters*

   (a) Composition

   The Commission shall be composed of

- Four Commissioners, representing four States of recognized impartiality having a genuine interest in contributing to the solution of the Central American crisis, proposed by the Contadora Group and accepted by the Parties.
- A Latin American Executive Secretary, proposed by the Contadora Group and accepted by common agreement by the Parties, who shall be responsible for the ongoing operation of the Commission.

(b) Functions

For the performance of its functions, the Commission shall have an International Corps of Inspectors, provided by the member States of the Commission and co-ordinated by a Director of Operations.

The functions of the International Corps of Inspectors shall be established in the rules of procedure of the Commission.

- For the purpose of collaborating in the performance of the functions of the Commission, the latter shall have an Advisory Body consisting of one representative of each Central American State.
- The Commission may invite a representative of the Secretary-General of the United Nations and a representative of the Secretary General of the Organization of American States to participate in its meetings as observers.
- The Commission may establish auxiliary bodies and seek the assistance and collaboration of any Mixed Commissions that may exist.

(c) Functions of the Commission

The function of the Commission shall be to ensure compliance with the commitments assumed concerning to security matters. To that end it shall:

- Verify that the commitments concerning military manœuvres provided for in this Act are complied with.
- Ascertain that no more military *matériel* is acquired and that military forces are not increased, in accordance with the provisions of paragraph 19 *(a)* of Chapter III of this Act.
- Ascertain that the Parties comply fully with the maximum limits established previously for the various categories of armaments, military installations and troops under arms and with the reduction timetables agreed upon.
- Ascertain that the munitions, spare parts and replacement equipment acquired are compatible with the inventories and registers established previously, and with the limits agreed upon.
- Verify that no new weapons are introduced which qualitatively or quantitatively alter current inventories, and that weapons prohibited in this Act are neither introduced nor used.

— Establish a register of all commercial transfers of weapons carried out by the Parties, including donations and other transfers carried out within the framework of military assistance agreements with other governments.
— Receive the list of foreign military bases, schools and installations and verify their dismantlement, in accordance with the provisions of this Act.
— Receive the census of foreign military advisers and verify that they are withdrawn within the agreed period of time.
— Verify compliance with this Act in respect of traffic in arms and consider any reports of non-compliance. For that purpose the following criteria shall be taken into account:

(1) Origin of the arms traffic: port or airport of embarkation of the weapons, munitions, equipment or other military supplies intended for the Central American region.
(2) Personnel involved: persons, groups or organizations participating in the organization and conduct of the traffic in arms, including the participation of governments or their representatives.
(3) Type of weapon, munitions, equipment or other military supplies; category and calibre of weapons; country in which they were manufactured; country of origin; and the quantities of each type of weapon, munitions, equipment or other military supplies.
(4) Extraregional means of transport: land, maritime or air transport, including nationality.
(5) Extraregional transport routes: indicating the traffic routes used, including stops or intermediate destinations.
(6) Places where weapons, munitions, equipment and other military supplies are stored.
(7) Intraregional traffic areas and routes: description of the areas and routes; participation of governmental or other sectors in the conduct of the traffic in arms; frequency of use of these areas and routes.
(8) Intraregional means of transport: determination of the means of transport used; ownership of these means; facilities provided by governments, governmental and other sectors; and other means of delivery.
(9) Receiving unit or units for which the arms are destined: determination of the persons, groups or organizations to whom the arms traffic is destined.

— Verify compliance with this Act with regard to irregular forces and the non-use of their own territory in destabilizing actions against another State, and consider any report in that connection.

To that purpose, the following criteria should be taken into account:

(1) Installations, means, bases, camps or logistic and operational support facilities for irregular forces, including

command centres, radiocommunications centres and radio transmitters.
(2) Determination of propaganda activities or political, material, economic or military support for actions directed against any State of the region.
(3) Identification of persons, groups and governmental sectors involved in such actions.

— Verify compliance with the commitments concerning terrorism, subversion and sabotage contained in this Act.

(d) Rules and procedures

— The Commission shall receive any duly substantiated report concerning violations of the security commitments assumed under this Act, shall communicate it to the Parties involved and shall initiate such investigations as it deems appropriate.
— It shall also be empowered to carry out, on its own initiative the investigations it deems appropriate.
— The Commission shall carry out its investigations by making on-site inspections, gathering testimony and using any other procedure which it deems necessary for the performance of its functions.
— In the event of any reports of violations or of non-compliance with the security commitments of this Act, the Commission shall prepare a report containing recommendations addressed to the Parties involved.
— The Commission shall be accorded every facility and prompt and full co-operation by the Parties for the appropriate performance of its functions. It shall also ensure the confidentiality of all information elicited or received in the course of its investigations.
— The Commission shall transmit its reports and recommendations to the States Parties and to the governments of the Contadora Group on a confidential basis. It may make them public when it considers that that would contribute to full compliance with the commitments contained in the Act.
— After the Commission is established, it shall draw up its own rules of procedure in consultation with the States Parties.

(e) Duration of the mandate of the Commissioners

— The representatives of the member States of the Commission shall have an initial mandate of two years, extendable by common agreement among the Parties, and the States participating in the Commission.

(f) Establishment

— The Commission shall be established at the time when the Act is signed.

. . .

Annex 3 b) 5

Letter dated 15 April 1985 from the Permanent Representative of Honduras to the United Nations addressed to the Secretary-General of the United Nations

I have the honour to transmit herewith the document entitled "Statute of the Verification and Control Mechanism for Security Matters" which was drawn up by the representatives of the Governments of Honduras, Costa Rica and El Salvador during meetings held in San José, Costa Rica, and in Tegucigalpa, Honduras, in February and March respectively.

The purpose of the document is to ensure faithful compliance with the commitments and obligations with respect to security matters which the five Central American Governments have agreed upon as part of the provisions of what is to become the final text of the Contadora Act on Peace and Co-operation in Central America, and which further develop the earlier comments of Honduras, Costa Rica and El Salvador which were circulated by the United Nations as document A/39/630, dated 2 November 1984.

On 15 March of this year, the Foreign Ministers of Honduras, Costa Rica and El Salvador presented the text of the Statute to their counterparts in the Contadora Group at a meeting of the nine Ministers for Foreign Affairs in Brasilia. Various ideas contained in the document were adopted at the recent meeting of plenipotentiaries in Panama (on 11 and 12 April), and since the document is now under discussion at the technical level, it was felt that it might be useful for it to be circulated as a further proposal aimed at ensuring an effective and lasting peace in Central America.

I should be grateful if you would arrange for the annexed document, the contents of which have already been brought to the attention of the Organization of American States (OAS), to be circulated as a document of the General Assembly, under agenda item 25, and of the Security Council.

(Signed) H. Roberto HERRERA CACERES,
Ambassador,
Permanent Representative.

Annex

Statute of the Verification and Control Mechanism for Security Matters under the Contadora Act on Peace and Co-operation in Central America

CONTENTS

	Page
Chapter I. Definitions	415
Sole Section	415
Chapter II. Purposes and Structure	416
Chapter III. Permanent Commission	417
Section I. Membership of the Permanent Commission	417
Section II. Executive Secretary	417

Chapter IV. International Corps of Inspectors 418
   Section I. Director of Operations 418
   Section II. Responsibility of the International Corps of Inspectors . . 419
   Section III. Organization of the International Corps of Inspectors . . 420
   Section IV. Reports 420

Chapter V. Arrangement for Liaison 421

Chapter VI. Financing, Administration and Facilities 421

Chapter VII. Obligations of Members of the Mechanism in the Receiving State 422
   Section I. Compliance with the law 422
   Section II. Maintenance of order and discipline 422
   Section III. Identification, entry and departure 422
   Section IV. Appearance, markings and registration of vehicles, vessels and aircraft; operating licences 423
   Section V. Insurance of vehicles, vessels and aircraft 423
   Section VI. Deceased members 423
   Measures concerning personal belongings 423

Chapter VIII. Privileges and Immunities 423
   Section I. Immunity from criminal, civil and administrative legal process 423
   Section II. Premises of the Mechanism 424
   Section III. Privileges and immunities of the Mechanism 424
   Section IV. Customs and tax provisions 425

Chapter IX. Special Facilities 425
   Section I. Currency of the receiving State 425
   Section II. Communications and postal services 425
   Section III. Use of lines of communication 426
   Section IV. Water, electricity and other public services 426
   Section V. Supplies 426

Chapter X. Settlement of Claims 427

Chapter XI. Settlement of Disputes 427

Chapter XII. Final Provisions 428
   Section I. Supplementary agreements 428
   Section II. Entry into force 428

Chapter I. DEFINITIONS

Sole Section

Sole paragraph

As used in this Statute, the terms listed below shall be defined as follows:

"The Act":

The Contadora Act on Peace and Co-operation in Central America.

"Governmental authorities":

Any civilian and military authorities assigned functions relating to the Mechanism in accordance with the provisions of this Statute.

"National contingents":

Personnel of the same nationality provided by the Participating States for the International Corps of Inspectors.

"The Convention":

The Convention on the Privileges and Immunities of the United Nations of 13 February 1946.

"The Corps":

The International Corps of Inspectors.

"Central American States or Parties":

Costa Rica, El Salvador, Guatemala, Honduras and Nicaragua.

"State Party or Party":

Any of the Central American States which are signatories of the Act.

"Participating State":

States participating in the Mechanism which are neither Central American States nor members of the Contadora Group.

"Receiving States":

A State in which members of the Mechanism have functions to perform.

"Contadora Group":

Colombia, Mexico, Panama and Venezuela.

"The Board":

The Claims Board for the settlement of claims of a private law character.

"The Mechanism":

The Verification and Control Mechanism for Security Matters, comprising the Permanent Commission and the International Corps of Inspectors.

"Members of the Mechanism":

The members of the Permanent Commission, the Executive Secretary, the Director of Operations, the staff of the Permanent Commission and of the International Corps of Inspectors, and any person not a resident of the receiving State employed by the Mechanism or assigned to it, and spouses and dependent family members of such persons.

"Resident of the receiving State":

(a) A person possessing the nationality of the receiving State;
(b) A person residing in the receiving State; and
(c) A person present in the territory of the receiving State who is not a member of the Mechanism.

Chapter II. PURPOSES AND STRUCTURE

1. In accordance with Part II.2 of the Contadora Act on Peace and Co-operation in Central America, a Verification and Control Mechanism for

Security Matters shall be established for the purpose of monitoring and ensuring faithful compliance with the commitments and obligations set forth in the Act.

2. The Mechanism shall be composed of:

(a) The Permanent Commission; and
(b) The International Corps of Inspectors.

Chapter III. PERMANENT COMMISSION

Section I. Membership of the Permanent Commission

1. The Permanent Commission shall be made up of representatives of the five Central American States and representatives of four States which have not participated in the Contadora negotiating process who are of recognized impartiality and have the technical and financial capacity and the political will to co-operate for peace in Central America.

The participating States in the Permanent Commission shall be proposed by the Contadora Group and accepted by consensus by the Central American countries before the entry into force of the Act.

The Participating States shall serve for renewable two-year terms.

Should a vacancy arise as a result of the definitive absence of an individual appointed to the Permanent Commission by a State Party or a Participating State, it shall be filled in accordance with the same procedure as for initial appointments at least three months before the vacancy arises.

2. The Permanent Commission shall begin to function on the date on which the Act enters into force.

3. Once duly constituted, the Permanent Commission shall, at its first session, appoint an Executive Secretary, from among the representatives of the four Participating States, who shall be responsible for the permanent functioning of the Permanent Commission.

4. The decisions of the Permanent Commission shall be taken by simple majority.

5. The Permanent Commission shall have such functions as are assigned to it in the Act and as are provided for in this Statute or any supplementary agreement between the Central American States.

6. The headquarters of the Permanent Commission shall be at . . .

Section II. Executive Secretary

1. The Permanent Commission shall appoint from among the members of the Participating States an Executive Secretary for a two-year term of office; on the expiry of that term he shall be replaced by another member representing a Participating State in the Permanent Commission of a nationality different from his own and that of the Director of Operations.

In the absence of the Executive Secretary, the Permanent Commission may appoint one of its members other than the Director of Operations to carry out the functions of the Executive Secretary on a temporary basis.

2. The Executive Secretary shall direct the Permanent Commission in the performance of its functions with respect to monitoring, conciliation, information and administration. The Executive Secretary shall have the power and authority to act on behalf of the Permanent Commission, to represent it legally, to enter into contracts, to acquire and alienate property, and to take all steps necessary for the performance of his duties, in conformity with the laws and regulations of the receiving State, this Statute and the instruments granting privileges and immunities to the Permanent Commission.

The Central Office of the Executive Secretary shall be situated at the headquarters of the Permanent Commission. The Executive Secretary shall conclude a Headquarters' Agreement with the Government of the Republic of..., which shall provide for the privileges and immunities of the Permanent Commission and its staff, including the International Corps of Inspectors, in keeping with its status of an international body.

3. In addition to recruiting staff directly, the Executive Secretary shall request Participating States which are members of the Permanent Commission to provide staff needed for the performance of functions assigned to the Commission.

The Executive Secretary shall also, at the request of the Director of Operations, ask those countries to provide qualified personnel for the performance of the functions assigned to the International Corps of Inspectors. In both cases, the Executive Secretary shall secure a commitment that the personnel will not be withdrawn from Central America without adequate prior notice.

4. The Executive Secretary may recruit locally such staff as may be required. At the request of the Executive Secretary, the authorities of the receiving State shall provide assistance in recruiting such staff. The terms and conditions of employment for locally recruited staff shall be determined by the Executive Secretary and shall be governed by the labour legislation of the receiving State.

5. The Executive Secretary shall report to the Permanent Commission on his activities from time to time or whenever requested to do so. He may also raise with one or more of the Parties, as the case may be, any matter relating to the functioning of the Permanent Commission. With that end in view, each Party shall designate high-ranking officials to ensure liaison with the Executive Secretary.

When one of the Parties or the Executive Secretary requests a meeting of the Permanent Commission, the meeting shall be held within 48 hours at a venue to be determined by the Executive Secretary.

Chapter IV. INTERNATIONAL CORPS OF INSPECTORS

Section I. Director of Operations

1. The Permanent Commission shall designate by consensus from among the members of the Participating States a Director of Operations, who shall be of a nationality different from that of the Executive Secretary and shall be responsible for planning and directing the activities of the International Corps of Inspectors. The term of office of the Director of Operations shall be two years, on the expiry of which he shall be replaced by one of the members of the Participating States of the Permanent Commission of a nationality different from his own and from that of the Executive Secretary.

2. The Director of Operations shall have full authority over the verification and control activities of the International Corps of Inspectors, to which end he shall issue the Standing Procedural Regulations in accordance with the general guidelines laid down by the Permanent Commission. He shall establish a chain of command linked to the heads of the national contingents provided by the Participating States members of the Permanent Commission and of the International Corps of Inspectors. The Director of Operations shall have authority, exercised through the established chain of command, over the members of the assigned contingents.

3. The Director of Operations shall bear overall responsibility for the conduct of the personnel under his authority. The heads of the national contingents of which the International Corps of Inspectors is made up shall be responsible for disciplinary measures in their respective national contingents. The Director of Operations may, upon authorization by the Permanent Commission, order the heads of the national contingents to withdraw any member of their contingent from the International Corps of Inspectors, without prejudice to the disciplinary measures that may be taken by the national contingent.

4. The seat of the Office of the Director of Operations shall be the same as that of the Executive Secretary.

Section II. Responsibility of the International Corps of Inspectors

1. The International Corps of Inspectors shall be made up of the national contingents provided by the Participating States members of the Permanent Commission proposed by the Contadora Group and accepted by the Parties by consensus. The Corps shall also have the necessary administrative personnel, which shall be provided by the Permanent Commission.

The Corps shall be under the direct authority and responsibility of the Director of Operations. Each contingent shall be headed by a person of its own nationality.

2. The Corps shall perform the functions and duties specified in the Act and in the present Statute.

3. The Corps shall monitor the performance of the commitments and obligations in respect of security matters provided for in the Act, and shall do its utmost, within its sphere of competence, to investigate exhaustively any alleged violation of its terms.

4. To ensure the effective discharge of its verification and control duties, the Corps may, as it deems appropriate, establish, direct and operate checkpoints, patrols and observation posts along the international frontiers and within the territory of the Parties, as well as any other mechanism necessary for the discharge of its duties.

5. The Corps shall verify and control periodically, in conformity with the guidelines laid down by the Permanent Commission, strict compliance with the ceilings for arms and troop strength established in the Act and its annexes. This activity shall be carried out once a month unless otherwise decided by the Parties.

6. Without prejudice to its other verification and control functions, the Corps shall carry out additional verification operations within 48 hours following receipt of a request from any of the Parties.

7. In carrying out verification and control activities in the territory of one of the Parties, the Corps may or may not, as it deems appropriate for the effective discharge of its functions, give prior notification to the Party in whose territory the investigation is to be conducted.

8. When the Director of Operations ascertains the existence of a violation, he shall immediately inform the Permanent Commission in order that it may take the relevant measures so that, within 48 hours from the time of official notification, the Party or Parties responsible rectify the violation.

The Party or Parties responsible shall notify the Permanent Commission of the measures taken, and the Commission shall order the additional investigations by the Corps necessary to confirm the effectiveness of the measures in question.

9. The Corps, through the Director of Operations, shall inform the Permanent Commission of all actions taken by individuals or groups of private citizens in violation of the provisions of the Act, in order that the Permanent Commission may notify the authorities of the Party concerned and monitor the measures to be taken by the appropriate authorities to rectify the actions thus notified. Likewise, the Permanent Commission may request any other information from the Party concerned with respect to the incident, or specifically on the measures taken to put an end to the reported actions and punish the individuals or groups responsible.

10. For the performance of its functions, the Corps shall enjoy freedom of movement in and access to the territory of the Parties, and to this end its members may freely cross international frontiers subject to no requirement other than the submission of appropriate identification.

11. Support flights by the Corps shall conform to the rules and procedures governing local or international flights, as the case may be. The Parties undertake to grant without delay overflight and landing permits where appropriate.

12. In order to ensure air safety, the air traffic control authorities shall be notified in a timely manner of verification and control flights made by aircraft of the Corps within the territory of any of the Parties.

13. Notification of verification and control flights made by the Corps across international frontiers shall be communicated to the air traffic control authorities of each of the Parties concerned as deemed appropriate for the effective discharge of their functions.

Section III. Organization of the International Corps of Inspectors

1. The International Corps of Inspectors shall have a suitable organization for carrying out its functions and shall be provided with the necessary offices, together with the required administrative and operational staff.

2. With the prior authorization of the Permanent Commission upon the request of the Director of Operations, the personnel of the Corps shall be provided with arms and equipment suitable for its peace-keeping mission.

3. The personnel assigned to the offices of the Corps shall include, *inter alia*, staff from each of the Participating States, members of the Permanent Commission, and the International Corps of Inspectors. The staff shall be organized by the Director of Operations, who shall fill posts in such a way as to ensure their appropriate distribution among the nationals of the Participating States.

Section IV. Reports

1. The International Corps of Inspectors shall submit its reports to the Permanent Commission through the Director of Operations no later than 24 hours after the completion of a verification and control mission or after the confirmation of a violation.

The Corps shall submit, through the Director of Operations, a monthly report to the Permanent Commission giving a summary of its activities and the conclusions which it has reached on the basis of the operations of the check-points, observation posts and patrols, or other means of verification and control used.

2. The Director of Operations, with the approval of the Permanent Commission, shall determine the format, requirements and terms of reference for the reports.

3. The reports of the Permanent Commission to the Parties shall be transmitted promptly through the national liaison offices of the Corps in the five Central American countries.

Chapter V. ARRANGEMENT FOR LIAISON

1. A permanent arrangement for liaison between the Parties and the Verification and Control Mechanism shall be established as a means of promoting the effective implementation of the provisions of the Act with regard to security matters.

2. Each Party shall set up in its own capital a liaison office under the direction of a high-ranking national official, which shall be staffed by its own nationals and have direct access to the authorities responsible for national security and defence. Direct telephone links shall be set up between the national liaison offices, the headquarters of the Permanent Commission, and the offices of the Corps. Any other necessary means of communication shall also be set up.

3. Joint meetings of the National Heads of the five liaison offices, which shall be presided over by the Director of Operations, shall be held at least once a month.

Any Party or the Director of Operations may request a special meeting, which shall be held within a period of 24 hours after the request has been made.

The first monthly meeting shall be held in ... no later than two weeks after the International Corps of Inspectors has assumed its duties. Subsequent meetings shall be held in turn in the capitals of the Parties on the basis of alphabetical order, unless the Parties decide otherwise.

On its own initiative or at the request of any Party, the Permanent Commission shall use its good offices in order to resolve any issue which has not been settled through the arrangement for liaison and which hampers or prevents the effective implementation of the provisions of the Act.

Chapter VI. FINANCING, ADMINISTRATION AND FACILITIES

1. The Mechanism shall be financed by contributions from the Parties and other States, international organizations, individuals and private institutions. The contributions shall be used to establish a Central America Peace Fund, to be administered by the Executive Secretary, who shall be authorized to solicit and receive contributions.

2. The budget for each financial period shall be drawn up by the Executive Secretary and approved by the Permanent Commission. The financial period shall be determined by the Executive Secretary after consulting the Permanent Commission.

3. The Executive Secretary shall draw up the necessary administrative and financial regulations and submit them for the approval of the Permanent Commission.

The financial regulations shall include a provision to ensure that a periodic independent and professional audit is conducted and that the audit report is transmitted to the Permanent Commission and the contributors to the budget.

4. At the request of the Executive Secretary, each Party shall provide in its territory the necessary facilities for the proper functioning of the Mechanism. The Parties shall not be compensated for the use of grounds, buildings or any other type of movable or immovable property placed at the disposal of the Mechanism according to agreement.

Chapter VII. OBLIGATIONS OF MEMBERS OF THE MECHANISM IN THE RECEIVING STATE

Section I. Compliance with the Law

1. The members of the Mechanism shall respect the laws and regulations of the receiving State. They shall refrain from any activity which is not in keeping with the international nature of their function. The Executive Secretary shall adopt all appropriate measures to ensure compliance with these obligations.

2. In carrying out their obligations and for the purposes of this Chapter, the members of the Mechanism shall receive their instructions solely from the Executive Secretary and the authorities in the chain of command established by the Executive Secretary.

3. The members of the Mechanism shall exercise maximum discretion with regard to all matters related to their functions; they shall not disclose any information of which they have knowledge by virtue of their duties in the Mechanism, unless they have been authorized to do so in the performance of their functions by the Permanent Commission, the Executive Secretary, or the Director of Operations, as the case may be. This obligation shall not cease upon the termination of their duties with the Mechanism.

Section II. Maintenance of Order and Discipline

1. The Executive Secretary shall take appropriate action to ensure the maintenance of discipline and order and guarantee the security of the members of the Mechanism. The Executive Secretary, in conjunction with the Director of Operations, may order the stationing of security guards on the premises and in the areas where the Mechanism is carrying out its activities.

2. The security guards shall promptly hand over to the competent national authorities of the receiving State any individual who is not a member of the Mechanism and has been detained or temporarily placed in their custody.

3. The competent national authorities of the receiving State shall promptly hand over to the Permanent Commission any member of the Mechanism who has been detained or temporarily placed in their custody.

4. The authorities of the receiving State and the Permanent Commission shall duly co-operate with each other in disciplinary and criminal cases when necessary in order to facilitate the implementation of the provisions set forth in this Statute.

Section III. Identification, Entry and Departure

1. The Executive Secretary shall notify the receiving State of the names, duties and scheduled dates of initial arrival and final departure of the members of the Mechanism.

The Executive Secretary shall issue members of the Mechanism with identity cards, presentation of which will enable them to enter or leave the receiving State.

Members of the Mechanism shall be exempt from customs inspection and from all restrictions on entering or leaving the territory of the receiving State. Members of the Mechanism shall also not be subject to the residence regulations of the receiving State and shall not acquire permanent residence or domicile rights during their stay there.

2. Members of the Mechanism shall at all times carry the personal identity card issued by the Executive Secretary.

Members of the Mechanism must present their identity card if requested to do so by a competent authority of the receiving State, but it may not be taken from them.

3. If a member of the Mechanism terminates his service with it and is not repatriated, the Executive Secretary shall immediately inform the authorities of the receiving State and shall provide the latter with any information it may request.

Section IV. Appearance, Markings and Registration of Vehicles, Vessels and Aircraft; Operating Licences

1. When on duty, members of the Mechanism shall wear the identity badges issued by the Executive Secretary.

Official vehicles, vessels and aircraft shall be of the colour determined by the Executive Secretary and shall carry special identity and registration numbers which the Executive Secretary shall notify to the authorities of the receiving State.

These vehicles, vessels and aircraft shall be entered in a special register by the receiving State.

2. The authorities of the receiving State shall, upon presentation, accept as valid permits or licences issued by the Executive Secretary for official vehicles, vessels and aircraft.

Section V. Insurance of Vehicles, Vessels and Aircraft

Sole paragraph

The Executive Secretary shall arrange for all vehicles belonging to the Mechanism to be covered at least by third-party insurance.

Section VI. Deceased Members

Measures concerning Personal Belongings

Sole paragraph

The Executive Secretary shall make the necessary arrangements in respect of the body of a member of the Mechanism who dies in the territory of the receiving State. The expenses involved shall be borne by the Mechanism.

The Executive Secretary shall refer any claims received in respect of debts contracted by the deceased person in the territory of the receiving State to the appropriate channels.

Chapter VIII. PRIVILEGES AND IMMUNITIES

Section I. Immunity from Criminal, Civil and Administrative Legal Process

1. Immunity from criminal, civil and administrative legal process is accorded under this Statute to members of the Mechanism, in respect of their official functions but not their personal activities.

2. The Executive Secretary, in consultation with the State Party or participating State concerned, as the case may be, may waive immunity from legal process (penal, civil and administrative) in respect of members of the Mechanism. The Executive Secretary shall notify such waiver of immunity from legal process to the Permanent Commission, in accordance with the procedure established in this paragraph.

3. Waiver must always be express.

4. The initiation of legal proceedings by a member of the Mechanism shall preclude him from invoking immunity from legal process in respect of any counter-claim directly linked with the principal claim.

5. Waiver of immunity from legal process in respect of civil or administrative proceedings shall not be held to imply waiver of immunity in respect of the execution of the judgment, for which a separate waiver shall be necessary.

6. In cases where the Executive Secretary or the Permanent Commission, as the case may be, does not waive the immunity of members of the Mechanism, an effort must be made to find a just and equitable solution of the matter.

7. No judgment may be executed in respect of members of the Mechanism, except as provided in section   , paragraph   , of this Statute and provided that there is no infringement of the inviolability of the person or residence of the member concerned.

8. Members of the Mechanism shall not be compelled to give evidence.

9. The Executive Secretary shall, at the request of the receiving State, arrange for any member of the Mechanism who breaks the laws to leave the territory of that State.

10. Unless the Executive Secretary waives immunity from legal process, members of the Mechanism shall be subject solely to the jurisdiction of their respective States in respect of any offence committed in the receiving State.

11. The members of the Mechanism shall enjoy immunity from civil and administrative legal process, except in the cases referred to in paragraphs 1 *(a)*, 1 *(b)* and 1 *(c)* of Article 31 of the Vienna Convention on Diplomatic Relations of 18 April 1961.

12. Disputes between a member of the Mechanism in the exercise of his official functions and a resident of the receiving State and any other disputes shall be settled in accordance with the procedure provided in Chapter   , section   , of this Statute.

13. In the event of court proceedings against a member of the Mechanism, the Executive Secretary shall, through the appropriate diplomatic channels and at the request of a court in the receiving State, certify whether or not the proceedings are connected with the member's official functions.

Section II. Premises of the Mechanism

Sole paragraph

The premises officially used by the Mechanism shall be inviolable and subject to the authority and control of the Executive Secretary, who, with prior authorization by the Permanent Commission, may allow the Authorities of the receiving State access to such premises.

Section III. Privileges and Immunities of the Mechanism

1. The Mechanism shall enjoy the privileges and immunities conferred by Article II of the Convention on the Privileges and Immunities of the United Nations of 13 February 1946, hereinafter referred to as "the Convention". The provisions of Article II shall also apply to the property, funds and assets of Participating States used in the receiving State in connection with the activities of the Mechanism.

2. The importation, free of duty, of the property of the Mechanism shall be expedited with the least possible delay, and shall be arranged by the Executive Secretary, through the appropriate diplomatic channel of the receiving State.

3. The Executive Secretary shall adopt all necessary measures to avoid any abuse of such fiscal privileges and the sale of such property without the express authorization of the receiving State.

4. The nine representatives of the States members of the Permanent Commission shall be granted, together with their spouses and dependent family members, the same privileges and immunities accorded to diplomatic agents under international law.

Section IV. Customs and Tax Provisions

1. The receiving State shall exempt members of the Mechanism from the payment of taxes on the salaries and emoluments which they receive from their national governments or the Mechanism. They shall also be exempt from the payment of any other taxes or duties in accordance with the provisions of Article 37 of the Vienna Convention on Diplomatic Relations.

2. The members of the Mechanism shall have the right to import, free of duty, their personal effects upon taking up their posts, in accordance with relevant international custom and practice.

3. The members of the Mechanism, with respect to their personal property which is not essential to the discharge of their functions shall be subject to the customs and foreign exchange laws and regulations of the receiving State.

4. Upon termination of their service with the Mechanism, members may, notwithstanding the foreign exchange regulations of the receiving State, take with them those funds which the Executive Secretary certifies as having been obtained in the form of emoluments from their respective national governments or from the Mechanism and which the member in question has converted into national currency at the Central Bank of the receiving State.

5. In order to ensure compliance by members of the Mechanism with the customs and tax laws and regulations of the receiving State, the Executive Secretary shall co-operate with the customs and tax authorities of the receiving State, in accordance with this Statute and any other relevant supplementary agreement.

Chapter IX. SPECIAL FACILITIES

Section I. Currency of the Receiving State

Sole paragraph

If the Executive Secretary so requests, the relevant authorities of the receiving State shall make available, subject to repayment in another mutually acceptable currency, currency of the receiving State required for the use of the Mechanism, including for the acquisition of property for members of the Mechanism, at the rate of exchange officially recognized by the receiving State.

Section II. Communications and Postal Services

1. The Mechanism shall have the right to use the communications services provided for in Article III of the Convention.

2. The Mechanism shall be empowered to establish and operate the communications systems necessary for the performance of its functions, subject to the provisions of Article 35 of the Torremolinos International Telecommunications Convention of 25 October 1973 on harmful interference. The

frequencies on which any station of this type may be operated shall be duly authorized by the competent authorities of the receiving State.

The Mechanism and the authorities of the receiving State shall hold such consultations as may be necessary with a view to avoiding harmful interference.

3. The Mechanism shall have the right to priority with regard to telegrams and telephone calls addressed to governments, its offices or those of the International Corps of Inspectors, in accordance with the rights accorded to the United Nations under Article 39 and Annex 3 to the Convention mentioned in the preceding paragraph and in Article 5, paragraph 10, of the telegraphic regulations annexed thereto.

4. The Mechanism shall also have the right to unrestricted communications by radio, telephone, telegraph or any other means and to establish the services necessary for the maintenance of such communications among and between its staff and its premises, including the establishment of fixed and mobile radio transmitting and receiving stations.

5. The receiving State shall recognize the right of the Mechanism to conclude agreements for the handling and transport of private correspondence addressed to or sent by its members. The receiving State shall be informed of such agreements before they are implemented.

6. When the postal agreements applicable to the private correspondence of the members of the Mechanism cover operations involving the transfer of money or the transport of packages or parcels out of the receiving State, the competent authorities of the latter and the Executive Secretary shall agree on the conditions in which such operations shall be carried out in the receiving State.

7. The correspondence of the Mechanism shall be inviolable and shall not be subject to interference or censorship by the receiving State.

Section III. Use of Lines of Communication

Sole paragraph

When the Mechanism uses roads and highways, bridges, port facilities, airports and railways, it shall not be subject to the payment of fees, tolls or taxes, except for the payments directly related to services requested and received.

Section IV. Water, Electricity and Other Public Services

1. The Mechanism shall have the right to the use of water, electricity and other public services at tariffs equal to those set for diplomats resident in the receiving State.

2. At the request of the Executive Secretary, the authorities of the receiving State shall assist the Mechanism in obtaining water, electricity and other public services required and, in the event of an interruption or threat of interruption of any service, shall accord to the needs of the Mechanism the same priority as that given to essential government services.

Section V. Supplies

Sole paragraph

At the request of the Executive Secretary, the authorities of the receiving State shall assist the Mechanism in obtaining from local sources the equipment, supplies and other goods and services required for its operation. The members of the Mechanism shall purchase locally, on the terms prevailing in the market, the articles necessary for their consumption and the services they need.

Chapter X. SETTLEMENT OF CLAIMS

1. Claims of a private law character shall be settled in accordance with the following provisions:

(a) The Executive Secretary shall be obliged to set forth in the relevant contract the necessary arrangements for the settlement of claims arising out of contracts or other claims of a private law character which are not covered by subparagraph *(b)* below;

(b) A Permanent Claims Board shall be established to settle the following claims:

(i) Claims for whose settlement no contractual procedure has been established in accordance with paragraph *(a)* above;
(ii) Claims brought by a resident of the receiving State against the Mechanism or a member thereof concerning any injury allegedly sustained as the result of an action or omission by such members of the Mechanism in connection with their official functions;
(iii) Claims brought by a receiving State against a member of the Mechanism;
(iv) Claims brought by the Mechanism against a receiving State or vice versa;
(v) Labour claims resulting from a work contract or work relationship brought by local staff recruited by the Mechanism.

2. The Board shall consist of a representative of the Parties, chosen by agreement between them, a representative of the Mechanism, and a Chairman who shall be appointed by agreement by the two representatives.

If the Parties and the Mechanism cannot reach agreement with regard to the appointment of the Chairman, they shall select one from the panel of the Permanent Court of Arbitration.

3. Any vacancy in the Board shall be filled within 30 days by the procedure established in this section for the original appointment.

4. Two members of the Board shall constitute a quorum for the performance of its functions and a vote in favour by two members shall be sufficient for all deliberations and decisions of the Board.

5. The decision taken by the Board shall be binding and shall not be subject to appeal or to any other remedy.

The parties shall recognize the binding character of the decision taken in accordance with this Contract and shall have the obligations imposed thereby executed within their respective territories as if it were a final judgment handed down by one of their national courts.

Chapter XI. SETTLEMENT OF DISPUTES

1. In accordance with Part III, paragraphs 6, 7 and 8, of the Act, the machinery for the settlement of disputes arising from the application or interpretation of the Act with regard to security shall function through:

(a) The Meeting of the Ministers for Foreign Affairs of Central America;
(b) The Joint Meeting of the Ministers for Foreign Affairs of Central America and the Contadora Group.

2. The Meeting of the Ministers for Foreign Affairs of Central America shall meet at the request of any of the Parties or be convened by the Executive Secretary within a period of 72 hours from the time of the notice of con-

vocation, for the purpose of considering and taking a decision by consensus on any dispute concerning the interpretation or application of the Act which the Permanent Commission has been unable to settle.

3. The Meeting of the Ministers for Foreign Affairs shall take a decision on the specific situation brought to its attention, at the meeting convened for that purpose, without suspending the meeting or postponing the decision on the dispute.

4. The Joint Meeting of the Ministers for Foreign Affairs of Central America and the Contadora Group shall meet at the request of any of the Central American States, within a period of 72 hours from the time of notice of convocation, for the purpose of considering the dispute concerning the interpretation or application of the Act which the Meeting of the Ministers for Foreign Affairs of Central America has been unable to settle.

5. At the Joint Meeting, the Contadora Group shall use its good offices to enable the Central American States to adopt a decision on the dispute by consensus. In any event, at the Joint Meeting, the Central American States shall take a decision at the meeting convened for that purpose, without suspending the meeting or postponing the decision on the dispute.

6. If no decision putting an end to the dispute is taken at the Joint Meeting, that venue shall be considered exhausted and the Ministers for Foreign Affairs of the States of the Contadora Group may suggest to the Central American States the use of another peaceful means of settlement of the dispute, in accordance with Article 33 of the Charter of the United Nations (UN) and Article 24 of the Charter of the Organization of American States (OAS).

7. The Meeting of Ministers for Foreign Affairs of Central America can be held if three of its members are present. The Joint Meeting of the Ministers for Foreign Affairs of Central America and the Contadora Group can be held if five of its members, at least three of whom are Central Americans, are present.

Chapter XII. FINAL PROVISIONS

Section I. Supplementary Agreements

Sole paragraph

The Executive Secretary and the authorities designated by the receiving State may conclude supplementary agreements for the implementation of this Statute.

Section II. Entry into Force

Sole paragraph

This Statute shall enter into force in the same way and on the same date as the other provisions of the Act and shall remain in force so long as the Act is in force. Nevertheless, the provisions of paragraphs 1, 2, 3, 4 and 5 of Chapter X, on the settlement of claims, shall remain in force until all the claims arising before the date of termination of this Statute and filed prior to or during the three months following the date of termination of this Statute have been settled.

Done in the city of   , Republic of   on   19   .

For Costa Rica   For El Salvador

For Guatemala   For Honduras

For Nicaragua

Annexe 3 b) 6

Communiqué

Les ministres des relations extérieures de la Colombie, du Mexique, du Panama et du Venezuela, membres du groupe de Contadora; de l'Argentine, du Brésil, du Pérou et de l'Uruguay, membres du groupe de soutien; du Costa Rica, d'El Salvador, du Guatemala, du Honduras et du Nicaragua; le Secrétaire général de l'Organisation des Etats américains et le représentant personnel du Secrétaire général des Nations Unies se sont réunis en la ville de Caracas, le 22 août 1987, dans le but d'évaluer les progrès réalisés dans les actions en faveur de la paix en Amérique centrale.

Les ministres des relations extérieures des pays centre-américains rendirent compte des résultats de la réunion des présidents centre-américains qui s'est tenue les 6 et 7 août à Guatemala et lors de laquelle ils signèrent le document dénommé «procédure en vue d'instaurer une paix ferme et durable en Amérique centrale». Ils annoncèrent également que, conformément à la procédure de Guatemala, ils s'étaient constitués, au cours de la réunion de San Salvador, les 19 et 20 août, en commission exécutive pour réglementer, impulser et rendre viable l'exécution de cette procédure.

Les ministres des relations extérieures du groupe de Contadora et du groupe de soutien, de même que le Secrétaire général de l'Organisation des Etats américains et le représentant personnel du Secrétaire général de l'Organisation des Nations Unies réaffirmèrent leur profonde satisfaction pour l'accord réalisé, fruit de la volonté politique des gouvernements centre-américains de résoudre leurs différends par la voie du dialogue et dans le respect des intérêts légitimes de tous les Etats.

En cette occasion, les ministres des relations extérieures, le Secrétaire général de l'Organisation des Etats américains et le représentant personnel du Secrétaire général de l'Organisation des Nations Unies analysèrent les acquis de la «procédure du Guatemala», dans les aspects requérant la participation du groupe de Contadora, du groupe de soutien et des secrétaires généraux de l'Organisation des Etats américains et des Nations Unies. A l'issue de la réunion, ils décidèrent de:

1. Constituer la commission internationale de contrôle et de suivi envisagée au numéro 10, lettre A, de la «procédure de Guatemala». Ils signèrent, à cet effet, l'Acte d'installation correspondant.

2. Convoquer une réunion de représentants *ad hoc* qui se tiendra à Managua, les 7 et 18 septembre, aux fins d'établir les modalités d'exercice des fonctions de contrôle et de suivi des engagements figurant dans la «procédure de Guatemala».

3. Réunir périodiquement la commission et accepter l'invitation du Secrétaire des Nations Unies pour organiser en décembre prochain, à New York, une réunion destinée à analyser les progrès réalisés dans l'application des engagements assumés dans la «procédure de Guatemala».

Pour leur part, les gouvernements faisant partie de la commission internationale de contrôle et de suivi solliciteront en temps opportun la contribution des Nations Unies et de l'Organisation des Etats américains à la «procédure de Guatemala».

Les ministres des relations extérieures des groupes de Contadora et de soutien jugèrent nécessaire que les importantes décisions politiques adoptées se voient accompagnées d'une amélioration de la situation économique et sociale des pays de l'Amérique centrale.

En ce sens, ils décidèrent d'entreprendre dès maintenant les démarches nécessaires pour mettre en œuvre un programme international d'urgence de coopération technique et économique destiné aux cinq pays de la région. A cet effet, ils engageront à brève échéance les actions qui s'imposent pour sa mise en œuvre, y compris les démarches correspondantes auprès de la communauté internationale.

Les ministres des relations extérieures du groupe de Contadora, du groupe de soutien et de l'Amérique centrale, ainsi que le Secrétaire général de l'OEA et le représentant personnel du Secrétaire général des Nations Unies exprimèrent leur gratitude pour les marques d'attention reçues durant leur séjour au Venezuela qui ont contribué de façon significative au succès de la réunion.

Caracas, le 22 août 1987.

Source: Mémoire du ministère des relations extérieures du Honduras, 1987.

[Texte espagnol non reproduit]

Annexe 3 b) 7

Communiqué conjoint de la seconde réunion de la CIVS, 7 novembre 1987

La commission internationale de contrôle et de suivi de la procédure en vue de l'instauration d'une paix ferme et durable en Amérique centrale, composée des ministres des relations extérieures de l'Argentine, du Brésil, de la Colombie, du Costa Rica, d'El Salvador, du Guatemala, du Honduras, du Mexique, du Nicaragua, du Panama, du Pérou, de l'Uruguay et du Venezuela, et des secrétaires généraux de l'ONU et de l'OEA, s'est réunie le 7 novembre 1987 au siège de l'OEA.

La Commission a procédé à une première évaluation du niveau d'avancement des engagements assumés par les cinq gouvernements centre-américains le 7 août 1987, à Guatemala, et a exprimé sa reconnaissance pour les diverses mesures adoptées par chacun des gouvernements de la région. Elle releva particulièrement celles relatives aux engagements qui entrèrent simultanément en vigueur le 5 novembre, quatre-vingt-dix jours après la signature de l'accord. Elle mit spécialement en relief les mesures suivantes:

1. Composition et installation des commissions nationales de réconciliation chargées de vérifier le respect des engagements en matière d'amnistie, de cessez-le-feu, de démocratisation et d'élections libres dans les cinq pays, ainsi que la création de commissions et sous-commissions complémentaires au El Salvador et au Nicaragua.

2. Etablissement du dialogue avec l'opposition politique interne au El Salvador et au Nicaragua.

3. Adoption de décrets d'amnistie au El Salvador et au Guatemala et de grâce au Nicaragua.

Présentation, au Nicaragua du projet de loi d'amnistie dont l'application est soumise à la vérification, de la part de la CIVS, du respect simultané des engagements relatifs au non-usage du territoire d'un Etat pour agresser d'autres Etats et de la cessation de l'aide externe aux forces irrégulières.

4. Mesures en vue de la négociation du cessez-le-feu par la voie du dialogue direct avec l'opposition armée au El Salvador; déclarations unilatérales de cessez-le-feu au El Salvador et au Nicaragua; et actions visant à négocier le cessez-le-feu par le truchement d'un intermédiaire au Nicaragua.

5. Au Nicaragua, levée de la censure préalable et réouverture du quotidien *La Prensa* et de Radio Catolica; suspension de l'interdiction d'entrer au pays visant certains prêtres de l'église catholique; et présentation du projet de loi visant à la suspension de l'état d'urgence, soumis à la vérification, de la part de la CIVS, du respect simultané des engagements relatifs au non-usage du territoire d'un Etat pour agresser d'autres Etats et de la cessation de l'aide externe aux forces irrégulières.

6. Signature du traité constitutif du Parlement centre-américain et d'autres instances politiques, par les présidents des cinq Etats et présentation dudit traité aux organismes législatifs correspondants.

7. Promotion du processus de rapatriement volontaire de réfugiés en Amérique centrale, avec l'appui du Haut Commissariat des Nations Unies pour les réfugiées (ACNUR) et adoption de nouvelles mesures de coopération régionale en la matière.

8. Appel lancé par les gouvernements du Costa Rica, d'El Salvador, du Guatemala et du Nicaragua, demandant que cesse le soutien externe apporté aux forces irrégulières et aux mouvements insurrectionnels opérant dans la région. De même, exhortation adressée auxdits mouvements ou forces, demandant qu'elles s'abstiennent de recevoir une telle aide.

9. Déclarations des cinq gouvernements centre-américains par lesquelles ils réaffirment leur engagement à empêcher l'usage de leur propre territoire pour agresser d'autres Etats.

10. Installation et fonctionnement de la commission exécutive composée des cinq ministres des relations extérieures centre-américains et qui s'est réunie périodiquement.

11. Installation et fonctionnement de la CIVS et envoi en Amérique centrale d'une mission technique préliminaire ONU/OEA chargée d'évaluer sur le terrain la nécessité d'une inspection *in situ.*

12. Déclarations de soutien à la CIVS de la part des cinq gouvernements centre-américains et ratification de sa décision de permettre le contrôle *in situ* convenu en commission exécutive lors de la troisième réunion.

13. Décision de convoquer une réunion pour que les gouvernements centre-américains renouent avec la participation du groupe de Contadora dans l'exercice de sa fonction médiatrice, la négociation portant sur les affaires pendantes de l'Acte de Contadora en matière de sécurité, de vérification et de contrôle.

14. Concertation entre les ministres des relations extérieures et les ministres responsables de l'intégration économique, pour promouvoir le développement économique et social intégré de la région, avec le concours de la coopération internationale, dans le cadre de la procédure de Guatemala.

La CIVS prit acte du rapport de la mission technique préliminaire ONU/OEA qui s'est déplacée en Amérique centrale du 21 au 27 octobre, dans le but de déterminer la nécessité d'une inspection *in situ* en matière de sécurité.

En exprimant ses remerciements pour le rapport fourni, la commission décida de proroger le mandat de la mission, afin qu'elle complète la détermination desdites nécessités et approfondisse l'examen des questions pertinentes.

La mission présentera ses suggestions avant le 20 novembre.

La Commission décida que les représentants *ad hoc* se réuniraient en la ville de New York les 2 et 3 décembre, dans le but de préparer la réunion de la commission elle-même le 4 du même mois.

La Commission décida de solliciter auprès des gouvernements centre-américains la présentation, avant le 20 novembre, de rapports permettant d'analyser les progrès réalisés dans l'exécution des accords figurant dans la procédure de Guatemala. De même, elle décida d'inviter les présidents des commissions nationales de réconciliation à participer à ladite rencontre.

Les ministres des relations extérieures et le Secrétaire général des Nations Unies exprimèrent leurs remerciements pour l'attention et la courtoisie dont ont fait preuve le secrétaire général de l'OEA et le personnel de l'Organisation.

[Texte espagnol non reproduit]

Annexe 3 b) 8

Communiqué de presse de la commission internationale de contrôle et de suivi, New York, le 4 décembre 1987

La commission internationale de contrôle et de suivi de la procédure de Guatemala a tenu sa quatrième réunion, le 4 décembre 1987 au Siège des Nations Unies. Cette réunion a eu lieu cent vingt jours après la signature de la procédure, dans le but prévu d'analyser les progrès réalisés dans l'exécution des accords qu'elle contient. Les représentants *ad hoc* des membres titulaires de la CIVS s'étaient réunis les 2 et 3 décembre.

Dans le cadre de l'examen des importants progrès réalisés dans l'exécution de la procédure de Guatemala, les membres de la CIVS ont rencontré les présidents des commissions nationales de réconciliation ou les membres de la CNR qui ont pu assister à la réunion en se rendant à l'invitation qui leur avait été envoyée.

La CIVS a examiné le second rapport de la mission technique préliminaire ONU/OEA relatif à l'inspection *in situ* du respect des engagements en matière de sécurité, dont les conclusions donneront lieu à examen de la part des membres de la CIVS.

Aux fins d'établir le rapport que les cinq présidents centre-américains auront à examiner lors de leur réunion du 15 janvier prochain, la CIVS prit les dispositions nécessaires à sa préparation, y compris le format que celui-ci adopterait, et les apports additionnels par lesquels les gouvernements centre-américains devraient apporter leur contribution. A cette fin, la CIVS décida que les représentants *ad hoc* effectueraient une mission du 4 au 10 janvier dans les cinq pays centre-américains, dans lesquels ils auraient des entretiens et solliciteraient des informations en vue de la rédaction finale, à Panama, du rapport de la CIVS à l'intention des présidents centre-américains.

Minute de la quatrième réunion de la commission internationale de contrôle et de suivi de la procédure de Guatemala, qui s'est tenue, à New York, le 4 décembre 1987

I. Introduction

La commission internationale de contrôle et de suivi a tenu sa quatrième réunion le 4 décembre 1987 au Siège des Nations Unies.

II. Consultations des commissions nationales de réconciliation

1. Au premier point de l'ordre du jour, les titulaires de la CIVS écoutèrent la présentation des rapports des représentants des commissions nationales de réconciliation du: Costa Rica, El Salvador, Guatemala et Nicaragua. Le secrétaire général donna lecture d'un télégramme par lequel le représentant de la CNR du Honduras, qui devait participer à la réunion, indiquait ne pouvoir le faire et proposait de soumettre un rapport écrit.

2. La commission décida de demander aux CNR, qui ne l'auraient pas fait, d'envoyer leurs rapports aux membres de la CIVS au plus tard le 20 décembre, afin de contribuer à l'élaboration du rapport final à l'intention des présidents centre-américains.

III. Contrôle des engagements de la procédure de Guatemala

1. La CIVS, après avoir examiné le second rapport de la mission technique préliminaire ONU/OEA, estima que, ainsi qu'il ressortait des conclusions de ce dernier, il existait des difficultés politiques de fond qui empêchaient, pour le moment, le contrôle *in situ* du respect des engagements en matière de sécurité, prévu par la procédure de Guatemala.

2. La CIVS décida que les représentants *ad hoc* effectueraient une mission du 4 au 10 janvier 1988 dans chacun des pays centre-américains, au cours de laquelle ils auraient des entretiens et solliciteraient des informations en vue de la rédaction finale du rapport de la CIVS à l'intention des présidents centre-américains. Elle accepta l'offre généreuse du gouvernement du Panama de mettre à la disposition de la mission des moyens logistiques et de transport aérien pour la réalisation de ladite mission qui s'achèverait en la ville de Panama où les représentants *ad hoc* mettraient la dernière main à la préparation du rapport à présenter aux présidents centre-américains.

3. On prit l'accord de principe selon lequel la CIVS se réunirait le 12 janvier 1988 en la ville de Panama.

IV. Préparation et approbation du rapport de la CIVS à l'intention des présidents

1. La réunion approuva le format que la CIVS devrait soumettre aux cinq présidents centre-américains, figurant au document IV.CIVS/2/Rev.1. Il fut décidé de solliciter auprès des secrétaires généraux des Nations Unies et de l'OEA la préparation d'un brouillon de rapport qui serait envoyé dès que possible aux ministres des relations extérieures des gouvernements des Etats membres et, en tout état de cause, avant le 4 janvier, afin de faciliter l'élaboration du rapport à l'intention des présidents, et également la tâche des représentants *ad hoc* dans les entretiens qu'ils auront au cours de leur mission.

2. En ce qui concerne la rédaction des conclusions du rapport, on décida que, lorsqu'il s'agira d'élaborer des conclusions concernant chaque pays centre-américain, son représentant pourra, s'il n'est pas d'accord avec celles-ci, faire état de sa position.

V. Modèle pour les futurs rapports des gouvernements centre-américains à l'intention de la CIVS

La commission approuva le modèle des rapports périodiques des gouvernements de l'Amérique centrale à l'intention de la CIVS, relatifs au respect de leurs engagements contenus dans la procédure de Guatemala, modèle recommandé par les représentants *ad hoc* et figurant dans le document IV.CIVS/3/Rev.2.

VI. Autres affaires

1. La CIVS demanda aux cinq gouvernements centre-américains de faire parvenir aux membres de la commission la documentation de base susceptible de faciliter la tâche de contrôle de la CIVS, y compris les textes des constitutions nationales, la législation pénale et tout autre matériau législatif qui pourrait être pertinent. Cette remise de documents devrait s'effectuer, si possible, avant le 10 décembre 1987.

2. La CIVS souligna l'importance de la réunion des représentants des gouvernements centre-américains qui, avec la participation du groupe de Contadora, aura lieu au cours de la semaine suivante en la ville de Caracas, dans le but de poursuivre les négociations prévues au numéro 7 de la procédure de Guatemala et portant sur les points en instance d'accord en matière de sécurité, de vérification et de contrôle et figurant au projet d'«Acte de Contadora pour la paix et la coopération en Amérique centrale».

[Texte espagnol non reproduit]

Annexe 3 b) 9

Rapport final de la commission internationale de contrôle et de suivi sur les progrès réalisés dans l'exécution des accords de la procédure en vue de parvenir à une paix ferme et durable en Amérique centrale

1. La commission internationale de contrôle et de suivi de la procédure de Guatemala a recueilli l'aspiration manifeste des peuples centre-américains à la paix, leur souhait profond de voir s'instaurer ou, le cas échéant, se perfectionner, des régimes démocratiques, pluralistes et participatifs qui, outre qu'ils émanent de la volonté librement exprimée par les urnes, garantissent effectivement la pleine jouissance des droits de l'homme, le développement économique et le dépassement de structures sociales iniques et anachroniques, ainsi que le droit légitime de décider de leur propre destinée, affranchie des ingérences étrangères. Le désir ardent des peuples de l'Amérique centrale de parvenir à la paix et à la démocratisation politique, économique et sociale se voit entravé par une lutte géopolitique qui ne les concerne pas et par des intérêts hégémoniques indifférents et étrangers à leurs aspirations légitimes.

2. Dans l'espoir de contribuer à satisfaire ces légitimes aspirations, qui sont le fondement sous-jacent des engagements d'Esquipulas II, la CIVS souhaite donner les précisions suivantes en ce qui concerne le respect, par les cinq gouvernements centre-américains, des engagements qu'ils ont contracté en signant la procédure de Guatemala visant à instaurer une paix ferme et durable dans la région.

3. Les cinq pays centre-américains, en dépit de certaines réserves initiales, se sont acquittés de l'engagement, figurant dans la procédure, de créer des commissions nationales de réconciliation.

4. Il n'y a pas eu uniformité d'interprétation dans les cinq pays, ni sur les critères à adopter pour composer les CNR, ni en ce qui concerne la prise de décision en leur sein. Il conviendrait que les difficultés apparues fussent surmontées.

5. Dans l'esprit de réconciliation qui sous-tend la procédure, il est souhaitable que, dans les pays «où se sont produites de profondes divisions dans la société», soient incluses parmi les membres de la CNR des person-

nalités représentant des partis politiques ou des groupements proches des forces irrégulières ou mouvements insurrectionnels, dans le but de renforcer sa mission réconciliatrice, comme c'est le cas au Nicaragua et comme ce fut le cas au El Salvador.

6. En effet, dans le cas d'El Salvador l'intégration originale reflétait les critères ébauchés au paragraphe précédent, mais le retrait de la CNR des deux représentants de partis politiques d'opposition a créé une situation imprévue qui la perturbe.

7. En ce qui concerne l'engagement d'entamer le dialogue avec tous les groupes d'opposition politique interne et avec ceux qui se sont prévalus de l'amnistie, la CIVS constata que, au Nicaragua, où il s'était engagé, le dialogue se trouve actuellement suspendu du fait du retrait des partis d'opposition. Dans le cas d'El Salvador, la CIVS a constaté que le gouvernement a dialogué avec de larges secteurs de l'opposition politique, mais que certains d'entre eux considèrent que le gouvernement a donné priorité au dialogue avec l'opposition armée. Au Honduras et au Costa Rica, selon des informations fournies par le gouvernement, pour le premier, et par des groupes d'opposition pour le second, le dialogue interne se manifeste par l'exercice d'une stricte liberté d'expression au travers des institutions politiques desdits pays, qui culmine dans des consultations électorales. D'autre part, en ce qui concerne le dialogue avec l'opposition politique, la CIVS est convaincue qu'il est nécessaire de poursuivre et d'intensifier les efforts de réconciliation nationale.

8. El Salvador, le Guatemala, le Honduras et le Nicaragua ont adopté des décrets d'amnistie, en dépit des réserves émises par le Honduras sur le fait que l'engagement lui soit applicable.

Dans le cas du Costa Rica, la CIVS ne juge pas nécessaire l'adoption d'un décret d'amnistie. Cependant, attendu que certains étrangers détenus au Costa Rica pourraient bénéficier de l'amnistie décrétée par leur pays d'origine, la CIVS recommande audit gouvernement d'étudier ces cas afin qu'ils puissent obtenir leur liberté.

9. Pour ce qui est du contenu et de la portée des décrets d'amnistie, on a noté, dans certains cas, des appréciations critiques. Dans le cas spécifique d'El Salvador, où a été décrétée une amnistie générale, fondée sur la thèse du pardon et de l'oubli, la CIVS a pris acte de ce que le décret d'amnistie a bénéficié aux prisonniers politiques, mais qu'il n'accordait qu'un délai de quinze jours aux rebelles armés pour s'en prévaloir.

10. Dans le cas du Nicaragua, bien que le gouvernement de ce pays ait adopté, pour les rebelles armés, un décret d'amnistie qui demeure en vigueur et ait édicté une grâce, l'entrée en vigueur du décret d'amnistie en faveur des prisonniers a été subordonné à l'attestation par la CIVS du respect de la cessation de l'aide aux forces irrégulières de la part des Etats de la région et extra-régionaux, ainsi que du non-usage du territoire pour déstabiliser le Nicaragua. Cette allégation du principe de la simultanéité des engagements reflète l'un des problèmes structuraux de l'application de la procédure, problèmes qui sont matière à des réflexions plus poussées.

11. En ce qui concerne la sphère d'application de l'amnistie, la CIVS a enregistré des témoignages selon lesquels, dans différents pays et à des degrés divers, on a systématiquement pratiqué, durant les gouvernements précédents, l'élimination physique des membres de groupes irréguliers, ou de forces insurrectionnelles, capturés, à savoir ceux qui auraient pu se prévaloir des récents décrets adoptés par les gouvernements actuels.

12. Il faut se rappeler que le but de l'amnistie est d'ouvrir des espaces politiques dans certains pays en vue du retour à la vie démocratique des

groupes d'opposition, notamment des rebelles armés. Il est donc prématuré d'émettre un jugement définitif sur l'efficacité des décrets d'amnistie comme instrument de réconciliation nationale.

13. Le numéro 3 de la procédure de Guatemala prescrit un vaste schéma de démocratisation, difficile à atteindre dans un bref délai de cinq mois, dans une région caractérisée par une histoire troublée.

14. Il est juste de reconnaître la stabilité et le haut degré de développement des institutions démocratiques au Costa Rica.

15. Dans le cas du Nicaragua, la CIVS a pu constater que, en dépit de la gravité du harcèlement militaire que subit le pays, des actions concrètes ont été menées en vue de la mise en œuvre d'un processus démocratique. Cependant, certains porte-parole de partis d'opposition et d'organismes non gouvernementaux ont émis des opinions selon lesquelles il serait nécessaire de procéder à une différenciation plus nette entre les institutions étatiques et partisanes et l'établissement de garanties plus larges pour l'exercice des droits civils et politiques.

16. Selon la grande majorité des sources d'information consultées, l'intention des chefs d'Etat centre-américains de favoriser la participation effective des divers courants d'opinion à la vie démocratique et de veiller à la protection des droits de l'homme se voit limitée, dans certains pays, par des abus de pouvoir des forces de sécurité et par l'action de groupes paramilitaires. La CIVS a reçu des plaintes pour violations des droits de l'homme commises par les forces irrégulières ou les mouvements insurrectionnels.

17. La CIVS a constaté qu'il n'existe pas d'état d'exception, de siège ou d'urgence au Costa Rica, au El Salvador, au Guatemala et au Honduras. La commission a appris qu'il existe, en El Salvador, un décret-loi qui permet aux autorités d'arrêter une personne pour plus de soixante-douze heures. Au Nicaragua, la levée de l'état d'urgence est subordonnée à l'attestation par la CIVS du respect de la cessation de l'aide apportée aux forces irrégulières par les Etats de la région et extra-régionaux, ainsi que du non-usage du territoire pour déstabiliser le Nicaragua. Le gouvernement a indiqué que, en pratique, l'état d'urgence est appliqué avec souplesse. Dans plus d'un pays, le caractère inopérant, en pratique, du recours en protection ou en *habeas corpus* fait qu'il se produit fréquemment des détentions pour des périodes plus longues et dans des conditions moins favorables que celles prévues par la loi.

18. La CIVS a suivi avec satisfaction les préparatifs en vue de l'établissement du Parlement centre-américain dans les cinq pays. La création de cette importante institution représentera une avancée significative dans le processus de démocratisation et renforcera l'intégration politique, économique et sociale entre les pays de la région.

19. Malgré les efforts réalisés, l'absence de négociation d'un cessez-le-feu, dans les pays dans lesquels opèrent des forces irrégulières ou des mouvements insurrectionnels, et l'intensification des actions militaires, avec les pertes humaines et matérielles qu'elles entraînent, et ce après la signature d'Esquipulas II, constituent de sérieux motifs de préoccupation.

20. Les appels aux forces irrégulières ou aux mouvements insurrectionnels en vue d'arrêter un cessez-le-feu, ou, le cas échéant, de se prévaloir de l'amnistie et s'intégrer aux processus politiques dans leur pays respectif, ainsi que l'envisage la procédure de Guatemala, n'ont pas eu de suites positives en El Salvador, au Guatemala et au Nicaragua.

21. En dépit de l'exhortation des présidents centre-américains, les Etats-Unis poursuivent la politique et la pratique de l'assistance, militaire en particulier, aux forces irrégulières qui opèrent contre le Gouvernement du Nicara-

gua. La cessation définitive de ladite assistance continue à constituer une condition indispensable au succès des efforts de paix et de la procédure dans son ensemble.

De même, on a enregistré une plainte du Gouvernement d'El Salvador selon laquelle le Nicaragua accorde secrètement une aide aux forces insurgées dans son pays et la suspension de cette aide est une condition indispensable au succès des efforts de paix de la procédure dans son ensemble. La CIVS a reçu la dénégation du Gouvernement du Nicaragua en ce qui concerne cette plainte.

22. En ce qui concerne l'engagement de ne pas utiliser le territoire d'un Etat pour en agresser un autre, la CIVS a recueilli des plaintes émanant de certains gouvernements de la région et le témoignage de sources non gouvernementales sur l'aide apportée à des forces irrégulières ou des mouvements insurrectionnels par d'autres gouvernements centre-américains, ainsi que sur l'utilisation de territoires de certains Etats pour en agresser d'autres. On a enregistré des plaintes en ce sens d'El Salvador contre le Nicaragua, et du Nicaragua contre le Honduras, El Salvador et le Costa Rica. Les gouvernements respectifs déclarèrent qu'ils ne pouvaient accepter de telles plaintes tant qu'on ne connaissait ni leur solidité ni les arguments sur lesquelles elles se fondent et exprimèrent leur volonté d'autoriser même une inspection inconditionnelle sur leur territoire. La CIVS doit signaler que l'utilisation du territoire d'Etats de la région pour en agresser d'autres, avec ou sans le consentement du gouvernement dont le territoire serait compromis, facilite l'action desdites forces ou mouvements et entrave la recherche de la paix. La CIVS n'est pas encore en mesure de vérifier les faits susdits, car elle n'a pas pu, à ce jour, installer des mécanismes d'inspection *in situ*.

23. En ce qui concerne l'exécution du mandat figurant au numéro 7 de la procédure de Guatemala, la CIVS a pris acte avec satisfaction de la réunion qui s'est tenue à Caracas le 10 décembre 1987, en application d'une décision de la commission exécutive réunie à San José les 27 et 28 octobre 1987, dans le but de poursuivre les négociations sur les aspects en instance d'accord, en matière de sécurité, de vérification et de contrôle, de l'acte de Contadora et le désarmement des forces irrégulières qui seraient disposées à se prévaloir des décrets d'amnistie. La rencontre a eu lieu avec la participation des cinq pays centre-américains et du groupe de Contadora dans l'exercice de sa fonction médiatrice.

Les résultats des délibérations permirent de préciser les domaines de référence des futures négociations, à savoir:

Engagements en matière d'armement, d'effectifs militaires et de manœuvres militaires; affaires à caractère procédural et opérationnel sur le règlement ou le statut de la commission de vérification et de suivi en matière de sécurité; et mesures en vue du désarmement des forces irrégulières.

On fixa des prévisions pour l'organisation des futurs travaux et réunions qui auront lieu dans des pays du groupe de Contadora et avec la coordination de ceux-ci. La prochaine réunion se tiendra à Panama durant la première semaine de février 1988 et la Colombie proposa d'être le siège de la rencontre suivante.

24. En matière de réfugiés, la CIVS a noté avec satisfaction que l'on a enregistré des progrès, tant dans la création de mécanismes institutionnels que dans des aspects concrets tels que la protection, l'assistance et le rapatriement volontaire, qui constituent des avancées manifestes dans la recherche de solutions humanitaires aux problèmes de la région. En ce sens, la

tenue, au cours de cette année, d'une conférence internationale sur les réfugiés centre-américains, sous les auspices des gouvernements des pays de la zone et avec la collaboration du Haut Commissariat des Nations Unies pour les réfugiés, serait une contribution significative aux efforts de paix. La situation des déplacés demeure un grand problème à caractère humanitaire, dont la solution exige des efforts complémentaires urgents. La réalisation des objectifs d'Esquipulas II contribuera notablement à la solution définitive du problème des réfugiés et des déplacés.

25. L'objectif global que renferme Esquipulas II, et consistant à parvenir à la paix par la cessation des hostilités, l'amnistie, la démocratisation, la cessation de l'aide en faveur des forces irrégulières et des mouvements insurrectionnels et le non-usage du territoire pour agresser d'autres Etats, n'a pas été atteint à ce jour. Le fait de ne pas avoir encore atteint cet objectif n'enlève rien à la validité de la procédure de Guatemala, bien qu'il soit impératif de manifester une volonté politique permanente dans la recherche de formules visant à surmonter les obstacles.

26. A l'examen des progrès réalisés dans l'application de la procédure en vue d'instaurer une paix ferme et durable en Amérique centrale, procédure signée à Guatemala le 7 août 1987, il est fondamental de se rappeler que, ainsi que l'indique sa dénomination, elle constitue un programme d'actions faisant partie d'un processus. C'est pourquoi cent cinquante jours après la signature de l'accord, il serait aussi contraire à la vérité de déclarer qu'il n'y a pas eu de pas en avant que d'en proclamer le succès.

27. Il convient de rappeler que, de même que la détérioration intervenue dans la structure politique, économique et sociale centre-américaine ne s'est pas produite subitement, on ne peut pas, non plus, parvenir à la paix dans la région, de façon immédiate. Les facteurs en jeu sont, par nature, complexes et agissent à différents niveaux simultanément. Plusieurs des acteurs en présence sur la scène centre-américaine ne sont pas partie dans l'accord signé par les principaux intéressés que sont les chefs d'Etat de la région. L'enjeu est considérable, car il s'agit de mettre en pratique un accord intégral, universellement satisfaisant, simultanément exécutoire et contrôlable, et que, en outre, il engage ceux qui sont partie dans le conflit sans être signataires dudit accord. Il nous appartient donc, à ce niveau, non pas de déclarer le succès ou l'échec d'un processus qui est en marche, mais d'évaluer les progrès réalisés, d'identifier les tâches restant à accomplir et de suggérer les voies permettant de les poursuivre.

28. C'est pourquoi, la CIVS estime nécessaire, après avoir fait référence aux thèmes spécifiques de son mandat, de faire deux considérations de caractère général, non seulement parce qu'elles touchent au problème plus large de l'application de la procédure dans son ensemble, de la part des signataires, mais aussi parce que la CIVS juge utile de faire une contribution en ce sens.

29. Il convient de souligner l'inquiétude manifestée par plusieurs membres non centre-américains de la CIVS en ce qui concerne les modalités de participation des pays centre-américains aux tâches de contrôle, en tant que partie dans le conflit. Les présidents pourraient examiner ce sujet lors de leur prochaine réunion, afin d'établir une distinction pratique entre la participation des membres non centre-américains de la CIVS et celle des centre-américains, pour ce qui est du contrôle proprement dit. Cela ne nécessiterait pas, en principe, de modifier la lettre de la procédure. Ce sujet est également lié à un autre problème que l'on a pu effleurer au cours des réunions de la CIVS, celui de l'absence d'un cadre plus efficace pour la prise de décisions.

30. L'une des premières considérations faites par la CIVS fut la nécessité d'instaurer des modalités pratiques de contrôle des accords figurant dans la procédure de Guatemala. Pour le contrôle des engagements contractés en matière de sécurité, à savoir: le cessez-le-feu, la non-utilisation des territoires pour agresser d'autres Etats et la cessation de l'aide apportée aux forces irrégulières et aux mouvements insurrectionnelles, la nécessité d'une inspection *in situ* est une condition *sine qua non* du contrôle, si l'on veut que celui-ci soit empreint d'objectivité, d'indépendance et d'efficacité. Tous les membres de la CIVS acceptent ces prémisses de base et personne ne discute la nécessité que soit dûment établi ce mécanisme afin que puissent débuter le contrôle et le suivi.

31. En ce sens, les ministres des relations extérieures, membres de la CIVS, s'accordèrent à attirer l'attention de MM. les chefs d'Etat centre-américains sur le fait qu'il convenait de solliciter, auprès des secrétaires généraux des Nations Unies et de l'Organisation des Etats Américains, l'envoi urgent d'une mission technique dans la région, dans le but de mettre la dernière main aux détails de mise en place, dans les cinq pays centre-américains, d'unités mobiles dotées des caractéristiques ébauchées dans le second rapport de la mission.

32. En ce qui concerne les engagements en matière de démocratisation — comportant, entre autres, le respect des droits de l'homme ainsi que l'élection libre des autorités nationales et du Parlement centre-américain —, de réfugiés et de déplacés, la CIVS a considéré que sa tâche de contrôle et de suivi pourrait être soutenue par l'action d'organisations internationales.

33. La CIVS estime pertinent d'observer qu'il existe d'autres facteurs d'ordre structurel qui pourraient affecter l'application de la procédure dans son ensemble. Ces facteurs sont exposés ci-après.

34. La nature des accords d'Esquipulas II consiste, plus qu'en une obligation juridique formelle, en un engagement politique qui les sous-tend et dans le fait indiscutable qu'ils bénéficient d'un large soutien populaire et d'un appui international unanime. Cependant, la procédure pourrait être complétée par des éléments facilitant sa mise en œuvre, tels qu'un plan d'exécution et un calendrier d'accomplissement des engagements.

35. Il est presque de notoriété publique que l'élément qui permit à la procédure de Guatemala d'être adoptée fut le fait que s'aplanirent entre les parties les différends relatifs à la séquence d'accomplissement des différents engagements, lorsqu'il fut décidé que ceux-ci s'accompliraient simultanément. La communauté internationale accueillit avec admiration cette formule qui tranchait des différends apparemment irréconciliables, relatifs au problème central de la préséance entre la pacification et la démocratisation.

36. Les divergences d'opinion, portant précisément sur la séquence des opérations, ont fait apparaître la réalité selon laquelle l'accomplissement simultané, s'il n'est pas articulé au-delà du cadre général prévu dans Esquipulas II, peut difficilement se concrétiser. Cela est un problème urgent et de fond qui, malgré les efforts accomplis, n'est pas encore résolu.

37. L'esquisse d'un plan chronologiquement ordonné, en vue de l'exécution de la procédure, suppose une négociation. Cette tâche aussi complexe qu'inéluctable pourrait trouver une impulsion décisive dans l'opportunité qu'offre la réunion des présidents à San José.

[Texte espagnol non reproduit]

Annexe 3 c) *1*

Ministère des relations extérieures
Réunion de ministres des relations extérieures de l'Amérique centrale
Commission exécutive
Esquipulas II
San Salvador, 19-20 août 1987

Communiqué conjoint

Les ministres des relations extérieures du Costa Rica, du Guatemala, du Honduras, du Nicaragua et d'El Salvador, réunis en la ville de San Miguel (République d'El Salvador), en vue de donner suite à l'engagement figurant au numéro 11 de l'accord des présidents centre-américains intitulé «Procédure pour instaurer une paix ferme et durable en Amérique centrale», conclurent, dans un climat de cordialité et de franchise, les accords suivants:

Premièrement: Les ministres des relations extérieures se constituèrent en commission exécutive et signèrent l'acte d'installation correspondant.

Deuxièmement: A chaque réunion de la commission, le pays d'accueil assumera la présidence *pro tempore* et organisera et fournira le secrétariat.

La prochaine réunion de la commission exécutive aura lieu en la ville de Managua (Nicaragua) dans les trente prochains jours. Les sièges des réunions subséquentes seront fixés dans un strict ordre alphabétique, règle qui sera observée dans les autres activités de la commission exécutive.

Troisièmement: Ils adressèrent une lettre aux secrétaires généraux des Nations Unies et de l'Organisation des Etats américains ainsi qu'aux ministres des relations extérieures du groupe de Contadora et du groupe de soutien, en les invitant à participer à la commission internationale de contrôle et de suivi. De même, ils les prièrent de la façon la plus cordiale à procéder à l'installation formelle de ladite commission au cours de la réunion conjointe qui se tiendra à Caracas le 22 août prochain.

Ils s'adressèrent également aux pays membres des Communautés européennes en sollicitant leur précieux concours afin d'obtenir un soutien intégral et extraordinaire permettant d'améliorer la qualité de la vie des peuples centre-américains.

Quatrièmement: Outre les commissions qui ont été organisées, la commission exécutive pourra créer toutes les commissions spécifiques qui seront nécessaires à la réalisation de ses objectifs.

Cinquièmement: Aux fins de tenir l'engagement figurant au numéro 7 du document adopté lors du sommet de Guatemala, ils décidèrent de rencontrer, en temps utile, le groupe de Contadora, afin de poursuivre les négociations sur les points en instance d'accord, en matière de sécurité, de vérification et de contrôle, figurant au projet d'acte de Contadora pour la paix et la coopération en Amérique centrale.

Sixièmement: Les ministres des relations extérieures centre-américains reçurent une proposition présentée par le Gouvernement d'El Salvador et contenant des règles de base en vue de l'exécution des accords, proposition qui sera étudiée par chacun des ministres des relations extérieures et discutée lors de la prochaine réunion.

Septièmement: Les ministres des relations extérieures du Costa Rica, du Guatemala, du Honduras et du Nicaragua adressèrent leurs remerciements au peuple et au Gouvernement d'El Salvador et spécialement à M. le ministre des relations extérieures, Ricardo Acevedo Peralta, pour l'hospitalité et les marques d'attention reçues durant leur séjour en El Salvador et qui ont contribué de façon significative au succès de la réunion.

San Salvador, le 20 août 1987.

Direction générale de la culture et de la communication.

[Texte espagnol non reproduit]

―――

Annexe 3 c) 2

Réunion de ministres des relations extérieures d'Amérique centrale

Première réunion de la commission exécutive

Esquipulas II

San Salvador, 19-20 août 1987

Acte d'installation de la commission exécutive

Les ministres des relations extérieures des Républiques du Costa Rica, d'El Salvador, du Guatemala, du Honduras et du Nicaragua, réunis en la ville de San Salvador (République d'El Salvador) les 19 et 20 août 1987, afin de donner suite aux stipulations du numéro 11 du document «Procédure pour instaurer une paix ferme et durable en Amérique centrale», signé par les présidents des pays centre-américains lors du sommet de Guatemala le 7 août 1987, décidèrent de:

1. S'installer en qualité de commission exécutive.

2. Entreprendre l'exercice des attributions et responsabilités fixées au premier paragraphe du numéro 11 dudit document, qui stipule:

«Dans un délai de quinze jours à compter de la signature du présent document, les ministres des relations extérieures d'Amérique centrale se réuniront en qualité de commission exécutive pour réglementer, impulser et faciliter l'exécution des accords figurant au présent document; ainsi qu'organiser les commissions de travail afin que, à partir de cette date, se déclenchent les processus visant à l'exécution, dans les délais impartis, des engagements contractés et ce par voie de consultations, démarches et autres mécanismes qu'ils jugeront nécessaires.»

3. En foi de quoi, ont signé le présent acte d'installation, en la ville de San Salvador (République d'El Salvador), le 20 août 1987:

Ricardo ACEVEDO PERALTA,
ministre des relations extérieures
d'El Salvador;

Carlos LOPÉZ CONTRERAS,
ministre des relations extérieures
du Honduras;

Miguel d'ESCOTO BROCKMANN,
ministre des relations extérieures
du Nicaragua;

Rodrigo MADRIGAL NIETO,
ministre des relations extérieures
et des cultes du Costa Rica;

Alfonso CABRERA HIDALGO,
ministre des relations extérieures
du Guatemala.

[Texte espagnol non reproduit]

―――

Annexe 3 c) *3*

Direction de l'information et de la presse
Ministère des relations extérieures

Deuxième réunion de la commission exécutive
des accords d'Esquipulas II

Communiqué conjoint

La seconde réunion de la commission exécutive s'est tenue en la ville de Managua, République du Nicaragua, les 17 et 18 septembre 1987, dans un climat de cordialité et de franchise; la commission exécutive a poursuivi ses travaux conformément au premier paragraphe du numéro 11 de la «Procédure pour instaurer une paix ferme et durable en Amérique centrale».

Pendant la réunion, les ministres de la commission exécutive ont exprimé leur profonde satisfaction devant les actions qui ont été entreprises pour la mise en œuvre de la «procédure de Guatemala» et l'appui que reçoit ledit document de la part de la communauté internationale. Ils soulignent notamment comme des faits de grande importance l'installation à Caracas (Venezuela) de la commission internationale de contrôle et de suivi et la constitution des commissions nationales de réconciliation respectives dans les Républiques d'El Salvador, du Guatemala et du Nicaragua.

La commission exécutive a procédé à un large et fructueux échange de points de vue avec les représentants *ad hoc* de la CIVS, concernant les modalités d'exercice des fonctions de contrôle et de suivi des engagements figurant dans la «Procédure pour instaurer une paix ferme et durable en Amérique centrale». A l'issue de cette rencontre, il fut possible de déterminer un champ de convergences sur ce sujet.

La commission exécutive décida que chaque pays constituerait, s'il y a lieu, les commissions de nature interne qu'il jugera nécessaire pour mettre en œuvre les accords d'Esquipulas II.

La commission exécutive décida également de créer des sous-commissions de travail dans les zones de réfugiés et de déplacés, de simultanéité et de rédaction des textes. Elle décida également de réactiver la commission qui poursuivra les négociations sur les affaires de sécurité, de vérification et de contrôle, en instance d'accord et figurant au projet d'acte de Contadora.

La commission exécutive décida également d'élaborer des suggestions à l'intention des ministres responsables de l'intégration économique centreaméricaine, afin qu'ils négocient des accords régionaux permettant d'accélérer le développement économique et social de la zone et d'engendrer une coopération internationale.

Les ministres examinèrent longuement et adoptèrent un document comportant les fonctions qui leur incombent en qualité de commission exécutive.

Il fut finalement décidé que la prochaine réunion de la commission exécutive se tiendrait en la ville de San José (Costa Rica) les 27 et 28 octobre 1987.

Les ministres des relations extérieures du Costa Rica, d'El Salvador, du Guatemala, du Honduras témoignèrent leur gratitude au peuple et au

Gouvernement du Nicaragua pour leur cordiale hospitalité et les marques d'attention qu'ils ont reçues pendant leur séjour à Managua.

Managua, le 18 septembre 1987.

Eugenico CASTRO CLARAMUNT,
Directeur de l'information
et de la presse.

[Texte espagnol non reproduit]

Annexe 3 c) 4

Troisième réunion de la commission exécutive
27-28 octobre 1987

Résumé de presse n° 158-87.
Direction de l'information et de la presse
29 octobre.

San José — Amérique centrale — politique

Déclaration conjointe des ministres des relations extérieures centre-américains.

San José, 28 octobre. — Les ministres des relations extérieures centre-américains: Ricardo Acevedo (El Salvador), Miguel d'Escoto (Nicaragua), Rodrigo Madrigal Nieto (Costa Rica), Carlos López Contreras (Honduras) et Adolfo Cabrera (Guatemala) ont prononcé la déclaration suivante à l'issue de leur réunion de deux jours à San José, réunion destinée à «évaluer Esquipulas II», document signé par les cinq présidents de la région, le 7 août 1987.

Les cinq ministres des relations extérieures forment la «commission exécutive» d'Esquipulas II.

Le libellé en est le suivant:

«La commission exécutive de la «Procédure pour instaurer une paix ferme et durable en Amérique centrale», en application des obligations que lui assigne le paragraphe premier du numéro 10 dudit instrument et dans l'exercice des fonctions approuvées lors de sa réunion de Managua, les 17 et 18 septembre 1987, a tenu sa troisième réunion de travail en la ville de San José, République du Costa Rica, les 27 et 28 octobre 1987.»

Les membres de la commission exécutive fournirent des informations étendues et détaillées sur l'avancement de la mise en œuvre, dans leur pays respectif, des engagements figurant dans l'accord d'Esquipulas II, prirent acte avec satisfaction des progrès réalisés, échangèrent leurs points de vue à ce sujet et firent état de la nécessité de poursuivre le processus.

La commission exécutive prit connaissance du document préparé par la sous-commission de simultanéité, réunie en la ville de Guatemala le 16 octobre 1987, en débattit, l'adopta et fixa le 5 novembre comme date à laquelle entreront en vigueur simultanément, de façon publique, les engagements d'amnistie, de cessez-le-feu, de démocratisation, de cessation de l'aide apportée aux forces irrégulières ou aux mouvements insurrectionnels et de non-usage du territoire pour agresser d'autres Etats.

En conséquence, les pays de l'Amérique centrale, en accord avec le numéro 10 de la «procédure de Guatemala» et pour que la commission internationale de contrôle et de suivi puisse émettre des rapports dans les délais impartis, ratifient sa décision afin que, à partir de ce moment, puisse s'effectuer le contrôle *in situ* correspondant.

La commission décida de créer une sous-commission économico-sociale chargée de lui proposer les suggestions qu'elle devra formuler aux ministres responsables de l'intégration économique centre-américaine, conformément aux décisions adoptées à la réunion de Managua, Nicaragua, les 17 et 18 septembre; cette sous-commission servira de liaison entre la commission exécutive et lesdits ministres.

La commission exécutive décida que la sous-commission de sécurité se réunira dans les prochains quarante-cinq jours, en la ville que ladite commission déterminera d'un commun accord, avec la participation du groupe de Contadora dans l'exercice de sa fonction médiatrice, dans le but de poursuivre les négociations sur les points en instance d'accord, en matière de sécurité, de vérification et de contrôle, figurant dans le projet d'acte de Contadora.

Les membres de la commission exécutive prirent connaissance d'un projet de texte visant à solliciter la cessation de l'aide apportée aux forces irrégulières ou aux mouvements insurrectionnels, conformément à ce que prévoit le numéro 5 du document d'Esquipulas II, qui pourrait servir de modèle à la requête qui doit être présentée individuellement par chacun des pays centre-américains, dans le délai imparti.

La commission décida également de proposer aux présidents centre-américains de tenir leur prochaine réunion, à partir du 15 janvier 1988, en la ville de San José, Costa Rica.

On résolut de tenir la prochaine réunion de la commission exécutive en la ville de San Salvador, à une date qui sera déterminée d'un commun accord.

Fait à San José, le 28 octobre 1987.

Direction de l'information et de la presse.
Sélection des informations par:
Eugenio Castro C., directeur.

[Texte espagnol non reproduit]

Annexe 3 c) 5

El Pais, mardi 17 novembre 1987.

Le leader sandiniste qualifie de «très intéressante»
la proposition hondurienne

«LE HONDURAS PROPOSE AU NICARAGUA DE FIXER
UNE «LIGNE DE SÉCURITÉ» FRONTALIÈRE», DIT ORTEGA

Washington/San Salvador.

Le président nicaraguayen, Daniel Ortega, a révélé que le Honduras a proposé à son pays de démanteler les campements de la «contra» situés sur son territoire, en échange de ce que l'armée sandiniste n'effectuerait pas de nouvelles incursions contre les rebelles sur le territoire voisin. Si l'on parvenait à un accord, les deux nations établiraient également une «ligne de sécurité» sur la frontière, déclara Ortega lors d'une interview publiée par l'hebdomadaire nord-américain *Newsweek*.

Selon Ortega, la proposition du Honduras consiste dans le retrait de toute présence militaire nord-américaine, le démantèlement des bases de la «contra» sur son territoire et le désarmement des rebelles. En échange, le Nicaragua devrait s'engager à suspendre ses incursions militaires en territoire hondurien à l'encontre de groupes rebelles, reculer son artillerie lourde à une certaine distance de la frontière et établir des régulations au niveau de l'armement.

La proposition, qualifiée de «très intéressante» par Ortega, inclut également la création d'une «ligne de sécurité» le long de la frontière, avec la présence de représentants de pays tiers. De même, Ortega a déclaré que le Honduras se proposait comme siège pour un éventuel dialogue direct entre le gouvernement de Managua et l'administration des Etats-Unis.

Selon des sources diplomatiques et politiques citées hier par *The New York Times*, l'aide nord-américaine à la «contra», qui transite par le Honduras, pourrait être suspendue de façon draconienne à partir de l'année prochaine. S'il en était ainsi, affirment ces sources, la présence de la «contra» au Honduras serait «économiquement insupportable» pour le président José Azcona.

Le Honduras, qui ne reconnaît pas officiellement la présence des campements de «contras» sur son territoire, recevra prochainement la visite de la commission internationale de contrôle des accords d'Esquipulas II afin de vérifier que ce pays n'apporte pas son appui aux rebelles antisandinistes.

Entre-temps, on attend avec une certaine préoccupation, en El Salvador, le retour au pays des dirigeants du Front démocratique révolutionnaire (FDR), Guillermo Ungo et Rubén Zamora, car on craint qu'il n'y ait pas de mesures de sécurité suffisantes pour leur vie, sécurité que personne ne semble pouvoir garantir, déclare José Comas.

Il y a une semaine, on découvrit, en El Salvador, les cadavres de deux hommes qui avaient été sauvagement torturés. Sur la peau des victimes, leurs assassins avaient écrit en lettres rouges les caractères FDR. Le message ne peut être plus clair pour les dirigeants de FDR, front politique allié à la guérilla du Front Farabundo Marti de libération (FMLN).

A Managua, Rubén Zamora, vice-président du FDR, a affirmé qu'il avait parfaitement entendu le message des escadrons de la mort, malgré quoi il se déclara convaincu que «l'heure de poursuivre la lutte politique à l'intérieur du pays était arrivée».

D'autre part, un rapport des commissions de contrôle des armes et de la politique extérieure du Congrès nord-américain, qui sera présenté officiellement aujourd'hui, affirme que les trois quarts des 429 millions de dollars (environ 50 000 millions de pesetas) remis par les Etats-Unis au El Salvador pour «la stabilisation, la restauration et l'aide humanitaire» ont été utilisés pour financer la guerre contre les rebelles.

[Texte espagnol non reproduit]

Ambassade du Honduras,
La Haye.

Annexe 3 c) 6

Communiqué de presse n° 012-88

La direction de l'information et de la presse du ministère des relations extérieures porte à la connaissance de l'opinion publique la déclaration conjointe de la cinquième réunion des ministres des relations extérieures d'Amérique centrale, qui s'est tenue à San Salvador les 16 et 17 février 1988.

Lors de cette réunion, les ministres des relations extérieures d'Amérique centrale désignèrent le ministre des relations extérieures du Honduras, Mᵉ Carlos López Contreras, comme leur porte-parole lors de la réunion qui se tiendra prochainement à Hambourg (RFA), avec la Communauté économique européenne.

La déclaration conjointe signée à San Salvador dit textuellement:

 «La commission exécutive composée des ministres des relations extérieures du Costa Rica, d'El Salvador, du Guatemala, du Honduras et du Nicaragua s'est réunie en la ville de San Salvador le 17 février 1988, dans le but d'exercer les mandats figurant dans la procédure de Guatemala et dans la déclaration des présidents centre-américains, signée à Alajuela, Costa Rica, le 16 janvier 1988.»

A l'issue de leurs délibérations, qui se sont déroulées dans un climat de grande cordialité, la commission exécutive décida de:

1. Assumer la fonction principale de vérification, de contrôle et de suivi de tous les engagements figurant dans la procédure de Guatemala et dans la déclaration signée à Alajuela.

2. Promouvoir la coopération des Etats régionaux ou extra-régionaux et des organismes à l'impartialité et aux capacités techniques attestées, qui auraient manifesté leur désir de collaborer au processus de paix en Amérique centrale.

3. Réaffirmer l'engagement à la démocratisation et l'importance que revêt le contrôle en la matière, afin d'atteindre les objectifs figurant dans la déclaration d'Alajuela[1].

4. Demander aux commissions nationales de réconciliation de présenter, à l'occasion de la prochaine réunion de la commission exécutive, des rapports sur la mise en œuvre des engagements qu'il leur incombe de constater conformément à la procédure de Guatemala et à la déclaration d'Alajuela des présidents des pays centre-américains.

5. Communiquer leur décision de parvenir, au cours de la prochaine réunion de la commission exécutive à Guatemala, à des accords liés à la détermination des modalités, ainsi que des pays et organismes internationaux susceptibles de participer au contrôle spécifique des engagements relatifs à la cessation de l'aide aux groupes irréguliers ou aux forces insurrectionnelles et au non-usage du territoire pour agresser d'autres Etats.

6. Inclure, à l'ordre du jour de la prochaine réunion de la commission exécutive à Guatemala, les propositions présentées par le Nicaragua, qui

---

[1] Appelée également «Déclaration de San José du 16 janvier 1988», Nations Unies, doc. A/42/911-S/19447.

comportent: un tableau synoptique des engagements d'Esquipulas II et des propositions d'officialisation de celui-ci par la commission exécutive, un document de réflexion sur le rapport de la CIVS et une proposition visant à une nouvelle organisation des tâches de contrôle et de suivi ainsi qu'une proposition de protocole sur la vérification *in situ*.

7. Inclure également à l'ordre du jour de ladite réunion la proposition présentée par le Honduras à la dix-septième session de l'Assemblée générale de l'Organisation des Etats américains[1].

8. Convoquer la commission de sécurité pour que, au plus tard le 15 mars, elle poursuive les négociations renouées à Caracas, Venezuela, le 10 décembre 1987, comformément au numéro 7 de la procédure de Guatemala.

9. Agréer largement le soutien apporté par la Communauté européenne au processus de paix en Amérique centrale et souligner l'importance qu'elle accorde au renforcement de processus démocratiques et pluralistes en Amérique centrale ainsi qu'à la coopération, avec les pays centre-américains, aux efforts en faveur de la paix.

10. Considérer comme agréés les projets de communiqués communs en matière politique et économique préparés par les commissions techniques respectives, en vue de les présenter à la Communauté économique européenne, au cours de la prochaine réunion qui doit se tenir en la ville de Hambourg, du 29 février au 1er mars 1988, attendu que ces projets considèrent les espaces fondamentaux de coopération de l'Europe communautaire, en vue de la consolidation de la paix, la stabilité, le renforcement du droit international, les principes démocratiques, les droits de l'homme, la justice sociale et le développement intégral de la région.

11. Adresser aux forces irrégulières ou aux mouvements insurrectionnels une véhémente exhortation à se prévaloir de l'amnistie et à s'intégrer au dialogue et à la vie démocratique, par les mécanismes déjà engagés.

12. Remercier le peuple et le gouvernement d'El Salvador pour l'hospitalité et les facilités accordées pendant leur séjour dans ce pays, qui ont contribué de façon significative au succès de la réunion.

San Salvador, le 17 février 1988.

Tegucigalpa, le 18 février 1988.

Direction de l'information et de la presse,
Ministère des relations extérieures, République du Honduras.

[Texte espagnol non reproduit]

Annexe 3 c) 7

Lettre datée du 11 avril 1988, adressée au Secrétaire général par les représentants du Costa Rica, d'El Salvador, du Guatemala, du Honduras et du Nicaragua auprès de l'Organisation des Nations Unies

Nous avons l'honneur de vous faire tenir ci-joint le texte de l'accord adopté à Guatemala, le 7 avril 1988, à l'occasion de la cinquième réunion de la commission exécutive créée en vertu des accords d'Esquipulas II et

---

[1] Distribuée comme annexe à l'intervention de l'agent, lors de l'audience orale du 13 juin 1988 (voir *supra*, p. 140-141).

composée des ministres des relations extérieures du Costa Rica, d'El Salvador, du Guatemala, du Honduras et du Nicaragua.

Nous vous serions obligés de bien vouloir faire distribuer le texte de la présente lettre et de son annexe comme document officiel de l'Assemblée générale à sa quarante-deuxième session, au titre du point 34 de l'ordre du jour, et du Conseil de sécurité.

L'ambassadeur,
représentant permanent du Costa Rica,
(Signé) Carlos José GUTIERREZ.

L'ambassadeur,
représentant permanent d'El Salvador,
(Signé) Roberto MEZA.

L'ambassadeur,
représentant permanent du Guatemala,
(Signé) Fernando ANDRADE-DIAZ-DURAN.

L'ambassadeur,
représentant permanent du Honduras,
(Signé) Jorge Ramón HERNANDEZ ALCERRO.

L'ambassadeur,
chargé d'affaires par intérim du Nicaragua,
(Signé) Julio ICAZA GALLARD.

Annexe

Accord adopté par la commission exécutive créée en vertu des accords d'Esquipulas II, à sa cinquième réunion, tenue à Guatemala le 7 avril 1988

La commission exécutive, composée des ministres des relations extérieures du Costa Rica, d'El Salvador, du Guatemala, du Honduras et du Nicaragua, s'est réunie à Guatemala, les 23 et 24 mars et le 7 avril 1988, afin d'examiner la situation dans la région et de déterminer les mesures qu'elle devrait appliquer ou recommander pour faire en sorte que les engagements contenus dans le processus de Guatemala et dans la déclaration commune des présidents des Etats d'Amérique centrale, adoptée à Alajuela le 16 janvier 1988, continuent d'être exécutés.

A l'issue de ses travaux, la commission exécutive est convenue:

1. De créer, conformément aux dispositions du processus à suivre pour instaurer une paix stable et durable en Amérique centrale et de la déclaration commune des présidents des Etats d'Amérique centrale, le mécanisme de vérification de contrôle et de suivi du respect des engagements souscrits au titre de ces accords;

Les commissions nationales de réconciliation vérifieront que ces engagements sont respectés dans les domaines de compétence qui leur ont été assignés en vertu du processus de Guatemala et de la déclaration d'Alajuela, que ce soit par des inspections sur place ou par tout autre moyen qu'elles jugeront utile et nécessaire. Les commissions nationales de réconciliation rendront compte chaque mois de leurs travaux aux gouvernements des Etats d'Amérique centrale, qui les examineront au sein de la commission exécutive;

S'agissant des engagements en matière de sécurité, la commission exécutive sollicitera, par l'intermédiaire du Secrétaire général de l'Organisation des Nations Unies, l'aide d'un groupe technique d'appui, composé d'experts gouvernementaux du Canada, de l'Espagne et de la République fédérale d'Allemagne, pays qui ont exprimé le désir de collaborer au processus de paix en Amérique centrale, afin de mettre en place les mécanismes de vérification, de contrôle et de suivi;

Lorsqu'il aura été créé à la demande de la commission exécutive, le groupe technique d'appui arrêtera ses méthodes de travail, qu'il communiquera pour examen à la commission exécutive. En s'acquittant de sa tâche, le groupe restera en contact direct avec les autorités désignées par les gouvernements respectifs de la région. Il rendra compte chaque mois des résultats de ses travaux à la commission exécutive, qui les examinera et, le cas échéant, présentera des observations à leur sujet;

La commission exécutive décide également, au nom des gouvernements qui la composent, de conclure un traité d'amitié et de coopération régionale, lequel devra être signé lors de la sixième réunion de la commission exécutive, qui doit se tenir en mai prochain dans la République du Honduras; il y sera stipulé, entre autres principes fondamentaux, que les parties prennent l'engagement ferme et irrévocable de toujours recourir aux procédures de règlement pacifique des différends, et de s'abstenir d'employer la force ou tout autre moyen de coercition, afin de garantir ainsi dans les meilleures conditions possibles la coexistence entre leurs peuples.

A cet effet, les ministres des relations extérieures s'engagent à désigner, dans les huit jours à venir, les fonctionnaires de leurs pays qui participeront au groupe technique chargé de négocier les termes du traité en question;

Compte tenu des accords adoptés à la présente réunion, auxquels les ministres des relations extérieures reconnaissent une validité et une force spéciales, et compte tenu également des progrès réalisés dans le cadre du processus de Guatemala, le ministre des relations extérieures du Nicaragua déclare que lorsque les objectifs fixés pour la sixième réunion de la commission exécutive au Honduras auront été atteints, ledit processus aura été renforcé, les mesures visées étant de nature à contribuer sensiblement à la restauration de la confiance entre les pays de la région, et qu'en conséquence il s'engage à informer la Cour internationale de Justice du retrait par le Gouvernement du Nicaragua de l'action intentée le 8 juillet 1986 contre le Gouvernement du Honduras, et ce au plus tard le jour où se tiendra la sixième réunion de la commission exécutive, prévue pour le mois de mai prochain dans la République du Honduras;

2. De lancer un appel pressant aux forces armées irrégulières et aux mouvements insurrectionnels pour que leurs membres se préparent sérieusement, en utilisant les mécanismes déjà mis en place dans le cadre du processus de Guatemala, à conclure un cessez-le-feu, afin de participer aux processus démocratiques, authentiques et pluralistes, étant entendu que leur seront pleinement garantis le droit à la vie et la liberté sous toutes ses formes — y compris l'entière jouissance de leurs droits civils et politiques;

3. De demander à nouveau de la façon la plus énergique aux gouvernements des pays de la région et extérieurs à la région qui accorderaient, ouvertement ou secrètement, une aide ou un soutien quelconque aux groupes d'insurgés ou aux forces irrégulières d'y mettre immédiatement fin, une telle

mesure étant indispensable à l'instauration d'une paix stable et durable dans la région. N'est pas visée par la présente disposition l'aide humanitaire envisagée dans les accords d'Esquipulas II ;

4. De souligner que la préoccupation constante des pays d'Amérique centrale a été d'obtenir, dans des conditions appropriées, des ressources suffisantes pour assurer leur développement intégral, en tant que contribution effective à l'instauration de la paix et au renforcement de la démocratisation de leurs peuples ;

Ces pays se félicitent donc que le Secrétariat général de l'Organisation des Nations Unies ait présenté les bases d'un « plan spécial de coopération pour l'Amérique centrale », comme suite au paragraphe 6 de la résolution 42/1 de l'Assemblée générale des Nations Unies ;

De demander en conséquence que l'on étudie immédiatement ce plan, afin de trouver les sources financières indispensables pour concrétiser les principes énoncés dans ladite résolution. L'approbation de ce plan sera un facteur déterminant de développement et de paix dans les cinq pays d'Amérique centrale ;

La Commission considère en outre qu'il est particulièrement important que ces pays participent pleinement et directement à l'établissement des priorités et à l'exécution même du plan ;

5. D'exprimer à nouveau sa profonde préoccupation devant le nombre important de réfugiés et de personnes déplacées dans la région, du fait de la situation que connaît l'Amérique centrale, et, conformément à la recommandation du sous-comité des réfugiés et des personnes déplacées, de convoquer à bref delai une conférence internationale sur les solutions en faveur des réfugiés d'Amérique centrale, avec le concours du HCR, et d'inviter les autres pays touchés directement par ce problème à appuyer sans réserve cette convocation ;

6. Que toutes les dispositions figurant dans la présente déclaration commune seront confirmées lors de la prochaine réunion qui se tiendra dans la République du Honduras, étant donné que des consultations devront être menées avec les pays invités et que les mécanismes de vérification devront être mis en place ;

7. De remercier le peuple et le Gouvernement du Guatemala de leur hospitalité fraternelle et du concours qu'ils ont apporté aux membres de la commission exécutive et à ses délégations pendant leur séjour au Guatemala, ce qui a beaucoup contribué au succès de la réunion.

Annexe 3 c) 8

El Pais, vendredi 10 juin 1988.

SANDINISTES ET « CONTRA » SUR LE POINT DE SIGNER
À MANAGUA UN ACCORD DE PAIX

Antonio Cano, envoyé spécial (Managua).

Tout était négocié, discuté et prêt pour que, à la dernière heure de la soirée d'hier, le Gouvernement du Nicaragua et la Résistance nicaraguayenne (RN) signent un accord pour mettre fin à une guerre qui dure depuis sept ans. Les deux parties s'accordaient à dire, hier, avant le dernier jour des conversations, que la signature ne dépendait que d'un acte de volonté politique. Dans les dernières heures, il s'est agi du calendrier de remise des armes de la « contra » que l'on pourrait compléter cette année.

Le ministre de la défense nicaraguayen, Humberto Ortega, déclara au début de la dernière réunion que, «bien qu'il subsiste encore des tensions obstructionnistes au sein et à l'extérieur de la réunion, le gouvernement tentera aujourd'hui même de parvenir à la signature d'un accord définitif ou, pour le moins, de différents accords minimaux». La nuit précédente, le porte-parole de la «contra», Bosco Matamoros, déclara qu'il y avait eu «une discussion substantielle» sur la réintégration de la RN à la vie politique du pays et qu'il dépendait de «la volonté politique du gouvernement que l'on parvienne à des résultats».

Le gouvernement arriva à la dernière réunion avec un calendrier précis de désarmement, regroupant une grande partie des exigences de la «contra». La première est que, en cas de signature d'un accord, 200 ex-gardes somozistes seront mis en liberté à partir d'aujourd'hui même, et dans un délai de dix jours.

Phases de l'accord

Les phases du programme, selon ce qu'a explique Ortega, sont les suivantes:

— Le 16 juin, l'armée se retire des sept zones destinées à l'emplacement des forces de la RN.
— Le 5 juillet, la «contra» entre dans ces zones.
— Le 12 juillet, une commission de contrôle composée du secrétaire général de l'OEA, Joao Baena Soares, et par l'archevêque de Managua, Miguel Obando y Bravo, doit attester que toutes les forces de la RN sont dans les zones de cessez-le-feu.
— Ce même jour commence la fourniture d'une aide humanitaire à la «contra», par l'intermédiaire de la Fondation panaméricaine pour le développement.
— Le 12 également, commence le dialogue national pour les réformes politiques avec la participation de huit représentants de la RN.
— A cette même date, sont mis en liberté cinquante pour cent des prisonniers de la «contra» et quatre cents autres ex-gardes somozistes, ce qui équivaudrait, selon Ortega, à mille deux cents prisonniers.
— Soixante jours après le début du dialogue national, doivent être appliquées les réformes démocratiques négociées et commence le désarmement de la «contra» et sa réintégration dans la vie nationale.
— Le 28 septembre, prend fin le désarmement de quatre des sept zones de cessez-le-feu.
— Le même jour, sont libérés les cinquante pour cent restant de prisonniers de la «contra» et le reste des ex-gardes somozistes.
— Le 10 octobre, ultime étape de l'accord, s'achève le désarmement des trois zones de cessez-le-feu restantes.

Quelques heures avant ce qui pourrait être un moment historique dans ce pays, toutes les opinions indiquent que si quelqu'un ne veut pas signer l'accord maintenant, ce sera qu'il opte résolument pour la guerre. Rien n'indique, cette nuit, que cela pourrait se produire, ni les préparatifs du front sandiniste pour expliquer à sa base la nouvelle situation, ni les démarches entreprises par les dirigeants de la «contra» auprès des partis politiques légaux. Rien, sauf l'incrédulité rationnelle qui a du mal à accepter que ce qui a coûté tant de sang puisse se résoudre de façon apparemment aussi simple.

[Texte espagnol non reproduit]

Annexe 3 c) *9*

El Pais, samedi 1ᵉʳ juin 1988.

*Le gouvernement et la Résistance nicaraguayenne
ne se sont pas non plus mis d'accord sur une prochaine réunion*

LES EXIGENCES DE LA « CONTRA » FONT AVORTER
LA PAIX AU NICARAGUA

Antonio Cano, envoyé spécial (Managua).

La demande de la «contra» d'une libération immédiate de tous les prisonniers politiques, ajoutée à d'autres exigences excédant les clauses négociées à ce jour entre le gouvernement sandiniste et la Résistance nicaraguayenne (RN), a fait avorter, jeudi à la dernière heure, un accord de cessez-le-feu définitif au Nicaragua, alors que celui-ci paraissait plus proche que jamais. «Nous continuerons à défendre la bannière de la paix sur le champ de bataille», affirmait le ministre nicaraguayen de la défense, le général Humberto Ortega, après que la délégation de la RN eut rejeté une proposition de calendrier englobant une grande partie des positions soutenues jusqu'à aujourd'hui par les rebelles.

La RN a annoncé avec «consternation» l'impossibilité d'obtenir un accord, mais a assuré que ses troupes ne reprendraient pas les opérations militaires offensives.

Les deux délégations ne parvinrent même pas à se mettre d'accord sur la convocation d'une prochaine réunion, qui demeure en suspens. L'un des observateurs de ces conversations, le secrétaire général de l'Organisation des Etats américains (OEA), Joao Baena Soares, déclara qu'il ne pouvait se montrer optimiste, mais qu'il avait bon espoir que le processus de négociation ne s'interromprait pas.

Le dirigeant social-démocrate allemand, Hans Joergen Wischewski, qui participe en qualité d'assesseur de la délégation du gouvernement de Managua, indiqua que jamais, malgré sa grande expérience des négociations — il prit part, entre autres, aux conversations entre le Gouvernement français et le Front de libération national algérien — il n'avait rencontré des gens moins sérieux que la «contra».

Réaction de la Maison Blanche

«La Maison Blanche a, hier, rendu responsable le gouvernement sandiniste de l'échec des conversations de paix et a indiqué qu'une nouvelle aide militaire à la «contra» continuait à constituer une possibilité», informe l'agence Reuter.

Lorsque ont échoué les négociations de paix, tous les points nécessaires à un accord avaient déjà été négociés. Le gouvernement sandiniste avait déjà accepté les conditions exigées pour que soit instauré au Nicaragua un régime démocratique. Il y avait déjà sur la table un calendrier dans lequel la «contra» n'avait qu'à déposer les armes après que les prisonniers eurent été libérés et les réformes politiques négociées et fixées. Il ne manquait plus qu'à apposer la signature sur un papier, lorsque les représentants de la RN brandirent une nouvelle proposition dont la substance est la réalisation d'une amnistie générale en cinq jours, l'ouverture de chaînes privées de télévision, la suspension du recrutement militaire et l'approvisionnement immédiat des forces de la «contra».

Cette proposition inclut des demandes telles que l'autorisation d'ouverture de bureaux de la RN, dans un délai de dix jours ; l'application de mesures garantissant l'exclusion de l'armée de la vie politique, dans un délai de trente jours ; la réforme de la loi des partis politiques, dans un délai de quarante jours ; la promulgation d'une nouvelle loi électorale, dans le même délai ; la démission de tous les magistrats de la Cour suprême, dans un délai de cinquante jours, la restitution de propriétés aux membres de la RN, dans le même délai, et le retour dans leurs foyers de recrues du service militaire, également dans un délai de cinquante jours.

Parmi les non-sens de cette proposition, on relève particulièrement le fait que soient accordés des délais aussi courts pour des mesures d'une telle envergure, tandis que la «contra» prend jusqu'au 31 janvier prochain pour procéder au désarmement de ses troupes.

Dialogue national

La majorité des demandes de démocratisation avaient déjà été acceptées par le gouvernement, mais celui-ci demandait que leur entrée en vigueur se décide après un dialogue national d'une durée de soixante jours, auquel participeraient tous les partis légaux et huit représentants de la Résistance nicaraguayenne.

Pour le général Humberto Ortega, cette nouvelle proposition signifie «une victoire du secteur guerrier de l'administration nord-américaine représenté par le colonel Enrique Bermudez» et signifie également, à son avis, qu'«Alfredo César a cessé de se trouver dans une position vacillante pour se soumettre à cette tendance». Ortega profita du climat de tension suscité par cette rupture inattendue pour annoncer qu'Alfredo César avait maintenu pendant plusieurs mois des contacts secrets avec le gouvernement.

Selon le général Ortega, César a rencontré plusieurs fois l'avocat nord-américain Paul Richler, qui fait partie de la délégation du gouvernement, pour préparer un accord de paix. Dans la dernière réunion de dialogue qui s'est tenue à Managua le 29 avril, le dirigeant de la RN a eu une entrevue secrète avec le général Ortega lui-même. Lors de ces contacts, César affirma qu'il comptait sur l'approbation de trois membres du directoire de la RN pour la signature d'un accord. César a confirmé ces contacts, mais nie qu'ils aient eu lieu dans le dos du directoire.

[Texte espagnol non reproduit]

Annexe 3 c) *10*

Quatrième réunion des ministres des relations extérieures d'Amérique centrale, le 21 juin 1988

Projet de note
[ne fut pas envoyé]

Tegucigalpa, le 21 juin 1988.

Son Excellence
Javier Pérez de Cuéllar,
Secrétaire général des Nations Unies,
New York.

En application des dispositions de la cinquième réunion de la commission exécutive, qui s'est tenue en la ville de Guatemala, République du Guatemala, le 7 avril 1988 (numéro 1 paragraphe 4 de la déclaration commune), les ministres des relations extérieures soussignés des Etats centre-américains ont l'honneur, par la présente, de demander à Votre Excellence de bien vouloir communiquer aux gouvernements du Canada, de l'Espagne et de la République fédérale d'Allemagne notre requête pour que lesdits gouvernements fassent partie du groupe technique auxiliaire prévu par ladite cinquième réunion de la commission exécutive, afin de collaborer au processus de vérification, de contrôle et de suivi des engagements adoptés dans la procédure d'Esquipulas II en matière de sécurité.

La présente requête se fonde sur les accords adoptés par MM. les présidents des Etats centre-américains, le 7 août 1987, dans la «procédure pour instaurer une paix ferme et durable en Amérique centrale» et sur la déclaration commune prononcée à l'occasion du sommet centre-américain d'Alajuela, Costa Rica, le 16 janvier 1988.

En remerciant Votre Excellence de sa précieuse collaboration dans cet effort réitéré en faveur du maintien de la paix en Amérique centrale, nous profitons de l'occasion pour lui renouveler l'assurance de notre haute et profonde considération.

Rodrigo MADRIGAL NETO,
Ministre des relations extérieures
et des cultes de la République du Costa Rica.

Ricardo ACEVEDO PERALTA,
Ministre des relations extérieures
d'El Salvador

Alfonso CABRERA HIDALGO,
Ministre des relations extérieures
de la République du Guatemala.

Carlos LÓPEZ CONTRERAS,
Ministre des relations extérieures
du Honduras.

Miguel d'ESCOTO BROCKMANN,
Ministre des relations extérieures
de la République du Nicaragua.

Sources: Bulletin d'information du ministère des relations extérieures du Honduras, 22 juin 1988.

[Texte espagnol non reproduit]

105. THE DEPUTY-REGISTRAR TO THE AGENT OF HONDURAS

19 July 1988.

I have the honour to acknowledge receipt of Your Excellency's letter of 19 July 1988 and of your Government's written answers, therewith transmitted, to the questions put by Members of the Court during the oral proceedings on questions of jurisdiction and admissibility in the case concerning *Border and Transborder Armed Actions (Nicaragua* v. *Honduras)*. A copy of those answers will be transmitted to the Agent of Nicaragua.

At the same time, I transmit to you herewith a copy of the written answers of the Government of Nicaragua, referred to in my letter of 14 July 1988. The attention of the Agent of Nicaragua has already been drawn to the absence from his Government's answers of any reference to the question which President Ruda, in his capacity as individual judge, put on 13 June 1988 (*supra*, pp. 140-141), and to which a partial answer was given orally on Nicaragua's behalf (*supra*, p. 141).

The Vice-President of the Court, Acting President, has fixed 6 p.m. on Wednesday 27 July 1988 as the time-limit for the receipt in the Registry of any comments which Your Excellency's Government may wish to make, pursuant to Article 72 of the Rules of Court.

106. THE DEPUTY-REGISTRAR TO THE AGENT OF NICARAGUA

19 July 1988.

I have the honour to transmit to Your Excellency herewith a copy of the replies of the Government of Honduras to the questions put by Members of the Court during the oral proceedings in the case concerning *Border and Transborder Armed Actions (Nicaragua* v. *Honduras)*, received in the Registry today under cover of a letter from the Agent of Honduras, a copy of which I enclose.

The Vice-President of the Court, Acting President, has fixed 6 p.m. on Wednesday 27 July 1988 as the time-limit for the receipt in the Registry of any comments which Your Excellency's Government may wish to make, pursuant to Article 72 of the Rules of Court.

107. THE AGENT OF HONDURAS TO THE DEPUTY-REGISTRAR

27 July 1988.

I have the honour to acknowledge receipt of your letter No. 79803 of 19 July 1988, by which you transmit to me a copy of the written answers of the Government of Nicaragua to the questions posed by Members of the Court, during the oral proceedings on questions of jurisdiction and admissibility in the case concerning *Border and Transborder Armed Actions (Nicaragua* v. *Honduras)*.

You also inform me that the Vice-President of the Court, Acting President, has fixed today as the time-limit for the receipt in the Registry of comments that we wish to make to those answers.

Therefore, and pursuant to Article 72 of the Rules of Court, the Government of Honduras presents the following comments to the answers of the Government of Nicaragua.

In page two, of the answers to Judge Guillaume's third question, the Government of Nicaragua states that Honduras has refused to sign the letter to be sent to the Secretary-General of the United Nations in order to obtain external co-operation for certain tasks of verification and control of the Esquipulas II Procedure, and speculates on the facts, giving a distorted appreciation of the Honduran position on the matter and on the activities of the Executive Committee.

The following observations should therefore be taken into account:

1. The Executive Committee will meet again and will not be inoperative unless, of course, Nicaragua refuses to participate in it from now on. Neither is the Esquipulas II Process, on the other hand, inoperative, since most of the Agreements therein are being implemented by the Governments and the National Reconciliation Commissions, as well as through mediation by the Contadora countries.

2. There is no disagreement between the President of Honduras and its Minister of Foreign Relations on foreign policy, and this has been expressly stated by the Office of the President itself. The Nicaraguan Minister of Foreign Relations attributes to Honduran authorities statements that have not been made, and tries to distort the facts for propaganda purposes.

3. The case before the Court is related to the Esquipulas Procedure among other reasons:

Firstly, because the Agreement by the Presidents of Honduras and Nicaragua requesting the postponement of the oral hearings, with the view of a withdrawal of the Nicaraguan Application, was included in the Esquipulas Declaration transmitted to the United Nations (U.N. document A/42/521).

Secondly, because in the Fifth Meeting of the Executive Commission (U.N. document A/42/948-S 19764, Annex 3 *(c)* seven of Honduras's answers in French; also annexed to the Agent of Honduras's intervention during the oral pleadings, in English), several agreements were adopted in paragraph 1, for the setting up of a system for the verification, control and follow-up, and the Minister of Foreign Relations of Nicaragua undertook the commitment, that later on he has constantly violated, "to submit to the International Court of Justice notice that the Government of Nicaragua is withdrawing the Application entered against the Government of Honduras on 28 July 1986. Such notice will be given no later than the day of the Sixth Meeting of the Executive Commission, to take place in the Republic of Honduras on May 1988".

The Sixth Meeting took place in Tegucigalpa, Honduras, the 21st June 1988, but the Government of Nicaragua refused to withdraw the Application; refused to sign the letter for the external co-operation; and, as the answer to this question by the Government of Honduras states, Nicaragua continues to present to its neighbours conditions and demands that being self-serving or unrealistic, demonstrate in fact, its non-willingness to comply with the Esquipulas Agreements.

108. THE DEPUTY-REGISTRAR TO THE AGENT OF NICARAGUA

28 July 1988.

I have the honour to send Your Excellency herewith a copy of a letter I received yesterday from the Agent of Honduras in the case concerning *Border and Transborder Armed Actions (Nicaragua* v. *Honduras)*, conveying the comments of his Government on Nicaragua's written answers to questions put by Members of the Court at the hearing on questions of jurisdiction and admissibility in the case concerning *Border and Transborder Armed Actions (Nicaragua* v. *Honduras)*.

109. THE PRINCIPAL LEGAL SECRETARY OF THE COURT TO THE AGENT OF NICARAGUA[1]

14 December 1988.

In accordance with Article 58 of the Statute of the Court and Article 94 of the Rules of Court, I have the honour to inform Your Excellency that the judgment of the Court on questions of admissibility and jurisdiction in the case concerning *Border and Transborder Armed Actions (Nicaragua* v. *Honduras)* will be read in open court at a public sitting to be held at 10.00 a.m. on Tuesday 20 December 1988.

110. THE REGISTRAR TO THE SECRETARY-GENERAL OF THE UNITED NATIONS

20 December 1988.

I have the honour to send you herewith, pursuant to Article 95, paragraph 3, of the Rules of Court, 3 copies of the text produced by offset from typescript, of the Judgment delivered today by the Court in the case concerning *Border and Transborder Armed Actions (Nicaragua* v. *Honduras)*. A printed copy will be sent to you as soon as available.

111. LE GREFFIER ADJOINT AU MINISTRE DES AFFAIRES ÉTRANGÈRES D'AFGHANISTAN[2]

La Haye, le 2 février 1989.

Le Greffier adjoint de la Cour internationale de Justice a l'honneur de transmettre sous ce pli un exemplaire de chacune des décisions ci-après :
— arrêt rendu par la Cour le 20 décembre 1988 sur les questions de compétence et de recevabilité en l'affaire relative à des *Actions armées frontalières et transfrontalières (Nicaragua c. Honduras)*.
— ordonnance rendue par la Cour le 20 décembre 1988 en l'affaire de l'*Elettronica Sicula S.p.A. (ELSI)* ;
— ordonnance prise le 12 janvier 1989 par le président de la Chambre constituée pour connaître de l'affaire du *Différend frontalier terrestre, insulaire et maritime (El Salvador/Honduras)*.

D'autres exemplaires de ces décisions seront expédiés par la voie ordinaire.

---

[1] A communication in the same terms was sent to the Agent of Honduras.
[2] Une communication analogue a été adressée aux autres Etats Membres des Nations Unies et aux Etats non membres des Nations Unies admis à ester devant la Cour.

112. L'AGENT DU HONDURAS AU PRÉSIDENT

La Haye, le 13 avril 1989.

J'ai l'honneur de me référer à la question que vous m'avez posée lors de la réunion tenue hier pour vous informer que, dans l'éventualité de présentation de pièces écrites dans la procédure entamée par le Gouvernement du Nicaragua, le Honduras entend se prévaloir de l'article 80 du Règlement et présenter une demande reconventionnelle lors de la présentation de son contre-mémoire. Les délais pour la présentation de ces pièces écrites devraient donc tenir compte de cette possibilité.

Cependant, de l'avis du Gouvernement du Honduras, que j'ai eu l'honneur de vous exprimer hier conformément aux instructions reçues, la fixation de ces délais ne s'avère pas nécessaire vu les engagements pris par les présidents centre-américains dans leur déclaration des 13-14 février 1989, où ils se sont accordés de chercher tout spécialement «des solutions négociées directement» pour les conflits surgis par effet de la crise centre-américaine, ainsi que dans les négociations qui ont eu lieu ultérieurement entre les parties intéressées et qui feront l'objet d'une nouvelle évaluation lors de la prochaine réunion des présidents des pays centre-américains qui aura lieu au mois de mai.

113. LE GREFFIER À L'AGENT DU HONDURAS

Le 17 avril 1989.

J'ai l'honneur d'accuser réception de la lettre, en date du 13 avril 1989, que vous avez adressée au Président de la Cour, relative à la question de la fixation de délais pour la procédure écrite sur le fond en l'affaire des *Actions armées frontalières et transfrontalières (Nicaragua c. Honduras)*. Sur instructions du Président, j'ai transmis copie de la lettre à l'agent du Nicaragua en l'affaire, pour son information.

114. THE REGISTRAR TO THE AGENT OF HONDURAS[1]

21 April 1989.

I have the honour to refer to the meeting held on 12 April 1989 between the President of the Court and the Agents in the case concerning *Border and Transborder Armed Actions (Nicaragua* v. *Honduras)* and to Your Excellency's letter of 13 April 1989 in this connection. By Order[2] of today's date, the President has fixed the following time-limits for pleadings on the merits:

---

[1] A similar communication was sent to the Agent of Nicaragua.
[2] *I.C.J. Reports 1989*, p. 6.

19 September 1989 for the Memorial of the Republic of Nicaragua;
19 February 1990 for the Counter-Memorial of the Republic of Honduras.

The sealed copy of the Order for the Government of Honduras is enclosed.

In fixing these time-limits, the President took into account the indication of the Agent of Nicaragua as to the time required for preparation of the Memorial, and Your Excellency's statement that the Government of Honduras would contemplate the presentation of a counter-claim in accordance with Article 80 of the Rules of Court.

The President desires me to inform you in addition that he has not failed to take account of the view expressed by the Government of Honduras that it is unnecessary at the present time to fix these time-limits, in view of the developments in Central America referred to in your letter. The President however considers that he is obliged to fix time-limits for proceedings on the merits once the Court has made a finding that it has jurisdiction and that the application is admissible, and that only the agreement of both Parties that it would be desirable to delay fixing such time-limits might exempt him from this obligation. Nor should the fixing of time-limits in a case be seen as in any way prejudicing the possibility of negotiation between the parties with a view to amicable settlement of that case (cf. *Losinger & Co.* case, *P.C.I.J., Series A/B, No. 67*, p. 24).

I am writing in similar terms to the Agent of Nicaragua.

115. L'AGENT DU HONDURAS AU GREFFIER

le 16 mai 1989.

J'ai l'honneur de vous accuser réception de votre aimable communication 81009 en date du 21 avril à laquelle vous avez joint l'ordonnance portant fixations des dates limites pour la présentation du mémoire nicaraguayen et contre-mémoire hondurien dans l'affaire relative à des *Actions armées frontalières et transfrontalières (Nicaragua c. Honduras)*, ainsi que votre note 81056 en date du 9 mai avec sept copies imprimées de ladite ordonnance.

Le Gouvernement du Honduras tient à formuler dès à présent ses plus sérieuses réserves sur le délai qui lui a été imparti pour la réponse au mémoire du Nicaragua et la formulation de sa demande reconventionnelle et ceci vu la complexité de l'affaire et les raisons qui furent exposées lors de la réunion avec M. le Président de la Cour le 12 avril dernier.

116. THE AGENT OF NICARAGUA TO THE REGISTRAR

15 August 1989.

I have the honour to refer to the case concerning *Border and Transborder Armed Actions (Nicaragua* v. *Honduras)*, in order to inform the Court of the agreements reached by the Central American Presidents in Tela, Honduras, on the 5, 6 and 7th of this month. Some of these agreements are related to the present case and, hence, a copy of the same is annexed to this letter.

It is clearly stated in the text of the agreement relating to the present case, that Nicaragua has committed itself to requesting a postponement of the date fixed by the Court for the presentation of its Memorial on the Merits. This agreement of Nicaragua and Honduras, backed "morally and politically" by the Presidents of Guatemala, El Salvador and Costa Rica implies, among other things, that Nicaragua will request this postponement until the date of the conclusion of the Joint Plan for the Demobilization, Repatriation or Relocation of the Nicaraguan Resistance and Their Families.

According to the agreement, this Plan "should finalize 90 days after it is initiated" by means of a certification given by the Secretaries General of the United Nations and of the Organization of American States, to the effect that the Plan has been fully implemented.

The execution of the Plan will start once the International Support and Verification Commission is installed. In accordance with our official information the Commission will be installed on the 25th of this month in New York. This would mean that 90 days later — that is, on 23 November 1989 — the Plan for the Demobilization, Repatriation or Relocation of the Nicaraguan Resistance and Their Families must be concluded.

In any case the agreement clearly indicates that the instalment of the Commission should take place no later than 30 days after the date of its signature. Therefore, even if the maximum time allotted were consumed, which is not the case, — that is, 30 days for the instalment of the International Commission and 90 days thereafter for the implementation of the Plan — this would bring us to next 5 December.

If the Plan is by that date duly implemented, and the Secretaries General of the United Nations and of the Organization of American States certify that this is so, Nicaragua would proceed to inform the Court that it would not go on with the present proceedings. Nicaragua certainly expects and wishes this to happen.

But also in compliance with its commitments stated above, Nicaragua requests that the Court fix a new date for the presentation of its Memorial on the Merits and proposes that this new date be 8 December 1989. For the reasons indicated above, Nicaragua considers that this is an adequate date that amply covers — and even goes 15 days beyond — the time-limits set by the agreement.

(Unofficial translation)

Bilateral Accord between Nicaragua and Honduras[1]

The President of the Republic of Honduras, José Azcona Hoyo and the President of the Republic of Nicaragua, Daniel Ortega Saavedra;

Acting in their role as chief executive of their respective States and with the moral and political support of Presidents Vinicio Cerezo of Guatemala, Alfredo Cristiani of El Salvador and Oscar Arias Sánchez of Costa Rica;

Inspired by the noble purpose of maintaining peace, friendship and

---

[1] See also No. 117, *infra*, for a different English translation provided by Honduras.

co-operation between the Republics of Nicaragua and Honduras, countries united by strong historical ties of friendship and brotherhood;

Keeping in mind the commitment ratified in the Esquipulas Accords of 7 August 1987, of preventing the use of one's national territory to assault other States;

Keeping in mind also the Declaration of Costa del Sol of 14 February 1989, where the Central American Presidents committed themselves to "prepare in a period of no more than 90 days, a Joint Plan for the Demobilization and Voluntary Repatriation or Relocation in Nicaragua and in Third Countries of the Members of the Nicaraguan Resistance and Their Families"; and

Motivated by the will to always maintain open the possibility of resolving differences through peaceful means, including the International Court of Justice to resolve controversies that threaten the peace and security between States,

HAVE RESOLVED:

To agree to an extrajudicial agreement in relation to the procedure brought by Nicaragua against Honduras before the International Court of Justice on 28 July 1986. The aforesaid agreement is based on the following:

(A) On 7 August 1989, a Joint Plan for the Demobilization and Voluntary Repatriation or Relocation of the Nicaraguan Resistance and Their Families was agreed upon. The execution of this Plan shall begin immediately after the establishment of the International Commission of Support and Verification (CIAV), no later than 6 September, and shall end 90 days thereafter by means of a certification signed by the Secretaries General of the United Nations and the Organization of American States attesting to the complete fulfilment of the Plan.

(B) The presence of the Contra and their camps in Honduras does not contribute to the democratic process already underway in Nicaragua. The President of Honduras commits himself to officially convey, in the appropriate manner, before the United Nations Security Council a petition by his Government to form and dispatch to Honduran Territory an International Peace Force to impede the use of Honduran territory by irregular forces.

(C) Once compliance with all the previous points has been achieved and certified in the corresponding report by the International Commission of Support and Verification, in accordance with the Joint Plan for Demobilization, Nicaragua will desist from the procedures against Honduras in the International Court of Justice.

The President of Nicaragua, confident that the Government of Honduras will lend its full co-operation in order to comply in good faith with the Joint Plan for Demobilization, within the established time-period, commits the Government of Nicaragua to request a delay from the International Court of Justice for the presentation of its Memorial until the date when, in accordance with the Joint Plan, an official report on compliance has been presented.

Upon receiving the official report of the International Commission of Support and Verification on the compliance with this Joint Plan,

Nicaragua shall desist from the procedures against Honduras in the International Court of Justice.

Given in the City of Tela, Republic of Honduras, on the seventh day of August nineteen hundred and eighty-nine.

Daniel ORTEGA SAAVEDRA,
President of the
Republic of Nicaragua.

José AZCONA HOYO,
President of the
Republic of Honduras.

(also signed by)

Alfredo CRISTIANI BURKARD,
President of the
Republic of El Salvador.

Vinicio CEREZO ARÉVALO,
President of the
Republic of Guatemala.

Oscar ARIAS SÁNCHEZ,
President of the
Republic of Costa Rica.

(Unofficial translation)

Joint Plan for the Demobilization and Voluntary Repatriation or Relocation in Nicaragua and Third Countries of the Members of the Nicaraguan Resistance and Their Families, Together with Assistance for the Demobilization of All Those Involved in Armed Activities in the Countries of the Region, when Such Persons Voluntarily Request This Assistance

The Presidents of Costa Rica, El Salvador, Guatemala, Honduras and Nicaragua,

Honouring their historic pledge to achieve a firm and lasting peace in Central America,

Bearing in mind the Guatemala Procedure signed on 7 August 1987 and the Declarations of Alajuela and Costa del Sol,

Considering Resolution 637 adopted unanimously by the Security Council of the United Nations on 27 July 1989,

Seeking to advance the objectives of the Central American Peace Process and as a steady manifestation of their commitment to the full rule of international law,

Have agreed to this Joint Plan for the Demobilization and Voluntary Repatriation or Relocation of the Members of the Nicaraguan Resistance and Their Families, together with assistance for the demobilization of all persons involved in armed activities, when they may voluntarily request such assistance.

Chapter I. The Demobilization and Voluntary Repatriation or Relocation in Nicaragua and Third Countries of the Members of the Nicaraguan Resistance and Their Families

Introduction

This chapter is aimed at implementing the agreement by the Presidents regarding this subject, taking into account, *inter alia*:

1. The report of the Secretary General of the Organization of American States.

2. The National Political Agreement between the Government of Nicaragua and the 21 political parties of the country, where a call is made for the Central American Presidents to reach important political agreements regarding the democratic process so that the Plan for the Demobilization and Voluntary Repatriation and Relocation may be approved.

This chapter defines the mechanisms and methodology for the demobilization and voluntary repatriation or relocation of the members of the Nicaraguan Resistance, together with the material conditions and guarantees that persons covered shall enjoy under this Plan. This Plan will be implemented in collaboration with international organizations. The Plan also applies to the voluntary repatriation or relocation of the families of the members of the Nicaraguan Resistance and to Nicaraguan refugees, without prejudice to existing accords concerning this matter.

The Government of Nicaragua has demonstrated, in accordance with the Esquipulas Procedure and the Declaration of Costa del Sol, its readiness to strengthen the processes of national reconciliation and democratization, and thereby encourage a willingness on the part of the Nicaraguan Resistance to be repatriated. For this purpose we have decided to sign the present Plan that will attempt to make repatriation the general rule, with relocation in third countries the exception.

The five Central American Governments renew their pledge to prevent the use of their territory by persons, organizations or groups to destabilize other States in the region and to cease all types of aid to armed groups, with the exception of humanitarian aid that serves the purposes that the Presidents have outlined in this Plan.

Mechanism

1. For the execution and fulfilment of this plan an International Commission of Support and Verification will be established, to be known as the CIAV, in which the Secretary-General of the United Nations and the Secretary General of the Organization of American States will be invited to join. The Secretaries General may participate through their representatives.

2. Within 30 days of the signing of this Accord, the International Commission of Support and Verification (CIAV) shall be formed. The five Central American Presidents call upon the Nicaraguan Resistance to accept the implementation of this Plan within 90 days from the date of the formation of the CIAV. During these 90 days the Nicaraguan Government and the CIAV will maintain direct contacts with the Nicaraguan Resistance to promote their return to the country and integration into the political process. Upon completion, the CIAV will issue a report on compliance with this Plan to be submitted to the Central American Presidents.

3. The CIAV will be responsible for all activities that make possible the demobilization and voluntary repatriation or relocation, including the reception in final destinations, and the setting up of repatriates. In addition, the CIAV will ensure that necessary conditions for the full incorporation into public life are maintained for the repatriates and will undertake the follow-up and control that these processes require.

4. The CIAV will undertake its activities with the collaboration of the Central American Governments and will seek support from specialized international organizations with experience in the region, and others that it considers necessary and that shall be officially invited by the Governments.

The support of the specialized international organizations shall have among its objectives to facilitate the execution of the Plan. For this purpose, the specialized organizations shall collaborate with the CIAV in monitoring the full exercise of fundamental rights and freedoms of the repatriates, as well as the monitoring of the efforts to promote their economic well-being.

5. Once established, the CIAV will immediately:

(A) Consult and make the necessary agreements to facilitate the implementation of this Plan with the authorities of the Government of Nicaragua, the other Governments of Central America, the Nicaraguan Resistance, and officials of humanitarian organizations, as the case may require.

(B) Visit the camps of the Nicaraguan Resistance and of the refugees for the purpose of:

  (i) Making known the scope and benefits of this Plan.
  (ii) Ascertaining the human and material resources in the camps.
  (iii) Organizing the distribution of humanitarian aid.

(C) Assume responsibility, to the extent possible, for the distribution of foodstuffs, medical attention, clothing and other basic necessities in the Resistance camps, through the bodies and organizations that are aiding in this process; and

(D) Make arrangements with third countries to receive and provide the necessary assistance to those persons who do not wish to be repatriated.

6. The CIAV will provide every Nicaraguan adhering to this Plan with a certificate and will implement a voluntary repatriation programme for those wishing to return to Nicaragua.

Exit and entry will take place at border posts determined and prepared by joint agreement of the Governments concerned. At those posts, the Government of Nicaragua will, in the presence of CIAV representatives, extend the necessary documentation to guarantee the full exercise of their civil rights.

At the same time, work will be undertaken on the resettlement in third countries of those not opting for repatriation under the present Plan. For that purpose, the Government of Nicaragua will, in co-operation with the CIAV, facilitate the issuing of passports to those who request them.

The five Central American Presidents call upon the international community to provide financial assistance for the present Demobilization Plan.

Procedures

7. Once installed, the CIAV will establish the procedures for reception, under the Plan for the Demobilization and Voluntary Repatriation or Relocation in Nicaragua and Third Countries, of the arms, equipment and munitions of the members of the Nicaraguan Resistance, who will remain in the custody of the CIAV pending a decision by the five Presidents regarding their destination.

8. The CIAV will verify the dismantling of the camps left by the Nicaraguan Resistance and refugees.

9. The repatriated persons will, circumstances permitting, be taken directly by the CIAV to their place of definitive settlement, which, whenever possible, will be their place of origin, or to a site chosen by mutual agreement between the Government of Nicaragua and the CIAV. Temporary residence areas may be established in Nicaragua for these purposes. These areas will remain under the control and supervision of the CIAV while definitive locations are being determined.

Land will be allotted and economic and technical assistance will be provided for repatriates who wish to pursue agro-industries, in conformity with the possibilities of the Government of Nicaragua and the experience of specialized international agencies, and in accordance with the amount of funds obtained for this purpose.

10. In collaboration with the Government of Nicaragua, the CIAV will establish reception centres capable of providing basic services, first aid, family counselling, economic assistance, transportation to settlement areas, and other social services.

11. As an additional measure to provide the necessary guarantees for repatriates, the CIAV will establish from the outset monitoring offices so that persons may, where necessary, report any non-compliance with the guarantees originally offered for their repatriation. These offices will be maintained as long as the CIAV, in consultation with the Central American Governments, deems necessary.

Staff from these offices will periodically visit repatriates to verify compliance and will prepare reports on the implementation of this Plan. The reports will be sent by the CIAV to the five Central American Presidents.

12. Situations not provided for in this Chapter will be resolved by the CIAV in consultation with the Central American Governments and institutions, or persons concerned.

Chapter II. Assistance for the Demobilization of All Persons Involved in Armed Action in the Countries of the Region, When Such Persons Voluntarily Request This Assistance

This chapter is aimed at assisting the demobilization of all persons involved in armed activities in the countries of the region when they voluntarily request such assistance. The demobilization of these persons should be done in a manner consistent with the procedures of Esquipulas II and domestic legislation, and relevant agencies of the country in question.

In order to guarantee such assistance, the CIAV may be officially invited by the Central American Governments.

Chapter III. Assistance for the Voluntary Demobilization of the Members of the FMLN

As established under the Guatemala Procedure and the Alajuela and Costa del Sol Declarations, and in order to help bring about a cessation of the armed operations suffered by the Republic of El Salvador, the Governments of Costa Rica, Guatemala, Honduras and Nicaragua reiterate their firm conviction on the need for an immediate and effective cessation of hostilities in that sister country. Consequently, they emphatically urge the Farabundo Marti National Liberation Front (FMLN) to carry out a constructive dialogue for the purpose of securing a just and lasting peace. The aforesaid Governments likewise urge the Government of El Salvador to agree to incorporate the members of the FMLN into the normal life of the country, with full guarantees and in the spirit of numeral 2 of the Guatemala Procedure.

The Government of El Salvador undertakes to ensure unrestricted respect for its commitments regarding national reconciliation and to continue strengthening the process of pluralist, participatory and representative democratization already under way whereby social justice and full respect for the human rights and fundamental freedoms of Salvadorians may be promoted.

Once the FMLN, as a result of dialogue, has agreed to abandon armed struggle and to join the democratic and institutional life of the country, steps will be taken for the demobilization of the members of the FMLN in accordance with procedure established in Chapter I of this Plan, as applicable and with such modifications as the case may require, and to facilitate their demobilization.

Notwithstanding the aforesaid, members of the FMLN who may at any time voluntarily decide to lay down their arms and join in the political and civic life of El Salvador, shall receive the benefits of this Plan. For this purpose, the Government of El Salvador will, through the CIAV and appropriate national and international bodies, call on such persons to avail themselves of the benefits herein established, using all suitable means available.

Agreed and signed in the port city of Tela, Republic of Honduras, on the seventh day of August nineteen hundred and eighty-nine.

<table>
<tr><td>Oscar ARIAS SÁNCHEZ,
President of the
Republic of Costa Rica.</td><td>Alfredo CRISTIANI BURKARD,
President of the
Republic of El Salvador.</td></tr>
<tr><td>Vinicio CEREZO ARÉVALO,
President of the
Republic of Guatemala.</td><td>José AZCONA H.,
President of the
Republic of Honduras.</td></tr>
</table>

Daniel ORTEGA SAAVEDRA,
President of the
Republic of Nicaragua.

(Unofficial translation)

Tela Agreement

The Central American Presidents, meeting in the port city of Tela in the Republic of Honduras on 5, 6 and 7 August 1989,

Taking into consideration and recognizing the important work undertaken by the Executive Commission at its Ninth Meeting and by the Technical Working Group, whose efforts allowed this meeting to take place, and

Considering that, in order to achieve a firm and lasting peace and ensure implementation of the commitments assumed by the Presidents in the Declarations of Accords successively made at Alajuela and Costa del Sol, it is necessary to comply with the steps agreed upon in Esquipulas II,

AGREE:

1. To ratify their conviction to promote all measures aimed towards compliance with numerals 5 and 6 of the Esquipulas Accord in order to prevent the use of one's national territory to destabilize the Governments of the Central American countries. In keeping with the above, they subscribed the document containing the Joint Plan for the Demobilization and Voluntary Repatriation and Relocation in Nicaragua or Third Countries of the Members of the Nicaraguan Resistance and Their Families, and on assistance for the demobilization of all persons involved in armed activities in the countries of the region, when they voluntarily request such assistance.

2. To promote direct and mutually agreed resolutions to those disputes that may arise between various Central American countries. The Presidents of Guatemala, El Salvador and Costa Rica thereby lent their moral support to and endorsed the Agreement between Honduras and Nicaragua regarding the case before the International Court of Justice in The Hague.

3. To ratify the appeal to armed groups in the region that still persist in the use of force, particularly the FMLN, to abandon such actions. Towards this end, they have approved Article III on assistance for the Voluntary Demobilization of the FMLN. In Article III, the FMLN is vehemently called upon to put an immediate and effective end to hostilities, in order to engage in a dialogue which will lead to a cessation of the armed struggle and to incorporation of the members of the FMLN into the institutional and democratic life of the country.

4. The Presidents recognize the efforts of the Government of Guatemala to strengthen its process of national reconciliation through extensive and permanent dialogue in which the National Reconciliation Commission occupies a leading role. They likewise express their desire that this dialogue will serve to consolidate the democratic, pluralist and participatory process and, in accordance with numeral 1 of the Esquipulas Procedure and domestic legislation, reiterate an appeal to armed groups to abandon those activities which contradict the spirit of this accord and join in institutional political life by taking part in the process of national reconciliation.

5. In light of the fact that Honduras and Nicaragua have arrived at an agreement which includes the withdrawal by Honduras of its reservation regarding the enactment of the said Plan and the reiteration of the Honduran request to send an international peace force to Honduran territory, the Central American Presidents agree to request the United Nations to adopt the necessary measures for establishing the verification mechanism for security matters.

6. To ratify the call made by the Executive Commission at its Ninth Meeting that the Central American Commission on Environment and Development hold its First Meeting in Guatemala City on 30 and 31 August 1989 so that work be undertaken to prepare the draft convention governing its nature and functions.

7. To reiterate the importance of the Central American Parliament as a forum in which the peoples of the area will discuss and formulate recommendations on the political, economic, social and cultural problems of Central America. It is essential that the treaty establishing the Central American Parliament should enter into force as rapidly as possible.

8. To forcefully condemn drug trafficking and abuse. The Central American Presidents commit themselves to promulgate laws and adopt drastic measures to prevent our countries from becoming bases for drug traffickers. To achieve these goals, regional and international co-operation will be sought, agreements will be signed with countries affected by such illicit trafficking, and steps will be taken to permit effective control of drug trafficking.

9. The Central American Presidents agree to entrust the Executive Commission with the task of discussing and approving the document concerning political verification, which will be ratified by the Presidents at their next meeting.

Two years after the signing of the Esquipulas II Peace Plan, the Presidents of Costa Rica, El Salvador, Guatemala, Honduras and Nicaragua reiterate their resolve to comply fully with all the commitments and agreements stipulated in the Guatemala Procedure and the Alajuela and Costa del Sol Declarations, particularly those pertaining to the strengthening of the processes of national reconciliation and the perfecting of the democratic processes, for which strict compliance with the agreements reached is fundamental.

The Central American Presidents agree to meet again before the end of the year in the Republic of Nicaragua.

The Central American Presidents thank the people and Government of Honduras, and in particular President José Azcona Hoyo, for the hospitality extended to them.

Tela, Honduras, 7 August 1989.

Oscar ARIAS SÁNCHEZ,
President of the
Republic of Costa Rica.

Alfredo CHRISTIANI BURKARD,
President of the
Republic of El Salvador.

Vinicio CEREZO ARÉVALO,
President of the
Republic of Guatemala.

José AZCONA H.,
President of the
Republic of Honduras.

Daniel ORTEGA SAAVEDRA,
President of the
Republic of Nicaragua.

117. THE AGENT OF HONDURAS TO THE REGISTRAR

16 August 1989.

I have the honour to submit to the consideration of the International Court of Justice, the Spanish texts [1] of the Declaration of Central American Presidents, and the annex documents adopted at the Summit held in Tela, Honduras, on 5 to 7 August 1989, within the regional peace process established by the Esquipulas II Agreements.

I enclose further a non-official translation to English of the second document annexed, that refers to the Agreement between the Presidents of Honduras and Nicaragua in relation to the Application filed by Nicaragua before the International Court of Justice in the case concerning *Border and Transborder Armed Actions (Nicaragua v. Honduras)*.

(Non-official translation)

Agreement [2]

The President of the Republic of Honduras, José Azcona Hoyo, and the President of the Republic of Nicaragua, Daniel Ortega Saavedra,

As Heads of the Executive Power of their respective States, and with the moral and political support of the President Marco Vinicio Arévalo of

---

[1] Not reproduced; for English translations provided by Nicaragua, see No. 116, *supra*.
[2] See also No. 116, *supra*, for a different English translation provided by Nicaragua.

Guatemala, Alfredo Cristiani of El Salvador, and Oscar Arias Sánchez, of Costa Rica,

Inspired by the noble purpose of maintaining the peace, cordiality and co-operation amongst the Republics of Nicaragua and Honduras, countries united by close historical bonds of friendship and fraternity,

Bearing in mind the compromise that was ratified in the Esquipulas Agreement of 7 August 1987 not to allow the use of territory to attack other States,

Recalling also the Costa del Sol Declaration of 14 February 1989 wherein the Presidents of Central America agreed to "elaborate, within a term not longer than 90 days, a Multilateral Plan for the demobilization, repatriation or voluntary relocation in Nicaragua and in third countries of the members of the Nicaraguan resistance and their families", and,

Always with the will to eventually resort to pacific procedures of settlement of controversies, including the recourse to the International Court of Justice, to settle eventual situations or controversies that might threaten the peace and security between both States,

AGREE TO

Reach an extra-judicial agreement in relation to the Application filed by Nicaragua in the Registry of the International Court of Justice on 28 July 1986, instituting proceedings against Honduras. The bases of said agreement are:

A. Having agreed on a Multilateral Plan for the demobilization, repatriation or voluntary relocation of the Nicaraguan resistance and their families on 7 August 1989, whose execution should start as soon as the International Commission of Support and Verification (CIAV) has been established, no later than 6 September 1989, and concluded 90 days after it is initiated, by means of a certification of the Secretary-General of the United Nations and the Secretary General of the Organization of American States placing on record the total completion of said Plan.

B. Taking into account that the presence of the Contra and their encampments do not contribute to the development of the democratic process, already in motion in Nicaragua, the President of Honduras pledges to make official, in a suitable manner, the request of his Government to the Security Council of the United Nations to form and send to Honduran territory an International Peace Force to prevent the use of its territory by irregular forces.

C. Once the aforementioned has been carried out and the CIAV has filed the corresponding record of completion, in accordance with the Multilateral Plan of Demobilization, Nicaragua will proceed to discontinue the Application filed against Honduras before the International Court of Justice.

The President of Nicaragua, confident that the Government of Honduras will co-operate fully to the completion of this Multilateral Plan of Demobilization, in good faith, within the time-limit established in the same, expressed that the Government of Nicaragua pledges to request to the International Court of Justice a postponement of the date fixed by the Court for the presentation of its Memorial on the Merits of the Application, until the date that, according to the Multilateral Plan, the official report of completion is presented.

Upon receipt by Nicaragua of the Official Report of Completion of theMultilateral Plan of the CIAV, in the terms agreed on, Nicaragua will proceed to discontinue the Application filed against Honduras before the International Court of Justice.

Signed in the City of Tela, Republic of Honduras, the seventh of August of nineteen eighty-nine.

<table>
<tr><td>Daniel ORTEGA SAAVEDRA,
President of the Republic
of Nicaragua.</td><td>José AZCONA HOYO,
President of the Republic
of Honduras.</td></tr>
</table>

118. THE DEPUTY-REGISTRAR TO THE AGENT OF NICARAGUA

16 August 1989.

I have the honour to acknowledge receipt in facsimile of Your Excellency's letter of 15 August 1989, with its annexes, and at the same time to transmit to you a copy[1] of a related letter dated 16 August 1989 which has just been received from the Agent of Honduras in the case concerning *Border and Transborder Armed Actions (Nicaragua v. Honduras)*, together with a copy of the annexes enclosed therewith.

I also enclose a copy of a letter to the Agent of Honduras from which you will observe that he has been given until 31 August 1989 to express, in accordance with Article 44, paragraph 3, of the Rules of Court, the views of his Government on the subject of your request for an extension of time-limit.

119. THE DEPUTY-REGISTRAR TO THE AGENT OF HONDURAS

16 August 1989.

I have the honour to transmit to Your Excellency herewith a letter with annexes[1] addressed to the Registrar on 15 August 1989 by the Agent of Nicaragua in the case concerning *Border and Transborder Armed Actions (Nicaragua v. Honduras)* and received in a facsimile.

You will observe that the letter in question, which concerns the texts adopted on 7 August 1989 at Tela, contains a request that the time-limit for the filing of the Memorial be extended from 19 September 1989 to 8 December 1989. In order that a decision may be taken on this request in accordance with Article 44, paragraph 3, and Article 48 of the Rules of Court, I am to request you, on the instructions of the Vice-President of the Court, exercising the functions of President in accordance with Article 13, paragraph 3, of the Rules, to make known the views of Honduras on the matter as soon as possible, and at all events not later than 31 August 1989.

I have also the honour to acknowledge the receipt at this instant of a letter of today's date, with annexes, by which Your Excellency likewise submits to the consideration of the Court the texts adopted at Tela.

---

[1] Not reproduced.

120. THE AGENT OF HONDURAS TO THE DEPUTY-REGISTRAR

22 August 1989.

I have the honour to acknowledge receipt of your letter 81499 of 16 August 1989, by which you transmit me a letter with Annexes sent to the Registrar by facsimile on 15th August 1989 by the Agent of Nicaragua, in the case concerning *Border and Transborder Armed Actions (Nicaragua v. Honduras)*.

With regard to the request of the Government of Nicaragua, in compliance with the Tela Agreement of 7 August 1989, between the President of Nicaragua and the President of Honduras, that the time-limit for the filing of the Memorial of Nicaragua on the merits of that case be extended to 8 December 1989, the Government of Honduras welcomes this request and has no observations to make to it.

The Government of Honduras, however, expects that with the fulfilment by the CIAV of the task assigned to it by the Joint Plan for the Voluntary Demobilization, Repatriation or Relocation in Nicaragua and Third Countries of Members of the Nicaraguan Resistance and Their Families, approved by the Presidents of the five Central American countries on 7 August 1989, and with the co-operation of all the parties concerned, Nicaragua will ask the case to be discontinued early in December, thus enabling the Court to make an Order directing that the case be removed from the list.

121. THE DEPUTY-REGISTRAR TO THE AGENT OF NICARAGUA

22 August 1989.

I have the honour to transmit to Your Excellency herewith a copy of a letter of today's date in which the Agent of Honduras in the case concerning *Border and Transborder Armed Actions (Nicaragua v. Honduras)* states *inter alia* that his Government has no observations to make upon your request for an extension of the time-limit fixed for the filing of the Memorial on the merits.

You will be informed in due course of the decision which is taken in accordance with Article 44, paragraph 3, of the Rules of Court.

122. THE DEPUTY-REGISTRAR TO THE AGENT OF HONDURAS

22 August 1989.

I have the honour to acknowledge receipt of Your Excellency's letter of today's date concerning the request by the Agent of Nicaragua for an extension of the time-limit fixed for the filing of the Memorial on the merits in the case concerning *Border and Transborder Armed Actions (Nicaragua v. Honduras)* and take note that your Government has no observations to make upon that request.

You will be informed in due course of the decision which is taken in accordance with Article 44, paragraph 3, of the Rules of Court.

123. THE REGISTRAR TO THE AGENT OF NICARAGUA [1]

31 August 1989.

I have the honour to refer to Your Excellency's letter of 15 August 1989 and to inform you that the President of the Court has, by an Order [2] of today's date, acceded to the request in that letter for an extension to 8 December 1989 of the time-limit for the filing of the Memorial of Nicaragua on the merits in the case concerning *Border and Transborder Armed Actions (Nicaragua v. Honduras)*. The question of extension of the time-limit for the filing of the Counter-Memorial of Honduras has been reserved for further decision.

The sealed copy of the Order for the Government of Nicaragua will be transmitted to you shortly.

124. LE GREFFIER À L'AGENT DU NICARAGUA

Le 8 décembre 1989.

J'ai l'honneur d'accuser réception du mémoire sur le fond que votre gouvernement a déposé ce jour au Greffe de la Cour en l'affaire des *Actions armées frontalières et transfrontalières (Nicaragua c. Honduras)*.

Ce mémoire, en deux volumes, qui était accompagné de dix volumes d'annexes, ainsi que d'une carte et de quatre ouvrages, déposés pour consultation à la bibliothèque de la Cour, a été présenté dans le délai fixé à cet effet par l'ordonnance du Président de la Cour en date du 31 août 1989.

125. LE GREFFIER À L'AGENT DU HONDURAS

Le 8 décembre 1989.

Me référant à l'affaire des *Actions armées frontalières et transfrontalières (Nicaragua c. Honduras)*, j'ai l'honneur de vous faire tenir ci-joint une copie certifiée conforme du mémoire sur le fond déposé ce jour au Greffe de la Cour par la République du Nicaragua dans le délai fixé à cet effet par l'ordonnance du Président de la Cour en date du 31 août 1989.

Vous voudrez bien également trouver ci-joint dix volumes d'annexes audit mémoire, ainsi que la copie d'une lettre par laquelle l'agent du Nicaragua en l'affaire a procédé aux certifications requises aux articles 50 et 51 du Règlement de la Cour.

J'ai en outre l'honneur de porter à votre connaissance, en relation avec la liste d'annexes qui est reproduite au début du second volume du mémoire, qu'une carte et quatre ouvrages ont été déposés pour consultation à la bibliothèque de la Cour.

126. THE AGENT OF NICARAGUA TO THE REGISTRAR

13 December 1989.

In my capacity as Agent for the Republic of Nicaragua in the case concerning *Border and Transborder Armed Actions (Nicaragua v. Honduras)*, I wish

---

[1] A similar communication was sent to the Agent of Honduras.
[2] *I.C.J. Reports 1989*, p. 123.

to inform the Court of the Agreement reached by the Presidents of the Central American Republics on 12 December 1989 in San Isidro de Coronado, Costa Rica. Attached is the text of this Agreement in its original Spanish version titled *"Declaración de San Isidro de Coronado"*[1] together with an English translation.

I draw the attention of the Court to paragraph 13 of the Declaration, that instructs the Agents of both Parties to this case with the duty of communicating immediately this document to the Court and

> "to request the postponement of the date for the fixing of the timetable for the presentation of the Honduran counter-memorial until June 11, 1990".

Since I had communicated orally the above-mentioned paragraph to the President of the Court at the meeting held yesterday in his office in the presence of the Agent of the Republic of Honduras, I now do so in writing and, with the object of implementing fully the instructions of the "Declaration of San Isidro de Coronado", request the postponement indicated in the above quote from the "Declaration", and that the Court take notice of the rest of the pertinent text.

(Unofficial translation)

Declaration of San Isidro de Coronado

The Presidents of Costa Rica, El Salvador, Guatemala, Honduras and Nicaragua, gathered in special session in San Isidro de Coronado, Costa Rica, on 10, 11 and 12 December 1989, for the purpose of examining the precarious situation of Central America that is seriously affecting the peace process, ratified the agreement contained in the preamble to the Procedures for Establishing a Firm and Lasting Peace in Central America (Esquipulas II), especially those points which address the historic objective of shaping a peaceful future for Central America, eradicating war and making dialogue prevail over violence and reason over rancour. In keeping with these objectives, they agreed to the following:

1. To ratify their strongest condemnation of the armed actions and terrorism that irregular forces are carrying out in the region and to reaffirm their profound conviction that it is imperative to make the peoples of the region recognize that the use of force and terror to achieve political purposes and objectives must be abandoned.

2. The Presidents of Costa Rica, Guatemala, Honduras and Nicaragua express their firm support for the President of El Salvador, Mr. Alfredo Cristiani, and his Government, as a loyal manifestation of their unwavering policy to support governments that are the product of democratic, pluralistic and participatory processes.

3. The Presidents of Guatemala, Honduras, Nicaragua and Costa Rica support the Government of El Salvador in its sustained objective of finding a solution to the Salvadoran conflict through peaceful and democratic means, and in this sense, renew their exhortation to the FMLN for an immediate and effective cessation of hostilities in that sister State and to reincorporate itself in the process of dialogue which has already been initiated. At the same time, the Presidents demand that the FMLN publicly renounce any type of violent action that

---

[1] Not reproduced.

directly or indirectly affects the civilian population. The five Presidents decided to directly request the Secretary-General of the United Nations, by exerting his greatest possible personal influence, to undertake whatever measures may be necessary to re-initiate dialogue between the Government of El Salvador and the FMLN, and thereby contribute to its successful development.

4. The Presidents point out that in accordance with the Declarations of Alajuela, Costa del Sol and Tela, the provisions contained in Chapters I and III of the joint plan for demobilization form an indivisible whole. They thereby request the International Commission of Support and Verification (CIAV) to initiate immediately the necessary steps for the demobilization of the Farabundo Marti Front for National Liberation (FMLN), in accordance with procedures established in the aforementioned plan.

5. The Presidents give their support to the Nicaraguan Government of President Daniel Ortega so that upon the signing of this Accord, the funds approved for the Nicaraguan Resistance be delivered to the CIAV for the purpose of implementing the process of demobilization and voluntary repatriation or relocation in Nicaragua or third countries of members of the Nicaraguan Resistance and their families.

The Presidents call upon the Nicaraguan Resistance to cease any kind of action against the electoral process or the civilian population, so that said process can develop in a climate of normalcy in accordance with the Esquipulas II Accord.

6. Initiating the processes of demobilization of the Nicaraguan Resistance and the FMLN constitutes a fundamental factor in overcoming the crisis that affects the peace process. Therefore, ONUCA should accelerate its activities in order to avoid the supplying of arms to the FMLN and the Nicaraguan Resistance.

7. The Government of Nicaragua repeats its offer to the Nicaraguan Resistance, made in Washington, D.C., United States of America, to undertake the appropriate measures so that those persons who repatriate before 5 February 1990, may register in order to exercise the right to vote in the general elections to be held on 25 February of that year.

The Government of Nicaragua will proceed immediately upon the signing of this Accord to make the appropriate contacts with the ONUCA and the CIAV in order to begin the process of demobilization of forces of the Nicaraguan Resistance in Honduras, in accordance with procedures established in the Tela Accord.

8. The Presidents reaffirm the importance of international co-operation as a parallel and indispensable element for the political efforts to bring peace to the region, and they call upon the international community to increase its support. They manifest the region's willingness to continue its joint work in this sphere, convinced that economic and social development is a constant factor in efforts to achieve peace. They expressed their gratitude for the progress that has been achieved under the Special Plan of Co-operation for Central America approved by the United Nations Development Program (UNDP) for this purpose. They also expressed gratitude to the European Economic Community for its support in international co-operation since the Luxembourg Accords.

9. The Central American Presidents, in accordance with the Esquipulas II Accords, reaffirm their commitment to fully respect human rights, including civil, political, economic, social and cultural rights established in their respective Constitutions and signed and ratified in international accords.

10. The Presidents agree to request the Secretary-General of the United Nations to establish the necessary ties to involve more directly in the peace process those States with interests in the region, within the framework of the

Esquipulas II Accords and subsequent declarations. They also request that the mandate of the ONUCA be extended to include verification of the processes of cessation of hostilities and demobilization of irregular forces that may be agreed upon in the region.

11. In view of recent events, the Presidents confirm that the complete deployment of the mechanism of the Group of Military Observers of the United Nations for Central America (ONUCA) is of the utmost urgency for the fulfilment of the commitments contained in Numbers 5 and 6 of the Esquipulas II Accords. For that reason, they decided also to ask the Secretary-General of the United Nations to adopt the appropriate measures to accelerate the functioning of the ONUCA, and that ONUCA keep the Central American Presidents informed.

12. The Presidents of Guatemala, Honduras and Costa Rica, based on the commitment to seek negotiated solutions to overcome conflicts arising from the Central American crisis, exhort the Presidents of El Salvador and Nicaragua so that through negotiation and dialogue they put an end to the constraints that have arisen between their Governments and continue their diplomatic and consular relations.

13. In regards to the case brought by the Government of Nicaragua against the Government of Honduras before the International Court of Justice under the title "Border and Transborder Armed Actions" — the Presidents of those Countries agree to establish a commission with bilateral representation to seek, within a period of six months from this date, an extrajudicial settlement of the aforementioned case. In order to facilitate the work of the commission, they also agree to instruct their respective agents in said case to communicate immediately, either separately or jointly, the present agreement to the Court in order to request the postponement of the date for the fixing of the time-table for the presentation of the Honduran Counter-Memorial until 11 June 1990. This communication will give the agreement full and immediate effect between the high litigants.

Likewise, in case that an extrajudicial settlement has not been reached by the date indicated, it is agreed that the agents of either of the countries may request of the Court that the Government of Honduras be granted six months to present the aforementioned Counter-Memorial.

The Central American Presidents express their gratitude to the people and Government of Costa Rica for their hospitality, and to all the men and women whose work contributed to the results obtained at this meeting. In virtue of what has been agreed upon and confident of its fulfilment, the Central American Presidents agree to meet during the first three months of the year 1990, in the regular meeting to be held in the city of Managua, Nicaragua.

San Isidro de Coronado, 12 December 1989.

Oscar ARIAS SÁNCHEZ, President of the Republic of Costa Rica.	Alfredo CRISTIANI BURKARD, President of the Republic of El Salvador.
Vinicio CEREZO ARÉVALO, President of the Republic of Guatemala.	José AZCONA HOYO, President of the Republic of Honduras.

Daniel ORTEGA SAAVEDRA,
President of the
Republic of Nicaragua.

127. THE REGISTRAR TO THE AGENT OF HONDURAS

13 December 1989.

I have the honour to transmit to Your Excellency herewith a copy of a letter, dated 13 December 1989 and received in the Registry late this afternoon, from the Agent of Nicaragua in the case concerning *Border and Transborder Armed Actions (Nicaragua* v. *Honduras)*, and a copy of the documents referred to in, and enclosed with, that letter.

128. L'AGENT DU HONDURAS AU GREFFIER

La Haye, le 13 décembre 1989.

J'ai l'honneur de me référer à l'entretien tenu hier par le Président de la Cour internationale de Justice avec M. l'agent du Nicaragua et avec moi-même, en tant qu'agent du Honduras dans l'affaire des *Actions armées frontalières et transfrontalières (Nicaragua c. Honduras)*, pour vous confirmer la communication de M. l'agent du Nicaragua dans le sens que les présidents du Nicaragua et du Honduras ont conclu le 12 décembre un accord d'entrée en vigueur immédiate au sujet de la demande du Nicaragua dans le cadre de la réunion tenue au Costa Rica par les présidents de l'Amérique centrale.

Cet accord figure au paragraphe 13 de la «Declaración de San Isidro de Coronado» signée par les présidents du Costa Rica, El Salvador, Guatemala, Honduras et Nicaragua dont vous trouverez le texte en espagnol[1] joint à cette lettre pour que la Cour puisse en prendre connaissance; et pour qu'elle prenne la décision de surseoir jusqu'au 11 juin 1990 la fixation éventuelle du délai pour la présentation du contre-mémoire du Honduras pour le cas où on ne serait pas arrivé auparavant à un arrangement extrajudiciaire sur les différends existants.

129. THE REGISTRAR TO THE AGENT OF HONDURAS[2]

15 December 1989.

I have the honour to refer to Your Excellency's letter of 13 December 1989 and transmit to Your Excellency herewith a plain copy of an Order made by the Court on 14 December 1989, whereby the Court decided that the time-limit for the filing of the Counter-Memorial of Honduras on the merits in the case concerning *Border and Transborder Armed Actions (Nicaragua* v. *Honduras)* was extended from 19 February 1990 to a date to be fixed by an Order to be made after 11 June 1990.

The sealed copy of the Order for the Government of Honduras will be transmitted to you shortly.

---

[1] Non reproduiti; pour une traduction en anglais fournie par le Nicaragua, voir ci-dessus nº 126.

[2] A similar communication was sent to the Agent of Nicaragua.

130. L'AGENT DU HONDURAS AU GREFFIER

La Haye, le 3 janvier 1990.

J'ai l'honneur de porter à votre connaissance que, ma mission aux Pays-Bas étant terminée, je quitterai La Haye très prochainement. En même temps prend fin aussi ma mission en tant qu'agent du Gouvernement du Honduras dans l'affaire relative à des *Actions armées frontalières et transfrontalières (Nicaragua c. Honduras)* pendante devant la Cour internationale de Justice. S. Exc. l'ambassadeur Jorge Ramón Hernandez Alcerro continue comme coagent dans cette affaire jusqu'à la nomination de mon successeur.

Je tiens à remercier Monsieur le Greffier de son appréciable collaboration qui a rendu possible l'accomplissement de ma tâche et je saisis cette occasion pour lui renouveler l'expression de ma haute considération.

131. THE REGISTRAR TO THE AGENT OF NICARAGUA [1]

12 June 1990.

I have the honour to refer to the Order made by the Court on 14 December 1989 in the case concerning *Border and Transborder Armed Actions (Nicaragua v. Honduras)*, by which it decided that the time-limit for the filing by the Republic of Honduras of the Counter-Memorial on the merits in that case was extended to a date to be fixed by an Order to be made after 11 June 1990.

The date referred to having now passed, the President of the Court considers that he should, in the interests of the orderly administration of the Court's judicial work, ascertain from the Agents of the Parties their views on the further procedure. For this purpose, and pursuant to Article 31 of the Rules of Court, he requests the Agents to attend a meeting in his office at 11.30 a.m. on Monday 25 June 1990.

132. THE REGISTRAR TO THE CO-AGENT OF HONDURAS [2]

15 June 1990.

I have the honour to inform Your Excellency, with reference to my letter of 12 June 1990, that the Agent of Nicaragua in the case concerning *Border and Transborder Armed Actions (Nicaragua v. Honduras)* has informed the President that he will unfortunately be unable to attend the meeting scheduled for 11.30 a.m. on Monday 25 June 1990. The President therefore proposes to hold the meeting at 10.00 a.m. on Friday 22 June 1990, and trusts that you will be able to be present.

---

[1] A communication in the same terms was sent to the Agent of Honduras.
[2] A similar communication was sent to the Agent of Nicaragua.

133. THE AMBASSADOR OF HONDURAS IN THE NETHERLANDS TO THE REGISTRAR

20 June 1990.

I have the honour to transmit you herewith a letter dated 20 June 1990 which I received today from the Minister of Foreign Relations of Honduras, Dr. Mario Carías Zapata, that reads, translated to English, as follows:

"Tegucigalpa, 20 June 1990.

Sir,

I have the honour to refer to a request forwarded to the Agents of Nicaragua and Honduras in the case concerning *Border and Transborder Armed Actions (Nicaragua* v. *Honduras)* to attend a meeting with the President of the Court on 22 June, pursuant to the Order made by the Court on 14 December 1989.

To this respect I transmit to this Honourable Court herewith, the texts of paragraphs 3, 5, 7, 11 and 12 of the Declaration of Antigua signed on 17 June by the Presidents of Costa Rica, El Salvador, Guatemala, Honduras and Nicaragua; and by the President of Panama, as observer, which are of special relevance to this case.

At the same time I wish to inform you that on the occasion of this Presidential Meeting, Mrs. Violeta Barrios de Chamorro, President of Nicaragua, conveyed to Mr. Rafael Leonardo Callejas, President of Honduras, that her Government is requesting the Court, through their Agent in this case, that no date be fixed for the filing of the Counter-Memorial of Honduras, request which has our acceptance.

Under these circumstances, I must excuse the Co-Agent of Honduras, Ambassador Jorge Ramón Hernández Alcerro, from attending the meeting convoked by the President, as this meeting does not seem to be necessary. On the other hand, I request you to take due note that if the meeting is held, my Government will be represented by Mr. Ramón Valladares Soto, Ambassador of Honduras in the Netherlands.

Please accept the assurances of my highest consideration.

Mario CARÍAS ZAPATA,
Minister of Foreign Relations."

(Signed) Ramón VALLADARES SOTO.

134. LE MINISTRE DES RELATIONS EXTÉRIEURES DU HONDURAS AU GREFFIER

Tegucigalpa, D.C., 20 de junio de 1990.

Tengo el honor de referirme a la convocatoria para que el día 22 de junio se reunan con el Señor Presidente de la Corte, los Agentes de Nicaragua y Honduras en el caso "Acciones Armadas Fronterizas y Transfronterizas" (Nicaragua vs. Honduras), en atención a la Providencia de la Corte de 14 de diciembre de 1989.

A este respecto, me permito comunicar a la Honorable Corte los textos adjuntos de los párrafos 3, 5, 7, 11 y 12 de la Declaración de Antigua, suscrita el 17 de junio, por los Presidentes de Costa Rica, El Salvador, Guatemala, Honduras y Nicaragua; así como por el Presidente de Panamá, como observador, y los cuales tienen particular relevancia en el caso que nos ocupa.

Igualmente hacer de su atento conocimiento que, en ocasión de la Reunión Cumbre, la señora Violeta Barrios de Chamorro, Presidente de Nicaragua, comunicó al Licenciado Rafael Leonardo Callejas, Presidente de Honduras, que su Gobierno a través del Agente en el caso, solicita a la Corte que no fije plazo para la presentación de la Contra Memoria de Honduras, pedido que cuenta con nuestra aceptación.

En estas circunstancias, debo excusar al señor Co-Agente de Honduras, Embajador Jorge Ramón Hernández Alcerro, por no asistir a la reunión convocada por el señor Presidente, que no parece ser ya necesaria. De otra parte, si la misma se celebra, le ruego tomar debida nota que mi Gobierno se haría representar en la misma por el Abogado Ramón Valladares h., Embajador de Honduras en Holanda.

(Signed) Mario CARÍAS ZAPATA,

Ministro de Relaciones Exteriores.

(Unofficial translation)

Declaration of Antigua
17 June 1990

"3. The Presidents of Guatemala, El Salvador and Costa Rica within the spirit of the Esquipulas II Agreements and bearing in mind the Agreements of Tela and San Isidro de Coronado regarding the Application filed before the International Court of Justice by Nicaragua against Honduras on 28 July 1989, under the name "Border and Transborder Armed Actions"; urge the Governments of Nicaragua and Honduras to integrate the Commission that will pursue an extra-judicial settlement for said dispute, hoping it to reach a prompt solution."

* * *

"5. The Presidents of Guatemala, El Salvador, Honduras and Costa Rica praise the President of Nicaragua, Mrs. Violeta Barrios de Chamorro, with enthusiasm and true satisfaction for her participation in the VIIIth Presidential Meeting, and are truly convinced that her presence will encourage our efforts to continue in the path that conducts to the establishment of peace, democracy and economic and social development in the area; and grant their total support and recognition to the task that she has undertaken to recover Nicaragua, and especially for the transcendental achievements in demobilizing the Nicaraguan Resistance, and in producing a schedule for the substantial reduction of the armed forces of her country, all of this within the spirit of the Esquipulas Agreements."

* * *

"7. The Presidents of Costa Rica, El Salvador, Guatemala and Nicaragua express, at the same time, their true satisfaction and support to the policy of President Mr. Rafael Leonardo Callejas and the Government of Honduras, not to allow the use of their territory by irregular forces and their full co-operation to the fulfilment of the Joint Plan for the Demobilization, Repatriation or Voluntary Resettlement in Nicaragua and Third Countries of the Members of the Nicaraguan Resistance and Their Families, under the control of the CIAV/ONUCA."

* * *

"11. Excel the latest achievements reached by the Government of Nicaragua and the Nicaraguan Resistance, on the execution of the 'Declaration of Managua' of 4 May 1990, and its Protocol of the 30th of the same month, given that the voluntary disarmament of more than 14,900 irregulars, according to the report rendered by ONUCA and CIAV, have practically achieved the completion of the process of demobilization, constituting a substantial contribution to the peace of Central America."

* * *

"12. Acknowledge and thank the contribution and efforts of ONUCA and CIAV in favour of peace in Central America."

[Spanish text not reproduced]

135. THE AGENT OF NICARAGUA TO THE REGISTRAR

The Hague, 26 June 1990.

I have the honour to refer to the time-limit to be fixed for the filing by the Republic of Honduras of the Counter-Memorial on the merits in the case concerning *Border and Transborder Armed Actions (Nicaragua v. Honduras)*.

In the Order of 14 December 1989, the Court decided:

> "that the time-limit for the filing by the Republic of Honduras of a Counter-Memorial on the merits is extended from 19 February 1990 to a date to be fixed by an order to be made after 11 June 1990".

This decision was taken in view of the agreement to this effect reached by the Parties in San Isidro de Coronado, Costa Rica, on 12 December 1989 (Declaration of San Isidro de Coronado) and which was communicated to the Court. The Court rightly interpreted that the pertinent part of the agreement further provided

> "that if no extra-judicial settlement of the dispute has been reached by that date, either party may request that Honduras be granted six months for the filing of its Counter-Memorial".

On 17 June 1990 the Central American Presidents issued a Declaration in Antigua, Guatemala (Declaration of Antigua). In paragraph 3 of this Declaration, the Presidents of Guatemala, El Salvador and Costa Rica urged the Governments of Nicaragua and Honduras to integrate the Commission provided for in paragraph 13 of the Declaration of San Isidro in order to pursue an extra-judicial settlement of the dispute which is the subject of the case in reference.

Even though no extra-judicial settlement of the dispute has been reached within the time period provided for in the Declaration of San Isidro de Coronado, in the spirit of the Declaration of Antigua, I have been instructed not to request at present that the Court fix a time-limit for the filing of the Counter-Memorial of the Republic of Honduras. Furthermore, Nicaragua wishes the Court to know that it will not exercise its right — provided for in the Declaration of San Isidro de Coronado — to request that this time-limit be fixed at least until before the beginning of next year in the hope that the coming months will be fruitfully used in the spirit of the Declaration of Antigua.

136. THE MINISTER FOR EXTERNAL RELATIONS OF HONDURAS TO THE PRESIDENT OF THE COURT

Tegucigalpa, 7 November 1990.

I have the honour to inform you that in accordance with the Procedure of Esquipulas, in the last meeting of the Executive Commission of Ministers of Foreign Affairs of Central America, held in this city on October 29 and 30, a final Document of Conclusions was agreed upon, which in its number four states:

> "The Executive Commission welcomed with approval, that the Governments of Honduras and Nicaragua, within the spirit of the Agreements of Esquipulas II and having in mind the Agreements of Tela and San Isidro de Coronado, have proceeded to integrate the Bipartite Commission which will search for an extrajudicial solution conducive to the definite withdrawal of the action, brought by Nicaragua against Honduras, in the International Court of Justice, the 28 of July 1989. At the same time, the Commission noted the intention of both Governments to inform the International Court of Justice of this decision and to celebrate, in Tegucigalpa, the first reunion of the Bipartite Commission in mid-November of the present year."

I will greatly appreciate your taking notice of this conclusion.

137. THE REGISTRAR TO THE AMBASSADOR OF HONDURAS TO THE NETHERLANDS

13 November 1990.

I have the honour to acknowledge receipt of Your Excellency's letter of 12 November 1990 addressed to the President of the Court, transcribing and enclosing a copy of a letter[1] to the President from His Excellency Dr. Marío Carías Zapata, Minister of Foreign Relations of Honduras, received from Honduras by facsimile. Since this communication refers to negotiations for a possible discontinuance of the proceedings in the case concerning *Border and Transborder Armed Actions (Nicaragua* v. *Honduras)*, I am transmitting a copy of it to the Agent of Nicaragua in that case.

---

[1] See No. 136, *supra*.

138. THE CO-AGENT OF HONDURAS TO THE PRESIDENT OF THE COURT

Tegucigalpa, 7 November 1990.

I have the honour to inform you that as of September the 4th, in accordance with the Procedure of Esquipulas, its subsequent agreements, specially those of Tela and Montelimar, the Government of Honduras has appointed Messrs. Guillermo Pérez Cadalso Arias and Julio Rendón Barnica as its representatives to the Bilateral Commission established by the Presidents of Honduras and Nicaragua in San Isidro Coronado, Costa Rica, on December 12th, 1989.

Such Commission, has been given the responsibility to obtain an extrajudicial solution, conducive to the definitive withdrawal of the action brought by Nicaragua against Honduras in the International Court of Justice *(Border and Transborder Armed Actions)*.

The Governments of Honduras and Nicaragua have agreed to communicate the Court the appointment of their representatives and to hold the Commission's first meeting during the second half of the current month of November.

(Signed) Jorge Ramón HERNÁNDEZ ALCERRO.

139. THE REGISTRAR TO THE AGENT OF NICARAGUA

11 May 1992.

I have the honour to acknowledge receipt of a letter dated 11 May 1992 whereby the Government of Nicaragua has informed the Court of its decision to renounce all further right of action based on the case concerning *Border and Transborder Armed Actions (Nicaragua* v. *Honduras)* and stated its wish not to go on with the proceedings.

I take note further that in this letter you have requested that an Order be made by the Court recording the discontinuance of the proceedings and directing the removal of the case from the list.

I shall not fail to inform you in due time of such action as may consequently be taken in accordance with Article 89 of the Rules of Court.

140. THE REGISTRAR TO THE CO-AGENT OF HONDURAS

12 May 1992.

I have the honour to transmit to you herewith a copy of a letter of 11 May 1992 from the Agent of Nicaragua in the case concerning *Border and Transborder Armed Actions (Nicaragua* v. *Honduras)*, by which the Agent states the intention of the Government of Nicaragua not to go on with the proceedings, and requests that an Order be made officially recording the discontinuance of the proceedings, and directing the removal of the case from the list.

In accordance with Article 89, paragraphs 2 and 3, of the Rules of Court, the President of the Court has fixed 25 May 1992 as the time-limit within which Honduras may state whether it opposes the discontinuance of the proceedings.

141. THE REGISTRAR TO THE AGENT OF NICARAGUA

18 May 1992.

I have the honour to transmit to Your Excellency herewith a copy of a letter, dated 15 May 1992 and received today in the Registry, by which the Chargé d'Affaires a.i of the Embassy of Honduras in The Hague transmitted a copy of a letter dated 14 May 1992 sent by telefax by the Co-Agent of Honduras in the case concerning *Border and Transborder Armed Actions (Nicaragua* v. *Honduras)* (copy also attached)[1], informing me that the Government of Honduras made no objection to the discontinuance of the proceedings by Nicaragua.

In view of the absence of objection by Honduras, the Court shall make an Order officially recording the discontinuance of the proceedings and directing the removal of the case from the list, in accordance with Article 89, paragraph 2, of the Rules of Court.

142. THE REGISTRAR TO THE AGENT OF NICARAGUA[2]

27 May 1992.

I have the honour to inform Your Excellency that by an Order[3] of today's date the Court has placed on record the discontinuance by the Republic of Nicaragua of the proceedings in the case concerning *Border and Transborder Armed Actions (Nicaragua* v. *Honduras)*, and has directed the removal of that case from the list, pursuant to Article 89, paragraph 2, of the Rules of Court.

I now have the honour to transmit to you herewith the official sealed copy of the Order destined for the Government of Nicaragua and a plain copy of this Order, for your convenience.

Printed copies of the Order will be despatched to you shortly.

143. LE GREFFIER AU MINISTRE DES AFFAIRES ÉTRANGÈRES D'AFGHANISTAN[4]

11 septembre 1992.

Le Greffier de la Cour internationale de Justice a l'honneur de transmettre sous pli séparé un exemplaire de chacune des décisions ci-après :

---

[1] Not reproduced.
[2] A communication in the same terms was sent to the Agent of Honduras.
[3] *I.C.J. Reports 1992*, p. 222.
[4] Une communication analogue a été adressée aux autres Etats Membres des Nations Unies et aux Etats non membres des Nations Unies admis à ester devant la Cour.

— arrêt rendu par la Cour le 12 novembre 1991 en l'affaire relative à la *Sentence arbitrale du 31 juillet 1989 (Guinée-Bissau c. Sénégal)*;
— ordonnance prise par le Président de la Cour le 18 décembre 1991 en l'affaire de l'*Incident aérien du 3 juillet 1988 (République islamique d'Iran c. Etats-Unis d'Amérique)*;
— ordonnance rendue par la Cour le 14 avril 1992 en l'affaire relative à des *Questions d'interprétation et d'application de la convention de Montréal de 1971 résultant de l'incident aérien de Lockerbie (Jamahiriya arabe libyenne c. Etats-Unis d'Amérique)*;
— ordonnance rendue par la Cour le 14 avril 1992 en l'affaire relative à des *Questions d'interprétation et d'application de la convention de Montréal de 1971 résultant de l'incident aérien de Lockerbie (Jamahiriya arabe libyenne c. Royaume-Uni)*;
— ordonnance rendue par la Cour le 14 avril 1992 en l'affaire du *Différend territorial (Jamahiriya arabe libyenne/Tchad)*;
— ordonnance rendue par la Cour le 27 mai 1992 en l'affaire relative à des *Actions armées frontalières et transfrontalières (Nicaragua c. Honduras)*;
— ordonnance prise par le Président de la Cour le 5 juin 1992 en l'affaire de l'*Incident aérien du 3 juillet 1988 (République islamique d'Iran c. Etats-Unis d'Amérique)*;
— ordonnance rendue par la Cour le 19 juin 1992 en l'affaire relative au *Timor oriental (Portugal c. Australie)*;
— ordonnance rendue par la Cour le 19 juin 1992 en l'affaire relative à des *Questions d'interprétation et d'application de la convention de Montréal de 1971 résultant de l'incident aérien de Lockerbie (Jamahiriya arabe libyenne c. Etats-Unis d'Amérique)*;
— ordonnance rendue par la Cour le 19 juin 1992 en l'affaire relative à des *Questions d'interprétation et d'application de la convention de Montréal de 1971 résultant de l'incident aérien de Lockerbie (Jamahiriya arabe libyenne c. Royaume Uni)*;
— ordonnance rendue par la Cour le 26 juin 1992 en l'affaire de la *Délimitation maritime et des questions territoriales entre Qatar et Bahreïn (Qatar c. Bahreïn)*;
— arrêt rendu par la Cour le 26 juin 1992 en l'affaire de *Certaines terres à phosphates à Nauru (Nauru c. Australie)*;
— ordonnance prise par le Président de la Cour le 29 juin 1992 en l'affaire de *Certaines terres à phosphates à Nauru (Nauru c. Australie)*.

D'autres exemplaires de ces décisions seront expédiés par la voie ordinaire.